ROHR
CEREMONIEL-WISSENSCHAFFT
DER GROSSEN HERREN

JULIUS BERNHARD VON ROHR

EINLEITUNG ZUR CEREMONIEL-WISSENSCHAFFT

DER
GROSSEN HERREN

———

Herausgegeben und kommentiert
von Monika Schlechte

EDITION LEIPZIG

Neudruck der Ausgabe 1733 mit freundlicher
Genehmigung der Universitäts- und Landesbibliothek
Sachsen/Anhalt, Halle,
(Signatur: Ma 4551)
Das Porträt Julius Bernhard von Rohrs auf S. 56
folgt einem Kupferstich aus dem Besitz der
Deutschen Staatsbibliothek Berlin/DDR,
Porträtsammlung.

Rohr, Julius Bernhard von:
Einleitung zur Ceremoniel-Wissenschafft
Der großen Herren / Julius Bernhard von
Rohr. – Neudruck d. Ausg. Berlin 1733,
1. Aufl. / hrsg. u. kommentiert von
Monika Schlechte. – (Leipzig) :
Edition Leipzig, 1989. – 908, 72 S. :
1 Titelkupfer, 1 Porträt

© 1990 by Edition Leipzig
Lizenz-Nr.: 600/79/89
Gestaltung: Maria Scholz
Gesamtherstellung: Grafische Werke Zwickau
Printed in the German Democratic Republic
Bestell-Nr.: 594 772 4
ISBN: 3-361-00281-8
14800 (beide Bände)

Einleitung zur Ceremoniel-Wissenschafft Der großen Herren,

Die in vier besondern Theilen

Die meisten Ceremoniel-Handlungen/ so die Europäischen Puissancen überhaupt/ und die Teutschen Landes-Fürsten insonderheit, so wohl in ihren Häusern, in Ansehung ihrer selbst, ihrer Familie und Bedienten, als auch gegen ihre Mit-Regenten, und gegen ihre Unterthanen bey Krieges- und Friedens-Zeiten zu beobachten pflegen,

Nebst den mancherley Arten der Divertissemens **vorträgt/ sie so viel als möglich in** allgemeine Regeln und Lehr-Sätze einschlüßt, und hin und wieder mit einigen historischen Anmerckungen aus dem alten und neuen Geschichten erläutert, ausgearbeitet von

Julio Bernhard von Rohr.

Neue Auflage.

Berlin/ bey Joh. Andreas Rüdiger/ 1733.

Dem
Hochwürdigen/ Hoch- und Wohlge-
bohrnen Herrn/
HERRN
Ludwig Adolph,
Des Heil. Röm. Reichs Edlen
Panner- und Freyherrn
von Zech/
Erb-Herrn auf Bündorff
und Geusau ꝛc.
Sr. Kön. Majestät in Pohlen
und Churfl. Durchlauchtigkeit
zu Sachsen/
wie auch
Ihro Hoch-Fürstl. Durchlauchtigkeit zu Sachsen-Merseburg
hochbestalten
Geheimen Rath
und Dom-Probsten der Bischöfflichen hohen Stiffts-Kirche
zu Merseburg ꝛc.

Hochwürdiger / Hoch-wohlgebohrner Frey-Herr /

Höchst-geehrtester Herr Geheimer Rath.

it Ewrer Hochwürden und Hoch-Freyherrlichen Excellenz Gnädigen Erlaubniß nehme ich mir die gehorsamste Freyheit / Dero illustren Nahmen gegenwärtiger Schrifft vor-

vorzusetzen / nicht aus einem ge‍wöhnlichen Ceremoniel, aus wel‍chem viel Zuschrifften ihren Ur‍sprung herleiten / deren Verfasser bey dieser Gelegenheit auf eine ver‍deckte Weise unter mancherley Schmeicheleyen ihre eigennützige Absichten erreichen wollen / sondern aus einer wahren Begierde Eurer Hochwürden und Hoch-Frey‍herrlichen Excellence vor al‍le mir und den Meinigen bißhero erzeigte Gnade in diesem Papier / obwohl mit dem kürtzesten Aus‍druck der Worte / jedoch mit dem reichsten Maaß des Hertzens / öf‍fentlichen und unterthänigen Danck abzustatten. Dieses ist der eintzige Bewegungs-Grund / der meine Feder hierzu lencket / und ei‍ne gnädige Aufnahme das eintzige Ziel /

Ziel / so ich mir hierbey ausersehen. Gegenwärtige Arbeit, von der Eure Hochwürden und Hoch-Freyherrliche Excellenz einen Hocherleuchteten Richter abzugeben am fähigsten / ist / nebst dem ersten Theil der Ceremoniel-Wissenschafft der Privat-Personen / so im vorigen Jahre gedruckt worden / eine Frucht derjenigen Muße / welche von Ihro Hoch-Fürstlichen Durchlauchtigkeit / meinem Gnädigsten Herrn / in hiesigen Gegenden mir biß hieher gegönnet worden. Dafern nicht die Furcht / um Eurer Hochwürden und Hoch-Freyherrlichen Excellence mißfällig zu werden / und meine eigene ne Ungeschicklichkeit mir den Grentz-Stein setzten/ so würde sich mir zu Ausbreitung DERO Ruhms ein weitläufftig Feld eröffnen. Wiewohl die Verdienste Eurer Hochwürden und Hoch-Freyherrlichen Excellence, so von Kayserlichen/ Königlichen und Fürstlichen Höfen von mehrern Jahren her bereits erkannt worden/ sind weltkündig und von der ersten Grösse/ und DERO Bescheidenheit gehet mit denselben in gleichen Circuln. Hic Plato jubet quiescere; ich breche vielmehr ab/ wenn ich vorhero folgende auf das Wohlwesen Eurer Hochwürden und Hoch-Freyherrlichen Excellence gerichtete und aus dem innersten der Seelen herfliessende Gedan-

Gedancken ausgedrücket: Der oberſte Welt-Monarche laſſe nach ſo vielen Trauer-Gewittern/ welche Dero Hoch-Freyherrliches Hauß biß anhero ſo vielmahls erſchüttert/ die Sonne der Freuden Ihnen forthin beſtändigſt leuchten/ er verbinde mit Dero neuen Verbindung neues Leben und neuen Segen/ er benedeye alle Dero hohe Conſilia, vermehre das Wachsthum Dero Hoch-Freyherrlichen Hauſes/ und erhalte Eure Hochwürden und Hoch-Freyherrliche Excellence nebſt Dero Frau Gemahlin Gnaden und gantzem Hoch-Freyherrlichen Hauſe bey aller Glückſeligkeit biß in das höchſte Alter derer die annoch

noch im Verborgenen / damit **Durchlauchtigste Gnädigste Herrschafft Dero** Assistence, **Dero Hoch-Freyherrliche** Familie **Dero** Vorsorge/ und alle **Dero** treue und devote Diener nebst mir und allen den Meinigen **Dero** Gnade noch viele Zeiten geniessen mögen. Dieser empfehle ich mich gantz gehorsamst/ und verharre mit allem Respect

Eurer Hochwürden und Hoch-Freyherrlichen Excellence

gehorsamster Knecht

Jul. Bernhard von Rohr.

Mein Leser!

§. 1.

Hier übergeb ich dir diejenige Schrifft/ die ich in der Vorrede meiner Einleitung zur Ceremoniel-Wissenschafft der Privat-Personen versprochen. Ich muß bekennen/ daß ich vor ein zehen oder zwölff Jahren nicht gedacht hätte/ von dieser Materie etwas zu schreiben/ indem mir das Ceremonien-Wesen allzu steril vorgekommen/ und ich damahls so wohl als andere in den Gedancken stand/ daß es an allen

und

und ieden Höfen gäntzlich unterschieden/ und als ein Stück des Juris Publici eines ieden Landes anzusehen wäre. Vor ein vier oder fünff Jahren gab mir der Herr Hof-Rath Wolff in seinen vernünfftigen Gedancken von der Menschen Thun und Lassen die erste Gelegenheit hiezu/ als ich aus dem 179. §. des III. Capituls ermeldeter Schrifft ersahe/ daß man mit gutem Grunde von den Ceremonien eine eigene Wissenschafft machen könte. Nachdem mir hernach fast zu gleicher Zeit/ bey Ubernehmung einer Arbeit vor einen andern/ der die Ehre davon getragen/ des Herrn Lünigs Theatrum Ceremoniale in die Hände gerieth/ aus welchem ich eine und die andere Stelle auszeichnen muste/ und ich aus der allgemeinen Abhandlung/ welche dieser Schrifft angefüget/ ersahe/ daß man noch kein Systematisch und Philosophisch Werck von den weltlichen Ceremonien hätte/ ob schon dergleichen von der gelehrten Welt

Welt längſt verlangt worden/ unterſchiedene Autores auch ſich hiezu anheiſchig gemacht/ noch keiner aber zu Stande gebracht/ ſo ward ich ſchlüßig/ ſelbſt einen kleinen Verſuch hierinnen vorzunehmen/ und ſuchte ſo viel hiſtoriſche Schrifften auf/ als ich erlangen konte/ und zu meiner Abſicht vor dienlich erachtete. Ich habe hierbey ſo wohl weitläufftige und koſtbahre hiſtoriſche Tractate, als auch die kleinſten Piécen und Beſchreibungen von Crönungen/ Einzügen/ Illuminationen/ Feuerwercken/ Carouſellen u. ſ. w. mit zu rathe gezogen/ und bin genöthiget worden/ eine ſehr groſſe Menge der Geſchicht-Bücher theils mit Aufmerckſamkeit durchzuleſen/ theils mit flüchtigen Augen durchzulauffen. Die Ausarbeitung dieſer Schrifft iſt mit der gröſten Mühe vergeſellſchafftet geweſen/ ſo daß ich mehr als einmahl geſonnen war dieſe Arbeit liegen zu laſſen; ich habe bißweilen gewiſſe Materien geſucht/ und doch

doch unmöglich allezeit die Schrifften wissen können in welchen ich etwas davon finden möchte/ so habe ich auch den Inhalt der neuen Lehr=Sätze/ die ich gesucht/ nicht vorher wissen mögen. Ich habe gar offters über dreyßig historischer Beschreibungen der Ceremoniel-Handlungen die zu einerley Materie gehören/ durchlesen müssen/ theils damit ich die Lehr=Sätze/ die ich aus den vorigen Beschreibungen heraus gezogen/ prüfen möchte/ ob sie auch allgemein seyn/ und an allen Höfen zutreffen? theils auch um neue zu sammlen/ die noch nicht vorgekommen. Es ist also gar unangenehm gewesen/ wenn ich bißweilen einige Stunden mit lesen zugebracht/ und dennoch binnen der Zeit keinen neuen allgemeinen Lehr-Satz heraus bringen können/ sondern lauter allzu specielle historische Umstände angetroffen/ die in den vorigen bereits berühret worden/ und zu meiner Absicht nicht gedienet. Wäre mir mehr

daran

daran gelegen geweſen dieſen Tractat in kurtzer Zeit als mit gehörigen Fleiß aus- zuarbeiten/ ſo hätte ich mir vielmahls eine Erleichterung ſchaffen können/ wenn ich bey mancher Materie zu einem oder andern Autorem, der dieſelbige in eignen Schrifften abſonderlich abge- handelt/ als der Wicqueforth und Wal- ſingham die Geſandſchafften u. ſ. w. meine Zuflucht genommen/ und alſo nicht nöthig gehabt/ ſo viel andere Schrifften dabey zu rathe zu ziehen. Es haben mich aber mancherley Bewe- gungs-Gründe hievon zurück gehalten. Ich habe geglaubt/ daß es rühmlicher ſey die Fontes ſelbſt aufzuſchlagen/ als aus denjenigen/ was andere zuſammen getragen/ einen Auszug zu machen/ und auch ſonſt erkandt/ daß ermeldte Tra- ctate zu meinem Zweck nicht recht dien- lich. Einige Autores ſind zu alt/ und beſchreiben nicht die neueſten Ceremoni- el-Handlungen der groſſen Herren/ andere ſind bloß nach den Juriſtiſchen Lei- ſten zugeſchnitten/ ſie reden mehr von

den

den Staats-Rechten als Staats-Gebräuchen/ und noch andere mehr mit Antiquitæten als mit andern brauchbaren Säzen angefüllt/ mehr nach der Weise der Gelehrten/ als nach dem genio Seculi abgefaßt.

§. 2.

Bey dieser Arbeit habe ich meine Absicht meistentheils auf die Gebräuche der Europæischen Höfe gerichtet/ sintemahl die Ceremoniel-Handlungen der andern Regenten so ausser Europa herrschen/ gröstentheils allzu selzam/ und die wenigsten davon in vernünfftige Lehr-Säze und allgemeine Classen gebracht werden können. Unter den Europæischen hab ich als ein Teutscher/ der vor die Teutschen geschrieben/ auch am meisten auf die Teutschen Höfe gesehen. Nachdem auch der Unterscheid der Religionen bey den weltlichen Ceremoniel-Handlungen mancherley Unterschied zu würcken pflegt/ so hab ich hin und wieder/ und fast in allen Capituln dasjenige

nige was sich an den Höfen so der Römischen Kirche beypflichten/ veränderliches hierbey ereignet/ mit angeführt. Bey Beschreibung der Handlungen hab ich die Ordnung in Betrachtung gezogen/ und dasjenige was von Anfang biß ans Ende dabey zu geschehen pflegt/ vorgestellt. Weil viel Handlungen von einerley Art an allen Höfen nicht auf einerley Weise verrichtet werden/ so hab ich hierbey/ damit diese Lehrsätze allgemein werden möchten/ die zwey = oder dreyerley Methoden/ nach welchem sie nach dem Unterschied der Zeiten oder der Höfe expedirt werden/ vorgetragen.

§. 3.

Die Classen in welche ich die Ceremoniel-Handlungen der grossen Herren eingetheilet/ sind mir am allernatürlichsten geschienen/ ich hätte deren wohl mehr bestimmen können/ ich habe aber geglaubt/ daß diese zu einer Einleitung und zu dem Gebrauch der Anfänger hinreireichend seyn. Vielleicht wird mancher in den Gedancken stehen/ als ob ich eine nothwendige Materie/ nemlich diejenige/ die von den Ceremoniel-Wesen des Brief-Wechsels der grossen Herrn handelt/ unberührt gelassen: Jedoch ich habe dieses mit guten Vorbedacht gethan/ theils weil Herr Lünig dieses Stück gantz accurat und vollständig in seinem Theatro Ceremoniali abgehandelt/ theils auch/ weil man von dieser Materie nicht gar wohl allgemeine Regeln abstrahiren kan/ und denjenigen/ die zu dergleichen Expedition gezogen werden/ und den Brief-Wechsel der grossen Herren zu besorgen haben/ mit so kurtzen Sätzen gar wenig gedienet seyn würde/ die andern aber aus dieser Schrifft sich gar leicht dasjenige/ was ihnen von dieser Materie beliebet/ selbst auszeichnen können.

§. 4

Junge Leute/ welchen ich diese Arbeit hauptsächlich gewidmet/ werden man-

mancherley Nutzen hieraus schöpffen können. Sie bekommen etwas wichtigere und ordentlichere Begriffe von den Ceremoniel-Handlungen in Kopff als sonst/ und können den gantzen Zusammenhang des Ceremonien-Wesens besser ins Gedächtniß einprägen/ und ihn also völlig übersehen und überdecken/ da hingegen durch das blosse Lesen der weitläufftig abgefasten historischen Schrifften/ so die aller specielsten Handlungen der grossen Herren in sich fassen/ ihre Gemüther nur beschweret und gleichsam überschüttet werden/ wenn sie dieses Compendium auf Reisen bey sich führen/ so wissen sie wornach sie sich an diesen oder jenen Hof bey dem Ceremonien-Wesen insonderheit zu erkundigen haben/ sie finden ordentliche Classen/ wohin sie dasjenige was sie selbst erfahren und obſerviren/ dazu tragen können/ sie gelangen hierdurch in kurtze Zeit zu einer grossen Erfahrung/ und finden dasjenige was an den meisten Europæischen Höfen/ insonderderheit den neuesten Zeiten nach/ von ein dreyßig Jahren her biß ietzund im Gebrauch/ an einem Orth beysammen/ welches ich allenthalben mit vieler Zeit und Gedult habe müssen zusammen suchen. Es werden auch diejenige/ die um der Zeit Kürtzung und Gemüths-Erquickung wegen/ historische Sachen lesen/ vor ein weniges Geld/ mancherley das ihnen angenehm seyn wird/ zumahl in der letztern Abtheilung hierinnen beysammen antreffen/ da ihnen sonst vielleicht ein paar historische Beschreibungen einiger Ceremoniel-Handlungen höher zu stehen kommen.

§. 5.

Ich besitze keine solche Eigen-Liebe/ daß ich behaupten wolte/ als ob durch gegenwärtige Arbeit dem Verlangen der gelehrten Welt ein völlig Genügen geschehen/ und das Ceremoniel-Wesen nach aller Vollkommenheit in die Regeln einer Wissenschafft eingeschlosschlossen; inzwischen glaub ich doch/ daß die allenthalben zerstreueten unordentlichen und weitläufftigen Anmerckungen von dergleichen Handlungen/ hiedurch in eine kürtzere und bessere Ordnung gebracht/ und der Vortrag und Zusammenhang dieser Sätze/ einer Systematischen Lehr-Art ziemlich gleich kommen werde. Von des Herrn Stiefens Europæischen Hof-Ceremoniel, welches ich gar nicht nachgeschlagen/ und vor vielen Jahren nur einmahl ein wenig durchblättert/ wird sich meine Einleitung darinnen absondern/ daß Herr Stief in seiner Schrifft in beliebter Kürtze von den Ceremonien/ wie sie itzund an den Europæischen Höfen in Gebrauch sind/ specielle historische Anmerckungen vorgetragen/ und ich habe mir hingegen angelegen seyn lassen/ meinen Lesern allgemeine Lehr-Sätze mitzutheilen. Es dürfften aber beyderley Schrifften sich gar wohl mit einander vertragen/ und ihren Besitzern gemeinschafftliche Dienste leisten. Es wird diese

diese Einleitung gar gerne den vollständigen Wercken/ so Staats-kundige Männer die in Königlichen oder Fürstlichen Archiven sitzen/ und von den Ceremonien einen besondern und raren Apparatum eingesammlet/ künfftighin ausarbeiten möchten/ den Rang und Vorzug gönnen; ich will inzwischen zufrieden seyn/ wenn ich mit dieser Arbeit meinen Nachfolgern einige Erleichterung/ und den Anfängern so lange biß iemand anders von dieser Materie nach einer philosophischen Lehr-Art etwas vollkommeners schreiben wird/ einigen Nutzen schaffe. Lebe wohl/ Kirchhayn den 15. April 1729.

Verzeichniß der Capitel
in
J. B. v. Rohr
Staats-Ceremoniel.

Der erste Theil.

Von dem Privat-Ceremoniel der grossen Herren in Ansehung ihrer eigenen Personen/ und ihres Hauses.

Das I. Cap. Vom Staats-Ceremoniel überhaupt.   pag. 1

Das II. Cap. Von dem Schlafengehen und Auffstehen der grossen Herren   18

(*)   Das

Das III. Cap. Von der Kleidung. 26

Das IV. Cap. Von den Hoch-Fürstlichen Occupationen und Beruffs-Geschäfften. 34

Das V. Capit. Von heiligen Handlungen. 42

Das VI. Capit. Von Einweyhung der Gebäude. 54

Das VII. Cap. Von Schloß- und Zimmer-Ceremoniellen. 62

Das VIII. Cap. Vom Tafel-Ceremoniel. 90

Das IX. Cap. Von Reisen der Fürstl. Herrschafften. 124

Das X. Cap. Von Fürstlichen Vermählungen. 132

Das XI. Capit. Von der Geburth und Tauffe Fürstl. Kinder. 166

Das XII. Cap. Von der Auferziehung der Prinzen. 194

Das

Das XIII. Cap. Von dem/ so die Hoch-Fürstliche Familie überhaupt angehet. 215

Das XIV. Cap. Von den Hoch-Fürstlichen Bedienten. 229

Das XV. Cap. Von den Rang-Ordnungen der Fürstlichen Bedienten. 260

Das XVI. Cap. Von der Fürstl. Personen Vorbereitung zu ihrem Tode/ und vom Sterben selbst. 272

Das XVII. Cap. Von Testamenten/ deren Aufrichtung/ Publication und Execution. 290

Das XVIII. Cap. Von Leich-Begängnissen und Begräbnissen. 304

Das XIX. Capit. Von dem Hof- und Land-Trauren. 328

Der andre Theil.

Von dem Ceremoniel der grossen Herren/ in Ansehung ihrer Mit-Regenten.

Das I. Cap. Vom Rang und Præcedenz der grossen Herren unter sich. 339

Das II. Cap. Von Visiten und persönlichen Zusammenkünfften. 357

Das III. Cap. Von den Gesandten. 377

Das IV. Cap. Von Titulaturen. 415

Das V. Cap. Von Belehnungen. 437

Das VI. Cap. Von Bündnissen. 460

Das VII. Cap. Vom Krieg. 475

Das VIII. Cap. Von Friedens-Schlüssen. 505

Der dritte Theil.

Von dem Ceremoniel der grossen Herren/ in Ansehung ihrer Unterthanen.

Das I. Cap. Von Hoch-Fürstl. Vormundschafften und Majorennitäts-Erklärungen. 537

Das II. Cap. Von dem Fürstl. Successions-Wesen. 558

Das III. Cap. Vom Interregno und den Wahlen. 568

Das IV. Cap. Von Crönungen. 584

Das V. Cap. Von Einzügen. 609

Das VI. Cap. Vom Antritt und Niederlegung der Regierung. 625

Das VII. Cap. Von der Huldigung. 657

Das VIII. Cap. Von Reichs- und Land-Tägen. 681

Das IX. Cap. Von Ritter-Orden. 708

Das X. Cap. Von der Ehre und Devotion, so die Unterthanen ihrem Landes-Herrn abstatten. 724

Der vierdte Theil.

Von dem Ceremoniel bey unterschiedenen Arten der Hochfürstlichen Divertissemens.

Das I. Cap. Von den Hoch-Fürstl. Divertissemens überhaupt. 732

Das II. Cap. Von Aufzügen. 739

Das III. Cap. Von den mancherley Turnieren und Ritterspielen. 751

Das IV. Cap. Von Carousellen/ Ringrennen und Roß-Baletten. 769

Das V. Capit. Von musicalischen Concerten/ Täntzen/ Bällen und Baletten. 784

Das

Das VI. Capit. Von Opern und Comödien. 796

Das VII. Cap. Von Carnevals und Masqueraden. 815

Das VIII. Capit. Von Wirthschafften und Bauer-Hochzeiten. 824

Das IX. Cap. Von Schlittenfahrten. 834

Das X. Cap. Von Illuminationen. 838

Das XI. Cap. Von Feuerwercken. 846

Das XII. Cap. Von unterschiedenen Arten der Lust-Schiessen. 853

Das XIII. Cap. Von den mancherley Arten der Lust-Jagden und Jagd-Divertissemens. 859

Das XIV. Capit. Von unterschiedenen andern Divertissemens auf dem Lande. 876

Der erste Theil.
Von dem Privat-Ceremoniel der grossen Herren/ in Ansehung ihrer selbst und ihres Hauses.

Das I. Capitul.
Von dem Staats-Ceremoniel überhaupt.

§. 1.

Das Staats-Ceremoniel schreibet den äusserlichen Handlungen der Regenten, oder derer, die ihre Personen vorstellen, eine gewisse Weise der Wohlanständigkeit vor, damit sie hierdurch ihre Ehre und Ansehen bey ihren Unterthanen und Bedienten, bey ihren Hoch-Fürstlichen Anverwandten und bey andern Mitregenten entweder erhalten, oder noch vermehren und vergrössern.

grössern. Die Staats-Ceremoniel-Wissenschafft reguliret die Handlungen der grossen Herren, die sie in Ansehung ihrer selbst, ihrer Familie und ihrer Unterthanen vornehmen, und setzet auch dem, womit sie andere Fürsten oder ihre Gesandten beehren, eine gewisse Ziel und Maaße.

§. 2. Einige Ceremonien sind gar vernünfftig, und mit gutem Grunde etabliret. Sie sind als Mittel anzusehen, dadurch ein Landes-Herr einen gewissen Endzweck erreichet, immassen den Unterthanen hiedurch eine besondere Ehrfurcht und Ehrerbietung gegen ihren Landes-Herrn zuwege gebracht wird. Sollen die Unterthanen die Majestät des Königes erkennen, so müssen sie begreiffen, daß bey ihm die höchste Gewalt und Macht sey, und demnach müssen sie ihre Handlungen dergestalt einrichten, damit sie Anlaß nehmen, seine Macht und Gewalt daraus zu erkennen. Der gemeine Mann, welcher bloß an den äusserlichen Sinnen hangt, und die Vernunfft wenig gebrauchet, kan sich nicht allein recht vorstellen, was die Majestät des Königes ist, aber durch die Dinge, so in die Augen fallen, und seine übrigen Sinnen rühren, bekommt er einen klaren Begriff von seiner Majestät, Macht und Gewalt. S. des Hrn. Hofrath Wolfens Gedancken von dem gesellschafftlichen Leben der Menschen, p. 499. u. 501.

§. 3. Bey dem Ursprung mancher alten Ceremonien hat man dahin gesehen, daß so wohl die Regenten als Unterthanen durch dieses oder jenes äusser-

Von dem Staats-Ceremoniel überhaupt. 3

äusserliches Zeichen, so in die Sinnen fällt, sich gewisser Pflichten erinnern sollen. Man hat aber nachgehends das Haupt-Werck vergessen, und bloß das Nebenwerck behalten; man siehet auf das Zeichen, und weiß doch nicht was dadurch angedeutet werden soll. Diese oder jene Handlung ist nun einmahl so Mode, sie ist von alten Zeiten her biß auf die jetzigen so beobachtet worden, und also macht man sie mit, sie mag bedeuten was sie will.

§. 4. Viel Ceremonien sind nach der Beschaffenheit der damahligen Zeiten mit gutem Grunde angeordnet worden, die aber bey der gegenwärtigen Verfassung eines Landes oder Republic, weil die Raison davon gäntz und gar wegfält, in der That vor einfältig und unvernünfftig anzusehen. Es gehet damit, wie mit der Application mancher Römischen Gesetze in Teutschland. Viel Römische Gesetze sind höchst vernünfftig in Absicht auf die Römische Verfassung, schicken sich aber im geringsten nicht vor unsere jetzige Beschaffenheit in Teutschland.

§. 5. Manche Ceremonien sind auch nach ihrem Ursprunge lächerlich, die Gelegenheit dazu ist wunderseltzam und bißweilen nicht allzu rühmlich, und wenn ein Geschicht-Schreiber dieselbige entdecken wolte und könte, so würde er sich bey manchen so wenig merita machen, als sich einer um ein adelich Geschlecht verdient machen würde, wenn er der Welt public machte, warum und bey was vor Gelegenheit sie dieses oder jenes Stück in ihre Wappen bekommen hätten.

A 2   §. 6.

§. 6. Die sich auf das Ceremoniel-Wesen legen, thun überaus wohl, daß sie bey allerhand Ceremonien acht haben, ob sie etwas bedeuten oder nicht, denn hiedurch bekommen sie offters Gelegenheit, daß sie den Grund davon entweder gewiß, oder doch nach einer grossen Wahrscheinlichkeit entdecken. Bleibt ihnen die Bedeutung hievon unbekannt, und können sie den Grund nicht allezeit finden, so müssen sie doch nicht gleich schlüssen, daß sie keine Bedeutung habe, und ungegründet sey. Die Unvollständigkeit der Geschichte ist schuld, daß wir bey vielen Gebräuchen und Verfassungen, den Grund, warum unsern Vorfahren dergleichen beliebet, nicht anzuzeigen wissen. Trifft es bey einer Sache ein, quod non omnium, quæ à majoribus sancita sunt, reddi possit ratio, so trifft es bey dem Ceremonien-Wesen ein.

§. 7. Wären die Ceremonien weniger, so würden sie offters auch nützlicher seyn. Da aber bey manchen öffentlichen Handlungen allzuviel Ceremonien unternommen werden, so werden diejenigen, die hierbey ihre Pflichten wahrnehmen solten, über den allzuvielen Wesen gantz confuse, und von der nöthigen Aufmercksamkeit abgehalten.

§. 8. Daß bey den Ceremoniel Stücken der grossen Herren viel Dinge mit unterlauffen, die der Ehre GOttes, der Vorschrifft seines Wortes und der Verordnung der natürlichen Rechte zuwider lauffen, ist mehr als zu gewiß, es würde aber eine verhaßte Arbeit seyn, wenn man die hierbey herrschenschende Irrthümer speciell anzeigen wolte. Manche Gebräuche nutzen zu nichts, als daß sie den lasterhafften Neigungen der grossen Herren schmeicheln, und ihnen zur Erweckung und Unterhaltung ihrer Wollust oder ihres Ehrgeitzes dienen.

§. 9. Was vor Mißbräuche wird man nicht bey den ausserordentlichen Titulaturen und Ehrenbezeugungen der grossen Herren gewahr, wie insonderheit der Fußkuß des Pabstes ein klares Exempel hievon abgiebt, welches die Päbste in ihrem Ceremoniali Sacro Libr. I. Sect. III. Cap. III. durch ein besonder Edict verordnet: Omnes mortales & præsertim Christi fideles, cujuscunque sint dignitatis & præeminentiæ, cum primum in conspectum Pontificis advenerint, distantibus spatiis ter debent ante illum genu flectere & in honorem Salvatoris nostri JEsu Christi cujus vices gerit in terris, ejus pedes osculari. S. §. XVIII. von D. Mayers Tractat, de osculo Pedum Pontificis Romani. Daß diese Ehren-Bezeugung vor einen sündlichen und sterblichen Menschen zu groß sey, haben einige der Römisch-Catholischen selbst erkannt. Der Cardinal Zabarilli schreibet von der Beehrung des Pabstes, und in specie von dem Fußkuß: Est etiam considerandum de reverentia facienda Papæ, ne in ea excedatur modus, ut videatur non minus honorari Papa quam Deus.

§. 10. Was vor greuliche profanationes gehen nicht mit den beyden herrlichen hymnis vor, mit dem Veni Creator Spiritus, ingleichen mit dem

Te Deum laudamus. Jenes stimmet man offt nur pro forma und zum Spott GOttes an, damit er die Hertzen derer, so ein gewiß Subjectum zu einer weltlichen oder geistlichen Dignität erwehlen sollen, also erleuchte, daß sie den würdigsten erwehlen möchten, und man hat sich doch allbereits vor der Wahl durch mancherley geistliche Intriguen determiniret, wer dazu gelangen soll. Dieses geschicht so wohl bey der Gelegenheit, wenn gewisse Geistliche um das Vaticanum Processions-weise herum ziehen, und diesen Gesang absingen, so bald die Herren Cardinæle sich in das Conclave zur Päbstlichen Wahl begeben, als auch bey andern dergleichen Fällen mehr. Das Te Deum laudamus wird ebenfalls wie ein pur Ceremoniel tractirt, und offt bey solchen Fällen gebraucht, dadurch GOtt zu neuem Zorn und Straf-Gerichten wieder einen Regenten und wieder ein Volck bewogen werden möchte. Man könte von den Mißbräuchen des göttlichen Nahmens und der göttlichen Ehre, wie sie bey dem Ceremoniel-Wesen vorkommen, einen ziemlichen Tractat anfüllen, wenn man sich dieser Arbeit unterziehen wolte.

§. 11. Die Ceremonien überhaupt, und die äusserlichen Ehren-Bezeugungen, sind nicht allein nach dem Unterschied der Zeiten, sondern auch nach dem Unterschied der Höfe und der Völcker unterschieden. An diesem Ort wird diese oder jene Solennität vor etwas vortreffliches, rühmliches und vernünfftiges gehalten, und hingegen in einem andern

dern Lande würde man sie vor schimpflich und einfältig achten, und darüber lachen; so verändern sie sich auch gewaltig nach den unterschiedenen Sentimens der grossen Herren, oder ihres Staats-Ministres und ihrer Favoriten. Mancher grosser Herr, der den Staat und die Magnificenze liebet, und der ambition sehr ergeben, ist überaus pointilleus in diesem Stück; er will, daß Einheimische und Auswärtige nach der grösten und schärffsten accuratesse das Ceremoniel gegen ihn beobachten sollen, zumahl wenn er dabey von sehr hitzigen Naturell ist, und will denen andern, die ihm gewisse Ehren-Bezeugungen abfordern, nicht einen Nagel breit nachgeben. Es kommt aber nach ihm etwan ein anderer Nachfolger des Reichs, der die Wollust oder das Interesse den Ceremonien vorziehet: dieser räumet den andern bey den Gelegenheiten, da sie seine Passion contentiren, zu gantzen Händen voll ein; da hingegen sein Antecessor nicht einen Finger breit nachgeben wollen. Sind einige grosse Herren so unglücklich, daß sie sich von ihren Ministres beherrschen lassen, so werden die Ceremonien nach dem Maaß der Liebe, womit sie dem andern zugethan, oder des Nutzens, den solche Ministres davon tragen, zu der Zeit, so lange sie das Steuer-Ruder in Händen führen, ausgetheilt.

§. 12. Das Interesse giebt bey dem Ceremonien-Wesen, so wohl unter Privat-Personen als auch grossen Herren, ein trefflich Gewichte. Wenn man die Leute braucht, so giebet man ihnen zu der

Zeit nach, so viel als möglich), und erzeiget ihnen alle nur ersinnliche Höflichkeit, biß man seinen Zweck erreicht, alsdenn läst man wieder nach. Der Autor der Quæstion, ob Reichs-Fürsten befugt wären, Ambassadeurs zu schicken, sagt bey dem Cassandro Thucelio in den Electis Juris Publici p. 307. Les plus habiles Princes ont eté fort prodigues de Civilités quand elles leurs ont eté utiles, & il n'y a point de liberalité, qui incommode moins, & qui acquiert plus d'amis.

§. 13. Nicht weniger geschehen bey den Ceremoniellen so wohl vor der Fürsten eigne Personen, als auch vor ihre Gesandten gewisse Ausnahmen, nachdem ein grosser Herr in Europa bey den andern Puissancen durch seine Meriten und durch seine Macht sich einen grossen Nahmen erworben, oder sich sehr victorieus erwiesen, viel Conqueten erlangt, Stätte und Länder eingenommen; Diese werden schon mit grösserer honeur angesehen als diejenigen, die bey ihren Unterthanen und bey ihren Nachbaren sich nicht sehr venerable und formidable gemacht. Die neuen geschloßenen Alliancen und eheliche Bündnisse, und die dadurch zuwege gebrachten Anverwandtschafften, verändern ebenfalls eines und das andre bey den Ceremonien; und die unterschiedenen Umstände der Zeiten, der Personen und der Oerter, setzen gar öffters den solennesten Handlungen eine ziemlich eingeschränckte Ziel und Maaße. Wenn Sterbens-Läuffte einfallen, oder der Krieg im Lande, oder doch

doch vor der Thüre ist, oder die Geld-Cassen erschöpfft sind, so setzet man die Ceremonielle trefflich bey Seite, und richtet alles de simplici & plano ein.

§. 14. Es geschicht bißweilen, daß einige grosse Könige und Königinnen, Fürsten und Fürstinnen, entweder aus grosser Demuth, zu der sie, ihrer Hoheit unbeschadet, ihren tugendhafften Naturell nach geneigt sind, oder aus besonderer Liebe, womit sie diese oder jene Person, von geringer Dignität distinguiren wollen, von denjenigen Ehren-Bezeugungen, die ihnen andre zu leisten schuldig und willig wären, ein grosses nachlassen. Als die Princeßin von Waldeck bey dem höchstseligsten König in Engeland Georgio, da sie sich anno. 1723. in Hannover aufhielten, nach der gewöhnlichen Englischen Weise ihren Reverence kniend verrichten wolten, so wurden sie von Ihrer Königlichen Majestät daran verhindert, und gar gnädig embrassirt. So wurde es ebenermassen mit der Hoch-Fürstlichen Schwartzburgischen Familie gehalten. S. Einleitung zur neuesten Historie der Welt, p. 891.

§. 15. Die Pflichten der Höflichkeit, und die Regeln des Wohlstandes werden von den grossen Herren auch gar öffters mitten unter der Krieges-Unruhe gegen die Feinde beobachtet. Der Autor des XIII Stückes von der Europäischen Fama sagt p. 301: Grosse Herren sind nicht geartet wie gemeine Leute, diese wissen nicht, wie sie einander
krumm

krumm genug ansehen sollen, wenn sie Streitigkeiten mit einander haben, jene aber schlagen einander ein zehntausend Mann nach den andern todt, und mahlen einander in den Krieges-Manifesten auf daß schwärtzeste ab, hingegen, wenn etwas unter ihnen vorgehet, so das Ceremoniel betrifft, so ist von nichts als von Freundschaffts-Bezeugungen, Glückwünschungen, Freude über des andern Wohlstand, und Betrübniß über des andern traurige Zufälle zu hören.

§. 16. Obschon einige Ceremonien, wie ich in den vorhergehenden angeführet, über die maßen veränderlich, weil sie von dem Willen der Regenten dependiren, und von mancherley Umständen gelencket werden, so kan man doch dieses nicht von allen sagen, inmaßen einige durch die Fundamental-Gesetze des Reichs, durch die Pacta Conventa, durch die von den Regenten mit den Reichs-Ständen errichtete Capitulationen und durch andre öffentliche Tractaten so fest etablirt und angeordnet, daß ein grosser Herr vor sich, ohne die Einwilligung des dritten, der hierbey mit interessirt, nicht das geringste zu ändern vermag, ja es würden manche dencken, daß die Pfeiler des Reichs gerührt und bewegt würden, wenn einige von dergleichen Ceremonien solten verändert, oder gar aufgehoben werden.

§. 17. Uber die Fundamental-Gesetze des Reichs werden auch noch viel Ceremoniel-Puncten in den Friedens-Schlüssen, in den Allianzen, in den

Ehe-Stifftungen, in den Fürstlichen Testamenten, Freund-Brüderlichen Vergleichen, am allermeisten aber durch die Observanz decidirt. Mit dem interdicto uti possidetis, beschützen sie ihren Rang und die einmahl erlangten Vorrechte, so lange sie können, und bemühen sich hiedurch mancherley Ceremoniel-Querellen vorzukommen. Jedoch mangelt es auch hierbey nicht den andern, die ihnen die Possess nicht zuerkennen wollen, an Ausflüchten, bald führen sie an, Gegentheil hätte ihnen vorhero eine ausserordentliche Höflichkeit und Gefälligkeit erwiesen, die sie hiedurch hätten erwiedern wollen; bald gedencken sie daß ihre Hof-Marschalle oder Staats-Ministri dieses ohne ihre Ordre, und wider ihren Willen, oder aus Unwissenheit und Nachläßigkeit gethan; sie erinnern auch wohl, es wäre damahls nur aus besonderer Gunst und Freundschafft geschehen, da sie aber sähen, daß aus dieser Continuation der Höflichkeit ein Actus possessionis angeführt werden wolte, so wolten sie diese nicht mehr zugestehen.

§. 18. Einige Regenten sind in Vertheidigung ihrer Ceremoniel-Rechte, und in Abforderung der Ehren-Bezeugungen, die andre ihnen bißhero ertheilet, hitziger als die andern. Manche wollen gleich alles Commerce auf einmahl abbrechen, und bezeugen ihren ernsten Widerwillen, es mag ihnen das unangenehme selbst, oder ihren Gesandten begegnet seyn. Sie reisen ohne Abschied fort, und befehlen dergleichen ihren Gesandten,

ten, sie drohen mit der Revenge, und erfüllen sie auch bey der ersten Gelegenheit; ja es ist auch öffters genug auf eine empfindliche Unhöflichkeit eine solenne Krieges=Declaration erfolgt; je feuriger ihr Naturell, und mehr sie zur Ambition geneigt, je mehr Vergnügen finden sie ihre Ehre bey dem Ceremoniel-Wesen zu verfechten. Ein gewisser Autor sagt von dieser Materie: „Dieses ist ein „Punct, darinnen die Potentaten überaus em„pfindlich sind, und wofern hierinnen etwas ver„geben wird, scheinet es, ob könte man solches mit „allen Schätzen und Reichthümern der Welt „nicht wieder ersetzen; man lasse die Weltweisen „mit vollem Halse vom Morgen biß an den Abend „schreyen, daß die Ehre nichts als ein blosser Schat„ten, so wollen wir doch diese Sauertöpffe, ehe sie „sichs versehen, mit ihren eigenen Worten schlagen. „Denn wenn es wahr, daß der Schatten so ein „verächtlich Nichts, so frag ich, warum der unflä„tige Diogenes seine retirade so fleißig in dem „Schatten seines philosophischen Fasses gesucht, „um solchergestalt von der Sonnen=Hitze verwahrt „zu seyn. Gesetzt nun, die Ehre sey ein blosser „Schatten, so wird doch kein Verständiger die „Grossen dieser Welt verdencken können, daß sie „die brennende Hitze ihrer Ehrsucht in dem ange„nehmen Schatten der zeitlichen Ehre abzukühlen „trachten; ich meyne nicht, daß mir jemand ohne „Nachtheil der gesunden Vernunfft widersprechen „könne.

§. 19.

§. 19. Andere Puiſſancen, oder deren Gevollmächtigte, laſſen ſich, zu Vermeydung der weitläufftigen Irrungen, die ſich ſonſt aus dergleichen Puncten entſpinnen könten, mancherley Temperamente vorſchlagen, oder diejenigen, die ihnen andere vorſchlagen, gefallen; Sie erkennen ihre Fehler, und verreverſiren ſich, daß dergleichen in Zukunfft nicht wieder geſchehen ſolte, und daß ſie ihre Miniſtres, oder ſonſt die Ihrigen, erſtlich darum zur Rede ſetzen, auch wohl, nach Beſchaffenheit der Umſtände, gar beſtraffen würden, und alſo dem andern Satisfaction ſchaffen, ſie laſſen es auf die Entſcheidung des Looßes ankommen, ſie belieben eine Alternation, ſie compromittiren auf den Ausſpruch eines unpartheyiſchen Fürſtens, dem ſie die Deciſion dieſes Punctes überlaſſen, ſie ſetzen ſich deßfalls mit einander in beſondern Conventionen, und was ſie ſonſt noch vor Mittel ergreiffen, nach Anleitung der beſondern Regeln der Klugheit, um den Frieden zu erhalten.

§. 20. An den Höfen, wo man das Ceremonien-Weſen mit groſſer Accurateſſe tractirt, hat man beſondre Ceremonien-Meiſter, die in Franckreich und Italien am erſten aufgekommen, und von einigen Seculis her bereits etablirt. Dieſe müſſen alle die öffentlichen Handlungen reguliren, damit der Sachen nicht zu viel noch zu wenig geſchehe, und keinem Hofe noch ſonſt jemand einige Præjudiz zugezogen werde. Sie müſſen alle Ceremonien, bey den Hoch-Fürſtlichen Vermählungen,

Kind-

Kindtauffen, solennen Eydes-Leistungen, prächtigen Ein- und Auszügen, Staats-Versammlungen,
öffentlichen Freuden-Bezeugungen, Leichen-Begängnissen, Errichtung der Begräbniß-Monumen-
ten reguliren, die Ambaſſadeurs zu erſt introduci-
ren, ſie beſuchen, tractiren und erkennen lernen, und
den Hof, ſo viel als müglich, in guten Credit ſetzen.

§. 21. Man erwehlet mehrentheils zu dieſen an-
ſehnlichen Chargen, die mit einem hohen Range
verknüpfft ſind, Cavaliers von einem guten Hauſe,
die eine ſchöne Perſon præſentiren, in den Geſchichten des Königlichen oder Fürſtlichen Hauſes, und
der andern Fürſtlichen Häuſer wohl erfahren, und
dabey geſprächig, höflich und manierlich ſind. An
einigen Höfen hat man zweyerley Ceremonien-
Meiſter, als Ober-Ceremonien-Meiſter und Un-
ter-Ceremonien-Meiſter, an andern Höfen gar
keinen, ſondern nur beſondere Introducteurs des
Ambaſſadeurs. An den Teutſchen Höfen pflegen
mehrentheils die Hof-Marſchall-Aemter dasjenige
zu dirigiren, was ſonſt den Ceremonien-Meiſtern
zukommt.

§. 22. Uber die Ceremonien-Meiſter findet
man in einigen Ländern, auch noch gewiſſe Cere-
monien-Aemter, Herolds-Aemter, oder andre
Collegia, die ſich um dergleichen zu bekümmern
pflegen. Alſo iſt in Rom ein ſolches die Con-
gregatione de riti, welchem ein Cardinal als Præ-
ſes vorſtehet. Zu dieſem werden einige Cardinäle
als Nuntii a latere ernennet, um mit denſelben zu
über-

überlegen, wenn ein wichtiger Punct im Ceremoniel-Wesen vorkömmt, z. e. wenn man einen König im Nahmen Ihrer Päbstl. Heiligkeit entgegen gehen will.

§. 23. Unter den Ceremonien-Meistern stehen auch die andern Subalternen, die bey dergleichen solennen Handlungen mit gebraucht werden, als gewisse Secretarii, Aides des Ceremonies die Herolde und Poursuivans. Unter des Königs von Engeland ordinairen Hof-Bedienten sind drey Wapen-Könige, sechs Ober-Herolde und vier Unter-Herolde. Der erste und vornehmste unter den Wapen-Königen wird der Gatter vom Hosenband genennt, weil er hauptsächlich die Ceremonien, so den edeln Orden vom Hosenband betreffen, dirigiren muß. Die sechs Ober-Herolde müssen zu Hofe aufwarten, öffentlichen Solennitäten beywohnen, Krieg und Frieden proclamiren, und werden bey ihrer Erwehlung zu Rittern geschlagen. Die Unter-Herolde müssen alle Edelleute von Geburth seyn, und assistiren dem Grafen Marschall in seinem Marschalls-Gemach. S. die vollständige Beschreibung der Ceremonien, welche bey der Crönung Georgii II. in Engeland vorgangen.

§. 24. Es hat seinen guten Nutzen, wenn alle Kleinigkeiten bey dem Ceremoniel-Wesen an einem Hofe in eine gute Ordnung gebracht und darinnen erhalten werden, es gereicht solches zu Vermehrung des Grandeurs, zur Conservation der erlang-

erlangten Prærogativen, zur Beybehaltung der Freundschafft unter grossen Herrn, und des Respects der Anverwandten, Ministres und Unterthanen, zur Etablirung der völligen Subordinationen, zwischen den Obern= und Unter=Bedienten, zu Vermeydung aller Collusionen zwischen denen in Gleichheit stehenden Unterthanen, zu Verhütung des Ranges und andern Ceremoniel-Streit bey Auswärtigen zu commoder Ausführung des Gouvernements und Commando, weil alle Fürfallenheiten dadurch decidirt werden, und zur Zierde eines gantzen Staats, Hofes und Landes.

§. 25. Mit der steigenden Pracht und Magnificenze nehmen auch die Ceremonien an den Höfen so wohl in Teutschland, als ausser Teutschland, je mehr und mehr zu; Die Vermehrung und Vergrösserung des Ansehens der Höhern gereicht auch den andern, die ihnen an Dignitæten nachgehen, zur stetswährender Æmulation, so daß sie auch nachgehends so wohl bey den Höhern als auch bey ihres gleichen und den Geringern, die Verbesserung bey ihren Ceremonien suchen, wie aus gar vielen Exempeln der neuesten Geschichte des Teutschen Juris Publici erhellet.

§. 26. So werden auch fast allenthalben bey den Unterthanen, zu Bezeugung ihrer Devotion gegen ihren Landes=Herrn neue und besondre Ceremonielle eingeführt, die sonst nicht in Gebrauch gewesen. Also soll in vorigen Jahren die Gewohnheit des Fürstenthums Siebenbürgen nicht mit sich

sich gebracht haben, daß die Einwohner die Geburths- Nahmens- und andre dergleichen solennen Täge des Römischen Kaysers gefeyert, nunmehro aber haben sie sich auch angewöhnt, ihre Vasallen und Unterthanen Pflichten besser zu beobachten, und dergleichen Festins zu celebriren. S. Einleitung zum neuesten Geschichten der Welt. XXV. Stück p. 89.

§. 27. In unserm Teutschland hat man angefangen, von der Zeit an, da der Münsterische und Oßnabrückische Friede geschlossen worden, sich mehr um das Ceremoniel-Wesen zu bekümmern: Die vielen fremden Gesandten der ausländischen Puissancen, die allda zusammen kamen, gaben den Teutschen Fürsten Gelegenheit, ihre Rechte in einem und dem andern Stück besser erkennen zu lernen, und von den Ausländern bey den Ceremoniel-Puncten manches, das ihnen nicht bekandt gewesen, oder darauf sie doch nicht so acht gegeben hatten, zu lernen. Fürstenerius gedencket in seinem Tractate de Suprematu & jure legat. Princ. daß vor ein 30 Jahren von der Zeit an, da er seinen Tractat geschrieben, zu rechnen, viel Räthe an den Fürstlichen Höfen den Unterschied zwischen einen Ambassadeur und Envoyé nicht gewust hätten.

§. 28. Brunnemann meldet in seiner Dissertation de jure Ceremoniali circa legatos, die alten Publicisten würden sich gewaltig verwundern, wann sie wieder aufwachen und von dem jure Ceremoniali hören solten, sie würden dencken, daß vielleicht nichts

nichts anders als das ehmahlige Mosaische Gesetz, darunter verstanden würde; und wenn man die politischen Schrifften, die vor ein 60 oder 70 Jahren von dergleichen Materien abgefast worden, mit denen jetzigen conferirt, so sind sie wie Tag und Nacht von einander unterschieden. Ein gewisser Autor urtheilt von den Schrifften, die von der Materie der Gesandschafften in den damahligen Zeiten abgefaßt worden, darinnen die Autores von der Abgesandten Keuschheit, Mäßigkeit und Ansehen des Leibes viel Worte machen, daß sie eher vor gemahlte als lebendige Gesandten gehörten.

Das II. Capitul.
Von dem Schlafen-gehen und Aufstehen der grossen Herrn.

§. 1.

An einigen Höfen, wo die Regenten nicht allein ihren Unterthanen Gesetze, sondern sich auch selbst bey ihren Handlungen gewisse Ordnungen vorschreiben, ist eine gewisse Stunde bestimmt, in der die Hoch-Fürstlichen Herrschafften nebst ihren Bedienten sich zur Ruhe begeben, und des Morgens von ihren Lagern wieder auffstehen, es müste denn bißweilen bey einigen Solennitäten, oder bey dem Zuspruch frembder Herrschafften, eine Ausnahme von dieser Regul vorgehen. An andern hingegen wird auf gewisse

Maße

Maße die Nacht in Tag, und der Tag in Nacht verwandelt, sie bringen einen grossen Theil der zur Nacht-Ruhe bestimmten Zeit mit Essen, Trincken, Spielen, Tantzen und andern Divertissemens zu, und halten hingegen biß fast an die Mittags-Stunden ihre Ruhe.

§. 2. Es ist eine seltzame Sache, daß die Könige in Spanien in diesem Stück gebunden sind, und viel weniger Freyheit haben, als alle ihre Unterthanen, indem sie, nach denen über hundert Jahr eingeführten Hof-Reguln, im Sommer des Nachts um 10. Uhr, und des Winters um 9. zu Bette gehen müssen. Die Geschicht-Schreiber gedencken, daß als Königs Caroli II. erste Gemahlin Maria Louyse in Madrit angelangt, und sich an diese vorgeschriebene Stunde nicht kehren wollen, sondern vermeynet, es wäre alsdenn die beste Zeit zu schlaffen, wenn man dazu Lust hätte, es öffters geschehen wäre, daß ihr Frauenzimmer, ohne sie darum zu befragen, angefangen, des Abends, da sie noch über der Tafel gesessen, sie auszuziehen; einige hätten ihr den Kopff zurecht gemacht, andere unter die Tafel gekrochen, ihr die Röcke auszuziehen, und wäre sie alsdenn so geschwinde zu Bette gebracht worden, daß sie manchmahl nicht gewust, wie ihr geschehen wäre. S. den I. Tomum von Lünigs Ceremoniel-Theatro, p. 336.

§. 3. Einige Hoch-Fürstliche Ehegatten schlafen in einem Gemach und in einem Zimmer, andere aber sin.., den Betten und Schlaf-Gemächern nach, gantz von einander abgesondert, und die Hoch=Fürstliche Ehe=Männer müssen mit vielen Ceremonien die Erlaubniß suchen, ihren Gemahlinnen in der Nacht Gesellschafft zu leisten. In Spanien soll der König, dem daselbst eingeführten Reglement nach, auf folgende Weise zu der Königin ins Zimmer gehen: Er hat seine Schuh als Pantoffeln angesteckt, seinen schwartzen Mantel auf den Achseln, an statt des Schlafrocks, welcher eben so wenig als die Pantoffeln gebräuchlich. Sein Broquet oder Schild hängt ihm an dem lincken Arm, wie auch eine Flasche, die an einem Bändgen angeknüpfft, und nicht zum Trincken, sondern zu einem andern nächtlichen Dienst gebraucht wird. Ferner trägt in der lincken Hand eine kleine Nacht=Laterne, und in der rechten einen grossen Stoß=Degen. Ist er nun also bewaffnet, so darff er in der Königin Zimmer hinein treten. Ob diese Ceremonien, die Herr Lünig in seinem grossen Ceremoniel-Werck an vorhin angezogenem Orte anführet, und vielleicht aus einer alten Reise-Beschreibung ausgezeichnet, heutiges Tages noch im Gebrauch, daran zweifle gar sehr.

§. 4. An den meisten Teutschen Höfen pflegen die Cavaliers zu der Zeit, da sich der Fürst in sein Schlaf=Zimmer begeben will, vom Hofe wegzugehen, auch so gar derjenige Cammer=Juncker, der das gewöhnliche Aufwarten hat, und überlassen ihren Herrn alsdenn den Pagen und Cammer=Dienern zum Auskleiden, er müste denn unpäßlich seyn,

da

da einer, oder nach Gelegenheit auch wohl ein paar Hof=Cavaliere des Nachts bey ihm wachen müs=sen, nebst dem Leib=Medico.

§. 5. Sind sie in ihren Schlaf=Gemächern al=lein, so muß entweder der Leib=Page, oder einer von ihren ältesten und getreuesten Cammer=Dienern in der Nachbarschafft schlafen, daß sie ihn gleich ruf=fen, und bey der Hand haben können. Diese legen sich zur Ruhe, so bald die Nacht=Lichter angezündet, und der Fürst ins Bette gestiegen.

§. 6. Früh Morgens stehen sie auf, wenn es ih=nen gelegen, wie sie sich gewöhnet, wie es ihrem Temperament, oder denjenigen Verrichtungen, die sie des Tages über zu expediren haben, gemäß ist. Die Krieges=Helden, oder die Liebhaber von der Jägerey, sind offters munterer als ihre Cava=liere, und pflegt es nicht selten zu geschehen, daß sie in der Campagne, oder wenn sie auf die Jagt wol=len, früh Morgens ihre Cavaliere aufwecken. Die=sen würde bey ihren Schlafengehen und Auffstehen mit den Spanischen Ceremoniellen nicht gar viel gedient seyn.

§. 7. Einige haben im Gebrauch, daß sie, auch bey ihrem gesunden Zustand, früh Morgens im Schlaf=Rock biß um 9 oder 10 Uhr in ihrem Bet=te liegen bleiben, ob sie schon gantz früh aufgewacht. Sie lassen alsdenn viele von fremden und ihren ei=genen Ministres und Cavaliers vor sich, sie ertheilen Audienzen, hören die Vorträge an, unterschreiben
die

die Rescripta und Befehle, und expediren die wichtigsten Dinge.

§. 8. Ausser dem aber, wo dieses nicht eingeführt, wird niemand leicht erlaubet, in das Fürstliche Schlaf-Zimmer zu gehen, sondern die meisten müssen in den Vorgemächern warten, biß der Fürst angekleidet. Jedoch haben, über die Pagen und Cammer-Diener, die bey der Ankleidung des Fürsten nöthig sind, auch nachfolgende Personen in diesem Stück bey einigen Fürsten einen Vorzug, als (1) die Fürstlichen Kinder und Anverwandten, (2) die Favoriten, sie mögen nun grosse Ministri oder andere schlechte Leute seyn, bißweilen hat ein geringer Mensch Erlaubniß zum Eintritt in daß Fürstliche Schlaf-Zimmer, der doch wohl einem Cavalier von sehr hohem Range versagt ist, (3) die Leib-Medici, (4) die geheimen Secretairs, und (5) die Hof-Prediger, und bey den Römisch-Catholischen die Patres und Hof-Capläne.

§. 9. Diesen und einigen andern ist bißweilen erlaubet, bey der Levés mit zu seyn, wenn die grossen Herren nur aus dem Bette gekommen, da hingegen andere nicht hinein gelassen werden, als biß sie halb oder gantz angekleidet. Manche haben bey ihren Ankleiden eine grosse Menge von Pagen und Cammerdienern um sich herum, es muß auch wohl ein Cammer-Herr oder Cammer-Juncker zur Aufwartung mit dabey seyn, andre aber haben bey ihren Ankleiden und Auskleiden einen eintzigen Bedienten bey sich, und findet man wohl bißweilen

len Leute von geringern Stande, die sich hierbey mehr bedienen lassen, als einige Fürsten.

§. 10. An dem Königlich Französischen Hofe ist das grand lever und petit lever des Königes bekannt, bey welchen unterschiedene Einheimische und Fremde zu gegen seyn dürffen. Au grand lever du Roy siehet man den König in seinem Schlafzimmer das Hembde anziehen und sich ankleiden. Ein Fremder muß ein wenig vorher hinaufgehen, und zusehen, daß er mit der Suite hinein kommet, wenn die Thüre des Schlaf-Gemachs geöffnet wird. Kommt man etwann zu späth, so wartet man im Vorgemach, biß entweder einer von den vornehmen Herrn hinein gehet, oder man kratzet gantz leise mit dem Nagel an die Thüre, da man dem Huissier oder Pförtner sagt, wer man sey.

§. 11. Bey dem petit lever du Roy, das ist, wenn der König aus dem Bette auffstehet, und sich den untersten Theil des Leibes anziehen läst, ist niemand zugegen als die Printzen von Geblüthe, einige vornehme Herren, denen die Entrée ins besondre erlaubet, und dann die nöthigen Cammer-Bedienten. Sind Printzen von Geblüthe bey dem lever du Roy zugegen, so reichet der vornehmste unter ihnen dem König das Hembde dar, in der Abwesenheit thut es einer von den vornehmsten Herrn am Hofe. S. Nemeitz Se Jour du Paris p. 385.

§. 12. Die von Fürstlichen Frauenzimmer pflegen

pflegen grossen theils eine lange Zeit in ihren Habit negligée herum zu gehen, Caffée zu trincken, etwas zu lesen, und sich ankleiden zu lassen, biß es fast Zeit ist, zu Mittags zur Tafel zu gehen.

§. 13. So bald die Fürsten angekleidet, müssen sich die Cammer-Herren, Cammer-Juncker oder andere Hof-Cavaliere bey der gesetzten Stunde in den Vorgemächern zur Aufwartung parat finden lassen, biß sich hernach ein oder ein paar Stunden vor der Mittags-Tafel der gröste Theil von der Hof-Statt zusammen findet.

§. 14. Die Leib-Medici müssen vor andern die ersten mit seyn, die sich früh Morgens bey Durchlauchtigster Herrschafft zeigen, es ist auch mehrentheils in denen ihnen vorgeschriebenen Instructionen anbefohlen, daß sie sich alle Morgen des Zustandes Durchlauchtigster Herrschafft erkundigen sollen, es wäre denn, daß sie bißweilen wegen hohen Alters oder eigener Unpäßlichkeit, davon dispensirt würden. Bißweilen haben sie die Erlaubniß, wie ich oben gesagt, die Fürstlichen Personen zu besuchen, wenn sie noch in Betten liegen, zuweilen aber, wenn sie nicht in so gar grossen Gnaden stehen, müssen sie in den Vor-Gemächern warten, biß sie gefordert und gerufft werden.

§. 15. Bey den Römisch-Catholischen Potentaten finden sich die Patres u. Hof-Capläne bey dem frühesten Morgen zu Hofe mit ein; Sie müssen sichs aber auch bißweilen gefallen lassen, wenn sie den Bescheid bekommen, sie solten sich vor diesesmahl

mahl wieder nach Hause begeben, man wolte sie ein andermahl wieder hohlen lassen, wenn man würde gelegenere Zeit haben.

§. 16. An einigen Höfen wird des Abends und Morgens vor dem Schlafen-gehen und nach dem Auffstehen, in Gegenwart der Durchlauchtigsten Herrschafft und des mehresten Theils von Dero Hoffstatt, von dem Fürstlichen Schloß- und Hof-Prediger Beth-Stunde gehalten, an andern aber ist dieses nicht Mode. Kayser Ferdinandus II. war so devot, daß er gleich nach seinem Auffstehen eine gantze Stunde vor einem Altärlein, so zu solchem Ende in seiner Schlaf-Cammer zugerichtet war, im Gebeth und andächtiger Betrachtung zubrachte. Als er nun einsmahls auf der Reise verhindert ward, so schrieb er seinem Beicht-Vater, welcher dazumahl kranck zu Bette lag, folgendes Brieflein mit eigener Hand: Ehrwürdiger Pater in Christo: biß dato hab ich jederzeit in Brauch gehabt, mein Gebeth, eh ich mich angelegt, eine Stunde lang zu verrichten, welches mir aber auf dieser Reise alsofort zu treiben, ziemlich schwehr seyn würde, weil ich alle Tage um 4. Uhr auffstehen muß; ob nun wohl dißfalls einiges Gelübde nicht habe, nichts destoweniger begehr ich Eurer Ehrwürden Rath, ob ich nemlich in etwas dispensiren möge; ich bin GOtt Lob wohl auf. Straubingen den 24. Januarii 1637. S. Kevenhüllers Annal. Ferdinand. XII. Theil p. 397.

Das III. Capitul.
Von der Kleidung.

§. 1.

Es beruhet von der Gefälligkeit grosser Herren, ob sie bey ihrer Kleidung eine besondere Pracht erweisen wollen, oder nicht. Einige bemühen sich in diesem Stück so wohl als in andern an Magnificenze alle ihre Bedienten und Unterthanen zu übertreffen, andere aber erwehlen eine schlechtere und modeste Kleidung, und wollen sich lieber mit den innerlichen Schmuck, der einen Regenten nöthig ist, auszieren, als mit den äusserlichen. Der Herr von Löhneysen sagt in seiner Hof=Staats=und Regier=Kunst p. 119. „Ein „Fürst soll sich nicht zu geringe halten, sondern die „Mittel=Straße in acht haben, in Kleidung und „Schmuck nicht allzuprächtig, auch nicht allzu= „schlecht seyn, sondern betrachten, was auf eine „Zeit einem grossen König gerathen worden, nem= „lich daß es viel feiner wäre, und einen Fürsten „besser anstünde ein weises und tugendhafftes Hertz „für die Leute zu bringen, als ein stattlich Kleid am „Leibe.

§. 2. Einige, die aus einem geringen Stand in einem höhern gesetzt worden, welches in den vorigen Zeiten noch gebräuchlicher gewesen als in den ietzigen, haben aus besonderer Demuth und zu stets=

stetswährender Erinnerung ihrer Niedrigkeit, ihre ehmahligen Kleider Zeit Lebens aufgehoben, und sie auch wohl bißweilen angelegt. Also melden die Geschicht-Schreiber, als der Hertzog in Pohlen Lescus II. der anno Christi 776. erwehlt worden, alle Jahre einmahl, zum Andencken seines Bauer-Standes, seine Fürstlichen Kleider mit sonderbahren Ceremonien abgelegt, und an deren Statt seine Bauer-Kleider angezogen. Nachdem er nun die gantze Zeit seines Lebens diese Gewohnheit beobachtet, so sind auch alle seine Hof-Bedienten hiedurch bewogen worden, um solche Zeit gleichfals in geringen Kleidern einher zu gehen. S. Connors Beschreibung von Pohlen, p. 20.

§. 3. Die bey ihrer eigenen Kleidung die Kostbarkeit und Veränderung lieben, sehen auch dergleichen gerne bey ihrer Hofstatt. Bey dem Kayser Josepho, glorwürdigsten Andenckens, war die so genannte Hof- oder Mantel-Tracht, welche imperiale genennet wird, allezeit sehr kostbar, und konte auch bey seinen Ministris die Veränderungen in der Kleidung trefflich leiden. Einmahl schertzte er, da er noch Römischer König war mit seinen Premier-Ministre dem Cardinal Lamberg, und sagte zu ihm, weil er allzu offt bey Hofe mit einem Kleide erschien: ich glaube du und dein Kleid haben einander zur Ehe genommen, worauf aber Lamberg versatzte: wenn Jhro Majestät die Polygamie von unsern Kleidern verlangen, so werden

den sie sich viel schuldige Diener machen, welchen scharffsinnigen Schertz der Kayser wohl vertragen konte. S. curieuses Bücher-Cabinet VI. Eingang p. 887.

§. 4. Eine gewisse Façon in der Kleidung, die entweder von einer hohen Standes-Person erfunden, oder doch von ihr beliebet und approbirt wird, muß hernach gar öffters viel andern zu einem Muster und Exempel dienen. Als an. 1696. die Savoyische Princeßin Maria Adelheit mit dem Hertzog von Burgundien vermählet ward, und sie sich bey dieser Solennität in ihren eigenen Haaren aufputzte, so gefiel dieses dem König in Franckreich Ludwig XIV. so wohl, daß er allen Damen, so ihr aufwarteten, anbefohl, mit Ablegung aller hohen Fontangen, einen niedrigen Kopff-Zierath anzunehmen. S. Theatr. Europ. Tom. XV. des Jahrs 1696. p. 100.

§. 5. Der gröste Pracht, den die höchsten Standes-Personen in ihrer Kleidung bey den solennesten Festivitäten erweisen, kan in nichts anders bestehen als in Kleidern von Sammet oder golden und silbern Stück, die mit Garnituren von Diamanten, die bißweilen zu vielen Tonnen Goldes auch Millionen werth, besetzt sind. Die Schleppen des Fürstlichen Frauenzimmers, werden entweder von Pagen oder Cavalieren, auch wol gar bey grossen Solennitäten von hohen Standes-Personen, männlichen oder weiblichen Geschlechts, getragen. Als anno 1716. des Czaars
älteste

Von der Kleidung.

älteste Tochter, Printzeßin Catharina, mit dem Hertzog zu Mecklenburg Schwerin Beylager hielt, so hatte sie einen Sammetenen mit Diamanten besetzten Thalar um, davon ihr die Schleppe 6 Cavaliers nachtrugen. S. Electa juris publici Tom. IX. p. 909. Bey der Crönung der Königin in Preussen, Sophien Charlotten, muste gar die Hertzogin von Holstein den Schweif des Kleides nachtragen, und die Schleppe des Rocks der Hertzogin ward von einem Cavalier nachgetragen. S. Thucelii Acta publica Tom. I. p. 731.

§. 6. Gleichwie die Frantzösische Nation in demjenigen, was zu dem Kleider-Wesen gehört, sehr zu raffiniren pflegt, also ist es vor etwas besonders zu achten, da Monsieur Le Bon, Cammer-Præsident zu Montpellier, anno 1710. angegeben, wie man aus Spinneweben eine Seide zubereiten soll. Er hat hievon, so wohl vor den König in Franckreich Ludwig XIV. eine Veste, so sie höher als alle andere Zeuge von Franckreich sollen æstimirt haben, als auch vor die Königliche Societæt der Wissenschafften ein parr Strümpffe, so mehr nicht als 2$\frac{1}{4}$. Untzen gewogen, verfertigen lassen, wie denn 13 Untzen solcher Spinnenhäußgen, 5 Untzen reiner Seide, und hievon 3 Untzen ein paar Strümpffe vor die gröste Manns-Person, 6 Quentlein aber ein paar Handschuh geben sollen. S. Memoires de Trevoux an. 1710.

§. 7. Werden bey gewissen Solennitäten, an den Fürstlichen Nahmens- und Geburths-Tägen, oder

oder auch bey Anwesenheit fremder Herrschafften, Gala-Tage bey Hofe gehalten, so erscheinen so wohl die Herrschafften als auch ihre Bedienten in der besten und prächtigsten Kleidung. An einigen Höfen, als wie an dem Kayserlichen und andern mehr, ist bey gewissen Festivitæten die Spanische Kleidung eingeführt. So bringen auch die Statuta mancher Orden mit sich, daß die Fürsten, so mit einen gewissen Ritter-Orden beehret worden, bey einigen Solennitäten, die in des Fundatoris Familie vorgehen, als Beylagern, Kindtauffen und Begräbnissen, wenn sie denselben mit persöhnlich beywohnen, ingleichen am ersten Oster- Pfingst- und Weyhnachts-Feyertage, über ihre ordentliche Kleidung noch die grosse Ordens-Kette tragen.

§. 8. Bißweilen haben hohe Standes-Personen Gefallen, wann sie sich auf einem Land-Hause oder sonst bey einem gewissen angestellten Divertissement befinden, daß sie nebst ihrer gantzen Hofstatt eine gantz ausländische Kleidung anlegen. Also war vor einigen Jahren in Dresden bey einer angestellten Lustbarkeit der gantze Königlich-Polnische und Chur-Fürstlich-Sächsische Hof in dem so genannten Türckischen Garten in Türckischen Habit eingekleidet. Es geschicht auch wohl, daß sie bey einem vornehmen ausländischen und ihnen angenehmen Zuspruch sich selbst und ihre gantze Hofstatt nach der Façon der fremden Herrschafft, so lange sie sich bey ihnen aufhält, in der Kleidung zu richten pflegen.

§. 9.

§. 9. Halten sie sich bey fremden Völckern oder an einem ausländischen Hofe auf, so conformiren sie sich auch in den allergeringsten Stücken der Kleidung nach den fremden Gebräuchen, zumahl wo sie vorher wissen, daß der fremde Hof, oder das fremde Volck sehr darauf zu sehen pflege, und es ihre besondern Staats-Raisons erfordern, die Gunst des Hofes, oder des Volcks zu erwerben, oder zu erhalten. Man hat unterschiedene Exempel in den alten und neuen Geschichten, daß einige Printzen die Gunst einer fremden Nation nicht eher vollkommen erhalten, biß sie sich in ihrer Kleidung und andern äusserlichen Stücken nach den Sitten des Volcks regulirt.

§. 10. Die besondern Kleidungen, mit denen sie bey grossen Solennitæten angethan gewesen, als etwan bey Crönungen u. s. w. oder bey denen sich sonst etwas merckwürdiges ereignet, als die im Kriege durchschossen, ohne daß der Cörper verletzt worden, werden zu stetswährendem Andencken in denen Rüst- und Raritäten-Cammern aufgehoben, und verwahrlich beybehalten.

§. 11. Bey denen Römisch-Catholischen werden in denen Garde roben gewisse Creutze, mit denen sie von den Päbsten beschencket worden, und welche sie an ihrer Kleidung auf der Brust oder auch sonst zu tragen pflegen, zugleich mit aufgehoben. Also ist in dem XLIII. Articul des Testaments des Königs in Spanien Caroli II. enthalten:

In

„In meinem Kleider-Behalter befindet sich ein
„Crucifix, so mit vielen Indulgentien oder Ablaſ-
„ſen begnadiget, welche der König, mein Vater,
„mir und meinen Nachfolgern hinterlaſſen. Dieſes
„Creutzes haben sich Kayſer Carl der V. mein Ur-
„Anherr und seine Nachfolger biß auf den König
„meinen Vater bey der Stunde ihres Todes bedie-
„net, wie ich denn auch bey meinem Ende mich deſſen
„zu bedienen gewillet. Solches Heiligthum hinter-
„laſſe ich hiermit gleichfalls meinem Succeſſori und
„deſſen Nachfolgern, als ein Denckmahl der Got-
„tesfurcht und Frömmigkeit meiner Vorfahren.

§. 12. An einigen Königlichen und andern
groſſen Höfen, iſt die Ober-Aufsicht über die Königliche Garde Robe, eine beſondre anſehnliche
Charge. An den teutſchen Höfen hat entweder
ein Ober-Cammer-Herr oder auch der oberſte
und älteſte Cammer-Juncker die Garde Robe unter ſich. Dieſe helffen etwan mit Zuziehung der
Fürſtlichen Gemahlin, oder auch mit Beyrath der
Cammer-Diener, die Fürſtliche Kleidung beſorgen,
und was bey derſelben Einkauff, Verfertigung,
Anzug und Erhaltung nöthig, zugleich mit veran-
ſtalten.

§. 13. Einige Fürſten nehmen in dieſem Stück
keinen Bey-Rath an, sie halten davor, daß sie nö-
thigere Sachen zu verrichten haben, als daß sie
mit Beſorgung ihrer Kleidung zu viel Zeit verderben

ben solten; sie achten dieses vor Tändeley, und erwehlen den Zeug, die Farbe und die Façon nach
ihrem eigenen Gefallen, ohne iemand darum zu
befragen. Einige Krieges-Helden achten einen
schlechten Soldaten-Habit, zumahl wenn sie zu
Felde sind, vor anständiger, als ein prächtig ver-
bordirtes Kleid. Die Liebhaber von der Jägerey
erwehlen am liebsten und am meisten eine grüne
Kleidung, u. s. w.

§. 14. Die abgesetzten Fürstlichen Kleider sind
mehrentheils ein Accidens der Leib-Pagen und der
Cammer-Diener, bißweilen geschicht es auch, daß
mancher Cavalier, der nicht gar zu sehr bemittelt ist,
etwas mit davon bekommt.

§. 15. Im übrigen ist aus der alten und neuen
Historie bekannt, daß einige kluge Regenten, aus
besonderer Politique, ihre Fürstlichen Kleider zu
Zeiten mit gantz geringen verwechselt, und hiedurch
theils zur Abend-Zeit in ihren Fürstlichen Residentzen, theils und vornemlich aber an auswärtigen Oertern ihres Landes, eines und das andere
ausgekundschafftet und erfahren, welches ihnen
sonst als Landes-Regenten, wenn sie in ihrer grösten Pracht angethan gewesen wären, nimmermehr, oder doch vielleicht nicht so bald, nicht so vollständig und accurat würde zu Ohren gekom-
men seyn.

C   Das

Das IV. Capitul.
Von den Hoch-Fürstlichen
Occupationen und Beruffs-Geschäfften.

§. 1.

Christliche und weise Regenten erinnern sich von selbst desjenigen, so Ihnen von GOtt und dem Lande anvertraut. Sie wissen, daß sie nicht allein Väter ihres Hoch-Fürstlichen Hauses, sondern auch Väter ihrer Unterthanen, und also bemühen sie sich, so viel als möglich, in allen Stücken die ihnen zukommenden Pflichten zu erfüllen. Sie lassen die Angelegenheiten der Regierung ihre gröste Sorgfalt und besten Zeitvertreib seyn. Kayser Ferdinandus II. erkannte solches sehr wohl, welcher, ob er wohl in seinen letzten Jahren an Kräfften mercklich abnahm, so unterzog er sich doch der Arbeit auf eben die Art, wie er in seiner Jugend zu thun gewohnt gewesen. Wenn man ihn vermahnte, er solte sich doch mit so viel Arbeit ein wenig verschonen, die Suppliques, daran nicht so viel gelegen wäre, andern durchzulesen geben, und seine Gesundheit in acht nehmen; so antwortete er: Er sey von GOtt auf den Thron gesetzt worden, daß er arbeitete, nicht daß er müßig gienge; ein grosser Potentate könte seiner Gesundheit nicht schonen, wenn er anders dem gemeinen

Wesen

Weſen wolte geholffen ſehen, er wolte lieber ſich ſelbſt, als ſein Amt verſäumen. S. Kevenhüllers Annal. Ferdinand. p. 2434.

§. 2. Einige pflegen ſo wohl die Zeit der Tage, als der Wochen auf das ordentlichſte einzutheilen. Alſo hat man bey dem Kayſer Leopoldo, glorwürdigſten Andenckens, als eine beſondere Regul angemerckt, daß er zu einerley Zeit und Stunde aufgeſtanden, die Meſſe gehört, geſpeiſet, ſpatzieren gegangen, Audienzen gegeben, Rath gehalten, und ſich wieder niedergelegt, und dieſes alles ohne Veränderung der Zeit.

§. 3. Viele ſind die Directores und Præſidenten von allen ihren Collegiis, und beſuchen dieſelben alle Wochen an gewiſſen Tagen. Dieſen Tag wohnen ſie dem geheimden Conſilio mit bey, einen andern begeben ſie ſich in die Landes-Regierung, und in das Juſtiz-Collegium, und noch an einen andern beſuchen ſie die Rent-Cammer, u. ſ. w. Es iſt dieſes eine ſehr löbliche und gute Gewohnheit. Groſſe Herren erlangen hiedurch eine groſſe Wiſſenſchafft und Erfahrung, wenn die wichtigſten Sachen durch ihren Kopff müſſen, ſie erwerben ſich bey ihren Unterthanen eine ſehr groſſe Liebe und Hochachtung, ſie machen ſich bey den andern Mit-Regenten einen groſſen Nahmen, und treiben hierdurch ihre Miniſtres und Räthe zu beſondern Fleiß und Accurateſſe an, richten es auch dabey ſo ein, daß alle ihre Bedienten zwar voll Futter, aber auch volle Arbeit haben mögen. Sie ſetzen manchen Miniſtern ſtris die Inſtructionen ſelbſt auf, und ertheilen ihnen die Vorſchrifften, wie ſie ſich bey dieſem oder jenem in ihren Functionen verhalten ſollen.

§. 4. Einige achten ihrem Fürſten-Stande im geringſten nicht vor unanſtändig, in ihren Reſidentzien ſich in eigener hoher Perſon ſelbſt zu erkundigen, wie dieſe oder jene Stücke des Policey-Weſens beſtellet ſeyn, und in Obacht genommen werden. Beckmann erzehlet in dem V. Theile ſeiner Anhältiſchen Geſchichte pag. 174. b. daß Fürſt Joachim zu Anhalt kein Bedencken getragen, alle Wochen in der Stadt ſelbſten herum zu gehen, und in den Fleiſchbäncken, Brodtbäncken, und andern Orten mehr, Nachfrage zu halten, wie man hauß hielte, und ob auch den armen Leuten vor ihr Geld rechte Maaße gegeben würden.

§. 5. Andere erkundigen ſich durch eigene Reiſen, die ſie zu dem Ende anſtellen, auf das genaueſte des Zuſtandes ihres gantzen Landes, woher die Gebrechen rühren, wie die Nahrung zu verbeſſern, dem Lande wieder aufzuhelffen, und alles in beſſern Stand zu ſetzen ſey; ſie ſprechen bißweilen unvermuthet bey dieſen oder jenen Beamten ein, und vernehmen, wie er ſich bey ſeiner Gerichtsbarkeit aufführe, und ob er nicht etwa derſelben mißbrauche, ſie unterſuchen ſelbſt die Mängel des Commercien-Weſens, der Manufacturen, u. ſ. w. und laſſen ſich gnädigſt gefallen, einige Vorſchläge der gemeinſten und geringſten Leute anzuhören. Bey dem Militair-Staat trauen ſie nicht allein den Relationen

dieſes

dieses oder jenen grossen Generals und Kriegs-Officianten, sondern forschen auch selbst bey den Gemeinen nach, wie sie mit ihren Officiers zufrieden sind, ob sie ihre Löhnung richtig bekommen, auf was vor Art sie in Kriegs-Dienste gekommen, u. s. w.

§. 6. Wie eine mühsame Application fähig sey gute und qualificirte Regenten zu machen, ist aus dem ruhmwürdigen Exempel des letzt verstorbenen Rußischen Kaysers Petri I. Majestät zu ersehen, welcher durch seine viele Reisen, die er nicht allein in seinen eigenen Ländereyen, sondern auch in andern Europäischen Provinzien herum gethan, sich eine so besondere Erfahrung und grosse Staats-Wissenschafft zuwege gebracht, daß er dadurch vermögend worden, seine ehemahligen rohen Unterthanen zu cultiviren, und die rauhen Länder in einen florisantern Stand zu setzen. Jacobus, König in Engeland, schrieb unter andern Staats-Maximen in der Schrifft, welche er ein Königlich Geschenck nennt, seinem Sohn folgende Regul mit vor: „Er solte alle Jahre seine Länder durchziehen, das lamentiren der Unterthanen selbst anhören, damit er dasjenige, was etwan durch die Bedienten und die Ministres versehen worden, wieder verbessern könte."

§. 7. Einige halten ihre eigene Diaria und Protocolle, darein sie dasjenige, was sie bey Expedition der Regierungs-Geschäffte nöthig befinden, mit eigener hohen Hand einzeichnen. Also rühmet der

Chur-Sächsische Ober-Hof-Prediger, der seelige Herr D. Weller, in den Personalibus von Chur-Fürsten Johann Georgen den I. Christ-mildesten Andenckens, daß sie nicht allein ein eigen Protocoll über die einkommenden Reichs-und Land-Sachen gehalten, und auch bey währender Kranckheit offtmahls in einen Tage über hundert Befehle und andere Sachen unterschrieben, sondern auch in ein besonder Diarium und tägliches Handbuch allerhand domestica und sein hohes Hauß angehende Sachen angemerckt. Er hätte selbst mit Hertzens-Freude in Dero Chur-Fürstlichen Zimmer darinnen gelesen, wie sie den frommen GOtt so andächtig für seiner Gemahlin, Printzen und Töchter Erhaltung gedancket, und daß weil sie heute an diesen Tage ihrer lieben Gemahlin einen neuen Hofemeister bestellt, so bäthen sie GOtt, daß er solch Werck vom Himmel herab seegnen wolle. S. Hausens Busta Electorum Saxoniæ, pag. 1462. Chur-Fürst Friedrich der Weise, war ein guter Haußwirth, er durchsahe alle Morgen und Abend auch auf der Reise die Rechnungen und Register selbst, sahe seinen Amtleuten und Schössern genau auf die Haube, und glaubte keinen weiter als er ihn sahe, S. Lutheri Tischreden, C. 46. p. m. 485.

§. 8. Sie wohnen den Conferentien und Berathschlagungen bey wichtigen Puncten in hoher Person selbst bey, hören die Vorträge mit an, und zeichnen sich die Haupt-Resolutionen in eine besondere Registrande. Kayser Ferdinandus II.
verließ

verließ nicht leichtlich die Conferenz-Zimmer, obschon die Berathschlagungen bißweilen vier Stunden nach einander gewähret hatten. Wenn die Räthe wegen so schwerer Mühe und Arbeit müde und verdrossen waren, so erfreuete er sich, daß ihn nicht Gelegenheit gemangelt, tapffer zu arbeiten. Er pflegte zu sagen: In drey Dingen würde ihm die Zeit nicht lang, im Gottesdienst, im Rath, und im Jagen. S. Kevenhüllers Annal. Ferdinand. p. 2434.

§. 9. Eine sehr löbliche Gewohnheit ists, wenn einige Regenten an gewissen Tagen in der Wochen nicht allein fremden Ministris und Gesandten Audienz ertheilen, sondern auch ihre Unterthanen gnädig anhören, und sonderlich den Nothleidenden und Bedrängten einen freyen Zutritt verstatten. An dem gottseeligen Hertzog zu Sachsen-Gotha Ernestum durffte sich ein iedweder adressiren, er hörte einen ieden mit väterlicher Güte an, er nahm ihre Suppliquen selbst an, und wenn ihre Bitten gerecht waren, oder er ihnen dieselben accordiren konte, so bewilliget er dieselben. S. die von Monsr. Teissier von ihm verfertigte Lebens-Beschreibung, pag. 97. Einige haben die Geschicklichkeit, auf die Vorträge der ausländischen Ministres, und wenn sie auch noch so weitläufftig seyn solten, selbst die gehörige Antwort zu erstatten. Kayser Leopoldus beantwortete alle Audienzen selbst, und wenn in einem Vortrage zwantzig Puncte waren, wiederhohlte er solche in der vorgebrachten Ordnung, und beantwortete

wortete iedweden mit gehörigem Bescheide. Es wolte einstens, gleich bey dem Anfang seiner Regierung ein Schwedischer Abgesandte, die Fertigkeit des Kaysers in der Lateinischen Sprache und übrigen Studiis, von denen er viel gehört hatte, auf die Probe stellen. Als er Audienz verlängte, ward er von dem Obristen Cämmerer gefragt, in was vor einer Sprache er die Rede thun wolte, worüber er sich erklärte, daß er sich der Teutschen bedienen wolte. Als er aber für dem Kayser kam, legte er eine zierliche Lateinische Oration ab, worüber er wohl einige Wochen mochte studiert haben. Den Kayser bewegte dieses im geringsten nicht, sondern er beantwortete solche, ohne sich lange zu bedencken, nicht allein mit gleichmäßiger Zierlichkeit, sondern auch wohlgefaßter Eintheilung der Puncte, daß hernach der Gesandte gestehen muste, er habe sich dergleichen Salomon nimmermehr einbilden können. S. die Lebens-Beschreibung, die von ihm zu Leipzig heraus kommen, p 33.

§. 10. Manche gehen in ihrer Regierungs-Sorgfalt so weit, daß sie nicht allein sich um dasjenige, was in ihrem Lande, und an ihrem Hofe unter ihren Bedienten vorgehet, deren Stärcke und Schwäche sie genau kennen lernen, auf das angelegentlichste bekümmern, sondern wenden auch alle Bemühung an, den Hof-Staat der andern Höfe, und alle hauptsächlich sich dabey ereignende Veränderungen, mit denen sie entweder in einiger Verbindung stehen, oder bey denen sie sonst einig Interesse

tereſſe haben, auf das eigentlichſte zu erfahren. Sie unterhalten zu dem Ende die koſtbarſten Correſpondencen, und theilen dieſerhalb viel Leuten gewiſſe Penſionen aus. Von dem König in Franckreich Ludwig den XIV. ſagt man, daß ihm die redlichen und ungetreuen, die geſchickten und ungeſchickten Miniſtri an allen Europäiſchen Höfen bekandt geweſen.

§. 11. Bey denjenigen Stücken, die ſie bey ihrer Regierung zu beſorgen haben, wenden ſie die meiſte Zeit auf die Angelegenheiten, die mit ihren Neigungen übereinſtimmig. Die Liebhaber des Militair-Weſens laſſen Veſtungen anlegen und Fortificationen repariren, Pulver-Mühlen erbauen, Soldaten muſtern, u. ſ. w. Die an den Jagten ihr Vergnügen finden, ſtellen ſehr fleißig Jagten an, und richten alles, was zum Jagt-Weſen gehört, auf das ordentlichſte ein. Und alſo wird man allenthalben finden, daß dasjenige Objectum, ſo mit der Paſſion eines groſſen Herrn am meiſten harmonirt, auch am fleißigſten und eigentlichſten wird beſorget werden.

§. 12 Unter allen Fürſtlichen Occupationen iſt wohl keine nichtswürdiger und einem groſſen Herrn unanſtändiger, als diejenige, die der gottloſe Kayſer Domitianus unternommen, da er ſich zu vielen Stunden in ſeinem Gemach eingeſchloſſen, und mit einem ſilbernen Spißgen die Fliegen tödt geſtochen. Kluge Regenten bleiben eben diejenigen im Schertze, die ſie im Ernſt ſind, ſie führen ſich überein auf, bey ihrem Ausruhen als bey ihrer Arbeit, bey ihren Spielen und Lustbarkeiten, die unten in einem besondern Theile werden abgehandelt werden, als bey ihren Regierungs-Geschäfften.

Das V. Capitul.
Von den heiligen Handlungen.

§. 1.

Daß die Gottseeligkeit zu allen Dingen nützlich sey, und die Verheissung habe dieses und auch des zukünfftigen Lebens, haben die rühmlichen Exempel einiger Christlichen Regenten der alten und neuen Geschichte erweißlich gemacht, die bey ihrer Gottesfurcht vor sich und vor ihre Unterthanen manches geistlichen und leiblichen Seegens theilhafftig worden.

§. 2. Das Gesetz des HErrn ist einigen lieber als ihre gantzen Königreiche und Fürstenthümer. Sie lesen des Morgens und Abends entweder selbst fleißig in der Bibel, oder lassen sich doch ihre Cavaliere und Pagen daraus vorlesen. Man findet in unterschiedlichen Fürstlichen Bibliothecken solche Bibeln, darein die grossen Herrn selbst eigenhändig eingeschrieben, wie vielmahls sie dieselben durchgelesen. Sie zeichnen sich diejenigen Sprüche aus, die ihnen zur Lehre, zur Vermahnung, zur Warnung und zum Trost dienen, und halten ihre Printzen ken und Princeßinnen, auch alle ihre Bedienten zum fleißigen Bibel-lesen an.

§. 3. Sie halten über die Reinigkeit der Lehre, und wo sie spühren, daß sich einige Irrthümer einschleichen wollen, veranlassen sie nicht allein bey ihren einheimischen Theologis gewisse Synodos, sondern auch solche Colloquia, zu denen auswärtige eingeladen werden. Viel dergleichen Exempel findet man in Seckendorfs Historia Lutheranismi und in andern Schrifften, die von dem Religions-Wesen handeln.

§. 4. Sie betrachten gerne das Wort des Höchsten, und reden mit denen Ihrigen davon. Fürst Joachim Ernsts zu Anhalt steter Gebrauch war, daß er nicht allein iederzeit allerley Fragen aus Gottes Wort vorbrachte, sondern insonderheit auch an den Fest-Tagen, Weyhnachten, Ostern, Pfingsten u. s. w. von derselben Nahmen, Geschichten, Nutzen und Application, ihm selbst zur Stärckung, und andern zum Unterricht viel angenehme Gespräche veranlaßte. S. Beckmanns Anhältischer Geschichte V. Theil p. 193. Zu unsern Zeiten können die Christ-Fürstl. Andachten Ihrer Hoch-Fürstlichen Durchlauchtigkeit Hertzogs Johann Wilhelms zu Sachsen-Eisenach bey diesem Satze das deutlichste Zeugniß ablegen.

§. 5. Die sich zur Evangelisch-Lutherischen Religion bekennen, halten die Schrifften des seeligen Vaters Lutheri in sehr hohem Werth. Fürst Johann III. zu Anhalt-Zerbst bewahrte stets das
Exem-

Exemplar des kleinen Catechismi Lutheri als ein Kleinod, welches er in seiner Jugend gebraucht, und als er nach der Zeit seine junge Herrschafft unter die Hand eines Præceptoris thate, so ist dasselbe Catechismus-Büchlein das erste gewesen, welches er in ihr Museum gegeben. S Beckmanns V. Theil p. 406.

§. 6. Bey ihrem Gebeth erweisen sie sich sehr eifrig und andächtig; sie setzen sich entweder selbst kräfftige Gebethe auf, dadurch sie ihre Andacht anfeuren und erhalten, wie der fromme Chur-Fürst zu Sachsen Johann Friedrich gethan, oder zeichnen sich doch diejenigen, die ihnen vor andern am besten gefallen und das Hertz rühren, aus, und tragen solche zusammen. Bey dem Tisch-Gebethe, oder auch in der Kirche und in ihren Zimmern, wenn öffentlich gebethet wird, heben sie die Hände, nach einer, unter denen Christen hergebrachten guten Gewohnheit, auf, ihre Ehrerbietigkeit dadurch gegen den grossen GOtt an den Tag zu legen; Sie halten ihre Hof-Cavaliers und Bedienten ebenfalls dazu an, und nehmen es nicht wohl auf, wenn sie sich zu der Zeit die Air eines Hofmanns geben wollen.

§. 7. In dem jetzigen Seculo ist es wohl allenthalben eingeführt, daß die Hof-Prediger bey Solennitäten, sonsten aber die Pagen gewöhnlicher Weise das Tisch-Gebeth an den Höfen verrichten müssen. In den alten Geschichten der Hoch-Fürstlichen Häuser findet man, daß einige grosse Herren

Von den heiligen Handlungen.

Herren in Teutschland ihre Princeßinnen Töchter noch vor dem Tische bethen lassen, ob sie schon bereits erwachsen, ja wohl gar an andere Printzen versprochen gewesen; welches bey der heutigen Welt manchen trefflich spöttisch vorkommen würde.

§. 8. Sie suchen sich die schönsten und herrlichsten Lieder aus, daran sie in ihrem Leben ihr grösstes Vergnügen gefunden, sie befehlen, welche davon auf ihrem Sterbe-Bette ihnen sollen vorgelesen und vorgesungen werden, und verordnen wohl gar, daß sie sollen zusammen gedruckt werden, wie wir zu unsern Zeiten dieses von der Allerdurchlauchtigsten und Großmächtigsten Königin in Pohlen und Chur-Fürstin zu Sachsen Frauen Christinen Eberhardinen, deren Verlust das gantze Chur-Fürstenthum Sachsen noch höchst-schmertzlich beklaget, nachrühmen können.

§. 9. An unterschiedenen Höfen muß der Hof- oder Schloß-Prediger des Morgens und Abends eine Bethstunde halten, welcher die Durchläuchtigste Herrschafft nebst der gantzen Hof-Gemeinde mit beywohnen; an andern hingegen verrichten sie dieselben in den besondern Beth-Stübchen, die sie zu dem Ende in ihren Fürstlichen Residentz-Häusern anlegen lassen, und darff sich alsdenn kein Mensch unterstehen, sie darinnen zu stöhren.

§. 10. In den Schloß-Kirchen wird entweder Früh und Nachmittags geprediget, oder nur früh Morgens. An einigen Orten sind die Schloß-
Kirchen

Kirchen zugleich mit öffentliche Kirchen, welche nicht allein von der Hof-Gemeinde, sondern auch von der Stadt-Gemeinde mit besucht werden; an andern findet man nur kleine Schloß-Capellen, die bloß vor den Gottesdienst der Durchlauchtigsten Herrschafft und der Hofstatt gewidmet sind. Zuweilen muß der Priester in der Stadt zugleich mit bey Hofe predigen; an vielen Höfen aber ist ein eigener Hof- und Schloß-Prediger bestellt, der gar offters in einem ansehnlichen Range stehet, und an einigen Orten über die Fürstlichen Cammer-Juncker placirt wird. An grossen Höfen findet man zwey biß drey Hof-Prediger, und über diese noch einen besondern Ober-Hof-Prediger.

§. 11. Wo GOtt und sein Wort geliebt und hochgehalten wird, so pflegen nicht allein die Fürstlichen Personen selbst der Predigt des Sonn- und Fest-Tages Vormittags und Nachmittags mit beyzuwohnen, sondern auch die Wochen-Predigten und Bethstunden mit zu besuchen, und genau Achtung zu geben, daß kein eintziger von ihren Bedienten, zumahl von Cavalieren, ohne erhebliche Ursache aus der Kirche bleiben möge.

§. 12. Wie löblich ist es doch, wenn man in einigen alten und neuen Fürstlichen Hof-Ordnungen findet, daß, so bald des Sommers und Winters in die Kirche eingeläutet wird, der Hof- oder Hauß-Marschall samt den Cavaliers, Pagen, Laqueyen und andern Hof-Gesinde, sich vor dem Fürstlichen Gemach einfinden, und mit in die Kirche

che begeben sollen, und nicht, biß die Predigt angehet, auf der Gallerie herum spatzieren, auch keiner, biß die Predigt samt dem gemeinen Gebeth, oder die öffentliche Bethstunde gäntzlich zu Ende, sich selbst heraus begeben, oder für sich eigenes Willens davon gehen. S. unter andern die Fürstl. Sächsisch-Gothaische de anno 1648.

§. 13. In eben dieser Hof-Ordnung findet man auch angeführt: Weil man bißanhero wahrgenommen, daß bey einigen Tischen, weder wenn sie sich gesetzt, noch wenn sie aufgestanden, die gewöhnlichen Tisch-Gebethe weder vor- noch nach Tische verrichtet würden, vielweniger daß sie bey den Tischen die Gaben GOttes mit entblößten Häuptern zu sich genommen; Als würde hiermit gnädigst anbefohlen, daß sich hinführo keiner zu Tische setzen, noch davon abtreten solte, biß das Gebeth vor- und nach Tische gebührend verrichtet worden.

§. 14. Wenn eine sehr tieffe Trauer einfällt, so ist es an unterschiedenen Fürstl. Höfen in Teutschland gebräuchlich, daß sie sich alsdenn ein acht, zehn biß zwölff Wochen die Sonn- und Fest-Täge über in ihren Zimmern aufhalten, und den öffentlichen Gottesdienst in der Kirche nicht mit abwarten. Es muß alsdenn der Fürstliche Schloß- oder Hof-Prediger der Durchlauchtigsten Herrschafft und der Hofstatt in dem Gemach predigen. Ein gleiches pfleget auch zu geschehen, wenn sich eines von der Landes-Herrschafft nicht wohl- auf befindet.

§. 15.

§. 15. Gleichwie gottselige Regenten mit dem König David die Stäte des Hauses GOttes, und den Ort, wo seine Ehre wohnet, lieb haben; also finden sie auch ihr besonder Vergnügen, wenn sie zu dem Bau oder zu Auszierung der Schloß= und anderer Kirchen, ingleichen zu besserer Regulirung des Gottesdienstes etwas anordnen sollen. Sie lassen neue Kirchen bauen, und die andern in bessern Stand setzen, sie beschencken die Kirchen und Priester, besorgen die Kirchen=Music auf das fleißigste, und lassen gar öffters, zu ihrer Erweckung und Unterhaltung der geistlichen Freude, das mussicalische Concert, welches an den Sonn= und Fest=Tägen in den Kirchen gehalten werden soll, des Tages vorher in dero Gemächern erschallen.

§. 16. Insonderheit aber lassen sie ihre vornehmste Sorge dahin gerichtet seyn, damit das Kirchen= und Schul=Wesen in guter Obsicht erhalten, und darauf gesehen werde, daß durch die aufgestellten Lehrer und Prediger nicht mit leeren Predigen Kirchen und Tempel allein gefüllet, vielmehr durch unermüdete Wachsamkeit, Christlichen Wandel und eifrige Seelen=Arbeit, die Gemeinden und Unterthanen zu wahrhaffter Gottesfurcht angeleitet, und bey Alten und Jungen die tägliche Besserung und Erbauung getrieben werde. S. die höchstlöbliche Verordnung, welche Seine Hoch-Fürstl. Durchlauchtigkeit der ietzt regierende Herr Marggraf zu Brandenburg=Bayreuth in Einem Gnädigsten Rescript an Dero Hoch=Fürstl. Consistorium

sistorium zu Bayreuth, die Verbesserung des geistlichen Standes betreffend, vor einigen Jahren publicirt haben.

§. 17. Lassen sie bey den allgemeinen Landes-Nöthen, um den erzürnten GOtt in die Ruthe zu fallen, in ihren Landen Fast- Buß- und Beth-Tage ausschreiben, so schreiben sie nicht nur ihren Unterthanen vor, wie sie sich an diesen Tagen bezeigen sollen, sondern auch sich selbst, und gehen bey einer innerlichen Hertzens-Busse, und bey einem guten äusserlichen und stillen Wesen, dem gantzen Lande mit einem höchst rühmlichen Exempel vor. Sie verordnen die Fast-Tage nicht so wohl aus Gewohnheit und den Schlendrian nach, als vielmehr aus einem wahren Triebe der Gottseligkeit. Der Autor der Europäischen Fama urtheilet an einem Orte von den Fast-Tagen: es wäre gut, wenn Landes-Väter Fast-Täge ausschrieben, noch besser aber, wenn manche durch ihren Ehrgeitz und Eigennutz nicht verursachten, daß ihre Unterthanen Jahr aus Jahr ein stets-währende Fast-Täge halten müsten.

§. 18. Bey frölichen Begebenheiten lassen sie das Te Deum laudamus nicht par Ceremoniel, wie es leider an viel Orten geschicht, sondern aus einem wahren Eifer vor die Ehre und das Lob des grossen GOttes erklingen, bißweilen und zwar gemeiniglich unter Trompeten- und Paucken-Schall, bißweilen aber auch wohl gar unter Absteurung der Canonen; im übrigen trifft es, leider! an manchen
Orten

Orten mehr als zu wohl ein, was ein gewisser Autor von diesem Lob=Gesange schreibt: Daß man des Vormittags mit dem Mund sänge, HErr GOtt dich loben wir, des Nachmittags aber mit der That, HErr GOtt dir fressen wir, HErr GOtt dir sauffen wir, HErr GOtt dir tantzen wir, HErr GOtt dir spielen wir Opern und Comödien.

§. 19. Der vormahlige König in Franckreich Ludwig XIV. hat das Te Deum laudamus wohl manchmahl zur Unzeit anstimmen, und deswegen an seinen Vetter dem Ertz=Bischoff zu Pariß manche vergebene Verordnung ergehen lassen. Der Antor der Europäischen Fama sagt in dem XXIIsten Theil p. 797. Dieses Briefschreiben kömmt so offt, daß man sich billig wundert, daß der König, welcher sonst sehr gerne neue Bedienungen erdenckt, nicht zum wenigsten einen absonderlichen Te Deum laudamus Secratair verordnet, oder dem Ertz=Supertent in Pariß allemahl eine Erkenntlichkeit abfordert, wenn ihm von hoher Hand eine so schöne Schrifft zugestellet wird, denn solche würde des Jahrs etwas ansehnliches eintragen.

§. 20. Wenn Christliche und gottselige Regenten zu dem heiligen Abendmahl gehen wollen, so bereiten sie sich vorher zu diesem heiligen Werck mit aller gebührenden Andacht, und geniessen dieses heilige Liebes=Mahl des HErrn zu Stärckung ihres Glaubens zu unterschiedenen mahlen im Jahre. Chur=Fürst Johann George II. zu Sachsen communicirten zum öfftern, und mehrmahls binnen

zwey

Von den heiligen Handlungen. 51

zwey Monathen, fürnemlich aber an Dero Geburths-Tage, und in der heiligen Marter-Woche am grünen Donnerstage, wie auch an den hohen Fest-Tägen mit hertzinniglicher Andacht, præparirten sich auch die gantze Woche vorher recht Christlich darauf, mit Unterlassung aller andern Expeditionen, mit Fasten und Bethen, wie sie denn auch mehrentheils dero tägliches Gebeth in dero ordentlichem Gebeth- und Kirchen-Stüblein auf den Knien zu verrichten pflegten. S. die Personalien, die der von D. Geyern diesem hochtheuren Chur-Fürsten gehaltenen Leich-Predigt mit angefügt.

§. 21. In den alten Geschichten sind hin und wieder lobwürdige Beyspiele gecrönter Häupter und anderer grossen Herren anzutreffen, die das allgemeine Mahl göttlicher Liebe durchaus nicht anders, als mit der Gemeine haben nehmen wollen. Der tapffere Fürst Hunniades, Königs Matthiæ in Ungarn Herr Vater, lag schon kranck darnieder, auf welchem Lager er auch im Jahr 1457. starb; als ihm seine Räthe vorschlugen, in seinem Zimmer sich das heilige Abendmahl geben zu lassen: Er gab aber zur Antwort, er wolte nicht, daß sein JEsus ihm solte nachgehen, nachdem er Menschen zu Gefallen manchen Weg gefahren und geritten, sondern ließ sich in die Kirche führen, und nahm daselbst bußfertig das heilige Abendmahl. S. Buchholtz. Indic. Chronolog. p. 458. Ein gleiches that ein Schottländischer König, so gar, ob er auch schon verspührte, daß sein Lebens-Ende vorhanden wäre, sich dennoch nicht werth achtete, daß das heilige Abendmahl zu ihm solte ins Hauß gebracht werden, sondern gieng in die Kirche, und empfieng es allda nach verrichtetem Gottesdienst auf den Knien. S. Zwingeri Theatr. Vit. human. Vol. 27. Lib. 3. f. 4171.

§. 22. In den neuern Zeiten pflegen zwar die der Evangelischen Religion zugethane Fürsten das heilige Abendmahl gröstentheils in ihren Zimmern zu empfahen; iedoch hat man auch hin und wieder einige Exempel, daß sie es öffentlich und vor der gantzen Gemeinde mit ihrer Hofstatt geniessen. Ihro Hoch-Fürstliche Durchlauchtigkeit zu Sachsen-Merseburg, Hertzog Christian I., ruhmwürdigsten Andenckens, haben in Dero Schloß- und Stiffts-Kirche öffentlich gebeichtet und communicirt. Als Fürst Emanuel Lebrecht zu Anhalt-Cöthen anno 1681. in dem zehenden Jahre seines Alters vor tüchtig gehalten wurde das heil. Abendmahl zu empfangen, so hat er sich solches zugleich mit Fürst Johann Georgen, als Fürstlichen Mit-Vormund, in der Stadt-Kirchen zu Cöthen öffentlich reichen lassen. S. des berühmten Theologi zu Marpurg, Samuelis Andreæ Dissertation, die er hierüber gehalten, unter dem Titul: Puer decennis ad S. Cœnam admissus. Als anno 1718. Ihro Hoch-Fürstliche Durchlauchtigkeit zu Sachsen-Zeitz zu derjenigen Kirche, von welcher sie auf eine kurtze Zeit ausgegangen waren, auf eine so-

lenne

lenne Weise wieder zurück kehrten, so communicirten sie auch den 16. October in der Kirche zu Pegau öffentlich und mit grosser Andacht.

§. 23. Die sich nun vor ihre Personen selbst gefallen lassen, in der öffentlichen Kirche zu dem heiligen Tisch des HErrn, entweder mit ihrer gantzen Hofstatt, oder doch mit ihrer Hoch-Fürstlichen Familie zu treten, können auch desto weniger leiden, wenn sich einer von ihren Hof-Bedienten absondern, und des heiligen Abendmahls privatim bedienen will. Der so fromme als gelehrte Hertzog zu Braunschweig, Augustus, als wider die bißher gehaltene Gewohnheit einer seiner vornehmen Ministrorum nicht mit bey dem heiligen Abendmahl gewesen, und doch bey der Tafel sich hernach eingefunden, gab dem, wegen seiner Logirung sich erkundigenden Hof-Marschall die Antwort: Er hat an des HErrn Tisch heute nicht mit gessen, darum soll er auch heute das Brod an meiner Tafel nicht essen. S. Tentzel in monathlichen Unterredungen anno 1690. pag. 1617; und überhaupt von dieser Materie Herrn Mag. Scharffens eröffnetes Buch seines Gewissens, über der Frage, ob vornehme Standes-Personen Evangelischer Religion ausser dem Nothfall, mit unverletzten Gewissen das heilige Abendmahl allein zu besonderer Zeit und an besondern Ort nehmen können?

§. 24. Wenn sich bey frommen und Christlichen Regenten, in Ansehung besonderer Fälle, Gewissens-Scrupel ereignen, so consuliren sie nicht allein ihre

ihre Beichtväter, sondern befragen sich auch wohl bey ihren Consistorialibus, und erlassen ihnen bey diesem Fall ihrer Pflichten, mit denen sie ihnen sonst als ihren Landes-Fürsten verwandt sind, damit sie ihre Gedancken und Hertzens-Meynungen desto freymüthiger entdecken können. Es geschicht auch wohl, daß sie bey verwirrten Angelegenheiten bey auswärtigen Theologischen Facultäten Consilia und Responsa einholen lassen, und erwehlen alsdenn denjenigen Weg, bey dem ihr Gewissen am meisten beruhiget wird.

Das VI. Capitul.
Von Einweyhung der Gebäude.

§. 1.

Wenn grosse Herren, entweder zu ihrem Vergnügen oder zum Nutzen ihres Landes und ihrer Unterthanen, allerhand öffentliche Baue, an Kirchen, Schlössern, Brücken, Pulver-Mühlen, Forst- Jagt- Garten- und Lust-Häusern, aufführen lassen, so werden so wohl bey deren Bau, als auch nach geendigtem Bau, bey deren Einweyhung mancherley Solennitäten wahrgenommen.

§. 2. Die meisten Ceremonien gehen bey Legung des Grundsteines vor. Es ist aber derselbe mehrentheils ein viereckigter von ziemlicher Grösse und

und Dicke in zwey Theil zulegter, und inwarts gleich einem Kasten ausgehauener, auch an dem Unterboden mit einer bleyernen Platte belegter Quaderstein. Vielmahls lassen sich die Fürstlichen Personen gefallen, den Grundstein selbst mit legen zu helffen, oder befehlen es dero Printzen an. Als anno 1695. Ihre Chur=Fürstl. Durchlauchtigkeit zu Brandenburg den ersten Stein zu der Reformirten Pfarr=Kirche in Berlin legen liessen, so musten Dero Chur=Printz mit ihren zarten Händen den Grundstein mit berühren helffen. Der Freyherr von Fuchß führte in der solennen Einweyhungs=Rede mit an, daß Ihro Chur=Fürstliche Durchlauchtigkeit Dero hertzgeliebten eintzigen Sohn und Chur=Erben mit an diesen Ort bringen wollen, damit derselbe nicht allein Zeuge desjenigen, was an diesen Tage geschiehet, und der theuren Verbindung, so Ihro Chur=Fürstliche Durchlauchtigkeit auch vor ihn thun, sey, sondern daß Seine Chur=Printzliche Durchlauchtigkeit, auch ihre, ob gleich zarten Hände zu dem Werck mit anschlagen, und stets vor Augen haben mögen, daß sie auch den Grundstein zu dieser Kirche mit legen helffen, und folglich zu Beschützung derselben vor sich und ihre Nachkommen verbunden sind. S Reden der vornehmen Ministres II. Theil p. 684.

§. 3. Bißweilen werden in den Grundstein gewisse darauf geschlagene und mit besondern Inscriptionibus versehene güldene und silberne Medaillen geleget, bißweilen aber nur allerhand gangbare re Land-Müntzen, vom kleinen Pfennig an biß inclusive eines gantzen Thalers. Uber dieses pflegt man ein sauber geschnitten Glaß mit Wein dazu zu setzen, zuweilen auch wohl gar zwey, als eines mit rothen und das andere mit weissen Wein. Bey den Evangelischen werden bey Erbauung der Kirchen entweder zum Grundstein oder in den Knopf des Kirch-Thurmes über ein Exemplar einer sauber eingebundenen Bibel auch noch die symbolischen Bücher unserer Kirchen gelegt, als der grosse und kleine Catechismus Lutheri, die Augspurgische Confession, die Formula Concordiæ u. s. w. nebst dem Gesang-Buche. Ferner werden auf Pergament-Bögen, den Nachkommen zum Besten, Nachrichten mit beygefügt, von dem gegenwärtigen Statu des Hofes, und alle Bedienten nach der Rang-Ordnung von dem obersten an biß auf den untersten, von der Verfassung der Collegiorum, des Stadt-Raths und des Ehrwürdigen Ministerii. Gemeiniglich wird auch von einem Notario ein Instrument über diesen gantzen Actum verfertiget, und mit dem andern verwahrlich hinzu gethan.

§. 4. Ist es hohen Standes-Personen selbst nicht gefällig, der Legung des Grundsteines mit beyzuwohnen, so committiren sie es einem von ihren Ministris, als einem geheimden Rath, oder dem Hof-Marschall, oder dem Præsidenten des Consistorii, der in ihren Nahmen diesen Actum unternehmen muß. Dieser hält, nach dem Unterschied der

der geistlichen oder weltlichen Gebäude, die erhoben werden sollen, entweder in Beyseyn des Ministerii, oder des Stadt-Magistrats und der Deputirten von der Bürgerschafft, der Soldatesque u. s. w. eine solenne Rede, die hernach ein anderer von der Geistlichkeit, Stadt-Magistrat u. s. w. im Nahmen derer, denen zu Gefallen der neue Bau vorgenommen wird, wieder beantwortet, und zugleich dem Landes-Herrn vor die Gnade, die er ihnen bey diesem Bau angedeyen läst, unterthänigsten Danck abstattet.

§. 5. Die Legung des Grundsteines geschiehet bey weltlichen Gebäuden gar offters unter Trompeten- und Paucken-Schall, und unter Lösung der Stücken. Bey den geistlichen Gebäuden aber werden bißweilen zu dieser Zeit andächtige und bewegliche Danck-Lieder und Lob-Psalmen angestimmt, zuweilen geschicht es auch, daß man das Te Deum laudamus alsdenn unter Trompeten und Paucken absinget. Es wird von einem Prediger eine besondere Sermon dabey gehalten, und einige Collecten und Gebether, die darauf eingerichtet, verlesen.

§. 6. Ist nun der Grundstein, der bißweilen ein gemeiner Sand-Stein, bißweilen aber auch ein schwartzer oder anderer zierlich ausgehauener Marmorstein zu seyn pflegt, mit alle seinem Geräthe gehörig eingelegt, und der Bedeckungs-Stein hinauf gehoben, so pflegen die Standes-Personen oder Ministri, die bey der Legung mit zugegen gewesen,

wesen, einige mahl mit einer Kellen Kalck auf denselben zu werffen, schlagen mit den Hammer etliche Schläge auf denselben, in signum ratihabitionis, und übergeben die fernere Befestigung der Mauren denen dabey befindlichen Maurern. Bißweilen pflegt das anwesende Volck bey Schliessung des Grundsteines ein offtmahliges freudiges Glück zu! Glück zu! noch auszuruffen.

§. 7. Ist nun ein Gebäude völlig zu Stande und ausgebauet, so wird es mit besondern Solennitæten eingeweyhet, die nach dem Unterscheide der geistlichen und weltlichen Gebäude ebenfalls unterschieden zu seyn pflegen. Bey Einweyhung der Kirchen pflegt die Durchlauchtigste Heerschafft mit ihrer gantzen Hoffstatt, allen Landes-Collegiis, dem Stadt-Magistrat, und dem Ministerio, Processions weise in die Kirche zu gehen, damit die Procession desto solenner sey, wird die gantze Geistlichkeit in der Gegend herum mit dazu verschrieben; Vor und nach der Predigt höret man eine wohl ordonirte Vocal- und Instrumental-Music, es wird von dem vornehmsten Geistlichen des Ortes oder des Landes, meistentheils von dem obersten Superintendenten oder Inspectori, eine besondere Einweyhungs-Predigt gehalten, eigene auf diesen Actum abgefaste Gebethe und Collecten verlesen und abgesungen, und der Gottesdienst mit dem freudigen Te Deum laudamus, so unter Trompeten- und Paucken-Schall angestimmet worden, geschlossen. Es pflegen auch gemeiniglich

vor

vor oder nach geendigtem Gottesdienst in der neuen Kirche allerhand sonst gewöhnliche Sacra, mit Haltung der Communion, Tauffe und Trauung, bey der Einweyhung vorgenommen zu werden. Bißweilen pflegt es auch zu geschehen, daß die Landes-Herrschafft in der neuen Kirche, die sie in ihrer Fürstlichen Residentz, oder in einer andern ansehnlichen Stadt erbauen lassen, zum ersten mahl communiciren, oder auch die Ordination eines Priesters vornehmen lassen.

§. 8. Bey den Römisch-Catholischen geschehen bey den Einweyhungen ihrer Kirchen mancherley Besprengungen mit dem geweyheten Wasser, Salbungen mit dem heiligen Oehl und Chrisma, verschiedene Räucherwercke und Anzündungen der Kertzen, vielfältige Gebethe und Lob-Gesänge. Dieses alles thun sie zu dem Ende, damit sie den Ort von allem Bösen reinigen, und dadurch der höchsten Majestät GOttes eine würdige Wohnung, sich aber in allen Nöthen eine sichere Zuflucht-Stadt zu bereiten. Werden gewissen Heiligen zu Ehren, wie es bey ihnen mehrentheils gebräuchlich ist, Kirchen erbauet, so werden die Gebeine und Reliquien desselben Heiligen von der gantzen Clerisey besonders verehrt, und unter Intonirung einer vortrefflichen Music auf den hohen Altar niedergesetzt. Es werden auch wohl die Reliquien desselben Heiligen unter einer solennen Procession in der gantzen Stadt herum getragen. Erstlich kommt ein Heer-Paucker und verschiedene Trompeter, hierauf

auf die Zünffte der Handwercker, nach diesen die Brüderschafften mit ihren absonderlichen Fahnen, Creutzen, Laternen, Bildern und andern Spielwercken. Und auf diese Weise marchiret die gantze Procession durch unterschiedene zu dem Ende erbauete Ehren-Pforten in die Kirche hinein und wieder heraus.

§. 9. Bißweilen wird so wohl bey den Evangelischen als Römisch-Catholischen zu Ende der Einweyhung eine Salve aus Musqueten gegeben, die Stücken gelöst, und die gantze zu dieser Handlung verschriebene Geistlichkeit von der Herrschafft auf das propreste tractirt. Es werden auch öffters zum Gedächtniß der erbauten Kirchen und andern öffentlichen Gebäuden goldene und silberne Müntzen geschlagen. Als die ietzige glorwürdigst regierende Römisch-Kayserliche Majestät Carl der VI. anno 1716. dem heiligen Carolo Borromæo zu Ehren eine Kirche in der Vorstadt vor Wien erbauen lassen, so wurden unterschiedene Medaillen geschlagen. Auf der einen Seite stund des Kaysers Bildniß, und auf dem Revers: D. O. M. S. Imp. Cæs. Car. VI. Aug. Pius P. P. Hujus intra pomœria Vidob. In fundo Princ. à Lichtenstein, XIV. Auxiliatoribus dicatæ ædis sacræ primum Lapidem & Pietatis Aug. monum. P. M. D. CC. XVI. S. Heræi Inscriptiones und Gedichte, p. 73.

§. 10. Zu der Einweyhung der weltlichen Gebäude werden unterschiedene frembde Fürstliche
Herr-

Von Einweyhung der Gebäude.

Herrschafften eingeladen, sie werden in dem neuen Gebäude auf das prächtigste tractirt, und die Einweyhungs-Solennitäten mit mancherley Vocal- und Instrumental-Music, Tantzen, Balletten, Feuerwercken, Illuminationen und andern Lustbarkeiten vergnügt geendiget.

§. 11. Ist eine neue Brücke zu Stande gebracht, so lassen die Durchlauchtigsten Herrschafften an das Ufer des Strohms, über welchen die Brücke gebauet, Gezelter aufschlagen, und divertiren sich in denselben auf das beste. Wollen fremde Reisende zum ersten mahl über die Brücke passiren, so lassen sie dieselben bey dieser ersten Uberfahrt bey dero Anwesenheit Zoll- und Geleits-frey passiren, würdigen sie dero Anrede, und befehlen an, daß sie mit Essen und Trincken wohl versorget werden sollen.

§. 12. Läst ein grosser Herr seinem Herrn Vater oder Groß Herr Vater zu Ehren eine mit sinnreichen Inscriptionibus und schöner Bildhauer-Arbeit gezierte Statue aufrichten, und sie einweyhen, so ziehen bey der Einweyhung ein 24. Trompeter und einige Heer-Paucker vorher; auf diese folgen einige Herolde mit ihren besondern Kleidern und Herolds-Stäben, und nach diesen der Hof-Marschall und andere Hof-Officianten nach ihrem Range. Sie begeben sich alle zusammen Processionsweise an den Ort, wo die Statue aufgerichtet. Der erste Herold thut die Proclamation: Demnach Se. Hoch-Fürstl. Durchlauchtigkeit Herr N. N. seinem Herrn Vater oder Groß Herrn Vater zum

stets-

stetswährenden Nachruhm diese Statue hätten aufrichten lassen, so hätten Sie ihm gnädigsten Befehl
ertheilet, allenthalben und zu iedermans Kundschafft
öffentlich auszuruffen und anzudeuten, daß sie dieselbe, bey Vermeydung ernstlicher Bestraffung und
schweren Ungnade, von iederman heilig, unverletzt,
und in Ehren gehalten wissen wolten. Es wird
nachgehends eine schöne Music dabey gehalten, die
Soldatesque muß die Statue salutiren, und alle honeur erzeigen, und der March der Procession gehet
auf eben die Art wieder zurück, wie er bey derselben
ankommen.

Das VII. Capitul.
Von Schloß- und Zimmer-Ceremoniellen.

§. 1.

In den gantz alten Zeiten haben sich so wohl
die Teutschen, als auch andere Europäische Landes-Regenten nicht so beständig,
als wie in den neuern in ihren Residen-
tzien aufgehalten, sondern sind in ihrem Lande bald
an diesem Ort, bald wieder an einem andern herum gezogen, wie es ihr Staats-Interesse, die Beschaffenheit der Conjuncturen, und die Wohlfarth
ihrer Unterthanen erfordern wollen. Also meldet Lehmann in seiner Speyerischen Chronick in
dem VII. Buch und dessen XIV. Cap. pag. 754.:
daß

daß die Römischen Kayser und Könige ihre Hofhaltung vor diesen gar selten in ihren Ländern angestellt, sondern dieselbe gemeiniglich in den Reichs-Städten aufgeschlagen. Sie vertraueten ihre Kayserlichen und Königlichen Höfe, welche Pfaltzen Paläste, oder Pahlentzen hiessen, gewissen Beamten, die im Nahmen der Römischen Kayser als Richter oder Grafen, wie sie damahls genennt worden, bey den Einwohnern allerhand verrichten und entscheiden musten.

§. 2. Die Fürstlichen Residentz-Häuser müssen vor andern einer beständigen Ruhe und Sicherheit geniessen, und wer sich unterstehet, auf dem Schloß-Platz oder gar in einem Fürstlichen Gemach den andern mit Verbal- oder Real-Injurien anzugreiffen, wird mit weit härterer Straffe angesehen, als wer solches in einem andern Privat-Hause thut. In manchen Hof Ordnungen ist wohl gar die Abhauung der rechten Hand darauf gesetzt. Es heist dieses den Burg-Frieden brechen, weil vor diesen im Gebrauch gewesen, daß man bey den Schlössern gewisse Tafeln ausgehangen, und die Worte Burg-Frieden darauf setzen lassen, zum Zeichen, daß an diesen Orten eine allgemeine Inviolabilität seyn solte. S. Wehners Observ. Pract. voc. Burg-Friede.

§. 3. So darff sich auch niemand unterfangen, aus den Fürstlichen Gemächern von den Meublen etwas zu entwenden, zu vertauschen, oder nur das allergeringste Stück, so in den Residentz-Häusern ange-

angetroffen wird, zu verändern oder zu beschädigen. Daher ist in den meisten Pagen-Ordnungen anbefohlen, daß die Pagen in den Fürstlichen Gebäuden die darinnen befindlichen Thüren, Kästen, Schräncke und Truhen, mit Abbrechung der Schlösser, Bänder, Riegel und Handhaben, ingleichen Fenster, Tische, Bäncke, Bettstätten, Bett-Gewandte, Tapezereyen, Contrefaits, Bilder, Gemählde, Welt-Land und andere Charten und Tafeln nicht beschädigen, verwüsten, zubrechen und wegreissen. die Wände, Tafelwerck, Gespünte, gegossene oder sonst ausgesetzte Böden mit Fackeln, Lichtern, oder sonst in andere Wege nicht beschmutzen, heßlich machen, begiessen, oder verderben sollen.

§. 4. Chur-Fürst Friedrich Wilhelm zu Brandenburg rescribirte sub dato den 12. Januar. 1684, daß derjenige, welcher vom Chur-Fürstlichen Hof-Zimmer, so mit Dero Chur-Fürstlichen, oder Dero Chur-Fürstlichen Gemahlin, oder auch des Chur-Printzens Nahmen oder Wapen bezeichnet, wie auch Kleinodien, oder Gold und andere Meublen zu stehlen sich gelüsten liesse, oder auch darüber betreten und überzeugt würde, daß er mit Sperrwerck, oder Nach- und Diebs-Schlüsseln, die Gemächer auf dem Chur-Fürstlichen Schloß, es sey zu Cöln an der Spree, oder zu Potsdam, oder wo sonst Hof gehalten werden möchte, eröffnen, oder durch gefährliche Instrumente erbrechen wollen, solte, ob er gleich noch nicht würcklich gestohlen, ohne Ansehen des Werths von dem gestohlenen Silber

Von Schloß-u. Zimmer-Ceremoniellen.

Silber oder Sachen, am Leben gestrafft werden.

§. 5. Der selige geheimde Rath Stryk gedenckt in seiner Dissertation de sanctitate residentiarum p. 36. eines curieusen Casus: Es hätte auf einem gewissen Brandenburg. Lust-Schloß ein Mahler unter andern Phantasien bey einem gewissen Jagt-Stück ein etwas freches und leichtsinniges Weibes-Bild in einer Coquetten-Kleidung abgebildet. Wie sich nun eine gewisse Frau dieserwegen getroffen findet, und glaubt, daß sie dadurch gemeynt und geschimpffet sey, so bekommt sie einige Helffers-Helffer zu sich, läst die Thüre des Gemachs erbrechen, und das Gemählde mit einer andern Farbe überziehen; es ist aber dieses sehr übel aufgenommen, und sie von dem Procuratori fisci dieserwegen verklagt worden.

§. 6. Damit nun von den Fürstlichen Schlössern und Gemächern allerhand böse Leute desto eher abgehalten werden, so sind allenthalben, so wohl unten bey dem Eingange, als auch bey unterschiedenen Gemächern, besondere Wachen verordnet, die auf die Ein- und Ausgehenden ein wachsames Auge haben müssen, und nicht leichtlich iemand von fremden, zumahl von verdächtigen Leuten, ohne Erlaubniß des Hof-Marschalls, oder des Schloß-Hauptmanns, in das Schloß einlassen dürffen.

§. 7. Zu den Schloß-Wachen werden entweder einige von der regulieren Milice genommen, als Granadiers u. s. w. oder andere handfeste, ansehnliche

liche und getreue Leute, auf die sich die Herrschafft verlaſſen kan, und die als Trabanten u. ſ. w. eingekleidet werden. Die Schweitzeriſche Nation hat von einigen Seculis her vor andern die Ehre, daß gecrönte Häupter und andere groſſe Herren in Europa ſie zu ihren Leib-Wachen erwehlt. Die keine Schweitzer annehmen, laſſen doch zum wenigſten ihre eigene Landes-Kinder nach der Kleidung der Schweitzer mondiren. Das Corps der Schloß-Wachen iſt nach dem Unterſchied der Höfe, und nach dem gröſſern oder kleinern Staat, den ein groſſer Herr formiren will, ſtärcker oder ſchwächer. Sie ſtehen entweder unter einen Capitain Lieutenant, oder Capitain, oder auch unter einen Lieutenant.

§. 8. In den alten Hof-Ordnungen der Fürſtlichen Teutſchen Höfe findet man, daß die Schloß-Thore zu Mittag und Abends, ſo bald man ſich zur Tafel geſetzt, zugeſchloſſen, und nicht eher, biß man wieder von der Tafel aufgeſtanden, ohne ſonderbaren Befehl, geöffnet werden ſollen. Es müſſen in den damahligen Zeiten die Schloß-Thore entweder mit gar keiner, oder doch nicht mit ſo ſtarcker Wache beſetzt geweſen ſeyn, als ietzund, da ſie zu allen Zeiten mit Trabanten beſetzt ſind, und alſo nicht zugeſchloſſen werden dürffen.

§. 9. Uber die ordinairen Wachen werden bißweilen bey gewiſſen Gemächern, in denen beſondere Koſtbarkeiten von Gold, Silber und Kleinodien aufbehalten werden, auch noch eigene Wachen von
Ober-

Ober-Officiers, als zu welchen man sich gemeiniglich mehr honeteté zu versehen pflegt, gestellt, wiewohl man in den neuesten Zeiten hin und wieder Exempel hat, daß auch dieselben, aus Verleitung des Satans, die ihren Herrn schuldige Treue gebrochen, und dasjenige, welches sie haben bewachen sollen, zu berauben gesucht, die aber auch ihren wohlverdienten Lohn davor empfangen.

§. 10. Die zur Bewachung der Gebäude und Gemächer gestellten Garden müssen von einem ieden, Fremden und Einheimischen, aus Respect vor die Herrschafft, und wenn es im übrigen noch so schlechte und unansehnliche Leute wären, vor diejenigen gehalten werden, die sie sind, will einer nicht bißweilen ein unangenehmes Tractament von ihnen zu gewarten haben. Ein bey Hofe unbekandter, zumahl wenn er von geringerer Extraction, muß die Thüren nicht leichtlich von selbst öffnen, sondern selbige durch die Garden öffnen lassen, nachdem er ihnen mit Höflichkeit angezeigt, daß er gerne wolte hinein gelassen seyn. Er muß sich auch in acht nehmen, daß er sich nicht in den Gemächern umzusehen verlange, wenn er in einem Surtout gehet, oder einen Mandel um sich geschlagen, weil dieser Habit bey Hofe verhaßt und verdächtig gehalten wird.

§. 11. Die allgemeine Ober-Auffsicht über alle die Fürstlichen Lust-Schlösser und Jagt-Häuser ist entweder einem Ober-Land-Baumeister, oder sonst einen andern Intendant und Inspecteur-General, oder wie er nach dem Unterschied der Europäiropäischen Provintzien nur immer kan und mag genennt werden, anvertrauet. Bißweilen wohnet zugleich auf dem ordinairen Residentz-Schloß der Herrschafft noch ein Schloß-Hauptmann, oder Trabanten-Hauptmann, der über die Trabanten gestellt, und gemeiniglich über dem Fürstl. Schloß-Thor einige Zimmer innen hat; bißweilen besorget aber auch der Hof-Marschall oder Hauß-Marschall dasjenige, was dem Schloß-Hauptmann sonst zukommt.

§. 12. Das Hof-Marschall-Amt, unter dem der Castellan, der Bettmeister und Hof-Verwalter stehen, helffen nebst der Hoch-Fürstlichen Frau Hofmeisterin, den Hof-Tapezierern, Hof-Mahlern, u. s. w. alles, was bey Anschaffung, Veränderung und Verbesserung der Meublen nöthig, ordoniren. Uber die übrigen Schlösser, die mit Meublen versehen, und von der Herrschafft zuweilen besucht werden, sind eigene Castellane oder Bettmeister gesetzt. Bey den Fürstlichen Wittwen, pflegen an statt der Hof- oder Hauß-Marschalle, ihre Hofmeister Sorge davor zu tragen.

§. 13. An einigen Fürstlichen Höfen in Teutschland hat der Hof- oder Hauß-Marschall nicht die allgemeine Aufsicht über alle Zimmer des Schlosses, sondern einige stehen unter seiner Aufsicht, andere unter der Aufsicht des Ober-Hofmeisters, noch einige andere, als wie die Retirade u. s. w. wieder unter einer andern Inspection. So pflegen auch bey einigen Residentz-Schlössern, deren Besitzer
nicht

nicht allein weltliche Regenten des Landes, sondern auch zugleich Administratores eines Bischoffthums mit sind, die hochwürdigen Dom-Capitul gewisse Zimmer innen zu haben.

§. 14. Ausser der Aufsicht, so über das Schloß und dessen Zimmer einigen Grossen aufgetragen, haben noch einige andere geringere Subalternen die Inspection über gewisse Plätze, Gemächer und Behältnisse, als, die Leib-Medici über die Fürstlichen Apothecken, die Hof-Gärtner über die Fürstlichen Gärten und Orengerien, die Hof-Grotiers über die Fürstlichen Grotten und Cascaden, die Bibliothecarii über die Bibliothecken, die Kunst-Kämmerer, oder wie sie sonst genennet werden, über die Kunst-Kammern, Muschel-Cabineter, und andere Naturalien, u. s. w.

§. 15. Die Fürstlichen Residentz-Häuser in Deutschland sind zwar mehrentheils an einem besondern, freyen, und von den andern Wohnungen der Stadt abgesonderten Ort erbauet; iedoch findet man auch an einigen Orten, als wie in Hannover, daß sie mitten in der Stadt unter den andern Häusern mit stehen.

§. 16. Bey einigen Schlössern observiret man, daß, nach einer sehr alten und bißweilen von einigen Seculis her eingeführten Gewohnheit, zu deren Anfang eine gewisse Geschichte Gelegenheit gegeben, einige Vögel, als Raben, schwartze Störche u. s. w. beständig aufbehalten und gefüttert werden, welche sich auf den Schloß-Plätzen herum promeniren, und täglich wegfliegen oder weg marchiren, und wieder zurück kommen.

§. 17. In Ansehung der Einfahrt der Carossen in den innern Schloß-Platz, hat man bey einigen grossen Höfen ebenfalls gewisse Reglemens. Also liessen anno 1693. der Kayserliche Ober-Hof-Marschall, Graf von Windischgrätz, an dem Kayserlichen Hofe einen Anschlag publiciren, wie es mit dem Einfahren der Wägen in die Kayserliche Burg zu halten. Wenn iederman erlaubt würde in den innern Schloß-Platz zu fahren, so würde, bey der Stellung der Carossen und Pferde, durch das Geschrey und Gelärme der ein-und ausfahrenden Kutscher mancherley Ungelegenheit verursacht werden, so der Durchlauchtigsten Herrschafft, und denen, auf dem Schloß gar offters zusammen kommenden Collegiis, sehr verdrüßlich seyn würde.

§. 18. Es wird entweder in besondern Reglemens, oder auch durch die blosse Observanz ausgemacht, welchen erlaubt seyn soll, in den innern Schloß-Platz zu fahren. Allen Fürstlichen Personen, wenn sie als Gäste bey dem andern Hofe einsprechen, ist dieses gemeiniglich zugelassen; iedoch will bißweilen an einigen grossen Höfen ein Unterschied gemacht werden, unter den regierenden Landes-Fürsten und unter den apanagirten. Manche wollen es auch denen Fürsten, wenn sie Vasallen von ihnen, oder sonst einiger maßen dependant sind, nicht wohl zugestehen, und setzt es bißweilen deswegen unter grossen Herren einige Disputen. Bey
den

Von Schloß- u. Zimmer-Ceremoniellen. 71

den Abgesandten wird an einigen Höfen ein Unterschied gemacht, unter den Ambassadeurs und Envoyés. Denen Envoyés stehet dieses nicht eher frey, als am Tage ihrer ersten Audienz und ihrer Abschieds-Audienz. Uber diese Personen haben an einigen Orten manche Dames von hohem Range und einige grosse Ministri die Erlaubniß, in den innern Schloß-Platz zu fahren. Die übrigen Wagen und Pferde müssen vor dem Schloß warten, und da sich iemand unterfängt, mit Gewalt einzufahren oder einzureiten, so werden ihm offters Wagen und Pferde verpfändet.

§. 19. Bißweilen sind die Fürstlichen Residentz-Häuser so angelegt, daß die grösten und nothwendigsten Hof-Officianten, die fleißig um die Herrschafft seyn müssen, entweder zugleich mit auf dem Schlosse, oder doch in denen, dem Schlosse mit angehefteten Neben-Gebäuden, logiren. Bey andern Höfen hingegen wohnen die grösten Ministri und alle Hof-Cavaliere in der Stadt, und auf dem Schlosse ist ausser denen Hof-Dames und den Pagen, niemand wohnhafft, als einige Bediente von der geringsten Sorte.

§. 20. In der untern Etage sind gemeiniglich die Dienst-Gemächer, als, die Silber-Cammer, die Küche und Conditerey, das Zimmer zum Wasserbrennen mit der Küch- und Keller-Stuben, sammt dem Zehr-Garten in einer richtigen Ordnung anzutreffen. Unter diesen Gemächern sind die Keller zum Bier und Wein, ingleichen die Vorraths-

E 4   Keller,

Keller, welche offters dergestalt aptirt, daß man mit Pferd und Wagen gantz bequem hinein fahren kan.

§. 21. Bey den alten Schlössern findet man mehrentheils Wendel-Treppen mit schmahlen Stuffen. Bey den neuern hingegen sind diese beschwerlichen und gefährlichen Treppen abgeschafft, und an deren Statt breite und helle, mit besondern Ruhe-Plätzen versehene, und mit Statuen ausgezierte Stiegen angelegt. Nachdem das Steigen der Treppen einigen grossen Herren incommode fällt, so hat man in den neuern Zeiten bequeme Sessel erfunden, so an einem Gewichte hängen, durch deren Hülffe sie ohne Treppe aus einem Zimmer in das andere fahren können. Also haben Jhro Königliche Majestät in Pohlen und Chur-Fürstliche Durchlauchtigkeit zu Sachsen dergleichen Sessel in Dero Palais zu Alt-Dresden, ingleichen Jhro Hoch-Fürstliche Durchlauchtigkeit von Sachsen-Gotha auf dem Schloß zu Altenburg.

§. 22. Die Hof-Capellen sind von vielen Jahren her an den allermeisten Orten also erbauet, daß Fürstliche Personen aus ihren Gemächern sich trockenes Fusses in die Kirche begeben, und dem Wort GOttes daselbst zuhören können. So zeigen sich auch allenthalben auf dem Fürstlichen Schlössern grosse und lange Sähle, welche theils zu mancherley Lustbarkeiten, an den Fürstlichen Nahmens- und Geburths-Tägen, theils auch zu den Propositionen, die der Landschafft vorzutragen, gewidmet sind;

sind; an einigen Orten hat man eigene Propositions-Sähle, auf welchen von Serenissimo bey Land- und Stiffts-Tägen denen getreuen Landständen die respective Allergnädigste und Gnädigste Propositionen eröffnet werden. Die Zimmer folgen mit ihren besondern Vorgemächern a plein pied hinter einander, damit man aus einem in das andere gehen könne, und die Thüren alle nach perspectivischer Ordnung, in gleicher Ordnung und Symmetrie gesehen werden. Die Fußböden der Zimmer sind entweder mit allerhand raren und saubern Holz ausgelegt, bey welchen mancherley künstliche Desseins angebracht, oder von polirten Marmor, Jaspis, und andern raren und geschliffenen Steinen.

§. 23. Die Meublen und Tapisserien sind nach dem Unterschied der Gemächer unterschieden. In der ersten Antichambre sind sie nicht so kostbar, als in der letztern. Je näher die Vorgemächer den Herrschafftlichen Gemächern kommen, ie mehr nehmen die Meublen an Kostbarkeit zu. So ist auch ein Unterschied unter den ordinairen Wohnungs-Zimmern, und unter den Gemächern, die zur Aufnahme der fremden Herrschafften gewidmet, ingleichen unter den Audienz-Gemächern, Neben-Audienz-Gemächern, Parade-Zimmern, Retiraden u. s. w. Fallen Galla-Täge bey Hofe ein, so wird bey denselben Solennitäten die Pracht der Meublen noch weit mehr vergrössert, da zeigen sich allenthalben, sonderlich aber in den Parade-Zimmern, goldene und silberne Pretiositäten, an Tischen, Spiegeln, Gueridons und Gheridonetten, Cron-Leuchtern, Wand-Leuchtern u. s. w.

§. 24. In den Tafel-Zimmern findet man zierlich ausgearbeitete Bufets, die mit mancherley Trinck-Geschirren von antiquen und neuen Sorten, aus Gold, Silber, Crystall, Perlen-Mutter u. d. g. ausgearbeitet, allerhand Trinck-Muscheln und Schaalen, grossen silbernen Flaschen, Vasen, Bassins, Schweng-Kesseln, und vielen andern mehr, gantz ordentlich und prächtig besetzt sind. Bißweilen sind auch in diesen Zimmern Fontainen und Rafraichir-Wasser durch die Kunst gar artig angebracht. So wird man auch hier mancherley Tafeln gewahr, die sehr sinnreich ausgesonnen, und nach allerhand Inventionen verändert werden können.

§. 25. Eine dergleichen künstliche Tafel hat vor einigen Jahren der weyland berühmte, nunmehro aber seelig verstorbene Herr Gärtner, Königlicher Pohlnischer und Chur-Fürstlich-Sächsischer Model-Meister, in Dresden inventirt. Es wird eine unbedeckte Tafel aus dem Königlichen Zimmer erster Etage in das unter demselben sich befindliche Anrichtungs-Gemach durch eine besondere Bewegung hinunter gezogen, hingegen kommt eine mit vollem Service und Speisen besetzte Tafel, nebst vier Gueridons, deren ieder von 4 Fachen oder 4 Tellern, von unten durch den sich eröffnenden Fuß-Boden hinauf, ohne daß Ihro Majestät einer andern

dern besondern Bedienung zu Aufhebung der Tafeln dabey nöthig haben. In der Tafel ist noch eine a parte kleine Eröffnung, dadurch mit einer Schiefer-Tafel denen unten befindlichen Bedienten Nachricht gegeben werden kan, was Jhro Majestät von Geträncke oder sonst haben wollen, welches denn unten durch gewisse Eröffnungen hinauf getrieben wird. Es heist dieses eine Confidenz-Tafel, und dienet dazu, wenn Jhro Majestät mit einigen vertrauten Ministris allein speisen wollen.

§. 26. Es darff sich niemand von den Fremden unterfangen, an den Fürstlichen Höfen die Herrschafft speisen zu sehen, es müste denn solches die Herrschafft oder der Hof-Marschalck erlauben. Bey manchen Solennitäten, wenn offene Tafel gehalten wird, ist iederman vergönnt in das Tafel-Zimmer zu treten, iedoch müssen sie in sauberer und reinlicher Kleidung erscheinen, und die Weibs-Personen dürffen keine Regentücher, die Manns-Personen aber keine Mäntel um sich geschlagen haben. Es werden auch diejenigen, so kräncklich und ungesund aussehen, um der Herrschafft bey der Tafel durch deren übeln Anblick den Appetit zum Essen nicht zu verderben, zurück gehalten. Wollen Frembde in die Tafel- oder andere Zimmer ohne Erlaubniß eindringen, so werden sie anfänglich, wenn die Wache höflich ist, mit guter Manier vermahnt, zurück zu bleiben, und wo sie dem ungeachtet weiter avanciren wollen, mit Gewalt, und durch ein paar Rippenstösse zurück getrieben.

§. 27.

§. 27. Insonderheit sind die Fürstlichen Schlaf-Zimmer vor andern sehr privilegirt, und wird, zumahl in Teutschland, nicht ein iedweder in dieselben hinein gelassen, ob er gleich sonst in den übrigen Zimmern des Schlosses herum geführet wird. Es ist auch wider den Wohlstand, sich auf die Fürstlichen Lehn-Sessel oder Fauteüils niederzusetzen, oder in dem Besehen weiter zu gehen, als einem vergünstiget, oder von dem, der die Frembden herum führet, gezeiget wird.

§. 28. An einigen Höfen darff sich niemand, ausser einigen Grossen, weder in einer Antichambre noch in einem andern Gemach mit einem Spanischen Rohr in der Hand sehen lassen, an andern hingegen ist es erlaubt, iedoch müssen die Cavaliere, wenn sie in das Fürstliche Gemach zur Herrschafft hinein treten wollen, den Stab in dem Vorgemach zurück lassen.

§. 29. An manchen Höfen wird auch so gar darinnen eine Distinction gemacht, daß nicht ein ieder Hof-Cavalier, ohne Unterschied, die Erlaubniß hat, sich bey nächtlicher Weile durch seine Bedienten mit Fackeln die Treppe hinauf leuchten zu lassen.

§. 30. Auf den Fürstlichen Schlössern in Teutschland darff sich ein Frembder nicht mit solcher Freyheit umsehen, als wie in Franckreich. Daselbst können die Frembden in den meisten Zimmern des Schlosses zu Versailles nicht nur frey und ungehindert aus- und eingehen, ob gleich die Wache da stehet, sondern auch selbst in des Königs Schlaf-Gemach.

Gemach. Das Anklopffen an den Thüren ist in den Königlichen Häusern nicht erlaubt, sondern wenn sie zugemacht, und man weiß, daß die Leute oder Bedienten darinnen sind, kratzet man nur mit den Nägeln an.

§. 31. Wie man an den Höfen bey mancherley Handlungen gar sehr auf den Rang zu sehen pflegt, also werden auch bey den Zimmern gewisse Rang-Ceremonielle beobachtet, jedoch ist man in diesem Stück an einem Hofe immer accurater, als an dem andern. Die vornehmsten Bedienten, so der Herrschafft am nächsten seyn müssen, dürffen sich auch in den Vorgemächern, die den Zimmern der Fürstlichen Herrschafft am nächsten sind, aufhalten, da hingegen die weitern denjenigen Cavalieren gewidmet, so im Range den andern nachgehen.

§. 32. An einigen Höfen sind eigene und besondere Reglemens publiciret, in welchen Zimmern sich so wohl die Pagen als Cavaliers, die Frembden und Einheimischen, nach dem Unterschied ihres Standes und ihrer Bedienungen, dürffen finden lassen. Ob zwar die Dames fast allenthalben in den meisten Stücken vor den Cavalieren einen Vorzug haben, so ist ihnen doch nicht an allen Höfen ohne Unterschied erlaubt, in der ersten Antichambre ihrer Fürstin zu seyn, sondern einige müssen sich in der andern Antichambre aufhalten.

§. 33. An dem Kayserlichen Hofe hat man zwar zu allen Zeiten in diesem Stück eine besondere Accuratesse in Obacht genommen. Man hat aber doch

doch wahrgenommen, daß es zu Zeiten Kaysers Josephi noch viel accurater gehalten worden, als zu Zeiten Leopoldi. Bey diesen wurden alle Envoyés in die letzte Anticamera gelassen, welche man so gar den Abgeordneten der Reichs=Städte nicht versagte. Bey jenem aber ist in die letzte Anticamera niemand anders als Grafen, und die so von gleichem Stande, eingelassen worden, und musten die Abgesandten der Fürsten in der andern Anticamera stehen bleiben. S. des curieusen Bücher=Cabinets VI. Eingang p. 889.

§. 34. In den Zimmer=Ordnungen einiger Höfe, werden die Personen in folgende vier Classen eingetheilet: (I.) in die Geistlichkeit, (II.) in die Hof=Bedienten, (III.) in die Kriegs=Officianten, und (IV.) in frembde Durchreisende. Dieses ist mehrentheils bey den Römisch=Catholischen Höfen, da man die Vorgemächer stets mit einem grossen Theil der Geistlichkeit angefüllet findet. Ob sie zwar vor den andern einen grossen Vorzug haben, so dürffen sie doch nicht an allen Höfen allenthalben eindringen, wie sie wollen, es wird auch unter ihnen selbst, nach ihren besondern Dignitäten und Range, eine Differenz gemacht.

§. 53. In die Retraiten und Retiraden ist an vielen Orten niemand erlaubt zu gehen, als Fürstlichen Personen, die sich an dem Hofe aufhalten, sie mögen nun den Anverwandten beyzuzehlen seyn, oder nicht, ingleichen den Abgesandten und grösten Ministris,

§. 36.

§. 36. Die Pagen und Laqueyen dürffen sich nicht weiter unterstehen, in den Fürstlichen Zimmern oder Antichambren aufzuhalten, als wenn sie geruffen werden, oder so lange sie etwas darinnen zu verrichten haben, auffer die Leib-Pagen, denen an allen Höfen vor den andern eine Præference zustehet; iedoch haben sie zu den Zeiten unserer Vorfahren, da manche Leib-Pagen wohl dreyßig Jahr alt gewesen, in noch grössern Ansehen gestanden, als ietzund.

§. 37. Wie der Staat allenthalben in gantz Teutschland von ein 50. biß 60. Jahren her gewaltig zugenommen; also haben sich von dieser Zeit an auf den Fürstlichen Schlössern, so wohl in Ansehung des Bauens als des Ausmeublirens, gewaltige Veränderungen ereignet. Zu Eingang des abgewichenen Seculi, wuste man noch nicht so viel von so vielen Vorgemächern, die hinter einander folgten, von den Gips-Decken, von den gebrochenen Thüren, von den zierlichen Caminen, und von mancherley prächtigen Meublen, die man heutiges Tages in den Fürstlichen Zimmern erblickt. Auf den Speise-Sählen, sahe man künstliche ausgeschnitzte Bäncke von Linden-Bäumen oder andern Holtze, auf denen die Cavaliers und Dames an den Marschalls-Tafeln speiseten. Die Tapeten sind zwar eine sehr alte Meuble, und von etlichen hundert Jahren in Teutschland bekandt. Anno 1500. waren bey dem Beylager, so mit Hertzog Hanßen zu Sachsen mit Frau Sophia, gebohrner

bohrner von Mecklenburg, geschlossen ward, auf dem Schloß zu Torgau mit Gold gestickte und mancherley Figuren und Historien durchwürckte Tapeten zu sehen. S. aus einem alten Sächs. Historico das III. Stück von Struvens historisch-politischen Archiv p. 50. Jedoch waren sie nicht so gemein als ietzund, und nur bloß in den Fürstlichen Parade-Zimmern zu sehen. Anstatt der Tapeten sahe man mehrentheils in den Vorgemächern die Bildnisse von den Hoch-Fürstlichen Anverwandten in Lebens-Grösse, oder auch Bilder von unterschiedlich gehaltenen Jagten, von jagtbahren Hirschen, wilden Schweinen, raren Hunden, u. s. w. Bißweilen waren auch die Wände mit Wasser-Farben bemahlet, oder mit unterschiedenen Sprüchen der heiligen Schrifft beschrieben.

§. 38. Einige Fürsten sind keine Liebhaber von Veränderung der Meublen, sondern diejenigen sind ihnen die liebsten, die sie von ihren Fürstlichen Eltern und Groß-Eltern noch herhaben. Andere hingegen finden ihr gröstes Vergnügen an offtmahliger Abwechselung, und in Nachahmung alles dessen, was bey den Ausländern an Galanterien und Kostbarkeiten wahrgenommen wird. Sie sind bey der Architectur und Ausmeublirung ihrer Fürstlichen Residentz- und Lust-Häuser nicht mit dem zufrieden, was ihnen die sinnreichsten Meister in Franckreich und Italien, Holland und England an die Hand geben, sondern sie müssen auch noch dazu, so wol bey der Bau-Art, als bey den Meublen,

aus

aus der Türckey, China, und andern Ländereyen ausserhalb Europa, neue Erfindungen herhohlen.

§. 39. Der ietzige Pabst mag an prächtigen Zimmern und ausländischen Galanterien kein sonderliches Gefallen haben, sintemahl er bey seinem Einzug in das Quirinal alle Tapeten, Stühle, und andere Meublen, die in den Apartemens des vorigen Pabstes auf dem Quirinal gestanden, und mit grossen Unkosten aus Indien von ihm angeschafft, dem Prætendenten in Engelland verehret, welche ihm vermuthlich gantz willkommen werden gewest seyn. S. das XXIXste Stück der Einleitung zur neuesten Historie der Welt, p. 294.

§. 40. Aus dem Testament des Königs in Spanien Carl II. erhellet fast, daß die Könige in Spanien nicht so freye Gewalt haben, wie andere Souverains, nach ihrem eigenen Gefallen mit den Meublen, die auf den Königl. Residentz-Schlössern anzutreffen, eine Veränderung vorzunehmen, indem er in dem XLII. Articul disponirte, daß sein„ Pallast, wie auch alle andere Königliche Häuser,„ in Madrit und andern Städten und Orten seiner„ Lande, mit samt den Gemählden, Tapezereyen,„ Spiegeln und andern Geräthe, womit sie ausge=„ zieret, seinem Successori und Nachfolgern unver=„ änderlich für eigen verbleiben solten. Dagegen„ benahm er ihnen alle Gewalt für ietzt und alllezeit,„ daß sie von diesen Häusern und Königlichen Pal=„ läften, nichts daraus wegzunehmen, oder darin=„ nen zu verändern, Erlaubniß haben solten." Zu

F Voll-

Vollziehung deſſen, befahl er, daß alle gegenwärtige Mobilien, nach den Inventariis, ſo ſchon in den Häuſern befindlich, collationirt, und dasjenige, was noch nicht eingeſchrieben, auch darein gezeichnet werde, damit allezeit geſorget werden könne, daß von dieſen Mobilien, weder von ſeinem Succeſſore noch Nachfolgern, auſſer zu Beſchützung der Kirche und des Königreichs, etwas verändert noch verſchencket werde.

§. 41. Einige groſſe Herren halten viel auf koſtbare Frantzöſiſche Tapiſſerien, die mit ihren eigenen, oder ihrer Vorfahren berühmten Thaten prangen, andere aber mehr auf andere koſtbahre Gemählde, und findet man bey ihnen, nach der, aus Italien ſich herſchreibenden Mode, die Sähle und Gemächer von unten biß oben aus, nach einer ſehr guten Ordonance, mit den künſtlichſten Schildereyen ausgezieret. So erblicket man auch bey den Römiſch-Catholiſchen, ſo wohl auf den Höfen, als auch in den Gemächern, hin und wieder Statuen von der Jungfrau Maria, und von einem und anderm Heiligen, der bey ihnen in groſſer Hochachtung ſtehet.

§. 42. Bißweilen werden zur Zeit eines declarirten Kriegs die Bildniſſe derjenigen Souverains, die ſich feindſelig erklährt, aus den Fürſtlichen Zimmern weggenommen. Alſo ſchaffte man an. 1706. die Portraite der beyden Chur-Fürſten zu Cöln und Bayern, nachdem ſie in die Acht erklähret, und die vier älteſten Bayeriſchen Printzen nach Clagenfurth

furth geführet worden, aus den Kayserlichen Zimmern weg. Es ist dieses eine Revenge, die von dem Triebe der menschlichen Natur entspringt, dieweil niemand gerne die Bilder derjenigen lieben, oder in seinem Zimmer leiden will, die uns alles gebrandte Hertzleid angethan.

§. 43. Der zu Käysers Leopoldi Zeiten berühmte Minister am Kayserlichen Hofe, Fürst Lobkowiz, ersann eine seltzame Meublirung, als er in eine Ungnade gefallen, und bey diesem seinem Unglück so wenig die Freyheit als Unschuld verlohren. Er ließ sich ein Zimmer zurichten, welches die Helffte mit Tapeten und mehrern Fürstlichen Meublen ausgezieret war, die andere Helffte aber die schlechteste Vorstellung einer Bauer-Hütte an Tag legte; er erklärte sich dabey, gegen alle die ihn besuchten, daß er an solchem Ort seines vorigen und ietzigen Zustandes am besten eingedenck seyn könte. S. das Leben des Kaysers Leopoldi, p. 249.

§. 44. Grosse Herren finden bißweilen an manchen Gegenden auf dem Lande einen besondern Gefallen, und erbauen sich nicht nur zu ihrem Plaisir an denselben Orten prächtige Schlösser und schöne Land- und Lust-Häuser, sondern sie befehlen auch ihren hohen Ministris und vornehmsten Hof- und Kriegs-Officianten an, daß sie sich ebenfalls daselbst anbauen müssen, theils, damit sie dieselben iederzeit um sich haben, wenn sie ihres Raths, oder ihrer übrigen Dienste benöthiget, theils auch, daß hiedurch diejenigen Oerter, die sie gerne wollen am gebauet wissen, peupliret, zur Nahrung und in Aufnehmen gebracht werden. Bißweilen verändern sie ihnen den Nahmen, als wie es ohnlängst in dem Chur=Fürstenthum Sachsen bey Oschatz gelegenen Jagt=Schloß Wermsdorff geschehen, welches, nachdem es auf das neue prächtig ausgebauet worden, von Jhro Königlichen Hoheit dem Königlichen Chur=Printzen zu Sachsen mit dem Nahmen Hubertus-Burg, beleget worden; sie privilegiren sie auf mancherley Weise, und verwandeln nicht selten die elendesten Dörffer in schöne Städte.

§. 45. Sie lassen zur Beschützung der Land-Schlösser einige besondere Compagnien unterhalten, und zu deren Bewachung in der Nähe Wach=Häuser anlegen. Wenn sie sich auf den Land=Häusern aufhalten, so wird ein grosser Theil des Ceremoniel-Wesens bey Seite gesetzt, und eine freyere Lebens=Art erwehlet. Jn Teutschland ist an viel Höfen eingeführt, daß die Cavaliers bey der Herrschafft, auf den Land=Häusern ohne Degen erscheinen, und wer aus Versehen einen Degen angesteckt, wird gemeiniglich mit einem grossen Glaß Wein bestrafft.

§. 46. Hier pflegen öffters die gecrönten Häupter des Mittags und Abends nicht nur in Gesellschafft mit der Königlichen Familie zu speisen, sondern ziehen auch zuweilen einige von den anwesenden Herren und Damen mit an die Tafel, welches sonst in ihren Königlichen Residenzien nicht zu geschehen pflegt. §. 47.

Von Schloß- u. Zimmer-Ceremoniellen. 85

§. 47. In manchen Lust-Schlössern, die sie alle Jahre zu gewissen Zeiten zu besuchen pflegen, sind alle Meublen von den grösten biß zu den kleinesten, derer die Hoch-Fürstlichen Herrschafften, und alle Hof-Officianten männlichen und weiblichen Geschlechts benöthiget sind, in beständiger Ordnung. Andere hingegen, die nur bißweilen besucht werden, sind nicht stets ausmeublirt, und bey diesen pflegen die Fürstlichen Hof-Tapezierers voraus geschickt zu werden, wenn sich die Herrschafft auf denselben eine Zeitlang aufhalten will.

§. 48. Die Architectur dieser Lust-Häuser ist unterschiedlich. Viele bestehen aus einem grossen Pavillon, der mit unterschiedenen andern umgeben, diese sind bißweilen wiederum in kleinere Pavillons eingetheilet. In dem Haupt-Pavillon logiren, der Fürst mit seiner Gemahlin, oder mit derjenigen, die sie als Gemahlin lieben, und in den andern die Personen der Fürstlichen Familie, oder die vornehmsten von der Hofstatt. Bey einigen sind die Zimmer also eingerichtet, daß man die in der Runde herum aus einem in das andere gehen kan; Mitten in den Pavillon ist ein grosser achteckigter Sahl, in welchen publique Assembleen, Ballette und andere Lustbarkeiten gehalten werden. Auf den Pavillons sind Couplen, die mit einem Uhrwerck geziert.

§. 49. Offters sind bey diesen Lust-Gebäuden Galerien, die ein plattes Dach haben, die zu einem Altan dienen, auf welchem man rund um den Platz

F 3

zu

zu den Haupt-Gebäuden kommen kan. Die Dächer sind in der Mitten, und an den Ecken mit Frontispices, in denen das Wapen des Hochfürstlichen Hauses, und sonst verschiedene schöne Ornamenta befindlich. Auf dem Chapiteau siehet man viel Statuen, und durch die Bildhauer-Kunst gemachte Kränze, Zweige und andere Zierrathen.

§. 50. Auf den Hof-Plätzen sind entweder grüne Terrassen, die mit geschliffenen Pflaster-Steinen oder auf andere Weise eingefaßt, oder mancherley mit Statuen ausgezierte Orengerien und Fontainen. Die Haupt-Treppen sind mit Balustraden und andern feinen Auszierungen von Alfresco-Mahlerey propre garnirt. In den Gemächern findet man künstlich zubereitete Camine, in deren Basso reliefs mancherley Portraire stehen. Man admiriret öffters in denen Gemächern die schönsten Spiegel von allerhand Façon, vor den Spiegeln liegen bißweilen marmorne oder andere geschnitzte nackete Venus-Bilder, die mit ungemeiner Kunst verfertiget.

§. 51. Auf vielen Lust-Schlössern observiret man besondere, mit Gold und Bildhauer-Arbeit untermengt angelegte Porcelain-Gemächer oder Cabinetter, in welchen die schönsten von Porcelain auffsteigenden Zierrathen anzusehen, an grossen Töpffen, Vasen, Schüsseln, Auffsätzen, Thé-Chocolade-Coffé-Services, mit dazwischen gestellten Spiegeln, Indianischen Urnen, Pagoden, nach
einer

einer schönsten Ordnung, und mit besonderer Magnificenze.

§. 52. Bey den Lust-Häusern findet man die schönsten Gärten, die in verschiedene Qvartiere eingetheilt, und mit besondern Haupt- und Neben-Fontainen ausgezieret. Die gepflantzten Hecken stellen mancherley Theatra und Amphi-Theatra vor. So müssen auch die mancherley Reservoirs Aqueducs, Fontainen und Grotten die Land-Lust vermehren helffen. Bey den Grotten sind schöne Cascaden, welche das Wasser in die Bassins werffen, im Sommer eine angenehme Kühlung und Geräusche verursachen. Auf der Erden sind mancherley Jets d'eau angebracht. In den dabey befindlichen Cabinettern, deren sich die Hoch-Fürstlichen Herrschafften zur Sommers-Zeit, wegen der angenehmen kühlenden und spielenden Wasserwercke, mit besondern Plaisir zu bedienen, und woselbst sie öffters Tafel zu halten pflegen, zeigen sich mancherley Statuen und Basso reliefs. So sind auch bey den Grotten nicht selten Bade-Zimmer, von weissen Marmor, oder auf andere Art künstlich ausgearbeitet, mit angeschlossen.

§. 53. Bey den Lust-Gärten sind gewisse Menagerien von allerhand frembden und raren Thieren. In den Parcs siehet man vielfältig schöne Aleen, curieuse Alabaster- und Marmor-Statuen, künstliche Wasser, grosse und kleine Cascaden, Vögel-Häuser, und Teiche, in welchen und auf welchen mancherley rare Fische, wie auch Enten,

Schwähne und andere Wasser-Vögel aufbehalten werden. Auf den Canälen liegen propre Jachten oder andere zierliche Schiffe, darauf man sich zu divertiren pflegt.

§. 54. Bißweilen werden auch Eremitagen vorgestellet, die als Cabinetter, und nach Art der Einöden, wie verfallen, von Holtz- und Mauerwerck aufgeführet werden. Man findet hier eine kleine Capelle, Schlaf-Cammer, Küche, Garten und Studier-Stube, die mit Gemählden von mancherley geistlichen Historien versehen, und mit mancherley Einsiedler-Geräthe besetzt sind.

§. 55. Die Orengerie-Häuser sind ebenfalls öffters von einer accuraten Architectur, und in diselben bißweilen mancherley Wasser-Spiele angebracht. Die Orengerie-Gärten auch von einer schönen Ordonance und Regularité. Die raren Gewächse formiren unterschiedene Alleen, zwischen welchen die Spatzier-Gänge von grünen Raasen schnur gerade abgetheilet und besetzt, und wie sie etwan weiterhin nach unterschiedenen Inventionen künstlich angelegt.

§. 56. Die Veneria, ein Jagt-Hauß des Hertzogs von Savoyen, und nunmehrigen Königes in Sicilien, ist eines von den schönsten Pallästen und Land-Häusern, die man finden kan. Es ist eine Niederlage der Königlichen Jagt, mit den unterschiedenen Gestalten der Göttin Dianæ, und denen zur Jagt gehörigen Sinnbildern ungemein ausgeziert. Der Eintritt des Königlichen Pallasts zeigt
bald

Von Schloß- u. Zimmer-Ceremoniellen. 89

bald im ersten Gewölbe das Bild der Dianæ, so die alten Heyden vor eine Göttin der Jägerey gehalten. Neben an sind die vier Arten der Jagt, nemlich, der Vogelfang, die Fischerey, die hohe und niedere Jagt. Unter den artigsten Sinnbildern auf dem grossen Getäfel, sind zehn besondere Geschichte, so mit der Göttin Diana passirt, die unmöglich besser auszusinnen. Unter andern stehet Actæon, der, weil er die Dianam mit ihren Nymphen nackend badend siehet, durch Besprengung etlicher Tropffen Wassers in einen Hirsch verwandelt wird, mit der Beyschrifft: Chi voul troppo veder, vede il suo male, wer gerne zu viel sehen will, siehet gemeiniglich sein eigen Unglück; imgleichen stehet die Diana mit ihren Nymphen in einem Armenischen Lust-Wald, wo sie ein grimmig Tiegerthier mit einem listigen Netz gefangen hält, mit den Beyworten: Piu che la forza un bell inganno e in pregio, ein artiger Betrug ist schätzbarer, als eine öffentliche Gewalt. Nebst den Tafeln stehen in den übrigen Zimmern nicht allein die schönsten Princeßinnen selbiger Zeit nach dem Leben in Jäger-Kleidung abgeschildert, sondern auch die Neben-Zierrathen stellen allerhand Jäger-Instrumenta vor, und wird man bey nahe keine Historie von der Diana bey den alten Poeten, oder besonderer Geschichte von Jagt-Hunden, Hirschen, Löwen ꝛc. lesen, welche nicht allhier mit der sinnreichsten Manier ihre Stelle von dem Künstler erhalten.

F 5   Das

Das VIII. Capitul.
Von dem Tafel-Ceremoniel.

§. 1.

Die grossen Herren haben auf ihren Schlössern mehrentheils ihre besondern Sähle und Tafel-Gemächer, die auf das prächtigste ausmeubliret, und zumahl bey Solennitäten mit sehr vielen Lustren, Girandolen, Crystallinen Spiegeln, und dergleichen Wand-Leuchtern gezieret sind. Man findet daselbst prächtige Credenz-Buffette, oder andere Credenz-Tische, die mit silbernen und güldenen, und andern kostbaren Trinck-Geschirren besetzt sind.

§. 2. Der Boden, worauf die Tafel stehet, ist entweder mit rothen Scharlach, oder gar mit kostbahren Sammet beleget. Zuweilen sind sie, zumahl bey Solennitäten, etwas erhöhet, und muß man Staffeln-weise, gleich einem Theatro, hinauf steigen. Einige speisen a l'ordinaire unter einem Dais, andere aber nur bey Solennitäten unter einem sammetenen gestickten, mit goldnen oder silbernen Borten und Frangen besetzten Himmel.

§. 3. Die Speisen werden auf den Fürstlichen Tafeln entweder in silbernen oder vergoldeten, oder gar in goldenen Schüsseln aufgesetzt. Nach der neuesten Façon sind die Schüsseln iederzeit mit silbernen Glocken bedeckt, theils, damit die Speisen

sen darunter warm bleiben, theils und vornehmlich aber, damit sie nicht durch den herabfallenden Poudre und andern Wust von denen, die sie auf die Tafeln setzen, verunreiniget, und unappetitlich werden. Etwas besonders ists, was Herr Lünig in seinem Ceremoniel-Theatro pag. 362. von der Päbstlichen Tafel anführet, daß des Pabstes Schüsseln mit einem Schloß verwahret wären, und daß niemand, bey Straffe höchster Excommunication, in seine Küche gehen solte. Die Speisen kochte eine von seinen nächsten Befreundtinnen; diese und der Cardinal Nepote hätten die Schlüssel zu den Schüsseln.

§. 4. Das öffentliche Tafel-halten der gecrönten Häupter geschiehet auf unterschiedene Weise. Einige speisen gantz allein, oder haben doch niemand an ihrer Tafel, als ihre Hoch-Fürstlichen Anverwandten, oder andere Fürstliche Personen, oder Abgesandten. Andere hingegen lassen auch unterschiedene von ihren Ministris, Generals, und Hof-Cavaliers, mit speisen. König Johannes Sobiesky in Pohlen hielt allemahl zu Mittag öffentliche Tafel, und ließ auch, wenn er ausserhalb des Hofes speisete, seine eigene Bedienten, welche zu solcher Zeit das Aufwarten hatten, mit zur Tafel ziehen. Ihro Majestät hielten dieses für eine schlechterdings nothwendige Sache, maßen sie besorgten, daß der gantze Adel möchte schwürig werden, wofern sie diese Gnade einem aus dessen Mittel versagten. S. Connors Beschreibung des Königreichs

nigreichs Pohlen, p. 416. Wenn er aber bey Hofe speisete, hat sich niemand, ausser der Königin, den Königlichen Kindern, und ausländischen Ministris, bey ihm zur Tafel setzen dürffen.

§. 5. Der vorige König in Franckreich, Ludwig XIV. pflegte des Mittags in seinem Schlaf-Zimmer an einer kleinen Tafel zu speisen, welches aber des Abends nicht geschahe. Zuweilen that er der Madame de Maintenon die Gnade, und speisete bey derselben zu Mittage, und die bath denn zur Gesellschafft allemahl ein und die andere Dame von ihren Bekandten mit dazu. Daselbst wurden keine frembden, sondern nur die nöthigen Bedienten hinein gelassen, S. Nemeitz Sejour de Paris, pag. 387.

§. 6. Bey besondern Lustbarkeiten wird auch bißweilen an den grösten Höfen das sonst strenge Tafel-Ceremoniel ein wenig bey Seite gesetzt, und an dessen statt, nach den unterschiedenen Loosen, die ein ieder auszieht, bey den Fürstlichen Tafeln eine bunte Reyhe angestellt.

§. 7. Bey den Couverts findet man an einigen Höfen, nach dem Unterschied der Personen, die an einigen Königlichen oder Fürstlichen Höfen mit speisen, einen Unterschied. Also zeiget sich an der Tafel des Königs in Franckreich vor dem Ort des Königs und der Königin ein so genandtes Catenat oder viereckigt verguldt Bestecken, darinnen Saltz, Pfeffer und dergleichen, in gewissen Fächern vorhanden, hingegen vor die Printzen und Princeßinnen

nen ein bloſſer Teller mit einem Couvert und
Saltzfaß.

§. 8. Es iſt ebenfalls ein beſonderer Unterſchied,
ob einer auf die Fauteüils, oder auf andere Lehn-
Stühle geſetzt wird. Fürſtliche Perſonen, und die
ihnen gleich geachtet werden, ſetzet man auf Fauteüils, die andern aber auf bloſſe Lehn-Seſſel. Die
bey den Stühlen diſtinguirt ſind, werden auch gemeiniglich vor und nach der Tafel, bey dem Waſſer zum Waſchen, bey dem Abtrocknen mit der
Serviette, bey der Aufwartung, und auf andere Art
diſtinguirt.

§. 9. Bevor man zu den Fürſtlichen Tafeln an-
richtet, wird gemeiniglich mit Trompeten und Paucken angekündiget, daß diejenigen, die die Speiſen
auffetzen ſollen, ſich vor der Küche verſammlen.
Man findet in vielen Fürſtlichen Hof-Ordnungen
diſponirt: Wenn zur Tafel geblaſen wird, ſollen
ſich ſo bald die Pagen und Laqueyen vor der Küche
einfinden, dabey gebührlich verhalten und die Speiſen vorſichtig auftragen, damit nichts verſchüttet
werde. S. unter andern die Fürſtl. Sächſ. Go-
thaiſche Hof-Ordnung de anno 1641. in XIV.
Artic. §. 4. 5. Zuweilen laſſen ſich bey iedem
Gange, der aufgetragen wird, Trompeten und
Paucken hören.

§. 10. Bey dem Crönungs-Feſtin des ietzigen
Königs in Franckreich, Ludwig des XV, giengen
die Cammer-Hautboiſten, Trompeter und Querpfeiffer, ſo einen Marſch ſpielten, voraus, nach dieſen

sen folgten die Herolde, auch Ober- und Ceremonien-Meister, alsdenn zwölff Hauß-Hofmeister, nach diesen der Ober-Hofmeister vom Königlichen Hause, vor der ersten Tracht her, wovon der Ober-Brodt-Meister die erste Schüssel trug, die übrigen aber wurden durch die Königlichen Hof-Junckern getragen, so die Bedienung hatten. Der Ober-Vorschneider setzte die Schüsseln in gehöriger Ordnung auf die Königliche Tafel, hub die Stürtzen davon ab, ließ die Speisen credentzen, deckte dieselben wieder zu, und erwartete die Ankunfft Ihrer Majestät. S. das Frantzösische Crönungs-Ceremoniel, so anno 1723. in Leipzig gedruckt worden, p. 93.

§. 11. Das Auftragen der Speisen geschicht gemeiniglich durch die Pagen, auch wohl durch die Fürstlichen Laquais. Bey einigen Solennitäten pflegen auch wohl die Landstände und Hof-Cavaliers die Schüsseln den andern Bedienten abzunehmen, und solche auf die Fürstliche Tafel zu setzen. An dem Hoch-Fürstlich-Wolffenbüttelischen Hofe, setzet der älteste von dem Adelichen Geschlecht derer von Veltheim, als Lehnträger und Erb-Küchen-Meister, mit bedecktem Haupt die Essen auf die Tafel. S. Lünigs Theatr. Cerem. p. 309.

§. 12. An dem Kayserlichen Hofe werden die Speisen, wenn der Kayser in der Stadt speiset, durch die Kayserlichen Cammer-Diener, auf den Lust-Häusern aber durch die Pagen mit bedecktem Haupt, mit Vortretung eines Kayserlichen Hartschierers,

Von dem Tafel-Ceremoniel.

schierers, und Schliessung eines Trabanten, biß zur Credenz getragen, allwo selbige vom Silber-Diener in Ordnung gesetzt, und folglich von ihm mit unbedecktem Haupt biß zur Tafel getragen werden, allwo sie ein Cammer-Herr abzunehmen und auf die Tafeln zu stellen pflegt.

§. 13. An den Kayserlichen Nahmens- oder Geburths-Tägen werden die ersten Speisen von den Cammer-Herren getragen, doch mit diesem Unterschied, daß sie die Speisen mit bedeckten Haupt biß zu des Kaysers Mund-Tafel tragen, und selber ein ieder seine Speise auf die Tafel setzen thut, imgleichen müssen 2. Hartschierer vortreten, und ein paar Trabanten schliessen, wovor ordentlich bey den Cammer-Dienern oder Pagen nur einer vortritt und schließt. Die Hartschierer und Trabanten begleiten nur iederzeit bis in die erste Camera, allwo sie stehen bleiben. Wenn Ihro Kayserliche Majestät en Serviette, oder in ihrer Retiráde speisen, so deckt ein Kayserlicher in Diensten stehender Cammer-Herr, mit Hülffe der Cammer-Diener, die Tafel. Hierauf werden die Speisen durch die Cammer-Diener allein, und nicht durch die Knaben, es mag seyn wo es will, iederzeit auf die erste Manier getragen. Wann Sie in Campagne speisen, so setzen die Kayserlichen Pagen die Speisen zur Tafel.

§. 14. Bey Königlichen Ordinair-Tafeln werden die Speisen von den Laquais aus der Küche biß in das Vorgemach getragen, nach diesem nehmen

sie

sie die Pagen und tragen sie ins Tafel-Gemach. Bißweilen werden sie nicht gleich auf die Königliche oder Fürstliche Tafel, sondern erst auf eine andere Tafel gesetzt, biß sie hernach von dem Küchen-Meister u. s. w. rangirt werden. Bey der Königlichen Englischen Tafel muß derjenige, so die Speisen hinein getragen, niederknien.

§. 15. Bey der Vermählung des Chur-Fürstlich-Sächsischen Chur-Printzens zu Wien, wurden 60. Raths-Herrn aus der Stadt Wien, welche sich mit schwartzen Sammet-Röcken und Vesten aus ihren Mitteln kleiden musten, dazu bestellt, daß sie den Hof- und andern Dames, auch Ministres die Speisen auftragen, und sie bedienen musten.

§. 16. Bey ausserordentlichen Mahlzeiten werden die Speisen durch Jägerey-Bediente, durch die Cadets, Grenadiers u. s. w. auf die Tafel gehoben. Also musten vor einigen Jahren bey einer grossen Solennität in Dresden die Cadets die Speisen aus der Küche biß an einen gewissen designirten Platz des Schlosses tragen, von dar sie durch die Chevaliers-Garde auf die Königliche Tafel gesetzt wurden. Vor den Speisen giengen zwey Brigadiers von der Chevaliers Garde mit ihren Stäben und unbedecktem Haupte, welchen der Maitre d'hotel mit den zugedeckten Speisen folgete, die hernachmahls derjenige, so vorschneidet, in der ihm bewusten Ordnung auf die Tafel setzte, hinten nach giengen 2 Sous-Brigadiers, die sich iedesmahl, des mahl, wenn die Speisen aufgesetzt, retirirten.

§. 17. Sind die Speisen aus der Fürstlichen Küche heran getragen, so werden sie entweder von dem Küchen-Meister, oder einem Cammer-Herrn, oder einem andern, nach dem Unterschied der Höfe, in Ordnung gesetzt.

§. 18. Speiset der Römische Kayser in der Residentz, so gehet nach denjenigen, so die Speisen heran getragen, und nach den Hartschierern, der Kayserliche Huissier, welcher einen langen schwartzen mit Silber beschlagenen Stock in Händen trägt, und wenn er in die Anticamera kommt, wo die Credentzen stehen, thut er einen Streich an die Thüre, zum Zeichen, daß die Speisen kommen; ihm auf dem Fuß folgen die Cavaliers, oder die Cammer-Diener. Speiset er aber an dem heiligen Oster- oder Weyhnacht-Fest en public und en Majesté, in der so genannten Ritter-Stube, so werden auf vorbemeldte Weise, in Vortretung des Huissiers und des obersten Stäbel-Meisters, die ersten Speisen mit bedecktem Haupt auf die Kayserliche Tafel getragen, und von ihm selbst gesetzt, die übrigen Speisen aber von den Kayserlichen Pagen, nur in Vortretung eines Hartschierers, und Schliessung eines Trabantens, mit bedecktem Haupt auf die Credenz- und davon ab- unbedeckt zur Kayserlichen Tafel getragen, und von dem Kayserlichen Vorschneider von ihnen abgenommen und auf die Tafel gesetzt. Speiset der Kayser in Campagne, so

setzt

setzt solche der oberste Silber=Cämmerer auf die Tafel von der ersten Tracht. Es geschicht auch wohl, daß daselbst die Cammer=Diener sie den Dames in die Hände geben, und diese dem Trenchir-Fräulein zum Auffsetzen. Sie nehmen solche auch wieder von ihnen hinweg, und geben sie den Cammer=Dienern zum Hinaustragen.

§. 19. An vielen Königlichen und Chur=Fürstlichen Höfen gehet über dem Küchen=Meister der Cammer=Fourier voran, und jener setzt die Speisen auf. An dem Königlichen Spanischen Hofe übergiebt der Auffseher über das Brodt und Backwerck, und der Frucht=Meister die Schüsseln ihren Aemtern. Der Groß=Becken=oder Back=Meister setzt sie auf die Tafel, nachdem er sie vorher credentzet. Der Groß=Becken= oder Back=Meister, nebst dem Vorschneider decken die Schüsseln auf, und geben sie einen andern hierzu bestellten Officianten, der deßwegen hinter dem Vorschneider stehet. Hat sie dieser bekommen, so übergiebt er sie dem Saucier, welcher sie in sein Amt sendet, um selbige warm zu machen, und folglich sie auf die Tafel des Ober=Hofmeisters, des Hofmeisters und der Junckern, so servirt, zu setzen.

§. 20. An manchen Höfen, wo das Ceremoniel nicht sonderlich geachtet wird, ist ein blosser Maitre d'hotel, der die Speisen auf der Tafel in Ordnung setzt. Bey grossen Solennitäten hingegen pflegt auch wohl über dem Küchen=Meister und dem Cammer=Fourier noch ein Hof=Marschall

schall in das Tafel=Gemach voran zu gehen; Zuweilen kommen auch noch über den Hof=Marschall zwey vornehme Hof= Ministri mit Marschalls=Stäben.

§. 21. Die ietzigen Speise=Ordnungen, und die Auffätze der Trachten, sind von den Zeiten der grauen Vorfahren gar sehr unterschieden. Jetzund haben manche vom bürgerlichen Stande bey ihren solennen Gastereyen mehr Gerichte auf ihren Tischen, als vor ein hundert oder ein paar hundert Jahren Fürstliche Personen auf ihren Tafeln. Die alten Geschichtschreiber melden, daß es auf dem Begängniß Hertzogs Albrechts zu Sachsen, der anno 1500. gestorben, und in der Dom=Kirche zu Meissen begraben worden, sehr prächtig zugegangen, indem die Fürstlichen Tische den ersten Abend mit 13, und den andern Abend mit 16. Gerichten gespeiset worden. Die andern Tische, an welchen die Aebte, Grafen, Herren, Prälaten, Jungfrauen und Frauen gesessen, wären den ersten Abend mit 9, und den andern Tag mit 12 Speisen besetzt gewesen. Das Geträncke aber auf allen diesen Tischen hätte in Reynfahl, süssen Wein, zweyerley schlechten Weinen, und einerley Bier bestanden.

§. 22. Heutiges Tages werden bey grossen Solennitäten auf die Fürstlichen Tafeln wohl 80, 90, 100, ja über hundert Speisen aufgesetzt. Die unterschiedene Gänge werden mit den mancherley Confituren wohl drey= biß viermahl verändert,

und man zehlet auf iedem Gange bißweilen dreyſ-
ſig, vierzig und funfzig Speiſen. So offt als ein
neuer Gang aufgeſetzet wird, werden gar offters die
Tafeltücher und die Services verändert, und bey
dem letzten Auffſatz der Confituren gemeiniglich
Teller von dem ſchönſten Porcelain herum gelegt.

§. 23. Jedoch findet man auch wohl bey unſerer Zeit, hohe und gecrönte Häupter, die ſich ohne
das Confect, wenn ſie auch ſchon en public ſpei-
ſen, nicht mehr bey ihrer gewöhnlichen Tafel, als
zwölff biß achtzehn Speiſen in zwey Gängen auf-
ſetzen laſſen. Ja einige nehmen wohl gar mit 6
biß 8 Speiſen vorlieb, die nach gemeiner Hauß-
manns-Koſt, und ohne die Franzöſiſchen Olapa-
trien, ordentlich und ſchmackhafft zugerichtet.

§. 24. Die Fournirungen der Speiſen werden
nach dem Befehl des Ober-Hof-Marſchalls,
Hauß-Marſchalls, Ober-Küchen-Meiſters, oder
bloß des Küchen-Meiſters, eingerichtet. Die
Speiſe-Ordnungen ſind höchſt different, und können unmöglich in allgemeine Regeln und Claſſen
gebracht werden. Anders ſind ſie nach dem Unterſchied der Jahres-Zeiten bey den Römiſch-Catholiſchen, anders bey den Evangeliſchen, anders
bey den Teutſchen Puiſſancen, anders bey den andern Europäiſchen. Auf den Tafeln der Italiä-
niſchen Fürſten ſiehet man viel Garten-Früchte
und Confituren, auf den Franzöſiſchen ungemein
viel Gebackens-Werck, auf den Engliſchen und
Nor-

Von dem Tafel-Ceremoniel.

Nordischen viel Fleischwerck, Wildpreth und Fischwerck, und auf den Teutschen Tafeln ist alles auf unterschiedene Weise untermengt. Bißweilen wird folgende Speise-Ordnung beobachtet, daß erstlich die Fleisch-Speisen, nachgehends die Fische und Gebackens, endlich die Braten, und vierdtens das Confect aufgetragen werden.

§. 25. Es geschicht nicht selten, daß einige von den Fürstlichen Ministres prächtigere Tafeln führen, als die Fürsten selbst, oder eine besondere delicatesse zu mancher Zeit eher in ihre Küchen einläufft, als in die Fürstlichen. Der Römische Kayser Josephus, glorwürdigsten Andenckens, schertzte einstens von einem gewissen Ministre über der Tafel, als ihm ein Gerichte Krebse aufgesetzt worden, weil selbige gantz klein waren, fragte er, woher es käme, daß so kleine Krebse auf seine Tafel gesetzt würden? Als man nun zur Antwort gab, man hätte vor diesesmahl keine grössere bekommen können, so versetzte er: Ihr wisset nur nicht, wo ihr gute Sachen suchen sollt, wäret ihr nur zu meines Vaters N. gegangen, da würdet ihr gewiß sie sehr gut angetroffen haben; womit er auf die grossen Einkünffte desselben zielte, wodurch es manche zuwege bringen, daß sie sich öffters mehr, als der Kayser selbst zu gute thun können. S. des curieusen Bücher-Cabinets VI. Eingang, p. 885.

§. 26. Die Schau-Essen sind in den alten Zeiten mehr mode gewesen als ietzund. Man findet bey den alten Geschicht-Schreibern, daß auf grossen

sen Festivitäten, wo es sehr prächtig zugangen, bißweilen mehr Schau-Essen zur Parade aufgesetzt worden, als andere Speisen zum Vorschneiden und Vorlegen. Heutiges Tages sind sie nicht so häufig, werden aber davor mit desto grösserer Invention, und auf eine sinnreichere Weise inventirt; Insonderheit aber die Confituren gar öfters nach besondern Kunst-Regeln aufgesetzt. Bißweilen werden gantze Geschichte vorgestellt. Alle Colonnen Gesimse und Aufsätze, alle Statuen und Figuren, und was nur zur Architectur gehöret, alle Blumen, Bäume und Blätter, alle Kleider und Gewandte an den Personen, die durchsichtigen Wolcken, und was nur zu sehen ist, ist aus lauter Zucker dergestalt gegossen, daß die Farben den Marmor, die Bronze, die Personen, Blumen und Blätter und Früchte auf das natürlichste und vollkommenste vorstellen.

§. 27. Anno 1726 haben Ihro Chur-Fürstliche Durchlauchtigkeit zu Pfaltz am 5 Martii, als am grossen Carneval, eine sehr magnifique Tafel gehalten, und an dieser 120 Personen von Distinction mit 400 prächtigen Speisen auf das delicateste tractiret, wobey das merckwürdigste gewesen, daß das von dem Conditore zubereitete sonderbahre Confect, unter andern ein förmliches Castel, mit sinen Vorder- und Hinter-Roundelen, oder Thürmen, aus welchen Canonen und Raqueten abgefeuret, die letztern auch biß zu der obern Decke des grossen Saals steigend, aufgetrieben worden, præsentisentiret. Alles mit unbeschreiblicher Freude und Vergnügen der hohen Gäste. Es soll diese splendide Tafel über 10 tausend Gülden gekostet haben.

§. 28. Die Galanterie-Speisen oder Figuren stellen bißweilen allerhand Götter aus dem Heydenthum vor, die sich zu einem ieden Festin schicken, sie sind zu Zeiten einige Schuh hoch, und werden unter die Confecturen mit gesetzt. Bißweilen wird zum Spaß, als ein Schau-Essen, eine grosse Pastete aufgetragen, daraus ein kleiner Zwerg, wenn man sie aufschneidet, heraus gesprungen kommt, der der Herrschafft an ihren Nahmens- oder Geburths-Tägen, oder denen vornehmsten von den Gästen, ein Carmen oder etwas anders überreicht.

§. 29. Bey Solennitäten werden allerhand Inventions-Tafeln von mancherley Gattung angerichtet, und auf eine sonderbahre und anmuthige Weise mit Pyramiden, Fontainen und andern sinnreichen Inventionen ausgeziert. Die Fontainen spritzen die herrlichsten wohlriechenden Wasser von sich, als Rosen-Wasser, Zimmet-Wasser, u. d. g. Zwischen diesen siehet man allerhand, Citronen- Pomerantzen- und andere rare Bäume mit ihren Früchten. Man findet auch wohl, nach gewissen Erfindungen, einige rauchende Berge, aus welchen eine kleine Oeffnung gehet, die die herrlichsten Parfums ausrauchen, und einige kleine Flammen von sich geben, und sich also wie Feuerspeyende Berge præsentiren.

§. 30.

§. 30. Manchmahl wird ein Garten vorgestellt, der von einem Ende der Tafel biß zum andern reicht. Der Grund der Parterre ist gelber candirter Zucker, und um und um mit Buchsbaum besteckt. Diese wird in vier Felder eingetheilet, so mit roth candirten Zucker überstreuet, und mit Buchsbaum bordirt; In der Mitten stehet ein Becken mit einer Fontaine von fünff Röhren, welche das Wasser Schwibbögen-weise ausspritzen. Der Rand ist mit kleinen Alabasternen sehr zarten Figuren besetzt, und an den Piedestalen stehet eine Reyhe Blumen-Töpffe mit Blumen von unterschiedenen Farben. Die beyden Alleen stossen an die Parterre, von weissen candirten Zucker wird es wie Kieß gemacht, und an den Seiten mit Buchsbaum eingefaßt; in der Mitte aber hat man kleine, nach der Chinesischen Art gemachte Figuren in gewissen Distanzen von einander. Die Früchte und Confecturen werden längst dem Garten hingesetzt, und formiren, von dem Garten an zu rechnen die eine Reyhe, die Speisen die andere, und die Bey-Essen die dritte.

§. 31. So läst es auch gar manierlich, wenn die Tafeln rund herum an den Seiten mit Spiegeln belegt, auf dem Boden aber mit einem schönen Blumen-Felde bedeckt sind, so daß die daran sitzenden, sonderlich wegen der am Tische zwischen allerhand Laubwerck stehenden vielen Leute, beydes dieses Blumen-Feld und dessen Parterre, als auch sich unter einander beständigst sehen können,

ohne

ohne doch weiter, als nur vor sich hin, und in die gegen überstehenden Spiegel zu schauen.

§. 32. Zuweilen kommen oben von Decken Tafeln herunter, und verändern sich zu unterschiedenen mahlen, so daß immer die eine die andere vertreibt, und an der herabkommenden sich niederläst, die vorigen aber von sich selbst ihr Raum machen, und sich an den Boden herunter sencken.

§. 33. Anno 1722. den 23. Martii wurde bey dem Nahmens-Tage, Hertzog Eberhards von Würtenberg, eine schöne Inventions-Tafel præsentirt. Die Tafel war anzusehen, als eine See, aus welcher 40 Strahlen Wasser schossen, zwischen denselben schwommen lebendige Enten und Fische. Um diesen See war ein schöner Lust-Garten mit Pomerantzen- und Citronen-Bäumen, der die Hertzogliche Tafel umgab. An derselben sassen 48 hohe Fürstliche, Gräfliche und andere Adeliche Personen beyderley Geschlechts, und wurden 148 Speisen dabey aufgetragen.

§. 34. Es sind zuweilen bey Abend über den Tafeln sonderbahre Illuminationen angebracht. Die Sähle sind nicht allein mit grossen silbernen Cronen, die Auffätze und vielen Tafel-Leuchter ungerechnet, sondern auch mit grossen Pyramiden, woran wohl etliche tausend crystallene Lampen hängen, die der Hoch-Fürstlichen Personen Nahmen und Jahrzahl vorstellen, ausgeziert; zwischen diesen siehet man auch noch hin und wieder Gemählde, Statuen, Devisen und kleine Illuminationen, die sich zu ieder Solennität schicken, um die Tafel herum.

§. 35. Sind die Speisen alle in ihrer gehörigen Ordnung auf die Tafel gesetzt, so pflegt der Hof-Marschall solches der Fürstlichen Herrschafft anzudeuten. An dem Kayserlichen Hofe pflegt der oberste Cämmerer es Ihrer Kayserlichen Majestät anzusagen, der ihm auch den Hut abnimmt, und solchen auf das Hut-Tischlein legt. Sonntags und Feyertags, wie auch an Galla-Tägen pflegen Sie in der Anticamera zu speisen, und hier behalten Sie bey der Tafel den Hut auf dem Kopffe. Ist der Ober-Hofmeister abwesend, so sagt es der oberste Cammer-Herr Sr. Kayserlichen Majestät an. An den meisten Teutschen Fürstlichen und Chur-Fürstlichen Höfen gehet der Hof-Marschall oder Hauß-Marschall, oder ein anderer, der in dessen Abwesenheit den Stab führet, mit allen Hof-Cavalieren zur Herrschafft hinein, melden, daß zur Tafel angerichtet, und hohlen sie ab.

§. 36. Alsdenn führet entweder der Fürst seine Gemahlin selbst bey der Hand zur Tafel, oder sie wird von ihren Hof-Meister oder einen von den Geheimen Räthen zur Tafel geführt. Ist aber ein Cavalier von einem fremden Hofe anwesend, der nicht von dem untersten Rang, so pfleget solcher die Fürstliche Gemahlin zur Tafel zu führen. Gleich vor der Tafel pflegen auch mehrentheils junge Cavaliers die Gnade zu haben, den Fürstlichen Personen beyderley Geschlechts den Rock zu küssen.

küssen. An einigen Höfen werden sie vorher in das Fürstliche Zimmer zur Audienz geführt, an andern aber machen sie ihren Reverence bey den Fürstlichen Personen, wenn sie in das Tafel=Gemach treten. Alsdenn bekommt der Hof=Marschall Befehl, welcher von ihnen an die Fürstliche Tafel oder an die Marschalls=Tafel placirt werden soll.

§. 37. Bevor sie sich zur Tafel setzen, wird den Fürstlichen Personen, männlichen Geschlechts, der Hut und die Handschuh, dem Fürstlichen Frauenzimmer aber die Handschuh nebst der Eventail abgenommen. An einigen Höfen geschicht solches von vornehmen Cavalieren, von Cammer=Herrn u. s. w. an andern aber von Cammer=Junckern, auch wohl nur gar von Pagen, nachdem die grossen Herren sehr auf das Ceremoniel sehen oder nicht. Bey einigen grossen Solennitäten nimmt ein Ober=Cammer=Herr den Hut und die Handschuh von dem Souverain, dieser giebt sie einen Cammer=Herrn, der sie denn einem Cammer=Juncker überreicht, welcher sie so lange hält, biß sie nach der Tafel wieder zurück gegeben werden. Und in eben dieser Ordnung geschiehet es auch bey der Fürstin.

§. 38. Vor dem Tisch=Gebeth wird gemeiniglich das Wasser præsentirt. An grossen Königlichen Höfen, und bey grossen Solennitäten pflegt es wohl zu geschehen, daß unter Anführung des Ober=Hof=Marschalls, einer von den Cammer=

Herrn,

Herrn, so das Aufwarten hat, die Gieß-Kanne hält, und der andere das Hand-Becken, und credenzet das Waſſer. Der Ober-Hof-Marſchall überreicht die Serviette. Bey der Königlichen Gemahlin ſerviren hiebey ebenfalls zwey Cammer-Herren, und der Ober-Schenck præſentirt die Serviette. Sonſt aber wird nur von dem Hof-Marſchall oder einem andern Miniſtre, entweder das Gieß-Becken mit Waſſer oder auch nur bloß eine naſſe Serviette auf dem Credenz- oder Service-Teller überreicht.

§. 39. An einigen Höfen præſentirt ein Page das Waſſer vor die Hoch-Fürſtliche Herrſchafft einen Cammer-Juncker, der Cammer-Juncker einen Cammer-Herrn, der Cammer-Herr dem Hof-Marſchall, oder einem andern groſſen Miniſter, und dieſer der Herrſchafft. An andern Höfen aber hat man dieſe vielen Ceremonien nicht, ſondern ein Page præſentirt das Glaß Waſſer nebſt der Serviette einen Cammer-Herrn oder Cammer-Juncker, der es denn hernach den Hoch-Fürſtlichen Herrſchafften überreicht, und auf dieſe Weiſe wird es wieder zurück gegeben. Es geſchicht zuweilen, daß ein anderer Officiant das Hand-Becken überreicht, und einer von einer andern Bedienung das Hand-Tuch oder die Serviette.

§. 40. Man findet auch wie in andern Stücken als auch hierinnen einigen Unterſchied, nachdem ſie en public, oder in ihrer Retirade en Serviette,

viette, oder en Campagne, auf den Land- und Lust-Häusern, oder anderwärts speisen.

§. 41. An dem Königlichen Spanischen Hof reicht der Ober-Mundschencke dem König das Wasser, und der Groß-Becken- oder Brodt-Meister nimmt die Serviette aus den Händen des Auffehers über das Brodt und Backwerck, und giebt sie dem Hof-Meister, der die Woche hat, dieser aber dem Ober-Hofmeister, um selbige dem König zu überreichen. Ist aber der Hofmeister abwesend, so wird die Serviette von einem andern Grandes überreicht.

§. 42. Es geschicht auch wohl, daß sich hohe Häupter bloß von einem Pagen den Hut und die Handschuh wegnehmen, und das Wasser nebst der Serviette von ihm præsentiren lassen. Bißweilen lassen sie den Hut und die Handschuh in ihrem Gemach zurück, und lassen sich weder vor noch nach der Mahlzeit das Handbecken præsentiren.

§. 43. An den meisten Höfen, zumahl bey den Protestirenden, sind die Tisch-Gebether vor und nach der Mahlzeit gebräuchlich, die meistentheils von einem Pagen hergesprochen, oder vielmehr dem Schlendrian nach sein geschwinde hergeplappert werden. Bey Solennitäten verrichten solche der Hof-Prediger, oder ein Bischoff, oder auch ein Hof-Diaconus. An dem Königlich-Spanischen Hof, spricht der vornehmste Prælat, der zugegen ist, das Benedicite, ist aber kein höherer als der Groß-
Almo-

Almosenier zugegen, so spricht ers, und in seiner Abwesenheit thut es der Auffseher über das Oratorium.

§. 44. Nach verrichteten Gebeth macht derjenige Ministre, der den Stab führt, mit seinem Stabe den Reverence erst gegen diejenigen Fürstlichen Personen, die an die Fürstliche Tafel placirt werden, und nachgehends auch gegen diejenigen Dames und Cavaliers, so die Gnade haben, daran zu speisen. Die Dames werden meistentheils gegen die lincke Seite der Fürstlichen Herrschafft gesetzt, die Cavaliers aber zur rechten.

§. 45. Die Tafeln sind bey ihren ordinairen Mahlzeiten mehrentheils oval, und der Ober-Sitz ist meistentheils den Buffets und den untersten Thüren, wodurch man in das Tafel-Gemach gehet, gegen über. Die Stühle werden an grossen Höfen und bey grossen Solennitäten, durch einen vornehmen Hof-Cavalier, durch den Ober-Cämmerer, oder einen aufwartenden Cammer-Herrn gerückt, vielmahls durch die Cammer-Juncker, so das Aufwarten haben, und meistentheils, wenn sie nicht en Ceremonie speisen, durch die Jagt- oder andere Pagen.

§. 46. Wenn sich der Souverain mit seiner Gemahlin gesetzt, so lassen sich die übrigen von der Fürstlichen Familie auch nieder, die von männlichen Geschlecht auf die Seite wo der Regente sitzt, und die von weiblichen Geschlecht auf der Gemahlin Seite; alsdenn setzen sich die übrigen
Dames

Dames und Cavaliers nach ihrem Range und Ordnung.

§. 47. Hinter die Tafeln placiren sich unterschiedene grosse Hof-Ministri, als der Ober-Hof-Marschall, die Ober-Cammer-Herren, andere Cammer-Herren, u. s. w. Bey grossen Solennien bleiben diejenigen Cammer-Herren oder Cammer-Junckern, die das Aufwarten haben, die gantze Zeit, so lange als die Tafel währt, hinter den Fürstlichen Personen stehen, sonst aber nur so lange, biß die Fürstlichen Personen den ersten Trunck gethan, oder biß sie ein Zeichen geben, daß sie sich reteriren sollen, alsdenn gehen sie nebst dem Hof-Marschall, Hauß-Marschall, oder andern grossen Hof-Officianten, oder den übrigen Hof-Cavalieren, an die vor ihnen zubereitete Tafeln, und lassen nur die Pagen und Laquais bey der Tafel zur Aufwartung, biß die Confituren aufgesetzt. An einigen Höfen warten nur die Pagen bey den Tafeln auf, und darf sich kein Laquay oder Cammer-Diener denselben nähern.

§. 48. An dem Kayserlichen Hof bleibt der Ober-Cämmerer stets hinter den Sesseln stehen, der Ober-Küchenmeister befindet sich nebst den Ober-Silber-Cämmerer auch ebenfalls meist gegenwärtig, und die Kayserlichen Pagen tragen die Speisen auf die Tafeln ab, und zu. Hierbey ist zu wissen, daß die Truchsesse, Vorschneider, Mundschencken und Stabelmeister an dem Kayserlichen Hofe lauter Edelleute von guten Geschlechtern, auch wohl gar Grafen sind.

§. 49.

§. 49. An einigen Königlichen Höfen bleiben der Ober-Hof-Marschall mit zweyen Hof-Marschällen hinter den Königlichen Personen bey der Tafel stehen. An andern haben die Dames bißweilen zugleich mit die Aufwartung, und an manchen wartet gar kein Cavalier hinter der Tafel auf, sondern bloß die Pagen und Laquais. Bey besondern Solennitäten stehen bißweilen über die Cavaliers einige Trabanten mit ihren Partisanen an der Tafel.

§. 50. Das Vorschneiden wird an einigen grossen Höfen, wo alles en Ceremonie zugehen soll, von ein paar Cammer-Herrn verrichtet. Zuweilen sind gewisse hohe Aemter, denen das Vorschneiden zukommt, wie es denn bey den Oesterreichischen Land-Tägen und Landes-Huldigungen von dem obersten Landes-Vorschneider unternommen werden muß.

§. 51. A l'ordinaire pflegt ein Cammer-Juncker oder Hof-Juncker bey den Königlichen, Chur-Fürstlichen und Fürstlichen Tafeln vorzuschneiden. Dieser übergiebt die Speise mit dem Teller einem andern servirenden Cammer-Juncker, welcher um die Tafel herum gehet, und sie mit einem verdeckten Teller den Personen von der Königlichen oder Fürstlichen Familie præsentiret. Zuweilen überbringt er sie selbst, oder übergiebt sie dem Pagen, der den Teller an die Fürstlichen Personen præsentiren muß. Zuweilen, welches aber doch wohl an den wenigsten Höfen, ist gar kein aparter Vorschneider,

Von dem Tafel-Ceremoniel. 113

der, sondern der Fürst oder König nehmen sich selbst aus einer oder der andern Schüssel, oder lassen sich von einem General, oder einem andern, der mit bey der Tafel sitzt, etwas vorlegen. Die übrigen an der Tafel greiffen selbst zu, und lassen sich von demjenigen, bey dem die Schüssel stehet, etwas geben.

§. 52. An den Fürstlichen Teutschen Höfen pfleget gemeiniglich ein Page vorzuschneiden, wenn sie allein sind, und nicht en Ceremonie speisen. Dieser übergiebt den ersten Teller entweder dem Hof-Marschall oder Hauß-Marschall, oder indessen Abwesenheit, dem nächsten, der nach ihm den Stab führet, oder auch wohl nur einem Cammer-Juncker, die ihm denn nachgehends an dem Fürsten præsentiren. Wenn sich die andern Cavaliers an die Marschalls-Tafel begeben, so præsentiren die Pagen die Speisen auf den Tellern so lange an die Fürstlichen Personen, biß die Cavaliers von der Marschalls-Tafel wieder aufgestanden, und in das Fürstl. Tafel-Gemach zurück kommen. Manchmahl hat ein Jäger, ein Soldat u. s. w. so wohl die Freyheit, einem grossen Herrn den Teller mit Speisen zu præsentiren, als ein Hof-Cavalier oder Page.

§. 53. An einigen Höfen ist in diesem Stück so wohl, als bey andern ein Unterschied, unter den Mittags-Tafeln und unter den Abend-Tafeln. Bey dem vorigen König in Franckreich Ludwig den XIV servirte ihm einer von den Premiers Gentils hommes

mes de la Chambre, und die Vornehmsten des Reichs, ja alle Printzen vom Geblüthe, Cardinäle, und Marechaux de France warteten bey der Tafel stehend auf, welches aber des Abends nicht geschahe.

§. 54. Bißweilen werden die Speisen, nach dem Unterschied der Höfe, mit besondern Ceremonien, die an einem ieden Orte eingeführet, vorher credentzet. Es nimmt entweder der Vorschneider ein Stückchen locker Brodt, so an einer langen Gabel steckt, fähret damit über alle Schüsseln und Speisen, und nachdem er solche credentzet, giebt er die Gabel an den Tafeldecker, oder ein gewisser Officiante, der neben dem Vorschneider stehet, deckt alle Schüsseln auf, und zeiget sie dem Fürsten; zu welchen er nun Belieben trägt, die werden credentzt, und bleiben auf den Tafeln stehen, die übrigen aber weggetragen. Diejenigen, so die Speisen credentzet, müssen auch gemeiniglich das Brodt hernach essen.

§. 55. Das Getráncke wird ebenfalls vorher, ehe sie es den Königlichen oder Fürstlichen Personen præsentiren, von dem Mundschencken credentzet, und zu manchen Zeiten, wo man sich etwan einiges Verdachts vermuthend ist, noch grössere Behutsamkeit dabey angewendet, als zu einer andern. Wenn Königliche oder Fürstliche Personen bey sehr grossen Solennitäten zu trincken begehren, so holen die servirenden Cammer-Juncker das Glaß, oder den Becher, und geben es dem Cammerherrn,

der

Von dem Tafel-Ceremoniel.

der Cammer-Herr übergiebt es dem Ober-Cammer-Herrn, oder Ober-Hof-Marschall, oder dem Ober-Schencken u. s. w., die es denn nachgehends auf einen Credentz-Teller der Königlichen oder Fürstlichen Person præsentiren. Bey der Gemahlin wird es eben so gehalten, der Cammer-Herr übergiebt es dem Ober-Hofmeister, und dieser der Königin oder Fürstin; und dieses Ceremoniel wird auf einerley Art beobachtet, so lange die Tafel währet.

§. 56. Ausser den Solennien aber pflegt nur der Ober-Marschall, oder der Ober-Schencke, oder ein Cammer-Herr, oder Cammer-Juncker das erste Glaß zu præsentiren, und so bald die Fürstlichen Personen den ersten Trunck gethan, so retiriren sich diese höhere Bedienten an ihre Tafeln, und überlassen nachgehends die Uberreichung des Getränckes den geringern Officianten.

§. 57. Ihrer Kayserlichen Majestät wird der Trunck iederzeit durch den Mundschencken præsentirt, und wenn Sie in der Retirade speisen, durch den Obrist-Cämmerer. Es geschicht auch wohl bißweilen, daß die Cammer-Fräuleins die Trinck-Geschirre nehmen, eine Hof-Dame trägt auf einer Tazze den Trunck, die andere das Glaß, woraus getruncken wird, die Herrschafft schenckt sich selbst ein, und von diesem Trunck muß das Cammer-Fräulein iedesmahl etliche Tropffen auf die Tazze schütten und trincken.

§. 58. An dem Königlich-Spanischen Hofe gehen hierbey viel Ceremonien vor. Will der König

nig trincken, so giebt er dem Ober-Mundschencken ein Zeichen, daß er an den Schenck-Tisch gehen und den Becher nehmen soll. Dieser läst Wein und Wasser durch den Cammer-Medicum kosten, und nimmt den Becher aus den Händen des Keller-Meisters. Der Cammer-Thürhüter gehet vor ihm her, und auf solche Art nähert er sich der Tafel, läst sich sodann vor dem König auf die Knie nieder, und præsentirt ihm den Becher, hält auch demselben, währender Zeit, als er trinckt, eine Schaale unter. Hat der König getruncken, so nimmt er den Becher wieder zurück, deckt denselben zu, macht einen tieffen Reverenz, trägt ihn wieder auf den Schenck-Tisch, und gehet wieder an seine vorige Stelle bey der Tafel.

§. 59. An den Fürstlichen Höfen in Teutschland, pflegen mehrentheils nur die Pagen das Getrancke den Fürstlichen Personen auf Credentz-Tellern zu reichen, so lange der Hof-Marschall oder Hauß-Marschall mit den andern Hof-Cavalieren an den Marschalls-Tafeln speisen; wenn sie aber wieder zurück kommen, und hinter der Herrschafft stehen, so übergibt der Page den Teller mit dem Getrancke dem Hof-Marschall oder Cammer-Juncker, und dieser bedienet wieder die Fürstlichen Personen. Werden aber die Fürstlichen Nahmens- oder Geburths- oder andere Gala-Täge celebrirt, so pflegen ein paar aufwartende Cammer-Juncker, so wohl dem Fürsten als der Fürstin stets bey währender Tafel den Trunck zu præsentiren.

§. 60.

Von dem Tafel-Ceremoniel.

§. 60. Bey dem Gesundheit-trincken der Fürstlichen Personen werden Trompeten geblasen und Paucken geschlagen, oder auch, nach dem Unterschiede der Königlichen, Chur- und Fürstlichen Personen, die zusammen an einer Tafel sitzen, sechs oder drey Stücke, oder halbe Carthaunen abgefeuret. Wann Kayserliche oder Königliche Personen es Fürstlichen zutrincken, so pflegen diese so lange zu stehen, biß jene getruncken, ingleichen wenn sie den Höhern Bescheid thun, oder deren Gesundheit trincken, wiewohl jene gar öffters einen Winck, oder sonst ein Zeichen zu geben pflegen, daß sie sich niedersetzen sollen.

§. 61. Ob sich gleich die von der Clerisey auch noch heutiges Tages vor den andern bey den Römisch-Catholischen Fürsten eine ziemliche Freyheit heraus nehmen, so dürffen sie es doch nicht so grob machen, wie in den vorigen Zeiten, sondern müssen in Worten und Geberden an Höfen den Wohlstand so wohl in Obacht nehmen, als andere. In den ietzigen Zeiten gehet das Compliment nicht mehr an, welches Johannes Magnus, ein Ertz-Bischoff zu Upsal, dem Norwegischen König Gustavo I. machte, dem er ein Glaß zubrachte mit den Worten: Unsere Gnaden bringen es Ewrer Gnaden. S. Hoyers Dänische Geschichte p. 125. Käme ein Römischer Geistlicher bey den itzigen Zeiten mit solchen Expressionen angezogen, die mit diesen einige Gleichheit hätten, so würde ihm ohnfehlbar durch ein starckes Nota bene eine grössere Höflichkeit gelehret werden.

§. 62. Gleichwie unsere Teutschen von sehr vielen Seculis her in den Ruff gestanden, daß sie Liebhaber des Trinckens, also findet man in den ältesten Geschichten der Teutschen Höfe, daß man sich iederzeit bey Solennitäten mit einem guten Trunck belustiget. Die mancherley Trinck=Geschirre sind auch iederzeit in guter Ordnung gehalten worden. Gantz alte Historici erzehlen, wie bey diesen oder jenen Solennitäten schöne köstliche Credenz=Tische gestanden von güldnen und übergüldeten Scheyer=Köpfen, Schaalen, Flaschen, Schenck=Kannen und Handfassen biß auf die Decke aufgerichtet, und überlustig gezieret. S. den III Theil von Struvs Historisch=Politischen Archiv. p. 80. und 81.

§. 63. Uber das übermäßige Sauffen, so in dem sechzehenden Seculo an manchen Höfen in Teutschland geherrscht, haben auf eine sehr löbliche und Christ=Fürstliche Weise einige gottseelige Regenten selbst geeifert. Als Fürst Joachim zu Anhalt sich an Hertzog Georgens zu Sachsen Hof aufhielt, so mahnte ihn sein Herr Bruder, Fürst George Anno 1528 den 28. April in einem besondern Schreiben von der Trunckenheit gar nachdrücklich ab. Unter andern stellte er ihm folgendes vor: Derohalben wollen sich Ew. Liebden die gute Gesellschafft dazu nicht bewegen lassen, welche um ihrentwillen nicht kranck werden, oder zum Teuffel fahren will, sondern vielmehr zum Schaden noch Spotten werden. Es ist viel

ein

Von dem Tafel-Ceremoniel. 119

ein herrlicher Lob, das redliche Leute einen geben
der Tugend halber, welches auch die Feinde nicht
tadeln können, denn daß man einen lobet, daß
man die Becher und Gläser räumen kan. S.
Beckmanns Anhältischer Historie V. Theil p. 174.

§. 64. Bey dem Beylager Hertzogs Johann
Friedrichs zu Sachsen, welches mit Sybillen,
Hertzogs Johannis zu Cleve Tochter Anno 1527.
vollzogen ward, waren unter andern Hertzog Ernst
zu Lüneburg, und Hertzog Heinrich zu Mecklenburg. Mit diesen speisete einsmahls D. Luther
a parte, als nun der Hertzog zu Lüneburg sehr hefftig
über das unmäßige Sauffen bey Hofe klagte,
und meldete, daß gleichwohl bey solcher Völlerey
ein iedweder ein guter Christ seyn und heissen wolte,
welches gar ein grosser Ubelstand wäre, dem man
billich wehren solte; antwortete D. Luther darauf:
Da soltet billich ihr Herren und Fürsten daran
thun; Ja, sagte Hertzog Ernst, wir thun freylich
dazu, sonst wäre es längst abkommen. S. Müll.
Annal. Saxon. p. 81.

§. 65. Der letzte Gang, der auf die Fürstl. Tafeln kömmt, bestehet in Confecturen. Wie dieselben auf unterschiedene sinnreiche Weise aufgesetzet werden, ist in dem vorhergehenden gesagt
worden. Anno 1705. ward über der Fürstlichen
Tafel zu Bayreuth an einem Geburths-Tage bey
dem Confect die neu erbaute Stadt St. Georgen
nebst ihrem Haven, grossen See und darauf liegenden Schiffen sehr künstlich vorgestellt. So bald
nun

nun die Confituren aufgesetzt werden, pflegen bißweilen einige Printzen und andre Fürsten, so die
Gnade gehabt bey den höchsten Häuptern der
Christenheit über der Tafel zu seyn, aufzustehen,
und ihre Aufwartung hinter der Tafel mit zu machen. An den Teutschen Fürstlichen Höfen pflegen alsdenn der Hof-Marschall, Hauß-Marschall
oder wer sonst in seiner Abwesenheit den Stab
führt, von den Marschalls-Tafeln aufzustehen, und
mit den sämtlichen Cavalieren sich bey der Herrschafft zur Aufwartung einzufinden.

§. 66. Unter der Tafel werden bey Solennitæten schöne Musiquen gehört, bißweilen bestehen sie
nur in Trompeten und Paucken, zuweilen aber
auch in der schönsten Vocal- und Instrumental-
Music, es werden Castraten und Cantatricen dabey gehört, die mehrentheils Italiänische Piecen
dabey abzusingen pflegen. Finden die Fürstlichen
Herrschafften ein Gefallen unter Krieges-Gezel-
ten, oder in Jagt-und Forst-Häusern, oder nach
Art einer Bauer-Hochzeit, oder bey einer andern
Verkleidung zu speisen, so wird die Musique, damit alles zusammen harmoniren möge, darnach
eingerichtet. Bißweilen wird um das Gebäude,
darinnen Sie Tafel halten, wo es sich schicken will,
ein Gang den Fenstern gleich angelegt, darinnen
sich ein Jahrmarckt præsentirt, bey dem die Buden
mit lauter Galanterie-Waaren auf das zierlichste
ausgezieret, und den Fürstlichen Herrschafften bey
der Tafel zu einen angenehmen Spectacul dienet.

Bey

Von dem Tafel-Ceremoniel.

Bey Solennitæten pflegt es manchmahl zu geschehen, daß die gantze Tafel, wie sie mit allen Speisen und Confituren besetzt gewesen, den Zuschauern, zum Vergnügen der Herrschafft, Preiß gegeben wird.

§. 67. Ist es den Fürstlichen Herrschafften gelegen von der Tafel aufzustehen, so rückt der vornehmste Minister, der hinter der Herrschafft stehet, oder ein Cammer-Herr, oder ein Cammer-Juncker die Stühle, die hernach ein Page vollends wegnimmt, und an ihre gewöhnliche Stelle setzt, die übrigen, die an der Fürstlichen Tafel mit sitzen, werden von den andern Personen, so unter währender Tafel die Aufwartung bey ihnen gehabt, weggerückt; wo sie en Serviette oder sonst ohne Ceremonie speisen, pflegt auch wohl nur ein Page den Stuhl zu rücken, und zugleich wegzusetzen.

§. 68. Wenn Sie aufgestanden, so wird das Tisch-Gebeth wieder von dem Hof-Prediger, oder einem andern Geistlichen, oder auch von einem Pagen wie vorher verrichtet. Hernach wird das Gieß-Becken, oder das Glaß mit Wasser nebst der Serviette, von eben denjenigen Ministris oder Bedienten, wie vor der Tafel, den Herrschafften gereicht. An den Höfen wo es eingeführt, daß sowohl die Speisen als Geträncke auf den Credenz-Pellern kniend überreicht werden müssen, wird auch das Wasser zum Hände-waschen kniend præsentirt. An einem und dem andern grossen Hofe ist es etwas besonders, daß dem Fürsten das Wasser nebst der Serviette überreicht wird, weil er noch bey der Tafel sitzt. So findet man auch zuweilen, daß ein Cammer-Diener oder Page einer Cammer-Fräulein die Serviette und das Gieß-Becken giebt, die denn hernach den Fürstlichen Personen damit aufwartet.

§. 69. Haben sich die Fürstlichen Personen gewaschen, so begeben sie sich wieder in ihre Gemächer. Zuweilen führt der Fürst seine Gemahlin selbst bey der Hand in ihr Gemach, mehrentheils aber ihr Ober-Hofmeister, oder sonst ein grosser Minister, es müste denn iemand von frembden Printzen oder vornehmen Cavalieren vorhanden seyn, der dieses an statt ihrer verrichtete. Alsdenn bleiben die Fürstlichen Personen entweder eine Zeitlang beysammen in einem Gemach, und lassen diejenigen hinein ruffen, die sie verlangen, oder eine iede verfügt sich in ihr Zimmer, oder wo sie sonst hin will. An den Fürstlichen Höfen in Teutschland pflegt der Hof-Marschall mit den Hof-Cavalieren vor der Herrschafft wieder in die Zimmer zu gehen, auf eben die Art, wie sie dieselbigen zur Tafel geführet.

§. 70. Immitelst wird die Fürstliche Tafel von den Fürstlichen Laquais abgeräumet, und die Speisen, nebst allem Tafel-Geräthe an gehörige Oerter verwahrlich aufbehalten. An dem Kayserlichen Hofe ist es etwas besonders, daß die Kayserliche Herrschafft, wenn sie sich auf den Land-Häusern befindet, dem Trenchir-Fräulein ein Zeichen zum

Auf-

Aufheben giebt, diese giebt den Dames alle Speisen, und von diesen nehmen es wieder die Cammer-Diener; es soll dieses bey iedem Gange, und bey den Confituren ebener maßen so gehalten werden. An dem Königlich-Spanischen Hofe, wo man in allen Stücken ungemein viel Ceremonien vornimmt, hat man auch bey dem Aufheben der Tafel ungemein viel ceremonieuse Handlungen. Der Groß-Becken-oder Brodt-Meister hebt die Schaalen und das Saltzfaß von der Tafel ab, und giebt sie dem Aufseher des Brodts und Backwercks, der sie auf dem Bey-Tisch trägt, woselbst er eine gefaltene Serviette nimmt, und selbige dem Groß-Becken- oder Brodt-Meister giebt, um sie Ihrer Majestät zu præsentiren, wenn Sie die Hände zu waschen begehren. Der Ober-Hofmeister nimmt sodann das eine Tafel-Tuch ab, und giebt es dem Aufseher über das Brodt und Backwerck, der es kniend annimmt, und auf den Schenck-Tisch trägt. Ist das erste Tafel-Tuch von der Tafel genommen, faltet der Groß-Becken- oder Brodt-Meister eine Serviette, nimmt dieselbe an einem, der Vorschneider aber am andern Ende, und lassen sich sodann alle beyde vor den König auf die Knie nieder.

§. 71. Hierauf kömmt der Ober-Mundschencke, und hält in der rechten Hand eine Gieß-Kanne, in der lincken aber ein Gieß-Becken, läst sich sodann auf ein Knie nieder, und giebt dem König das Wasser zu waschen. Hat sich der König die
Hände

Hände gewaschen, so trocknet er dieselben an der Serviette ab, welche der Groß-Becken- oder Brodt-Meister und der Ober-Mundschencke über der Tafel halten. Hat sich der König die Hände abgetrocknet, nimmt der Groß-Almosenirer das andere Tafel-Tuch von der Tafel, und giebt es dem Auffseher über das Brodt und Backwerck, welcher daselbe auf den Schenck-Tisch trägt. Der Ober-Hauß-Marschall und seine Gehülffen nehmen die Tafel weg, und der Groß-Almosenirer sagt das Gratias, um welche der König steht. Der Vorschneider macht sodann die Kleidung des Königes, wegen der Serviette, so er die gantze Mahlzeit durch über der Achsel gehabt, wieder zurecht, und küst Ihrer Majestät die Hand. Der König wird von dem Ober-Hofmeister und den Hofmeistern in sein Zimmer begleitet, und der Ober-Hofmeister begiebt sich nebst allen Bedienten, so dem König bey der Tafel aufgewartet, zur Mahlzeit.

Das IX. Capitul.
Von den Reisen der Fürstlichen Herrschafft.

§. I.

Es geschicht bißweilen, daß die Landes-Regenten, theils ihres Plaisirs, offtmahls aber auch ihres Beruffs und der unvermeidlichen Angelegenheiten des Landes halber,

halber, in auswärtige Provintzen eine Reise antreten. Bevor solches geschicht, pflegen diejenigen Fürsten, so nicht vollkommen en Souverain regieren, ihren Reichs-Ständen, oder denjenigen Collegiis und Versammlungen, so dieselben vorstellen, als in Engeland den Parlaments-Häusern, einige Notification davon zu ertheilen, und auf gewisse Maße, wenn dergleichen etwan den Pactis Conventis, Capitulationen oder Fundamental-Gesetzen des Reichs gemäß, nach Anführung der Motiven, so sie zu dieser Reise bewegen, ihre Einwilligung auf gewisse Maße zu verlangen. Also ist in der neuen Königlich-Schwedischen Regierungs-Forme, so von den Reichs-Ständen anno 1719. publicirt worden, §. 10. ausgemacht, daß die Könige, ohne Einwilligung und Genehmhaltung der Stände, nicht aus dem Reich, noch ausser desselben Grentzen reisen sollen.

§. 2. Bevor sie die Reise antreten, tragen sie die Regierung des Landes, entweder einem von ihren Printzen oder sonst iemand von den Fürstlichen Anverwandten auf, der im Nahmen ihrer alles besorget, und verweisen mündlich und schrifftlich alle Bediente und Unterthanen, die bey Hofe etwas zu suchen haben, an diejenigen, die sie in ihrer Abwesenheit zu Landes-Regenten bestellet. Als Fürst Wolfgang von Anhalt anno 1517. ihm eine Reise ausserhalb Landes vornahm, so ersuchte er Frau Margarethen, Fürst Ernsts von Anhalt Gemahlin, daß sie geruhen möchte, bey seiner Abwesenheit die
Admi-

Administration seiner Lande zu führen, sie weigerte sich auch dessen im geringsten nicht, und schrieb mit eigener Hand die schertzhaffte Antwort zurück: Weil mir Ewre Liebden die Haußhaltung anbefehlen, so will ich gern als ein alter Ketten-Hund bellen, so viel ich kan, es mag lauten wie es will.

§. 3. Wo es sich aber nicht thun läst, daß sie die Regierung einem von ihren Fürstl. Anverwandten anvertrauen, so benennen sie gewisse Räthe und Ministres, die in ihren Nahmen, und nebst Communication mit den Reichs- oder andern Ständen, bey wichtigen Angelegenheiten alles expediren; sie reserviren sich aber hierbey gewisse Puncte, und befehlen ihnen an, daß sie bey diesen alles mit ihnen überlegen, und nichts ohne ihre Genehmhaltung, es müste denn summum periculum in mora seyn, entschliessen solten.

§. 4. Vor der Reise erwehlen sie diejenigen Cavaliere und andere Bediente, die sie auf die Reise mitnehmen wollen, und reguliren, nachdem sie entweder öffentlich ihrem Stande gemäß, oder, wie es mehrentheils zu geschehen pflegt, incognito reisen wollen, oder nach den unterschiedenen Endzwecken, die sie sich bey ihrer Reise vorgesetzt, eine grössere oder kleinere Hofstatt. Uber diejenigen Bedienten, so über die Pferde und Wägen gesetzt, nehmen sie, zu Besorgung ihrer Seele, einen oder mehr Reise-Prediger zu sich; zu Besorgung ihrer Gesundheit einen Leib-Medicum, Reise-Apothecker und Reise-Balbier; zur Erhaltung ihres Leibes

die

Von den Reisen der Fürstl. Herrschafft.

die Bedienten, die bey der Küche und Kellerey nöthig; zum Staat einen Reise-Marschall, oder Reise-Stallmeister, nebst einen oder zwey Cammer-Junckern, und zur Aufwartung einige Pagen, Cammer-Diener und Laquais, vor allen aber einen Reise-Fourier.

§. 5. Nachdem sie nun von ihren Fürstlichen Anverwandten und von ihren Ministres Abschied genommen, so treten sie im Nahmen GOttes ihre Reise an, nach dem Plan, den sie sich vorher gemacht, damit sie zu Mittag und Abends diejenigen Oerter erreichen, die sie sich zur Mittags-Mahlzeit, und zum Nacht-Lager ausersehen. Der Reise-Fourier muß allezeit voraus gehen, damit sie aller Orten so wohl die benöthigten Post-Pferde, als auch sonst gute Anstalten finden mögen. Wo in ihren eigenen Landen die Wege, entweder zur Winters-Zeit wegen des Schnees impracticabel worden, oder auch sonst übel und gefährlich zu passiren sind, so befehlen sie ihren Beamten an, daß die Bauern die Wege ausbessern, die Brücken repariren, und alles auf den Strassen, so weit die Grentzen ihres Reichs und ihres Gebiethes gehen, in guten Stand setzen.

§. 6. Sie lassen sich so wohl in ihren eigenem Lande als in fremden Ländern gnädig gefallen, auf geschehene Invitation, bey denjenigen einzusprechen, die weit geringer sind als sie, und sind mit der höflichen Bewirthung, die ihnen ein iedweder nach seinem Vermögen leistet, gar wohl zufrieden. Die
höch-

höchsten Häupter der Welt statten nicht allein bey ihrer Durchreise, zur Bezeugung ihrer Gnade, bey manchen Printzen und Grafen einen freundschafftl. Besuch ab, sondern kehren auch wohl nur bey manchen von Adel ein, um ihr Mittags-Mahl bey ihm einzunehmen, oder ihr Nacht-Lager in seinem Hause zu halten. Bey ihrer Abreise, pflegen sie gemeiniglich diejenigen, so sie bewirthet, auf das reichlichste zu beschencken.

§. 7. Die Römisch-Catholischen Fürsten pflegen auf ihren Reisen gerne in den Klöstern einzukehren, und so wohl die Marien-Bilder, als auch andere Heiligen, vor die sie etwan eine besondere Veneration haben, oder denen sie ein Gelübde gethan, mit Gold, Silber und Kleinodien zu regaliren, und wo sie selbst nicht zu dieser Freygebigkeit geneigt wären, so wissen die Herren Patres, insonderheit aber die Jesuiten sie mit trefflichen Flosculis der Beredtsamkeit und kräfftigen Argumenten hiezu zu animiren.

§. 8. Gleichwie sie gemeiniglich auf Reisen in vielen Stücken ihren Fürstlichen Splendeur ein wenig renunciren, so lassen sie viel leichter, als bißweilen in ihrem eigenen Lande, manche Fremde, insonderheit aber die Cavaliers und Dames, zum Hand-Kuß.

§. 9. Bißweilen reisen sie andern Fürstlichen Residentzen so weit aus dem Wege als sie können, wo entweder ihre Reise sehr preßant ist, und sie daselbst einigen Aufhalt vermuthen, oder wo sie
wegen

wegen des Rang-Ceremoniels streitig, oder sonst mit derselben Herrschafft in keinem guten Vernehmen stehen, und also kein recht angenehm Acceuil vermuthen. Wo sie es aber nicht ändern können, so reisen sie zwar durch, aber nur incognito, lassen sich bey Hofe nicht melden, und schicken auch keinen Cavalier nach Hofe, um ein Compliment daselbst bey der Herrschafft abzulegen.

§. 10. Ausser dem aber, wo sie bey einer Fürstlichen Residentz anlangen, schicken sie einen Cavalier zu der frembden Herrschafft, lassen sich durch ein Compliment ihres Zustandes erkundigen, ihre Ankunfft zu wissen thun, und sich entweder durch den Cavalier bey der Herrschafft anmelden, oder entschuldigen, daß ihre eilfertige Reise nicht verstatten wolte, daß Sie Jhnen ihre Schuldigkeit bezeigen, oder ihren Besuch bey Jhnen abstatten könten. Die Herrschafft derselben Residentz läst hierauf durch einen von ihren Cavalieren ein freundlich und obligeant Gegen-Compliment machen, und Sie entweder auf das höflichste zu sich laden, oder lassen Sie doch in dem Wirths-Hause oder Post-Hause, wo sie abtreten, mit ihrer gantzen Hoffstatt defrayiren; Und wo dieses nicht geschicht, schicken sie ihnen doch aus Jhrer Fürstlichen Küche und Kellerey, mancherley Delicatessen an Speisen und Geträncken zu. Bißweilen fahren sie auch selbst zu Sie vom Schloß herunter, und geben Jhnen eine kurtze Visite.

J   §. 11.

§. 11. In Italien ist es mehrentheils gebräuchlich, daß frembde durchreisende Printzen von andern Fürsten, oder auch von Republiquen und Städten, mit raren Weinen, Confituren und mancherley Arten frischen Obstes regaliret werden. Und wann die Fürsten in Teutschland durch die Reichs-Städte oder andere ansehnliche Städte passiren, so werden sie, nach einer alten hergebrachten Gewohnheit, gemeiniglich von dem Magistrat mit dem Ehren-Wein, mit Hafer, und gewissen raren Fischen, als Forellen u. s. w. beschenckt.

§. 12. Wenn andere Fürsten den Durchreisenden besondere Höflichkeit erzeigen wollen, so befehlen sie den Gouverneurs und Commendanten der Städte und Festungen an, daß sie Dieselben nicht allein becomplimentiren, sondern auch bey ihrer Ankunfft und Abreise mit Stücken salutiren müssen. Es werden ihnen zu Ehren, vor ihre Quartiere, in denen sie logiren, Wachen gesetzt, und die Milice aller Orten beordert, daß sie ihnen Parade machen, und nach Soldaten Manier diejenige honeur erzeigen müssen, die sie ihrer eigenen Herrschafft zu erweisen pflegen.

§. 13. Haben die durchreisenden Fürsten etwan unsichere Wälder oder andere schlimme Gegenden zu passiren, so werden einige von der Milice oder von der Jägerey befehliget, daß sie dieselben convoyiren müssen, es wird ihnen auch wohl zu ihrer Ehre und Sicherheit eine eigene Escorte durch das gantze Land mitgegeben. Die Bauern werden

den allenthalben aufgebothen, um die bösen Wege, so die frembde Herrschafft treffen würde, auszubessern. Wenn sie die Grentzen eines Landes, dessen Regente ihnen so viel Höflichkeit auf ihrer Reise angethan, verlassen, so lassen sie sich entweder durch ein abgelassenes Schreiben, oder durch einen von ihren Bedienten, den sie zurück schicken, bey dem Besitzer des Landes auf das freundlichste vor dieses civile Tractament bedancken.

§. 14. Begeben sich gecrönte Häupter, oder andere grosse Printzen auf die Flotten, die sie anderwerts hin convoyiren müssen, zu Wasser, so werden aus den Städten und Castellen alle Canonen gelöset, und eben dieses thut man auf der gantzen Flotte, wenn der Fürst in sein Leib-Schiff steigt. Es werden Schiffe voraus geschickt, den benöthigten Piloten zuzuruffen, damit sie sich vor die Sand-Bäncke in acht nehmen, auch sich zugleich ihrer zur nähern Anländung bedienen zu können.

§. 15. Derjenige Matrose, so auf den grösten Mastbaum steigt, und das Land zuerst entdeckt, wird von dem grossen Herrn beschenckt. Wenn sie anländen, werden sie von den Castellen und allen Schiffen des Ufers salutiret, worauf nachgehends von des Fürsten Haupt-Leib-Schiff, und folgends von der gantzen Flotte gedancket wird. Ist nun die Ankunfft eines grossen Printzen dem Herrn des Landes und des Volcks höchst erwünscht und angenehm, so kommt er ihm mit dem mehresten Theil seiner Hofstatt auf Schiffen entgegen, die

Matroſen ſind alsdann auf das prächtigſte gekleidet, auf den Haupt-Schiff ſteckt eine vortreffliche Standarte, und an deſſen Vordertheil laſſen ſich Trompeter hören. Andere von den Groſſen des Landes kommen ebenfalls entgegen, lagern ſich um das Leib-Schiff, und ruffen vielmahls mit dem am Ufer ſtehenden Volck ein höchſt erfreuliches Vivat, Vivat aus.

Das X. Capitul.
Von den Fürſtlichen Vermählungen.

§. 1.

Es geſchicht nicht ſelten, daß diejenigen, ſo ſonſt Länder und Unterthanen zu beherrſchen pflegen, bey ihren Vermählungen ihren eigenen Willen beherrſchen, und ſich mit einem Ehegatten verbinden müſſen, nicht, wie ſie ihn ſonſt nach dem natürlichen und freyen Zuge ihres Hertzens erwehlen würden, ſondern, wie ſie nach ihren beſondern Staats-Abſichten hierzu genöthiget werden.

§. 2. Bißweilen ſuchen ſie ſich nach ihrer eigenen Willkühr eine Gemahlin aus, ohne iemand darum zu befragen; bißweilen aber erwehlen ſie diejenigen, die ihre Hoch-Fürſtliche Eltern ihnen vorſchlagen, oder pflegen doch dieſerhalben des Beyraths mit ihren Hoch-Fürſtlichen Anverwandten.

Es

Es geschicht auch wohl, daß entweder sie selbst, oder ihr Hoch-Fürstlicher Herr Vater, den hierunter gefaßten Schluß, oder ihre Hertzens-Meynung, auf welch Hoch-Fürstlich Hauß sie insonderheit reflectiren, den Ständen des Reichs und ihrer Lande, oder denjenigen Collegiis, welche die gesammten Stände vorstellen, vorher zu wissen thun; sie versichern ihre Unterthanen, daß aus dieser Eh-Alliance viel gute Suiten entstehen würden, und verlangen auch wohl von ihnen einige Subsidien-Gelder, zur Bestreitung der hierzu erforderlichen Unkosten.

§. 3. Nachdem die grossen Herren nicht so leicht zusammen reisen können, als wie Privat-Personen, so lassen sie sich gemeiniglich vorher die Portraite des Printzen oder der Princeßin, mit der sie sich zu alliiren gedencken, zuschicken, und befehlen den Mahlern auf das schärffste, daß sie ja nicht flattiren, oder die Copie schöner abschildern sollen, als das Original ist. Offters trauen die Printzen hierunter den Mahlern nicht, sondern reisen lieber selbst an denjenigen Hof, und solten sie es auch incognito thun, wo sich ihre auserseheye Braut aufhält, und nehmen sie in Augenschein.

§. 4. Es ist eine seltzame Sache, wenn zu Zeiten Hoch-Fürstliche Kinder, nach dem Schluß ihrer Eltern oder ihrer andern Anverwandten, in denjenigen Jahren, da sie nicht verstehen was Verlobung und Ehestand ist, mit einander aus Staats-Raisons verlobet werden. Die alten und neuen

Geschichte sind mit dergleichen Exempeln angefüllt. S. Carmons Differt. de Sponfalibus illuftrium in incunabulis. Man hat aber auch gar öffters erfahren, daß sie, wenn sie zu reiffern Verstande kommen, dergleichen Verlöbnisse selbst eigenmächtiger Weise trennen, die erste Braut, die ihnen zugedacht gewesen, fahren lassen, und sich eine andere erwehlen. Dergleichen vorgeschlagene Heyrath ist auch bißweilen von den Hoch-Fürstlichen Eltern oder Angehörigen, wegen der beyderseits noch unzeitigen Jahre, nebst gebührender Danckfagung durch eine höfliche Vorstellung declinirt worden. Zu Zeiten wird bey dergleichen Fall in den Ehe-Stifftungen beredet, daß der Bräutigam der Braut, nach Verfließung sechs oder acht Jahre, wofern inzwischen keine weitere Prorogation erfolgt, zu seinem ehelichen Gemahl nehmen, und keine andere Gemahlin haben soll. Es wird auch wohl eine Conventions-Straffe darauf gesetzt, daß auf dem Fall da eins von diesen beyden Contrahirenden, und zwar in einigen Puncten, diesem nicht nachgehen oder sich säumig dabey erweisen würde, dem andern so und so viel bezahlen solte.

§. 5. Gehen die unter den Fürstlichen Personen verabgeredeten Verlöbnisse wieder zurück, sie mögen nun unter denen, die von jüngern oder ältern Jahren sind, seyn geschlossen worden, so werden gemeiniglich die Præsente und Versprechungs-Pfänder wieder zurück genommen.

§. 6.

Von den Fürstlichen Vermählungen.

§. 6. Die Anwerbung um die Hoch=Fürstliche Braut, geschicht bißweilen von einem Printzen selbst bey den Hoch=Fürstlichen Eltern, Vermunden oder andern Angehörigen, unter deren Direction die Princeßin stehet. Jedoch ist es bey Vermählung eines Römischen Kaysers oder Königs durch eine lange Observanz hergebracht, daß derselbe niemahls persönlich oder unmittelbahr in seinen Nahmen um die Braut, und künfftige Gemahlin, so nur Hertzoglichen oder Reichs=Fürstlichen Herkommens ist, anwirbt, oder anhalten läst, sondern es wird allezeit ein Churfürst oder andrer grosser Fürst ersucht, bey dieser Heyraths=Handlung einen Unterhändler oder Procurator abzugeben. Diese Observanz rühret aus einer besondern Prærogativ her, die sich ein Römischer Kayser oder König als Ober=Haupt des gantzen Römischen Reichs vor andern grossen Puissancen vorbehält.

§. 7. Gemeiniglich wird ein grosser Minister, als Abgesandter mit einem Creditiv und Vollmacht von dem Fürsten selbst, oder von seinem Herrn Vater an den fremden Hof abgeschickt, um bey den Hoch=Fürstlichen Eltern oder ihren Anverwandten, und zugleich bey der Princeßin selbst anzuwerben, und das Jawort zu hohlen, und die übrigen Tractaten, als die Ehe=Stifftungen, Witthums=Verschreibungen, Verzicht=Briefen, Leibgedings, Wiederfalls, Gewissens=Freyheits= und andere Versicherungen auszuwechseln und zu reguliguliren. Der Herr Geheimbde Rath Ludewig gedencket in seiner Dissertation, de matrimoniis Principum per Procuratores, daß er einsten einen gewissen mächtigen Fürsten in Teutschland bedient gewesen, der es übel aufgenommen hätte, daß er, um den ehelichen Contract zu Stande zu bringen, bloß einen Hof-Rath abgeschickt gehabt, da es doch gewöhnlich wäre, daß bey Anwerbung um eine Braut, von demjenigen, die befugt wären einen Ambassadeur zu schicken, entweder ein Ambassadeur oder doch sonst ein Geheimbder Rath und grosser Minister abgeschickt würde; es würde nicht wohl stehen, wenn die Fürstliche Braut an denjenigen, der nicht von dem höchsten Range, die Hand geben solte.

§. 8. Die abgeschickten Ministri legen bey einer solennen Audienz eine wohlgesetzte Anwerbungs-Rede ab, so wohl bey den Hoch-Fürstlichen Eltern, Groß-Eltern, Vormündern u. s. w. als auch bey der Princeßin; sie entdecken die Intention ihres Hoch-Fürstlichen Herrn Principalen, und ersuchen Sie hierauf, ihm mit einem vergnügten Jawort zu erfreuen. Hierbey überliefern sie bißweilen das Portrait des Hoch-Fürstlichen Herrn Bräutigams, welches starck mit Diamanten besetzt, zum Unterpfand seiner Liebe, mit der Versicherung, daß er sich selbst reservirte, bald im Original darzustellen.

§. 9. Bißweilen verweisen die Princeßinnen die positive Resolution und die anwerbenden Herren Gesandten zu ihren Eltern oder Vormündern, und

stellen

stellen es in deren Consens und Vorwissen. Biß=
weilen aber ist schon alles richtig und bereits con=
certirt, die Princeßin Braut ist bey der Audienz
und bey der Anwerbung selbst gegenwärtig. Sie
wird von ihren Hoch-Fürstlichen Eltern darum be=
fragt, und sie erkläret sich in Gegenwart des Herrn
Abgesandten, vermittelst eines Reverence, in Fa=
veur des Herrn Bräutigams. Eines von den
Hoch-Fürstlichen Eltern hängt manchmahl mit ei=
gener Hand das von dem Herrn Abgesandten en
mignature überbrachte Bildniß des Herrn Bräu=
tigams der Princeßin an die Brust.

§. 10. Ist der Abgesandte bey seiner Anwerbung
glücklich gewesen, so stattet er im Nahmen seines
Principalen eine solenne Danckfagung in einer
zierlichen Rede ab, bringet vor den Fürstlichen
Herrn Bräutigam ein ander Præsent, welches ent=
weder in einem hochschätzbaren Ringe, oder kostbar
eingefaßtem Bildniß der Princeßin bestehet, mit
zurück, und wird von seinem Herrn, wegen des an=
genehmen mit sich zurück gebrachten Jaworts, und
glücklich vollendeten Expedition, wohl recompen=
siret; unterweilen bekommt er auch von dem an=
dern Hofe, an dem er negociret, wenn seine Per=
son angenehm gewesen, noch darzu ein Præsent.

§. 11. Mit Regulirung der Ehe-Pacten wird
bißweilen lange Zeit zugebracht. Es wird darin=
nen determiniret, wie viel der Braut Vater zur
Ausstattung mitgeben will, was sie an Geld und
Silber-Geschirr, Kleinodien und Jubelen, Perlen

J 5   und

und Edelsteinen mitbringt, wie sie wegen des Gegen-Vermächtnisses soll versichert, und mit dem Leib-Gedinge versorget werden. Von einigen Jahrhunderten her ist in Teutschland der beständige Gebrauch gewesen, daß an statt der gewissen Rheinischen Gülden an Golde, die dem Bräutigam zum Heyraths-Guth versprochen worden, die Braut hingegen auf so und so viel tausend Rheinische Gold-Gülden jährlicher Nutzungen verleibdinget; die Morgen-Gabe aber, theils nach einer gewissen ausgedruckten und verabredeten Summe, theils in genere nach dem Herkommen und der Gewohnheit eines gewissen Hoch-Fürstlichen Hauses versprochen wird.

§. 12. Vor Zeiten haben die Teutschen Fürsten bey den Fürstlichen Ehe-Beredungen zu mehrer Versicherung vier von ihren Grafen, so viel von den ansehnlichen Ständen ihrer Ritterschafft, und eben so viel von ihren Städten zu Bürgen gesetzt. Heutiges Tages aber werden sie nur von den Fürstlichen Contrahenten und Agnaten unterschrieben, und gar öffters Ihrer Römischen Kayserlichen Majestät zur Confirmation übergeben.

§. 13. Damit nicht etwan zwey mächtige Reiche in Europa, zum grossen Præjudiz der andern Puissancen, insonderheit aber der Nachbarn, über lang oder kurtz, durch eine Heyrath mit einander vereiniget werden, so werden die Königlichen Princeßinnen als Bräute genöthiget, in ihren Ehe-Pacten allen An- und Zusprüchen, die sie oder ihre

Nach-

Nachkommen in ewigen Zeiten auf diese Länder und Königreiche machen könten, eydlich zu renunciren. Also muste die Spanische Infantin, Frau Maria Theresia, als sie mit dem König in Franckreich, Ludewig XIV. vermählet ward, auf das bündigste abschweren, daß sie sich an den Spanischen Landen keiner Gewalt oder Rechte mehr anmassen wolte, sie möchten ihr auch zufallen, woher sie nur immer wolten, und dieses alles ohne einige Widerrede, Exception, Restitution, Absolution oder Dispensation Päbstlicher Heiligkeit.

§. 14. Bey den Römisch-Catholischen wird gemeiniglich in die Ehe-Pacta mit eingerückt, daß sich die Fürstlichen Contrahenten wolten gefallen lassen, den Pabst zu ersuchen, daß er diese Heyraths-Abrede approbiren, und seinen Apostolischen Seegen darüber ertheilen möchte. Sind Braut und Bräutigam etwan mit allzu naher Bluts-Freundschafft und Verwandtschafft einander zugethan, so wird in den Ehe-Stifftungen versprochen, daß sie Päbstliche Dispensation vorher anschaffen wollen. Die Päbste sind mit Ertheilung dieser Dispensationen gemeiniglich gar facil, und wenn auch gleich diese Verwandtschafft, wie vielmahls am Frantzösischen Hofe geschehen, aus einem unehlichen Bette entstanden wäre.

§. 15. Wie der Römische Hof auch in diesem Stück zu unterschiedenen mahlen bey den Fürsten in Teutschland einige Unordnung anrichten wollen, ist aus unterschiedenen Exempeln der ältern und neuern

neuern Zeiten bekandt. In dem II. Theil der von Herrn Lünig edirten Teutschen Reichs-Cantzley findet man pag. 391. ein Schreiben der auf dem Reichs-Tage zu Regenspurg versammleten Gesandten der Evangel. Chur-Fürsten und Stände an den Kayser Leopoldum, daß sie das, dem Herrn Hertzog Christian zu Mecklenburg, über die vom Pabst zu Rom erhaltene Dispensation, zu vorgenommener anderweitigen Ehe, ertheilte Decretum confirmatorium cassiren, und dergleichen Unfug im Heiligen Römischen Reich wider alle Reichs-Constitutiones einreissen zu lassen, nicht verstatten möchten.

§. 16. In den Ehe-Pacten werden auch die Titulaturen, die Curialien, und andere Ceremonielle, wenn die künfftige Gemahlin entweder aus einem höhern oder geringern Stande ist, ausgemacht. Chur-Fürst Rudolph IV. aus dem Anhältischen Stamm, nennete seine Gemahlin Annam, Landgrafens Baltzers in Thüringen Tochter, in der ihr ausgestellten Leib-Gedings-Verschreibung, seine eheliche Wirthin. Es bedeutete dieses uhralte teutsche Wort damahls eine Hauß-Frau, und hat man von alten Zeiten her einen Hauß-Vater Wirth genennet; heutiges Tages aber will es nicht in einer so vornehmen Bedeutung angesehen werden.

§. 17. Es ist von einigen Seculis her bräuchlich gewesen, daß die Fürstlichen Vermählungen an andere Procuratores oder Gevollmächtigte geschehen.
Biß=

Bißweilen ſind die beyden Bräute den andern nur angetrauet, bißweilen aber auch gar zum Schein beygelegt worden. Offtmahls vertreten Fürſtliche Anverwandten dieſe Stelle, manchmahl aber auch andere groſſe Miniſtri oder Generals. Fuggerus ein Oeſterreichiſcher Scribent, erzehlet in dem V. Buch Cap. 26. n. 16. daß ſich Hertzog Ludwig von Bayern anno 1474. als Stellverweſer, im Nahmen Ertz-Hertzogs Maximiliani, die Princeſſin an die Hand trauen laſſen, und nach Fürſtlichen Gebrauch das Beylager mit ihr gehalten. Er wäre am rechten Fuß und Arm mit leichten Harniſchen angethan geweſen, und zwiſchen ihnen beyden hätte ein bloß Schwerdt gelegen. Die Hertzogin Margaretha ſammt der Ober-Hofmeiſterin Frauen von Halwin hätten auf der einen, und die Räthe auf der andern Seite geſtanden, und wäre dieſe Trauung den 26 April um Mitternacht verrichtet worden. Der Römiſche Kayſer Joſephus haben dergleichen Procuratorem zweymahl abgegeben, einmahl da er ſich im Nahmen ſeines Herrn Bruders die Wolffenbüttelische Princeßin Eliſabeth Chriſtinen, als itzige Römiſche Kayſerin, antrauen ließ, und zum andern mahl, da er Procuratorio nomine des Königs in Portugall mit ſeiner leiblichen älteſten Schweſter, Maria Anna Joſepha, copulirt wurde; Alſo wurde auch die Hannoveriſche Chur-Princeßin, ſtatt des Cron-Printzens von Preuſſen, an den Königlichen Preußiſchen General von Finckenſtein, durch Prieſterliche Hand gegeben.

§. 18.

§. 18. Bey den Römisch-Catholischen werden diese Copulationen durch eine besondere Einsegnung mit vielen Ceremonien wiederhohlet. Die Einsegnung geschiehet meistentheils in der vornehmsten Kirche, auf einer prächtigen Estrade, so einige Stuffen erhoben, mit rothen Sammet beleget, und auf der Seite mit kostbaren Tapeten behangen. Uber der Estrade ist ein Baldachin von rothen Sammet, der mit Gold und Silber ausgestickt, und mit den Hoch-Fürstlichen Wapen gezieret. Uber dem Baldachin hängen bey Königlichen Vermählungen Königliche Mäntel von Sammet, mit reichen güldenen Brocat gefüttert, und ebenfalls gestickt. In der Mitten, von den 4. Seiten des Baldachin, hängt eine güldene Cartouche mit des Königs und der Königin Nahmen, über dem Baldachin schweben einige Figuren, welche die güldenen Cordons und Quasten halten. Es wird dieser Baldachin nebst den Mänteln auf eine gar sinnreiche Weise über der gantzen Estrade ausgebreitet, also daß der gantze Platz, wo die Ceremonie der Einsegnung geschicht, von dem Baldachin bedeckt ist. Unter dem Baldachin stehet etwan ein güldner Tisch zwischen 2. güldnen Gueridons mit güldnen Leuchtern. Um diesen Platz stehet das Königliche Hauß nebst den Grandes des Hofes, und vornehmsten Dames, welche dieser Procession gefolgt waren.

§. 19. Ob schon bey der mit einem Gevollmächtigten geschehenen Vermählung, nach Ablesung

sung der Vollmachten, die Princeßin Braut von dem Bischoff, der die Copulation verrichtet, befraget wird, ob sie den Hoch-Fürstlichen Herrn Bräutigam, dessen Stelle gegenwärtiger Herr Gevollmächtigter vertritt, zu ihren künfftigen Eh-Gemahl verlangen, und sie auch dieses mit einem deutlichen Ja bekräfftiget, so wird sie doch wegen der vorhin durch den Gevollmächtigten geschlossenen ehelichen Verbindung erinnert und befragt, das von beyden Verlobten wiederholte Ja-Wort wird von dem Bischoff besestiget. Diese Einsegnung wird durch eine vortreffliche Vocal- und Instrumental-Music begleitet. Der Bischoff spricht nach verrichteten Gebeth den Seegen GOttes über diß Paar. Die Stücke werden gelöset, die Soldatesque giebt ausser der Kirche Feuer, und die Herrschafft begiebt sich unter Trompeten- und Paucken-Schall wieder nach Hause. Mit diesen Ceremonien geschahe Anno 1708 die Königliche Spanische Einsegnung zu Barcelona in der Dom-Kirche zu unsrer lieben Frauen, von dem Ertz-Bischoff zu Tarragona, welchen 4 Bischöffe und andere Prälaten beystunden. Von den unterschiedenen Kayserlichen, Königlichen und Fürstlichen Heyrathen, die in den ältern und neuern Zeiten durch Gevollmächtigte vollzogen worden, kan des weltberühmten Königlichen Preußischen Geheimbden Raths des Herrn Ludwigs Dissertation de matrimoniis Principum per Procuratores nachgeschlagen werden.

§. 20.

§. 20. Vielmahls pflegen die Fürstlichen Herren Bräutigams, zu Schliessung der Verlöbnisse und würcklicher Vollziehung der Vermählungen, in Person an diejenigen Höfe zu reisen, an denen sich die vor ihnen destinirte Fürstlichen Bräute aufhalten. Sie überschicken vorher einen Fourier Zeddul, wie viel sie an höhern und niedern Bedienten, ingleichen an Pferden mit sich bringen werden, damit die Fürstlichen Gemächer vor sie zurecht gemacht, und alles übrige zu ihrer Fürstlichen Aufnahme veranstaltet werden möge.

§. 21. Bißweilen geschehen die Fürstlichen Beylager gantz in der Stille, und ohn alle Pracht. Das Hoch=Fürstliche Paar wird in einem Gemach getraut; Die Cavaliers und Dames werden durch ein paar Marschälle aufgeführt, und der Bräutigam führt seine Braut zur Copulation selbst bey der Hand; Nach der Copulation wird Tafel gehalten, das Hoch=Fürstliche Paar zu Bette gebracht, und alles ohne große Ceremonien beschlossen. Es wird auch wohl in gewöhnlichen Notification-Schreiben mit ausgedruckt, wenn die Beylager gantz in der Stille vollzogen worden.

§. 22. In den vorigen Zeiten sind unter den Protestirenden Fürsten die Trauungen in den Kirchen gewöhnlicher gewesen als itzund. Man findet auch wohl bey den alten Geschicht=Schreibern, daß wenn die Fürstlichen Personen zur Copulation in die Kirche gefahren, einige Adeliche Dames vom Lande, oder nach dem damahligen Stylo, Adeliche

liche Jungfern, auf der Straße voran gegangen, und den gantzen Kirchweg, aus silbernen oder andern Körbgen, mit Blumen bestreuet, welches heutiges Tages manchen ziemlich spöttisch anscheinen würde.

§. 23. Es sind auch ehedem die solennen Trau-Predigten gewöhnlicher gewesen, als zu unsrer Zeit. Anno 1548. den 8. Oktobr. wurde Hertzog Augustus von Sachsen an die Königliche Princeßin Annam, Königs Christiani III. zu Dännemarck Tochter, auf dem Schloß zu Torgau, bey einer, vom Fürsten Georgio zu Anhalt abgelegten Trau-Predigt, auch von ihm copuliret; welche Trauungs-Predigt in seinen Schrifften f. 309. und in folgenden zu lesen. Es soll dieses insonderheit der Königlichen Frau Mutter überaus wohl gefallen, und sie bezeuget haben, daß dieses der prächtigste Actus bey dem Fürstlichen Beylager gewesen, daß die Trauung durch eine Fürstliche Person geschehen.

§. 24. Etwas besonders war es, daß dem seeligen D. Martin Luthero, bey der Vermählung Hertzog Philips zu Pommern, mit Chur-Fürstens Johann Fridrichs zu Sachsen Schwester, Marien, die ebenfalls auf dem Schloß zu Torgau geschahe, einer von den Trau-Ringen ungefehr entfiel, er bewegte sich hierüber in etwas, faßte sich aber doch bald wieder und sagte: Hörst du Teufel, du wirst nichts ausrichten, es gehet dich nichts an; die beyden Verlobten seegnete er mit den Worten:

K   Wach-

Wachſet, und euer Saame müſſe nicht untergehen. Inzwiſchen iſt es doch geſchehen, daß die Hertzoge zu Pommern hundert Jahr hernach gäntzlich ausgeſtorben.   S. Müllers Annal. Saxon. p. 90.

§. 25. Man trifft ebenfalls in der alten Hiſtorie unterſchiedene Exempel an, daß die Fürſtlichen Perſonen, ob es gleich im übrigen ſehr ſolenn dabey hergangen, auf den Sählen und in den Gemächern ihrer Schlöſſer getrauet worden. Vorher giengen ein 12 Paar Trompeter und ein Paucker, nach dieſen folgte eine anſehnliche Ritterſchafft von Adel, hernach acht brennende Fackeln, ſo die vornehmſten vom Adel trugen, alsdenn Braut und Bräutigam mit ihren Führern, Hof = Cavalieren und Hof = Frauenzimmer; Alſo funden ſie ſich zur Copulation in dem Trauungs = Sahl ein.   Nach der Trauung wurden Braut und Bräutigam mit vorhergehenden Trompetern und Heer = Pauckern von dem Trauungs = Sahl in die Tafel = Stube gebracht, in welcher ein herrliches Bette zugerichtet war, darein das Fürſtliche Paar, dem damahligen Gebrauch nach, in Gegenwart des Hofes geleget ward; inzwiſchen wurde dem Ehe = Paar und den andern Confituren und ſüſſe Weine ausgetheilet. Nach dieſem ward das zugerichtete Parade - Bette wieder aus einander genommen, und Braut und Bräutigam unter Trompeten = und Paucken = Schall an die Fürſtliche Tafel geführet.   S. Beckmanns Anhältiſcher Geſchichte V. Theil, p. 205.

§. 26.

Von den Fürstlichen Vermählungen. 147

§. 26. Die Kleidungen des Hoch-Fürstlichen Braut-Paars sind an dem Tage ihrer Copulation so prächtig, als ihnen entweder beliebig, oder nach ihren Einkünfften möglich ist. An dem Kayserlichen Hofe ist die Kleidung meistentheils Spanisch, und nach dasigem Gebrauch vom Haupt biß auf die Füsse Drap d'argent. Die Schleppen des Kleides oder Mantels der Braut werden von den vornehmsten Dames getragen. Bey Kayserlichen und Königlichen Vermählungen tragen bißweilen gar Fürstliche Personen die Schleppen der Princeßin Braut, und deren Schleppen hernach wieder Cavaliere oder Pagen.

§. 27. Der Hoch-Fürstliche Herr Bräutigam und die Hoch-Fürstliche Braut, werden gemeiniglich von ihren Hoch-Fürstlichen Anverwandten, als Herrn Vätern, Brüdern oder Vettern, zur Trauung geführet, bißweilen aber auch von ansehnlichen Herren Abgesandten und hohen Ministris, dafern keine andere Printzen oder höhere Standes-Personen vorhanden seyn. Zu Zeiten führet der Herr Bräutigam seine Braut selbst bey der Hand.

§. 28. Soll ein solennes Beylager gehalten werden, so werden viel frembde Fürstliche Herrschafften entweder mündlich oder schrifftlich dazu eingeladen. Auf dem Beylager Fürst Carls zu Anhalt, welches anno 1557. zu Zerbst mit Princeßin Annen, Hertzogs Barnim zu Pommern Tochter, vollzogen ward, hatten sich so viel Fürst-

K 2   liche

liche und andere hohe Standes=Personen dabey
eingefunden, daß man 2384 Pferde zehlete. Die
mündlichen Einladungen geschehen heutiges Tages meistentheils durch einen abgeschickten Cavalier, der ein kurtz Compliment abstattet. Vor diesem aber wurden gar offters grosse und solenne Reden bey dieser Gelegenheit abgelegt, wie aus des
Herrn Lünigs gesammleten Reden der vornehmen
Ministres zu ersehen.

§. 29. An statt der Trauungs=Predigten wer-
den heutiges Tages von den Priestern, die das
Hoch=Fürstliche Paar zusammen geben, bey der
Copulation nur Trau=Sermone gehalten. Nach
der Trauung werden die Trompeten geblasen und
Paucken geschlagen, die Stücke gelöset, und von
der auf dem Schloß=Platz stehenden Soldatesque
Salve gegeben. Bißweilen werden auch bey dem
Auswechseln der Trau=Ringe die Canonen abge-
feuert.

§. 30. Ob zwar die Trau=Sermone gewöhnlicher, so sind doch die Trauungs=Predigten nicht
gantz und gar abgekommen, wo nehmlich die Copulationen noch in den Kirchen und öffentlichen
Gottes=Häusern vorgehen. Es wird eine vortreffliche Vocal-und Instrumental-Music dabey gehöret, die auch bißweilen mit der Orgel accompa-
gniret wird. Unterschiedene Lob=Psalmen sind
hierbey gewöhnlicher, als andere Gesänge.

§. 31. Bey den Römisch=Catholischen pflegen
die vornehmsten von der Geistlichkeit, als die Bischöffe,

schöffe, Ertz-Bischöffe u. s. w. die Copulation zu verrichten, zuweilen auch die Päbstlichen Nuncii, die sich an einem Hofe allbereits aufhalten. Dem Hoch-Fürstlichen Paar werden die Stolen um die Hände gebunden, und die Ringe, die sie einander geben, zuvor benedicirt. Heyrathen sie etwan in die nahe Freundschafft, so werden die von dem Pabst indulgirten Dispensationes vorher abgelesen. Es wird der Cörper, oder doch einige seiner Gebeine und Reliquien eines gewissen Heiligen auf den Altar geleget, vor dem das Hoch-Fürstliche Paar copuliret werden soll. Nach verrichteter Copulation werden die Ringe mit Weyhwasser besprenget. Zu Zeiten werden die Canonen 3 mahl abgefeuret, als, zum ersten mahl bey Wechselung der Ringe, zum andern mahl nach gesprochenen Seegen, und zum dritten mahl nach Abgang der sämtlichen Durchlauchtigsten Personen in Dero Gemächer.

§. 32. Nach verrichteter Trauung übergiebt einer von des Hoch-Fürstlichen Herrn Bräutigams Ministris oder Hof-Cavalieren die Morgen-Gabe, und zugleich die Verschreibung mit dabey. Sie bestehet mehrentheils in den allerkostbarsten Galanterien, Kleinodien und Jubelen, die auf einem prächtigen gestickten sammeten Küssen, oder in einer silbernen oder güldenen Schaale præsentiret werden. Der Cavalier macht ein kurtz Compliment dabey, daß ihm anbefohlen wäre, Ihrer Hoch-Fürstl. Durchlauchtigkeit, als gegenwärtigen Fürstlichen
Braut,

Braut, dieses geringe Andencken zu übergeben, es wäre zwar bey weitem nicht dem guten Vorsatz gleich, welchen Sie hierunter hätten, es hofften aber Seine Hoch-Fürstliche Durchlauchtigkeit, als sein Principal, die Princeßin Braut werde damit vorlieb nehmen, und nicht so wohl auf die Geringfügigkeit des Geschencks, als auf den Geber, den Hoch-Fürstlichen Herrn Bräutigam, Ihr Absehen richten. Hierauf dancket die Braut entweder in Person, oder ein Cavalier stattet in ihrem Nahmen ein Dancksagungs-Compliment ab.

§. 33. Uber diese gewöhnliche Morgen-Gabe werden, nach der Observanz eines ieden Landes und Hofes, noch mancherley Præsente, entweder von dem Bräutigam an die Braut, oder von der Braut an den Bräutigam überreicht. So pflegen auch die Eltern des Bräutigams, entweder vor der Copulation, oder den Tag darauf, die Braut mit mancherley Silberwerck, Jubelen u. s. w. zu beschencken. Nicht weniger bezeugen die Reichs- und Land-Stände, durch Uberreichung eines ansehnlichen Donativs, ihre besondere Devotion. In Pohlen præsentiren die Edelleute und Damen, nach der daselbst gebräuchlichen Weise, bey den Königlichen Vermählungen der Princeßin Braut viel herrliche Geschencke, als z. E. einige feine silberne Gefässe, mit Diamanten besetzte Uhren, und kostbare Kleinodien, wobey iede Person ein besonder Compliment macht; es wird aber diese Gewohnheit, da man die Braut zu beschencken pflegt, nicht
allein

allein bey den Beylagern der Königlichen Princeſ-
ſinnen, ſondern auch bey den Vermählungen aller
andern vornehmen Damen gehalten.   S. Connor
Beſchreibung von Pohlen, p. 237.

§. 34. Die Tafeln werden bey den Fürſtlichen
Beylagern auf eine ſehr propre und ſolenne Weiſe angerichtet.   Es wird niemand leichtlich daran
gezogen, als Fürſtliche Perſonen und frembte Abgeſandten, und bey den Römiſch-Catholiſchen die
Cardinäle.   Es pflegen vielmahls an dieſen merckwürdigen Tagen die Cavaliers die Speiſen auf die
Tafeln zu ſetzen; Man ſiehet alsdenn ſo wohl bey
den Confituren, als auch bey den andern Schau-
und Parade-Speiſen, beſondere Erfindungen, mit
Sinnbildern und Inſcriptionen, die ſich zu dergleichen Feſtivitäten ſehr wohl ſchicken.   Daß die ietzige Art zu tractiren von der Weiſe unſerer Vorfahren gar ſehr unterſchieden geweſen, iſt in dem Capitul von Tafel-Ceremoniellen angeführet worden, und braucht hier keiner neuen Wiederholung.
Man findet in den alten Beſchreibungen der Fürſtlichen Beylager, daß bißweilen nur gemeine Bür-
gers-Leute zu Marſchallen der Tafeln der Hoch-
Fürſtlichen Hochzeit-Gäſte beſtellet worden, und
die Mäßigkeit, zum wenigſten in Anſehung der wenigen Tractamente, die man aufgeſetzt, ſehr ge-
herrſchet.

§. 25. Nach der Tafel wird, alter Gewohnheit
nach, der gewöhnliche Ehren-Tantz mit Fackeln
und Lichtern gehalten, wobey 12 Fackeln von Hof-

Cava-

Cavaliers, bißweilen auch von Cammer-Herren und Generalen vorgetragen werden. Die Vortäntze, wie einer dem andern von den Fürstlichen Personen nach Braut und Bräutigam vortantzen solte, wurden vor diesem allezeit vorher ausgetheilet; heutiges Tages ist man in diesem Stück nicht mehr so accurat, und nimmt man es bey einer Lustbarkeit so genau eben nicht, ob einer dem andern vortantzet.

§. 36. Nach geendigtem Tantze helffen die sämtlichen Hoch-Fürstlichen Hochzeit-Gäste, insonderheit aber die Hoch-Fürstlichen Anverwandten, Braut und Bräutigam zu Bette bringen. Bißweilen führet der Braut Vater, oder derjenige, so dessen Stelle vertritt, den Fürstlichen Herrn Bräutigam, wenn er in Nacht-Habit eingekleidet, gantz allein zu der Braut vors Bette, giebt ihm eine kleine Erinnerung, er verhoffte, er würde sich so gegegen seine Tochter zu bezeugen wissen, wie es einem ehrliebenden Fürsten eignete und gebührte; worauf der Fürstliche Herr Bräutigam in einem Compliment versichert, dieses Pfand als seinen eigenen Leib, seine eigene Ehre, ja seine eigene Seele zu halten, und aus einem treuen, frommen, redlichen und Fürstlichen Hertzen alles dasjenige zu leisten, was ein ehrliebender Fürst und Bräutigam seiner geliebten Braut zu leisten schuldig wäre. Vor Zeiten sind auch bey dieser Gelegenheit vor dem Braut-Bette von einem Ministre des Bräutigams, solenne und weitläufftige Reden gehalten worden, dem hernach

nach wieder ein anderer Cavalier in einer Gegen-Rede geantwortet.

§. 37. Die Glück-wünschungs-Complimens von den anwesenden Hoch-Fürstlichen Hochzeit-Gästen, von den anwesenden frembden Ministres, von den Deputirten der sämtlichen Collegiorum und der Stände, werden meistentheils nach der Copulation vor der Tafel abgelegt. Die andern abwesenden Fürsten pflegen nicht eher zu felicitiren, als biß die Notificationen wegen der geschlossenen ehelichen Alliance bey ihnen eingelauffen, alsdenn gratuliren sie entweder schrifftlich, oder lassen durch ihre Ministres und hierzu Gevollmächtigte, mündliche Felicitationen abstatten, zuweilen auch dem neuen Hoch-Fürstlichen Paar einige Præsente überreichen.

§. 38. So lange das Hoch-Fürstliche Beylager währet, werden mancherley Lustbarkeiten vorgenommen, mit Carousellen, Masqueraden, Wirthschafften, Feuerwercken, Illuminationen, Fuß-Turnieren, Kampf-Jagten, Schnepper-Schiessen, Scheiben-Schiessen, Opern und Comödien, und andern dergleichen, die in der letzten Abtheilung ausführlich werden beschrieben werden. Unter diesen allen sind die Turniere und Ritter-Spiele die ältesten, welche von dem zehenden Seculo an, fast bey allen Fürstlichen Beylagern, die man mit Solennität celebrirt, gehalten worden. Auf die Hochzeit-Festivitäten pflegen, nach einem ebenmäßigen alten Gebrauch in Teutschland, entweder gewiſſe currente Müntzen oder Schau-Stücken und Medaillen geſchlagen zu werden.

§. 39. Die Heimführungen der Fürſtlichen Braut geſchehen mit groſſen Solennitæten und prächtigen Einzügen, die an einem andern Orte werden beſchrieben werden. Die Trouppen werden mit ihrer bey ſich habenden Artillerie auf die Parade geführt, nebſt der gantzen Hof-Statt an denjenigen Ort, wo die Fürſtlichen Herren Bräutigams Dero Gemahlin mit ihrer Entgegenkunfft beehren wollen. In den vorigen Zeiten war es bey der Heimführung gebräuchlich, daß viel hundert Kinder, welche alle in weiſſen Hembden eingekleidet, auf den Köpffen Cräntze, und in Händen grüne Sträuſer habend, auf den Straſſen und Gaſſen, durch welche die Hoch-Fürſtliche Braut paſſiren muſte, in zwey Reyhen ſtunden, und ſie mit einem höchſt-erfreulichen, und zu vielmahlen wiederholten Es lebe ꝛc. beehrten, doch die ietzige Welt würde dieſe Parade vor Kinder-Poſſen halten.

§. 40. Iſt die Hoch-Fürſtliche Braut angelangt, ſo werden auf das neue ihr zu Ehren, und zum Vergnügen, viel Tage nach einander mancherley Luſtbarkeiten angeſtellt, von denen die Bauer-Hochzeiten und andre Divertiſſemens, die man in Bauer-Kleidung vorgenommen, ebenfalls von langer Zeit her, ſo wohl bey den Beylagern als auch bey den Heimführungen in Gebrauch geweſen. Johann George III. lieſſen als Chur-Printz zu zu Sachsen anno 1669. unter der Masque eines Wendischen Bräutigams, an Dero Herrn Vater Chur-Fürst Johann Georgen den II. zu Sachsen, unter der Person eines Meißnischen Bauer-Richters, ein curieus Schreiben abgehen, worinnen sie denselben, zu dem, auf seine Hochzeit angestellten Aufzug und Ringrennen invitirt. S. den II. Theil von Lünigs Teutschen Reichs-Cantzley, pag. 783. Der Schluß dieses Schreiben war folgender: Dannenhero will ich euch gantz höchlich ersucht haben, mir dabey Gesellschafft zu leisten; Sodann wollen wir erweisen, daß Bauern auch noch Leute seyn, und sehen, ob unser Wendischer Heyde-Grütze, oder euer Meißnischer Hirse-Brey mehr Stärcke in Armen habe.

§. 41. Nach beschehener Heimführung pflegen die Hoch-Fürstlichen Herren Schwieger-Söhne, wann sie bey der Vermählung nicht selbst gegenwärtig gewesen, auf das obligeanteste an Ihre Hoch-Fürstlichen Schwieger-Eltern zu schreiben, sie dancken vor die Ubersendung einer so liebenswürdigen Braut, sie versichern, sich gegen sie als ein getreuer Eh-Gemahl zu erweisen, und Zeit Lebens mit aller Harmonie und Eintracht in der Verknüpffung dieser Häuser zu leben.

§. 42. Die Vermählungen der Fürsten mit Frauenzimmer aus geringern Stande, sind zu allen Zeiten bey sehr vielen, ja ich möchte wohl sagen, bey den meisten Königlichen und Fürstlichen Häusern in Gebrauch gewesen, und durch sie solennisirt worden.

worden. Ob dergleichen Heyrathen dem Staats-Interesse der Hoch-Fürstlichen Häuser, zumahl in Teutschland, geziemend seyn oder nicht, untersuchen die Staatskundigen. S. den Bericht eines gewissen Ministri eines Fürstlichen Hauses, wegen ungleicher Heyrathen. S. Elect. Jur. Publ. Tom. VIII. p. 352. Einigen Hoch-Fürstlichen Eltern sind sie sehr verhaßt, und findet man, daß unterschiedene Fürsten ihren Printzen dergleichen mes Alliancen in den Testamenten, unter der Entziehung ihres väterlichen Seegens, und gar unter Bedrohung eines Fluchs untersagt. Bißweilen aber sind sie von den Hoch-Fürstlichen Eltern und andern Anverwandten, wo nicht alsobald bey dem Anfang, iedoch mit der Zeit approbirt, und vor genehm geachtet worden. Hertzog Wilhelm zu Sachsen heyrathete Anno 1482. Catharinam von Brandstein, des Ritters Eberhards von Brandstein zu Roßla Tochter, nach vorhergegangener Approbation der Chur- und Fürstlichen Agnaten, und wurde zu Weymar in Gegenwart des Chur-Fürstens von Sachsen, Hertzogs Wilhelms zu Braunschweig, Landgrafens zu Hessen, und vieler andern anwesenden Fürstlichen Personen copulirt. Sie wurde von dem Chur- und Fürsten zu Sachsen sehr lieb und werth gehalten, und mit dem Titul Ihre Liebden tractirt. S. Artic. III. des III. Theils von Struvs historisch-politischen Archiv p. 83. & 86. Der Bräutigam hielt sie so hoch, daß er sie in den Fürstlichen Invitation-Schreiben die

edle

edle und tugendhaffte Catharinam von Brand=
stein benennte.

§. 43. Bißweilen schlüssen sie mit einer Person
geringern Standes eine Heyrath ad morganati-
cam, zuweilen auch justum matrimonium, darü=
ber es denn unter den Hoch=Fürstlichen Herren
Vettern, zumahl unter denen, die einsten eine Succession zu hoffen hätten, zu mancherley Irrungen
und Disputen kömmt. Bißweilen errichten sie,
um die auf sie gestammte Fürstliche Dignitæt,
Würde und Hoheit bestens zu erhalten, mit ihrer
Ehegenoßin ein solch Pactum, daß zwar diese Per=
son als ihr rechtes Eh=Gemahl seyn und bleiben
soll, jedoch mit dem Versprechen, daß dieselbe, ver=
mittelst dieser ehelichen Verpflichtung, keinesweges
in den Fürsten= Grafen= oder Freyen Stand erho=
ben werden, sondern bey ihren angebohrnen alten
Adelichen Stand verbleiben soll, sich daher auch
des Fürstlichen Nahmens, Wapens, Situls, Ehre
und Würden zugleich enthalten, ingleichen daß die
Kinder und Kindes=Kinder in infinitum bey dem
Adel=Stande verbleiben, sich aller Fürstlichen
Prærogativen enthalten, und ihre Nachkommen
mit einem gewissen verglichenen Nahmen zufrieden,
und den andern Fürsten, wie andere Adeliche Va=
sallen unterworffen seyn, sie vor ihre ordentliche
Obrigkeit erkennen, und ihnen treu, hold und ge=
wärtig seyn sollen. Ertz=Hertzog Ferdinand von
Oesterreich, Kaysers Ferdinandi I. Sohn, ver=
mählte sich mit Philippina Welserin, aus den Ge=
schlech=

schlechtern von Augspurg, und reversirte sich gegen sein Ertz=Hauß, daß sich seine Kinder nicht Ertz=Hertzoge nennen und intituliren solten. S. Kevenhüllers Annales I. Tom. p. 130.

§. 44. Vielmahls bescheiden sich die neu=Vermählten in einem Pacte, welches sie mit den andern Hoch=Fürstlichen Anverwandten errichten, daß sie bey allen Occasionen den andern Fürstinnen von Hause den Vorgang lassen, und sich allenthalben in Schreiben und übrigen Vorfallenheiten so gegen sie bezeugen wolten, daß die sämtlichen Hoch=Fürstlichen Herren Vettern, die besondere Consideration, welche sie vor sie hegten, genugsam abzunehmen haben würden, hingegen erklären sich diese hinwiederum, daß sie alle ihre Descendenten vor rechtmäßige Fürsten und Fürstinnen zu N N. halten und erkennen, und selbige aller und ieder, bey dem Fürstlichen Hause wohleingeführten Rechte, als insonderheit die Princeßinnen, bey der hergebrachten Ausstattung und Schmuckes=Geldern wollen erhalten helffen.

§. 45. Manchmahl geschiehet es, daß die aus einer ungleichen Fürstlichen Ehe erzeugten Kinder mit dem von ihren Vater errichteten Pacto, daß sie nehmlich inferioris conditionis seyn sollen, in geringsten nicht zufrieden sind, sondern nach seinem Tode sich der Succession in die Fürstlichen Lande und andrer Fürstlichen Vorzüge anmassen, sie führen an, daß ein solch Pactum wiederrechtlich, und erregen den Herrn Vettern und andern Fürstlichen

Anver=

Anverwandten öffters viel Verdruß. Hierdurch acquiriren sie nicht selten durch eine Convention, die sie mit dem Hoch-Fürstlichen Hause aufrichten, etwas aus dem Fürstlichen Wapen, und einen Titul, der etwas honorifiquer, iedoch mit ihren Personen ausgehet, und auf die Enckel und Enckelinnen im geringsten nicht abstammet. Die dißfalls aufgerichteten Fürstlichen Recesse und Vergleiche werden bißweilen von dem Kayser confirmirt.

§. 46. Ist die Ehe allzu ungleich, und ein Fürst hat eine aus dem allergeringsten Pöbel, die noch dazu in sehr schlechten Ruff stehet, sich beylegen lassen, so pflegt die Römische Kayserliche Majestät bißweilen an dem Fürsten zu rescribiren, daß Sie auch nach der Vermählung den Fürstlichen Titul und Tractament weder der mit ihr copulirten Person, noch denen mit ihr erzeugten oder noch erzeugenden Kindern ferner beylegen, oder dergleichen zu thun andern gestatten sollen.

§. 47. Sind bey einem gewissen Hoch-Fürstlichen Hause die mes-Alliancen starck eingerissen, und der Hoch-Fürstliche Herr Vater, der aber keinen Gefallen an denselben hat, vermuthet, daß einer von seinen Printzen darauf fallen möchte, so widerrathen sie solche desto eher in ihren Testamenten. Also hat der alte Fürst zu Anhalt-Bernburg, Victor Amadeus, seinem Testament folgende Clausul mit eingerückt: Wir erinnern und recommendiren unsern geliebten Söhnen hiermit treu-

treu väterlich, sich zuförderst vor ungleichen Heyrathen zu hüten, noch dadurch ihr uhraltes Fürstliches Hauß zu vernachtheiligen, vielmehr solchenfalls auf Standesmäßige tugendhaffte Personen ihr Absehen zu richten, und dadurch den lustre ihres Fürstlichen Hauses zu befördern. S. Extractum Testamenti, weyland Herrn Fürstens Victoris Amadei zu Anhalt Hoch=Fürstl. Durchlauchtigkeit, bey dem Schreiben die an eine hochlöbliche allgemeine Reichs=Versammlung zu Regensburg von Herrn Victore Amadeo Adolpho, Fürst zu Anhalt=Hoym, wegen der in dem Grafen=Stand als Grafen von Bährenfeld erhöheten, der Landes=Succession aber unfähig erklärten Gebrüder, mit Beylagen sub Lit. A. B. & C.

§. 48. Wann die bey dergleichen Heyrathen vermählte Personen besondere Meriten vor sich haben, oder sonst kein erhebliches Bedencken hierbey vorwaltet, so werden die Gemahlinnen, auf vorher beschehenes unterthänigstes Ansinnen, gar öffters von Römischer Kayserlichen Majestät, entweder in den Reichs=Fürstlichen, oder doch in den Reichs=Gräflichen Stand erhoben. Die Formalien sind hierbey folgende: „So haben Wir oben besagter „N. N. die Kayserliche Gnade gethan, und Sie in „des Heil. Römischen Reichs=Gräflichen Stand „gesetzt, gewürdiget und erhoben, ordnen, würdi„gen, setzen und verordnen vorgemeldte N. N. hier„mit in den Stand, Ehre und Würde Unserer und „des Heil. Römischen Reichs rechtgebohrnen Gräfinnen,

Von den Fürstlichen Vermählungen. 161

sinnen, zufügen, vergleichen und gesellen sie zu der-"
selben Schaar, Gesell= und Gemeinschafft, erthei-"
len und geben ihr den Titul und Nahmen des hei-"
ligen Römischen Reichs Gräfin von N. N. und"
erlauben ihr, sich also zu nennen und zu schreiben,"
setzen und wollen auch, daß sie eine Reichs=Grä-"
fin von N. N. sey, und sich also schreibe, auch von"
Uns und sonst männiglich davor geachtet, geehret,"
genannt, geschrieben und erkannt werde, und da-"
zu alle und iegliche Gnade, Freyheit, Ehre und"
Würde, Vorgang, Stand, Sitz, Herrlichkeiten,"
Recht und Gerechtigkeiten, gleich andern Reichs="
Gräfinnen, Gräflichen Stellen auf hohen und nie-"
dern Dom=Stifftern, geist=und weltliche Lehn"
und Aemter zu empfangen, zu haben und zu tra-"
gen, auch sonst von allen andern Orten des Gräf-"
lichen Tituls mit allen Ehren gebrauchen soll, und"
vermöge, nicht anders, als eine andere aus uhral-"
tem Reichs=Gräflichen Hause gebohrne und ent-"
sprossene Gräfin, und immassen sich andern unsern"
und des Heil. Römischen Reichs Gräfinnen von"
Rechts=und Gewohnheit wegen eignet und ge-"
bühret."

§. 49. Betrüblich ists, wenn grosse Herren, bey Lebzeiten ihrer Gemahlinnen, auf andere verehlichte oder ledige Dames ein unzüchtiges Auge werffen, sie als Maitressen auf eine kostbahre Art ernehren, und uneheliche Kinder mit ihnen zeugen. Anno 1487 ereignete sich hierbey in Teutschland ein importantes Exempel, so man bey auswärtigen grossen

sen Fürsten so leicht nicht finden wird. Der anno 1481 regierende Hertzog, Johannes II, von Cleve, Graf zu Marck, hatte zur Eh-Gemahlin Princeßin Mechtildis, Landgrafens Henrichs zu Hessen Tochter, mit selbiger zeugete er drey Fürstliche Kinder. Nächst dieser hielt er etliche Concubinen, mit welchen er zusammen 63 natürliche Kinder erzeugt, von denen er sich öffentlich zum Vater erkannte, und die mehresten, nach geschehener Legitimation, wohl versorgte. S. Egbert. Hopp. de Statu Cliviæ p. 170.

§. 50. Bißweilen werden sie gar so weit von ihren Passionen hingerissen, daß sie ihre rechten Gemahlinnen dabey verstossen, sich von ihnen ohne alle Ursach trennen, die Maitresse heyrathen, und nachgehends die Succession, zum Præjudiz ihrer übrigen Successions-Folger, auf die, mit der Concubine erzeugte Kinder bringen wollen. Bevor nun die Verstossung und anderweitige Heyrath erfolget, so stellen die verstossenen Gemahlinnen, in den beweglichsten Schreiben bey ihren Hoch-Fürstlichen Ehegatten ihre Unschuld, und zugleich das ihnen hiedurch zugefügte Unrecht nach göttlichen und weltlichen Rechten unter Augen, und reserviren sich alle comperirende Mittel. Will dieses nichts verfangen, so übergeben sie bey der Römischen Kayserlichen Majestät den Casum und Speciem facti, bringen ihre Beschwerden an, thun ihre Contradiction und Wiederrede, wie es zu Recht am beständigsten seyn kan, und ersuchen den Kayser

ser allerdemüthigst, daß er doch Sein allerhöchstes Kayserliches Richter-Amt hierinnen interponiren möchte. Sie kommen auch zu gleicher Zeit bey dem Reichs-Convent ein, und ersuchen die sämtlichen Stände des heiligen Römischen Reichs, daß sie dieselben, in puncto der von ihrem Herrn Gemahl wiederrechtlich prætendirten Ehescheidung, sie bey ihrer gerechten Sache nachdrücklich zu schützen, geruhen möchten. Wer einige Nachricht verlanget, zu erkennen, wie eine Concubini vermögend sey, das Hertz eines klugen und weisen Regenten von seiner rechten Gemahlin ab, und an sich zu ziehen, und hiedurch die unglückseelige Gemahlin in die äusserste Wehmuth und Betrübniß zu setzen, darff nur dasjenige Schreiben lesen, welches Frau Charlotta, Chur-Fürstin und Pfaltz-Gräfin bey Rhein, an Kayser Leopoldum abgehen lassen, daß Derselbe allergnädigst geruhen möchte, die von dero Herrn Gemahl, Chur-Fürst Carl Ludwig zu Pfaltz, mit ihr vorgenommene Ehescheidung zu hintertreiben, und sie beyderseits durch seine hohe Kayserliche Interposition zu reconciliren.

§. 51. Die Römische Kayserliche Majestät wenden sodann alle nur ersinnliche Bemühungen an, sie wieder mit einander auszusöhnen, und die præjudicirlichen Ehescheidungen zu hintertreiben. Sie lassen erstlich nachdrückliche Handschreiben an sie abgehen, und dehortiren sie von ihren Unternehmen; wollen diese nichts verfangen, so verordnen sie Kayserliche Commissarios, sie verschaffen den verstoſſenen Gemahlinnen Schutz und Sicherheit, und laſſen dieſes gantze Werck in den höchſten Gerichten des heiligen Römiſchen Reichs, und auch ſonſt Reichs-Conſtitutions-mäßig tractiren.

§. 52. Manche Regenten werden von dem Römiſch-Chatholiſchen Clero aufgebracht, daß ſie anfangen, einen Haß gegen ihre rechte Gemahlin, die etwan der Proteſtirenden Religion zugethan, zu werffen, und ſich hingegen an eine andere, die der Römiſchen Kirche beypflichtet, zu hängen. Alſo meldet ſich der Pfaltz-Grafe zu Zweybrücken, Guſtav Samuel, anno 1723 mit einem weitläufftigen Schreiben bey Römiſcher Kayſerlicher Majeſtät, daß er nothwendig ſeine rechte Gemahlin verlaſſen müſte, weil ihm ſein Gewiſſen ſagte, keine Lutheriſche, die auf ihre Religion ſo beſtändig erpicht wäre, länger um ſich zu dulden. Da nun der Biſchoff von Metz, aus Päbſtlicher Diſpenſation, dieſe Scheidung vorgenommen, als zweifelte er nicht, es würden Ihro Kayſerliche Majeſtät ſeine gute Intention und gottſeeliges Procedere gleichfalls allergnädigſt vor genehm halten, und dieſes um ſo vielmehr, da er nunmehro die Reſolution gefaßt, eine Catholiſche, ob ſchon ſeinem Stand ungleiche Perſon, mit welcher er verhoffte geruhiger zu leben, zu heyrathen, damit ſeine Gemahlin nicht dereinſt ſagen ſolte, als wenn er aus einer andern eiteln Abſicht ſich eine Princeßin von einem Fürſtl. Hauſe beygelegt hätte. S. Einleitung zur neueſten Hiſtorie der Welt, p. 530. Was nun in dieſer Sache

che weiter unternommen worden, ist aus der neuesten Historie bekandt.

§. 53. Ist eine irregulaire und unrechtmäßige Ehe-Trennung und anderweitige Vermählung de facto vorgangen, so kommen vielmahls die sämmtlichen Chur-Fürsten, Fürsten und Stände des heiligen Römischen Reichs, bey dem Kayser in einem allerunterthänigsten Schreiben ein, berichten ihm, wie N. N. nicht allein seiner Gemahlin die Ehe aufgekündiget, sondern sich auch mit einer andern Person vermählet, und daß, wenn diese Kinder von ihm haben würde, solche aller Succession fähig seyn solten. Sie ersuchen hierauf Kayserliche Majestät, Seine allerhöchste Kayserliche Autorität zu interponiren, daß entweder diese anderweitige Vermählung annulliret oder doch hiedurch den rechtmäßigen Suceessoribus an ihren einmahl erlangtem Rechte zum Præjudiz nichts verhänget werden möchte.

§. 54. Wann die Fürstlichen Gemahlinnen, wegen gepflogener unzuläßlichen Conversation, dem Fürsten einen gegründeten Verdacht gegeben, so enthalten sie sich von der Zeit an, da sie Nachricht hievon erlangt, ihrer Beywohnung, sie lassen sie in leidliche Verwahrung bringen, und durch ihre vertrauten Räthe und Ministres über gewisse Puncte befragen. Sie lassen ihre Disputen an ihre Consistoriales gelangen, denen sie auch wohl noch darzu einen oder ein paar Adeliche Räthe adjungiren, erlassen sie ihrer Pflicht, tragen ihnen cognitionem causæ auf, und befehlen ihnen an, daß sie bey Theologischen und Juristischen Facultæten einige bedenckliche Puncte sollen erörtern, und die Urtheile von ihnen einholen lassen. Diese Urtheile werden nachgehends in Beyseyn der Fürstlichen Anwälde publiciret, und wenn dem schuldigen Theile alle die gewöhnlichen rechtlichen Beneficia nachgelassen worden, endlich nach dem Unterschied der Verbrechen, nachdem sie vorher durch die Intercessiones der andern Puissancen auf das gelindeste moderirt worden, und nach den Regeln der Klugheit, die bey iedem Fall in Obacht zu nehmen, in so weit zur Execution gebracht, daß dem unschuldigen Theil eine anderweitige Vermählung verstattet, dem schuldigen aber die Absonderung, bißweilen auch eine, iedoch ihrem Stande gemässe Retraite, bey Fürstlichem Unterhalt, zuerkandt wird.

Das XI. Capitul.
Von der Geburth und Tauffe der Fürstlichen Kinder.

§. I.

Die grösten Fürstlichen Häuser erleiden ihre Veränderungen und Periodos fatales so wohl, als die Privat-Familien. Einige alte Häuser sterben aus, und andere neue kom=

kommen wieder an ihre Stelle. Ja man hat in der alten und neuen Historie unterschiedene Exempel, daß öffters diejenigen, die vor einigen Jahren noch so starck und besetzt gewesen, nach Verfliessung einer kurtzen Zeit, wenn es göttliche Regierung so beschlossen, ihrem Untergang gantz nahe kommen. Bißweilen ist auch wohl eine und die andere mißtrauische oder sonst irrige Meynung, wenn die Hoch-Fürstlichen Eltern in den Gedancken gestanden, als ob sie mit einer allzu starcken Anzahl der Leibes-Erben von GOtt geseegnet worden, auf eine oder die andere Weise von GOtt gestrafft worden. Der Märckische Historicus, Nicolaus Lentinger, meldet in seinen Commentariis P. VII. f. 12. bey Erwehnung der Stadt Ratenau, daß, als anno 1318. 19. Margrafen auf einem gewissen Berge bey Ratenau, welcher daher noch der Margrafen-Berg genannt würde, zusammen kommen, und sich über die Vermehrung, und das daraus zu besorgende Unvermögen ihrer Familie unter einander beklagt, so wäre es geschehen, daß sie alle binnen zwey Jahren erloschen. Fürst Magnus zu Anhalt war hierinnen anderer Meynung, er schrieb a. 1516 an Fürst Ernsts Gemahlin, Frau Margaretham, die sich ebenfalls wegen der gar zu vielen Kinder beklaget hatte, ein Trost-Schreiben, worinnen unter andern folgende Worte enthalten waren: Der Schatz der heiligen Ehe, nemlich die Kinder, machen zwar viel Unruhe, weil aber sonst keine Ruhe allhier auf Erden, so ist das eine seelige Arbeit, mit den Seinigen sich zu bekümmern, und mit seinem Fleisch und Blut die Welt zu mehren.

§. 2. Wie sich nun einige über die allzu grosse Anzahl ihrer Descendenten fast beschweren wollen, also fehlet es hingegen manchen an ehelichen Leibes-Erben, so gar, daß einige bemühet gewesen, in Ermangelung der ehelich-gebohrnen, die Succession ihrer Lande auf ihre unehelich-gebohrne Kinder zu transferiren, oder sie zu adoptiren. Eine sonderbahre Veränderung mochte es wohl heissen, da bey dem Anfang dieses Jahres ein Laquey des Marquis de Capegna unvermuthet zu einem Fürsten von Brancaccio im Neapolitanischen wurde. Denn der Fürst von Brancaccio hatte keine eheliche Erben, wuste aber, daß gedachter Laquey von ihm mit einem Bauer-Mädgen, das er auf der Jagt angetroffen, gezeuget war. Er ließ ihn demnach legitimiren, oder für seinen ehelichen Sohn erklähren, satzte ihn zum Erben aller seiner Güter ein, und übergab ihm unterdessen eine seiner Herrschafften in Calabrien, um sich als ein Fürst aufzuführen, in welchen Stand er sich denn hochmüthig gnug zu schicken wuste. S. Theatr. Europ. T. XVII. pag. 346. des Jahrs 1705.

§. 3. So bald die Hoch-Fürstlichen Gemahlinnen ihre Schwangerschafft antreten, wird es allenthalben public gemacht, und gemeldet, wie sie von Monath zu Monath in ihrer Schwangerschafft avanciren, es müste denn seyn, daß es bey manchen Umständen, aus besondern Staats-Raisons, se-
cretirt

creciret würde. Es wird dieses an andere Höfe gemeldet, da sie denn hernach so wohl von frembden als auch von ihren Unterthanen, insonderheit von den Reichs- und Land-Ständen durch ihre Deputirte die Gratulationen dieserwegen erhalten. Es werden besondere Kirchen-Gebethe angeordnet, und allenthalben alle nur ersinnliche und mögliche Anstalten gemacht, damit die Hoch-Fürstliche schwangere Frau Mutter vor allem Schaden und Gefahr erhalten, und der künfftige Erbe glücklich auf die Welt gebracht werde. Wird vom Landes-Herrn und Unterthanen ein Printz gewünschet und erwartet, so fehlet es nicht an Poeten, die mit aller Gewalt einen männlichen Erben, ich weiß nicht nach was vor einen prophetischen Geist, prognosticiren und erdichten wollen. Es werden bey Zeiten die Kind-Mutter, die Amme, die Ober- und Unter-Gouvernantinnen, die Ober- und Unter-Cammer-Frauen, und alle die übrigen Bedienten, so die Fürstin bey ihrer Niederkunfft, und den neugebohrnen Printzen oder Princeßin bedienen sollen, denominiret.

§. 4. Bey der Niederkunfft der Fürstlichen Gemahlin sind die Gewohnheiten unterschiedlich. An einigen Höfen müssen, der Landes-Observanz nach, gewisse Leute, so der Niederkunfft der Fürstlichen Gemahlin beywohnen sollen, sich in dem Neben-Zimmer des Gemachs, in dem sie niederkömmt, aufhalten, damit sie das Kind in dem Augenblick, da es auf die Welt kömmt, gleich sehen können.

Also ist in Engelland der Printz von Wallis nebst andern Personen, nach den Gesetzen des Landes, bey Entbindung der Princeßin selbst gegenwärtig. Es wird auch vielen andern aus dieser curieusen Nation alsofort erlaubet, dem jungen Printzen in Augenschein zu nehmen, und frembde Ministri finden in diesen Lande viel eher Gelegenheit, als anderwärts, das auf die Welt gekommene Kind zu sehen, und ihre Felicitations-Complimens abzustatten.

§. 5. Bey der Geburth eines Dauphin in Franckreich wird, allen Verdacht zu vermeyden, folgende Vorsichtigkeit wahrgenommen. Die Königin darff sich nicht schämen in Beyseyn der Printzen von Königlichen Geblüth niederzukommen, und wird es also damit gehalten: In dem Sahl, der zur Geburth bestimmt ist, werden zwey Gezelte aufgerichtet; in dem grossen, so fast zwantzig Ellen in Umcreyß hält, und an den vier Enden mit Vorhängen versehen, sitzt der König, nebst den Printzen des Königlichen Geblüthes, samt etzlichen Fürstinnen; in der Mitte desselben ist ein ander kleiner Gezelt, in welches sich die Königin mit der Heb-Amme begiebt. Vorher aber, und ehe die Königin herein gehet, werden die Vorhänge und Flügel des Gezelts aufgethan, daß iederman sehen kan, daß kein ander Weib noch Kind darunter sey. Nach der Geburth wird das neugebohrne Kind, wie es aus Mutter Leibe kommen, den Fürstlichen und andern hohen Personen gezeigt, und

und damit aller Argwohn einer Supposition benommen.

§. 6. Solte bißweilen ein monströses oder sehr gebrechliches Kind auf die Welt kommen, so wird es bald auf die Seite geschafft, daß niemand viel davon zu sehen noch zu hören bekommt. Vor einigen Jahren soll allererst bekandt worden seyn, daß von dem König in Franckreich Ludwig den XIV noch eine, und zwar Kohl-schwartze Tochter, in der Welt vorhanden, die in einem Closter ohnweit Fontainebleau gantz geheim erzogen wird. S. das I. Stück der Einleitung zum neuesten Geschichten der Welt p. 35.

§. 7. Nach der Geburth eines Hoch-Fürstlichen Kindes gehen mancherley Solennitæten vor, sie sind aber fast allenthalben grösser bey der Geburth eines Printzens, als einer Princeßin. Insonderheit spühret man an dem Kayserlichen Hofe, daß bey der Geburth einer Ertz-Hertzogin, unterschiedene Solennien, die sonst bey der Geburth eines Ertz-Hertzogs vorzukommen pflegen, zurück bleiben. Nach der glücklichen Entbindung der Hoch-Fürstlichen Gemahlin, werden in der Fürstlichen Residentz alsbald die Stücken abgefeuert. Die Geburth wird nicht allein den gegenwärtigen frembden Gesandten und Residenten mündlich, sondern auch den frembden Puissancen und Staaten, absonderlich denen, mit welchen sie in Alliance stehen, schrifftlich notificirt, und sind diese Notificationen von langen Zeiten her in Gebrauch gewesen.

wesen. Als Hertzogs Johann Friedrichs zu Sachsen Gemahlin auf dem Grimmenstein mit einem Printzen entbunden ward, so vermeldeten solches der Hertzog dem Chur-Fürst Augusto in folgenden Schreiben: "Daß GOtt uns abermahls einen "jungen Sohn und Landes-Erben gnädiglich gege-"ben, darum wir denn seine Allmacht von Hertzen "Lob, Ehr und Danck sagen, und es Eurer Liebden, "um sich mit Ihrer Liebden und Uns gleichergestalt "zu erfreuen zu haben, hiermit freundlich vermel-"den thun." Der Chur-Fürst antwortete: "Thun "Uns desselben gegen Euer Liebden freundlich be-"dancken, und wie Wirs mit besondern Freuden "empfangen und erfahren, also wünschen Wir auch "Eurer Liebden samt den freundlichen lieben Ge-"mahl von dem Allmächtigen Glück und Heyl da-"zu, damit dieser und die andern Erben Eurer Lieb-"den GOtt zu Ehren, und dem Hause Sachsen "zum Guten, ein langes Leben und selig Alter errei-"chen." S. Rudolph. Goth. Diplomat. I. Theil, pag. 60.

§. 8. Die Chur-Fürsten und Fürsten des heiligen Römischen Reichs lassen bey Kayserlicher Majestät durch ihre Ministres in besondern solennen Reden die Geburth ihrer Printzen anbringen, und bitten, den neu-gebohrnen Sohn zu würdigen, ihn in Dero Kayserliche Gnade und Protection allergnädigst aufzunehmen; Eben dergleichen thun sie bey der regierenden Römischen Kayserin, und zuweilen auch bey denen verwittibten Kayserinnen.

Manch-

Manchmahl geschicht es auch, das die Regenten ihren öffentlichen Feinden, mit denen sie in einem blutigen Krieg verwickelt sind, par Ceremonie dergleichen Notifications-Compliment machen lassen.

§. 9. Nachdem die Geburth entweder notificirt, oder doch sonst public worden, so erfolgen die Gratulationen und Præsente. Die Hoch-Fürstlichen Anverwandten, die sich in der Residentz aufhalten, sind die ersten, die sich einfinden, und auf mancherley Weise ihre Freude und ihre Liebe gegen die Hochfürstliche Frau Wöchnerin und den neugebohrnen Printzen an Tag legen. Bey dieser Gelegenheit ist es unter einigen grossen Puissancen, die besondere Orden auszutheilen pflegen, gar etwas gewöhnliches, daß sie den kleinen Printzen mit einem Orden beehren. Als der vorige König von Franckreich, Ludwig der XIVte, von der Entbindung der Hertzogin von Burgund Nachricht erlangte, daß sie mit einem Printzen niedergekommen, gieng er zu der Hertzogin vors Bette, legte einen verbindlichen Glücks-Wunsch bey ihr ab, und hieng dem jungen Printzen das Band des Ritter-Ordens vom Heiligen Geist um den Hals, und sagte zu ihm: Hertzog von Burgund, ich mache dich zum Ritter. S. den XLIIsten Theil der Europäischen Famæ p. 129. So wurde auch der hochseelige Ertz-Hertzog, Printz Leopoldus, anno 1716 zum Andreas-Ritter gemacht. Der Kayser führte über diesen Durchlauchtigsten Candidaten die

drey

drey gewöhnliche Ritter-Streiche, sprechend: Efficat Te Deus bonum & honorabilem Equitem in nomine Domini nostri & S. Andreæ, er gab ihm darauf die güldene Ritter-Ordens-Kette um, und las ihm aus dem Ordens-Rituali vor: Ipse Te hic ordo in sodalitatem amicabilem suam recepit, in signum ejus rei, torquem hunc tibi ego circumdo, faxit Deus ut gestare eum diu possis, idque ut simul ad divinam gloriam atque cultum exaltationemque Ecclesiæ cedat, nec non ad amplificationem honoremque hujus ipsis ordinis in universum. S. Elect. J. Publ. Tom. IX. pag. 15.

§. 10. Andere Hoch-Fürstliche Anverwandten, die sich an entfernten Orten aufhalten, regaliren nicht allein die Couriers, oder Cavaliers, die ihnen von der Geburth eines Printzen die Notification überbracht, sondern übermachen auch ansehnliche Præsente, die theils in kostbahren Wochen-Betten und prächtigen Wiegen, theils in etwas anders bestehen.

§. 11. Die Päbste pflegen mehrentheils den neugebohrnen Römisch-Catholischen Printzen Windeln zu weyhen und sie damit zu beschencken, wenn sie gegen die Hoch-Fürstlichen Eltern eine besondere Hochachtung wollen an Tag legen. Bißweilen sind sie kostbar, bißweilen aber soll die Krafft der Päbstlichen Benediction die Kostbarkeit ersetzen. Kinder müssen bißweilen mit solchen Windeln vorlieb nehmen, über deren Anschaffung die

die Pabstliche Cammer nicht verarmen kan, und erwachsene Leute müssen offtmahls mit Lumpen vorlieb nehmen, die zwar als Heiligthümer beschrieben werden, in der That aber offtmahls von manchen unheiligen Bettler, aus einem unsaubern Hospital ihren Ursprung nehmen. S. Europäische Fama XXV. Theil. Etwas seltzames war es, daß Pabst Clemens XI. Anno 1705 den neugebohrnen Hertzog von Bretagne, sehr kostbare Windeln widmete, er starb aber, ehe sie von Rom weggeführt und überliefert werden konten. Hierauf entschloß sich der Pabst, dieselben als Altar-Tücher zu gebrauchen, dieweil es dem Scheine nach nicht seyn solte, daß sie einen jungen Fürsten dienten, da drey derselbigen, denen sie destinirt gewesen, nemlich der Portugiesische, Kayserliche und Frantzösische Printz, hintereinander gestorben. S. den XVII. Tomum des Theatri Europæi p. 206.

§. 12. Es lauffen bey einer Hoch-Fürstlichen Entbindung, nicht allein von Fürstlichen Personen, mancherley Præsente ein, sondern es geschicht auch wohl, daß die Land-Stände, von Ritterschafft und Städten, durch gewisse Deputirte, ja auch wohl eintzelne Collegia, Innungen und Gemeinden, zu Bezeugung ihrer Devotion und allgemeinen Freude des Landes, zum Wiegen-Bande gewisse Geschencke überreichen. Es werden auch wohl gar bißweilen die Ammen kostbar beschenckt. Also regalirte der Cardinal Portocarero die Amme des Printzens von Asturien mit einer mit Diamanten

besetzten

besetzten Taube, ingleichen mit einer, mit allerhand Jubelen angefüllten Schachtel, und einen Beutel von 150 Pistohlen. S. den 74 Theil der Europäischen Fama p. 146.

§. 13. Nach der Niederkunfft werden unter Trompeten= und Paucken=Schall, Läutung aller Glocken, Loßfeurung der Canonen und einer dreyfachen Salva der in der Residentz liegenden Milice, besondre Danck=Feste gehalten; Es wird den, an frembden Höfen subsistirenden Abgesandten Ordre ertheilet, dieserhalben besondere Illuminationen anzurichten, prächtige Feuerwercke anzuzünden, Geld unter die Armen auszutheilen, Fontainen mit Wein lauffen zu lassen, und sonst mancherley Freuden=Bezeugungen anzustellen. Die Römisch=Catholischen verehren bey dieser Gelegenheit gar öffters zur Bezeugung ihrer Danckbarkeit, entweder der Mutter GOttes, oder einen andern Heiligen, gegen den sie sich etwan durch ein besonder Gelübde pflichtig gemacht, ein silbern Bild, so eben so schwer als der neugebohrne Printz wieget.

§. 14. Bey der Geburth eines längst verlangten und erwünschten Printzens, werden nicht selten Gefangene loßgelassen, die Brunnen springen mit Wein, man höret und siehet einige Tage nach einander in der Fürstlichen Residentz nichts als Illuminationen, musicalische Concerte, Opern und Comœdien, und mancherley Jubel=Geschrey; unter das arme Volck wird Brod, Bier und Geld
ausge=

ausgetheilet. Bißweilen werden diese und andre Solennitæten, gleich bey dem Anbruch des Tages, durch die erste Freuden-Bezeugung, mit Trompeten, Waldhürnern, Paucken und Hautbois angekündiget. In einigen Reichen werden die Printzen einige Tage nach einander, dem in grosser Menge herzu lauffenden Volck, von den Balcons und Erckern der Königlichen Palläste, gezeiget.

§. 16. Nicht weniger werden entweder nach der Geburth, oder nach beschehener Tauffe, mancherley Müntzen und Medaillen gepräget. Bißweilen in der Forme allerhand Land-Müntzen, an Reichs-Thalern, Zweydrittel-Eindrittel-Stücken u. s. w. die gäng-und gäbe sind, bißweilen aber auch nur als Schaustücken. Als anno 1670 den 22 Dec. Hertzog Friedrichen zu Sachsen-Gotha die erste Princeßin Anna Sophia gebohren wurde, so ließ Hertzog Ernst einen Tauf-Thaler prägen mit unterschiedenen Dictis Biblicis. Auf dem Revers stunden folgende Reime: GOtt Vater durch die Tauf, zum Kind mich nimmet auf; GOtt Sohn mit seinem Blut, macht mich gerecht und gut; GOtt Heil'ger Geist zeucht ein, mein Lehrer, Trost, zu seyn; Biß aus der Eitelkeit, ich komm zur Ewigkeit. S. Wermuths Sächsisches Medailllen-Cabinet IV. Theil p. 748. Auf die Welt-erfreuliche Geburth des Durchlauchtigsten Ertz-Hertzog Leopolds wurde folgende Schau-Müntze geschlagen: Es zeiget die Ewigkeit des Durchlauchtigsten Ertz-Hauses durch ein

auf der Welt=Kugel sitzendes Kind, umgeben mit einigen Wolcken, als vom Himmel herunter gelassen. Es hält in der Rechten das Palladium, ein Bild der mit Erhaltung aller Wissenschafften und Künste genau verbundenen Erhaltung der Reiche, als ehemahls des Trojanischen, hernach des Römischen, nachdem es den Vestalen sammt dem ewigen Feuer zur Verwahrung anvertrauet, und als ein Pfand des unvergänglichen Römischen Reichs angesehen worden. Die Uberschrifft ist: Aeternitas Augusta, und unten: Nato Principe juventutis M. D. CC. XVI. d. XIII. April. S. Heræi Gedichte und Inscriptiones p. 93. Manchmahl werden auch an Ihren Geburths=Tagen gewisse Müntzen gepräget. Als Fürst Leopold zu Anhalt=Dessau kaum ein Jahr alt war, wurde eine Müntze geschlagen, welche um so viel remarquabler, je mehr man schon auf derselben von seinem zukünfftigen Helden=Muth und vortrefflichen Gaben aus den Merckmahlen der Jugend gleichsam geweissaget. Auf der einen Seite sind die Worte zu lesen: Leopoldo Princip. Anhalt. Principi juventutis, postquam III. Julii anno M. D. CC. XXVII. explevisset feliciter annum, annis subditus octuagies multis acclamat votis. Die andere Seite stellet vor, einen jungen Herculem, welcher in ieglicher Hand eine Schlange führt, um den etliche Bienen gemahlet sind, mit der Umschrifft: Dat serpens pugnæ, dat apis præsagia mentis. S. Anton. Paullini Bücher=Cabinets VI Eingang p. 35.
§. 17.

§. 17. Gleichwie bey Geburth der Menschen, zwischen Standes-Personen und gemeinen Leuten kein Unterschied. Also bringen so wohl jene als diese Zwillinge auf die Welt. Wo das Recht der Erstgeburth eingeführt, so ist ein grosses daran gelegen, daß man beobachte, welcher unter selbigen der erste, oder der andere gebohrne. Einige Rechts-Lehrer ziehen in solchem Fall, bald den schönsten, bald den stärcksten, bald deu verständigsten und klügsten vor, andere stellen hierunter die Determination dem Willen des Vaters anheim, noch andere achten vor billich, daß die commoda Primogeniturae, wegen des sonderbahren hiebey mit unterlauffenden Zweiffels, zwischen beyde getheilet werden; hingegen sind wiederum viele, die allen diesen Wegen das Looß vorziehen, als dessen Führer der allwissende GOtt selbst wäre.

§. 18. Die Römisch-Catholischen Printzen haben vor vielen apanagirten Printzen, die sich zu der Protestantischen Religion bekennen, und nicht Gelegenheit haben, sich im Kriege zu poussiren, den Vortheil, daß sie in mancherley geistlichen Dignitäten ascendiren, und dabey ihren Fürstl. Staat führen können. Also hat das Hauß Bayern sich einige Secula durch, bey den Stifften und Ertz-Stifften, zu deren Besitz es gekommen, sehr wohl befunden.

§. 19. An manchen Höfen, bey manchen Umständen, und zu manchen Zeiten, wird die heilige Tauffe ohne prächtige Ceremonien vollzogen;

Die nächsten Gevattern die am ersten zu erlangen, werden erwehlet, und alle eclatante Solennitäten dabey vermieden; vielmahls aber werden die Festivitäten bey der Tauffe mit den grösten Solennien celebriret, und die heilige Tauffe, um der andern Anstalten willen, manchmahl eine lange Zeit aufgeschoben: Bißweilen werden nur drey oder vier Tauf=Zeugen genommen, bißweilen aber auch 24, und noch mehr. Mehrentheils werden hohe Fürstliche Anverwandten oder andere frembde Puissancen dazu erwehlet, bißweilen aber auch andere. In den alten Zeiten ist es gar nichts ungewöhnliches gewesen, daß Fürstliche Personen auch bißweilen einige von der Geistlichkeit mit zu Gevattern gebethen. Bey der Tauf=Handlung Prinzens Francisci Georgii, den Fürst Bernhard zu Anhalt anno 1567. den 16 Octobr. mit seiner Gemahlin zeugete, war nächst seiner Frau Groß=Mutter, Frau Clara, gebohrne Hertzogin zu Sachsen=Lauenburg, und andern Fürstlichen Personen, auch des Fürstlichen Herrn Vaters Hof=Caplan, Jacob Steirer, welchen Fürst Bernhard sonderlich liebte, mit Tauf=Pathe. S. Beckmanns Anhält. Geschichte Vter Theil p. 178.

§. 20. Es pflegt auch wohl noch heutiges Tages bey einigen Reichs=Fürsten in Teutschland zu geschehen, daß sie einige von ihren vornehmsten Land=Ständen, oder einige von den Magistrats=Personen der benachbarten Reichs=Städte, oder andere ansehnliche Leute, aus denen, mit ihnen an-
grentzen-

grentzenden Creyßen, zur Gevatterschafft invitiren. Also hat Hertzog Ernst zu Sachsen=Meiningen die Herrn Directores, Hauptleute, Räthe und sämtliche Reichs=freye Ritterschafft aller sechs Orten in Francken, zu Gevattern bitten lassen. Die Herren Hertzoge zu Holstein haben zu unterschiedenen mahlen die Stadt Hamburg, und die Marggrafen zu Bayreuth, die Stadt Nürnberg invitiret.

§. 21. Die Hoch=Fürstlichen und andere hohe erbetene Tauf=Zeugen, stehen entweder in Person, und heben das Kind aus der Tauffe, oder erscheinen durch ihre Abgesandten und Deputirte. Es geschicht auch wohl, daß die am Hofe anwesende Hoch=Fürstliche Anverwandten, oder hohe Officianten, die Stelle der Abwesenden vertreten. Zuweilen werden die in Diensten stehenden Ministri und Dames zugleich mit invitiret. Also verrichtete anno 1717 die Hertzogin von Sanct Alban, als erste Dame d'honneur der Princeßin von Wallis, bey der Geburth Printz Georg Wilhelms in Engelland die Function einer Pathe. S. Elect. Jur. Publ. Tom. XII. p. 288.

§. 22. Die Hoch=Fürstlichen Tauf=Zeugen werden gemeiniglich durch eine besondere Abschickung zu dieser Handlung eingeladen. Je höher die Tauf=Zeugen, ie grössere Ministri werden zu dieser Invitation ausgesucht. Die solenne Einladung wird hinwiederum durch eine andere Dancksagungs=Rede beantwortet. Vielmahls werden auch

auch die Hoch-Fürstlichen Tauf-Zeugen zur Gevatterschafft in Briefen invitirt, und findet man in des Herrn Lünigs Teutschen Reichs-Cantzley viel von dergleichen Schreiben.

§. 23. Wenn Fürstliche Herrschafften sich selbst in Person zur Gevatterschafft einstellen, so werden sie von abgeschickten Cavaliers auf den Grentzen angenommen. Die Cavaliers vermelden in einem Compliment, daß sie von Ihrer Hoch-Fürstlichen Durchlauchtigkeit, als ihrer gnädigsten Herrschafft, befehliget wären, Sie, an statt Ihrer Hoch-Fürstlichen Durchlauchtigkeit, an gegenwärtigen Grentzen Ihres Landes anzunehmen, und ferner biß zu Ihrer Hoch-Fürstlichen Durchlauchtigkeit zu begleiten, auch Ihnen, nebst dem bey sich habenden Comitat, so viel als möglich, Fürstliches Tractament und Ausrichtung zu bestellen, mit unterthänigster Bitte, Ihro Hoch-Fürstliche Durchlauchtigkeit wollen damit freundlich vorlieb und zu willen nehmen. Die Fürstlichen Herrschafften lassen hinwieder durch einen von ihren Cavalieren ein Dancksagungs-Compliment abstatten. Vor diesen wurden, bey diesen und andern dergleichen Fällen, weitläufftige Reden gehalten, heutiges Tages aber sind kurtze Complimens gebräuchlicher.

§. 24. Die Abgesandten der Hoch-Fürstlichen Herrschafft, die sich zu dem heiligen Werck einstellen, wenn ihre Principalen selbst verhindert werden, erscheinen mit der grösten Pracht, und werden ebenfalls mit grossen Solennitäten eingeholet, und wie

wie ihre Principalen empfangen und tractiret. Sie melden in einem Compliment, daß ihnen gnädig aufgetragen wäre, im Nahmen Ihrer Hoch-Fürstlichen Durchlauchtigkeit das heilige Werck über sich zu nehmen, den Freund-Fürstlichen Wunsch abzustatten, und von beyderseits Hoch-Fürstlichen Durchlauchtigkeiten gegenwärtiges Præsent zu überreichen, mit dem Ansinnen, nicht so wohl das Præsent an ihm selbst, sondern vielmehr die Freund-Vetterliche u. s. w. Wohlgewogenheit daraus zu erkennen. Dieses Compliment wird mit einem Gegen-Compliment erwiedert, darinnen Sie so wohl vor die beschehene Abschickung, als auch Uberschickung des Hoch-Fürstlichen Præsents, gehörigen Danck abstatten.

§. 25. Die Arten der Eingebinder und Præsentes, so an die Hoch-Fürstlichen neugebohrnen Kinder geschehen, sind unterschiedlich. Bißweilen bestehen sie in jährlichen Pensionen. Also pflegen die Herren General-Staaten von Holland, gar üffters bey dergleichen Occasionen, jährliche Pensionen von einigen tausend Holländischen Gülden einzubinden. Zuweilen auch in kostbaren Schmuck, in Bouquetern von Brillanten, in Silberwerck, in einer grossen Summe sehr rarer, oder doch gantz neu-geprägter güldenen und silbernen Müntzen, und andern dergleichen. Uber diese Eingebinde pflegen auch noch bißweilen andere Præsente auf das Hoch-Fürstliche Wochen-Bette abgegeben zu werden. Also verehrten anno 1716 die Vorder-Oester-

Oesterreichischen Stände in Brißgau, Arlberg und Schwaben, bey der Geburth des hochseeligen Ertz-Hertzogs Leopoldi, der Römischen Kayserin einen grossen goldenen Medaillon von 16 Marck Goldes, zu einem allerunterthänigsten Wiegen-Bande. S. Heræi Gedichte und Inscriptiones, p. 103.

§. 26. Die Handlung der heiligen Tauffe wird nach den unterschiedenen Observanzen der Höfe, die an einem ieden Ort eingeführet, oder nach den Umständen des Kindes, nachdem es sehr schwach, oder frisch und munter ist, oder nach dem Unterschied der Solennitäten, die vorgenommen sollen werden, entweder auf dem Schloß in einem Gemach oder Sahle, oder in der Fürstlichen Schloß-Capelle celebriret. Unter den Protestirenden wird entweder bey der Tauffe, wenn sie in der Kirche geschicht, nur ein kurtzer Sermon gehalten, oder eine besondere Tauf-Predigt abgelegt. Also hielte der seelige D. Martin Geyer, als damahliger Chur-Sächsischer Ober-Hof-Prediger, bey der Tauffe des Chur-Printzens, Johann George des IV. eine Tauf-Predigt in der Schloß-Kirche zu Dresden.

§. 27. Bißweilen geschicht die Tauffe des Abends, damit der Lustre bey den brennenden Wachs-Fackeln desto grösser seyn möge. Die Schloß-Capellen werden auf das prächtigste ausmeubliret, und die Cantzeln, Altäre und Tauffstein auf das schönste ausgeschmücket; Man findet allenthalben die Hoch-Fürstlichen Wapen mit der
feinsten

feinsten colorirten Seide, Gold, Silber und Perlen gestickt und angehefftet. Solten auch schon sonst die Kirchen, wegen einer sehr tieffen Landes-Trauer, mit schwartzen Tuch umhangen seyn, so findet man doch alles bey einer solchen Festivität in Galla. Uber den Taufsteinen siehet man bißweilen sehr kostbahre Baldachine, ingleichen über den Tischen, die in den Gemächern statt der Taufsteine dienen, und mit brocatnen Teppichen und Sammet-Küssen beleget sind. Bißweilen werden wohl gar, nach besondern Erfindungen der Bildhauer und Tapezierer, gewisse Amphitheatra verfertiget, mit Statuen, Colonnaden und Tapisserien ausgezieret, und gewisse Sitze vor die Durchlauchtigsten Herrschafften, hohe Abgesandten, und andere vornehme Anwesende zurecht gemacht, welche hernach von den Ceremonien-Meistern einen ieden angewiesen werden.

§. 28. Die hohen Tauf-Zeugen verfügen sich in einer solennen Procession an den Ort, wo die Tauffe geschehen soll. Sie werden vorher durch die Hof-Trompeter, Heer-Paucker, Herolde, Hof-Marschälle, Ceremonien-Meister und die sämtlichen Cavaliere, die gewöhnlicher maßen nach ihrem Range vor den Hoch-Fürstlichen Herrschafften gehen, aufgeführet. Die grösten Ministri und Officianten des Reiches tragen eines und das andere zu dem Tauf-Geräth gehöriges Stücke, als, bey den Römisch-Catholischen das Saltz, oder das Geschirr mit dem Chrisma, bey den Protestanten aber das Tauf=Waſſer, oder Weſter-Hembdgen. Die Printzen werden unter einem prächtigen Himmel von Sammet getragen, und in die ſchönſten Parade-Wiegen gelegt, zuweilen auch in Sammet-Küſſen, die mit goldenen und ſilbernen Frangen ausgezieret, eingewickelt. Nach dem Unterſchied der Diſtancen, werden die Fürſtlichen Kinder entweder von den hohen Tauf=Zeugen ſelbſt, oder von den Hoch=Fürſtlichen Miniſtres oder deren Weibern, in den Tauf=Sahl, oder in die Kirche getragen. An einigen Orten müſſen bey dem Tauf-Actu, entweder der gantze Adel, oder doch die vornehmſten des Hofes mit erſcheinen. Vor und nach der Tauffe höret man eine vortreffliche Vocal- und Inſtrumental-Muſic, es werden alle Glocken dabey geläutet, und bey Ertheilung des Nahmens gemeiniglich die Canonen abgefeuret; In einigen Reichen, als wie in Franckreich, iſt es auch gebräuchlich, daß ein Herold alsdenn ausrufft: Es lebe mein Herr der Dauphin.

§. 29. Die Nahmen werden bey der Tauffe, entweder nach den Hoch=Fürſtlichen Anverwandten, oder hohen Tauf=Zeugen ertheilet, und bey den Römiſch=Catholiſchen nach gewiſſen Heiligen, die ſie ins beſondere veneriren, oder denen ſie ein beſonder Gelübde gethan; bißweilen auch nach den Tagen, an welchen ihre Tauffe einfällt. Ob zwar die Römiſch=Catholiſchen Printzen in der Tauffe bißweilen acht und mehr Nahmen beygelegt bekommen, ſo pflegen ſie ſich doch mehrentheils nur

des

des erſten Nahmens zu bedienen, als welches der Haupt-Nahme iſt.

§. 30. Manchmahl giebt ein beſonderer Umſtand Gelegenheit, daß die Hoch-Fürſtlichen Eltern ihrem Kinde einen gewiſſen Nahmen zulegen, der ſonſt in der Hoch-Fürſtlichen Familie gantz und gar nicht gewöhnlich iſt. Man hat wahrgenommen, als Kayſer Leopold a. 1615. den 19 Martii alle ſeine Reiche und Länder dem heiligen Joſeph, Chriſti Pfleg-Vater, gewidmet, er zugleich die erſte Bitte an dieſen Heiligen aus dem I. Buch Moſis am XXX Capitul v. 1. mit den Worten: Da mihi liberos, Schaffe mir Kinder, gethan, dieſes die Haupt-Urſache geweſen ſeyn ſoll, warum der Kayſer dieſem ſeinen erſtgebohrnen Printzen den Nahmen Joſeph vornemlich beylegen laſſen, als welcher ſonſt, ſo wohl in den Oeſterreichiſchen als andern Durchlauchtigen Häuſern, nicht ſo gar öffters gebrauchet worden. S. Leben des Kayſers Leopoldi p. 293.

§. 31. Aus der Hiſtorie iſt bekandt, daß manche Nahmen dieſem oder jenem Königlichen oder Fürſtlichen Hauſe fatal oder glücklich geweſen. Alſo fürchten ſich die Könige in Franckreich vor den Nahmen Henrich, weil alle Franzöſiſche Könige, ſo dieſen Nahmen geführet, keines natürlichen Todes geſtorben. S. M. Stenders Diſſertation de nomine Henrici Regibus Galliæ infauſto. Hingegen iſt eine bekandte und gewiſſe Anmerckung der Scribenten, daß der Nahme Friedrich dem Durchlauchtigsten Chur-Fürstlichen Brandenburgischen Hause iederzeit Glück angezeiget, maßen alle glückliche Veränderungen in diesem Hause durch Fürsten geschehen, so den Nahmen Friedrich geführet. Die Gefürstete und mächtige Burggrafschafft Nürnberg, welche dem alten Stamm des Hauses Hohen-Zollern den ersten Grundstein zum künfftigen Wachsthum gelegt, ward von einem Friedrich erworben. Die Chur-Würde der Marggrafschafft Brandenburg konte nicht eher ihren beständigen Sitz erhalten, biß GOtt einen Friedrich erweckte, der selbige auf ewige Zeiten seinem Geschlecht einverleiben konte. Ein Friedrich satzte sich die Preußische Crone auf. S. des Herrn Geheimbden Rath Ludwigs Cron-würdigen Preußischen Adler.

§. 32. Ist die Tauf-Handlung geendiget, so gehet der sämtliche Comitat auf eben die Art aus der Kirche, oder aus dem Sahl wieder zurück, als sie hinein gegangen. Die Hof-Marschälle oder Ceremonien-Meister, führen nach den Observanzen eines ieden Hofes, die Tauf-Zeugen, oder andere frembde Ministris und Deputirte, zur Fürstlichen Herrschafft, um die Felicitations-Complimens abzustatten. Es wird bißweilen im Nahmen der Durchlauchtigsten Herrschafft von einem vornehmen Cavalier nach der Einseegnung eine solenne Rede abgelegt, und darinnen Danck abgestattet, daß die sämtlichen Gevattern entweder in Person erschienen, oder durch ansehnliche Abgeordnete der

Christ-

Christlichen Einsegnung beywohnen, dem jungen Printzen GOttes Gnade und Seegen und alle Glückseligkeit anwünschen, kostbare Præsente überreichen, und sich zu fernerer Freund- und Dienstwilligkeit anerbieten wollen.

§. 33. Nachgehends geschicht unter Trompeten- und Paucken-Schall die Einladung zur Tafel, die auf das Magnifiqueste angerichtet wird, und es wird nicht allein dieser Tauf-Tag, sondern auch noch viel folgende Tage, die zur Celebration dieser Festivitäten bestimmet sind, bey Hofe und in der gantzen Residentz mit mancherley Freuden-Bezeugungen, mit Feuerwercken, Illuminationen, musicalischen Concerten, Balettern, Banquetern, Comœdien, Opern, und andern dergleichen zugebracht.

§. 34. Bey den Römisch-Catholischen geschehen die Tauffen von einem Cardinal und Ertz-Bischoff, dem noch zwey andere Bischöffe in pontificalibus beystehen, bißweilen auch von einem Päbstlichen Nuntio. Die Clerisey kommt den hohen Tauf-Zeugen mit brennenden weissen Wachs-Kertzen unter Trompeten- und Paucken-Schall entgegen, und ertheilet ihnen die Benedictionen; Nach geendigter Tauffe wird hohe Messe gehalten, und unter solcher das Te Deum laudamus bey Paucken- und Trompeten-Schall, unter vortrefflicher Music, abgesungen.

§. 35. Es pflegen auch bey ihnen einige Tropfen von dem Wasser aus dem Fluß Jordan unter

das

das Tauf=Wasser mit gemischt, und mancherley Reliquien, entweder von unserm Heyland oder von der Jungfrau Maria, auf das Tauf=Tischgen mit gesetzt zu werden, wie aus folgender Beschreibung zu ersehen, wie es bey der Tauffe des Ertz=Hertzogs Leopoldi gehalten worden: Bey dieser Tauffe ward in der Ritter=Stube ein Baldachin von goldenem Stück aufgestellt, und darunter ein Altar aufgerichtet. Auf diesen setzte man ein groß silbern Crucifix mit 6 dergleichen kostbahren Leuchtern, ingleichen das grosse Kayserliche Tauf=Becken, nebst noch einem kleinen, so alle von purem Gold, auch mit kostbahren Steinen besetzt, und darinnen das Tauf=Wasser gewesen, in welches man fünf Tropffen von dem Wasser aus dem Fluß Jordan, darinnen weyland der Heyland der Welt von Johanne dem Täuffer getaufft worden, hinein gethan, wie auch verschiedene kostbahre Reliquien, als das heilige Blut, ein Nagel, damit unser Heyland ans Creutz genagelt worden, ein Dorn von der Crone Christi, von unser lieben Frauen etwas Milch, welches alles aus der Regierenden Kayserin Schlaf=Zimmer in iedesmahliger Begleitung zwey Kayserlicher Trabanten abgeholet, auch nach der heiligen Tauffe wieder dahin getragen worden. S. Elect. Jur. Publ. Tom. IX. p. 15.

§. 36. Sind die Tauf=Solennitäten einmahl geendiget, und die Hoch=Fürstlichen Tauf=Zeugen durch ihre abgeordneten Ministres erschienen, so lassen die Hoch=Fürstlichen Eltern an die frembde Herr=

Herrschafft, die sie dazu invitirt, ein Schreiben abgehen, welches sie dem abgeordneten Ministre mitgeben. Sie vermelden darinnen, daß Ihrer Liebden Abgesandter und Geheimbder Rath, sich zu der, von Ihnen angestellten Christlichen Tauf-Handlung zurecht eingefunden, dasjenige, so Ihre Liebden ihm mit aufgegeben, bey Ihnen mündlich verrichtet, Dero Fürstliche Stelle bey dem heiligen Tauf-Actu, und den anhängigen Solennitäten vertreten, und sonst alles, was sich hierzu geeignet, wohl verrichtet. Sie dancken, daß sie nicht allein den aufgetragenen Gevatter-Stand willig und gerne an- und aufgenommen, und das Christliche Werck durch einen eigenen Abgesandten verrichten lassen, sondern auch den neugebohrnen Printzen so reichlich beschencken wollen.

§. 37. Bey den Römisch-Catholischen werden die Tauf-Ceremonien, wenn die Kinder ein sechs oder acht Jahr alt sind, wiederholet. Die von der Clerisey nehmen alsdenn den Exorcismum vor, weyhen das Saltz, thun es dem Printzen oder der Princeßin in Mund, entblössen ihm das Haupt und die Schultern, die Bischöffe salben sie mit dem heiligen Oehle der Catechumenorum, und befragen sie, ob sie dem Teuffel, und allen seinen Wercken, und allen seinem Wesen entsagten, und sie müssen die übrigen Glaubens-Fragen, die an sie nach dem Rituali ergehen, selbst beantworten. Hierauf declariren sie Dieselben vor diejenigen, die dem Schooß der Christlichen Kirche einverleibet wären,
und

und bethen nachgehends mit ihnen das Apostolische Symbolum und Gebeth des HErrn. Die Tauffe mit Wasser aber bleibet auſſen.

§. 38. Wenn die Durchlauchtigſte Wöchnerin ihre Wochen geendiget, ſo wird ein ſolenner Kirchgang gehalten, bey welchem unter den Römiſch-Catholiſchen noch viel mehr Solennitæten obſerviret werden, als unter den Proteſtirenden. Es wird aus dem Schloß biß in die Schloß-Capelle oder andere Kirche eine groſſe Proceſſion von der gantzen Hofſtatt gehalten. Die Straſſen oder die Gänge zur Kirchen werden mit Tapeten, Gemählden, Ehren-Pforten und dergleichen, auf das ſchönſte geſchmückt, die Garden müſſen allenthalben biß an die Kirch-Thüren und den hohen Altar paradiren. Die Heyducken, Laquais und Pagen werden von den Cammer-Fouriers aufgeführt, auf dieſe folgen die Cammer-Juncker, Cammer-Herren und andere Hof- und Staats-Miniſtri nach ihrer Ancienneté, auf dieſe die Durchlauchtigſte Wöchnerin, welche entweder von ihren Gemahl, oder einem andern Hoch-Fürſtlichen Anverwandten, oder einem groſſen Miniſter, geführet wird, und mit der reichſten Kleidung angethan, das Kind wird von einem vornehmen Frauenzimmer auf einem ſammetenen mit Gold und Silber ausgeſtickten Küſſen in die Kirche getragen. Die Schloß-Capellen werden auf das propreſte ausgeſchmückt, die Geiſtlichkeit kommt ihnen unter Trompeten-und Paucken-Schall, und mit weiſſen Wachs-Kertzen in
Händen

Händen haltend, entgegen; die Durchlauchtigſte Wöchnerin nähert ſich mit ihrem Kinde dem hohen Altar, ſie kniet davor nieder, bekommt eine geweyhete weiſſe brennende Wachs-Kertze in die Hand, und erhält von dem Päbſtlichen Nuntio, einem Cardinal oder Ertz-Biſchoff, der in Pontifical-Habit angethan, und deme 2. Prælaten aſſiſtiren, den Seegen. Der Cardinal oder Biſchoff leget den Printz oder die Princeßin auf dem Altar, und laſſen ſie ſo lange liegen, biß die gewöhnlichen Gebethe verrichtet worden, alsdenn giebt er das Kind der Wöchnerin wieder zurück, nachdem er ihm die Benediction mitgetheilet. Hierauf wird öffentlicher Gottesdienſt, und eine ſolenne Meſſe gehalten, und das Te Deum laudamus unter Trompeten- und Paucken-Schall, auch wohl unter Abfeurung der Canonen abgeſungen; es wird auf dem hohen Altar viel Geld geopffert, und einem gewiſſen Heiligen zu Ehren, über die allgemeine, die an die Heilige Dreyfaltigkeit geſchicht, auch noch eine beſondere Danckſagung abgeſtattet. Die Proceſſion gehet auf eben die Weiſe, wie ſie in die Kirche gegangen, aus derſelben wieder zurück; die Herrſchafft bekommt von ihren Miniſtris und fremdem Geſandten die Gratulationen; es iſt denſelben Tag bey Hofe Galla und ſolenne öffentliche Tafel, und auf den Abend ſiehet man mancherley Freuden-Feuer, Illuminationen und andere Luſtbarkeiten, die auch wohl zuweilen einige Tage continuiren.

Das

Das XII. Capitul.
Von Auferziehung der Fürstlichen Printzen.

§. 1.

Gleichwie nicht allein den Hoch-Fürstlichen Eltern und hohen Anverwandten eines Hoch-Fürstlichen Hauses, sondern auch allen Unterthanen eines Landes, und den benachbarten Provintzien selbst, aus dem Bezeugen eines Regentens ein besonder Interesse zuwächst, also haben iederzeit weise und vor das Heyl ihrer Unterthanen bemühete Souverains, nebst ihren vertrauten Ministres und Cooperation der Reichs- und Land-Stände, ihre vornehmste Sorgfalt dahin gerichtet, daß die künfftigen Nachfolger in Reichen und Fürstenthümern, in den Jahren ihrer Jugend zu allen guten und einem vollkommenen Regenten nützlichen Qualitäten erzogen werden möchten.

§. 2. Anno 1703. liessen der erste Rußische Kayser, Petrus I., eine wohlausgearbeitete Instruction publiciren, wornach sich diejenigen zu richten hätten, welchen die Information von Seiner Hoheit dem Czaarischen Printzen anvertrauet werden solte. Es ist darinnen enthalten, wie er zur Gottesfurcht anzuführen, wie ihm eine Liebe zur Tugend, und

und ein Haß gegen die Laster beyzubringen, wie des Printzens Hofstatt zu reguliren, wie die Methode der Information beschaffen seyn soll, wie die ausländischen Sprachen mit ihm vorzunehmen, wie die Historie, die Geographie, die Politica nebst den Exercitiis, Jure Civili und Studiis Mathematicis mit ihm zu tractiren. S. Thucelii Acta Publica, Tom. II. p. 872.

§. 3. In der Königlich-Schwedischen a. 1719 zu Stockholm zum öffentlichen Vorschein gekommenen neuen Regiments-Forme, ist § 3 enthalten, daß den Ständen Macht zukommen soll, mit Ihrer Königlichen Majestät gnädigstem Belieben, geschickte Personen zu ernennen und zu verordnen, selbige auch mit gehörigem Unterricht zu versorgen, zu anständiger Erzieh- und Unterweisung der Königlichen Kinder in der reinen Lutherischen Lehre, und allen Königlichen Tugenden, Sitten und Wissenschafften, als dem Grunde eines künfftigen ordentlichen und verständigen Regiments. Zu dem Ende müssen auch diejenigen Personen, welchen diese hohe Angelegenheit zu rechtschaffener eifriger Besorgung anvertrauet wird, den Reichs-Ständen Rede und Antwort geben, ob durch ihre Nachläßigkeit und Verhängniß etwas möchte zu Schulden kommen; wie denn auch die Reichs-Stände Macht hätten, wann es nöthig befunden würde, mit ihnen Wechsel und Veränderung zu treffen.

§. 4. Daß die Fürstliche Auferziehung der Printzen nicht allezeit so besorget wird, wie es wohl billich

lich seyn solte, haben einige grosse Herren selbst erkandt. Fürst Johann Ludwig zu Anhalt erinnerte einstens bey einer gewissen Gelegenheit gar beweglich, daß bey Auferziehung der Fürstlichen Kinder nicht allemahl der Fleiß angewendet würde, wie es von GOtt= und Rechts wegen seyn solte, und die Fürsten in diesem Stück weit unglücklicher als Privati wären, auch wohl bißweilen ein Arcanum Politicum einiger Ministrorum darunter verborgen läge, es zu verhindern, damit Fürstliche Personen nicht klüger würden als sie. S. Beckmans Historie des Fürstenthums Anhalt V. Theil p. 446.

§. 5. Die Durchlauchtigsten Eltern lassen gemeiniglich ihre Printzen, zumahl die Erb=Printzen, nach der Weise erziehen, die ihren Neigungen gemäß ist. Sind sie Liebhaber der Wissenschafften und Gelehrsamkeit, so müssen sich ihre Printzen, von ihrer ersten Jugend an, auf Studia appliciren, und zwar auf solche, die mit der Staats=Wissenschafft einige Verbindung und Verwandtschafft haben; Sind sie dem Kriegs= und Militair-Wesen ergeben, so müssen sie bey Zeiten das Mustern der Regimenter, das Commandiren, Exerciren, und was nur zum Kriegs=Metier gehöret, begreiffen lernen. Finden die Durchlauchtigsten Väter vor andern Freude an der Jagt, so werden die Printzen mehr zur Jägerey, als zu etwas anders erzogen. Bißweilen geschiehet es, daß sie ihren Printzen eine andere Education gestatten, als sie ehedessen selbst gehabt, oder als ihrem eigenen Temperament gemäß;

Von Auferziehung der Fürstl. Printzen.

maß; theils, weil sie an sich gewahr werden, daß ihnen bey ihrer Auferziehung eines und das andere ermangelt, und sie ihre Printzen zu einem höhern Grad der Vollkommenheit bringen wollen; theils auch, weil sie spühren, daß ihre Printzen von einem gantz andern Naturell, und sie also ihre Neigungen nicht beherrschen noch übermeistern können.

§. 6. Es ist sehr wohl gethan, wenn es die Hoch-Fürstlichen Eltern nicht allein auf die Sorgfalt ihrer Informatorum und Hofmeister ankommen lassen, sondern sich selbst angelegen seyn lassen, die Auferziehung ihrer Fürstlichen Jugend zu besorgen, und deren Ober-Aufseher zu seyn, sie auch von Kindes-Beinen an zu aller Furcht, Ehrerbietung und Gehorsam gegen sie anhalten. Bey dem Römischen König Josepho war die Auferziehung wegen der Auffsicht der Kayserlichen Frau Mutter so scharff, daß, als die Kayserin noch damit fortfuhr, da Josephus schon zu Augspurg zum Römischen König gecrönet worden, der Printz einmahl ungedultig darüber werden wolte, und sagte, es schickte sich dieses Tractament keinesweges vor ein zum andern mahl gecröntes Haupt. S. des curieusen Bücher-Cabinets VI. Eingang p. 878.

§. 7. Weil einige grosse Herren wohl wissen, daß ihren Kindern von der Wiege an, das Hoch-Fürstliche Wesen mehr als zu sehr im Kopff stecket, so wollen sie durchaus nicht haben, daß ihre Printzen vor der Zeit ihren Hoch-Fürstlichen Stand auf eine solche Weise sollen kennen lernen, dadurch sie zu einem eitlen Ehrgeitz, und zu einer übermäßigen Verachtung derer andern verleitet werden; sie verbiethen auch daher ihren Hofmeistern, Exercitien-Meistern, Informatoribus u. s. w. auf das schärffste, daß sie dieselben nicht Gnädiger Herr, oder Ihre Durchlauchtigkeit, sondern nur Printz Wilhelm, Printz August u. s. w. nennen sollen. An manchen Höfen hingegen ist es eingeführt, die kleinsten Printzen, noch ehe sie das zehende Jahr zurück gelegt, mit den Titulaturen eines Gnädigen Herrn, Ihrer Gnaden, und Ihrer Durchlauchtigkeit, beehret werden.

§. 8. In Ansehung der Bestrafungen und Züchtigungen der Printzen, sind die Gebräuche der Höfe ebenfalls unterschieden. Bißweilen bekommen die Informatores oder die Gouverneurs Erlaubniß, den kleinen Printzen, wenn sie es verdienen, einige real Correction zu geben, zuweilen aber auch nicht, sondern müssen es bey dergleichen Fällen entweder an die Ober-Gouverneurs oder an die Durchlauchtigsten Eltern selbst gelangen lassen. Als der Informator des Römischen Kaysers Leopoldi ihn als damahligen kleinen Ertz-Hertzog mit der Ruthe strafen wolte, riß er ihn dieselbe aus der Hand, und überreichte sie dem Kayser mit diesen Worten: Niemand in der Welt hat ausser Eurer Kayserlichen Majestät die Macht, einen Ertz-Hertzog von Oesterreich abzustrafen. S. das Leben des Kaysers Leopoldi p. 27.

§. 9. An einem Hofmeister, der verständig,

Von Auferziehung der Fürstl. Printzen.

Gottesfürchtig, aufrichtig, und in weltlichen Sachen wohl erfahren, welcher seines unsträflichen Lebens und Wandels halber ein gut Gerüchte und Zeugniß hat, ist viel gelegen, und daher wohl zu rathen, daß ein Fürst an einen solchen Mann keine Kosten noch Besoldung spahren oder sich dauren lasse, und wofern ein Fürst einen solchen Mann in seinem Lande nicht haben solte, muß er ihn anderswoher fordern und hohlen lassen, weil auf die Erziehung und Unterweisung junger Herren sehr viel ankommt, damit ein Herr in guten Sitten, Tugenden und Künsten wohl unterrichtet werde. S. Löhneysen Hof- Staat und Regier- Kunst VI Cap. pag. 5.

§. 10. Folgende Instruction, so der von uns itzt allegirte Staats-Minister in der angezogenen Schrifft und dessen VII Capitul vorträgt, ist gar wohl gegründet: „Der Hofmeister soll auf seinen" jungen Herrn, der ihn auf sein Eyd und Pflicht" anvertraut und befohlen, fleißige Auffsicht haben," und nach seinem höchsten Vermögen und Verstand ihn in aller Gottesfurcht und Fürstlichen" Tugenden erziehen, und von allen Untugenden und" Leichtfertigkeiten abhalten, 2) des Morgens so" zeitlich bey Hofe seyn, biß sich der junge Herr an-" gekleidet, seine Hände gewaschen, und sein Gebeth zu GOtt gethan, und dem Informatori übergeben, 3) des Abends auch so lange bey ihm seyn" und bleiben biß er gebethet, und sich zu Bette gelegt, 4) wenn er siehet daß der Herr Mangel hat,"

„oder

„oder etwas bedarff, bey Zeiten dem Herrn Vater
„oder seiner Frau Mutter anzeigen, damit solches
„gewendet werde, 5) ihn mit Ernst anhalten, daß
„er sich nicht wiederspenstig gegen seine Herren
„Præceptores, oder Exercitien-Meister erweise,
„6) ihn nirgends hingehen oder hinreiten lassen, er
„sey denn bey ihm, und was er thut, soll er mit Vor-
„bewust des Hofmeisters thun, 7) niemand gestat-
„ten, zu dem jungen Herrn ins Gemach zu gehen,
„es wären denn etzliche von Räthen oder andern
„vornehmen Leuten, auch das Gesinde, Pagen und
„andre Leute, die ihn mancherley böse Sentimens
„beybringen könten, nicht in das Gemach lassen,
„8) über die Pagen und alles andre Gesinde, so einen
„jungen Herrn zugeordnet, zu gebiethen haben, und
„sie nach seinem Geheiß und Befehl richten, 9) die
„Cavaliers, die Pagen u. s. w. die um ihn sind, fleis-
„sig vermahnen, daß sie sich in ihrer Aufwartung
„dienstgewärtig und emsig erweisen, auch des über-
„flüßigen Truncks enthalten, in Betrachtung, daß
„ihnen kein geringes anvertraut, und mit trunckenen
„Leuten weder in Feuers-Gefahr, Aufruhr, oder
„andern vorfallenden Sachen etwas zu bestellen
„noch zu verrichten, 10) Auffsicht haben, daß kein
„Gelack oder Zeche in des jungen Herrn Gemach
„gehalten werde, vielweniger gestatten, daß ein jun-
„ger Herr sich mit dem Trunck überlade, 11) wenn
„er aus seinem Hoflager verreiset, des Nachts bey
„ihn in der Cammer in seinem Gemach bleiben,
„und fleißig auffsehen, daß er nicht von iederman

aller-

Von Auferziehung der Fürstl. Printzen. 201

allerley Essen und Trincken nehme, 12) daß er„
fleißig und zeitig in die Kirche gehe, 13) daß sein„
junger Herr des Morgens und Abends zu rechter„
Zeit esse, 14) alle Mahlzeiten mit zur Tafel sitzen,„
damit er auf sein Essen und auf seine Geberden Ach-„
tung geben könne, und im Fall er sich unhöflich„
verhielte, ihn darum bestrafen, 15) daran seyn,„
daß der junge Herr in Kleidung, Wäsche, und„
Equipage reinlich und sauber gehalten werde,„
und 16) acht haben, daß der junge Herr weder„
durch Gewehr, noch sonst auf andre Weise eini-„
gen Schaden nehmen möge.„

§. 11. Wenn ein vornehmer *Cavalier* an einem grossen Hofe einem jungen Herrn zum Hofmeister vorgestellt wird, so pflegt ihm, in Beyseyn
des Durchlauchtigsten Herrn Vaters, und in dessen Nahmen, der junge Printz in einer solennen
Rede, die ein grosser *Ministre* ablegt, übergeben
und an ihn gewiesen zu werden. Es wird sonderlich darinnen vorgestellt, daß Sie zu Dero
hertz-geliebten Sohnes Durchlauchtigkeit das vä-
terliche gnädige Vertrauen haben, dieselben auch
dahin anweisen, daß Sie diesen ihren vorgesetzten
Gouverneur, so lange sie unter dessen Erziehung
stehen, in allen, gleichwie ihnen selber, gehorchen
und folgen sollen; Sie wollen auch, daß der Herr
Hofmeister in allen wichtigen Vorfallenheiten seine
Zuflucht zu ihnen nehmen, und sich alles benöthigten Beystandes und Schutzes versichert halten solle. Der Hofmeister hält wieder eine Rede

N 5　　　　　　da gedagegen, und versichert, alles bestmöglichst in Obacht zu nehmen. Es geschicht auch wohl, daß der Hoch-Fürstliche Herr Vater oder Frau Mutter noch über dieses in einer besondern Rede so wohl dem Printzen als dem Hofmeister zu Beobachtung ihrer Pflichten anmahnen.

§. 14. Es werden bißweilen zwey Hofmeister gesetzt, als ein Unter-Hofmeister und ein Ober-Gouverneur, und erwehlet man hierzu geschickte und erfahrne Welt- und Staats-Leute; insonderheit sucht man zum Ober-Gouverneur einen solchen Ministre aus, der ein homme de lettres, und zugleich ein guter Hof- und Staats-Mann, oder ein braver Soldate. Sie bekommen beyde von den Durchlauchtigsten Eltern ihre Instructiones. Der Ober-Gouverneur hat die General-Auffsicht über den Printzen und seine gantze Hofstatt, von ihm dependirt der Unter-Hofmeister, er regulirt die gantze Auferziehung; es muß ihm alles, was den Printzen und seinen Hof angehet, hinterbracht werden, iedoch hat er nicht nöthig, um die Person des Printzen stets zu seyn, sondern dieses kommt mehr dem Unter-Hofmeister zu.

§. 13. Uber diese Hofmeister werden die Printzen einem Informatori oder Lehrmeister zur Information übergeben, der ihnen die Grundsätze der Religion, die Lateinische Sprache und andere Wissenschafften beybringen muß. Die Informatores werden auch bißweilen abgetheilt in Ober-Informatores und Unter-Informatores. An einigen
Höfen

Höfen haben unterschiedne Printzen zusammen nur einen Informatorem, an andern aber wird einem ieden Printzen sein besondrer Informator gehalten, ohne die Fechtmeister, Ballmeister, Tantzmeister, Sprachmeister, Zeichenmeister, maitres de Mathematique u. s. w.

§. 14. An den Teutschen Fürstlichen Höfen werden zu Informatoribus bißweilen Studiosi Theologiæ angenommen, die sie auch manchmahl zu Interims-Hof-Predigern, oder auch zu Vorbethern bey den Abend-und Früh-Stunden füglich mit gebrauchen; meistentheils aber Juristen, oder so genannte Politici, die gemeiniglich in dem was zu den Staats-Wissenschafften gehörig, erfahrner als die andern. Bey den Römisch-Catholischen Höfen lassen sich die Herren Jesuiten angelegen seyn, daß sie an der Information der Printzen Antheil bekommen. Einige verwundern sich, daß der Römische Kayser Leopoldus, da er doch die Jesuiten so gar sehr geliebet, dem Ertz-Hertzog und nachmahligen Kayser Joseph, in Religions-Sachen keinen Jesuiten anvertrauet, sondern einem Priester der keinen Orden hatte, nehmlich dem nachmahligen Bischoff zu Wien, Rummel. S. den VI. Eingang des curieusen Bücher-Cabinets pag. 878.

§. 15. Der Hertzog von Beauvilliers befahl als Ober-Hofmeister der Hertzoge von Anjou, Bourgogne und Berry, deren Informatoribus an, sie solten die Printzen mehr in Tugenden als Wissenschafften unterrichten. S. den XVI. Eingang des Bücher-Cabinets p. 8. Ob nun zwar eine solche Gelehrsamkeit, die nur auf eine historische Erkenntniß mancherley Meynungen, auf unnütze Subtilitäten, auf ein leeres Wörter-kennen, und auf das blosse Gedächtniß-Werck ankommt, einen grossen Herrn im geringsten nicht anständig, so gereicht es doch einem Landes-Herrn zu besondern Nutzen, eigenem Vergnügen und grosser Hochachtung, die er sich bey den Ausländern, bey seinen eigenen Dienern und Unterthanen erwecket, wenn er aus mancherley Wissenschafften sich diejenigen Lehrsätze, die in die Staats-Wissenschafft einen Einfluß haben, bekandt gemacht, und insonderheit diejenigen Wissenschafften, die mit der Regier-Kunst nothwendig verbunden seyn müssen, gründlich studiret. Es ist Land und Leuten so wohl daran gelegen, wenn ein Landes-Herr verständig und weise als fromm und tugendhafft ist.

§. 16. Nachdem nun viel Regenten der alten und neuen Zeiten dieses zur Gnüge erkandt, so haben sie auch ihre Printzen in ihrer zarten Jugend zu mancherley Studiis u. Wissenschafften anhalten lassen. Als einige Hofleute den theuren Churfürsten zu Sachsen, Johannem dem Beständigen vermahnten, er solte aus seinen Söhnen keine Studenten und Schreiber machen, sondern sie zur Jagt und ritterlichen Ubungen anführen lassen; so antwortete er ihnen: Es lernet sich so wohl von selbst, wie man zwey Beine über ein Pferd hängen, des Feindes

des und der wilden Thiere sich erwehren, oder einen
Haasen fangen soll; aber wie man gottselig leben,
christlich regieren, auch Land und Leuten löblich vorstehen soll, darzu bedürffen ich und meine Söhne
gelehrte Leute, gute Bücher, nebst GOttes Geist
und Gnade. S. Rudolph. Goth. Diplomat.
I. Theil p. 42. Er ließ seine Printzen sehr wohl
auferziehen. Hertzog Johann Friedrichen übergab er dem Spalatino zur Unterweisung, und Hertzog Johann Ernsten, Lucas Edenbergern; er hatte eine sonderbahre Freude, wenn er von deren
Profectibus hörete. Der junge Hertzog Johann
Ernst hatte ihm einstens einen Lateinischen Brief
geschrieben, dem zeigte er Luthero mit grossen Freuden, und sprach: Mein Sohn Hanß Ernst hat
mich in diesem Brief gebethen, ich soll ihm einen
Hirsch schencken, ich habe ihm selbst einen geschossen, und geschickt; ich will, daß er in seiner Jugend
fleißig studire, hernach wird er auch schon reiten lernen. S. aus Rosini Vita Johannis Constantis,
Hausens Gloriosa Electorum Saxoniæ busta.
pag. 78.

§. 17. Es scheinet fast, daß die Lateinische Sprache in den vorigen Zeiten beliebter gewesen, als sie
heutiges Tages an manchem Hofe zu seyn pflegt.
An. 1642 den 28 May legte Hertzog Johann Friedrich II und Mittlere zu Sachsen im 13. Jahr seines Alters auf dem Schloß zu Torgau in der sogenannten Stein-Stube, in Beyseyn seines Herrn
Vaters und Herrn Vetters Churfürstens Johann
Frie-

Friedrichs, und Hertzog Johann Ernstens zu Sachsen, wie auch anderer Fürstlichen Personen eine zierliche Oration in Lateinischer Sprache vom Amte eines frommen Fürsten; ingleichen den 5. Julii dieses Jahres Hertzog Johann Wilhelm im 12. Jahr seines Alters, und in Gegenwart einiger Fürstlichen und andrer gelehrten Personen zu Torgau auf dem Fürstlichen Schloß eine Oration vom Ritter Sanct Georgen ab. S. Müll. Annal. Saxon. p. 98. Nicht weniger perorirte Printz Wilhelm Ludwig zu Anhalt An. 1653. auf dem Gymnasio zu Zerbst in dem XV. Jahre seines Alters in Lateinischer Sprache de cura & custodia scholarum bey damahliger Einweyhung des neuen Rectoris, mit dem grösten Applausu. Diese Oration ist noch in Druck zu haben.

§. 18. Damit nun die Durchlauchtigsten Väter, und andere hohe Anverwandten erfahren mögen, was vor profectus ihre Printzen von Zeit zu Zeit erlangt, so lassen sie bißweilen in Beyseyn unterschiedner hohen Standes-Personen, fremden Ministris und gelehrten Leuthe, ein solenn Examen mit ihnen vornehmen, wovon man in der alten und neuen Historie unterschiedene Exempel antrifft. Der Hochtheuerste Hertzog zu Sachsen-Gotha Ernestus der Gottselige, ließ seine Printzen von Zeit zu Zeit durch seine Räthe examiniren, ob sie in den Studiis Progressen gemacht; Er schrieb seinen Printzen selbst gewisse Instructionen vor, und verordnete auf das schärffste, daß sie derselben nachgehen

gehen ſolten. Ihro Hoch-Fürſtliche Durchlauchtigkeit der itzo regierende Hertzog zu Hollſtein Gottorf wurden in Gegenwart des gantzen Hofes, und vieler Königlichen Reichs-Räthe An. 1717 aus allen denjenigen Wiſſenſchafften befragt, die ein qualificirter Regente wiſſen muß. Der Lothringiſche Erb-Printz, der am Kayſerlichen Hofe aufgezogen wird, wurde An. 1728. zu Anfang des Auguſti in Gegenwart der gantzen Kayſerl. Hof-Statt examinirt, wieweit er in ſeinen Studiis gekommen, da man nun befand, daß er durch ſeinen auſſerordentlichen Fleiß ſchon gute Progreſſen gemacht, als ward er von Ihrer Kayſerlichen Majeſtät herrlich beſchenckt, damit er beſtändig in ſeinen Fleiß zu noch mehrern aufgemuntert werden möchte. S. Einleit. zur neueſten Hiſtorie XXXVI. Stück. p. 732.

§. 19. Daß die jungen Herrn des Studierens nicht überdrüßig werden, ſondern nach ihrer Arbeit wiederum einige Abwechſlung und Erquickung des Gemüths finden mögen, ſo iſt man auf allerhand Veränderungen bey ihnen bedacht. Man vergönnt ihnen zum Divertiſſement allerhand Arten Spiele, als Kegelſpiel, Volanten ſchlagen, Biliard-Tafeln u. ſ. w. es wäre aber am beſten, wenn man ihre Spiele und ihren gantzen Zeitvertreib ſo einrichtete, daß ſie allezeit etwas nützliches dabey vornehmen, ihre Sinnen und Gemüther nicht mit lauter Spiel-Ideen anfüllten, ſondern iederzeit lernten auch bey den Spielen ihre Gedancken auf etwas

was beständiges, nützliches und ernsthafftes zu appliciren. In den vorigen Zeiten war unter den grossen Herren das Drechseln ziemlich mode, es ist aber dieses amusement ziemlich abkommen, man kan auch in der That jungen Herrn einen andern Zeitvertreib machen, der ihnen plaisanter und nützlicher ist.

§. 20. Es ist wohlgethan, wenn der Hofmeister in den Promenaden und Lust-Reisen die er mit ihnen vornimmt, eines und das andere aus der Physic und Mathematic, so in die Cameral-Wissenschafft läufft, bey der Gelegenheit ihnen im Discours beybringt, oder sie bißweilen zu allerhand Künstlern in der Hoch-Fürstlichen Residenz herum führet, oder die Naturalien- und Kunst-Kammern mit ihnen besucht oder ihnen allerhand Modelle von Vestungen, Schlössern, Gebäuden, Machinen u. s. w. erklähret, auch sie mit mancherley optischen Raritäten, mit kleinen Feuerwercken, Illuminationen u. s. w. zu divertiren sucht.

§. 21. Die Manége ist ein solch Exercitium, zu welchem junge Printzen bey Zeiten angeführet werden. Hierbey muß ein Hofmeister auf das ernstliche Sorge tragen, daß der Bereuter die junge Herrschafft nicht über die gehörige Zeit auf der Reitbahne aufhalte, ingleichen sie nicht zu zeitlich auf den Springer setze, und sie bey dem Auf- und Absteigen der Pferde wohl in acht genommen werden.

§. 22.

Von Auferziehung der Fürstl. Printzen.

§. 22. Bey Umgehung mit dem Gewehr, und da sie lernen mit Pistohlen oder Flinten nach der Scheibe, nach dem Fluge und Lauff zu schiessen, ist acht zu geben, daß die Diener iederzeit das Gewehr laden und tragen, auch nicht eher hingeben, biß die Printzen einen Schuß thun wollen; So müssen sie auch das Gewehr ehe sie wieder nach Hause kommen, wieder loßschiessen und ledig machen, und also niemahls ein geladen Gewehr in der jungen Herrschafft Zimmern, oder unter ihrer Hand dulten.

§. 23. Wenn die Printzen in ihren Studiis und Wissenschafften es so weit gebracht, daß sie sich nachgehends selbst heissen können, so tretten sie entweder die Reisen in fremde Länder an, oder es wird ihnen von ihren Durchlauchtigsten Vätern eines und das andere Stück der Hoch-Fürstlichen Administration der Lande mit aufgetragen, damit sie nach und nach lernen die Hand an das Steuer-Ruder mit zu legen, und ihre in der Jugend begriffene Theorien in Praxin zu setzen. Heutiges Tages gehöret es unter die grösten Raritäten, wenn ein Printz Studierens halber die Academien besuchen solte; in dem XV und XVI Seculo aber hatte man unterschiedene Exempel der höchsten Standes-Personen, die sichs vor eine besondere Ehre achteten, wenn sie die Universitäten beziehen konten. Also war unter andern Fürst George II. zu Anhalt, nebst seinem Bruder Fürst Joachim auf die Universität Leipzig geschickt, und einem gelehrten Mann,

Mann M. Georgio Helto von Pforkheim, übergeben, der ihm dann so wohl in den Humanioribus als in der Theologie so weit unterrichtet, daß er dem Colloquio zu Leipzig, zwischen Luthero, Carlstadten und D. Eck, bey annoch zarten Alter und nicht vollendetem zwölfften Jahre beywohnen konnte. Fürst George zu Anhalt, von dem noch eine Postille vorhanden, brachte es in der Theologischen Erkäntniß gar so weit, das er von dem sel. D. Martino Luthero im Stifft Merseburg zum Lehrer und Prediger bestellet wurde. Die Anhältischen Theologi rühmen von ihm in der Vorrede über das Anhältische Glaubens-Bekäntniß, fol. 16. daß dergleichen Exempel der Gottseligkeit, daß nemlich ein gebohrner Fürst im heiligen Römischen Reich Teutscher Nation, das göttliche Wort selbst öffentlich geprediget, und so wohl mündlich als schrifftlich mit Lehren und Bekennen treulich fortpflantzen helffen, in keinem andern Hause, ausser in dem Ascanischen Stamm, anzutreffen. Die Printzen schämeten sich damahls so wenig die Theologie öffentlich zu studieren und zu lehren, als vor dem Tisch zu bethen. Es musten auch so gar einige von den Fürstlichen Princeßinnen vor der Tafel bethen, wenn sie auch gleich ziemlich erwachsen. Der berühmte D. Selneccer erzehlet in der Leichen-Predigt, so er der Durchlauchtigsten Fürstin und Frau, Frau Anna, Königs Christiani III. zu Dennemarck Tochter gehalten, daß die Fürstliche Braut eben an dem Tage, da das Beylager gehalten werden sollen,

nebst

nebſt andern mit aufgehobenen Händen noch für dem Tiſch ſtehen und bethen müſſen.

§. 24. Die Reiſen in fremde Länder, wenn ſie mit guter Præcaution, und unter der Direction eines Chriſtlichen, tugendhafften und welt-klugen Hofmeiſters geſchehen, contribuiren gar vieles, um einen Fürſten qualificirter und vollkommener zu machen; hingegen iſt es aber auch gewiß genug, daß ſie manchmahl einem Printzen nicht allein gar keinen Nutzen zuwege bringen, ſondern auch manchen jungen Herrn mehr ſchädlich, als nützlich ſind. Fürſt Johann Ludwig zu Anhalt gedachte einſtens, daß er nicht wüſte warum man die edle Zeit mit dem guten Gelde durch die Reiſen nach Franckreich ſo verwitterte, und offt nicht mehr als etwan ein paar Frantzöſiſche Täntze, oder die Fähigkeit auf einigen abgerichteten und ſich ſelbſt exercirenden Pferden zu reiten, mit heraus gebracht, oder wohl gar bloß eine Mode mit den Schneidern abgeſehen hätte, da wir doch in Teutſchland in Wiſſenſchafften und Exercitien die geſchickteſten Köpffe und Meiſter hätten, und alſo nicht erſt nach Franckreich reiſen dürfften. S. Beckmans Anhält. Geſchichte V. Th. p. 446.

§. 25. Die Hoch-Fürſtlichen Printzen reiſen bißweilen öffentlich nach ihrem ihnen angebohrnen Stande, meiſtentheils aber incognito als Grafen und Barons, theils zur Erſpahrung der Unkoſten, theils auch einigen verdrüßlichen Rang-Ceremoniellen und Streitigkeiten zu entgehen. Unter dieſem

sem Character geben sie andern fremden Printzen die Visiten, und bekommen auch von ihnen die Gegen-Visiten. Sie halten sich gemeiniglich bey den Ministres und Abgesandten auf, die von ihren Hoch-Fürstlichen Eltern an dem fremden Hof abgeschicket worden. Nachdem nun die gecrönten Häupter, an deren Höfe sie kommen, mit ihrem Hause in gutem Vernehmen stehen, oder ihre Familie zu dieser oder jener Zeit unter den Europäischen Puissancen in höhern oder schlechtern Ansehen stehet, oder auch die jungen Herren sich selbst zu conduiren wissen, oder nicht, nach dem werden sie auch mit mehrern oder wenigern Marquen der Gnaden, Freundschafft und Höflichkeit distinguiret.

§. 26. Die grösten Potentaten empfangen bißweilen die jungen Printzen der Hoch-Fürstlichen Häuser in Teutschland, bey der Audienz auf das freundlichste, erkundigen sich des Zustandes ihrer Hoch-Fürstlichen Eltern, offeriren sich in allen und ieden Stücken, ihnen auf ihrer Reise zu ihrem Contentement beförderlich zu seyn, empfehlen sie ihren Hofmeistern zu guter Vorsorge auf das fleißigste, lassen ihnen in ihren Residentien alle Merckwürdigkeiten zeigen, und sorgen, daß sie bey den Solennitäten, die bey Hofe vorgehen, einen guten Platz bekommen, wenn sie Zuschauer dabey abgeben, oder ziehen sie auch wohl selbst mit dazu; bey ihrer Abreise geben sie ihnen obligeante Schreiben mit, entweder an ihre Hoch-Fürstliche Eltern, oder an andere Puissancen, deren Länder sie besuchen wollen. §. 27.

§. 27. Bevor sie abreisen, ertheilen die Durch=
lauchtigsten Väter, so wohl ihren Printzen, als de=
ren Hofmeistern, die sie ihnen mitgeben, gewisse In=
structionen, wie sie sich auf ihrer Reise verhalten
sollen, und befehlen ihnen an, daß sie von Monath
zu Monath, oder von Woche zu Woche ihr gehal=
ten Reise=Diarium einschicken sollen. Insonder=
heit binden sie ihnen auf das allernachdrücklichste
ein, daß sie sich bey fremden Religions=Verwand=
ten von demjenigen Glauben, zu dem sie sich beken=
nen, im gerinsten nicht sollen abwendig machen
lassen. Wo eine Religions=Veränderung besorget
wird, ruffen sie dieselben alsobald nach Hause, und
wo sie allbereits erfolget, stellen sie ihnen ihren Un=
bestand auf das nachdrücklichste zu Gemüthe. Ein
sehr eifriges und bündiges Schreiben, welches
Graf Johannes zu Nassau=Jdstein an seinen
Herrn Sohn Graf Gustav Adolph, anno 1653
abgehen lassen, worinnen er ihn auf das schärffste
verweiset, daß er zur Catholischen Kirche überge=
treten, kan in dem II. Theil von des Herrn Lünigs
Europäischer Staats=Cantzley p. 935. nachgele=
sen werden.

§. 28. Kommen die Printzen von den Reisen
aus frembden Landen wieder zurücke, so destiniren
sie nachgehends die Hoch=Fürstlichen Eltern zu ge=
wissen Geschäfften, die ihren Hoch=Fürstlichen
Stande anständig und geziemend, und zugleich
mit ihren natürlichen Neigungen übereinstimmig.
Die zum Kriege Lust haben engagiren sich bey ei=

ner frembden Puissance oder Republic Krieges-Dienste anzunehmen, und avanciren nachgehends von einer hohen Charge zu der andern. Andere die wegen ihrer Erkenntniß in der Staats-Wissenschafft grosse Renomme in der Welt erlangt, werden von dem höchsten Souverains zu den wichtigsten Civil-Chargen gezogen, und entweder zu Præsidenten in den ansehnlichsten Collegiis, oder zu Ober-Land-Drosten, Gouverneurs und Statthaltern gewisser Provincien declarirt. Den Erb-Printzen wird nach und nach ein Theil der Hoch-Fürstlichen Landes-Regierung mit aufgetragen, sie werden zu den geheimesten Conferenzen gezogen, und helffen vielmahls als Directores des Geheimbden Raths-Collegii das Heyl der Unterthanen mit ihren Hoch-Fürstlichen Herrn Vätern zugleich besorgen, und seine schwehre Regiments-Last erleichtern.

§. 29. Nach Belieben des Regentens, und nach Beschaffenheit der Höfe und dessen Umstände, wird dem Erb-Printzen entweder eine eigene und besondere Hof-Statt zugeordnet, und eine eigene Tafel bestellt, wenn sie anfangen ihre mündigen Jahre zu erreichen, oder müssen sich bißweilen mit dem von ihren Hoch-Fürstlichen Eltern ihnen gewidmeten appointement, und den wenigen ihnen zugegebenen Bedienten eine lange Zeit behelffen, ob sie schon vermählet, und wiederum andere Hoch-Fürstliche Descendenten haben.

Das

Das XIII. Capitul.
Von einigem was die Hoch-Fürstliche Familie überhaupt angehet.

§. 1.

Alle Vortheile und Prærogativen des Ranges, der Titulaturen, Ceremonielle, der Einkünffte, Potestæt und Exemtion der Hoch-Fürstlichen Wittwen, der Printzen und Princeßinnen, und andern Hoch-Fürstlichen Anverwandten, von regierenden und apanagirten Herrn, dependiren theils von den Observanzen des Hofes und Landes, von den Fundamental-Gesetzen des Reichs, theils und insonderheit aber von den Hoch-Fürstlichen Ehestifftungen, Testamenten, Verschreibungen, Belehnungen, Reversalien, getroffenen Compactatis, Vergleichen und Recessen.

§. 2 Die Hoch-Fürstlichen Wittwen beziehen nach dem Tode ihres seligen Gemahls dasjenige Leib-Gedinge, welches ihnen ehedem verschrieben und ausgesetzt, es wäre denn, daß sie zu Vormündern der Hoch-Fürstlichen Kinder in dem Testament wären bestimmet worden, bey welchen Fall sie ihren Wittwen-Stuhl nicht verrücken dürffen, sondern sich in der Hoch-Fürstlichen Residenz und auf dem Schloß so lange aufhalten, und die Administration der Lande führen, biß der Printz zu seinen vogtbahren Jahren gekommen, und zur Regierung selbst fähig ist. Zuweilen geschichts, daß ihnen ein Theil des Schlosses eingeräumt und vergünstiget wird, in denen sie sich biß an ihr Ende die Wohnung ausersehen, ob schon der Printz die Regierung selbst angetreten, aber gar sehr selten, indem die Hoch = Fürstlichen Schwieger = Töchter nicht allezeit mit ihren Hoch = Fürstlichen Schwieger = Müttern überein stimmen.

§. 3. Die Fürstlichen Wittwen der apanagirten Herren werden ebenfalls von dem regierenden Hause versorget, iedoch nach dem Unterschied ihres Einbringens, oder des hohen und mächtigen Hauses, mit dem sie verbunden. Die wenig oder gar nichts eingebracht, und sich bey Lebzeiten ihrer Gemahle bey dem regierenden Hause nicht in besondere Gunst gesetzt, oder viel vermögende Intercessionales anzuschaffen wissen, müssen bißweilen mit einer gar schlechten apanage zufrieden seyn.

§. 4. Die Hoch = Fürstlichen Printzen und Princeßinnen, die aus einem rechtmäßigen Ehe = Bette erzeuget, werden ihres hohen Standes und Geburth wegen, allenthalben besonders distinguirt. Es werden ihnen, nach dem Unterschied ihrer Geburth, besondere Benennungen und Tituaturen beygelegt, die nach dem Unterschied der Länder unterschieden. Im Königreich Pohlen werden die Königlichen Kinder, ob sich schon daselbst
ein

ein iedweder gemeiner Edelmann einbildet, er sey nach den Reichs-Satzungen eben so gut als sie, und könne sich mit ihnen ebenfalls Recht auf die Königliche Crone machen, dennoch bey allen Gelegenheiten als Printzen vom Königlichen Geblüth tractirt. Der älteste Sohn des Königes führt den Titul als Printz von Pohlen, und die übrigen werden gleichergestalt Printzen genennet, wobey man aber ihre Tauf-Nahmen zuzusetzen pflegt, als Printz Alexander, Printz Constantin von Pohlen. Die älteste Tochter des Königes heist Princeßin von Pohlen, und die übrigen nur schlecht weg Princeßinen mit dem Zusatz ihres Tauf-Nahmens, z. E. Princeßin Maria von Pohlen. Wenn aber der König ihr Herr Vater abgehet, und ein neuer an dessen Stelle kommt, der ebenfalls Kinder hat, so lassen sie den Titul eines Printzen oder einer Princeßin von Pohlen fahren, und nennen sich nur mit ihren Geschlechts-Nahmen, oder von ihren Herrschafften und Ländern, als Princeßin Sobiesky, Princeßin Czartorinsky. Der Königliche Senat hat allezeit ein besonder Absehen auf sie, er muß sie mit Pensionen versehen, und darauf dencken daß sie ihren Stand und Herkommen gemäß leben können. S. Connor. Beschreibung des Königreichs Pohlen p. 429.

§. 5. Die Königlichen Printzen und Princeßinnen werden in gantz Europa mit dem Titul Ihrer Königl. Hoheit beehret, und behalten die Princeßinnen diese Titulatur, ob sie schon an andere Printzen,

tzen, die nur aus Fürstlichen Geblüth entsprossen, vermählet würden, es wäre denn, daß sie aus besondern Raisons freywillig diesem Ceremoniel renunciren wollen. Man muß sich wundern, daß die Ertz-Hertzoge und Ertz-Hertzoginnen von Oesterreich für den andern Printzen von Teutschland keinen Unterschied haben, indem sie nur den Nahmen Durchlauchtigkeit annehmen, ohne daß die Aelteste Ertz-Hertzogin die grosse Frau genennet wird. Was wäre billiger, als daß die Kinder des Kaysers sich den Titul Königlicher Hoheit bedienten. Wenn man auch gleich sagen wolte, daß sie diesen Titul deswegen nicht brauchen können, weil das Kayserthum nicht erblich wäre, so sind sie doch Erb-Printzen und Erb-Princeßinnen von Ungarn und Böhmen, krafft deren beyden Reiche ihnen dieser Titul mit Recht gebühret.

§. 6. Den Königlichen oder Fürstlichen Princeßinnen ist gemeiniglich von sehr langen Zeiten her, nach den Fundamental-Gesetzen des Reichs und Verfassungen des Landes, eine gewisse beständige Summe Geldes zum Heyraths-Guth und zur Ausstattung ausgemacht. Es pflegen aber die Königlichen oder Hoch-Fürstlichen Eltern, wenn sie viel eingesammlet, oder vor ihre Töchter und künfftigen Schwieger-Söhne besondere Inclination haben, aus ihrem eigenen Vermögen bey dieser Summe noch ein grosses zuzusetzen. So werden auch bißweilen in einigen Ländern die Unterthanen zur Ausssteuer durch eine besondere Art der Collecten angehalten.

§. 7.

Von der Hochfürstl. Familie überhaupt. 219

§. 7. Hat sich ein völlig souverainer Fürst eine Gemahlin von gantz geringen Stande ausgesucht, so geneust so wohl die Gemahlin als auch die Kinder, die er mit ihr im rechtmäßigen Ehebette erzeuget, in allen Stücken die Rechte und Privilegia, die ihrem respective Gemahl und Vater eigenthümlich sind. Doch dieses hat eine andere Bewandtniß mit den Fürsten in Teutschland. Denn wo sich diese bey ihrer Vermählung allzu sehr erniedrigen, so haben sie bißweilen viel und grosse Mühe, bevor sie es bey des Römischen Kaysers Majestät und bey ihren Hoch-Fürstlichen Agnaten dahin bringen, daß ihre Ehegatten und ihre aus solcher ungleichen Ehe herkommenden Descendenten vor Fürstlich erkandt werden. Ist die Vermählung ausserhalb Landes geschehen, so erfolgt wohl gar manchmahl vom Kayserlichen Hof ein Verboth, daß sie ihre Ehe-Consortin in die Fürstlichen Lande nicht bringen sollen. Zu Zeiten werden die Kinder in den Grafen-Stand erhoben, und inzwischen doch der Succession der Lande vor unfähig erkandt.

§. 8. Ob es schon bey einigen barbarischen, auch wohl in den ältesten Zeiten bey einigen Europäischen und mitternächtischen Völckern im Gebrauch gewesen, daß die natürlichen, oder von einer Maitresse ausser der Ehe erzeugten Kinder ihren Vädern in der Succession gefolget, so sind sie dennoch in den neuern Zeiten, nach dem allgemeinen Völcker-Recht, und den Fundamental-Gesetzen der

wohl-

wohlgesitteten Völcker, gröstentheils davon ausgeschlossen worden. Franckreich hat ihnen von der Zeit an, da die Crone von der Carolingischen auf die Caperingische Linie gekommen, die Hoffnung zur Reichs-Folge abgeschnitten. Charles Loyseau sagt in seinem Traité des Ordres des Princes Chap. VII. n. 88. La troisiéme ligne des Roys de France a toujours observé tres justement d' exclure les batards de la succession du Royaume selon le droit commun, établi de present, comme je crois, en tous les Etats de Chretienté, ou la Polygamie & le Concubinage sont defendus.

§. 9. Man findet hin und wieder in der Historie einige Exempel, daß manche Printzen aus einer allzu grossen Hitze gegen ihre Maitressen so weit gegangen, daß sie ihre natürlichen Kinder nicht allein vor Successions-fähig erklähren, sondern sie auch wohl gar ihren rechtmäßigen Leibes-Erben vorziehen wollen. Also wolte Albertus Degener dem mit der Kunigunda von Eisenberg erzeugten Sohn Apicium in seinen Landen zum Erben einsetzen, und seine beyden rechten Söhne Fridericum mit dem Backenbiß, und Dicemannum davon ausschliessen, wie aus der Sächsischen Historie bekandt.

§. 10. Es ist billich, daß die in der unordentlichen Ehe, oder vielmehr ausser dem Ehestand erzeugten Kinder, um eine Stuffe iederzeit geringer seyn, als die ehelich gebohrnen. Der vorhin allegirte Französische Autor, Charles Loyseau, sagt in dem V. Cap. seines Tractats n. 64. Les bâtards doivent,

doivent, toujours etre mis d'un degré plus bas, que leurs Péres, de sorte que les batards des Roys sont Princes, ceux des Princes sont Seigneurs, ceux des Seigneurs sont Gentils hommes, & ceux des Seigneurs sont roturiers, afin que le concubinage n'ait autant d'honeur que le loyal mariage.

§. 11. Die natürlichen Kinder der grossen Herren erlangen höhere oder geringere Dignitäten und Prærogativen, nach dem Unterschied des Standes ihrer Mütter, und nach dem Unterschied ihrer Qualitäten, die sie von sich erweisen, und durch welche sie sich einer grössern oder geringern Gunst ihrer Durchlauchtigsten Väter würdig machen. Die natürlichen Söhne des vorigen Königs in Franckreich Ludwigs des XIV., der Hertzog von Maine, und der Graf von Thoulouse, brachten es so weit, daß sie anno 1714 durch ein Königlich Edict zu Printzen von Königlichem Geblüth erkläret wurden. Der Premier-Præsident im Parlament zu Pariß, Herr Johann Anton de Mesme, legte vorhero in der Gegenwart dieser beyden Herren, ehe das Königliche Edict abgelesen und registrirt wurde, eine solenne Rede ab; er führte darinnen an, daß die grossen Qualitäten, so der König nach ihrer abgelegten Kindheit an ihnen verspührt, die Ehre, daß sie von einem so glorieusen Geblüthe entsprossen, und iederzeit so treulich bey der Person des Königs gehalten, hätten demselben allbereits bewogen, daß er sie durch einen besondern Vorzug in hohen Stand erheben wollen, indem er, vermittelst der im Monath May des 1694 Jahres publicirten Erklährung, so wohl ihnen als ihren Kindern, und aus ordentlicher Ehe gezeugten Nachkommen, bey allen Begebenheiten, den Rang und Sitz nach den rechtmäßigen Printzen vom Geblüthe, und also vor allen Printzen der ausländischen souverainen Häuser, ingleichen vor allen andern vornehmen Herrn des Reichs, von was vor Ehre, Würden und Qualitäten sie nur immer seyn möchten, gegeben.

§. 12. In Engelland werden die natürlichen Söhne des Königes nicht allein mit grossen Beneficien begabet, sondern auch mit illustren Dignitæten versehen; Also ertheilte König Carl II. allen seinen natürlichen Söhnen den Caracter Fiz-Roy i. e. filius Regis, und die Dignitæt von Hertzogen. In Dennemarck führen die natürlichen Söhne der Könige dem Caracter von Ihrer hohen Excellenz. Es ist auch sonst in andern Provintzien und an andern Höfen gebräuchlich, daß die natürlichen Kinder der Dignitæt der Mutter folgen, wie es auch der Verordnung der Rechte gemäß: Ist die Mutter eine Princeßin oder Fürstin, so werden sie vor Printzen declarirt; ist ihre Mutter eine Gräfin, so bleiben sie Grafen. Ist ein grosser Herr gegen ein Bürger-Mädgen entzündet worden, so werden die aus dieser Liebe gezeugten Kinder vor bürgerlich angesehen und tractirt.

§. 13. In der Historie des XVI. Seculi haben
wir

wir ein gantz besonder Exempel, da der Landgraf zu Heſſen Philippus Magnanimus aus ſehr wichtigen Urſachen, und bey auſſerordentlichen Umſtänden bey Lebzeiten ſeiner Gemahlin noch eine andere ehelichte, nemlich die Margrethe von der Saale, und wurden vorhero von groſſen und gewiſſenhafften Theologis, Luthero, Bucero, Philippo Melanchtone und andern beſondere Judicia geſammlet, die in des Daphnæi Arcuarii Tractat können nachgeleſen werden.

§. 14. Nach dem tödtlichen Abgang der HochFürſtlichen Eltern, führen die aus einem rechtmäſſigen Fürſtlichen Ehe-Bette erzeugten Printzen entweder eine Gemeinſchaftliche Regierung, oder die Regierung der Hoch-Fürſtlichen Lande wird bloß dem älteſten aufgetragen, und die übrigen werden apanagirt, nachdem durch Obſervanzen, Pacta und Teſtamente das Recht der Erſtgeburth eingeführt oder nicht. Bey den Gemeinſchafftlichen Regierungen reſolviren ſie alle Sachen zugleich; alle die Bedienten und Officianten vom oberſten biß auf den geringſten werden in gemeinſchafftliche Pflichten genommen, und die Mandata und Reſcripta im Nahmen der ſämtlichen HochFürſtlichen Herren Gebrüder publicirt. Daß bey dieſem Falle gar öffters mancherley Diſputen unter Herrſchafften und Bedienten vorfallen, und es nicht gantz ohne Verwirrung und Unordnung im Lande abgehe, iſt aus einigen Exempeln der ältern und neuern Zeiten bekandt.

§. 15.

§. 15. Nach dem das Recht der Erst=Geburth heutiges Tages bey den meisten Hoch=Fürstlichen Häusern eingeführt, so überkommen nur die ältesten die Hoch=Fürstliche Regierung und die Landesherrliche Hoheit, und die übrigen Herren Brüder werden entweder bloß mit gewissen Aemtern, darüber ihnen die Administration vergünstiget wird, oder mit gewissen Einkünfften versehen. Die Art und Weise der Apanagen wird durch Vergleiche und Pacta ausgemacht. Bißweilen wird ihnen ein gewisses Amt, oder auch wohl ein Stückgen Landes zu ihrer völligen Disposition gelassen, daß sie darinnen nach eignen Gefallen schalten und walten können wie sie nur selbst wollen; Sie erlangen die völlige Landesherrliche Hoheit biß auf einige wenige Rechte, die dem regierenden Landes-Fürsten durch Testament oder Vergleich ausgedungen und vorbehalten worden. Manchmahl haben sie nur einen Schatten der Superioritatis territorialis, der in der Ausübung einiger wenigen Rechte bestehet, die auch wohl bißweilen ansehnlichen Unterthanen überlassen werden.

§. 16. Manche apanagirte Herren bekommen bloß die Erlaubniß, daß sie an einem gewissen Ort, der ihnen zu ihrer Residenz eingeräumet wird, wohnen, und ihre Apanagen-Gelder daselbst verzehren sollen, diese haben gar keine Jurisdiction über denselben Ort, sondern die Hoch=Fürstlichen Beamten exerciren dieselbe im Nahmen des regierenden Herrn; inzwischen müssen sie doch von dem Hoch-Fürst=

Fürstlichen Beamten, und allen den Einwohnern desselben Ortes, ihrem Fürstlichen Stande gemäß höflich und ehrerbietig tractirt werden.

§. 17. Andern wird nicht allein die Jurisdiction, das ist, die Ober- und Unter-Gerichtsbarkeit über das zu ihrer Apanage ausgesetzte Amt überlassen, sondern auch das völlige Oeconomie-Wesen, so daß sie durch die Administration des Amtes ihre Apanagen-Gelder bekommen. Bey manchen Fürstlichen Häusern in Deutschland sind die Seniorate eingeführet, vermöge welcher demjenigen von den Agnaten, so in diesem Hoch-Fürstlichen Hause der älteste an Jahren ist, nach gewissen alten hergebrachten Pactis, Gewohnheiten und Observanzen besondere Jura zustehen.

§. 18. Die apanagirten Hoch-Fürstlichen Herren Gebrüder und Agnaten haben ein gemeinschafftliches Archiv, zu welchem ein jeder von ihnen einen besondern Schlüssel besitzt, und welchem ein gemeinschafftlicher Archivarius vorstehet, der in den Pflichten des gantzen Hoch-Fürstlichen Hauses stehet. So ist auch das Erb-Begräbniß oder die Fürstliche Leichen-Grufft vor das gantze Hoch-Fürstliche Hauß bestimmt. Nicht weniger werden die Hoch-Fürstlichen Anverwandten in die Kirchen-Gebether mit eingeschlossen, wiewohl gar offters Streitigkeiten sich darüber ereignen, weil sie bißweilen verlangen, daß sie mit Nahmen und mit ihren besondern Häusern ausgedruckt werden; die regierenden Linien hingegen wollen ihnen dieses nicht

nicht zugestehen, und verordnen meistentheils, daß die Vorbitte unter der Benennung der Hochfürstlichen Herren Vettern und Frauen Muhmen abgestattet werde.

§. 19. Bißweilen wollen die apanagirten Herren, die mit einer ansehnlichen und weitläufftigen apanage versorget, ihre besondern Regierungs-Collegia etabliren, ihre eigenen Hof- und Justiz Räthe bestellen. Sie finden aber hiebey nicht selten bey den Haupt-Häusern mancherley Contradictionen. Bald wollen sie ihnen das Recht der Cantzeleyen, aber nicht der Regierungen zugestehen, bald auch dieses nicht einmahl erlauben, sie müsten denn vor einen und dem andern eine gantz besondere Consideration haben. Vielmahls wird bey diesen und andern dergleichen Umständen den Vätern etwas vergünstiget, und bloß auf ihre Lebzeiten eingeschräncket, welches den Descendenten nicht verstattet wird. Die Väter müssen sich verpflichten uud verreversiren, daß sie dieses oder jenes nur als ein precarium annehmen, und im geringsten nicht als erblich ansehen oder machen wollen.

§. 20. In wie weit die apanagirten Häuser dem Haupt-Hause unterworffen, und unter dessen Jurisdiction stehen, kan überhaupt nicht determiniret werden. Die Belehnungen, Testamenta, Verträge und Recesse geben hierinnen am besten Ziel und Maaß. Das ist gewiß, daß die regierende Linie allenthalben den Vorzug hat, inzwischen

schen behalten doch die Neben = Linien ebenfalls ihren einmahl erlangten Fürstlichen Stand und Splendeur, nach welchem sie den übrigen Unterthanen nicht gleich tractiret und angesehen werden.

§. 21. Gleichwie es überhaupt unter grossen Herren gewöhnlich, daß sie sich bey mancherley Fällen und Veränderungen, die sich in ihren Häusern ereignen, mit Notificationen gar freygebig erweisen; also pflegen sonderlich die Hoch = Fürstlichen hohen Anverwandten einander alle Vermählungen, Geburthen, Kindtauffen, Todes = Fälle, und was sich nur in ihren Häusern veränderliches ereignet, reciproquement zu berichten, sie müsten denn wegen einigen unter ihnen vorfallenden Differentien in einer kleinen Disharmonie mit einander stehen.

§. 22. Wollen sich Streitigkeiten unter ihnen entspinnen, so veranlassen sie freundliche Zusammenkünffte, da sie selbst zusammen kommen, und sich wegen der irrigen Puncte mit einander vergleichen, und hernach Freund = Brüderliche oder Freund = Vetterliche Pacta aufrichten, die in den künfftigen Zeiten bey dergleichen Vorfallenheiten ein principium regulativum abgeben, oder wo die Gemüther allzuweit von einander entfernet, daß sie sich bey ihrer persönlichen Zusammenkunfft keines recht friedlichen Ausganges versprechen, so instruiren sie ihre Ministres, und geben ihnen gewisse Vollmachten, wie weit sie gehen sollen. Diese halten

halten denn Conferentien mit den Gegenseitigen Ministris, und bemühen sich, einen guten Vergleich zum Vortheil ihrer Herrschafft zu treffen. Da es bißweilen unmöglich ist, in den Tractaten, die beyderseits Hoch-Fürstliche Theile mit einander schliessen, alle Fälle vorher zu sehen, manche Puncte, auch in den Pactis, nicht mit aller Deutlichkeit, wie es wohl seyn könte und solte, iederzeit exprimiret werden, so geschicht es nicht selten, daß, über die Haupt-Vergleiche, hernach noch gewisse Neben-Recesse, oder, nach Verfliessung einiger Zeit, besondere Dilucidations- und Erläuterungs-Recesse aufgerichtet werden.

§. 23. Können die Demeleen auf keinerley friedliche Weise beygelegt werden, so provociren die Fürsten in Teutschland, denen dieses zukommt, auf das Recht der Fürstlichen Austräge, oder sie imploriren das allerhöchste Kayserliche Ober-Richterliche Amt, nachdem sie vorher alle gelinde Mittel und Wege ergriffen, alsdenn werden die streitigen Rechte entweder in dem Reichs-Cammer-Gerichte zu Wetzlar, oder in dem Kayserlichen Reichs-Hof-Raths-Collegio zu Wien in Discussion gezogen, und nach erfolgtem allerhöchstem Ausspruch einem ieden zu seinem Recht geholffen, und nach Inhalt der Reichs-Gesetze den benachbarten Reichs- und Creyß-Fürsten die Comission und Execution bißweilen aufgetragen.

Das

Das XIV. Capitul.
Von den Hoch-Fürstlichen Bedienten.

§. 1.

Weise Regenten, die sich die Regierung ihrer von GOtt ihnen anvertrauten Fürstlichen Staaten recht angelegen seyn lassen, wenden ihre Sorgfalt dahin, damit sie nicht so wohl ihre Bedienten mit Aemtern und Bedienungen, als vielmehr ihre Aemter mit tüchtigen Leuten versorgen, so die Fähigkeit besitzen, ihnen nach Würden vorzustehen. Sie verkaufen niemahls die Chargen um Geld, es müste denn ein unvermeidlicher Nothfall solches auf eine kurtze Zeit erfordern wollen, und setzen dennoch auch bey diesen Umständen die Meriten nicht aus den Augen. Die sich durch unrechtmäßige Wege in die Aemter eindringen, leiden sie auch nicht lange in ihren Diensten. Also machte es der theure Hertzog zu Sachsen Ernestus Pius. Dieser, wenn er erfuhr, daß iemand durch einen schlimmen Weg in das Amt eingedrungen, und solches erwiesen war, so entzog er ihm nachgehends alsobald solche Bedienung. S. die von Monſ. Teiſſier verfertigte Lebens-Beschreibung dieses frommen Fürstens.

§. 2. Sie erforschen bey Annehmung ihrer Bedienten, von dem obersten biß zu den untersten, zu was

was sie sich am besten schicken, und lernen ihre Stärcke und Schwäche kennen. Jetzt angeführter Ernestus Pius erkundigte sich auch so gar bey den Pagen, ob sie von Studiis oder Degen Profession machen wolten, und wenn ers erfuhr, so gab er auch Acht, ob sie sich auf dasjenige, worauf sie sich legen wolten, recht applicirten. S. Teissier p. 105. Sie sehen hierbey nicht so wohl auf ihr Vaterland und Landsmannschafft, als vielmehr auf ihre Meriten, jedoch ziehen sie die einheimischen, wenn sie mit den fremden von gleicher Geschicklichkeit und Tugend sind, denen auswärtigen vor; es müsten denn besondere Reguln der Klugheit ein anders erfordern.

§. 3. Nach der Verfassung mancher Reiche und Provintzien, müssen gewisse Bedienungen, zumahl von wichtigen Hof- und Reichs-Chargen, nur bloß mit einheimischen besetzt werden. Also werden nach dem XXIII. Articul der Kayserlichen Capitulation Kaysers Caroli VI., die Gesandtschafften, die Chargen der Obristen Hofmeister, Obristen Cämmerer, Hatschierer und Leib-Guarde, Hauptmanns und dergleichen, mit keinen andern besetzt, als mit angebohrnen Teutschen, oder aufs wenigste mit denen, die dem Reich mit Lehns-Pflichten verwandt sind. Als man nach Ankunfft der jungen Königin in Spanien, die eine Tochter des Hertzoges von Savoyen war, alle derselben aus Savoyen mitgebrachte Bedienten, ohne ihren Vorbewust heimlich zurück gesandt, und ihr an deren Statt
lauter

lauter fremde Perſonen zugegeben, ſoll ſie ſolchen Unmuth darüber verſpühret haben, daß ſie wieder zurück reiſen wollen. Nachdem aber ihre Ober-Hofmeiſterin, die Princeßin Urſini, ihr vorgeſtellet, daß die Gewohnheit der Spanier mit ſich brächte, keine andere Perſonen bey ihren Königinnen zu leiden, als die von ihrer Nation wären, ſo hat ſie ſich endlich wieder zufrieden geſtellet. S. curieuſen Bücher-Cabinets XVI. Eingang p. 262.

§. 4. Man findet zwar an allen regulieren und wohlbeſtellten Höfen gewiſſe Ordnungen, die den Hof-Bedienten vorgeſchrieben, und darinnen ihre Pflichten etwas ſpecieller ausgedruckt ſind; doch ſcheinet es faſt, als ob man in den vorigen Zeiten, ſonderlich bey den Teutſchen Fürſten, in dieſem Stück noch accurater geweſen, als ietzund. Es werden dieſe Hof-Ordnungen entweder geſchrieben, oder gar gedruckt, und allen denjenigen die ſie beobachten, und in deren Wiſſenſchafft ſie kommen ſollen, publicirt, im übrigen aber nach ihren Originalien in den Hof-Marſchalls-Aemtern aufbehalten, und von Zeit zu Zeit verändert, vermehret und verbeſſert.

§. 5. Unter andern findet man Frauenzimmer-Ordnungen, Pagen-Ordnungen, Küchen-Ordnungen, Keller-Ordnungen und Stall-Ordnungen. In den Frauenzimmer-Ordnungen wird vorgeſchrieben, wie ſich das adeliche und bürgerliche Frauenzimmer, ſo um die Durchlauchtigſte Herrſchafft iſt, der Zucht und Erbarkeit befleißigen, allen böſen

bösen Schein eines verdächtigen Umgangs mit den Hof-Cavalieren vermeiden, der Hoch-Fürstlichen Gemahlin und der Frau Hofmeisterin unterthänig seyn, und bey den Gottesdienst, bey der Tafel, und bey der Fürstlichen Aufwartung aufführen soll. S. Hertzogs Johann Casimirs zu Sachsen-Coburg Frauenzimmer-Ordnung de anno 1608. in dem V. Theile des Rudolphi Gothæ Diplomaticæ p. 301. Die Pagen-Ordnungen disponiren wenn die Pagen auffstehen, bethen, ihre Aufwartung antreten, zur Information und zu ihren Exercitiis sich begeben, und sich gegen die Durchlauchtigste Herrschafft, gegen die Hof-Dames und Hof-Cavaliers, wie auch gegen ihre Vorgesetzten, gegen ihren Hofmeister, Informatores und Exercitien-Meister verhalten sollen, ingleichen wie sie sich bey der Fürstlichen Tafel, bey dem Auffsatz der Speisen, auf der Reise, und sonst allenthalben zu conduisiren haben.

§. 6. In den Küchen-Ordnungen wird exprimiret, was, wie viel, und auf was vor Art auf die Fürstlichen Tafeln, ingleichen auf die Marschalls-Tafeln und Bey-Tische der Hof-Jungfern und Pagen aufgesetzet und angerichtet werden soll; wie die Küche sich zu rechter Zeit zum Feuer schicken, die Speisen, so zu ieder Mahlzeit angesetzt, und angesteckt, sauber, rein, mürbe, und also zubereiten, daß wenn zur Tafel geblasen wird, sie alsobald parat seyn, wie sie acht haben sollen, daß niemand, wer der auch sey, einheimisch oder auswärtig, sich in die Küche

Küche, und zuvoraus um die Heerdstatt dringe, damit aller ungleicher Verdacht vermieden werde; wie es bey dem Anrichten gehalten werden soll; was an Pasteten, Braten, Gebackenen und andern Speisen aufzutragen, und hernach wieder aufzuheben; wie es mit den Einhauen und Lieferung der Victualien zu halten; wie mit Gewürtze, Zucker, Schmaltz, Saltz und andern dergleichen räthlich umzugehen, damit nichts veruntrauet oder verschwendet, noch weniger die Butter in das Feuer geworffen werde; wie an Wildpreth, Fleisch, Fischen, Gewürtz, Butter, Käß, und allen andern, so wie sie Nahmen haben, an niemand nichts heimlich noch öffentlich abzutragen, und kein ungewöhnlich Essen, an Krähen, Elstern, Füchsen und andern dergleichen zuzurichten.

§. 7. In den Keller-Ordnungen wird den Mundschencken und Kellerschreibern, oder wie sie sonst genennet werden mögen, anbefohlen, wie sie die Gläser, silberne Becher, Flaschen, und alles was sie in ihren Verwahrsam bekommen, wohl aufheben und in Acht nehmen sollen; wie sie sich bey dem Einschencken aufführen, wie viel, und von was für Sorte sie einem ieden geben, wie viel sie bey der Tafel und unter der Tafel weggeben, wie sie weder in Keller noch Keller-Stuben Unterschleiff gebrauchen, das Aus- und Einlauffen ausser und unter den ordentlichen Mahlzeiten niemand verstatten, vielweniger Winckel-Zechen zu lassen, und selbst dazu Anlaß geben, auch mit Fleiß darob seyn, daß die

Weine

Weine mit fůllen und wischen wohlgehalten und nicht verfälschet werden. Es wird ihnen darinnen angedeutet, daß sie das Keller-Inventarium, an silbernen, kůpffernen, meßingenen, blechernen, hölzernen und andern Gefäß, wie es bey der Recension befunden, in Acht nehmen sollen, daß davon nichts verschleifft oder entwendet, noch muthwillig zubrochen und vernichtet werde; sondern was jährlich darinnen verbessert, verneuert, vermehret und vermindert wird, steigt und fällt, alsobald in das Inventarium aufgezeichnet werde.

§. 8. In den Stall-Ordnungen werden die Pflichten aller Stall-Bedienten, vom obersten biß auf den untersten, vorstellig gemacht, auch angezeiget, wie sie so wohl die Reit- als Kutsch-Pferde, nebst den Kutschen, ingleichen dasjenige, was ihnen, vermittelst des Inventarii, an Satteln, Zeugen, Decken, Pistohlen und andern Rüstungen, auch sonsten untergeben und vertraut, in guter Verwahrung halten sollen, damit nichts verderbe und etwan Schaden leide, von Futter im geringsten nichts verparthieren, auf die Leib-Pferde gute Acht haben, mit denselben sittsam und gemach umgehen, keine fremde Pferde, ohne besondern Fürstlichen Befehl, in den Stall ziehen, und stallen lassen, auch ohne des Stallmeisters Erlaubniß und Befehl niemand einig Pferd vorziehen, noch verleihen u. s. w.

§. 9. Das Ansehen und die Bedeutungen der Bedienungen sind nach dem Unterschied der Höfe

von

von einander unterschieden. Manche Charge ist an diesem Hofe mit einem grossen Range und besondern Dignität verknüpffet, die hingegen an einem andern eben nicht vor so gar ansehnlich geachtet wird. Also ist die Charge der Staats-Secretairs in Franckreich und Dennemarck ein gar vornehmes Amt, hingegen haben sich bißanhero in Teutschland viele von unsern Cavalieren keine Ehre daraus machen wollen, wenn man ihnen geheime Secretairs-Expeditionen zugedacht. Eine gleiche Bewandniß hats mit der Bedienung der Cammer-Herrn, diese stehen an vielen Höfen in einem vornehmen Posto und hohen Range, an einigen Höfen in Teutschland aber findet man, daß diese Charge um einige Grade geringer geachtet wird. An dem Kayserlichen Hofe sind die Cammer-Herren-Schlüssel zweyerley, einige sind hohl und offen, welche diejenigen Cammer-Herren tragen, so würcklich aufwarten; andere aber zu, welche vor diejenigen gehören, die nicht würcklich zur Aufwartung gebraucht werden.

§. 10. An diesem Hofe ist auch eine Charge, in dem Ober-Stallmeister-Amt, welche man den Sattel-Knecht nennet. Dieses ist ein so honorabler Dienst, daß auch vornehme Leute solchen anzunehmen kein Bedencken tragen. Als nun zu Kaysers Leopoldi Zeiten einer, der solchen allererst empfangen, anhielte, der Kayser möchte doch die verhaßte Knecht-Benennung abschaffen, und solche in einen andern Titul verändern, sagte der

hoch-

hochselige Kayser, wer den Nahmen nicht leiden könte, schickte sich auch nicht zum Dienste; und bey allen solchen Veränderungen pflegte er in dem Munde zu führen; Was seine Vorfahren hätten vertragen können, könte ihm auch gut seyn, und würde also bey seinem Leben nichts zu ändern seyn. S. das Leben des Kaysers Leopoldi, p. 110. Der ietzt angezogene Autor meldet auch p. 112. daß die Kayserlichen Edel=Knaben nicht Pagen genennet würden, weil man in Wien einen iedweden Jungen diesen Titul gäbe.

§. 11. Es geschicht bißweilen, daß einige kleine Fürsten, die kein groß Land, und auch keine gar zu weitläufftige Hofhaltung haben, dennoch in Austheilung hoher Characteres und grossen Tituladuren den gröstsen Puissancen nachahmen, sie müssen aber auch nicht selten erfahren, daß ihre hoch=characterisirte Ministres nicht allenthalben an denjenigen Höfen, wo sie dieselben hinschicken, in dieser Qualität erkandt werden, zumahl bey denen, von welchen ihre Principalen einiger maßen dependant sind.

§. 12. Die Vergebung der neuen Chargen dependiren, nach der unterschiedenen Verfassung der Höfe, entweder von den Landes=Herrn allein, oder von den Landes=Fürsten und den Reichs= und Land=Ständen zugleich. In den neuern Zeiten sind manche Collegia etabliret, und manche neue Chargen ausgedacht worden, davon man in den vorigen Zeiten nichts gewust. Gleichwie der Staat und die Magnificenze an den meisten Höfen zugenommen,

nommen, also ist auch die Menge der Hof-Bedienten, der Titulaturen, und der Chargen mit denselben zugleich vermehret worden. Man findet hin und wieder bey den alten Geschicht-Schreibern, daß man ansehnlichen und mächtigen Reichs-Fürsten in Teutschland als eine prächtige Hofhaltung nachgerühmet, wenn sie 6. oder 7. Ritter um sich gehabt, da doch heutiges Tages manche Reichs-Grafen in diesem Stück eine grössere Figur machen. Chur-Fürst Friedrich der Weise hielt eine gar enge Hofstatt; da er einstens vorhatte seinen Dienern Kost-Geld zu geben, und befand, daß solches 800 Gülden austragen würde, so rechnete er dieses schon vor eine sehr grosse Summa Geldes. S. Zinckgräfs Teutsche Apophtegmata p. 98.

§. 13. Grosse Herren ertheilen neue Aemter, Prædicata und Besoldungen, wenn es ihnen beliebt, nachdem es entweder die Officianten verdienen, und sich durch ihre Meriten den Weg zu weitern Avancemens gebähnet, oder nachdem sie sich durch allerhand Methoden bey ihnen, oder bey ihren Favoriten männlichen oder weiblichen Geschlechts, in Gnade gesetzt, oder nachdem sie von andern Hoch-Fürstlichen Häusern, mit denen sie entweder in Freundschafft oder Anverwandschafft stehen, oder vor die sie besondere Consideration hegen, starcke Recommendations- und Intercessions-Schreiben mit sich bringen. An vielen Teutschen Höfen ist gebräuchlich, daß die Hoch-Fürstlichen Herrschafften an ihren solennen Geburths-Tägen

gen neue Chargen vergeben, und einige Diener avanciren laſſen.

§. 14. Wenn die Söhne entweder in die väterlichen Fußſtapffen treten, oder das Glück haben, die Gnade der Succeſſion ſo wohl zu erlangen, als ihre Väter, ſo werden ſie ihren Vätern gar offters adjungiret, und die Chargen werden hierdurch auf gewiſſe Maße erblich. An dem Kayſerlichen Hofe hatte man vor einiger Zeit ein denckwürdig illuſtre Exempel: Es ſtarb anno 1716. den 16 Julii zu Wien, Herr Philip Sigmund, Graf von Dietrichſtein, Kayſerlicher Ober-Stallmeiſter, der Herr Bruder Fürſt Ferdinand war des hochſeeligen Kayſers Leopoldi Ober-Hofmeiſter, deſſen Sohn Fürſt Leopold, Kayſers Joſephi Ober-Stallmeiſter; der Vater Fürſt Maximilian, Kayſers Matthiæ Ober-Stallmeiſter, Kayſers Ferdinandi II. und Kayſers Ferdinandi III. Ober-Hofmeiſter; der Groß-Vater Sigmund, Kayſers Rudolphi II. Miniſter, und Ertz-Hertzogs Ernſts Ober-Stallmeiſter; der Aelter-Vater, Kayſers Maximiliani II. Ober-Cämmerer, und Rudolphi II. Ober-Hofmeiſter; der Uhrahne Sigmund, Kayſers Maximiliani I. Caroli V. und Ferdinandi I. Miniſter. S. Heræi Gedichte p. 155.

§. 15. Die unterſchiedenen Objecta, die mancherley Angelegenheiten des Landes, die unterſchiedenen Geſchäffte des Hofes, und die beſondern Neigungen der Herrſchafft verurſachen den Unterſchied der Aemter und Bedienungen, deren hiſtoriſche

sche Beschreibung, wie sie heutiges Tages bey den meisten Europäischen Höfen anzutreffen, in eignen Schrifften zu lesen. Die vornehmsten Ministri des Kayserlichen Hofes sind, der Ober-Hofmeister, der Obriste Cämmerer, der Obriste Hof-Marschall, und endlich der Obriste Stallmeister; die gantze übrige Hofstatt wird in diese vier hohe Aemter eingetheilet. Der Ober-Hofmeister-Stab ist der vornehmste; unter ihm stehen, der Ober-Hof-Küchenmeister, der Ober-Silber-Cämmerer, der Unter-Silber-Cämmerer, der Obriste Stäbelmeister, welcher voran gehet, wenn man dem Kayser die Speisen aufträgt; er klopfft mit einem Stabe an die Thüre, damit die in der Ritter-Stube und Anti-Camera stehenden Personen Platz machen. Die Truchseße warten dem Kayser bey der Tafel auf, und sind deren eine grosse Anzahl; unter ihnen stehen 13. Mund-Schencken, zwey Vorschneider, die Hof-Capelle, die Hof-Secretarii, ingleichen alle Hof- Zehr- Garten- Kellerey- Tafel- Küch- und Wasch-Bedienten.

§. 16. Der Obriste Cämmerer-Stab führet die Ambassadeurs, Envoyés und andere Standes-Personen zur Audienz, ihm wird das Creditiv-Schreiben der Herren Gesandten vorher eingeliefert, und denselben von ihm durch einen Thürhüter von der Anti-Camera eine gewisse Stunde angesetzt; Unter ihm stehen die Cammer-Herren, deren eine überaus grosse Menge, wie auch der Kayserliche Beicht-Vater, die Leib-Medici, die Leib-
Apo-

Apothecker, die Leib-Balbierer, auch alle Cammer- und Garde Roben-Bedienten. Der Obriste Hof-Marschall hat nicht allein die Jurisdiction über die Hof-Bedienten, sondern auch über die Frembden, als Abgesandten, Residenten, Agenten, Sollicitanten; er macht Quartier wenn der Kayser seine Residentz verändert. Daher stehen unter ihm, das Hof-Quartier-Amt, und die dazu gehörigen Ober-Hof-Quartier-Meister, Fourirer &c. ferner das Ober-Hof-Marschall-Amt, samt seinen Räthen, Assessoribus und Bedienten.

§. 17. Dem Ober-Stallmeister ist alles, was zum Stall gehöret, untergeben; er hilfft dem Kayser zu Pferde oder Wagen, ausser der Stadt aber pflegt er bey dem Kayser mit entblößtem Haupt in der Kutsche zu sitzen. Es sind auch die Exercitien-Meister bey Hofe an denselben gewiesen. Zu seinem Stabe gehören die Kayserlichen Edel-Knaben, so Gräflichen und Freyherrlichen Standes, ingleichen alle Stall-Pferde- und Wagen-Bediente. Auf diese vier Haupt-Stäbe folgen, der Hatschier-Hauptmann, der Leib-Garde Tranbanten-Hauptmann, der Obriste Land-Hof- und Jäger-Meister, der Ober-Hof-Falcken-Meister, und andere hohe Officianten mehr.

§. 18. An vielen Höfen der gecrönten Häupter, und anderer hohen Puissancen findet man, über die andern Staats-Ministres und andere hohen Officianten, noch einen Ministrissimum, einen Premier-Minister, einen Ministre principal d'Etat, einen
diri-

dirigirenden Staats-Minister, oder wie sie etwan weiter können genennet werden. Von diesen bringt es, in Ansehung der fortwährenden Gnade und der Dauer dieses höchsten Ehren-Gipffels, einer immer weiter als der andere, nachdem einer Meriten hat, und sich necessair zu machen gelernt, oder durch sein gutes Bezeigen sich bey der Herrschafft und dem Hof beliebt zu machen weiß. Bißweilen versehen einige hohe Anverwandte des Hauses diese Function, bißweilen aber auch andere Staatskundige Männer. An den Römisch-Catholischen Höfen bemühen sich die Cardinäle, bey dieser Charge einen grossen Theil des Steuer-Ruders nebst den Regenten zugleich mit in Händen zu halten, wie aus der alten und neuen Historie bekandt ist. Also beherrschten in den vorigen Zeiten die beyden Cardinäle, Richelieu und Mazarin, als Premier-Ministres gantz Franckreich. Richelieu legte den Grund, und Mazarin bauete drauf.

§. 19. Auf gewisse Maße geben bißweilen einige Staats-kundige Damen, die das Hertz des Regenten in Händen führen, oder das Glück haben, dem Ministrissimo selbst besonders zu gefallen, und mit ihm vertraut zu seyn, Premier-Ministres mit ab, und diese ertheilen auf eine gewisse Zeit denjenigen Sachen, von denen sie Erkäntniß erlanget, und zu denen sie mit zu Rathe gezogen werden, ein sehr starck Gewicht. An einigen Höfen sind die Premier-Ministres zugleich Favoriten, aber nicht allenthalben. Bißweilen muß ein Regent einen

Premier-Ministre um sich leiden, weil das Volck an ihm hänget, weil er sich allenthalben insinuiret, weil er von trefflicher Capacität, und die Regierungs-Sachen wohl innen hat, inzwischen ist er ihn eben nicht vollkommen zugethan, und eine andere zuweilen schlechte Person, von keinen oder doch geringen Meriten, vertritt die Stelle des Favoriten. Ein beständiger und getreuer Favorite des Königs in Engelland war Wilhelm von Bentheim Graf von Portland, der anno 1710. den 10 November im 62sten Jahr seines Alters starb. Vor seinem Lebens Ende bath er, daß man seinen Leichnam so nahe an den Cörper Königs Wilhelms III. legen möchte, als sichs thun liesse, und hatte auch die Ehre, daß er in der Abtey zu Westmünster in der Capelle Königs Henrichs des VII. beygesetzt ward.

§. 20. Caspar de Gutsmann Graf von Olivarez hatte das Glück, daß er bey dem König Philippo III. in Spanien die Staats-Affairen des Königreichs XXII Jahr nach einander als Premier-Minister dirigiren konte. Der Französische Historicus, Michael Le Valsor, urtheilet in seiner Historie du Regne Louis XIII. liv. 56. p. 10. folgendes von ihm: Olivarez gouvernoit & le Roy & toute l'Espagne avec un pouvoir absolu, homme d'un esprit altier, rempli de maximes, seueres & naturellement porté aux conseils violens. Comma il avoit insinué a son maitre de prendre le surnom de grand, il cherchoit tous les moyens d'augmenter la puissance & la gloire de Philippe;

lippe; mais la fortune seconda si mal les projets du Conte, que durant son administration la monarchie d'Espagne perdit son ancien splendeur.

§. 21. An dem Päbstlichen Hofe, der alles durch den Beyrath der Cardinäle expediret, versiehet derjenige Cardinal, der sich zu der Zeit am meisten auf die Staats-Affairen appliciret, sich in den Pabst zu schicken, und von der Schwäche des Pabstes zu profitiren weiß, die Stelle eines Premier-Ministri. Einige wollen es einem grossen Herrn vor einen Fehler anschreiben, wenn er keinen Premier-Minister hält, zumahl wenn er selbst in seinen Verrichtungen sehr langsam und bedächtig, und dennoch alles selbst annehmen und anhören will; sintemahl die Resolutionen hierdurch gar sehr gehindert, und viel Geschäffte verabsäumet würden. Andere hingegen schreiben es einem Regenten vor eine sehr grosse Weißheit an, wenn er selbst Premier-Minister ist, und keinen andern um sich dultet.

§. 22. Es ist überaus löblich, und bringt einem Fürsten einen besondern Ruhm zuwege, wenn er die Dienste, die ihm treue und fleißige Diener leisten, auf mancherley Art und Weise an ihnen selbst, oder an den Ihrigen belohnet. Fürst Joachim Ernst zu Anhalt wird nachgerühmet, daß er innerhalb 12 Jahren etliche 40 Paar Diener, adelichen und bürgerlichen Standes, deren Heyrathen er mehrentheils stifften und anbringen helffen, auf dem

dem Schloß zu Torgau trauen und beylegen lassen, und denselben nicht allein ihre Hochzeiten ausgerichtet, sondern sie auch mildiglich begnadiget. S. Beckmanns Historie von Anhalt V. Theil p. 194. Hertzog Friedrich von Gotha verordnete, daß die Wittwen und Erben der Fürstlichen getreuen Diener nach ihrem Tode alle ihre Besoldungen und Accidentien noch folgende zwey Quartale behalten solten. Einige gönnen den Wittwen der grösten Ministres und anderer Officianten, die ihnen eine lange Zeit getreue und ersprießliche Dienste geleistet, nach dem Tode ihrer Männer ansehnliche Pensionen, wenn sie selbst nicht so viel in Vermögen haben, daß sie Standes=mäßig davon leben können.

§. 23. Nachdem bey Veränderung der Landes=Regenten gemeiniglich auch unter den Bedienten, höhern und geringern Standes, sich grosse Veränderungen ereignen, so wird vielmahls in diejenigen Fürstlichen Pacta und Vergleiche, so unter den Durchlauchtigsten künfftigen Successoribus aufgerichtet werden, diese Clausul mit eingerückt: Weil der Billigkeit gemäß, daß treuer und wohlverdienter Räthe und Bedienten erwiesene nützliche Officia nicht unbelohnet bleiben, so haben sich die Fürstlichen hohen Herren Paciscenten dahin gnädigst erklähret, daß sie, und zwar ein ieder nach seiner Rata, für diejenigen Räthe und Ministros, so bey Abgang eines oder des andern Fürstlichen Theiles in dero Diensten sich würcklich befinden, und

und wohl meritirt gemacht, dergestaltige Sorge tragen wollen, damit entweder durch anderweitige Accommodirung, oder nach Befindung durch eine erkleckliche Provision ihnen, so viel möglich, Unterhaltung und Subsistenz verschafft werden möge.

§. 24. Gehet ein Kayser mit Tod ab, so sind alle Bediente des gantzen Kayserlichen Hofes so gleich ihrer Dienste erlassen, und der neue Kayser nimmt sodann diejenigen, welche ihm belieben, erst wieder an. Der eintzige Reichs-Vice Cantzler bleibt unverrückt in seinen Diensten, weil seine Charge nicht so wohl von dem Kayser, als vielmehr von Chur-Mayntz und dem Reich dependiret.

§. 25. Was der Autor der Persianischen Briefe in seiner XXIX Lettre von dem vorigen König in Franckreich Ludwig dem XIV. raisoniret, geschiehet auch bißweilen ausser den Französischen Gräntzen bey einen andern Regenten: Il paye aussi liberalement les aussiduités ou plutot l'oisiveté de ses Courtisans que les Compagnes laborieuses de ses Capitaines, souvent il préfere un homme, qui le deshabille, ou qui luy donne la serviette l'ors qu'il Je met a table, à un autre, qui luy prend des villes ou luy gagne de batailles; il ne croit pas, que la grandeur souveraine doit être genée dans la distribution des graces & sans examiner, si celuy, qu'il comble de bien est homme de merite il croit que sa choix va le rendre tel, aussi luy a t'on vu donner un petite pension, a un homme, de merite & un beau gou-

gouvernement a un autre, qui auoit fuy deux lieux.

§. 26. Einige Hof-Officianten werden nach dem Unterschied ihrer Bedienungen der Objectorum, die sie zu verwalten haben, und der Observanz der Höfe in Pflicht genommen, andere aber nicht; einige werden auf Art eines Contracts in Dienste gezogen; manchen wird ein besonder Decret zu ihrer honeur, auch mehrern Versicherung ausgefertiget. Grosse Ministri erhalten ihre Bestallungen mit grossen Solennitäten, die geringern Subalternen hingegen werden ohne besondere Ceremonie angenommen. Wird einer zu einem Hoch-Fürstlichen Rath in ein Collegium aufgenommen, so wird er vorhero von einem Ministre, vermittelst einer solennen Rede, introduciret. Derjenige so ihn introducirt, offeriret ihm nomine Serenissimi die vacante Stelle, und zweiffelt nicht, er werde, der Hoch-Fürstlichen Intention gemäß, solche willig annehmen, die gewöhnliche Vorhaltung anhören, und daß er derselben in allen pflichtmäßig nachleben wollen, mit dem Handschlag angeloben, und sodann der würcklichen Anweisung seiner Session gewärtig seyn. Der neue Rath hält wieder eine solenne Danckfagungs-Rede dagegen. Bißweilen installiret ein Geringerer einen Höhern, mehrmahls aber einer von einem grössern und höhern Range einen andern, der keine so hohe und ansehnliche Dignität besitzet.

§. 27. Nimmt ein Rath oder Minister aus einem

nem Collegio Abschied, und wird in ein anderes gesetzt, so hält er bey dem Abschied eine Rede, und bey dem Eintritt in das neue Collegium, in welches er introduciret wird, wieder eine, wie sehr viel Exempel, bey diesen und andern dergleichen Fällen, in den Reden der vornehmsten Ministres nachgesehen werden können.

§. 28. Wird dem Erb-Printzen eine Hofstatt formiret, so wird, mit Zuziehung der Herren Geheimden Räthe, auch bißweilen des Herrn Ober-Hof-Predigers, eine gewisse Ordnung, wie es in Zukunfft bey des Printzen Hofstatt gehalten werden soll, abgefast, und zu Papier gebracht, auch wohl durch des Printzen Hofmeister, oder einen andern Cavalier, bey einer solennen Rede publiciret. Es wird anbefohlen, daß diese Ordnung in Gegenwart des Erb-Printzen den sämtlichen zu der Hofstatt gehörigen Officianten und Bedienten zu gewisser Zeit jährlich vorgetragen, wiederholet und abgelesen werden soll.

§ 29. Zu manchen feindseligen Zeiten, oder wenn ein Land mit einer sehr grossen Schulden-Last gedrückt ist, wird die allzu zahlreiche Hofstatt vermindert, und von einen Hof-Minister durch eine solenne Rede dimittiret. Er dancket ihnen nomine Serenissimi vor ihre Dienste, versichert ihnen, daß sie bey wiederhergestellter Ruhe, und bey ereignender Gelegenheit, wieder accommodiret, immittelst aber ihren allerseits biß hieher gehabten Rang vor wie nach, und den freyen Zutritt bey Hofe behalten solten.

ſolten. Ordentlicher Weiſe verbleibet den abgedanckten Bedienten ihr Character und geführter Titul eigenthümlich; zuweilen geſchicht es aber doch wohl, daß ſie bey einer ſehr groſſen Ungnade der Herrſchafft, und bey einem höchſt unanſtändigen und unwürdigen Bezeigen, ihres Ranges und Tituls verluſtig werden; es wird ſodann allen Collegiis des Landes verbothen, daß ſie dieſelben in denen an ſie abgelaſſenen Schreiben nicht mehr nach ihrem vorigen Character benennen ſollen.

§. 30. Nachdem ordentlicher Weiſe die Bedienten nach ihren Gefallen aus den Dienſten gehen können, wenn ihr Jahr geendiget, ohne daß ſie nöthig hätten, ihre Dienſte ein Viertel-Jahr vorher aufzukündigen, wie etwan die Bedienten der Privat-Perſonen, ſo wird bißweilen ausdrücklich in ihre Beſtallungen mit eingerückt, daß ihre Reſignation mit der Einwilligung ihres Herrn, und ihre Loßkündigung ein Viertel-Jahr vorher geſchehen ſoll; auſſer dieſem Fall ſind ſie nicht ſchuldig, nach der Reſignation noch ein Viertel-Jahr zu warten, und dürffen auch nicht Rede, und Antwort davon geben, daß ſie ſolches nicht gethan. Bey den Cammer-Gerichts-Aſſeſſoribus iſt es ausdrücklich verordnet, daß ſie die Reſignation ein Viertel-Jahr zuvor intimiren müſſen.

§. 31. Bißweilen verſprechen die Landes-Regenten einigen Officianten vom höhern Range, und die ſie von auswärtigen Oertern herbekommen, bey Annehmung in ihre Dienſte, und zwar durch beſondere

sondere mit eigener Hand und Siegel ausgefertigte Recesse, daß sie dieselben ohne wichtige und rechtmäßige Ursachen ihrer Dienste nicht erlassen wollen. Nicht weniger machen sie sich anheischig bey denen, die sie mit grosser Mühe überkommen, und an denen ihnen ein gar vieles gelegen, daß sie nach ihrem Tode ihren hinterlassenen Weibern und Kindern eine Pension destiniren wollen.

§. 32. Einige grosse Herren verfahren nicht allzu schnell mit Abdanckung der Bedienten, zumahl derer, die ihnen eine Zeit gute und ersprießliche Dienste geleistet. Hertzog Wilhelm zu Sachsen-Weimar pflegte zu sagen: Bey unserm Fürstlichen Hause ist es nicht herkommens, daß man alte treue Diener, die sich um Uns und die Unsrigen so viel Zeit und Jahre wohl verdient gemacht, abschaffe; Er soll auch einstens gegen einen alten Diener diese Rede geführet haben: Höret Alter, ihr seyd etlichen beschwerlich, und lebet ihnen zu lange, man will euch von der Krippe stossen, die Jungen sollen es besser können; aber nein, es ist so böse nicht gemeynt, ich bin mit euren Diensten gar wohl zufrieden, und bleibe euer gnädiger Herr, wer euch verachtet, der muß mich, der ich älter bin, als ihr seyd, auch verachten, sterben wir aber beyde, so wird es gut seyn, wenn sie es besser machen können, als wirs gemacht haben. S. Müllers Annal. Saxon. p. 449.

§. 33. Wo die Regierung eines Regentens einiger maßen eingeschräncket, als wie in Engeland, so pflegt man bey der auf dem Tapet seyenden Abdanckung eines grossen Ministri, der zumahl bey dem Volck, oder bey einigen Grossen des Hofes ziemlich wohl angesehen, gar behutsam zu procediren. Es werden nicht selten von den Reichs- oder Land-Ständen, oder von den hohen Collegiis, Deputirte an den König abgeschickt, die vor ihm intercediren, und bey dem König respective Vorstellungen thun müssen. Durch diese läst sich denn ein Landes-Regent entweder von seinem Vorsatz abbringen, oder er stellet ihnen die Ursachen vor, warum er zu dieser Dimission geschritten, versichert aber im übrigen, daß er nicht gesonnen wäre weitere Veränderungen vorzunehmen.

§. 34. Einige Hof-Officianten, die ihres Lebens und zugleich ihrer Hof-Dienste satt und überdrüssig worden, kommen bey Serenissimo selbst mündlich oder schrifftlich ein, führen mit aller Submission ihr hohes Alter, Unvermögen und Leibes-Schwachheit an, beklagen, daß sie nicht vermögend wären, denen ihnen gnädigst anvertrauten hochwichtigen und mühsamen Diensten weiterhin nutzbarlich vorzustehen, noch ihren schweren Pflichten ein sattsames Genügen zu leisten, und ersuchen sie also ihrer bißherigen Dienste sie in allen Gnaden zu erlassen.

§. 35. Wenn sich nun die Landes-Regenten bey diesen Umständen entschliessen müssen, so dancken sie ihnen wegen ihrer bißherigen lange geleisteten treuen Dienste, sie versichern sie weiterhin und biß an ihr Ende aller Gnade, und lassen ihnen auch gemei-

meiniglich ihre gehabte Besoldungen biß an ihr
Ende. Sie bedienen sich bißweilen ihres guten
Raths, wenn sie auch schon dieselben ihrer Dienste erlassen, und lassen sie zu sich fordern. Sind
sie mit dem Podagra beladen, oder sonst wegen
hohen Alters sehr schwach und matt, daß sie nicht
wohl zu Fuß sind, so erlauben sie ihren alten Dienern, daß sie sich dürffen in die Zimmer tragen lassen, und in einen Arm-Stuhl niedersetzen.

§. 36. Dafern einige grosse Herren, entweder
aus eigener freyen Bewegniß, oder auf Anstifften
anderer Bedienten, auf einen Officianten eine Ungnade geworffen, der aber doch unschuldig ist, und
durch sein Bezeugen keine rechtmäßige Gelegenheit
darzu gegeben, und den sie doch auch nicht so gleich
cassiren und abdancken wollen, so lassen sie ihm entweder durch die dritte oder vierdte Hand unter dem
Fuß geben, daß er selbst aus einigen falschen
Schein-Gründen um seine Dimission und um die
Ruhe anhalten muß, da doch manchen mit einer
längern Hof-Unruhe gedienet wäre; oder sie geben
ihm ein Employ, und manchmahl noch ein ein-
träglichers, als er gehabt, an einem andern Ort,
der etwas von der Residentz entfernet, damit er ihnen nur aus den Augen kommen möge, oder sie re-
ligiren ihn gar auf eine honette Weise in ein ander Land, das ist, sie ertheilen ihm in einer andern
Provintz, die auch ihrer Bothmäßigkeit unterworfen, ein ander Amt und andere Occupationen.

§. 37.

§. 37. Die disgraciirten Hof-Officianten kommen bißweilen bey Durchlauchtigster Herrschafft mit einem unterthänigsten Memorial ein, und bitten, daß ihnen gnädigst eröffnet werden möchte, wodurch sie sich einer solchen Ungnade schuldig gemacht. Graf Abraham von Zinzendorf, nachmahliger Ober-Hofmeister Kaysers Leopoldi, führte in dem Schreiben, welches er an die Kayserin Eleonoram, Kaysers Ferdinandi III. hinterlassene Wittwe, allerunterthänigst übergeben ließ, und darinnen er anno 1675. bey derselben um allergnädigste Erlassung seiner Dienste allerunterthänigst ansuchte, unter andern folgendes an: Im Fall einige Ubelgesinnete bey Eurer Majestät mich möchten angegeben haben, so bitte, mir die Klage zukommen zu lassen, ich will antworten, und wenn ich überwiesen, die Straffe des Verbrechens gerne ausstehen. Diese Umstände und das Verlangen Eure Majestät völlig vergnügt, und nach eigenem Belieben bedient zu sehen, bewegen mich des Trostes, dero Dienste mich zu berauben, und mit tiefster Ehrerbietung um die Erlassung zu einer reputirlichen Retirade zu bitten, und nach dero Wohlgefallen mit dem von mir verwalteten Officio zu disponiren. Eure Majestät wollen befehlen, wenn, wie, und in weß Hände ich solches zu überlassen habe. Mein Nachfolger wird glückseliger, aber nicht eifriger, dienstbahrer und getreuer seyn können. S. das LXXIII. Schreiben des IV. Theils von Künigs Europäischen Staats-Cantzley.

§. 38.

§. 38. Ist ein Minister bißweilen unschuldiger weise angeschwärtzt worden, und bekommt bey Zeiten Nachricht davon, so begiebt er sich öffters unter fremde Protection, und führt daselbst seine Sachen aus. Also begab sich anno 1652. der vornehmste Königlich=Dänische Staats=Minister, Herr Corfiz Ullefeld, unter die Protection der Königin Christina in Schweden, und als der König von Dännemarck darum schriebe, so antwortete die Königin: Es hat uns nicht wollen anstehen, da es nicht von uns begehret worden, ohne vorhergehende Verhörung, mit unserer Censur einigen Menschen, er sey hohen oder niedrigen Standes, Freund oder Feind præjudicirlich zu seyn; sondern haben ihm dißfalls diese Freyheit und Sicherheit vergönnet, innerhalb unsern Grentzen und deßen Provintzien, und unter unserer Jurisdiction so lange zu verbleiben, biß er seine Sachen bey Eurer Liebden ausgeführt und beygeleget hätte.

§. 39. Haben sich einige gewisser Malversationen schuldig gemacht, so werden sie mit Arrest belegt. Geschicht die Arretirung an einem öffentlichen Orte, oder bey einem sehr grossen Staats=Minister, so wird den andern Ministris fremder Puissancen Nachricht davon gegeben, auch wohl die gantze Historie gedruckt, und der Welt kund gethan, weil doch grosse Herren ihre Facta und Verfahren in allen Dingen gerne justificiren wollen. In den Memoiren des Monsr. de Lamberty wird man hiervon einige Exempel antreffen.

§. 40.

§. 40. Bißweilen werden sie, nach Erlegung einer gewissen Caution de judicio sisti & judicatum solvi, auf freyen Fuß gestellet, bißweilen müssen sie aber auch nach dem Unterschied ihrer Verbrechen, in Arrest verbleiben. Ihre Malversation wird nachgehends durch gewisse darzu bestellte Commissarien untersucht: bißweilen wird denen ordentlichen Gerichts-Beamten ein oder mehr Hof-Räthe, auch wohl nach Gelegenheit noch ein höherer characterisirter Minister adjungirt; vielmahls aber werden eigene und ausserordentliche Comissarien darzu erwehlet, und mit besondern Pflichten belegt, daß sie alles geheim halten sollen.

§. 41. Manche behalten ihre Dignität und einmahl erlangten Character, ob sie schon in Arrest gebracht worden, andere aber werden dessen bey besondern Umständen vorher verlustig. Ein Polnischer von Adel, welcher einmahl ein völliges Amt überkommen, und in desselben würcklichem Besitz ist, kan seiner einmahl erlangten Charge, wenn er sich auch des allergrösten Verbrechens, wider die Crone oder wider den Staat theilhafftig gemacht, nicht so leicht beraubet und entsetzt werden, es müste denn solches mit einmüthiger Bewilligung aller auf dem Reichs-Tage versammleten Reichs-Stände geschehen, und wenn sie auch alle, biß auf einen einzigen, den er unter einer solchen Menge auf seiner Seite behalten, damit zufrieden wären, so würde dennoch die Protestation dieses einzigen so viel würcken, daß er wider den Willen aller der übrigen das einmahl

einmahl verliehene Amt die Zeit seines Lebens würde behalten dürffen. S. Connor Beschr. des Königreichs Pohlen p. 424.

§. 42. Man hat allenthalben gewisse Staats-
Gefängnisse, in welchen die Prisoniers d'Etat entweder biß an ihren Tod, oder nur eine Zeitlang, in
weiter oder enger Verwahrung aufbehalten werden. Es werden mehrentheils gewisse Vestungen
oder sonst alte Schlösser darzu ausersehen, in welchen, nach dem Unterschied der Verbrechen, und
dem unterschiedenen Stand und andern Umstände
der Missethäter, entweder überirdische oder unter-
irdische, schlechte oder prächtig ausmeublirte Behältnisse angetroffen werden. In Franckreich werden die Staats-Gefangenen in die Bastille gesetzt,
vormahls aber in das Chateau de Vincennes. Es
ist einer unglücklich, wenn einer in die Bastille gesetzt wird, man fängt gemeiniglich ab executione
an, und mittlerweile muß einer manchmahl Jahr
und Tag sitzen, ehe man vornimmt, die Sache zu
untersuchen, warum einer eigentlich eingesetzt worden. Die Gouverneurs haben ihren Profit davon, als welche nach Proportion vor ieden Gefangenen, und dessen Unterhaltung, vom Hofe bezahlet
werden. S. Nemeitz Sejour de Paris p. 432.

§. 43. Werden die Acta nach Verspruch Rech-
tens geschickt, so wird die Urthels-Frage nicht selten
unter verdeckten Nahmen abgefaßt, und das Urthel
unter einen andern Nahmen publiciret, wenn es
etwan bedencklich, daß die rechten Umstände manchen

chen Leuten kund werden; manchmahl werden auch die gantzen Acta, die in der Sache ergangen, weggelegt und bey Seite geschafft, daß sie nachgehends niemand mehr zu Gesicht kommen.

§. 44. Solte bey sehr harten Verbrechen gar ein Todes-Urthel gesprochen werden, so geschicht die Execution des Urthels entweder öffentlich, oder gantz in geheim, ohne daß iemand etwas davon erfähret, im Gefängniß nach der Wichtigkeit des Verbrechens, nach der Beschaffenheit der Officianten, und nach Grösse der Ungnade und des Zorns, die ein Regent auf seinen Diener geworffen, und nach den Regeln der Klugheit, die hierbey in Betrachtung zu ziehen.

§. 45. Unter andern Hof-Gebräuchen, die man bey den Hof-Bedienten wahrnimmt, ist auch das Wehrhafft-machen der Pagen, welches mit besondern Ceremonien zu geschehen pflegt. Ist der Tag zum Wehrhafft-machen angesetzt, so läst der Fürst in Beyseyn seiner Gemahlin, und des Hof-Marschalls oder Hauß-Marschalls, und einiger andern von der Hofstatt, den Pagen zu sich fordern, rühmet seine gute Aufführung, verehrt ihm einen Degen, ertheilt ihm gute Vermahnungen, wie er sich dieses Degens zur Beschützung der Ehre GOttes, des Vaterlandes, und seines eigenen Lebens bedienen solle, und declarirt ihn hierdurch vor einen Cavalier. Will er ihm besondere Gnade erzeigen, so verehret er ihm noch wohl über dieses ein schön Pferd, ein neu Kleid, einen Beutel mit Geld, u. s. w. Wenn es der Fürst selbst nicht thut, so hält der Hof= Marschall, oder der sonst zu dieser oder jener Zeit dessen Stelle vertritt, und den Stab führt, eine kleine Rede an den Pagen, in Beyseyn der Durchlauchtigsten Herrschafft. Hierauf hält der Page entweder selbst eine Gegen= Rede, wenn sich seine Geschicklichkeit so weit erstreckt, und bedanckt sich bey der Durchlauchtigsten Herrschafft vor die Gnade, die sie ihm hierunter erzeiget, oder er ersucht einen Cavalier, daß er im Nahmen seiner, eine Dancksagungs=Rede bey der Durchlauchtigsten Herrschafft ablegen soll. Nachgehends wird der wehrhafft gemachte Page denselben Tag an die Fürstliche Tafel mit gezogen, und muß auch wohl an seinen Ehren=Tage ein groß Glaß Wein austrincken.

§. 46. An einigen Höfen bekommen sie auch bey ihrer Wehrhafftmachung, nach einem sehr alten Gebrauch, noch eine Ohrfeige, welche eine Ritter=mäßige Ohrfeige genennet wird. Caspar Lerch meldet hiervon in seinem Discours von dem Ritter= Wesen der Teutschen. Es wurde vor diesem keiner so leicht zum Krieg oder Ritter=Wesen zugelassen, man hatte denn seine Mannheit, Treue und redlich Gemüth vorher erkandt, alsdenn gürtete man ihm erst die Waffen und Wehr an, und machte ihn damit wehrhafft; sintemahl vor alten Zeiten bey Menschen Gedencken her ein Herbringen entstanden, daß keiner, er sey denn wehrhafft gemacht und erkandt worden, die Wehre tragen dürffte, welche denen Jungen von Adel und reißigen Knechten mit einem Backenstreich zugestellet worden; es wurde nicht ein iedweder frecher und ungescheuter Jüngling, Scribent und Acker=Bube zum Waffen gelassen, wie ietzt, da sie ein ieder fast an sich selbst nimmt. Zu welcher Zeit diese Ohrfeigen=Ceremonie aufkommen, kan man so eigentlich nicht sagen; sie soll aber doch schon zu Zeiten Kaysers Caroli des Grossen im Gebrauch gewesen seyn. Heutiges Tages ist diese Solennität an sehr viel Höfen in Teutschland gantz und gar abgekommen. S. das VIII. Capitul und den gantzen Tractat, den der Hoch=Fürstlich=Sachsen-Gothaische Hof=Rath Förster vom Wehrhafftmachen geschrieben.

§. 47. Die Farbe der Libereyen, in welche man die Pagen und Laquais einkleidet, ist an einigen Höfen veränderlich, und werden nach Belieben der Durchlauchtigsten Herrschafft mancherley Veränderungen damit vorgenommen; an andern aber hingegen wechselt man nicht leichtlich, sondern man behält die Farbe, so die Durchlauchtigsten Eltern, Groß=Eltern und Vor=Eltern geführet. In vorigen Seculis war es mode, daß bey manchen Solennitäten gewisse Worte, so sich zu denselben freudigen oder traurigen, schertzhafften oder ernsthafften Handlungen schickten, auf die Libereyen gestickt und genehet worden, welches in der heutigen Welt manchen gewißlich gar sehr spöttisch vorkommen würde. Also meldet Georg Spalatinus in der Beschreibung des Beylagers, welches anno 1500 zu

Torgau

Torgau zwischen Hertzog Johannsen von Sachsen, mit Frau Sophia, gebohrner von Mecklenburg, gehalten worden, daß die Diener vieler Fürsten, Prälaten, Grafen, Herren, Frauen und Edlen auf den rechten Ermel diese Worte geführet: Glück zu mit Freuden! Man hat sich damahls eingebildet, daß es trefflich schöne stehe, sintemal eben dieser Spalatinus nur darzu setzt, es wäre gewesen ein fast schöner wohlgerüsteter Zeug. Ob wohl Spalatinus dieses von den Herrschafften selbst gesagt, (s. Struvs Historisch-Politisches Archiv, pag. 89. III. Stück,) so vermuthe ich doch, daß dieses von den Bedienten zu verstehen, und daß der Historicus das Wort Diener ausgelassen. Es sind mir unterschiedene Exempel vorkommen, daß man in damahliger Zeit mancherley Worte auf die Libereyen gehefftet; ich habe aber ausser diesem noch keines gefunden, daß dieses bey den Herrschafften selbst gebräuchlich gewesen. Chur-Fürst Johannes der Beständige, ließ sein Symbolum: Verbum Domini manet in æternum, seinen Hof-Dienern ebenfalls auf die Ermel hefften. Als nun der Chur-Fürst mit diesen Staat zu Augspurg auf dem Reichs-Tag gewesen, trieben ihrer viele über diese Buchstaben ein Gespötte, und sagten: Verbum Domini manet in Ermel. S. Müll. Annales Saxon. p. 57.

Das XV. Capitul.
Von Rang-Ordnungen der Fürstlichen Bedienten.

§. 1.

Bey Verfassung der Rang-Ordnungen ereignen sich, wegen der mancherley Absichten und Umstände, gemeiniglich vielerley Zweiffel, indem bald das Amt, bald die Person und ihr Stand, bald die langwierigen Dienste, bald andere Respectus dabey in Betrachtung gezogen werden wollen. Inzwischen thun doch grosse Herren wohl, wenn sie gewisse Reglemens setzen, wornach sich ihre Ministri und Bedienten im Range zu richten haben. Denn obschon der Rang keine wahre Ehre geben kan, sondern nur ein äusserlich Wesen darlegt, so ist doch nöthig, daß bey einem gemeinen Wesen auch dißfalls eine Ordnung vorhanden sey; es wird manchen Disputen, Streitigkeiten, und wohl gar Duellen vorgebeuget, wenn ein iedweder weiß, wie er sich, nach der Intention und dem Ausspruch seines Fürsten, seinem Character und Function gemäß, so wohl bey publiquen und solennen, als Privat-Zusammenkünfften, des Ranges und Vorsitzes halber achten soll.

§. 2. Von Rechts wegen solte der Rang allezeit mit den Ehren-Tituln in gleichem Grade stehen,

hen, und die Ehren-Titul sich nach eines ieden Verdiensten richten. Die äusserlichen Ehren-Bezeigungen solten mit dem Stande und der Tugend harmoniren; so würden Rang und Titul zu Mitteln werden, ehrliebende Gemüther aufzumuntern, daß sie etwas nützliches zum gemeinen Besten leisten würden, und die Rang-Ordnungen würden allezeit auf diese Weise ihren guten Grund haben. S. des Herrn Hof-Rath Wolfens Tractat vom Gesellschafftlichen Leben der Menschen pag. 401. Daß aber dieses nicht allenthalben beobachtet wird, ist aus der Erfahrung mehr als zu wohl bekandt.

§. 3. Einige Rang-Ordnungen sind auf alle Bedienten eines Hofes eingerichtet, andere aber erstrecken sich nur auf die Ministros und andere vornehme Officianten. Jene sind manchmahl so nöthig als diese; und erzehlet der Autor des VI. Stückes des XII. Tomi der Electorum Juris Publici, wie ihm ein Casus bekandt, der sich an dem Hofe eines geistlichen Reichs-Fürsten zugetragen, daß zwischen dem Hof-Gärtner und Hof-Schneider ein Præcedentz-Streit entstanden, und daß jener diesen die Præcedentz, welche solcher nach der Rang-Ordnung gehabt, aus einem solchen Capite quæstionirlich machen wollen, weil er den Degen zu tragen pflegte, der Hof-Schneider aber nicht.

§. 4. Es wäre gut, wenn man allenthalben nicht nur accurate und specielle Hof-Ordnungen

gen hätte, in denen der Rang aller und ieder Hof-Bedienten, vom obersten biß auf den untersten, determinirt wäre, sondern auch allgemeine Rang-Ordnungen, die allen Unterthanen im Lande nach ihren unterschiedenen Ständen, Aemtern, Gewerben und Professionen den Rang vorschrieben, und die eben wie die Gesinde-Ordnungen und andere dergleichen ins Land ausgeschrieben, und durch Landesherrliche Authorität bestärcket würden, so würde manch Gezäncke bey allerhand öffentlichen und Privat-Zusammenkünfften, ja auch wohl gar bey den heiligsten Handlungen, und mancher unnöthiger Process unterbleiben. Jetzund dependirt das meiste bey diesem Rang-Wesen, theils von Observanzen der Oerter, die bißweilen unvernünfftig und ungerecht sind, theils von den Aussprüchen der Facultäten und Schöppen-Stühle, die keine gewisse Fundamenta vor sich haben, und in diesem Stück ihre Urtheile nicht selten nach ihren Neigungen einrichten.

§. 5. Wenn neue Rang-Ordnungen projectiret und abgefaßt werden sollen, so wird diese Arbeit mehrentheils einen von den Geheimbden Räthen, dem Hof- oder Hauß-Marschall, und einen oder ein paar von den Hof- und Justiz-Räthen aufgetragen, die müssen sich zusammen setzen, und ein Project abfassen, welches hernach von dem Geheimbden Consilio und von Serenissimo selbst untersucht und geändert, und nachdem es völlig in das reine gebracht, endlich unterschrieben und publicirt wird.

wird. Bißweilen werden, bevor ein völlig General-Reglement zu Stande kommt, in Ansehung der vornehmsten Bedienten nur Particulier-Verordnungen, in denen gewissen Ministris ihr Rang bestimmt wird, autorisirt, und bekandt gemacht. In einigen wird auch exprimirt, wie die Cavaliers vom Lande, ingleichen die frembden, die sich aber auf eine Zeitlang in der Fürstlichen Residenz wohnhafft niedergelassen, ob sie schon nicht in Fürstlichen Diensten stehen, placirt werden sollen.

§. 6. Es erstrecken sich diese Reglemens auf alle Fälle, und auf alle Handlungen, bey welchen man ceromonieus zu seyn pflegt. Sie binden alle Bedienten und Unterthanen zum Gehorsam so wohl als die andere Gesetze und Ordnungen, wenn sie vorher publicirt, und zu eines ieden Wissenschafft gebracht worden. Die Contravenienten verfallen bißweilen in eine Strafe von etzliche hundert auch wohl von tausend Thalern, es wird ihnen der Zutritt bey Hofe nicht mehr gestattet, und bey fernern und neuen Ungehorsam, werden sie mit härtern willkührlichen Strafen belegt, zuweilen auch wohl gar mit Verlust ihrer Chargen bestrafft.

§. 7. Inzwischen behalten sich die Durchlauchtigsten Gesetzgeber freye Macht vor, solche nach ihren Gefallen zu verändern, zu vermehren, zu vermindern, und auch, wenn sie es vor gut befinden, gantz und gar zu cassiren und aufzuheben.

Es geschehen hin und wieder casus pro amicis, da man denen, welchen man besonders gnädig ist, wider die Rang-Ordnungen bey manchen Gelegenheiten favorisirt. Manchmahl bekommt auch ein gewisser Officiante aus besonderer Consideration, ohne künfftige Consequenz in dem neuen Rang-Reglement einen gewissen Platz, der in Zukunfft einem andern, der zu dem Besitz eben dieser Charge kommt, versagt wird.

§. 8. Die Hof-Reglemens leiden mancherley Veränderungen, nicht allein bey Veränderung der Regenten, so daß die Nachfolger nicht selten das vorige gantz und gar über den hauffen schmeissen, und nach ihren Gefallen ein neues abfassen, sondern auch durch Veränderung der Collegiorum, und der Bedienungen, und dem Bezeugen der Bedienten. Nachdem bey der zunehmenden Menge des Adels in den ietzigen Zeiten manche Chargen, die man ehedem vor bürgerlich angesehen, von Cavalieren ambiret und bekleidet werden, so wohl bey den gelehrten Aemtern, als auch bey der Jägerey und sonst hin und wieder, so bekommen auch dieselben Aemter aus Consideration vor die, die sie erhalten, einen etwas höhern Rang. Ist ein Hof-Bedienter auf eine Zeitlang in Ungnade gefallen, so muß er sichs gefallen lassen, daß er bey Hofe, bey manchen Gelegenheiten, im Range einigen andern, denen er von Rechts wegen nach der Vorschrifft der Rang-Ordnung vorgehen solte, nachgesetzt wird.

§. 9.

§. 9. Es giebt an allen Höfen gewisse Reichs- und erbliche Bedienungen, welche ihren Rang und Subordination von ihren Ursprung bekommen, und durch eine langwierige Possess dergestalt darinnen bestätiget worden, daß sie nicht leicht eine Aenderung zu befürchten haben; ausser dem aber ist der Wille des Souverain dasjenige Principium, welches den Chargen ihren Valeur und Rang zuschreibt. Nachdem ein grosser Herr vor dieses oder jene Objectum mehr oder weniger geneigt ist, nachdem theilt er auch bey den Chargen den Rang aus; Liebt ein Regent die Studia und Gelehrsamkeit, so werden die Staats-Ministri, die Geheimboden Räthe, und überhaupt die Civil-Chargen sehr wohl placirt, commandirt aber der Degen die Feder, so muß mancher wiederum eine oder ein paar Stellen tieffer herunter rücken, und denen Herren Officiers Platz machen.

§. 10. In den Hof-Reglemens werden gemeiniglich die Hof-Bedienten der Hoch-Fürstlichen Frau Gemahlin zu erst ausgedruckt, nachgehends die Bedienten des Fürstens, wiewohl es auch in etzlichen umgekehrt ist; hierauf folgen die zur Hoch-Fürstlichen Hofstatt der Printzen und Princeßinnen, als Kinder vom Hause gehören, und endlich die Officianten der andern Hoch-Fürstlichen Anverwandten, die ebenfalls ihren subordinirten Rang und Platz haben.

§. 11. Es ist billich, daß die rechtmäßigen und ehlich gebohrnen Printzen allen Officianten, auch den allergrösten Staats-Ministris vorgehen, wie denn auch wohl keinen einfallen wird, ein Dubium hierüber zu erregen; Mit den natürlichen Kindern aber hat es eine andere Bewandniß. Das Glück, das einige, die von dem König in Franckreich Ludwig den XIV aus unächten Ehe-Bette erzeuget, genossen, da sie vor Printzen vom Geblüthe erkläret worden, wiederfähret nicht allen. Man hat bey den natürlichen Kindern bißweilen ein gewisses Reglement. An einigen Höfen wird ihr Rang in den Rang-Ordnungen mit exprimiret, ohne daß der Unterscheid ihrer Mütter, von denen sie gebohren worden, in Betrachtung gezogen wird, an andern aber bekommen sie einen Platz nach dem Unterschied ihrer Dignitæten, und des Standes den sie erhalten, auch nach dem unterschiednen Grad der Liebe, mit dem ihre Durchlauchtigsten Väter ihnen zugethan.

§. 12. Die Hoch-Fürstlichen Herren Vettern und hohen Anverwandten vom Hause, haben die nächste Stelle nach den Fürstlichen Kindern, und werden allen Officianten von Adelichen und Gräflichen Stande vorgezogen. Bißweilen setzet es aber sehr scharffe Disputen, nicht allein unter ihnen selbsten, sondern auch unter den höchsten Hof-Staats- und Kriegs-Ministren, die mit ihnen eines gleichen Standes sind, diese und andere dergleichen Rang-Streitigkeiten werden meistentheils durch mancherley Temperamente beygelegt. Im Monath December anno 1723. ward ein Rang-Streit

Streit zwischen denen Printzen vom Geblüthe, und denen Hertzogen und Pairs von Franckreich im Parlament zu Paris auf folgende Weise entschieden, als sie sich wegen ihres Sitzes in dem Parlament nicht vergleichen konten. Die Printzen vom Geblüth solten in einer Linie weg sitzen, und hernach die Hertzoge und Pairs von Franckreich in ihrer Ordnung, iedoch mit diesem Unterscheid, daß die Printzen auf Sammet-Küssen sitzen solten, und zwischen ihnen und den Pairs solte ein Platz von zwey Personen ledig bleiben. Siehe den II. Theil der Einleitung zur neuesten Historie, p. 91.

§. 13. Die auswärtigen Printzen, die sich an einem Hof entweder beständig aufhalten, daselbst in Bedienungen stehen, oder sonst im Lande ansäßig gemacht, haben nicht selten mancherley Streitigkeiten um den Rang mit den grösten Ministris der grossen Königlichen oder Kayserlichen Höfe, da diese jenen offt nicht weichen wollen, ob sie schon nur Adelichen oder Freyherrlichen oder Gräflichen Standes. Um solches point d'honeur wird manches Gute gehindert, welches sonst durch gemeinschafftliche Cooperation, und durch die Harmonie der Gemüther weit geschwinder, sicherer und vollkommener würde befördert und zuwege gebracht werden können.

§. 14. Es ist sehr billig, daß bey denen, die in einerley Collegiis sitzen, oder sonst einerley Functionen vorstehen, die Anciennité beobachtet wird, so daß diejenigen, die eher in ein Collegium gekommen,

men, denen, die später in daſſelbe aufgenommen worden, vorſitzen und vorgehen. Doch finden ſich auch hiebey bißweilen nach dem Unterſchied ihres höhern oder geringern Standes und andern Umſtänden einige Unterſchiede. An einigen Höfen haben die Grafen eine Præferenz vor den Cavalieren, und die Cavaliere wieder vor denen die von civilen Stande. Die mit einen Ritter-Orden begnadiget, werden auch nie beſonder vor den andern diſtinguiret. Manchmahl haben dieſe einen Vorzug in dem Collegio bey dem Votiren, Unterſchreiben, und allen Handlungen, die in dem Collegio vorfallen, und hingegen jene auſſer dem Collegio, bey Hofe, in denen Geſellſchafften und Zuſammenkünfften.

§. 15. An einigen Höfen wird bey den Officiis, die auf Studia und Gelehrſamkeit ankommen, keine Diſtinction gemacht, es mögen diejenigen, ſo ihnen vorſtehen, adelichen oder bürgerlichen Standes ſeyn; an andern aber wird der Adelſtand dem bürgerlichen vorgezogen. Die bürgerlichen Räthe, es mögen nun Geheimde, Hof- und Regierungs- oder Cammer-Räthe ſeyn, gehen zwar an den meiſten Teutſchen Höfen den würcklichen Adelichen nach, wenn ſie gleich ältere Beſtallungen als dieſe haben; in denen Collegiis aber behalten ſie ihre Plätze nach der Ancienneté.

§. 16. In dem Königlich-Däniſchen Reglement de anno 1717. iſt es etwas beſonders, daß diejenigen, welche einige von denen in den erſten Claſſen

der

der Rang-Ordnungen specificirte Chargen bedienen, ohne Unterschied ihres Standes, Herkunfft und Vaterlands, es mögen gebohrne Unterthanen oder fremde seyn, vor sich, ihre Weiber und aus rechtmäßigen Ehebette erzeigten Descendenten zu ewigen Zeiten vor uhralte von Adel gehalten werden, und in allen Stücken, mit denselben gleiche Privilegien, Ehren, Würden und Prærogativen geniessen, sie mögen von dem König mit Schild und Wappen begnadigt seyn oder nicht.

§. 17. Die würcklichen Officianten, das ist, diejenigen die entweder in Collegiis Votum und Session erlangt, oder ihre Besoldung ziehen, und den Aemtern Dienste leisten, werden, und zwar mit guten Grunde, allenthalben den Titulairen vorgezogen. In der Königlich-Polnischen und Churfürstlich-Sächsischen Rang-Ordnung von anno 1716. wurde ausgemacht, daß diejenigen, so dato das Prædicat als würckliche Geheimbde Räthe erlangt hätten, denen Sessionibus aber nicht beywohnten, ihren zwar daher gebrachten Rang unveränderlich behielten, in Zukunfft aber solten nur allein diejenigen vor würckliche geheimbde Räthe geachtet werden, welche Votum & Sessionem in dem geheimbden Consilio erlangt, alle andere aber würden für Titulares geachtet.

§. 18. Unter andere Temperamente, die bey dem Rang-Wesen vorfallen, gehört auch mit, daß einige Chargen nach ihrer Ancienneté roulliren, und mit einander alterniren, nachdem sie gekommen,

men, oder in Dienste getreten. Die entweder selbst bey der Durchlauchtigsten Herrschafft um Erlassung ihrer Dienste ansuchen, oder ihre Dimission erhalten, werden ihres einmahl erlangten Ranges nicht verlustig, es müste denn bey gewissen seltenen und ausserordentlichen Umständen das Abdancken cum infamia geschehen seyn.

§. 19. Die Weiber gehen durchgehends nach dem Rang ihrer Männer, und wissen ihrer Männer Ancienneté vielmahls besser als die Männer selbst. Haben aber einige aus dem Stande geheyrathet, so müssen sich die Weiber gar offters gefallen lassen, daß sie den andern nachgehen, die Gesetze mögen es behaupten wie sie wollen, daß eine Frau mit den Strahlen ihres Mannes leuchten soll; die Opinion und die Mode ist in diesen und andern Stücken gemeiniglich stärcker als die Vorschrifft der Gesetze. Die Wittwen behalten so lange den Rang ihrer Männer, als sie sich nicht wieder verändern.

§. 20. Solte man eine und die andere specielle Rang-Ordnung nach der gesunden Vernunfft examiniren, so würde man bey mancher gar viel zu reformiren finden; Doch diese Arbeit würde gar verhaßt und unangenehm seyn, auch sehr schlechten Nutzen haben, es würde deswegen doch alles bleiben, wie es zuvor gewesen, das Tel est notre Plaisir setzt den Rang-Ordnungen Ziel und Maaße.

§. 21. An dem Kayserlichen Hofe soll der Rang folgender seyn und unveränderlich bleiben: Die
Kay=

Kayserlichen Geheimbden Räthe gehen allen andern vor, und unter sich haben sie ihren Rang nach ihrer Anciennité. Sonst giebt keine Charge am Kayserlichen Hofe den Rang. Denn ein Obrister Hofmeister, Obrister Cammerherr, Ober-Hof-Marschall, Ober-Stallmeister, Reichs-Hofraths-Præsident, Kriegs-Præsident, General Feld-Marschall, alle Generale, die Geheimen Räthe ꝛc. folgen einander.

§. 22. Im Felde gilt unter den Officirern der Rang von Cammer-Herrn und Geheimbden Räthen nichts, sondern da bleibt es bey dem Rang der Chargen. Bey Hofe giebt keine Charge einen Rang, sondern da geht es nach dem Rang der Geheimen Räthe, oder der Cammerherrn, und sonst nach nichts, ausser daß die Hof-Aemter in ihren Functionibus den Rang vor allen andern haben. Denn der Ober-Hofmeister ist sonst der erste, aber ausser dem Hofe in der Stadt und auf dem Lande hat der Ober-Stallmeister den Rang über alle Hof-Aemter, und wenn der Ober-Stallmeister in den Hof-Wagen vor den Kayser herfähret, so setzt er sich oben an, und der Ober-Hofmeister, der Ober-Cämmerer, der Ober-Hof-Marschall muß sich unter ihn setzen, oder wenn sie hinter des Kaysers Carosse reiten, so reitet der Ober-Stallmeister über alle die andern. S. Lünigs Europäisches Staats-Ceremon. Theatr.
II. Tomum.

Das VXI. Capitul.
Von der Fürstlichen Personen Vorbereitung zu ihrem Tode/ und von ihrem Sterben selbst.

§. 1.

Nachdem der Tod der Fürstlichen Palläste so wenig verschonet als der Bauerhütten, so pflegen Christliche und weise Fürsten und Fürstinnen ihr Hoch = Fürstliches Hauß bey Zeiten zu bestellen, und in allen Stücken zu verordnen, wie es so wohl bey ihrem Ende als auch nach ihrem Tode in einem und dem andern gehalten werden soll, damit sie der Tod nicht unvermuthet überfallen möge, sondern sie ihn mit guter Ordnung und Gelassenheit entgegen treten mögen.

§. 2. Sie suchen sich bey Zeiten die herrlichsten Lieder, und die kräfftigsten Trost = Sprüche aus, die wider die Schrecken des Todes dienen, damit sie sich dieselben auf ihrem künfftigen Tod = Bette zum Heyl ihrer Seelen von ihren Beicht = Vätern, von ihren Hoch = Fürstlichen Anverwandten und Bedienten vorbethen und vorsingen lassen, wie wir bey diesen und andern Stücken, die zu einer Christ = Fürstlichen Vorbereitung des Todes dienen,

nen, aus der neuesten Historie an der Aller-Durchlauchtigsten und Großmächtigsten Königin in Pohlen und Churfürstin zu Sachsen, Frau Christinen Eberhardinen, ein höchst-rühmliches Exempel haben, welches, wie aus den unterschiedenen gedruckten wahrhafften Historischen Berichten bekandt ist, nicht allein allen hohen Standes-Personen, sondern auch Privat-Leuten zu einem vollkommenen und höchst-löblichen Muster dienen kan. Fürst Wolffgang zu Anhalt ließ 15 Jahr vor seinem Ende allerhand Gemählde und Sprüche von Toden, Auferstehung der Toden u. s. w. vor sein Bette hängen, um sich dermahleinsten eines seligen Abschiedes hierbey zu erinnern.

§. 3. Sie befehlen vor ihrem Ende, wann GOtt der HErr über sie gebiethen würde, und sie vielleicht aus grossen Schmertzen ein Glied ihres Leibes, welches beydes GOtt und die Natur zuzudecken befohlen, entblössen würden, daß sie dieselben auf das allerfleißigste zudecken, auch nicht leichtlich ohn Unterschied und unangemeldet eine Person andern Geschlechts, und wenn es auch ihre nächsten Anverwandten wären, zu ihnen vor das Krancken-und Sterbe-Bette lassen solten.

§. 4. Einige verbiethen auf das schärffste alle unnöthige Schmückung des Leibes, und alle prächtige Ceremonien, die sonst mit und bey den todten Leichnahmen, zumahl bey Fürstlichen Personen pflegen vorgenommen zu werden. Die Gemahlin Hertzogs Augusti des Administratoris zu Halle

Halle pflegte zu sagen: den Lebendigen gehörten Schmuck und Kleinodien, den Verstorbnen aber keinesweges, daher sie auch dergleichen wenig in den Sarg mitgenommen. S. Müllers Annal. Saxon. p. 489. Die Römische Kayserin Eleonora Magdalena Theresia verlangte in ihrem Leben, daß man nach Dero erfolgten Tode weder Dero Leib waschen, noch von einem Manns-Bilde entblößen, noch weniger eröffnen oder einbalsamiren solte, und sie auf das allerschlechteste einkleiden. Es ist auch solches geschehen. Sie wurde in einem weißen Habit und Himmel-blauen Scapulier von Cardis, auf welchen Scapulier oben auf der Brust das Bildniß der Mariä Verkündigung gewesen, und um den Leib mit einem gewöhnlichen eisernen Kettlein, daran unten ein Todten-Kopff gehangen, umgürtet, das Haupt aber mit einen weißen Schleyer umgeben, in die Hände wurden ihr ein braun hölzern Creutz mit einem hölzern Rosenkrantz gegeben. Der Habit war eine Kleidung von der Gesellschafft der Durchlauchtigsten Hoch-Adelichen so genannten Sclavinnen oder Leibeigene Dienerinnen Mariä.

§. 5. So geschicht auch manchen kein Gefallen, wenn sie in den Leichen-Predigten oder Personalien mit allzu vielen Lob beehret werden. Fürst August zu Anhalt-Cöthen verordnete, man solte ihn bey seiner Beysetzung kein Personal-Lob nachlesen, mit beygefügter Ursache, er hätte Ruhms genug davon, daß er wüste daß sein Nahme im

Himmel angeschrieben stünde, mit diesem Ruhm wolte er sich allein begnügen, und von keinen andern Ruhm in der Welt mehr wissen. S. Beckmanns Anhältischer Geschichte V. Theil, p. 452.

§. 6. Einige junge Princeßinnen sind dem Tode so getrost entgegen gangen, daß sie sich auch die Cräntze und das andere Laubwerck, womit die Särge haben sollen ausgeziert werden, bey ihrem Leben selbst zusammen gesetzt und zurecht gemacht.

§. 7. Bey den Römisch-Catholischen werden unterschiedene wunderthätige Bilder der heiligen Jungfrau Mariæ, ingleichen die Reliquien einiger Heiligen, auch wohl gar ihre Leiber in die Fürstlichen Sterbe-Zimmer und vor ihre Sterbe-Betten getragen, sie hertzen und küssen dieselben, nehmen sie in die Arme, getrösten sich ihrer Vorbitte, und empfehlen ihnen sich selbst und ihr Land. Kommen sie ihres Lagers wieder auf, so schreiben sie es ihnen zu, und thun ihnen nachgehends besondere Gelübden. Als Anno 1692. der Bayrische Chur-Printz kranck war, und in solchem Zustande den heiligen Bennonem anruffete, auch dessen Haube, welche zu München verwahret wird, aufsatzte, und darauf gesund ward, hat man alsobald dem heiligen Bennoni zu Ehren auf den 16 Junii in dem gantzen Churfürstenthum Bayern einen neuen Feyertag angesetzt, und celebriret. S. den XI. Eingang des Bücher-Cabinets, p. 13.

§. 8. Einigen darff ihr gefährlicher Zustand und die Annehmung ihres Abschiedes weder von den

Medicis noch von andern recht deutlich gesagt und entdeckt, sondern können die Schmeicheley vertragen, biß ihnen die Seele von den Cörper getrennet wird, andere aber sind bey ihren Tode gantz getrost, und befehlen den Medicis an, wo sie ihren nahen Todt nicht selbst bey sich fühlen, daß sie ihnen die wahre Beschaffenheit ihrer Kranckheit entdecken sollen. Also sagte der theure Churfürst zu Sachsen Johann Friedrich kurtz vor seinem Ende wieder die Medicos: Ists gefährlich, so sagt mirs, denn ich fürchte mich GOtt Lob für dem Tode gar nicht. S. den wahrhafften Bericht von Churfürstens Johann Friedrichs Absterben in den Bustis Electorum Saxoniæ des Hrn. M. Hausens p. 184.

§. 9. Mehrentheils können die Hochfürstlichen sterbenden Personen auf ihren Sterbe=Betten das Weinen so wenig vertragen, als andere, und sprechen nicht selten, denen die sie hinter sich lassen vor ihrem Ende selbst den Trost zu. Als die Gemahlin des Churfürstens zu Sachsen Christiani I. weinete, so tröstete sie der gottseelige Churfürst: Ach was weinest du, was bist du für eine Christin, du verlierest mich ja nicht, sondern ich entferne mich nur eine Zeitlang von dir, gönnest du mir die Seeligkeit nicht.

§. 10. Sie nehmen bißweilen von ihrer gantzen Familie, von ihrer Hofstatt, von denen Ministris und Bedienten, auch wohl von denen anwesenden vornehmsten Reichs= und Land=Ständen beweglichen Abschied, sie erkennen und beweinen ihre Fehler,

ler, und bitten um Vergebung, daß sie bey ihrer Regierung ihre Pflichten nicht in allen Stücken so vollkommen beobachtet, als sie wohl zu thun schuldig gewesen wären.

§. 11. Sie ersuchen ihre Successores, dasjenige zu verbessern, was sie versehen, und dasjenige auszuführen, was sie unvollkommen haben müssen liegen lassen, und ertheilen sonderlich ihren Kindern gute Vermahnungen, und ihren Erb-Printzen heilsame Regeln, wie sie ihre Regierung anstellen sollen. Also hielt Churfürst Friedrich zu Sachsen vor dessen Absterben eine treffliche Abschieds- und Vermahnungs-Rede an seine beyden Herren Söhne, wie es in dem II. Theil der von Herrn Lünig gesammleten Reden derer grossen Herren und vornehmen Ministris p. 881. nachgelesen werden kan. Der tapffere Fürst Landgraf Philip zu Hessen der ältere, verließ nicht allein ein herrliches und hochweises Testament, dergleichen wohl nicht viel mehr zu finden, und darinnen er seinen hinterlassenen vier Söhnen treffliche Maximen zu leben, und wohl zu regieren vorschrieb, sondern redete auch seinen ältesten Sohn Landgraf Wilhelmen, als derselbe einstens für sein Tod-Bette kam, folgender Gestalt an: Mein Sohn, wirst du über GOttes Wort halten, und die seeligmachende Lehre des heiligen Evangelii befördern, so wird dich GOtt an Land und Leuten, und an deinem eigenen Saamen und Geschlechte seegnen und mit ewiger Seeligkeit krönen, wirst du aber solches nicht thun, so wirst du an Land und Leuten abnehmen, mit deinem Saamen und Geschlecht unglücklich auch ewig verlohren und verdammt seyn. S. Reinkings Biblische Policey Lib. III. Art. LV.

§. 12. Sie recommandiren den Successoribus entweder alle ihre Bedienten und ihre gantze Hofstatt zu künfftiger Vorsorge, oder doch diejenigen, die es am allermeisten vor andern verdienet, und vor die so die gröste Gnade gehabt. Der zwar junge aber sehr lobliche Regente Herzog George Wilhelm zu Liegnitz, Brieg und Wohlau, ersuchte anno 1675. auf seinem Tod-Bette in einem allerunterthänigsten Schreiben des Römischen Käysers Leopoldi Majestät, seine treuen Diener zu gerechtester Beobachtung und Manutenenz sich empfohlen seyn zu lassen, vornehmlich aber seine armen Unterthanen bey ihren bißherigen Privilegiis und Glaubens-Ubung in Kayserlichen Hulden und Gnade allergnädigst zu erhalten. S. den XCVII Brief des III. Tomi von des Herrn Lünigs Europäischen Staats-Cantzley. p. 286.

§. 13. So bald nun ein Regent verstorben, wird die Hochfürstliche Leiche von Cavalieren Tag und Nacht bewacht, und nach Verordnung, die sie bey ihrem Leben ausgestellt, oder nach dem Gefallen der Hinterlassenen entweder secirt, und einbalsamirt, oder ohne Section gelassen; Man veranstaltet die Auskleidung und Paradirung der Fürstlichen Leiche, es werden so fort Couriers und Staffetten an andere Höfe abgeschicket, um diesen Todes-Fall

den

den andern Puissancen sonderlich den nächsten Anverwandten, und denen, auf welche die nächste Succession der Lande verfällt, zu notificiren. Die Obsignation der Hochfürstlichen Verlassenschafft wird an allen Orten der Apert gewordenen Lande von des verstorbenen Herrn hinterlassenen Ministris und Bedienten mit Zuziehung eines Notarii verrichtet, damit die Resignation, Inventirung und Theilungen von allerseits Fürstlichen Interessenten abzuordnenden Räthen mit guter Ordnung und Richtigkeit bewerckstelliget werden können.

§. 14 Meistentheils werden die Hochfürstlichen Leichen einbalsamiret, und zwar das Hertz besonders, die übrigen Eingeweyde auch besonders. Das Hertz wird gar offters in ein silbern oder ander kostbar Behältniß verschlossen, und mit einer kurtzen Inscription die nöthigen Umstände dabey erklährt. Die übrigen Intestina werden etwan in einer Urna verwahrt. Bey den Römisch-Catholischen wird das Hertz mit vielen Ceremonien in einen Kloster, das der verstorbene Fürst vor andern am meisten geliebet, beygesetzt, und eine eigene Procession dabey gehalten. Nebst den Hertzen wird zuweilen die Zunge auch mit zugleich abgesondert; und mit dem Eingeweyde das Gehirn und die Augen, welche in einen vergoldten Kessel in eine Capell oder an einen andern Ort mit gewissen Solennitäten getragen werden. Also ward das Hertz und die Zunge des Römischen Kaysers Leopoldi in einen silbern verguldeten Becher mit der Uberschrifft; Cor Leopoldi

Primi Romanorum Imperatoris mortui dies Maji 1705. in die Loretto-Capelle beygesetzt, und das Gehirn und die Augen nebst den Intestinis in einen verguldten Kessel aus der Ritter-Stube in die Kayserliche Hof-Capelle getragen. Der Kessel war aussen her mit den Kayserlichen Adler, und der Umschrifft: Intestina Leopoldi Primi Romanorum Imperatoris mortui die 5. Maji anno 1705. bemerckt. Es wird gar offters von einen Cavalier, der die Ehre hat, das Hertz oder die Intestina dem Kloster, oder dem Vorsteher einer Capelle zu überbringen, eine kleine Rede gehalten, und diejenigen, die solche Stücke annehmen, beantworten sie nachgehends wieder.

§. 15. Als Printz George von Hessen-Darmstadt in Catalonien geblieben, so solte sein Cammer-Diener das balsamirte Hertz seines Principalen anno 1706. nach Darmstadt überbringen, es ward aber das Englische Paquet-Boot so solches mitnahm, so unglücklich, daß es von einem gewissen Frantzösischen Caper von Sanct Malo aufgebracht wurde. Es war merckwürdig, daß dieser vortreffliche Printz, der die Zeit seines Lebens dem Hause Oesterreich und Spanien wider Franckreich so vortreffliche Dienste geleistet, noch itzo nach dem Tode sein Hertz den Feinden in ihrer Gewalt lassen muste. S. den XLVsten Theil der Europäischen Fama p. 508.

§. 16. Von der besondern Begräbniß des Hertzens und der Eingeweyde findet man keine Merckmahle

mahle in der alten Kirchen oder weltlichen Historie. Weil man aber genöthiget worden, die er-
blichenen Cörper der Standes-Personen zum öfftern gar weit zu führen, so hat man, um dieselben
desto besser zu conserviren, das Eingeweide daraus
genommen, und solche an Ort und Stelle hernach
begraben. Was nun anfänglich aus Noth geschehen, hat man nach der Zeit zu einem point
d'honeur gemacht, und ein ieder gern das Hertz,
als das edelste Theil des Menschen, bey sich haben
wollen. Heutiges Tages bestehet die Ursache, warum dieses geschicht, meistentheils aus der Hochachtung oder Devotion gegen diesen oder jenen Ort.
S. Lünigs Theatr. Cerem. p. 765.

§. 17. So lange die Hoch-Fürstliche Leiche auf
dem Schloß in den Zimmern stehet, wird sie entweder von vornehmen Ministris, oder doch von andern Hof- oder Land-Cavalieren, nach dem Unterschied der Höfe und deren Observanzen, bewacht,
die zu gewissen Zeiten, bißweilen alle Stunden einander ablösen müssen. Bey den Fürstinnen müssen die Hof-Dames an einigen Höfen ihre Aufwartung dabey haben. Wenn aber die Fürstlichen
Leichen in ein Gewölbe in frischen Sand biß zur
Beerdigung auf einige Wochen, oder wohl gar
noch länger gesetzt werden, so hört gemeiniglich die
Aufwartung der Cavaliers auf, und da werden sie
entweder gar nicht bewacht, oder es ist schon genug,
wenn Trabanten-Wache dabey ist.

§. 18. Die Hoch-Fürstlichen Leichen pflegen ge-
meinig-

meiniglich eine Zeitlang, bißweilen einige Tage, und bißweilen wohl gar einige Wochen auf kostbaren Parade Betten gestellt und gezeigt zu werden, die man auf unterschiedene Art inventiret. Zuweilen werden sie auf eine Estrade gesetzt, so einige Stuffen hoch ist; diese Estrade wird von einigen Pilastren, die mit Sammet und goldenen Tressen bekleidet, unterstützt, an welchen hernach die Wapen hängen. Andere sind mit Sinn=Bildern, Wachs=Fackeln, Illuminationen, Statuen, Urnen und dergleichen ausgezieret. Es sind magnifique Baldachine darüber zu sehen. Die Leichen sind auf das prächtigste in Sammet, Brocat und auf andere Weise eingekleidet. Die Fürstlichen Insignia, als Cronen, Chur=Hüte, Fürsten=Hüte u. s. w. liegen nach den Regeln der Kunst nicht weit davon auf eine solche Weise, wie es am besten in die Augen fällt, und die gröste Parade macht. Bey den Bischöffen siehet man die Bischoffs=Hauben und die Bischoffs=Stäbe. Bey den Kriegs=Helden, die gemeiniglich mit Harnischen angethan, liegt auf der rechten Seite der Commando-Stab, und auf der lincken der blosse Degen.

§. 19. An statt der würcklichen Leichen wird bißweilen ein Bild von Wachs auf die Parade-Betten gelegt. Dieses ist aber wohl ein seltzamer Gebrauch gewesen, dessen Herr Lünig in dem II. Theil seines Theatri Ceremonialis p. 600. gedencket, der sonst in Franckreich üblich gewesen, daß man statt der Königlichen Leichen, die man eine Zeitlang auf dem

dem Parade-Bette gezeiget, nicht allein ein wächsern Bild hingelegt, sondern solches auch 40 Tage und 40 Nächte mit einer Mittags- und Abend-Mahlzeit bedienet.

§. 20. Bey den Römisch-Catholischen werden die Leichen mit besondern Ceremonien, theils von der Geistlichkeit, theils auch von den nächsten der Familie mit Weyhwasser besprengt. Zuweilen geschicht es auch von den Hof-Officianten, und da muß dann ebenfalls der Rang und die Ordnung dabey in Obacht genommen werden. Es werden viel Seel-Messen dabey gehalten, mancherley Vigilien, unterschiedene an die Heiligen gerichteten Gebether dabey abgelesen, und ein hauffen Beräucherungen vorgenommen. Diese Ceremonien dauren bißweilen einige Wochen hinter einander, bald geschehen sie von einem Cardinal, bald von dem Päbstlichen Nuntio, bald von diesem Collegio, bald von einem andern.

§. 21. Bey den Fürstlichen Särgen, sie mögen nun in Zimmern oder in Kirchen stehen, werden sehr viel silberne hohe Geridons gesetzt mit weissen Wachs-Fackeln, die so wohl Tag als Nacht brennen. Soll es noch proprer seyn, so siehet man zwischen den Geridons und Girendolen unterschiedene grosse Flambeaux auf hohen versilberten Füssen. Die Wachs-Kertzen werden gemeiniglich mit Flohr umwunden, und gar offters mit Merckmahlen der Durchlauchtigsten Ahnen, mit Schildern und Wapen ausgeziert. Man findet von

etlichen

etlichen hundert Jahren her, daß die Särge und Baaren mit sehr viel Lichtern besetzt gewesen, da an ieden ein kleines Schild aus dem Hoch=Fürstlichen Wapen gehangen. Also ist bey dem Leich-Begängniß Hertzogs Albrechts zu Sachsen die Baare mit 114. Lichtern, iegliches vier Pfund schwehr, besteckt gewesen, und eine iegliche Kertze, so die Grafen, Ritter und Edelleute bey Führung der Schilder getragen, soll 18 Pfund gewogen haben.

§. 22. Die Särge sind bißweilen sehr schlecht von gemeinen Holtz, mit schwartzen Tuch ausgeschlagen, und ohne alle Zierrath. Chur=Fürst Friedrich der Streitbahre zu Sachsen wurde in einen Sarg von Kiefern=Holtz gelegt, und mit einem langen schwartzen Rock, der ihm biß auf die Füsse gieng, von einer wollenen klahren Sarge angethan. S. Müllers Annal. Saxon. p. 14. Der Römischen Kayserin Eleonoræ Magdalenæ Sarg war ebenfalls ohn alle Zierrath. Die Auffschrifft des Sarges war: Eleonora Magdalena Theresia, arme Sünderin, gestorben anno 1720. den 19. Januar. Oeffters werden sie doppelt verfertiget, als erstlich von eichenen, oder wenn es noch kostbahrer seyn soll, von Cypressen=Holtz, und nachgehends von Kupffer oder Zinn, oder wohl gar von Silber. Einige Fürstliche Personen belieben Särge von schwartzen Marmor, als welche bey Kriegs=Zeiten und feindlichen Verheerungen eines Landes von den Feinden nicht so auffgesucht werden, als wie das Metall. §. 23.

§. 23. Bey manchen Särgen ist bißweilen die allerschönste Bildhauer = Arbeit und Architectur angebracht, und findet man zuweilen den gantzen Lebens = Lauff einer Hoch = Fürstlichen Person auf dem Sarge. Einer von den schönsten Särgen der neuern Zeiten ist wohl derjenige, der auf Befehl Ihrer ietzo regierenden Königl. Majestät in Preussen vor Dero gottseeligen Herrn Vaters Majestät, durch den Herrn Wachter, Professor und Inventor der Inscriptionen, inventirt und angegeben worden. Es ist eine eigene Beschreibung davon im Druck, unter dem Titul: Eigentliche Beschreibung des grossen Königlichen Sarges, welchen Seine Königliche Majestät in Preussen zu dem pompeusen Leich = Begängniß Dero in GOtt höchst = seeligen Herrn Vaters Königlichen Majestät, und Dessen Beysetzung in die Königliche Grufft, zum ewigen Andencken verfertigen lassen, wie selbiger, unter Direction Dero Ober = Marschalln und würcklichen geheimen Staats-Ministri Herrn von Printzen Excellenz, mit allen seinen Figuren, Inscriptionen, und bas reliefs bewerckstelliget worden.

§. 24. Bißweilen pflegt man in die Särge Gedächtniß = Müntzen zu legen. Bey dem Leich-Begängniß Pabsts Innocentii XIII. der anno 1724. starb, wurden 60 Gedächtniß = Müntzen in seinem Cypressen Sarge mit verwahret, als 20 von Gold, und eben so viel von Silber und Metall, auf welchen des Pabsts Bildniß und dessen vornehmsten

Ver=

Verrichtungen zu sehen gewesen. S. das XXVIII Stück der Einleitung zur neuesten Historie der Welt p. 234. Bey den Römisch-Catholischen werden die Särge gemeiniglich mit Weyhwasser besprengt, und einige Tage nach einander Bethstunden und Music dabey gehalten.

§. 25. In den Kirchen werden nach dem Hintritt der Hoch-Fürstlichen Personen gemeiniglich prächtige Castra Doloris aufgerichtet. Ist ein Regent bey den Römisch-Catholischen unter der Clerisey sehr beliebt gewesen, so werden ihm fast in allen Klöstern und von ieden Fraternitæten dergleichen erbauet. In den alten Zeiten findet man in den Geschichten wenig davon, und werden sie in Teutschland kaum von ein paar hundert Jahren her bekandt seyn. Sie werden mit den schönsten Statuen, Architectur- und Bildhauer-Arbeit, mit Fackeln und Illuminationen ambelliret, und mit Piedestalen, Sinn-Bildern und Inscriptionen ausgeziert.

§. 26. Bey den Trauer-Gerüsten præsentiren sich unterschiedene Statuen oder Tugenden, die mit den wahren Umständen der verstorbenen Fürstlichen Person harmoniren müssen. Also würde sich bey einem weltlich-gesinnten Herrn, der sich in seinem Leben trefflich nach der Weise der Welt lustig gemacht, die Gottgelassenheit, die Gedult, der beständige Glaube, und das Verlangen nach dem Himmel sehr schlecht schicken, ob man schon der Devotion und Schmeicheley einige Freyheit verstatten

statten muß. Die Emblemata reguliren sich entweder nach allerhand denckwürdigen Handlungen, die der Verstorbene in seinen Leben gethan, oder nach mancherley remarquablen Begebenheiten, die er erfahren.

§. 27. Einerley Tugend wird bißweilen nach unterschiedenen Devisen vorgestellt, als die Hoffnung in grossen Nöthen, die in aller Gefahr unbewegliche Hoffnung, die auf GOtt gesetzte Hoffnung u. s. w. Bey den Castris Doloris siehet man auch hin und wieder unter andern Statuen, die entweder von Alabaster und Marmor, oder von Holtz und Pappewerck errichtet werden, klagende Weibes-Personen, Knaben mit umgekehrten und ausgelöschten Lebens-Fackeln, Romanische Urnen, Inscriptionen u. s. w. die hin und wieder an den Gesimsen, an den Portalen, und zwischen die Colonnaden und Säulenwercke angebracht werden. An der Haupt-Facade des Castri Doloris stehen gemeiniglich ein paar Marschälle, und auf den Seiten herum andere Cavaliers.

§. 28. Uber dieses werden die Kirchen gantz und gar mit schwartzen Tuch bekleidet, und auf den Fürstlichen und andern Empor-Kirchen, auch bißweilen an andern Plätzen der Kirche die Fürstlichen Wapen angehefftet. Bißweilen ist die gantze Kirche wie ein Mausoleum ausgeziert, nach den vollkommensten Regeln der Architectur und Bildhauer-Arbeit. Man siehet allenthalben Cy-
pressen-

pressen=Bäume, Sinn=Bilder, Statuen, Illuminationen, und brennende Wachs=Kertzen, die an Crystallenen oder silbernen Cronen und Hänge-Leuchtern hängen. Die Pendanten von Leuchtern scheinen als feurige Obelisken, welche durch ihren Eclat die gantze Kirche dermassen erleuchten, als ob sie von der Sonne erleuchtet würden; ein ieder Pendant besteht offt wieder aus versilberten lustris, deren ein ieder mit antiquen Urnen, Cronen und Fürsten=Hüten gezieret, und öffters die Jahre des Fürsten oder Fürstin andeuten.

§. 29. Bißweilen scheinet ihr Ansehen um so viel herrlicher und wunderlicher, je weniger man gewahr werden kan, wie sich die Lichter consumiren, maßen man sie durch eine sonderliche Invention also ordiniren kan, daß alle die Flammen allezeit in gleicher Höhe bleiben. Manchmahl stehen auch unter und zwischen den Leuchtern Crystallene Lampen von einer sonderlichen Composition angefüllt, welche ohn einigen Rauch und Dampff über 24 Stunden einen sehr hellen und klaren Brand von sich geben. Die Gewölber des Chores werden entweder mit schwartzen Tuch oder mit schwartzen Sammet, bißweilen auch wohl gar mit einer ausdrücklichen dazu verfertigten silbernen Gaze bedeckt, und mit brodirten Cronen oder gewissen Stücken, die aus dem Königlichen oder Fürstlichen Wapen heraus genommen, bestreuet.

§. 30. Die Statuen bestehen manchmahl aus Figuren,

Von der Fürstl. Perſ. Vorber. zum Tode.

guren, die aus weiſſen Wachs poulliret, welche wie natürliche Menſchen mit koſtbahren Stoffen bekleidet, und auf den Haupt mit natürlichen Haaren bedeckt. Der Fuß-Boden des Chores wird mit ſchwartzen Tuch oder gar mit Sammet belegt, und die überkleideten Cantzeln, Altäre und Tauff-Steine mit goldenen Treſſen oder Frangen geziert.

§. 31. Uber dieſes findet man noch koſtbahre Monumenta, die mit ſehr viel maſſiven Silber-Werck ornirt, von unten biß oben aus mit Wachs-Kertzen beſteckt, und gar offters die Verdienſte der Vorfahren mit den ſinnreichſten Inscriptionen vorſtellen. Die Pfeiler der Kirchen ſind gar offters mit Emblematibus, ſo die berühmten Thaten abſchildern, ausgeziert. Man ſiehet auch bey einigen brodirte Wapen der ſämmtlichen Provincien auf ſchwartzen Sammet, ſie ſind allenthalben mit ordonirten Empilaſtris, und maſſiven Silber-Werck ausgeziert.

§. 32. Dergleichen Mauſolea bleiben bißweilen einige Wochen, Monathe, auch zu halben Jahren ſtehen, bevor ſie abgetragen werden. Nachgehends werden ſie in Kupffer geſtochen, und den gedruckten Leich-Predigten mehrentheils angehängt. Groſſe Herren bezeigen hiedurch ihre beſondere Hochachtung, Liebe und Respect gegen ihre Hochfürſtliche Anverwandten, die ihnen durch den Tod entzogen worden, und erwecken nicht allein bey allen ihren Unterthanen, ſondern auch bey allen frembden,

den, die Zuschauer hievon abgeben, besondere Ideen des Mitleydens wegen eines so hohen Falles der Betrübniß und Wehmuth.

Das XVII. Capitul.
Von Testamenten/ deren Aufrichtung/ Publication und Execution.

§. 1.

Grosse Herren haben zwar bey ihren Leben vor ihren Unterthanen und andern privat-Personen vieles zum Voraus, bey ihren Tode aber gehet es ihnen wie andern Leuten. Sie tragen ihre zubrechlichen Hütten allenthalben mit sich herum, und müssen eben so wohl die Schuld der Natur bezahlen, als die elendesten unter ihren Sclaven. Je mehr sie sich nun ihrer Sterblichkeit erinnern, und alle die Ihrigen nach ihrem Tode in gute Richtigkeit und Ordnung gesetzt wissen wollen, je zeitlicher sind sie vor die Erklärung ihres letzten Willens besorgt.

§. 2. Sie verordnen in ihren Testamenten, wie es nach ihrem Tode mit dem Successions-Wesen bestellt seyn soll; Ist ihr künfftiger Nachfolger im Reich noch unmündig, so disponiren sie wie es mit dessen Vormundschafft zu halten, sie befehlen wer inzwischen biß zu dessen erlangter Majorennität die Regierung des Reichs übernehmen soll, sie reguliguliren die gantze Auferziehung des Printzen, und bestimmen die Gouverneurs und Informatores, sie bestellen die grösten Ministres bey den Kriegs- und Civil-Chargen, und richten den gantzen künfftigen Hof-Staat ein. Jedoch machen nicht selten die Veränderungen derer künfftigen Zeiten einen sehr grossen Strich durch alle dergleichen Dispositionen, wie aus vielen Exempeln klar am Tage lieget.

§. 3. Wo die Regenten völlig en Souverain herrschen, so können sie wegen ihrer künfftigen Nachfolger im Reiche sehr frey disponiren, und ist es wohl eher geschehen, daß sie den ältesten und erstgebohrnen Printz von der Succession ausgeschlossen, wann sie einige Unfähigkeit zur Regierung bey ihm wahrgenommen, und hingegen den jüngsten vorgezogen, wo aber die Succession durch die Fundamental-Gesetze des Reichs allbereits etablirt ist, so können sie durch ihre Testamentliche Verordnungen denselben nichts derogiren.

§. 4. Es geschicht bißweilen, daß wenn ein grosser Herr nach seinem Tode keine Descendenten, oder auch andere nahe Angehörige hinter sich läst, die seine Successores abgeben könten, andere Puissancen, denen seine Ländereyen treflich in die Augen fallen, noch bey seinem Lebzeiten dieserwegen einen Theilungs-Tractat unter einander schlüssen. Ob es nun zwar einige Publicisten vor wohlgethan achten, wenn die künfftigen Prætendenten bey Zeiten durch einen gütlichen Vergleich ohne Blutvergiessen

sen aus einander gesetzt würden, so halten es doch andere, und zwar mit guten Grunde vor unbillich, daß sich jemand die Mühe nähme, über eines andern Güter zu disponiren; Sie meynen es würde es kein Privatus leiden, vielweniger hohe Potentaten, als deren Ehre und Interesse hierdurch würcklich gerühret würde, es stünden auch üble Consequentien hieraus zu besorgen, es würde kein grosser Herr bey seinen Possessionen und Ländern sicher seyn, wann ein dritter befugt wäre, ihnen darinnen Eingriffe zu thun, und vorzuschreiben wie er darinnen disponiren sollte.

§. 5. Ereignet sich nun ein solcher Casus, so schreiben diejenigen Printzen, deren Ländern man künfftighin wider ihren Willen gewisse Successores obtrudiren will, an andere Höfe, und beschweren sich dieserwegen, sie gedencken, sie würden nicht gestatten, daß frembde einen in Vorschlag brächten, sie hätten allein das Recht über Dero Lande zu disponiren, und würden einen Fürsten zur Succession ernennen, der am meisten dazu berechtiget, und der Ruhe von Europa am zuträglichsten wäre, es hätte niemand an dero Gerechtigkeit und Vorsichtigkeit zu zweiffeln.

§. 6. Die grossen Herren verordnen nicht allein in ihren Testamenten, wer ihre Erben seyn sollen in Lehn- und Allodial-Gütern, sondern auch wer ihre Pretiosa, Diamanten, Meublen und Equipage haben soll, sie verschreiben mancherley Legaten, sie besorgen die unterschiedenen Successions-Fälle, und

und wer nach des einen Abgang dem andern zu substituiren, sie ordoniren, wie viel die Princeßinnen zu ihrer Ausstattung und Braut=Schmuck bekommen sollen, wovon ihre Schulden zu bezahlen, wie ihre Bedienten nach ihrem Tode mit Pensionen zu versorgen, und auf andere Weise zu begnadigen, wie ihr Leichen=Begängniß anzustellen, u. s. w.

§. 7. Gleichwie die souverainen Könige und grossen Häupter sich gar selten an diejenigen Gesetze, so sie ihren Unterthanen vorschreiben, zu binden pflegen, also kehren sie sich auch bey ihren letzten Dispositionen im geringsten nicht an die Ceremonielle und Solennitæten, so die Rechte sonst bey diesen Handlungen andern Leuten vorschreiben, sondern sie richten ihre Testamenta nach ihren eigenen Willen und nach der ihnen zustehenden freyen Macht und Gewalt ein, wie sie denn auch solches in den Formulen ihrer Testamente ausdrucken. Also lautet der LIX. Articul von dem Testament des Königs in Spanien Caroli II, ich will und befehle, daß dieser mein Aufsatz und was darinnen enthalten, ohne einigen Widerspruch für meinen letzten Willen und Testament gelten soll, und wo etwan diesem meinem Testament einige Solennität, oder etwas anders dergleichen, was es seyn kan, abgehen möchte, so ersetze ich solches durch mein eigen Belieben, gut Gewissen und vollkommene Königliche Gewalt, der ich mich hierbey bediene, und welche diß alles vor gültig angesehen, und ohne einig

nig Obstacul davor gehalten. Ich will, daß der Inhalt dieses meinen Testaments ungeachtet aller Gesetze, Rechte, Gemeinen oder besonderen Gebräuche einiger meiner Königreiche, Staaten und Herrschafften, so diesen meinen Thun entgegen seyn möchten, soll vollzogen und erfüllet werden; ich will auch, daß jede Sache oder Theil, so darinnen enthalten, als ein Schluß der vor völliger Reichs-Versammlung mit reifer Überlegung beschlossen worden, angesehen werden soll.

§. 8. Es pflegen die souverainen Printzen bißweilen mit eigner Hand bey ihren Testamenten allerhand Zusätze zu machen, und Legata oder anders dergleichen mit anzufügen, und erklähren sich dieserwegen auf folgende Weise: Wir behalten uns die Macht vor, durch unsere Hand und Unterzeichnung, alle dergleichen absonderliche Legata und Verordnungen zu machen, als wir hernach vor gut befinden, und wollen, daß diejenigen, so bereits durch uns allein geschrieben und unterzeichnet, oder durch jemand anders geschrieben und unterzeichnet werden möchten, von eben der Krafft und Würde seyn sollen, als ob sie in dem Testament allbereits eingezeichnet. Wie wollen, daß es vollkommene Würckung haben soll, als ein Testament, Codicill, Schenckung auf den Todesfall, oder wie es sonst die beste Würckung haben kan. Bißweilen disponiren sie zugleich über die Lehn- und Fidei commiss-Güter, darüber andern Potentaten ein Jus quæsitum zustehet, worüber denn nachgehends viel und grosse Mißhelligkeiten erwachsen.

§. 9.

§. 9. Sie verclausuliren ihre Testamenta zu deren Festhaltung und Beobachtung mit den allerbündigsten Ausdruckungen, die sie nur finden können, und bißweilen wohl gar mit entsetzlichen Flüchen und Execrationen, die sich unterstehen würden, auf einigerley Art und Weise sie zu violiren, oder denselben zu nahe zu treten. Also legte die Rußische Kayserin, Catharina Alexiewna, in dem XIV. Articul ihres Testaments einen grossen Fluch auf diejenigen, von ihren Kindern und von ihrer Familie, die nicht ihr Testament ihrer Intention gemäß, fest halten, sondern es behindern wolten.

§. 10. Damit sie auch desto sicherer seyn, daß ihr letzter Wille nach ihrem Ableben in allen und ieden Puncten und Clausulen werde erfüllet werden, so verordnen sie in ihren Testamenten gewisse Executores. Bißweilen constituiren sie ihre Gemahlinnen dazu, und unterschiedene in den Testament specificirte grosse Ministres, und befehlen ihnen an, daß sie bey allen und ieden, die sich in ihren Königreichen, Staaten und Herrschafften befinden, oder auch allen den Auswärtigen, sie mögen Nahmen haben wie sie wollen, auf einigerley Weise an dem künfftigen Regiment einig Antheil haben möchten, es zur Valor und zur Ausführung solten bringen helffen.

§. 11. Offters werden auch fremde Puissancen und Fürsten zu Executoren der Testamente ernennet, und ist einer von ihnen der Principal-Executor. Vielmahls schreiben die Fürsten eigenhändig an den im Testament zum Principal-Executor ernannten Fürsten, recommendiren ihm das zugleich mitgeschickte Testament zu getreuer Verwahrung, und bitten, es nach seinem Absterben exequiren zu lassen. Hierauf antwortet der designirte Executor dem Testatori in höflichen Terminis, bedancket sich vor das gute Vertrauen, wünschet daß es zu der ausgebethenen Execution noch lange nicht kommen möchte, versichert anbey, bey dem sich ereignenden Fall alles bestmöglichst zu besorgen, damit die Intention des Testatoris erfüllet werden möchte.

§. 12. Unter den Teutschen Fürsten ists sehr gebräuchlich, daß sie in ihren Testamenten gewissen hierzu deputirten Räthen, zu denen sie ein gutes Vertrauen haben, gnädigsten Befehl ertheilen, mit Erinnerung ihrer theuren Pflicht, daß sie über solchem Testament halten, und dadurch dero zu Ihrer hochseeligsten Hoch-Fürstlichen Durchlauchtigkeit iederzeit getragene unterthänigste Devotion erzeigen sollen.

§. 13. Die gecrönten Häupter pflegen die von ihnen verfertigten Testamenta mit besondern Solennitäten, entweder in ihre Reichs-Archiva beylegen zu lassen, und thun es ihren Reichs-Ministris und andern, die sie zur Execution ihres letzten Willens bestimmt, kund, damit derselbe nach ihrem Absterben publicirt und erfüllet werden könne, oder übergeben denselben ihren Reichs-Collegiis, Parlaments-Versammlungen, und wie sie nach dem

Unter-

Unterschied der Länder weiter heissen können. Also ließ der König in Franckreich Ludwig XIV sein Testament bey seinem Parlament, dessen Macht und Ansehen er sonst ziemlich geschwächt und gantz entkräfftet hatte, verwahren. Er übergab es in einen Packet, und mit einem Edict, darinnen er befahl, daß dieses Packet deponiret und geheim gehalten werden möchte; er hatte mit eigener Hand darauf geschrieben: Dieses ist unser Testament, und unten gezeichnet, Ludewig. Monsieur de Joly, General-Advocat bey dem Parlament zu Pariß, hielt an die Parlaments-Versammlung eine solenne Rede, und das Parlament stattete ihm eine devoteste Dancksagung ab, vor die Güte und das Vertrauen, so er demselben hiedurch zu erzeigen allergnädigst geruhet.

§. 14. Die Regenten disponiren auch, entweder in Testamentern, oder in Fürstlichen Hand-Schreiben, so denselben besonders mit beygefügt, wie und welchergestalt dero letzter Wille publiciret werden soll, und wer von Fürstlichen Personen oder Abgesandten mit dabey zu erscheinen habe.

§. 15. In den vorigen Seculis, biß an die Zeit der Reformation, bestellten die Fürsten in Teutschland und ihre Gemahlinnen, ihr Testament und Seelen-Geräthe, wie sie es damahls gar öffters zu nennen pflegten, mehrentheils bey denen Canonicis, weil sie zu denselben vor andern ein besonder gutes Vertrauen hatten. Man findet auch sonst in den damahligen Zeiten bey den Testamenten viel papistische Tändeleyen, die trefflich nach den Aberglauben schmecken. Die Gräfin Theda zu Ost-Frießland machte anno 1494. ihr Testament zu ihres seeligen Ehgemahls Grafens Ulrici, und ihrer verstorbenen Kinder Seligkeit. S. Brenneysens Ost-Frießländische Historie Tom. I. Lib. IV. Hertzog Johannes, nachmahls Chur-Fürst zu Sachsen, richtete den 11. Dec. anno 1516. sub dato Weymar, ein Testament auf, und zwar sowohl im Nahmen der ewigen und unzertheilten allerheiligsten Dreyfaltigkeit, als auch im Nahmen 42. Heiligen, die alle mit Nahmen specificiret waren.

§. 16. Churfürst Friedrich der Weise dictirte seinem Secretario Johann Wilhelm sein Testament vor seinen Ende. Er hatte zwar zuvor schon 2. Testamente gemacht, als das erste anno 1493, da er nach Jerusalem gereiset, und das andere den 4. Octobr. 1517. in welchem letztern er seine Seele nicht nur dem Dreyeinigen GOtt befahl, sondern auch der Vorbitte der Mutter GOttes, Sanct Bartholomæi seines Patrons, seines Schutz-Engels und aller Heiligen, und verordnete, daß man ihm einen gantzen Monath täglich 50. Seel-Messen solte halten lassen. Jedoch in dem gantz letztern Testament unterließ er dieses alles, und fieng sein Testament folgender Gestalt an: Erstlich bitte ich den Allmächtigen GOtt durch das heilige und einige Verdienst seines Sohnes, daß er mir alle meine Sünden und Gebrechen vergeben wolle, denn
ich

ich zweiffle nicht, daß ich durch das theure Blut meines allerliebsten HErrn und Heylandes JEsu Christi erlöset sey. Hernach befehl ich meine Seele, um sie seelig zu halten, seiner unerforschlichen ewigen und unendlichen Gnade und Barmhertzigkeit, und in seine allmächtigen Hände; ich vergebe auch allen, die mir etwas zu Leyd gethan, und bitte dagegen alle um GOttes willen, daß sie mir um GOttes willen, und aus Christlicher Liebe alles was ich ihnen zu Leyde gethan, von Hertzen verzeihen, wie wir alle täglich von GOtt dem Vater der Barmhertzigkeit um Vergebung unserer Sünden bitten. S. Seckendorffs Historie des Lutherthums p. 703.

§. 17. Die Reichs-Fürsten in Teutschland pflegen gar offters die von ihnen errichteten Testamenta und Codicille dem Römischen Käyser zur Confirmation alleruntertha̅nigst einzureichen, und des Käysers Majestät pflegen dieselben gemeiniglich, daferne kein rechtma̅ßig erheblich Bedencken dabey vorwaltet, mit folgender Clausul zu confirmiren: Wir confirmiren und bestätigen sothanes Testament und Codicill, nach der uns zustehenden Käyserlichen Macht und Gewalt vollkommentlich und wohl wissentlich in Krafft dieses Briefs, und meynen, setzen und wollen, daß solches Testament und Codicill mit allen Articulen, Puncten, Clausulen, Worten, Inhalten, Meynungen und Begreiffungen, allerdings verbindlich, kräfftig und mächtig seyn, stete, fest und unverbrüchlich gehalten und voll-

vollzogen, und dawider von niemand, wer der auch seyn mag, gehandelt und verfahren werden soll, doch uns, dem Heiligen Römischen Reich, auch sonst männiglich an seinen Rechten und Gerechtigkeiten ohnvorgegriffen und unschädlich. Und gebiethen darauf allen und jeden Churfürsten ꝛc. und insonderheit des supplicirenden Fürsten zu N. N. Eingangs benannten Söhnen und Enckeln ernst=und festiglich mit diesen Brief, und wollen, daß sie vor inserirtes Testament und Codicill, und diese unsere darüber wohlbedächtig ertheilte Confirmation, Bestätigung und Manutenenz auf keine Weise hindern, irren, oder anfechten, sondern dieselbe vielmehr mit allen Worten, Clausulen und Beyruffungen, erhalten und verbleiben lassen, solchen allen sich gäntzlich gemäß bezeugen, dawider nichts thun, handeln oder fürnehmen, noch jemand andern zu thun gestatten, in keine Weise noch Wege, als lieb einen jeden sey unser und des Reichs schwerer Ungnade und Straffe zu vermeyden.

§. 18. Ob es gleich nicht eben nöthig, daß grosse Herren Zeugen und Notarien zu ihren Testamenten requiriren, wie die Privat-Personen, so haben doch bißweilen einige mehrere, andere aber weniger Zeugen darzu genommen. Der Hertzog von Savoyen Carl der III. erforderte zu seinem Testament 12. Zeugen nebst einem Notario; der König in Sicilien Carl der II. einen Notarium Publicum, mit unterschiedenen Bedienten des Reichs; der König in Franckreich Ludwig XIII.

hat

bat die Printzen vom Geblüthe, die Pairs, Hertzoge, Marschälle von Franckreich, und andere Ministres darzu, und er forderte in Beyseyn des Königs und seines Bruders einen solennen Eyd von ihnen, daß sie seine letzte Disposition bestens in Acht nehmen wolten. König William III. in Engelland übergab sein Testament, den 19 Octobr. 1698. in Gegenwart zwey Zeugen, und eines immatriculirten Notarii Publici. S. den V. Theil der Europäischen Fama p. 477.

§. 19. Die Landes-Fürsten in Teutschland, weil sie selbst mit Landesherrlicher Hoheit versehen, und also an die Römischen Gesetze nicht gebunden, pflegen bey ihren Testamenten die Römischen Solennitäten heutiges Tages nicht so in Acht zu nehmen, als wie vor diesem. In den vorigen Seculis haben sie mehrentheils, nach der Vorschrifft der Römischen Gesetze, sieben Zeugen und einen Notarium darzu requiriret, die das Testament mit unterschreiben musten. Sind die Zeugen in den Fürstlichen Diensten gestanden, so haben sie dieselben vor diese Handlung ihrer Pflichten erlassen, womit sie denen Fürsten verwandt gewesen.

§. 20. Bißweilen sind die Zeugen, wenn es etwan Standes-Personen, oder auswärtige Ministri gewesen, durch eine solenne Rede im Nahmen des Durchlauchtigsten Testatoris invitiret worden, und einer von ihnen hat hinwiederum im Nahmen der übrigen eine solenne Gegen= und Danckfagungs-Rede gehalten; er hat die Intention des Serenissimi

simi hüchlich gerühmet, vor die Ehre dieser Einladung gedancket, sich zu præstation dieses Gezeugnisses gantz bereit willig erklähret, und anbey gewünschet, daß diese Christ=Fürstlichen und Lobwürdigen Gedancken noch lange Zeit ohne Effect seyn möchten.

§. 21. Soll ein Testament publiciret werden, so wird ein gewisser Tag dazu angesetzt, und der anberaumte Termin denen Fürstlichen Manns= und Weibes=Personen, Fürstlichen Abgeordneten, Grafen und Gräfinnen, auch Prälaten, ingleichen der Ritter=und Landschafft, zur Eröffnung und Anhörung des Testaments eröffnet. Den Fürstlichen Personen geschiehet diese Notification bißweilen durch ein Handschreiben, bißweilen aber auch durch einige abgeschickte Räthe, die in einer solennen Rede Ihnen anheim geben, ob dieselben als Hoch=Fürstliche Anverwandten iemand von Dero Ministris und Bedienten, dieser Eröffnung beyzuwohnen, zu deputiren belieben, auf welchem Fall sie kein Bedencken haben würden, dieselben zu admittiren, oder ob sie in eigenen hohen Personen bey der Eröffnung zu erscheinen geruhen wolten.

§. 22. Haben sich nun alle diejenigen, die hierzu nöthig sind, eingefunden, so legt der Cantzler des Fürstens gemeiniglich vor der Publication eine solenne Rede ab, rühmt darinnen die Meriten des hochseelig verstorbenen Fürsten, und sonderlich wie er löbliche und weise Anstalten getroffen, nach
seinem

seinem Tode unter den Hochfürstlichen Anverwandten in seinem Lande und allenthalben, so viel als möglich, gute Richtigkeit und Ordnung zu erhalten. Hierauf wird das gantze Testament vorgezeigt und allen den Anwesenden Fürstlichen Personen, Fürstlichen Herren Abgesandten, ingleichen Prælaten, Ritterschafft und Landständen ad videndum & recognoscendam manum & sigillum vorgelegt, es wird das gantze Testament und Codicill und die darüber auf allen Seiten und Blättern stehende Fürstliche Unterschrifft, und das daran hangende grosse Insiegel, ingleichen der Zeugen Unterschrifft und Besieglung, das zu Ende befindliche Instrumentum Notarii, sodann dessen Unterschrifft und Signet examinirt.

§. 23. Der Cantzler bleibt bey einem jeden Punct stehen, und erinnert dasjenige, was hierbey zu erinnern nöthig. Ist nun das Testament vor richtig befunden worden, so bittet derjenige, der es publicirt, die Hochfürstlichen Herren Gevollmächtigten und Abgeordneten, sie möchten sich doch gefallen lassen zu declariren, ob dieselben das Testament ein jeder für seinen Theil in Dero Gnädigsten Principalen höchsten Nahmen für genehm halten, und demselben in allen Puncten und Clausulen nachleben wolten, da sich denn ein jeder erklährt, daß er auf alle Weise bemühet seyn wolte, damit dieser Hochfürstliche Wille möchte erfüllet werden.

§. 24. Ist dieses geendiget, so wird das Fürstliche Testament den geschwohrnen Registratori ins

Archiv

Archiv zu reponiren zugestellt. Nach der Publication des Testaments hält der Cantzler eine solenne Rede, wündschet dem hochseelig verstorbenen Fürsten die ewige Ruhe, und dem Successori alles Glück und Heyl, und schärfft ihm nach Inhalt des Testaments, jedoch mit dem allerhöflichsten und freundlichsten Expressionen, die Pflichten eines Regenten ein. Es wird auch wohl bißweilen nach der Publication ein Hand-Briefgen mit abgelesen, welches der Vater an seinen Sohn geschrieben, und viel heylsame Monita in sich fasset, die dem Durchlauchtigsten Successori nicht eher als zu dieser Zeit, und bey der Gelegenheit haben sollen hinterbracht werden.

Das XVIII. Capitul.
Von Leich-Begängnissen und Begräbnissen.

§. I.

Man wird wohl in der gantzen Historie kein so ungewöhnlich Leich-Begängniß haben als dieses, da sich der Römische Kayser Carolus V. noch bey seinem Leben einige Jahre vor seinem Tode eine Leich-Bestattung halten ließ, nachdem die Exequien seiner Schwester der Königin Eleonoræ, sammt dem kurtz darauf begangenen jährlichen
Gedächt-

Gedächtniß vor seine abgelebte Mutter, eine besondere Begierde hierzu bey ihm erweckt hatten.

§. 2. Bey einigen Fürsten, die in ihrem Leben auf die Ceremonien und Solennitäten nicht gar viel gehalten, werden gar keine solennen Processionen gehalten, man spühret weder ein Castrum Doloris, noch andern Ausputz in der Kirche; Die Hoch = Fürstlichen Leichen werden in aller Stille beygesetzt, die Hof-Bedienten gehen am Tage der Beerdigung ihres Herrn nicht Processions = weise, sondern nur eintzeln in die Kirche, um die Leich= Predigt mit anzuhören, oder zu sehen, wie der Fürst in die Grufft werde gesencket werden.

§. 3. Wo aber solenne Exequien angestellet werden sollen, da werden vorhero schrifftliche und bißweilen gar gedruckte Reglemens publicirt, wie es bey allen und ieden Fällen gehalten werden soll, damit keine Unordnung entstehe, und ein iedweder seinen gewissen Platz, auch seine ihm zukommende Pflicht wissen möge. An einigen Orten wird am Tage vor der Beerdigung durch einen Herold mit Paucken und Trompeten, so wohl Vor= als Nachmittages, an den freyen Plätzen der Königlichen oder Fürstlichen Residentz ausgeruffen, daß die Königliche oder Fürstliche Beerdigung folgenden Tag geschehen soll.

§. 4. Zu dem Leich = Begängniß werden andere Hoch=Fürstliche Personen, sonderlich von den nahen hohen Anverwandten, meistentheils invitiret, und zwar entweder schrifftlich oder mündlich. Sie ersuchen dieselben, ihnen den besondern Gefallen, dem verblichenen Leichnahm aber die letzte Ehre zu erweisen, und sich gegen erwehnte Zeit persönlich einzufinden, auch nebst den übrigen hohen Anverwandten, deren sie gewärtig, dem Leich-Begängniß mit beyzuwohnen. Werden sie verhindert, sich einzufinden, so schicken sie im Nahmen ihrer einen Cavalier, der etwan durch folgendes Compliment die Entschuldigungen anbringt: Nachdem Eurer Hoch-Fürstl. Durchlauchtigkeit gefallen, meinen gnädigsten Herrn und meine gnädigste Frau zum angestellten Trauer-Begängniß des Hochseligen-Verstorbenen rc. freund-brüderlich einzuladen, so hätten sie beyderseits gewünscht, daß sie vor dißmahl sich persönlich einfinden, und solchen Actui beywohnen können, allein es wären dieselben beyderseits durch viele Verrichtungen und Verhinderungen, ihre gute Intention werckstellig zu machen, abgehalten worden, nichts desto weniger hätten sie seiner wenigen Person aufgetragen, auf anberaumte Zeit bey Ihrer Hoch-Fürstl. Durchlauchtigkeit sich einzufinden, um deroselben Stellen und Vices zu vertreten, und ihn darneben anbefohlen, daß er sich nach Jhro Hoch-Fürstl. Durchl. Geheiß und Willen in allen richten soll.

§. 5. Wenn gecrönte Häupter zu den Exequien invitirt worden, so schicken sie an statt ihrer meistentheils einen Fürsten als Abgesandten zu dieser Trauer-Handlung. Es werden auch an allen Höfen die vornehmsten und grösten Ministri hierzu erkieset.

§. 6.

§. 6. Andere Hoch-Fürstliche Personen, sie mögen nun zu der Leich-Bestattung invitiret worden seyn oder nicht, lassen gar öffters, so bald als ihnen der Trauer-Fall notificiret worden, in ihrem Lande, um ihre Liebe und Hochachtung gegen dem Verstorbenen an Tag zu legen, bey ihren Unterthanen mancherley Trauer-Handlungen anstellen. Je näher sie ihm mit Anverwandtschafft oder Freundschafft zugethan gewesen, oder ie mehr sie seine Verdienste schätzen und erkennen, ie häuffiger und ie solenner sind auch die Handlungen, dadurch sie sein Gedächtniß verehren. Die Römischen Päbste pflegen gar öffters denjenigen Printzen, die ihnen vor andern besondern Gehorsam geleistet, und ihr Interesse auf mancherley Weise befördert, nach ihrem Tode zu ihren Ehren in dem geheimen Consistorio solenne Leich-Reden zu halten.

§. 7. Es lassen auch nicht selten frembde Ministri und Abgesandten an ihren Häusern und Portalen gewisse Illuminationen, die mit besondern Sinn-Bildern, so sich auf den gegenwärtigen Trauer-Fall schicken, ausgezieret, zur Abends-Zeit anzünden, um die Betrübniß und das Beyleid ihrer Durchlauchtigsten Principalen dadurch öffentlich an den Tag zu legen.

§. 8. Es ist mehr als zu bekandt, daß alle diejenigen, die sich bey der Leich-Procession finden lassen, in schwartzer Kleidung zu erscheinen pflegen, so gar, daß sich auch kein eintziger von den Bedienten der Cavaliers, oder der andern, die mit dabey sind, in einem bunten Kleide darff sehen lassen, er müste denn weit voraus gehen, oder gantz hinten, nachdem sie völlig geschlossen, nachfolgen. Es ist also etwas besonders bey dem Leich-Begängniß des Pabstes Innocentii XII. gewesen, daß die Stall-Bedienten in roth gekleidet mit angezündeten Wachs-Lichtern, und hernach die Laqueyen gleichfalls in roth gekleidet, aber mit dunckel-blauen Mänteln, und angezündeten Kertzen mitgangen, es müste denn solches bey allen Päbstlichen Leich-Processionen gebräuchlich seyn.

§. 9. Nachdem eine Procession mit besondern Solennien gehalten werden soll, oder nicht, nachdem werden auch alle die Unterthanen durch schrifftliche Befehle beordert, daß sie in starcker oder schwacher Anzahl dabey erscheinen sollen; Bißweilen müssen die Land-Stände, die Dom-Capitul, die Collegia, die Universitæten, die Geistlichkeit, auch wohl gar die Innungen, u. s. w. in corpore, bißweilen aber nur per deputatos erscheinen. Bey den Römisch-Catholischen pflegen gar offters bey solennen Processionen, insonderheit bey denen, die auf die Clerisey sehr viel halten, alle die Münche und Brüderschafften mit zu gehen, als die Augustiner, Bernhardiner, Fratres misericordiæ, Minoriten, Carmeliter u. s. w. So ist es auch bey denselben gebräuchlich, daß eine grosse Menge armer Männer und Weiber aus den Hospitälern oder von andern Orten her in die Procession mit einge-

eingeſchloſſen werden. Alſo giengen bey den Exequien des Churfürſtens zu Pfaltz anno 1716. dreyßig Hauß-Arme mit verhüllten Köpffen und Mänteln, ingleichen 30. Studenten auch mit verhüllten Köpffen und Mänteln, welche paarweiſe Fackeln trugen. Bey dem Leich-Begängniß Hertzogs Albrechts zu Sachſen wurden 1500 arme Leute zu dreymahlen mit drey Gerichten Bier und Brodt geſpeiſet.

§. 10. Es werden zuweilen bey den Proceſſionen eine oder mehr Ehren-Pforten aufgerichtet, durch welche die Leiche und der gantze Trauer-Zug durchpaſſiret. Die Gaſſen werden zu beyden Seiten entweder von der Milice oder von der Bürgerſchafft geſchloſſen, damit die Ordnung von dem neugierigem und andringendem Volck auf keinerley Weiſe etwas geſtöhret oder getrennet werden könne. Unter währenden Trauer-Zug werden die Glocken in allen Kirchen geläutet, und in allen Häuſern wird auf das ſchärffſte anbefohlen, daß ſich keine weder von den Handwerckern noch von andern unterſtehen ſoll, ein Getöſe oder Lermen unter währenden Trauer-Zuge zu machen. Geſchicht eine Proceſſion des Abends, ſo werden die Fenſter auf den Gaſſen, bey welchen der Zug vorbey gehet, allenthalben mit Lichtern erleuchtet.

§. 11. Wird die Hochfürſtliche Leiche von einen Ort zum andern zu ihren Fürſtlichen Erb-Begräbniſſen geführt, ſo wird vor der Abführung von einem Cavalier gemeiniglich eine Rede gehalten, die man eine Stand=Rede zu nennen pflegt. Es werden nicht allein in allen Dörffern, durch welche der Trauer=Zug passiret, sondern auch in allen umliegenden, so bald sie die Ankunfft der Leiche von ferne gewahr werden, die Glocken geläutet. In den Städten werden nicht allein die Glocken geläutet, sondern es müssen auch die Schule, die Geistlichkeit und der Magistrat sich vor der Stadt bey Ankunfft der Leiche in Trauer=Kleidern finden lassen, hernach in die Ordnung des Marches mit eintreten, und mit entblößten Häuptern zwischen die auf beyden Seiten in Gewehr stehenden Bürgerschafft durchgehen, welche das Gewehr mit allerhand Trauer=Zeichen, die bey dergleichen Fällen unter der Miliz gebräuchlich sind, præsentiren. Aus den Festungen werden sie unter Loßbrennung der Canonen begleitet.

§. 12. Es wird alles nach dem vorhergehenden Reglement eingerichtet. Die hinter der Leiche hereitenden Guarden haben, nach der gewöhnlichen Trauer=Manier, den entblößten Degen unter dem Arm. Der Einzug des Nachts geschiehet bey Wachs=Fackeln, welche bey der Leiche theils von den Pagen, theils aber von reitenden Guarden du Corps getragen werden. Der Ort, wo die Leiche des Nachts bleiben soll, wird mit schwartzen Tuch behangen, und mit einer genugsamen Menge Wachs=Lichtern versehen. Die Wache dabey wird entweder von Cavalieren, von Pagen, oder von Trabanten verrichtet; So ist auch ein
Unter=

Unterschied, unter der Wache, die in dem Gemache ist, in welchem die Königliche oder Fürstliche Leiche niedergesetzt wird, und unter der Wache ausserhalb des Gemachs. Jene geschiehet von höhern Personen, diese aber von geringern.

§. 13. Auf fremden Fürstlichen Grentzen werden die Leichen nebst den Comitat, der dazu gehöret, mit einer solennen Rede angenommen, und wieder biß an die andern Grentzen begleitet, auch der gantze Zug, Fürstlichen Gebrauch nach, bedienet; Auf die Annehmungs-Rede wird von einem andern, unter dessen Direction die Abführung der Hochfürstlichen Leiche geschiehet, wieder eine Gegen-Rede gehalten.

§. 14. Bey den Processionen ordiniret man unterschiedliche Marschälle, die mit verdeckten Angesichtern und mit schwartz überzogenen Marschalls-Stäben, theils die Hochfürstlichen Manns-Personen, theils das Hochfürstliche Frauenzimmer, theils auch die andern Corpora und Divisionen der Procession führen. Nachdem ein Trauer-Zug sehr weitläufftig ist, aus vielen Abtheilungen bestehet, oder nicht, nachdem sind auch mehr oder wenigere Marschälle dabey. Uber die Marschälle sind bey solennen Processionen auch noch besondere Herolde, in ihren Herolds- und Trauer-Habit, mit ihren Herolds-Stäben, an welche Flöhre gebunden, ingleichen eigene Ceremonien-Meister, welche allenthalben die Ceremonien reguliren, und insonderheit den Leichbegleitern die Plätze und Siṫe in der Kirche anweisen. Bißweilen wird intimirt, daß sich der Land-Adel, oder einige andere, bey denen der Rang, den sie untereinander haben, nicht recht gewiß bestimmet ist, selbst nach Gefallen unter einander stellen sollen.

§. 15. Bey den Hoch-Fürstlichen Leich-Processionen gehet es mehrentheils wie bey den Einzügen, daß die geringern vorweg marchiren, die höhern und vornehmern aber darauf folgen. Der Anfang davon geschiehet bißweilen mit einem Bereuter, welchem einige Marschälle folgen. Bißweilen macht ein vornehmer Officier den Anfang des Zuges, dem unterschiedene Regimenter folgen; nach diesen reitet ein Hof-Fourier mit einem langen Mantel und Flohr auf dem Hut; alsdenn machen die adelichen Marschälle die Ouverture mit der Leich-Procession. Es geschicht auch wohl, daß einige Trabanten mit verkehrten Gewehr vor andern vorweg marchiren, hernach folgen die Fackel-Träger, und nach diesen die Marschälle. Bey den unterschiedenen Abtheilungen der Procession kommen wieder, ein Fourier, einige Marschälle und Herolde. Diese letztern sind nicht allezeit schwartz gekleidet, sondern bißweilen mit einigen bundten Sammet- und verchamerirten Kleidern angethan, die mit dem Fürstlichen Wapen gezieret, und führen in der Hand Commando-Stäbe.

§. 16. Die Trompeter und Paucker, die auf unterschiedene Weise mit einander zu wechseln pflegen, lassen sich auch bey den Processionen hören,
oder

Von Leich-Begängn. u. Begräbnissen.

aber mit stiller und gedämpffter Music. Die Trompeter führen die silbernen Trompeten über den Mänteln, die mit Flöhren angehängt. Manchmahl reiten auch die Heer-Paucker allein ohne Paucken.

§. 17. In Deutschland ist es bey den Hoch-Fürstlichen Leich-Begängnissen von sehr vielen Seculis her gebräuchlich gewesen, daß bey Abgang der Landes-Regenten, Freuden- und Trauer-Pferde geritten werden; die Trauer-Pferde zeigen den schmertzlichen Verlust an, den das Land erlitten; die Freuden-Pferde aber, die Freude der Unterthanen, daß der Abgang des Landes-Regentens durch den Successorem wieder ersetzt ist.

§. 18. Die Freuden-Pferde sind auf das allerprächtigste gezieret, mit Schabracken von der hellesten Couleur belegt, die mit Silber und Gold, auch wohl gar Edelgesteinen gestickt sind, in Summa, das gantze Pferde-Zeug brilliret mit allen demjenigen, so in die Augen fallen kan. Auf dem Kopffe und Schweiffe haben sie grosse Feder-Büsche, die der Couleur nach mit den übrigen harmoniren. Bißweilen werden sie von einen vornehmen Officier geführet, und auf der Seite geht ein Reit-Knecht im langen Mantel, und mit der Spieß-Ruthe in der Hand. Bißweilen aber auch von einen Leib-Pagen, einen Cavalier oder Officier geritten. Zu den Freuden-Pferden werden mehrentheils die Springer erwehlet, und müssen in steter Action geritten werden.

§. 19. Der das Freuden=Pferd reitet, hat einen vortrefflich=verguldeten und auf das zierlichste emaillirten Harnisch an, auf dem Haupt ein dergleichen Casquet, worauf ein Bouquet mit mancherley buntfarbigen Blumen, in der rechten Hand einen blossen Degen haltend, dessen Gefäß mit Gold und Diamanten besetzt. Ist das eine Pferd abgesondert vom Reuter, und wird nur, wie ich im vorhergehenden gemeldet, dabey hergeführet, so ist dasjenige Pferd, so geritten wird, ebenfals mit Bouqueten von Blumen, an Schabracken, Pistolen=Halfftern, Halffter=Kappen, Hinter=und Vorder=Zeuge, Zaum und Steigbügeln, mit Gold, Silber und Edelgesteinen auf das trefflichste ausgeputzt. Auf der Seite pflegen entweder ein paar Reit=Knechte, oder mehrentheils ein paar Trabanten nebenher zu gehen.

§. 20. Mit dem Trauer=Pferde hat es eine gleiche Beschaffenheit. Es ist über und über mit schwartzen Boy oder Friset behangen, an statt der Meenen mit Flohr frisirt, auch unten herum mit Flohr besetzt. Dieses wird mehrentheils nicht geritten, sondern von einem oder ein paar Cavalieren oder Officierern geführet. Darauf folgt ein Hof=oder Cammer=Juncker, der ein ander Pferd reitet. Das Pferd ist traurig ausgeputzt, und auf dem Kopff und Schweiff trägt es Bouqueter von Blumen. Der Reuter führet einen gantz schwartzen Curaß und dergleichen Casquet, in der rechten Hand den blossen Degen, der an einen schwartzen

tzen Flohr angebunden, und die Spitze unterwerts kehrt.

§. 21. Hierbey sind auch Freuden- und Trauer-Fahnen. Die Freuden-Fahne ist von der hellesten bunten Couleur, und muß mit den Farben der Schabracke des Freuden-Pferdes accordiren. Sie ist mit goldenen und silbernen Frangen, auch dergleichen Banderolen reichlich besetzt, worauf schöne Devisen gestickt, die sich zu der Trauer-Handlung schicken, und wird gemeiniglich von einem vornehmen Kriegs-Officier, als von einem Obristen u. s. w. getragen. Die Trauer-Fahne ist von schwartzen Doppel-Taffet, rings umher mit Flohr dichte frisirt, wird ebenfalls von einem Obristen getragen.

§. 22. Zuweilen sind, über die grosse und solenne Trauer-und Freuden-Fahne, auch noch unterschiedene andere Freuden-Fahnen von weisse Taffet, ingleichen einige mit schwartzen Taffet, darinnen die Hochfürstlichen Wapen gestickt, oder darauf angeheftet. Bey der Procession grosser Kriegs-Helden, zumahl wenn sie in der Bataille geblieben, wird auch noch eine Blut-Fahne von dunckel rothen oder couleur de feu Taffet oder Damast geführt, ingleichen das Bataillen-Pferd, welches eine propre Schabracke von couleur de feu Sammet trägt, und mit lauter Armaturen und Kriegs-Rüstungen versehen. Die Housse, Sattel und Pistolen-Halfftern, die Steigbügel, der Zaum, das Hinter- und Vorder-Zeug sind mit

Gold,

Gold, Silber, Diamanten, Schmaragden und Rubinen auf das reichste besetzt. Zur Seiten gehen ein paar Reut=Knechte in langen Mänteln, und mit Spieß=Ruthen in Händen.

§. 23. So viel Landschafften die Landes=Regenten in ihren Tituln führen, so viel Wapen werden auch bey ihren Processionen gesehen, die auf unterschiedene Weise angebracht werden. Gemeiniglich geschiehet solches in besondern Fahnen, so von den Cavalieren entweder zu Fuß oder zu Pferde geführet werden. Bißweilen wird das gantze Königliche oder Chur=Fürstliche Wapen, so von Kupffer oder Silber getrieben, und rings herum mit allerhand Kriegs=Rüstungen gezieret ist, von unterschiedenen vornehmen Cavaliers, oder wohl gar von Cavalieren getragen, denen einige junge von Adel zu Hülffe gegeben werden.

§. 24. Das Tragen der Königlichen, Churfürstlichen und Fürstlichen Insignien, ist eine Haupt=Solennität bey dergleichen Leich=Processionen. Es bestehen solche in unterschiedenen Stücken, die nach dem Unterschied der Königlichen, Churfürstlichen und Fürstlichen Dignitæten, und dem Unterschied der Höfe, und deren Observanzen unterschieden sind. Es sind solche gemeiniglich Cronen und Scepter, nebst den Reichs=Aepffeln, Chur- und Fürsten=Hüte, die Chur=Schwerdter, die Majestäts=Siegel, die mit mancherley Plamen besetzten Casquetes, die Regiments=und Commando-Stäbe, und die Ordens=Zeichen, die sie von andern

dern erhalten. Bey den Reichs-Grafen sind die Insignien, die vergüldeten Spohren, vergüldeten Casquetes, der Harnisch, die vergüldeten Handschuhe und der Degen.

§. 25. Diese Insignien sind auf mancherley Art, entweder auf eine traurige oder kostbahre Weise, mit Flohr, o. Sammet, oder Gold, Silber und Edelsteinen ausgeputzt, und werden nach den Gebräuchen, die an einem ieden Ort eingeführet, entweder in goldenen oder silbernen Kästlein, oder auf Sammeten mit Gold oder Silber gestickten Küssen, von den vornehmsten und höchsten Officianten des Reiches oder des Hofes getragen, und von einigen nebenher gehenden Trabanten begleitet.

§. 26. Die Leichen-Tücher, so über den Sarg ausgebreitet, bestehen gemeiniglich in einem weissen Taffeten und schwartzen Sammeten; Zuweilen sind sie mit Gold und Silber auf das prächtigste gestickt, bißweilen aber gantz schlecht. Manchmahl ist auch wohl noch über die andern Leichen-Tücher ein gantz brocaten Leich-Tuch. An den Leichen-Tüchern und an den schwartz Sammeten Baldachins sind die Wapen des Hoch-Fürstlichen Hauses zu sehen. Die Schnur des Himmels oder Baldachins pflegen von vornehmen Cavalieren getragen zu werden, wie auch die Stangen. Die vier Ecken des Leichen-Tuches werden ebenfalls von Cavalieren oder Officirern in der Procession ergriffen, und werden diese Poste vor places d'honeur gehalten. Wenn sie näher an
die

die Kirche rücken, so pflegen bißweilen noch höhere, Reichs-Hof- oder Kriegs-Officianten die vier Ecken des Leichen-Tuchs zu ergreiffen.

§. 27. Die Leiche wird von 6. oder 8. Pferden gezogen, die gantz langsam fortgehen, so, daß sie sich nur zu rühren scheinen; Die Pferde sind gantz mit schwartzen Boy oder Sammet überhangen, auf den Pferde-Decken sind die Wapen des Königlichen oder Fürstlichen Hauses auf mancherley Weise angebracht, bißweilen sind auch so gar bey den Pferden auf den Stirnen Wapen zu sehen. Ein iedes Pferd wird von einem vornehmen Officier geführet, neben diesen gehen acht Reit-Knechte in langen Mänteln, mit Spießruthen in Händen, und auf beyden Seiten der Leiche 24. vornehme Cavaliers, bißweilen auch weniger, oder auch eine gewisse Anzahl Trabanten mit langen Mänteln und schwartzen überzogenen Partisanen, so die Spitzen unterwerts gekehrt.

§. 28. Hinter der Leiche kommen Marschälle mit Visiren und überzogenen Stäben, wiewohl die Visirs nicht allenthalben gebräuchlich; in den vorigen Zeiten sind sie mehr im Gebrauch gewesen, als in den ietzigen. Darauf folgen die Hoch-Fürstlichen Leid-tragenden Manns-Personen, deren Mäntel-Schleppen von Hof-Cavalieren getragen werden. Je näher sie der Hoch-Fürstlichen verstorbenen Person verwandt gewesen, ie näher sind sie der Leiche. Sie werden von grossen Ministris und vornehmen Cavaliers begleitet, und
Tra-

Trabanten gehen ihnen zur Seite. Je höher die Hoch-Fürstlichen Personen unter sich am Range und andern Umständen, desto grösser ist die Anzahl der Trabanten, so neben ihnen hergehen, ie höher sind auch die Officianten, so ihnen die Schleppen tragen, so, daß bißweilen grosse Generals dazu genommen werden. Den Durchlauchtigsten Manns-Personen folgen die grossen Ministri und Hof-Cavaliers, auch die Collegia, nach ihrer Rang-Ordnung, von den obersten biß auf den untersten.

§. 29. Das Durchlauchtigste Leid-tragende Frauenzimmer wird ebenfalls von hohen Standes-Personen, von Prinzen, Grafen oder hohen Ministris geführet, und folget denen vor sie bestimmten Marschällen. Die Schleppen werden ihnen von Hof-Cavalieren getragen, und gehen auch Cavaliers hinter ihnen her. Auf beyden Seiten aber Trabanten. Dafern sich bey einer Königlichen oder Chur-Fürstlichen Leich-Procession Gräfinnen mit befinden, so ist bey ihnen diese Distinction, daß ihnen keine Trabanten zur Seite gehen, daß sie von keinen Cavalieren geführet werden, kein Cavalier ihnen die Schleppen nachträgt, und auch keiner ihnen folget. Hinter dem Durchlauchtigsten Frauenzimmer folget das Adeliche Frauenzimmer, als erstlich die Hoch-Fürstliche Frau Hofmeisterin nebst den Hof-Dames, und hernach daß andere Frauenzimmer nach ihren respective Männern und Vätern.

§. 30.

§. 30. Ist eine Procession sehr groß und weitläufftig ordoniret, so gehen nicht allein alle Magistrats-Personen, Advocaten, und die gantze Bürgerschafft einer Königlichen oder Fürstlichen Residentz mit, ohne den Adel, und die Deputirten aus den frembden Provintzien, sondern es marchiren auch wohl ein oder etliche Regimenter von der Milice mit, die ihr Gewehr nach Trauer-Manier verkehrt, und ihre Spieße verdeckt führen.

§. 31. Zuweilen werden auch in der Procession sehr viel Hand-Pferde von den Stall-Bedienten mit zugleich geführet, die alle mit Trauer-Schabracken belegt, auf welchen das Königliche oder Fürstliche Wapen gestickt zu sehen; wiewohl dieses in den vorigen Zeiten noch gebräuchlicher gewesen, als in den ietzigen. Bey der Leich-Procession Chur-Fürstens Christiani II. zu Sachsen wurden alle Pferde, die dabey mit geführet worden, mit Nahmen benennet, als, der licht-braune Altvater, der schwartz-braune Merseburger, die alte Schecke, der graue Patron, der kleine Fahle u. s. w. S. die Ordnung der Leich-Procession in M. Hausens glorieusen Bustis Electorum Saxoniæ p. 1246.

§. 32. Es ist von vielen Seculis her gebräuchlich gewesen, daß bey den Hoch-Fürstlichen Begräbnissen mancherley Müntzen ausgetheilet werden, es geschicht solches nicht allein bey Königlichen und Churfürstlichen, sondern auch bey Reichs-Gräflichen Exequien, da die Reichs-Grafen das Recht haben, Müntzen zu prägen. Also wurden bey dem
Begäng-

Begängniß des letzten Grafens zu Mannsfeld Johann Georgens III. Müntzen in vielerley Sorten nemlich in Thalern, halben Thalern, Ortsthalern und Groschen unter die Geistlichkeit, Schul-Bedienten und allen bey der Procession Anwesenden ausgetheilet. Manchmahl sind es currente Land-Müntzen, bißweilen aber auch nur blosse Medaillen und Schaustücke. An einigen Orten werden sie von denen Herolden unter das gemeine Volck ausgeworffen.

§. 33. Der Schluß der Leichen-Procession bestehet, bey solennen Processionen eines grossen Herrn, meistentheils in einem Regiment oder Compagnie Milice, bißweilen in der Bürgerschafft, oder in armen Leuten, und kan man hiervon keine gewisse Regel geben, maßen die abwechselnden Ordnungen der Divisionen oder Cörper, aus denen eine Procession besteht, auf vielfache Weise von einander unterschieden.

§. 34. So bald die Procession in die Kirche kommt, werden sie von den besonderen Ceremonien-Meistern, oder von den Marschällen nach ihrem Stande und Rang, um der Leichen-Predigt und den Gottesdienst mit beyzuwohnen, auf die Empor-Kirchen oder in die Kirchen-Stände placirt, und der Gottesdienst eröffnet sich mit Absingung der gewöhnlichen Sterbe-Gesänge bey den Evangelisch-Lutherischen, und Anstimmung besonderer Trauer-Cantaten, unter einer lieblichen, beweglichen und gedämpfften Trauer-Music.

X §. 35.

§. 35. Die Leich=Predigten sind bey den Kö=
niglichen und Hochfürstlichen Personen von Zeit
der Reformation an unter den Evangelisch=Lutheri=
schen im Gebrauch gewesen, und sind deren man=
chen Potentaten wohl zwantzig, dreyßig und noch
mehr gehalten worden. Der theure Chur=Fürst
Augustus zu Sachsen und seine Gemahlin haben
46. Leich=Predigten bekommen. In den vorigen
Zeiten findet man bey den wenigsten Leich=Pre=
digten Personalien, und scheinet es, daß dieselben
nur erst im XV. Seculo auffkommen.

§. 36. Nachdem nun die Prediger Hertz und
Muth haben, oder allzu grosse Menschen=Furcht
und Heucheley besitzen, oder nachdem sie sich Men=
schen gefällig machen wollen, nachdem erzeigen sie
sich in Ausbreitung des Lobes der verstorbenen
Fürsten=mäßig oder unmäßig. Rechtschaffene
Lehrer und Prediger beobachten auch hiebey die
Pflichten, die sie, als Diener GOttes, GOtt und
ihren Gewissen schuldig, und zugleich die Pflichten,
die sie als treue und devote Unterthanen ihren ver=
storbenen Landes=Fürsten und ihrer gegenwärti=
gen Landes=Herrschafft abzustatten haben. Der
selige D. Martin Luther sagt in seiner Leich=Pre=
digt, die er dem Chur=Fürsten zu Sachsen Johan=
nes dem Beständigen gehalten: Wir wollen un=
sern lieben Herrn nicht so gar rein machen, wie=
wohl er ein sehr frommer freundlicher Herr gewe=
sen ist, ohn allen Falsch, indem ich noch nie mein
Lebenlang einigen Stoltz, Zorn und Neid an ihm
gespüh=

gespühret, der alles leichtlich tragen und vergeben konnte, und mehr denn zu viel milde gewesen ist. Diese Tugend laß ich ietzt fallen, ob er darneben zuweilen im Regiment gefehlet hat; wie soll man ihm thun? ein Fürst ist auch ein Mensch, und hat allewege zehn Teufel um sich her, wo sonst ein Mensch nur einen hat, daß ihn GOtt sonderlich muß führen. Es sind auch sehr vernünfftige Worte, die ein gewisser Chur-Fürstlicher Hof-Prediger in der Leich-Predigt, so er einem grossen Chur-Fürsten gehalten, vorträgt: Es muß ein Unterschied zwischen Hof-Predigern und Hof-Fuchsschwäntzern bleiben; und wie wir grossen Herren im Leben offt müssen sagen, was sie nicht gerne hören, soll anders ihr Blut nicht von unsern Händen gefordert werden; Also können wir auch nach dem Tode, was unrecht ist, nicht zu Recht und Tugend machen. Gleichwohl ists auch nicht unbillig, daß, was GOtt aus Gnaden bedeckt, und dort nicht mehr vorsuchen will, wir auch in Christlicher Liebe schweigen, und sein Werck hingegen aus schuldiger Danckbarkeit gegen GOtt, und hertzlicher Liebe gegen die hohe Obrigkeit preisen sollen.

§. 37. Bißweilen pflegt anbefohlen zu werden, daß an eben dem Tage, da dem Hoch-Fürstlichen Landes-Vater in der Residentz die Exequien gehalten werden, auch in allen Städten, und in allen Dorff-Kirchen des gantzen Landes, ihm Leich-Predigten und solenne Processionen geschehen.

§. 38.

§. 38. Wird die Leiche in die Hoch-Fürstliche Grufft eingesenckt, so werden bißweilen die Trompeten dabey geblasen, und die Paucken geschlagen, auch die Canonen abgefeuret; und von der Milice eine Salve gegeben. Jedoch pflegt dieses nicht allenthalben zu geschehen. Es wird auch gar offters die Fürstliche Leiche unter Musicirung des in der gantzen Evangelischen Kirche eingeführten Liedes: Mit Fried und Freud ich fahr dahin, eingesenckt. An einigen Orten werden zu der Zeit, da die Leiche soll eingesenckt werden, alle die Lichter in der Kirche mit aller Vorsichtigkeit ausgelöscht, und es werden auf beyden Seiten der Kirche, Reyhen von Trabanten geschlossen, damit das eindringende Volck allenthalben abgehalten werde. Vornehme Hof-Cavaliers oder Officiers müssen nebst den Werckmeistern und andern geringern Subalternen helffen die Leiche in die Grufft sencken.

§. 39. An der Grufft werden zuweilen rechte Portails aufgebauet, mit den schönsten Arcaden, Pilastren, Statuen, Sinnbildern und Inscriptionen ausgezieret, und hin und wieder Cypressen-Bäume, Urnen und andere Todten-und Trauer-Geräthe aus der Antiquität mit angebracht. In Franckreich sollen der Ober-Hof-Meister von Franckreich nebst den Haus-Hof-Meistern, ihre Stäbe zubrechen, solche in die Grufft werffen, und sodann überlaut ruffen: Der König ist gestorben. Der Wapen-König soll die Worte:
Der

Der König ist gestorben, laſt uns alle vor die Ruhe ſeiner Seelen bitten, dreymahl wiederhohlen. Hierauf verrichtet man ein Gebeth, und endlich rufft der Wapen-König dreymahl überlaut: Es lebe König N. N. Die gantze Verſammlung thut desgleichen, und hierauf erſchallen Trompeten und Paucken. Bey dem Abſterben Printz Georgens von Dännemarck, der Königin Annæ in Engeland Gemahls, haben unter andern Ceremonien auch diejenigen Beamten, welche weiſſe Stäbe trugen, dieſelben zubrochen und auf das Grab geworffen. S. den 84 Theil der Europäiſchen Famæ p. 919.

§. 40. Stirbt ein Fürſt oder Herr, der der letzte von derſelben Familie, ſo wird bey dem Grabe der Regiments-Stab zerbrochen, das Siegel entzwey geſchnitten, des Hertzogs Hut ſammt der Trauer-Fahne entzwey geriſſen, und zugleich mit in des Fürſtens Grab gelegt. Bißweilen werden die Worte dazu gefügt, heute Fürſt N. N., mit Vermeldung des gantzen Fürſtlichen Titels, und morgen nimmermehr, zum Zeichen daß kein eintziger mehr von dieſen Stamm und Nahmen mehr übrig ſey.

§. 41. Die Zerbrechung des Wapens und Schildes bey dem Begräbniß derer, ſo die letzten eines Stammes und Nahmens ſind, iſt ſchon von langen Zeiten her im Gebrauch geweſen. Es gedencket ein alter Hiſtoricus in dem 11. Articul des Iſten Theils von Struvens hiſtoriſch-politiſchen

Archiv p. 177, daß mit dem letzten Burggrafen zu Leißnick, Hugone, der Anno 1538. verstorben, Schild und Helm, Pantzer, Kragen, Schwerdt, Spieß und Messer, sammt aller ritterlichen Wehr und Zierde dieses löblichen Geschlechts gantz und gar aufgehoben, in das Grab geworffen, und zugleich mit ihm eingescharret worden, zu einer Anzeigung, daß nunmehr dieses herrliche, alte, edle und hochlöbliche Geschlecht gantz dahin wäre.

§. 42. Der Schild, Helm und Siegel werden zwar zubrochen, und ins Grab geworffen, nichts desto weniger aber werden ein anderweitiges Schild, Helm, Commandir-Stab und Fahne in der Kirche, wo das Begräbniß ist, an unterschiedenen Orten zum Andencken angeheftet. An andern Orten ist die lobwürdige Gewohnheit, damit den Nachkommen das Gedächtniß des Wapens nicht entzogen werden möge, daß auf das Grabmahl das Wapen verkehrt eingehauen, und der Schild gleichfalls verkehrt aufgehängt wird.

§. 43. Wenn die Unterthanen vor ihre Landes-Regenten sehr viel Liebe und Devotion gehabt, so hegen sie auch vor Dero Gräber eine besondere Hochachtung, und verehren sie, wie sonderlich aus der alten Historie bekandt ist, auf mancherley Art und Weise. Insonderheit ist die Veneration des Römisch-Catholischen Pöbels gegen die Päbste so groß, daß man öffters ihre Gräber verbauen muß, weil sich täglich viel Leute finden, welche daselbst auf den Knien liegen, und ihr Gebeth abstatten, und

und muß man bißweilen besorgen, es möchte ihren Gräbern, oder gar ihren Cörpern selbst Gewalt wiederfahren, und die Stücken an statt der kostbahren Reliquien gebraucht werden.

§. 44. Viel grosse Herren, die ihre Ehegatten sehr zärtlich geliebet, haben, da sie sich ihre Gräber verfertigen lassen, ausdrücklich verlangt, daß ihre Gemahlinnen ihnen beygesellet werden möchten. Da sich Churfürst Johann Friedrich zu Sachsen in der Schloß-Capelle zu Torgau ein schön Begräbniß machen lassen, so befahl er bey Verfertigung seines Grabes dem Secretario seiner Gemahlin, Johann Rudolphen, er solte den Mäurern sagen, sie solten ihm auch bey seiner Gemahlin einen Platz machen, denn er wolte ihr bald nachfolgen, und bey ihr ruhen. S. Rudolphi Gothæ Diplomaticæ I. Theil, p. 461.

§. 45. Im XI. XII. und XIII. Seculo war es grand mode, daß die Bischöffe und andere grosse Herren ihre Bildnisse, wie sie hergangen, mit vollem Wapen auf ihre Gräber hauen liessen. So war es auch in diesen und folgenden Seculis sehr gebräuchlich, daß die Fürstlichen Epitaphia mit halb Teutschen und halb Lateinischen Grabschrifften versehen worden: Z. E. Hier liegt ein Fürste löbelich, quam vulgus flebile plangit, von Meissen Marggraf Friederich, cujus insignia pangit &c. In dem sechzehenden Jahrhundert hörten dieser Art Grabschrifften auf, und da erfolgten nachgehends entweder gantz Lateinische oder Teutsche, in prosa

proſa oder in Reimen, und hat man von dergleichen gantze Volumina angefüllt.

Das XIX. Capitul.
Von den Hof- und Land-Trauern.

§. 1.

Es ist unter den grossen Herren, ob sie schon einander mit naher Anverwandtschafft eben nicht zugethan, gar gewöhnlich, daß sie einander die Trauer-Fälle, die sich in ihren Hoch-Fürstlichen Häusern zutragen, notificiren. Doch geschiehet dieses eben nicht an alle ohne Unterschied, sondern an diejenigen, die an Dignitäten nicht allzu weit von ihnen entfernet, mit denen sie bekandt sind, vor die sie eine besondere Liebe und Hochachtung hegen, mit denen sie in einiger Verbindung stehen, und mit denen sie auch sonst in einiger Correspondence sind.

§. 2. So bald die Notifications-Schreiben einlauffen, ergehet alsobald die Antwort wieder darauf. Sind sie nah mit ihnen verwandt, oder haben einen besondern Egard und grosse Ergebenheit vor sie, so schicken sie ein eigenhändiges Antwort-Schreiben an sie ab. Es ist auch unter den Evangelischen Fürsten gar gewöhnlich, daß sie den andern die gehaltenen Leich-Predigten zuschicken. Diese

Diese dancken in dem Antwort-Schreiben vor die übermachten Leich-Predigten, und versichern, daß sie sothane Trauer-Schrifften nicht nur zu schuldigen Ehren Sr. Hochseeligen Liebden durchsehen, sondern auch zu Dero steten Andencken verwahrlich beyzubehalten, sich angelegen seyn lassen wollen.

§. 3. Nach eingekommenen Notification-Schreiben wird die Trauer bey Hofe, nach dem Unterschied der nahen Anverwandtschafft oder andern Considerationen, auf eine kürtzere oder längere Zeit angelegt. Bißweilen dauren die Trauern nur ein sechs Wochen, oder ein Viertel-Jahr, und diese werden insgemein die Cammer-Trauern genennet, bißweilen aber auch ein halbes und ein gantzes Jahr.

§. 4. Es ist nicht ungewöhnlich, daß die grossen Herren einander betrauren, ob sie schon in Kriege mit einander verwickelt. Sie stellen sich bißweilen an, als ob ihnen der tödtliche Verlust dessen, der sich doch als Feind gegen sie declarirt, sehr nahe zu Hertzen gehe, oder bemühen sich doch, die Freude, die sie in ihrem Gemüthe über einen gewissen Todes-Fall empfunden, vor der Welt zu verbergen. Also ließ der vorige König in Franckreich Ludewig XIV. so bald er die Zeitung von dem Absterben des Königs in Engelland Williams des III. erfahren, dem General-Lieutenant der Policey, Monsieur d'Argençon, anbefehlen, alle benöthigte Sorgfalt anzuwenden, damit der Pöbel über dessen

sen Tod keine öffentlichen Freuden=Bezeugungen
spühren lassen möchte.   S. Europäische **Fama**
II. Theil p. 739.

§. 5. Die schwartze und weisse Farbe ist wohl
zu allen Zeiten unter den moralisirten Völckern vor
die Trauer=Farbe angesehen worden.   An dem
Königlichen Frantzösischen Hofe pflegt der König
in Violet zu trauren, und man hat es als etwas besonders angesehen, daß Ludewig XII. den Tod seiner Gemahlin Annæ in schwartzer Kleidung be-
trauert, ingleichen daß König Ludewig XIV. als er
des Cromwels Tod erfahren, schwartz einher gangen. S. Beckmanns Notit. Dignit. Illustr. Diss. VI.
Die Königin in Franckreich trauert in Castanien-
braun so lange ihr Gemahl lebet, in weiß aber,
wenn derselbe verstorben, und so lange sie leben.

§. 6. Bey dem Begräbniß eines Doge zu Venedig erscheinet der Senat in rother Kleidung, eine
Farbe, die sonst gar wenig trauriges an sich hat.
Man thut aber solches zu weisen, daß, ob zwar ihr
Hertzog sterblich, dennoch die Republic ewig, und
keiner Aenderung unterworffen sey; welche Ewigkeit des Regiments in dem Mittel des Senats zu suchen, von welchem die Wohlfahrt des ihm unterworffenen Volcks dependirte, und stünde es nur
Privat-Personen, nicht aber dem gemeinen Wesen
zu, zu weinen.   Ja sie wollen lieber ihrer Ehr=Be-
gierde, als der hergebrachten Ehrerbietung gegen
die Todten, ein Genügen thun, indem sie es ihrem
hohen Ansehen verkleinerlich halten, sie öffentlich
zu

zu beklagen. Einige sind der Meynung, daß sie vielleicht diese Art von Leichen-Begängnissen mit Fleiß angeordnet, selbige durch diesen besondern Gebrauch desto ansehnlicher zu machen. Dem Exempel der Römer zu folge, welche den Leich-Begängnissen ihrer Censorum mit Purpur-Röcken, hingegen der andern Senatorum nur in ihrer ordentlichen Kleidung, so bloß mit Purpur eingefaßt waren, beywohnten. S. Lünigs Theatr. Cerem. P. II. p. 765.

§. 7. Der Habit der Hoch-Fürstlichen Wittwen ist nach dem Absterben ihrer Ehe-Herren an einigen Höfen schwartz, ob sie schon jung von Jahren annoch seyn solten. Also sind die Wittwen von dem hohen Ertz-Herzoglich-Oesterreichischen Hause alle schwartz gekleidet, an andern Höfen aber erwehlen sie zwar keine schwartze, iedoch sonst modeste und nicht allzu hell colorirte Kleidung.

§. 8. Die Trauer-Reglemens werden an den Höfen in den geheimden Collegiis, mit Zuziehung des Hof-Marschalls, auch wohl des Cammer-Directoris abgefaßt und in Ordnung gesetzt, und nachgehends der Fürstlichen Herrschafft zur Untersuchung und Approbation vorgetragen.

§. 9. Sind die Reglemens ajoustirt, so wird den sämtlichen Hof-Officianten aus dem Hof-Marschall-Amt durch den Cammer-Fourier die Trauer angesagt, und ihnen vorgeschrieben, wie sie sich nicht allein vor sich, und vor ihre Familie und Bedienten, bey der Trauer in Ansehung der Kleidung,

sondern

sondern auch wegen ihrer Caroßen, Equipage, Bekleidung ihrer Zimmer u. s. w. auffführen sollen.

§. 10. Es werden so wohl bey den Cavalieren als bey den Dames alle Stücke der Kleidung specifique ausgedrückt, wie viel Wochen oder Monathe die Manns-Personen in frisirten Tuch mit Pleureusen, mit ungepouderten Perruquen, in sämischen Schuhen, in überzogenen Degen; das Frauenzimmer aber in schwartz- und weissen Flohr u. s. w. einher gehen sollen. Die Caroßen werden mit schwartzen Boy überzogen, und mit dem Adelichen Wapen rings herum versehen; die Laqueyen führen buntfarbigte Achsel-Bänder, da die Couleuren nach den Farben der Helm-Decken eingerichtet worden. Die Zimmer werden ordentlicher Weise von den Hof-Cavalieren in ihren Privat-Wohnungen nicht ausgeschlagen, als nur von den Ministris vom höchsten Range, und nachdem in Ansehung ihrer einige Grade des Ranges sind, nachdem müssen sie auch mehr oder weniger Zimmer schwartz auskleiden lassen.

§. 11. Man observiret eine besondere Distinction unter denen Adelichen Bedienten, und unter denen von bürgerlichen Stande, so, daß diese, wenn sie wider das Verboth und vorgeschriebene Reglement, es den Adelichen, wie es bißweilen zu geschehen pflegt, nachthun wollen, nicht selten in Straffe verfallen. Jedoch ist wieder ein besonderer Unterschied unter denen von bürgerlicher Ankunfft, die aber adeliche Chargen besitzen, und unter

den

Von Hof- und Land-Trauren.

den andern; jene haben vor diesen einen besondern Vorzug, und werden den adelichen in vielen, iedoch nicht in allen Stücken gleich geschätzt.

§. 12. Nach dem Verlauff einiger Zeit nimmt die Trauer ab, und alsdenn wird von den Hofmarschall-Amt durch den Cammer-Fourier den Hofbedienten männlichen und weiblichen Geschlechts wiederum angesagt, wie sie mit der Trauer ein wenig rücken sollen. Den Cavalieren wird erlaubt, daß sie die Peruquen poudern, die sämischen Schuhe, die überzogenen Degen wieder ablegen, und solche gegen ihre gewöhnlichen verwechseln sollen. Und so rückt die Trauer alle vier oder 6. Wochen weiter, biß sie sich endlich gantz und gar endiget.

§. 13. Ist man bey Hofe gesonnen mit den Trauern zu eilen, und sich geschwinde zu expediren, so fängt man an die Trauer zu nehmen von Zeit der beschehenen Notification des Todesfalls an, ob schon die Trauer eine gute Zeit hernach angelanget worden, damit man desto eher damit fertig werde. Bißweilen geschicht es, daß man auch bey der tieffsten Trauer auf eine Zeitlang die Trauer ablegt und aussetzt, wenn etwan solenne Nahmens- oder Geburths-Täge oder andere erfreuliche Festivitäten einfallen, oder auch fremde Herrschafft bey Hofe ankommen, vor die man besondere Consideration hat, und denen zu Ehren und zu Gefallen der gantze Hof in Galla erschein muß.

§. 14. Die Fürstlichen nacher werden mit schwartzen Tuch ausgekl iedoch ist ebenfalls
ein

ein Unterschied, ob die Trauer sehr tieff ist, oder nicht; Bey einer sehr tieffen Trauer werden nicht allein die Wohnungs-Zimmer der Fürstlichen Herrschafften, sondern auch die Tafel-Gemächer, die Audienz-Gemächer u. s. w. ausgekleidet, bey einer andern aber, die nicht so gar tieff, entweder nur die ordinairen Wohnungs-Gemächer, oder die Audienz-Zimmer. Es wird auch so gar mit den Meublen eine Veränderung bey der Trauer-Zeit vorgenommen: manche bunte Meublen werden verdeckt und überkleidet, andere aber inzwischen weggesetzt, und andere an deren Stelle geschafft.

§. 15. Wo kleine Schloß-Capellen, so werden sie entweder gantz und gar mit schwartzen Tuch ausgekleidet, oder in den andern werden doch die Orgel, die Altäre, der Tauffstein, die Cantzel, die Fürstlichen und andern Beichtstühle, die Fürstlichen Empor-Kirchen, die vornehmsten Stühle und Vorkirchen der Hof-Bedienten und andern, mit Boy beschlagen, und zugleich mit den Hochfürstlichen Wapen und verzogenen Nahmen ausgezieret.

§. 16. Die Hochfürstlichen Herrschafften halten sich zur Zeit der tieffen Trauer des Sonn- und Fest-Tages in 6. oder 8. Wochen, bißweilen auch wohl noch länger in denen Zimmern auf, und lassen sich durch ihre Schloß- und Hof-Prediger die Predigten ablegen, und ihre Hof-Gemeinde, in so weit sie aus den vornehmsten Hof-Bedienten bestehet, zusammen beruffen.

§. 17.

Von Hof- und Land-Trauern.

§. 17. Bey den Trauer-Solennitäten werden nicht allein alle Hof-Bedienten schwartz eingekleidet, nebst den Schweitzern oder andern Trabanten, die als Garden bey Hofe aufwarten, sondern es bekommt auch die Milice Flöhre an die Fahnen und Trommeln, die mit Ihrer Majestät hohen Nahmen und Wapen-Schildern behänget werden.

§. 18. Die allgemeinen Land-Trauern werden von der Landes-Herrschafft ausgeschrieben, der die Administration des gantzen gemeinen Wesens zukommt, und in diesen und andern Stücken mehr die äusserlichen Handlungen der Unterthanen zu reguliren hat. Wie es sich nun nicht selten zuträgt, daß die Fürsten wegen eines gewissen Fürstenthums in Streit gerathen, also geschiehet es auch bißweilen, daß sich bey Ausschreibung der Land-Trauren Contradictiones erheben, und was der eine ausgeschrieben, von dem andern wieder verbothen wird. Man hat Exempel, daß bey dergleichen Contradictionen die Kirchen mit gewaffneter Hand zugeschlossen, die Läutung der Glocken mit aller Gewalt hintertrieben, und mancherley vorgenommen worden, was die Trauer zu hindern und zu stöhren pflegt. In wie weit die Sequestri der Fürstlichen Provintzen, die Fürstlichen Vormünder u. s. w. berechtiget, die Land-Trauern auszuschreiben und zu reguliren, untersucht die Lehre von dem Staats-Recht, die sich um dergleichen Sachen zu bekümmern pflegt.

§. 19.

§. 19. Die Land-Trauern sind nach dem Unterscheid der Todes-Fälle, die sich in einem Hochfürstlichen Hause zugetragen, nach dem Unterscheid der Anordnungen derer, so sie nach eigenen Gefallen ausschreiben, und nach den Observanzen der Länder und Gegenden unterschieden. Inzwischen ist es doch allenthalben der Devotion und Pflicht der Unterthanen und Bedienten gemäß, daß sie mit ihren Landes-Herrschafften zugleich trauern, und mit ihren Regenten, die ihre Scepter mit Flohr umwickeln, ihre Betrübniß zugleich an Tag legen.

§. 20. In den Formularien, so zu dem Ende in das Land ausgeschrieben werden, wird gnädigst anbefohlen, alsofort die Verfügung zu thun, daß nicht allein in allen Kirchen Dero gesammten Lande Ihrer Hochfürstlichen Durchlauchtigkeit seeliges Absterben nach Anweisung des hierbey kommenden gedruckten Formulars kund gethan, und der grosse GOtt um Abwendung aller fernern traurigen und wiedrigen Zufälle von Jhrer Hochfürstlichen Durchlauchtigkeit und Dero Hochfürstlichen Hause mit hertzinbrünstigen Gebeth angeruffen, sondern auch in allen Kirchen in den Städten und auf dem Lande, von 11. biß 12. Uhr zu Mittags, die Glocken 6. Wochen geläutet, und alle Musique und Frölichkeit auf ein gantz Jahr eingestellt, auch alles, was in dergleichen traurigen Begebenheiten hergebracht, veranlaßet werde. Hiedurch wird Ihrer Hochfürstlichen Durchlauchtigkeit gnädigste Verordnung und Willens

Meynung bekandt gemacht, und ein ieder muß sich darnach gebührend zu achten wissen.

§. 21. Bey dergleichen Ausschreiben wird bißweilen einiger Unterschied gemacht unter den Unterthanen, und unter einigen Vasallen höhern Standes. Diesen wird zwar ebenfalls die Trauer-Abkündigungs-Notul zugeschickt, mit Begehren, solche von den Cantzeln ablesen zu lassen, und nicht allein vor sich selbst die Orgeln in den Kirchen sowohl, als andere Freuden- und Säytenspiel bey Hochzeiten, Kindtauffen, Gastereyen, Fechtschulen und Comödien, biß auf fernerer Verordnung, einzustellen, sondern auch bey ihren Unterthanen dergleichen anzuordnen, inzwischen werden doch die Redens-Arten in den Ausschreiben bey diesen letztern bißweilen ein wenig honorifiquer gesetzt, auch einiger maßen eher dispensirt, wenn die ausgeschriebene Trauer bey ihnen nicht so gar scharff und rigeureus in Obacht genommen wird.

§. 22. Haben die Vasallen und Unterthanen vor die verstorbene Hoch-Fürstliche Person viel Devotion und Hochachtung gehegt, oder viel Liebe vor ihren Landes-Regenten, so braucht es keines grossen Ausschreibens; es ist alsdenn eine allgemeine Land-Trauer, die einem ieden Unterthanen sehr nahe und zu Hertzen gehet, sind sie freywillig geneigt dasjenige zu thun, was ihnen nur angeordnet werden könte, ja sie thun öffters noch wohl mehr, als ihnen anbefohlen worden, sie lassen hier und da mit grossen Unkosten kostbahre Trauer-Gerüste

und

und prächtige Castra Doloris aufrichten, sie balsamiren sein Andencken mit Thränen ein, und begraben ihn in ihrer Seelen; Hier stimmet alles überein, ihre Zimmer trauern, ihre Kleider trauern, ihre Gesichter trauern, und ihre Hertzen trauern. Bey manchen Fällen aber bestehet die Land-Trauer in nichts als in einem äusserlichen Blendwerck, so niemand zu Hertzen gehet. Die wenigsten Unterthanen wollen trauern, sie müssen aber doch alle, wollen sie nicht Straffen zu erwarten haben. Ihre Kleider trauern, und ihre Hertzen sind frölich. Dürffen sie keine öffentliche Music haben, so haben sie dieselbe heimlich, und sind sehr begierig nach dem Ende ihrer Trauer.

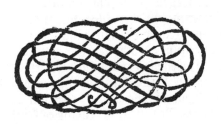

Der

Der andere Theil.
Von dem Ceremoniel der groſſen Herren in Anſehung ihrer Mit-Regenten.

Das I. Capitul.
Vom Rang und Præcedenz der groſſen Herren unter ſich.

§. I.

Urſprünglich und nach den allgemeinen Völcker-Rechten, kommt keinem freyen Volck und keinem Souverain, der von einem andern nicht dependant iſt, ſondern ſeine Unterthanen nach denen hergebrachten Fundamental-Geſetzen des Reichs auf eine freye Art beherrſchet, ein Rang und Vorſitz über die andern zu, ſondern ſie ſind alle unter einander gleich. Es haben aber nachgehends unterſchiedene Bewegungs-Gründe veranlaßt, daß einige ſich vor den andern einer Præcedenz angemaßt, andere aber ihnen theils nachgegeben und beygepflichtet, theils aber auch mit gutem Grunde widerſprochen, daher denn
man-

mancherley Rang- und Præcedenz-Streitigkeiten sich entsponnen.

§. 2. Es hat immer einen Grund, warum sich ein Regent dem andern vorziehen will, oder auch bey andern Puissancen hierinnen Beyfall erhält, mehr Schein der Wahrheit, als der andere. Vor diesem haben sich die Päbste in Decidirung der Rang-Streitigkeiten grosser Herren eine ziemliche Gurcke heraus genommen, und dieselben, nachdem sie der Römischen Kirche sehr favorisirt, und ihr viel Gehorsam und Respect erzeiget, oder nicht, in der Päbstlichen Capelle und in den Ceremonialibus hoch oder niedrig placirt, und daher manchen Souverain Gewalt und Unrecht gethan. Jedoch die protestirenden Puissancen und Fürsten kehren sich an die Päbstlichen Reglemens nicht; Es haben auch allbereits in den papistischen Zeiten die Römisch-Catholischen nicht gar viel darauf gehalten. S. Londorp. Actor. Publicor. Tom. VI. p. 318. & 319.

§. 3. Vor Zeiten hat man einem Volck die Præcedenz zuschreiben wollen, nicht allein wegen des Alterthums überhaupt, sondern auch wegen des Alterthums des Christlichen angenommenen Glaubens. Es ist aber auch dieses ein gar schwacher Grund, es gebühret dem Volck einiges Lob, daß es die heydnische Finsterniß eher verlassen; doch daher ist kein Argument zu nehmen von dem Vorzug, denn das Volck, das die Christliche Religion zuletzt angenommen, ist eben so gut, als dasjenige, so
sich

sich zur Christlichen Religion zu erst bekehret hat. Nicht weniger ist dieses eine Tändeley, die von den Belehnungen, von den Titulen und Wapen hergenommen, damit die Fürsten oder Republicken von den Päbsten beehret werden. Die von den Päbsten auf diese Art nicht begünstiget, sind öffters so mächtig und ansehnlich als die andern. Die Römische Kirche hat gar wohl gethan, daß sie sich gegen ihre Wohlthäter erkenntlicher erwiesen als gegen die übrigen, es können aber die Rechte des Drittenmanns hiedurch nicht verletzt werden.

§. 4. Die überwiegende Gewalt, da ein Volck das andere an Macht und Ansehen übertrifft, giebt einen grössern Ausschlag als der Wille des Pabsts, oder das Alter. Die Republick Genua ist wohl unstreitig eine ältere Republick als Holland, und der Pabst dürffte ihr wohl lieber favorisiren, inzwischen muß sie doch dieser den Vorzug lassen, weil sie ihr an Macht und Gewalt weit überlegen. Es giebt dieses nicht allein ein Momentum mit ab, wenn eine Puissance überhaupt an Ländereyen mächtiger, sondern auch, wenn ein grosser Herr zu dieser oder jener Zeit durch die starcken Armeen, die er auf den Beinen hat, durch die vielen Geld-Summen, die er sich gesammlet, und durch die vielen Siege, die er über seine Feinde erhalten, sich formidable gemacht. Die andern Potentaten haben vor einen solchen gleich mehr Consideration, und geben ihm und seinen Gesandten im Range nach, so viel als möglich. Ist aber ein Potentat sehr geschwächt worden, und mit seinen Unterthanen herunter kommen, so muß er auch bißweilen an diesen oder jenen Ort, zu dieser oder jener Zeit einigen Tort bey dem Range erdulten.

§. 5. Nicht weniger kommt bey dem Rangwesen gar viel mit an auf die Tugenden, Weißheit, Tapfferkeit, und andere Meriten eines grossen Herrn, durch welche sich einer in Europa bey allen Potentzen einen grossen Nahmen und besondern Ruhm erworben, ingleichen auf das Lustre eines Hauses, nachdem es sich durch Allianzen, Heyrathen u. s. w. mit andern mächtigen und ansehnlichen Puissancen verbunden, auf das besondere Staats-Interesse, da manches hohes Hauß eines andern Freundschafft, in Ansehung gegenwärtiger Conjuncturen sehr benöthiget, auf die Complaisance, so ein Regent dem andern, oder dessen Familie, oder Gesandten und Ministris erzeiget, und andere dergleichen Umstände.

§. 6. Alles dieses hilfft nun zwar etwas mitwürcken, daß manches Volck und mancher Regent geneigter ist, diesen oder jenen grossen Herrn zu mancher Zeit, und bey mancher Occasion bey dem Range nachzugeben, inzwischen wird doch hiedurch dem Range eines gewissen Hauses keine beständige Ziel und Maaße gesetzt, sondern die Præcedenz wird gemeiniglich durch die Possess und Observanz ausgemacht. Die erste und älteste Possession giebt, nach der Meynung der bewährtesten Publicisten und Rechts-Lehrer, in dergleichen des

Vor-

Vorsitzes halber sich ereignenden Streitigkeiten, das Haupt-Decisum ab. Die Exempel gelten hier mehr als die Gründe.

§. 7. Herr D. Hofmann gedencket in seiner Dissertation de fundamento decidendi Controversias de præcedentia p. 38. die Concilia in der Christenheit hätten die erste Gelegenheit zur Ordnung der Præcedenz gegeben. Nachdem nun diese Ordnung der Session und Præcedenz approbiret worden, so hätten sich auch die Völcker und ihre Beherrscher derselben auf den andern Zusammenkünfften bedient. Mancher hätte durch eine ausdrückliche oder heimliche Einwilligung die erste Stelle erhalten, und hieraus wäre hernach ein Recht und Befugniß entstanden. Die einmahl freywillig nachgegeben, hätten nachgehends nicht zurück treten noch die alte Ordnung brechen dürffen.

§. 8. Die Römischen Kayser haben allezeit vor den andern Puissancen eine so grosse Prærogativ erhalten, daß sie auch in ihren eigenen Häusern und Hof-Lägern keinem gecrönten Haupte, Königin oder Königinnen die place d'honeur oder Oberhand gegeben. Es ist dieses von den ältesten Zeiten an biß auf die neuesten so beybehalten worden. Also konnte anno 1698. der zu Wien anwesende Moscowitische Czaar Peter Alexowiz nicht anders als in cognito und ohne Ceremonien den Römischen Kayser, die Kayserin und den Römischen König Josephum sehen und besuchen.

§. 9. Ob schon alle Könige einander an Nahmen und Majestät gleich, so hat man doch vor diesen einen vor dem andern den Vorzug ertheilen wollen, theils wegen der langwierigen und durch das allgemeine Völcker-Recht erlangten Possess, da manche nebst allen ihren Vorfahren auf allen geistlichen und weltlichen solennen Zusammenkünfften den andern vorgesetzt worden, theils wegen der Macht und Weitläufftigkeit der Königreiche und Länder, theils wegen der Souverainité, theils auch wegen des erblichen Rechts, so ihnen durch das Königliche Geblüte an der Ehre zustünde. Heutiges Tages aber wird mehrentheils allen gecrönten Häuptern in gleichen Character Ehre und Prærogativ zugeschrieben. Wo es sich nun heutiges Tages zuträgt, daß die Könige in Person und am dritten Ort zusammen kommen, so vergleichen sie sich gemeiniglich, daß sie die Ceremonielle bey Seite setzen, sonst würden sich viel Differentien erheben, indem sie dem Range nach einander gleich seyn wollen, und keiner dem andern nachgeben will.

§. 10. Wenn ein Europäischer König zu einem andern gecrönten Haupt kommt, und demselben in seinem Hause oder Hof-Lager besucht, so giebt der König, so Wirth ist, dem andern als Gast (1) die erste Visite, (2) die rechte Hand in allen Zusammenkünfften, (3) den Vortritt und pas d'honneur in den Cammern, Audienz-Gemächern und Zimmern, bey der Tafel, in der Hof-Capell, bey dem
Gottes-

Gottesdienst und sonst aller Orten, wo sie zusammen kommen.

§. 11. Wo ein Cron-Printz, dessen regierender Herr Vater und König der Zeit annoch am Leben, und dann ein regierender Churfürst in des Vaters des Königes oder eines andern Churfürsten oder Fürsten Hof-Lager, und in publicis conventibus zusammen kommen, da ist die Sache ratione des Vortritts und der Præcedenz noch nicht so ausgemacht. Die Cron-Printzen führen an, daß sie in dem Blute bereits die Königliche Majestät trügen, da hingegen die Churfürsten nur den Königen gleiche Dignität aber keine Succession zur Königlichen Majestät hätten, es wäre nie erhört, daß ein Cron-Printz am dritten Orte einem Churfürsten den Rang und die Præcedenz gegeben, und also stritte in diesen Fall eine perpetuirliche Possess für die Cron-Printzen. Die Churfürsten führen an, der Vorzug, den ein König vor den Churfürsten hätte, schlöße die Cron-Printzen nicht mit in sich, es wäre nur eine eintzige Majestät in der Person des Königes, und keinen Cron-Printzen wäre iemahls ein actus possessionis zugestanden worden.

§. 12. Man hat unterschiedene Exempel, daß Königliche Princeßinnen nicht allein den Rang vor allen souverainen Fürstinnen in Europa, sondern auch den Churfürstinnen öffters prætendiret, iedoch die regierenden Churfürstinnen haben dergleichen prætendirte Prærogativ niemahls directe agnosciren wollen. Die Königlichen Brüder haben

eben

eben wie die Cron-Printzen allezeit am dritten Ort den Rang und die præcedenz vor den Europäischen Fürsten genommen, und nehmen wollen, auch wenn ein solcher Fürst in das Königliche Hof-Lager ihres Herrn Vaters und ältesten Bruders als des regierenden Königs gekommen, denselben die Hand und place d'honeur allezeit disputirt.

§. 13. Einige Churfürsten haben sich vor den regierenden vornehmsten Reichs-Fürsten darinnen distinguirt, daß sie diesen, so offt sie von ihnen besucht worden, auch in ihren eigenen Hof-Lager und an der Tafel, die place d'honeur und rechte Hand nie geben wollen. So haben auch die Cardinæle den Churfürsten den Rang disputirlich machen wollen. Es ist aber dieser Rang-Streit in Ansehung der drey geistlichen Churfürsten anno 1717. von dem Pabst entschieden worden, nachdem er die Churfürsten zu Mayntz, Trier und Cölln zu Patriarchen in Jerusalem, Antiochia und Alexandriæ ernennte, durch welche Dignitæt sie den Rang über alle Cardinæle erhalten. S. Lünigs Theatr. Ceremon. I. Theil p. 14.

§. 14. Die Teutschen regierenden Reichs-Fürsten maßen sich vor den Italienischen und andern Europäischen einen Vorzug an, und behaupten, daß sie mehrentheils aus vortrefflichen Königlichen und Churfürstlichen oder alten illustren Geblüth entsprossen wären, da hingegen die andern nur Gräflicher und Adelicher, auch wohl mancher unter ihnen wohl gar unehlicher Geburth und

und Herkommens wären. Die Dignität der Teutschen Reichs-Fürsten, Hertzoge, Land- und Marg-Grafen, stammte von uhralters her, und ihre Vorfahren wären schon undenckliche Jahre darinnen possessionirt, die andern Printzen hingegen wären nur in den neuesten Zeiten von einigen Seculis her zu ihren Hertzoglichen und Fürstlichen Dignitæten gelangt.

§. 15. Die geistlichen Fürsten und Stände deduciren ihre Præcedenz 1) von dem Respect so der Bischöffe und Prælaten-Stand von Alters her in der Christlichen Kirche gehabt, und der ihnen vor den weltlichen Puissancen billich aus Ehrerbietung gegen die Kirche und Religion erzeiget werden müste, 2) von der Ehre, welche die alten Teutschen Kayser von Ottonis Primi Zeiten her, den geistlichen Dignitæten gegönnet, 3) von dem Range, den sie in den alten Kayserlichen Diplomatibus auch Reichs-Constitutionibus und Decretis über die weltlichen gehabt. S. Zweyburgs Theatrum Præcedentiæ Tit. 101. Von der Cognition und Judicatur über die Præcedenz-Streitigkeiten im Teutschen Römischen Reich unter geist- und weltlichen Magnaten.

§. 16. Bey den Fürstlichen Familien in Teutschland consideriret man das alte vortreffliche Hauß, von welchem sie abstammen, die ansehnlichen Lande und ihnen zustehenden hohen Jura, das Tractament, welches sie von vielen Jahren her von Kaysern, Königen und Churfürsten genossen, und
ob

ob sie berechtiget an frembde Staaten Abgesandten zu schicken, und von denselben wieder anzunehmen. Es wird also ein grosser Unterscheid gemacht, unter diesen und unter den andern, so aus keinen Chur-Fürstlichen oder sonst illustren alten Geblüthe und Familie entsprossen, auch keinen vornehmen Bischöfflichen noch andern geistlichen Character, oder Hertzoglichen, Land- noch Marggräflichen Titul führen, sondern nur blosse Fürsten, Herren, Reichs-Aebte, Prælaten, oder weltliche einfache regierende Reichs-Fürsten Bey den vornehmen aus den Hertzoglichen, Marggräflichen und Landgräflichen Familien entsprossene Printzen wird consideriret, ob ihre regierenden Väter bereits gestorben, und sie unter der Vormundschafft stehen, oder ob ihre Väter noch am Leben sind. Nach diesen Unterschieden werden sie auf unterschiedene Weise an frembden Höfen tractirt.

§. 17. Wenn einige Fürsten wegen des Ranges unter sich competiren, und der Competenz-Streit zwischen ihnen noch nicht beygelegt, auch noch keiner sich in Possessionen seiner für den andern prætendirten Præcedenz fundirt, so verhüten solche Fürsten auf alle Wege, daß sie weder in Person noch dero Ministri am dritten Ort, und bey solennen Zusammenkünfften, oder bey Königlichen und Churfürstlichen Tafeln zusammen kommen. Sind einige an Dignitæt und Gradu einander gleich, ob schon etzliche unter ihnen an Gütern

tern und Herrschafften reicher als die andern, und sie sind an Königlichen und Chur=Fürstlichen Höfen anwesend, so werden gemeiniglich die ältern den jüngern vorgezogen.

§. 18. Wie die Præcedenz-Streitigkeiten unter den Europäischen Puissancen in Europa und unter den Fürsten des heiligen Römischen Reichs in Teutschland der allgemeinen Ruhe und Wohlfarth nachtheilig, ist mehr als zu bekandt. So lange dieselben ventilirt werden, und sich kein Temperament ausgefunden, werden die allgemeinen Angelegenheiten ausgesetzt, und das gute Vernehmen gehemmt und unterbrochen. So offt als eine neue Handlung vorfällt, die zu unternehmen wäre, so offt ist wieder ein neu Hinderniß, und ein neuer Auffenthalt, immassen der Rang und Vorzug nicht allein im Vorgehen und Vorsitzen, sondern auch im Vorstimmen, Vorschreiben und Sigilliren in Betrachtung gezogen wird.

§. 19. Es geschicht nicht selten, daß die Bedienten, in Verfassung des Ranges ihrer Herrschafften, hitziger sind als die Herren selbst, zumahl solche, die von keinen sonderlichen Nachsinnen. Anno 1696. begab sich in Pariß unter einigen Kutschern, die in einer engen Strasse einander nicht ausweichen, und dadurch den Respect ihrer Herrschafften maintreniren wolten, ein seltzamer Rang=Streit: Sie begegneten einander, und weil keiner dem andern ausweichen wolte,

so

so hielten sie mit ihren Carossen stille von früh an biß des Nachmittags um 4 Uhr, und liessen ihren Pferden Futter bringen. Endlich kam ein Fuhrmann mit einem Fuder Wein gefahren, dieser klagte es dem Commissario der Gegend, welcher hernach die Verfügung that, sie solten beyde zurück fahren, und keiner diesen Abend wieder auf der Strasse sich sehen lassen, womit denn beyde zufrieden waren, und dieser Præcedenz-Streit sich endigte. S. Theatr. Europ. T. XV. p. 110.

§. 20. Bißweilen ist nicht allein ein Disput wegen der Præcedenz überhaupt, sondern auch wegen des Platzes, welcher vor den obern oder niedrigern Platz zu achten. Einige haben das Axioma, daß der oberste Platz eines geringern Ortes vor schlechter zu halten, als der unterste eines höhern Ortes; andere halten davor, diese Regul könte in einer distincten Societät Platz finden, aber nicht in einer vereinigten Assembleé.

§. 21. Damit nun bey diesen und andern dergleichen Fällen allen Rang-Streitigkeiten, so viel als möglich, vorgebogen werde, so ist man auf mancherley Temperamente bedacht, es mögen nun die Herrschafften selbst oder ihre Gesandten concurriren. Bey dem Friedens-Schluß zu Veroins, da der Französische und Spanische Gesandte stritten, welcher von ihnen zu des Päbstlichen Legats Rechten sitzen solte, wurde diß Mittel getroffen: Man ließ den in Franckreich residirenden Päbstlichen Nuncium kommen, welcher sich dem Legato zur Rechten

Rechten setzte, und hernach wurde dem Frantzösischen Gesandten die Wahl gelassen, einen Platz zu kiesen welchen er wolte, er erwehlte sich aber des Legati lincke Hand, und überließ dem Spanischen Gesandten den andern Platz zur rechten, welcher auch damit zufrieden war, in der Meynung, er hätte die Oberhand behalten. S. Joh. Finets Ceremoniel der Ambassadeurs p. 78.

§. 22. Wo zwey Abgesandten einen gleichen Rang haben, geschicht es bißweilen, daß ein Herr diesen Gesandten sagen läst, er solte zwar zu dieser oder jener Solennität zu erst eingeladen werden, es würde ihm aber zu einem besondern Gefallen gereichen, wenn er vorhero, Verdrüßlichkeit und Rang-Streit zu vermeiden, versichern würde, daß er ausbleiben, und sein Abwesen nach eigenem Gefallen mit einer Entschuldigung beschönigen wolte. Es pflegen aber die Herren Gesandten mit diesem Vorschlag gar selten zufrieden zu seyn.

§. 23. Die sich eine Præcedenz zueignen wollen, suchen mancherley Mittel und Wege vor, dieselbe zu behaupten. Sie bemühen sich, den Vorsitz und die Oberhand durch List zu erlangen, sie wollen sich entweder bey diesen oder jenen Convent gar nicht einfinden, und simuliren wohl gar zum Behuf einige Kranckheit, oder drohen, daß sie sich von dem Orte, wo sie sich gegenwärtig aufhalten, wieder weg begeben, und die dadurch angestellte Versammlung trennen wollen; sie geben Protestationes ad Acta, daß ihren Rechten hierdurch
im

im geringsten nichts præjudicirt werden sollte, u. s. w.

§. 24. Damit nun die gemeinschafftlichen Angelegenheiten über den Rang-Disputen nicht erliegen bleiben, so werden sie öffters durch das Looß entschieden, oder es wird bey dem sitzen und votiren eine Alternation beliebet. Es geschicht auch wohl, daß beyde um die Præcedenz mit einander streitende Theile alles zugleich thun, sich zugleich niedersetzen, zugleich auffstehen, sich gegen einander bücken, und mit aller Höflichkeit einander begegnen. Es werden die Ehren-Bezeigungen von andern gegen diejenigen, die dißfalls in Jrrungen mit einander stehen, auf eine gleiche Weise eingetheilet, z. E. dem einen wird zuerst vorgelegt, und dem andern zuerst zu trincken gegeben. Bey den Römisch-Catholischen werden bey gewissen Ceremonien in der Kirche der eine zuerst mit Weyhwasser besprengt, der andere zuerst beräuchert.

§. 25. Bey dem heiligen Römischen Reiche, und in desselben alten Observanz und Verfassung ist hergebracht, daß der Rang und die Præcedenz vieler geistlichen und weltlichen, grossen und kleinen Reichs-Glieder, Magnaten und Stände, nicht so wohl nach der Ordnung ihrer anklebenden Dignitäten, Prærogativen, illustren Geblüthe, Nahmen, Hertzoglichen, Marggräflichen und Fürstlichen Stande, Character und Herkommen, als vornehmlich nach denen auf solennen Reichs- und Creyß-Conventen grossen Versammlungen,

Colle-

Collegial- und Deputations-Tägen recipirten, und von undencklichen Zeiten her gebräuchlichen Ceremoniellen, und angewiesenen Reichs-Sessionen regulirt wird, und haben hierbey die mehresten Teutschen vortrefflichen Reichs-Stände und illustren Glieder, Chur-Fürsten und Fürsten, ohne daß sie auf specielle Prærogativen ihrer Familien gesehen, acquiesciret.

§. 26. Inzwischen sind doch noch genug Præcedenz-Streitigkeiten übrig, die unter den Ständen des Heil. Römischen Reichs ventilirt werden. Einige wollen als ein Monimentum anführen, warum sie vor den andern Ständen eine Præcedenz behaupten könten, weil dieser Stand sich gar öffters in den Reichs-Abschieden vor andern unterschrieben hätte; andere aber erinnern gar wohl, daß nicht allemahl ein Schluß hieraus zu machen wäre, weil bißweilen sich etliche Stände nach den andern geschrieben, denen doch ein Vorsitz zukommt.

§. 27. Zu Zeiten wird, krafft eines Testaments oder brüderlichen Vergleichs, einem Sohn oder Bruder, und allen seinen Descendenten eine besondere Landes-Fürstliche Eminenz, nebst andern Emolumentis und zu des gantzen Hauses Autorität gehörigen Regalibus überlassen, und dieser prætendirt mit Grunde ein Vorzugs-Recht. Geschicht es aber, daß die jüngere Linie wegen ihrer Meriten von dem Kayser mit einer neuen Dignität, oder etwas anders begnadiget wird, so will sie hernach iener den Rang streitig machen. Manche

Fürsten des heiligen Römischen Reichs, die sonst über andere, bevor sie zu der Chur-Fürstlichen Würde gelangt, den Rang gehabt, wollen zwar den neuern Chur-Fürsten bey den Actibus mere Electoralibus, als bey den Wahl- und Crönungs-Tägen der Römischen Kayser, bey den Chur-Fürsten Tägen u. s. w. die Præcedenz lassen, bey den andern Handlungen aber nicht.

§. 28. Wenn unter den Reichs-Ständen bey den Comitiis, oder auf Creyß-Tägen, oder andern Consultationen, sich einige Zwistigkeiten erheben, so pflegen sie Kayserlicher Majestät anheim zu stellen, ob dieselben über diese Vorsitz-Streitigkeit entweder a comitiis imperii ein Reichs-Gutachten erfordern, oder allergnädigst geruhen wollen, so fort darunter zu determiniren, oder auch biß auf anderweite Vergleiche oder rechtliche Entscheidung provisionaliter und Interims-weise auf eine ihnen unverfängliche Weise zu entledigen, damit bey denen etwan bevorstehenden Creyß-Consultationen dieserwegen kein weiter Hinderniß erwachsen möge.

§. 29. Bey manchen Fällen geben einige, die sich sonst einen Vorsitz über den andern anmaßen, aus Betrachtung vor eine sehr hohe Intercession, etwas nach, sie fügen aber nachgehends eine Protestation mit an, daß sie es bloß dieser Puissance oder diesem Mit-Stande zu Ehren oder zu Gefallen thäten, hierdurch aber weder ihnen selbst, noch andern Reichs-Fürsten das geringste wolten vergeben haben,

ben als worwider sie auf das solenneste wolten protestiret haben. Bey diesem Falle weichen sie entweder gäntzlich, oder lassen sich doch ein gewiß Temperament gefallen.

§. 30. Viele von dem Reichs-Fürstlichen, Reichs-Gräflichen und Herrschafftlichen Stande und Geschlechtern, auch viel freye Reichs-Städte, so auf ihrem point d'honeur allzu sehr bestanden und noch bestehen, und dißfalls nicht einig werden können, lassen es auf das Decisum und den Ausspruch Ihrer Römisch-Kayserlichen Majestät, als welchen als ein hohes Reservatum die Cognition der Præcedenz-Streitigkeiten zukommt. Manche werden auch durch die in dem Fürstlichen Hause hergebrachten Austräge, und in dem Reichs-Hof-Raths-Collegio ausgemacht.

§. 31. Am besten ists, wenn die Rang-Streitigkeiten auf eine friedliche Weise durch gütliche Conferenzen entschieden werden, und der Rang in den Vergleichen secundum ætates Majoratus, Lineas oder Senioratus reguliret wird. Also ist in dem Anhältischen ausgemacht, das die regierenden Herren denen nicht regierenden, ob wohl ältern, vorgehen, die regierenden aber unter einander den Vorrang nach dem Alterthum Dero Jahre in der Regierung haben sollen. Es pflegen dergleichen Præcedenz-Recesse von Zeit zu Zeit renouvelliret zu werden.

§. 32. Einige Stände des Reichs, die ihren Mit-Ständen, oder den Herren Vettern ihres Hauses,

Hauses, einen grössern Rang mitgetheilet, pflegen dieses an andere höhere Häuser zu notificiren, damit sie ihnen in Zukunfft mehr Prærogativen selbst erzeigen, und auch bey ihren Mit-Ständen zuwege bringen. Also berichtete der Landgraf zu Hessen-Darmstadt Ludwig, Chur-Fürst Lothario Frantzen zu Mayntz: Nachdem bißanhero die abgetheilten Fürsten aus den alten Fürstlichen Häusern eine Zeit her im Range mercklich zurück gesetzt worden, sie aber solches der Billigkeit nicht gemäß befänden, und daher zu mehrer Bezeugung ihrer aufrichtigen Intention und Wohlmeynenheit sich erklähret, gedachten ihres freundlich geliebten Vetters Liebden und seinen Successoren, wenn diese eben zu ihm kommen würden, die Hand in ihrem Hause zu geben; so hätten sie nicht ermangeln wollen, Ihro Liebden in hergebrachtem Vertrauen diese Eröffnung zu thun, mit freundlichen Ersuch, es nicht nur bey zutragenden Fällen mit ihres freundlich geliebten Vetters Liebden, an Dero Chur-Fürstlichen Hofe eben also zu halten, sondern auch Dero hochmögenden Officia bey andern Dero Mit-Chur-Fürsten dahin anzuwenden, damit Seiner Liebden von denselben ein gleichmäßig Tractament wiederfahren möge.

§. 33. Bey den Reichs-Versammlungen ist unter den Ständen, wie sonst wegen des Vorsitzes nicht recht einig werden könten, die Alternation eingeführet, sie tractiren einander auf diese Weise al pari, sie sitzen wechsels weise einander vor, ohne

alle

alle Competenz und Zwistigkeiten. Manche neue Reichs-Fürsten prætendiren auch eine Alternation, weil aber dieses unter ihnen zur Zeit noch nicht introducirt, so muß ein ieder seine Session suo loco & ordine, wie sie ihm von dem Erb-Marschall von Pappenheim bey der Introduction angewiesen, behalten, so lange biß von Kayserlicher Majestät, dem Reiche, und ihme dem neuen Fürsten selbst, einmüthig etwas anders beliebt und verordnet ist.

Das II. Capitul.
Von den Visiten und persönlichen Zusammenkünfften der grossen Herren.

§. I.

Es erfordern bißweilen die Anverwandtschafften und freundschafftliche Zuneigungen, so grosse Herren gegen einander tragen, theils die Schuldigkeit gegen die Höhern, theils auch mancherley Raisons d'Etat, daß sie einander in Person besuchen. Eine freundliche Unterredung hat gar offters mehr gefruchtet, ihnen selbst mehr Zufriedenheit und Bequemlichkeit, und ihren Unterthanen grossen Nutzen zuwege gebracht, als wenn sie viel Jahre einander Abgesandten zugeschickt, und durch dieselben tractiren lassen.

laſſen. Es wollen aber auch theils die allzuweite Entfernung, und die allzugroſſen Unkoſten, die zu einer ſolchen Reiſe erfordert würden, theils die Nothwendigkeit der Regierungs Geſchäffte, theils und vornehmlich aber das verdrüßliche Ceremoniel-Weſen dergleichen Viſiten nicht allezeit verſtatten. Es würden auch zuweilen dergleichen Zuſammenkünffte, wenn die groſſen Herren von allzu diſcrepanten Gemüths = Neigungen ſeyn, mehr hindern als befördern, mehr ſchaden als nützen.

§. 2. Zu Vermeidung mancherley Præcedenz-Streitigkeiten haben die groſſen Herren ein Mittel gefunden, nehmlich, unter einem angenommenen Character, oder incognito ſich aufzuführen; iedoch wollen der Wohlſtand, die Umſtände und vorfallenden Begebenheiten nicht allemahl verſtatten, ſich ſolches Mittels zu bedienen, ſondern es fügt ſich gar offt, daß die Majeſtäten und ihnen gleichgeltenden Perſonen unter denen ihnen angeſtammten, oder durch andern aufgetragenen Character mit einander concurriren.

§. 3. Bey den Zuſammenkünfften ſiehet man mehrentheils auf das Herkommen, und auf die Poſſeſs. Wo man aber keine Exempel vor ſich hat, darauf man ſicher fußen kan, wird vorhero alles von denjenigen Theilen, ſo mit einander concurriren wollen, genau überlegt, und endlich durch gemeinſchafftlichen Conſens ein ſolches Reglement abgefaßt, daß einen ieden das gehörige mitgetheilet, und

der

der Haupt-Zweck der angestellten Zusammenkunfft, durch den Verdruß der Ceremonielle, nicht gehindert werde.

§. 4. Bey dergleichen Ceremoniellen sind alle Umstände reiflich zu überlegen, und ist darauf zu sehen, ob die Person, so mit denen andern concurrirt, höher, gleicher oder niedriger als jene, ob sie denn souverain, welcher die Visite bekommt, mit Bluts-Freundschafft, Alliancen oder sonst durch ein genau Attachement verwandt, welche unter beyden Wirth oder Gast sey, ob die eine oder andere Person weder die Stelle eines Wirths noch Gastes vertreten, sondern beyde an einem dritten Orte zusammen kommen, und beyde als frembde zu consideriren.

§. 5. Kommen Puissancen von ungleichen Stande zusammen, wenn zum Exempel ein Fürst, Chur-Fürst oder König, einen Kayser in seinem Lande und in seiner Residenz besucht, oder diese im Gegentheil von einem Kayser die Visite in ihren Ländern und Residentien erhalten, auch wohl am dritten Orte eine Zusammenkunfft veranlaßt, so wird ein König, Churfürst oder Fürst von Kayserlicher Majestät nicht mit so grossen Ceremonien empfangen, als dieser von jenen bekommt.

§. 6. Bey dergleichen Gelegenheiten wird allezeit der gradus prærogativæ in Obacht genommen, und das Ceremoniel in allen darnach proportionirt, also daß sich der höhere bey einem Congreß mit einem niedrigen, es sey in seinem eigenen Lande und

und Residenz, oder auch an einen dritten Orte, stets eines solchen Ceremoniels gegen denselben bedient, wodurch sein Vorzug vor dem andern kenntlich bleibt, ob er ihm gleich sonst alle nur ersinnliche Höflichkeit beweiset. Der niedrige aber, er gebe oder bekomme eine Visite, muß allemahl ein solch Ceremoniel geben oder annehmen, durch welches dem höhern ein mercklicher Vorzug gelassen wird. Sind aber die Personen, so mit einander concurriren, von gleichem Range, z. E. ein König mit einem König, ein Churfürst mit einem Churfürsten, ein Cardinal mit einem Cardinal, so geniessen sie auch ein gleiches Ceremoniel im Essen, Unterredungen, im Sitzen, bey Bedeckungen des Haupts u. s. w. iedoch mit diesem Unterscheid, daß der Wirth den Gast im Gehen und Sitzen und allenthalben die Oberhand und den Vorzug, auch sonst aus purer Höflichkeit allerhand Prærogativen läst, die er ihm an einen dritten Orte nicht verstatten würde.

§. 7. Dergleichen Actus sind offt meræ facultatis, und gründen sich auf allerhand veränderliche Ursachen, nemlich auf Bluts=Freundschafft, Allianzen, erwiesene Freundschaffts=Gefälligkeiten, u. s. w. Nachdem nun diese und andere dergleichen Ursachen fortwähren oder aufhören, nachdem wird auch mit den Ceremoniellen eine Veränderung vorgenommen, und bey dergleichen Handlungen der Höflichkeit entweder etwas zugesetzt, oder vermindert.

§. 8.

§. 8. Es wird auch öffters, wenn viel Königliche und Churfürstliche Personen zusammen kommen, zu Vermeidung des Rang-Streits, nur eine bunte Reyhe gehalten, und sie setzen sich pêle mêle an die Tafel. Die hohen Standes-Personen männlichen Geschlechts nehmen die Hochfürstlichen Dames bey der Hand, und führen sie zur Tafel, ohne auf einigen Rang zu reflectiren, entweder wie sie wollen, oder wie sie zu gewissen Stellen durch das Looß angewiesen werden.

§. 9. Wenn eine Visite von einem geringern an einen höhern abgestattet werden soll, die zwar aus Höflichkeit geschehen könnte oder würde, die aber doch nicht von unvermeidlicher Nothwendigkeit ist, und der geringere erfährt, daß er bey dem höhern ein allzuschlecht Ceremoniel bekommen soll, so bleibt er lieber davon. Dieses ereignet sich nicht selten in Teutschland, wenn mächtige und ansehnliche Vasallen bey ihren Lehns-Herren einsprechen wollen. Sie prætendiren bey ihren Visiten dasjenige, so andern Standes-Personen bey dergleichen Zusprüchen an Höflichkeit erwiesen wird, sie wollen mit ihren Kutschen in den innern Schloß-Hof hinein fahren, und unten an der Stiegen absteigen, sie verlangen einen Cammer-Juncker zur Aufwartung, sie wollen in den Fürstlichen Zimmern logiren, und wie die andern serviret seyn, u. s. w. doch dergleichen Ceremoniel wird ihnen gar selten accordirt.

§. 10. Sind ihre Gemahlinnen von höheren
Stande-

Stande, wie es denn hin und wieder geschicht, daß Fürsten sich mit Königlichen Princeßinnen, und Reichs-Grafen mit Fürstlichen Princeßinnen vermählen, so wird ein besonders Ceremoniel mit den Gemahlinnen, und ein anders mit den Manns-Personen vorgenommen, jene werden nach ihrem Stande tractirt, diese aber etwas geringer angesehen.

§. 11. Bey dem Sitzen ist auch ein groß Ceremoniel; der Unterscheid, so unter den Lehnstühlen, und den Tabourets, das ist, die keine Lehnen haben, beobachtet wird, nachdem sie einander an Prærogativen übertreffen, nachdem werden sie auch hierinnen distinguirt. Curiosus Alethophilus meldet in seinem Tractat de moribus, ritibus ac Ceremoniis aulicis, p. 116. daß der Hertzog von Crequi 2. Jahre mit der Königin Christina gestritten, was sie ihm für einen Stuhl solte setzen lassen.

§. 12. Bevor die frembden Hoch-Fürstlichen Personen in einem Hof-Lager ankommen, so pflegen sie gemeiniglich durch einen Fourier den Fourier-Zeddul in das Hof-Marschall-Amt zu überschicken, wie starck ihre Suite seyn werde, und wie viel sie an höhern und niedern Bedienten, an Pferden und Carossen mitbringen werden, damit der Hof-Marschall, Hauß-Marschall oder ein anderer Minister, der den Stab führet, wissen möge, wie und wohin er sie einlogiren, und was er sonst bey ihrer Reception beobachten soll.

§. 13.

§. 13. Bißweilen werden die frembden Herrschafften, so bald sie an die Grentzen kommen, beneventirt, es werden ihnen Cavaliers entgegen geschickt, die sie mit einem solennen Compliment annehmen müssen, sie werden auch wohl mit ihrer gantzen Suite defrayirt.

§. 14. Wenn nun diejenigen, so Wirths Stelle vertreten, ihnen vermelden lassen, an welchem Ort sie ihrer Visite erwarten wolten, und die frembden in der Nähe angelangt, so hohlen sie dieselben bißweilen mit einem prächtigen Einzug ein, sie schicken ihnen ihre propreste Leib=Carosse entgegen, und einen grossen Theil von ihrer Hofstatt, von der Jägerey, von ihren unterschiedenen Garden, als Leib=Garden, Chevalier-Garden, u. s. w. Erfordert es der Respect gegen die Höhern, so kommen die regierenden Herren ihren Hochfürstlichen Gästen entweder selbst entgegen, oder schicken doch zu dem Ende ihre Printzen oder andere Hochfürstliche Anverwandten ab. Ein grosser Theil der Postilions nebst den Trompetern und Pauckern reiten vorweg, und führen den gantzen Zug. Die Jägerey wird von ihren Chefs angeführt, und die Post= und Waldhörner lassen sich Wechsels=weise dabey mit blasen hören. Es werden ihnen auch wohl die Introducteurs der Ambassadeurs mit entgegen geschickt.

§. 15. In allen Festungen, durch welche sie passiren, werden die Canonen abgefeuert, und die Garnisons müssen Parade machen. Nähern sie
der

der Hoch-Fürstlichen Residenz, so wird durch eine auffsteigende Raquete ein Zeichen gegeben zu Lösung der Stücken, und dieselben werden zu drey mahlen, nach den unterschiedenen Oertern, auf welchen sie angelangt, loßgebrandt. Die Bürgerschafft und die Garnisons müssen bey dem Einzuge paradiren. Es geschicht aber auch wohl, daß sie gantz unvermuthet ankommen, oder doch lieber in der Stille einziehen wollen, das Abfeuern der Canons und alle andere öffentliche Solennitäten depreciren.

§. 16. Kommen die grossen Herren einander selbst entgegen, so steigen sie, so bald sie einander in das Gesicht bekommen, entweder von ihren Pferden ab, oder aus den Carossen, machen einander einige Reverences, und embrassiren entweder einander auf das freundlichste, oder machen doch einander obligeante Complimens, darauf sie sich denn entweder in einen Wagen oder zu Pferde mit einander setzen.

§. 17. Wo es bey einigen Congressen grosser Herren sehr ceremonieus zugehen soll, da werden die Schritte gegen einander abgemessen. Also giengen bey der Zusammenkunfft des Königs in Spanien Philippi IV. und des Königs in Franckreich Ludewig des XIV, die auf der Conferenz-Insul auf dem Fluß Bidassao anno 1660. geschahe, beyde Könige einander mit gleichen und abgemessenen Schritten entgegen biß an die Linie welche in dem Conferenz-Saal gemacht worden

S. der

S. den I. Tomum des Herrn Lünigs Theatr. Ceremonialis p. 200. b.

§. 18. Ist der Wirth seinem Gast ausserhalb der Hoch-Fürstlichen Residenz nicht entgegen gefahren, oder entgegen geritten, so kommt er ihm auf dem Schlosse entweder unten am Wagen, oder an einer Stiegen, oder an einem gewissen Zimmer entgegen, nach dem Unterschied der Gleichheit, oder der Prærogativen, die einer vor dem andern hat. Es wird auch hierbey gar öffters eine Distinction gemacht, wie weit und wie viel Schritte die regierenden Herren selbst, oder ihre Printzen und andere Anverwandten, oder ihre Ministri, die Frembden annehmen und in ihre Zimmer führen sollen.

§. 19. Die Hoch-Fürstlichen Dames geniessen, aus honneur vor ihr Geschlecht, bey diesen und andern dergleichen Ceremoniellen besondere Prærogativen. Als Jhro ietzt regierende Kayserliche Majestät, als König in Spanien, anno 1704. bey der Königin Anna in Engelland einsprach, so stunde die Königin ein paar Schritte von der obern Stuffe, Dero der König so gleich die Juppe ergriff, und solche zu küssen Mine machte. Allein die Königin hub ihn auf, und embrassirte selbigen unter Gebung eines Kusses. Der König führte selbige hinauf bey der Hand, Jhro zur lincken Seite gehend, durch drey Zimmer zurück, in ihr Bett-Gemach, von dar er sich nach einem kurtzen Aufenthalt, unter Begleitung des Printz Georgens, in sein eigen Apartement begab. Die Gemahlin Chur-Fürstens

stens Friedrich Wilhelms zu Brandenburg empfingen den König in Dennemarck Christianum dem V. zu Gadebusch anno 1675. unten an der Treppe, und begehrten, Jhro Majestät biß in ihr Gemach zu begleiten; allein das Zimmer der Chur-Fürstin war unten, und des Königes oben, daher Jhro Majestät Sie in ihr Gemach führte.

§. 20. Die Päbste scheinen von dem gewöhnlichen Ceremoniel des Fuß-Kusses nicht viel nachzulassen, ob sie schon von Königinnen die Visiten erhalten. Als die verwittibte Königin Maria Casimira Louyse in Pohlen, anno 1699. bey dem Pabst Innocentio XII. einsprach, muste sie in dem Zimmer Ihrer Heiligkeit den gewöhnlichen Reverence mit dreyfacher Kniebeugung ablegen, und dem Pabst den Fuß und die Hand küssen. Ihre Heiligkeit begaben sich zwar nicht von ihrem Thron, jedoch empfingen sie die Königin sehr gütig; darauf sich Jhro Majestät in einen Lehn-Sessel niederliessen, und bey anderthalb Stunden allda verblieben.

§. 21. Ist der Einzug einer fremden Herrschafft mit Solennität geschehen, so müssen alle Garden auf dem Schloß-Platz bey ihrer Ankunfft paradiren; wo aber nicht, begeben sie sich in der Stille in ihre Zimmer, wohin sie von dem Hoch-Fürstlichen Wirth geführet werden. Einige werden, um einer Distinction willen, wenn sie etwan von niedrigem Stande, nicht einmahl auf das Schloß logirt; und andere hingegen, ob sie gleich mit der Herrschafft,

schafft, so Wirths Stelle vertritt, sich in gleicher Dignität befinden, haben mehr Gefallen in einem Garten-Hause oder andern publiquen Gebäude abzutreten, als auf dem Schlosse.

§. 22. Es wird den Hoch-Fürstlichen Gästen bey ihrem Anwesen alles nur ersinnliche an Höflichkeit und Plaisir erwiesen, so ihren Neigungen, ihrem Stande und Temperament gemäß, und ihnen zum Divertissement mancherley Arten der Lust- und Wasser-Jagten, der Inventions-Tafeln, der Comœdien, Opern, Balletten, Carrussellen, Kampf-Jagten, Schneppen-Schiessen, Feuerwercke, Illuminationen und Masqueraden angestellt. Es wird ihnen alles gezeiget, was sich nur remarquables in der Residenz und um dieselbe herum befindet. Es wird allenthalben anbefohlen, daß nicht nur ihre gantze Suite und alle ihre Domestiquen auf das höflichste tractirt werden sollen, sondern es werden auch so gar alle die Frembden, die aus denselben Lande her sind, währender Zeit daß sich eine frembde Herrschafft in der Residenz aufhält, viel besser angesehen als sonsten. Insonderheit bekommen auch die Hof-Narren scharffe Lectiones, daß sie sich in acht nehmen, damit sie niemand von den Frembden durch ihre plumpen Raisonemens choquiren.

§. 23. Die grossen Herren die sich als hohe Gäste einstellen, thun auch einigen Königlichen oder Fürstlichen Ministris die Gnade, und speisen nach beschehener unterthänigsten Invitation bey ihnen

ihnen zu Mittage oder des Abends, und regaliren sie nachgehends entweder mit einem Ritter-Orden, oder mit einem kostbahren mit Diamanten besetzten Portraite, oder einen andern ansehnlichen Præsent.

§. 24. Bißweilen bekommen diejenigen Oerter, wo grosse Herren eine unvermuthete und angenehme Entrevue, entweder zwischen ihren Hoch-Fürstlichen Anverwandten, oder auch andern Mit-Regenten halten, einen besondern Nahmen. Als Chur-Fürst Johann Friedrich bey seiner Zurückkunfft aus dem Gefängniß, auf Weymar zureisete, und auf den Jagt-Hause zu Wolfersdorff, allda ihm seine Gemahlin nebst andern Hoch-Fürstlichen Angehörigen empfangen, das Mittags-Mahl hielt, bekam dieser Ort den Nahmen der frölichen Wiederkunfft, welchen er auch biß ietzo noch behalten. Sie lassen auch wohl zum Andencken solcher Oerter und dieser Zusammenkünffte, gewisse güldene und silberne Müntzen prägen, wie man in der alten und neuen Historie davon gar viel Exempel antrifft.

§. 25. Vor diesen ist es unter den grossen Herren in Teutschland gebräuchlich gewesen, daß sie bey dergleichen Fällen zum Spaß mit den Hüten mit einander getauschet. Als Fürst Johann George I. zu Anhalt mit dem Chur-Fürsten zu Sachsen Johann Georgen den I. den 26. Martii Anno 1618. auf den so genannten rothen Hause in dem Anhältischen, eine sehr vertraute Zusammenkunfft

menkunfft hielten, waren sie so vergnügt, daß sie mit ihren Hüten tauschten. Fürst Johann George zu Anhalt erinnerte sich dessen noch den Tag vor seinem Ableben, und nahm den ertauschten Hut mit sich ins Grab. S. Beckmanns Anhältischer Geschichte V. Theil, p. 219.

§. 26. Wenn sich die grossen Herren wieder auf die Rück-Reise begeben, so pflegen sie vor ihrer Abreise diejenigen von der Hofstatt, die ihnen allerhand Aufwartung geleistet, zu beschencken. Sie schicken gar offters, wenn sie sich auf den Grentzen des Landes, aus welchen sie abreisen, befinden, einen Cavalier zurück an die Herrschafft die sie besucht gehabt, lassen ihnen Danck abstatten vor alle die genossene Höflichkeit, ihnen versichern, wie sie sehr vergnügt gewesen, und wie sie keine Gelegenheit aus den Händen lassen würden, Serenissimo hinwiederum alle Freund-Schwäger- und Vetterliche Dienste zu erweisen. Bißweilen werden sie bey ihrer Zurückreise allenthalben defrayirt, und von denjenigen Ministris, die sie am besten leiden können, biß an die Grentzen wieder begleitet.

§. 27. Wenn ein vornehmer regierender Teutscher und des heiligen Römischen Reichs-Fürst von hohem Hause, geistlichen oder weltlichen Standes, in das Kayserliche Hof-Lager kommt, so geschicht ihm gar keine solenne Reception, weniger Aufnehmung, sondern es kommt ein solcher Printz mit seinem Train ohne Solennität an. Die Privat-Au-
dien

dienzen geschehen bey dem Kayser und der Kayserin mehrentheils ohne Ceremonie.

§. 28. Der Fürst fährt in seinem mit zwey Pferden bespannten Wagen nach Hofe, und findet sich ohne Reception in der Kayserlichen Raths-Stube ein, dahin ihm der Kayserliche Hof-Fourier anweiset, welcher ihm vorher Zeit und Stunde zur Audienz angesagt, allda findet er den Obersten Cämmerer des Kaysers, der ihm in die Retraite zum Kayser introduciret. Der Kayser geht dem Fürsten etwan drey Schritte biß in die Mitte des Gemachs entgegen, und ist unbedeckt, sie reden stehend, und bey dem Abtritt begleitet der Kayser dem Fürsten ein paar Schritte hinwieder. Er beurlaubet sich in der geheimen Raths-Stuben vom Obristen Cämmerer, und bey der Kayserin vom Obristen Hofmeister, von welchen er zur Audienz gebracht wird, und also ist die Affaire gethan.

§. 29. Bey einer solennen Audienz fährt ein Reichs-Fürst in einer mit 6 Pferden bespannten Carosse, darinnen er selbst sitzt, und in der andern Carosse seine Hofstatt, nach dem Kayserlichen Hof-Lager, allda wird er von dem Kayserlichen Ober-Hof-Marschall in Begleitung einiger Kayserlichen Bedienten empfangen, von dem Ober-Cämmerer in die geheime Raths-Stube geführet, wo die Audienz geschiehet. Der Kayser stehet bedeckt, der Fürst tritt aber unbedeckt hinein. Der Kayser grüßt den Fürsten mit Abziehung des Hutes, geht ihm auch drey biß vier Schritt entgegen, und setzt ihn

ihn wieder auf, der Kayſer giebt dem anredenden Fürſten ein Zeichen, daß er ſich auch bedeckt. Kurtz darauf nimmt der Fürſt den Hut wieder ab, und redet ferner unbedeckt mit dem Kayſer, welcher bedeckt bleibet.

§. 30. Kan der Kayſer Alters- oder Unpäßlichkeit halber nicht ſtehen, ſondern läſt ſich auf ſeinem geſetzten Fauteuil nieder, ſo wird dem Fürſten eine Chaiſe a dos oder ſchlechter Rücken-Stuhl geſetzt, darauf er ſich zu ſetzen vom Kayſer genöthiget wird. Nimmt er ſeinen Abtritt aus der Audienz, entdeckt ſich der Kayſer wieder, ſetzt aber alſobald wieder auf, und giebt ihm 2 biß 3 Schritte in dem Audienz-Zimmer zur Thüre hinzu das Geleite.

§. 31. Es wird auch darinnen eine Diſtinction gemacht, wenn ein geiſtlicher oder weltlicher Fürſt nicht ſo wohl in ſeinem Fürſtlichen Character und Qualität, ſondern als ein Verwandter zum Kayſer oder zur Kayſerin kommt. Dieſe werden nebſt ihren Gemahlinnen durch ſpecielle Commiſſarios unter Weges, und ehe ſie zum Kayſerlichen Hof-Lager kommen, angenommen und becomplimentiret, auch unter Weges defrayirt. Man logirt ſie zwar nicht in das Kayſerliche ordentliche, ſondern Neben-Hof-Lager, ſo zu Wien die Stall-Burg benennet wird. Sie und ihre Leute werden, ſo lange ſie in dem Kayſerlichen Hof-Lager anweſend, frey gehalten. Man nimmt ſie an der Kayſerin Tafel, wenn der Kayſer auf der Kayſerin Seite ſpeiſt,

speist, sie müssen aber unter allen und ieden Kayserlichen Kindern sitzen.

§. 32. Die Anmeldung zur Audienz bey Ihrer Kayserlichen Majestät geschiehet ebenfalls bey dem Obersten Cämmerer, mit Vermeldung, ob man eine publique oder Privat-Audienz verlange. Die Reverence wird bey publiquen Audienzen auf Spanische Art dreymahl, als erstlich bey dem Eingang, in der Mitten, und für der Estade gemacht; Bey Privat-Audienzen aber nur zweymahl, als bey dem ersten Ansehen Kayserlicher Majestät, und dann bey der Empfahung. Bey Darreichung der Kayserlichen Hand ist wohl Acht zu haben, daß sie auf selbigem Fall geküßt werde.

§. 33. Die erste Proposition geschiehet besser in blossen Complimens, was aber über dieses anzubringen, erfolget nach Gelegenheit und Antwort Ihrer Kayserlichen Majestät, entweder bey der ersten, oder andern, oder letztern Audienz. Bey dem Abgehen werden Reverences gemacht, wie zu erst bey dem Eingang, es wäre denn, daß die Audienz zugleich bey der Kayserin in Beyseyn einer oder mehrer Ertz-Hertzoglicher Princeßinnen geschähe, wobey denn die Reverence nicht auf Spanische, sondern nach einer andern beliebigen Weise, auch nicht 3 mahl, sondern nur 2 mahl geschiehet. Die Anrede wird zwar zuförderst an Jhro Majestät die Römische Kayserin gerichtet, iedoch sind auch so wohl mit dem Compliment als mit der Mine, die

Ertz-

Ertz-Hertzoglichen Princeßinnen dabey nicht aus der Acht zu laſſen.

§. 34. Wenn die Fürſten zur Kayſerlichen Tafel gezogen werden, welches zwar ſelten zu geſchehen pflegt, es müſte denn auf dem Lande ſeyn, ſo müſſen ſie ſich mit Spaniſchen Reverences nähern. Das Auffſtehen geſchicht auch mit dergleichen Reverences. Nachdem man aufgeſſen, denn pflegen die Fürſtlichen Perſonen Kayſerlicher Majeſtät die Servietten abzunehmen.

§. 35. Bey dem Eintritt Ihrer Kayſerlichen Majeſtät in Dero Gemach, richtet man ſich mit der Nachfolge oder im Vorangehen nach dem, was Ihro Majeſtät veranlaſſen, ſonſt bleibt man in der Anti-Camera ſtehen.

§. 36. Will ein Fürſt bey der Römiſchen Kayſerin Audienz haben, ſo muß er durch einen Cavalier ſo die Aufwartung hat, um die Anmeldung Anſuchung thun, der denn wieder bey dem Obriſten Hofmeiſter anmeldet, bey welchem alsdenn um die Audienz in Italiäniſcher oder Lateiniſcher Sprache gebeten wird. Bey den Ertz-Hertzoglichen Princeßinnen geſchiehet die Anmeldung bey dem Hofmeiſter.

§. 37. Die Chur-Printzen bekommen ſchon ein honorifiquer Tractament, ſie ſchicken einen Cavalier zum Kayſerlichen Ober-Hofmeiſter, laſſen Kayſerlicher Majeſtät ihre Ankunfft notificiren, und um Audienz anhalten. Der Kayſer ſchickt einen von den Cämmerern den Chur-Prin-

Printzen zu beneventiren, nebst einigen Carossen mit 6. Pferden bespannt, sie fahren in den Schloß-Hof ein, werden vom Kayserlichen Ober-Hof-Meister und Hof-Marschall oberhalb des letzten Absatzes der untersten Stiegen, und von dem Obristen Cämmerer bey der Anti-Camera empfangen, und in der Kayserlichen Retirade zur Audienz geführt.

§. 38. In der Anti-Camera werden sie von dem Kayserlichen Ober-Hofmeister empfangen, und zu ihrer Kayserlichen Majestät in die Retirade begleitet, da sie denn der Kayser bey der Thüre empfängt, und sie nachgehends auf einem Stuhl niedersetzen läst. Nach der Audienz führt sie der oberste Cämmerer zu der Kayserin, die empfängt sie an der Thüre der andern Anti-Camera durch Dero obristen Hofmeister, es wird ihnen ein Stuhl zu sitzen gegeben, wie bey dem Kayser.

§. 39. Es wird auch eine Distinction gemacht unter den Chur-Printzen, und ihren anderen Herren Brüdern. Als anno 1717. die beyden Bayerischen Printzen als der Chur-Printz und Printz Ferdinand sich zu Wien aufhielten, so bemerckte man bey ihren Ceremoniellen mancherley Differentien. Der Chur-Printz saß bey allen den hohen Visiten, und ihm wiederfuhr das Ceremoniel, welches man gegen die Ambassadeurs zu gebrauchen gewohnt, hingegen Printz Ferdinand hatten ihre Audienzen incognito. Der Chur-Printz logirte im Stratmannischen Hause, welches
mit

mit Kayserlichen Kosten und Espalieren auf das prächtigste ausgezieret war, er wurde auch daselbst auf Kayserliche Kosten tractirt, und mit Kayserlichen Service bedient. Printz Ferdinand aber hielt sich in der Behausung der Chur-Bayerischen Gesandtschafft auf. Der Chur-Printz speisete mit dem Kayser zu Laxenburg, spielte auch mit ihm, Hertzog Ferdinand aber bey dem Kayserlichen Obristen Hofmeister. S. Elect. Jur. Publ. Tom. XI. p. 93.

§. 40. Die Churfürsten selbst erhalten ein noch honorifiquer Ceremoniel. Sie werden auf das solenneste zur Audienz abgeholt, sie haben im Sitzen vor den Chur-Printzen eine Prærogativ, sie werden von dem Kayser und seinen Ministris einige Schritte weiter empfangen und begleitet, zu Wien an die Kayserliche Tafel mit gezogen, und bey der gantzen Kayserlichen Familie nach ihrer Dignität tractirt.

§. 41. Sie trincken des Kaysers Gesundheit stehend, und neigen sich gegen denselben vor und nach dem Trincken gantz tieff, der Kayser hingegen bleibt sitzen, und bedancket sich mit Neigen. Sie stehen auf wenn das Confect noch auf der Tafel ist, und überreichen dem Kayser bey dem Handwaschen die Serviette.

§. 42. Die übrigen gecrönten Häupter in Europa wollen den Churfürsten in ihren eigenen Hoflägern den place d'honeur nicht geben. Denn obschon die Churfürsten des heiligen Römischen

Reichs in Respect und Ehren von uhralten Zeiten her den gecrönten Häuptern gleich geachtet worden, auch eine hergebrachte Observanz ist, daß ein Königlicher Gesandter in seinem eigenen Logiment den Churfürstlichen Gesandten bey Visiten die rechte Hand giebt, in welcher Betrachtung die Churfürsten des Reichs von den Königen, wenn sie selbige in ihren Königlichen Häusern besuchen, den place d'honeur ebenfalls verlangen, so haben doch die Könige solches nicht eingehen wollen, weil zwischen einem König und Churfürsten dennoch ein Unterschied wäre, indem ein König ein würcklich gecröntes Haupt, und ein Churfürst hingegen nur ein vornehmer Printz wäre, welcher nicht unter die gecrönten Häupter gezehlt, sondern nur wegen seiner Dignitæt und Puissance den Königen certo modo agendi gleich geachtet, und nächst ihnen placirt werden könte. Also habe der Ungarische König Josephus I. bevor er noch zum Römischen König erwehlt worden, in seinem eigenen Hause den place d'honeur vor allen Churfürsten genommen, welche ihn besucht gehabt, und sind dergleichen Exempel in der Historie mehr zu finden. S. Lünigs Theatr. Ceremoniell. Tom. I. p. 221.

§. 43. Als der Churfürst zu Cöln an. 1706. sich an dem Königlich Frantzösischen Hofe aufhielt, so sagte ihm der vorige König in Franckreich: Sie solten an dem Königlichen Hofe nicht frembde thun, und dannenhero auch kein Ceremoniel erwarten, weil Sie daselbst gleichsam zu Hause wären. Es raiso-

raisonirt aber ein gewisser Autor über diese Historische Stelle, die er anführt, mit guten Grunde, die Complimente hätten absonderlich an den Höfen offtermahls einen sehr verborgenen Verstand, und vielleicht hätte diese in Worten bezeugte Höflichkeit verhindern sollen, daß Ihro Churfürstliche Durchlauchtigkeit sich keine widrige Gedancken darüber machen solten, wenn Deroselben nicht mit so viel Ehren-Bezeugungen begegnet würde, als ein Churfürst mit Fug prætendiren könnte.

Das III. Capitul.
Von den Gesandten.

§. I.

Die Negotianten können in unterschiedene Classen eingetheilet werden. Die obersten unter ihnen sind die Ambassadeurs, welche allenthalben vor den Envoyés einen besonderen Vorzug haben. (1) Die Envoyés müssen allen Ampassadeurs sie mögen eher oder später ankommen als sie, die erste Visite geben, (2) müssen sie allen Ambassadeurs der souverainen Häuser, wenn schon ihre Principalen geringer sind als die ihrigen, die Oberhand und den Vorzug lassen, (3) den Ambassadeurs den Titul Excellenz geben, selben aber nicht wieder prætendiren, sondern nur mit dem Prædicat Herr zufrieden seyn. (4) sich

(4) sich begnügen lassen, wenn sie bey der Visite eines Ambassadeurs von einen oder etzlichen seiner Cavaliers an der Carosse, von den Ambassadeurs aber an der Thüre ihrer Antichambres empfangen werden.

§. 2. Nach diesen kommen die Envoyés, die zu gewissen Zeiten und an gewisse Höfe abgeschickt werden, theils zur Erspahrung der Unkosten, theils zu Vermeydung einiger Concurrenz und Beschwerlichkeiten mit andern Ambassadeurs, theils auch der Religion wegen, weil gar viel Solennitæten dabey ein Abgesandter seine Præeminenz an Tag legen kan, die Religion mit touchiren. Beyde sind wieder ordentliche oder ausserordentliche. Die ausserordentlichen geniessen einiger besondern Ehren-Bezeugungen, welche die ordentlichen Gesandten nicht bekommen. Solcher gestalt werden in Franckreich die ausserordentlichen Gesandten der Cronen, auf Befehl des Königes, drey Tage lang in Pallast der ausserordentlichen Abgesandten einloginet und ausgelöst, welches den ordentlichen nicht wiederfähret, immassen ihnen der König wegen freye Wohnung noch Auslösung giebt. S. Calliéres Staats-erfahrnen Abgesandten p. 85.

§. 3. Es giebt auch geheime Gesandten, welche nur Privat-Audienzen bey den Puissancen bekommen, mit denen sie tractiren, und diese müssen eben so sicher seyn als die öffentlichen Ministres, und davor erkannt werden, wenn sie die Crediciv-Schrei-

Schreiben ihrer Herren überreichen, die ihnen solche Qualitæten beylegen. Am Päbstlichen Hofe sind die Legati, Nuntii und Internuntii bekandt. Die Legati à latere sind iederzeit Cardinäle, welchen der Pabst grosse und sich weit erstreckende Vollmachten giebt, um wichtige Geschäffte zu tractiren. Nuntii sind die ordinairen Gesandten der Päbste, Internuntii eine Art Päbstlicher Residenten, dergleichen sich hier und da aufhalten; es bleiben auch die Auditeurs der Nuntiorum offtmahls an verschiedenen Höfen nach dero Abreise als Internuntii, so lange biß ein ander Nuntius ankommt. S. das VI. und VII. Cap. von des Calliéres Staats-erfahrnen Abgesandten.

§. 4. Die Residenten sind auch Ministri publici, allein dieser Titul beginnet geringer geachtet zu werden, nachdem man am Kayserlichen und Frantzösischen Hofe zwischen ihnen und den Gesandten einen Unterschied gemacht, nichts destoweniger bleibt solcher noch zu Rom und andern Höfen gebräuchlich, wo die Residenten eben so wie die Gesandten tractirt werden. In Teutschland sind sie nicht von so grossen Ansehen, und giebt es deren unterschiedene Gattungen. Einige halten die Chur-Fürsten des Reichs beständig bey dem Reichs-Hof-Rath, andere die von souverainen Republiquen abgeschickt werden, halten sich in grossen See- und Handels-Städten auf. So pflegen auch die Reichs-Stände denenjenigen,
denen

denen sie ihre Correspondence auftragen, den Titul der Residenten beyzulegen.

§. 5. Die Secretarii oder Agenten treiben bey den Höfen die Affairen ihrer Herren; Allein in Franckreich bekommen sie keine Audienz bey den König, sondern sie werden nur von den Staats-Sacretairs, welchen die ausländischen Sachen vertraut, gehöret, iedoch wird ihnen nach dem Völcker-Recht der Schutz und die Sicherheit der frembden Ministres ertheilt.

§. 6. Es stehet nur den souverainen Fürsten und Staaten zu, den Character eines Ambassadeurs, Envoyé oder Residentens zu ertheilen, immassen diejenigen, welchen die Stände eines Landes oder einer Stadt-Obrigkeit an ihre Herrschafft abschicken, Deputirte genennet werden, und sind sie keines weges vor Ministri publici anzusehen. In freyen Handels-Städten als zu Hamburg und Lübeck hat man Kaufleute, welche sich den Titul als Commissarii gewisser Fürsten geben lassen, allein in der That sind sie nichts anders als Factors, und solche Leute, denen die Fürsten Commissionen geben, dieses oder jenes vor sie einzukauffen, ihre Briefe anzunehmen, ihr Geld durch Wechsel fortzuschaffen, u. s. w. Der Character eines ieden Abgesandten wird theils aus seinen Creditiv und Vollmacht, theils aus der Agnition und Ehren-Bezeugung dessen, an welchen er abgeschickt wird, beurtheilt. Die neuen Nahmen haben bißweilen neue Disputen erregt. Da also die Holländer zu Zeiten

Zeiten ihren Ministris, zu Vermeydung der Pracht und des Ceremonien=Wesens, den Nahmen der Extraordinair-Deputirten beygelegt, so haben andere Puissancen nicht gewust, wie sie dieselben recht tractiren solten, weil dieser Titul an den meisten Höfen nicht bekandt gewesen.

§. 7. Auf eine geschickte Wahl der Abgesandten kommt sehr viel an, und ziehet man hiebey den Genie des Volcks, oder des Fürstens an welchen man die Gesandten abschickt, gerne in Betrachtung. Zu einer Ambassade, die an einen galanten und magnifiquen Hof abgehen soll, erwehlet man ansehnliche, galante und junge Leute, die eine gute Parade machen. Zu einem martialischen Herrn schickt man grosse Generals ab; zu einen Regenten der ein Liebhaber von Studien, auch in der Literatur sehr erfahren, choisiret man solche, die mit der Klugheit zu leben die Wissenschafften verbunden, sintemahl grossen Herren der Vortrag von denen die mit ihnen von gleichen Sentimens sind, weit lieber ist als von andern.

§. 8. Wo bey einem turbulenten Zustand eines Landes oder Hofes, in auswärtige Ministres einig Mißtrauen gesetzt wird, da werden einheimische den auswärtigen vorgezogen. Also wurde an. 1712. in dem Königreich Pohlen auf dem Reichs= Tage zu Warschau ausgemacht, daß die auswärtigen Gesandten an frembden Höfen, insgesammt angesessene Landes=Einwohner der Cron Pohlen und des Groß=Hertzogthums Litthauen

seyn

ſeyn ſolten. S. den IV. Tomum der Electorum juris publici p. 651.

§. 9. Nebſt der Geſchicklichkeit erwegt man auch den Stand und Character derjenigen, die man zur Verſchickung gebrauchen will, und pflegt man nicht leichtlich an ſehr hohe Regenten, Leute von geringer Condition abzuſchicken, es müſten den andere, die man dazu nehmen könnte, ermangeln, oder ihre groſſe Fähigkeit ihren geringern Stand erſetzen. Wollen es einige nicht wohl aufnehmen, daß man ſolche, die von keiner illuſtren Naiſſance wären, an ſie abgeordnet, ſo laſſen die anderen bißweilen zur Antwort hinterbringen, daß ſie bey ihrem Abgeſandten mehr auf die Fähigkeit als auf die Geburth ſähen.

§. 10. Mehrentheils werden an groſſen Höfen vornehme Standes-Perſonen und hochcharacteriſirte Miniſtri zu Abgeſandten erwehlet, iedoch nicht leichtlich, aus beſondern rationibus politicis, Fürſtliche Anverwandten dazu genommen. Es war daher etwas beſonders, daß anno 1694 bey der Vermählung des Churfürſten von Bäyern mit der Polniſchen Princeßin, Printz Jacob der Braut Bruder, mit der Bewilligung des Königs und Churfürſtens von Bäyern, die Qualität eines Abgeſandten am Tage der Vermählung übernommen, weil der Polniſche Hof keine Ambaſſade von den Churfürſten von Bäyern, als der kein ſouverainer Herr wäre, annehmen wolte. S. Connors Beſchreibung des Königreichs Pohlen p. 237.

§. 11.

§. 11. Bey manchen Handlungen werden zwey biß drey Abgesandten erwehlt, damit bey des einen Unpäßlichkeit die Stelle alsofort durch den andern wieder ersetzt sey, oder der eine dem andern, in demjenigen, was ihm fehlt, assistiren möge. Also ist mancher in Studiis treflich versirt, und hat eine sehr genaue Erkänntniß des Negotii, welches er tractiren soll, es fehlt ihm aber an einen und andern Hof-Manieren, an der Politesse und Galanterie. Demnach muß derjenige, der das Haupt-Werck tractirt, in einigen Puncten, die zum Neben-Werck gehören, Lehre und Unterricht von dem andern annehmen.

§. 12. Sie negotiiren schrifftlich oder mündlich. Die erste Art ist an den Königlichen und Fürstlichen Höfen gewöhnlicher, die andere hingegen wird mehr gebraucht, wenn man mit Republiquen oder in gewissen Versammlungen tractirt, als da sind die Reichs-Täge im Römischen Reiche, die Tagesatzung der Schweitzer, die Conferenzen wegen der Friedens-Schlüsse und anderer Zusammenkünffte, u. s. w.

§. 13. Bey ihren Gesandschaffts-Affairen müssen sie das Ministerium des Hofes, an dem sie residiren, sich zu Freunden machen, mit auswärtigen Ministris an dasigem Hofe fleißig conversiren, mit ihrer Principalen an auswärtigen Höfen befindlichen Ministris von Zeit zu Zeit Brieffe wechseln. Sie müssen durch allerhand Leute, von allem unvermerckte Nachricht einziehen, damit ihnen nicht die geringste

geringste Gelegenheit, wodurch sie ihres Principalen Interesse befördern könten, aus den Händen gehe; sie müssen ein richtig Diarium halten, in welches sie alles was bey ihren Audienzen, Visiten und Revisiten, solennen Festins, Promenaden u. s. w. merckwürdiges vorgefallen, einzeichnen, und zugleich ein accurat Protocoll führen, darein sie die zu den Staats- und Gesandschaffts-Verrichtungen gehörigen Acta, auch auf was vor Art dieses oder jenes debattirt und geschlossen worden, treulichst eintragen. Insonderheit müssen sie sich auch bey den Solennitäten an den Höfen, wo sie sich aufhalten, und bey allerhand frölichen und traurigen Begebenheiten mit einstellen, es müste denn wegen des Ceremoniels eines und das andere noch nicht recht ausgemacht seyn.

§. 14. Das Pouvoir und Ansehen der Gesandten wird aus ihrem Creditiv erkandt. Wird ihnen in dem Creditiv nur der Titul der Gevollmächtigten gegeben, so weigern sich öffters die andern ihn vor einen Abgesandten zu erkennen, und setzt es bißweilen viel Disputen, ob einer vor einen accreditirten Minister zu halten sey, oder nicht? An einigen Höfen ist gebräuchlich, daß die Ceremonien-Meister oder Introducteurs des Ambassadeurs das Creditiv sehen müssen, und wo es eingeführt, da dürffen sich die Ambassadeurs nicht entbrechen solches in copia zu weisen. Die Expressiones sind nach dem Unterschied der Ambassadeurs, Envoyés, Plenipotentiaires, Secretairs u. s. w. unterschieden,

den, doch kommen sie alle darinnen überein, daß der Fürst, der einen Minister oder Bedienten abschickt, den andern ersucht, seinen Abgeschickten vollkommen Glauben zuzustellen. In dem Creditiv eines Ambassadeurs stehen die Worte: Ewre Majestät wollen diesem unsern Minister gleich uns selbst auf= und annehmen, wie wir ihm dann die Macht ertheilet, sich aller uns zustehenden Prærogativen und Gerechtigkeiten zu bedienen.

§. 15. Bevor sie ihre Reise antreten, werden die nöthigen Pasporte zu ihrer Sicherheit ausgefertiget, ingleichen Instructionen aufgesetzt, zu denen sie ihre Zuflucht nehmen können, um ihrem Gedächtniß dadurch zu helffen, und ihre Auffführung darnach einzurichten. In Pohlen pflegt der Senat mit den Königlichen Staats=Ministris zu überlegen, nebst Zuziehung des Reichs=Tags=Marschalls, wohin die Gesandschafft zu schicken nöthig, und die Cron= und Litthauische Cantzley pflegt die gehörigen Instructionen hierauf zu expediren.

§. 16. Bey solennen Ambassaden wird ihnen eine ansehnliche Suite mit gegeben von Cavalieren, Secretairs, Cantzley=Bedienten, Stallmeistern, Pagen, Laquayen und andern Bedienten, die ihnen zu ihren Verrichtungen, in ihrem Hause, und bey ihrer Tafel nöthig sind. Die Gesandschaffts=Cavaliers müssen in den Vorgemächern aufwarten, die Fremden welche mit den Ambassadeurs sprechen wollen, und nicht bald vorgelassen werden können, mit Discoursen zu unterhalten, die Visiten und Complimens bey andern Ambassadeurs anzunehmen und abzustatten, ihre Tafeln zu bedienen, ihre Gemahlinnen in die Kirche, an die Tafel u. s. w. zu führen.

§. 17. In ihren Quartieren, in ihrer Equipage, und bey ihrer Tafel müssen sie sich so aufführen, daß es ihren Principalen nicht zu einiger Disrenommee gereiche. Sie müssen auch bey ihrer Parade eine gleiche Aufführung beobachten, damit sie nicht prächtig anfangen, und hernach schlecht beschliessen. Also sollen bey dem Westphälischen Friedens-Congreß ihrer viele mit excessiver Pracht angefangen haben, die aber im Fortgang trefflich nachgelassen, und bey dem Schluß sich gar schlecht aufgeführet. Daher man auch von dieser Abwechselung Schertz-weise zu sagen pflegen, es hätten sich auf dem Westphälischen Friedens-Congreß die 4 poëtischen Secula præsentiret, nemlich (1) das Aureum, (2) Argenteum, (3) Stanneum, und (4) das Plumbeum.

§. 18. Bey manchen Höfen, bey manchen Völckern, und bey manchen Handlungen ist eine besondere Magnificenze und Freygebigkeit vor andern nöthig. Wenn z. E. ein Abgesandter auf die Wahl eines Königes in Pohlen geschickt wird, so muß er eine grosse Figur machen, offene Tafel halten, viel Geld aufwenden, und ansehnliche Geschencke austheilen, daß die auf dem Wahl-Tag versammleten Stände nicht etwan den Schluß machen: wenn sie nur den geringsten Argwohn einiger

ger Spahrsamkeit oder Kargheit bekämen, daß der Principal eines solchen Ambassadeurs ein armer und unvermögender Herr seyn müste, sie würden sich nachgehends schwerlich entschlüssen, denselben, oder denjenigen den er vorgeschlagen, auf den erledigten Thron zu setzen. Sie müssen ihre Freygebigkeit nicht auf einmahl erweisen, sondern allmählich nach und nach, damit sie nicht auf die Hinter-Füsse treten, wenn sie sehen daß nichts mehr zu hoffen.

§. 19. Die Ceremonien, womit man den abgeschickten Ministris zu begegnen pflegt, machen ein nothwendig Stück der Ambassaden aus; und also müssen sie vorher, theils an ihrem Hofe, von dem sie verschickt werden, theils auch von den auswärtigen Ministris des Hofes, die mit ihnen in gleichem Range sind, Erkundigung einziehen, was darinnen gebräuchlich sey, damit sie nicht mehr verlangen als ihnen zukommt, und von andern auf eine ungebührliche und lächerliche Weise prætendiren. In Dennemarck kam anno 1642 zu Coppenhagen ein Moscowitischer Gesandter an, mit dem man des Ceremoniels halber mehr zu thun hatte, als der Handlung selbst wegen. Da nun der König bey der solennen Audienz, in der grösten Pracht auf dem Thron sitzend, den Hut aufbehielt, so hielt der Abgesandte, da er angefangen zu reden, und auf den Titul seines Principalen kommen, innen, und bath den König, er möchte doch aufstehen und den Hut abnehmen, er wolte den Titul seines Herrn reciriren. Wie nun der König sich über dieses seltzame Begehren höchlich verwunderte, so wandte der Abgesandte vor, es wäre so bräuchlich, sein Herr der Czaar hätte es auch so gemacht, wie der Dänische Gesandte in Moscau des Königs in Dennemarck Titul hergesagt. Darauf denn der König aufgestanden, sich aber bald wieder niedergesetzt, und die Proposition, iedoch mit bedecktem Haupt, angehöret.

§. 20. Den Abgesandten wird vor ihrer Abreise von ihren Durchlauchtigsten Principalen die General-Ordre mitgetheilet, das sie ihren Herrschafften in den Ceremoniellen zwar nichts vergeben, aber auch nichts præjudicirlich verhängen, iedoch mit aller ersinnlichen Præcaution vermeiden sollen, damit nicht ein gewisser Passus zu ihrer Herrschafften Desavantage zu einiger Contradiction etwan ausschlage. Fällt ihnen bey dem Ceremoniel in einen und dem andern etwas bedencklich vor, so erkundigen sie sich bey ihren Principalen, wie sie sich hierbey verhalten sollen, und bekommen sodann wegen dieser Puncte neue Instructionen.

§. 21. Es geschehen öffters bey dem Ceremoniel-Wesen Veränderungen, wenn mit den Regenten eine Veränderung vorgehet, und setzet es denn bey der Einführung der neuen Ceremonielle allezeit Disputen, weil sich keiner von den Gesandten darnach accommodiren, noch von demjenigen so bißher eingeführt gewesen, abgehen will. Incliniren nun einige Gesandten vor ihre Personen selbst
zum

zum Ehrgeitz, so formiren sie bißweilen so wunderliche und seltzame Prætensionen, die nimmermehr können eingegangen werden, und dadurch dem Haupt-Werck ein grosser Aufhalt zugefüget wird.

§. 22. Bißweilen halten sich die Ambassadeurs an einem Hofe eine Zeitlang als Privat-Personen auf, und unterreden sich auf solche Weise mit den andern, ohne daß sie mit einem Ceremoniel angenommen und nach Hofe geführet werden. So bald sie sich aber öffentlich sehen lassen, und ihre Ankunfft notificiren, werden sie solenniter angenommen und nach Hofe geführet, sie nehmen auch sodann öffentliche Visiten an, und statten dergleichen wieder ab. Sie vermeiden auch dadurch manchen Zeitverlust und Weitläufftigkeit im Ceremoniel, wenn sie den sämmtlichen Gesandten bey ihrer Versammlung eine Haupt-Veränderung ihres Hofes, die sie alle zusammen concerniert, notificiren. Also notificirte der Minister Mediationis, auf dem Friedens-Congreß zu Ryßwick, das Absterben seines Principalen des Königs in Schweden Caroli IX. in pleno confessu, und empfieng darauf zugleich die Condolenz-Complimens. Hätte er es einem ieglichen in sein Quartier vermelden lassen, so wäre auch sodann ein ieder verbunden gewesen, ihm die Condolenz a part abzustatten; es wäre aber damit sehr viel Zeit verdorben worden. S. Lünigs Theatr. Ceremon. T. I. pag. 937.

Bb 3 §. 23.

§. 23. Nachdem die Principalen und Puissancen in guten Vernehmen mit einander stehen, oder auch nachdem sie etwas negociren, so dem Hofe an dem sie abgeschickt werden, vortheilhafft und rühmlich ist, nach dem wird ihnen auch an demselben Hofe mehr oder weniger honorifique begegnet. Also wird ihnen an manchen Hofe eine extraordinaire Ehre angethan, wenn sie z. E. einen sehr avantageusen Allianz-Tractat schlüssen.

§. 24. Sie prætendiren meistentheils an Ceremoniellen dasjenige, was ihnen oder ihren Vorfahren ehedem begegnet, sie bekommen aber auch gar öffters die Replique, es wäre damahls aus Unwissenheit geschehen. Wollen sie sich auf dasjenige beruffen, was den andern, die mit ihnen in gleicher Dignität stehen, zugetheilet worden, so wird etwan eine nahe Bluts-Freundschafft, die hierinnen einen Unterschied zu wege brächte, vorgeschützt, oder man führt auch an, daß man ihnen bey einer andern Occasion dasjenige, was man ihnen bey jenen Fall zu viel gegeben, wieder genommen hätte.

§. 25. Die Residenten der höhern Puissancen haben öffters Rang-Streit mit den Envoyés der geringern, und verlangen eben das, auch wohl bißweilen noch mehr als sie. Daferne ein Hof, einen Ambassadeur eines Hofes, der mit den andern in gleicher Dignität steht, im Range mehr favorisiret, so pflegt der andere Hof hernach nicht einen Ambassadeur, sondern nur einen Envoyé abzuschizuschicken. Also ist seit der Regierung Caroli V. an dem Französischen Hofe kein Kayserlicher Ambassadeur gesehen worden, wie denn beyderseits Puissancen nur Envoyés einander zugeschickt, weil man am Kayserlichen Hofe dem Spanischen Ambassadeur im Range einen Vorzug gegönnt, und daher Franckreich lieber einen Envoyé nach Wien geschickt, welches denn vom Kayser wieder so beobachtet worden. Nachdem aber diese Ursache cessirt, und der Kayser wegen der Prætension auf Spanien, sich zugleich einen König von Spanien schreibt, von dem Duc d'Anjou aber kein Gesandter vorhanden, und daher dieserhalb kein Rang-Streit entstehen können, so haben der König in Franckreich seit dem Rastadter und Badenischen Frieden, den Grafen von Luc Dero Ambassadeur nach Wien, Ihro Kayserliche Majestät aber den Herrn Grafen von Königseck in gleicher Qualität nach Paris abgeschickt, welcher anno 1718 den 28 Octobr. seinen solennen Einzug daselbst gehalten.

§. 26. Vermuthen die grossen Herren, daß ihren Gesandten bey dem Ceremoniel-Wesen in einen und dem andern eine Difficultät erreget werden möchte, und es ist ihnen doch an Beschleunigung der Sache und des Negotii gar viel gelegen, so pflegen sie zu einer Cautel ihre Gesandten mit doppelten Credenz-Schreiben zu versehen, die theils auf Ambassadeurs, theils auf Envoyés eingerichtet. In einigen Reichen ist was besonders, daß

daß sie ihre Creditive nicht allein von den Königen, sondern auch von den vornehmsten Officianten des Reichs erhalten. Die Schweitzerischen Gesandten bekommen nicht allein ein General-Creditiv von den sämmtlichen 13 Catons, sondern auch von einem ieden Canton eines ins besondere.

§. 27. Einige Rang-Streitigkeiten der Gesandten wegen des Vorsitzes, wegen gewisser Schritte die sie einander entgegen gehen, oder ihrer Cavaliers, welche sie einander entgegen schicken sollen, involviren gar nichts reelles, bringen auch einer Puissance keinen, oder doch keinen sonderlichen Præjudiz zuwege.

§. 28. In Teutschland haben die Churfürsten mit den Reichs-Fürsten iederzeit einige Disputen gehabt ihrer Abgesandten wegen, und dieserwegen Ihro Kayserliche Majestät angegangen. Anno 1688 schrieb das Churfürstliche Collegium auf den Reichs-Tag zu Regenspurg an den Kayser Leopoldum, und ersuchte Seine Majestät Dero neuen Principal-Commissario daselbst, Herrn Marggrafen Herrmann zu Baden-Baden gemessen zu instruiren, daß er auf dem Reichs-Tage in dem Ceremoniel zwischen den Chur- und Fürstlichen Abgesandten einen notablen Unterricht beobachten möchte.

§. 29. Die Churfürsten haben sich in ihren Capitulationen mit den Kaysern gute Jura ihrer Gesandten wegen bedungen. Also ist so wohl in den vorigen als in der letztern Wahl-Capitulation

tion des ietzigen Römischen Kaysers Caroli VI. §. 4. ausgemacht, daß die Churfürstlichen Gesandten aller andern auswärtigen Republicken Gesandten und auch den Fürsten in Person ohne Unterschied vorgehen, und unter ihnen nehmlich den Fürstlichen Gesandten Primi Ordinis, es mögen auch deren mehr als einer seyn, weder an den Kayserlichen Hofe, noch sonst aller Orten, in und ausser dem Reiche einige Distinction mehr gemacht, sondern allen und ieden gleiche Honneur in allen wie den Königlichen Gesandten gegeben werden soll. S. Art. III. Capit. Caroli VI. §. 4.

§. 30. Die Fürstlichen haben zwar um gleiche Jura Ansuchung gethan, derselben aber biß dato noch nicht theilhafftig werden können. Einige von den ansehnlichsten Reichs-Fürsten haben zu unterschiedenen mahlen Jhro Römisch-Kayserliche Maj. allergehorsamst ersucht, es durch ihre Cooperation dahin zu bringen, damit ihnen und den Ministres der andern Reichs-Fürsten auf den Friedens-Congressen das Prædicat Ambassadeur gegeben werden möchte, wenn sie ihre Gevollmächtigten dahin schickten. Jhro Kayserliche Majestät haben hierauf iederzeit versichert, ihres Theils gerne zu cooperiren, damit den Reichs-Fürsten ihr geziemender Respect, Hoheit und Prærogativ den Herkommen nach, aufrichtig und ungekränckt erhalten würde.

§. 31. Bey dem Ceremoniel-Wesen ist auch das Fahren mit 2. 4. 6. oder 8. Pferden wohl in Betrachtung zu ziehen, sintemahl es die Natur des Ceremoniels dergestalt angenommen, daß darüber ie und zuweilen Streit entstanden. S. das streitige Fahren mit 6. Pferden respectu der Gräflichen Subdelegirten zu Wetzlar, in den V. Tomo der Electorum juris Publici p. 417.

§. 32. Wenn die Gesandten von einigen Oertern ankommen, die wegen der Pest verdächtig sind, so müssen sie in einem Land= und Garten= Hause etwan ein 14 Tage oder 4 Wochen Guarantaine halten, ihre Bagage zu einigen mahlen lüfften lassen, und dürffen inzwischen keinen Brief an Hof abschicken, er müste denn vorher wohl durchräuchert seyn, iedoch wird ihnen alles nöthige an Erfrischungen, Speise und Geträncke, u. s. w. zugeschickt.

§. 33. So bald sie ankommen, werden sie in die Palais, die zur Aufnahme der Gesandtschafften destinirt sind, einlogirt; sie halten sich mehrentheils so lange incognito auf, biß sie zu Ehren ihres Principals ihre gantze Equipage in Ordnung gesetzt. Nach der Beschaffenheit der Gelder, die sie zu ihrer Gesandschafft bekommen, und nach der Vorschrifft, die ihnen hierüber von ihren hohen Herrschafften ertheilt werden, machen sie eine grössere oder geringere Figur; iedoch müssen sie auch alles so einrichten, daß sie selbst und ihre Souverains keine deshonneur davon haben.

§. 34. Sie lassen über die Portale der Häuser und Palais in denen sie logiren gemeiniglich die
Wapen

Wapen ihrer Königlichen, Churfürstlichen oder Fürstlichen Herrschafften aufrichten, damit man sie desto geschwinder finden möge, und ihren Häusern der gehörige Respect erzeiget werde. Die aber an demselben Orte eigene Häuser haben, oder doch lange Zeit gemiethete Quartiere besitzen, unterlassen es; Sie lassen die Wapen auch nicht eher aufrichten, biß sie von allen vor accreditirte Ministris öffentlich erkandt worden.

§. 35. Ihre Zimmer, insonderheit die Audienz- und Parade-Zimmer, lassen sie auf das properste ausmeubliren. In den Audienz-Zimmern siehet man mehrentheils das Portrait ihres Durchlauchtigsten Committentens in Lebens-Grösse, und über denselben einen Baldachin von Sammet oder Drap d'Or. Vor dieses Bild muß ein ieder Respect haben, und darf man ihn nicht leichtlich den Rücken zukehren, oder es mit aufgesetzten Hut betrachten, will man nicht von denen die dieses gewahr werden, vor unhöflich angesehen werden.

§. 36. Jedoch dürffen sich die Gemahlinnen der Abgesandten nicht unterstehen, in ihren Zimmern dergleichen Dais zu haben. Es hat also alle gewundert, daß die Gemahlin des Schwedischen Mediateurs-Ministri bey den Ryßwickischen Friedens-Schluß, in ihren Apartement einen Dais gehabt, da doch der junge König in Schweden Carl der XII. keine Gemahlin hatte, deren Person sie hätte können vorstellen, und auch keine Ambassadrice sich mit einer Vollmacht legitimiren kan,

es

es hat es ihr auch keine nachgethan. S. Lünigs Theatr. Cerem. T. 1. p. 142.

§. 37. Sie haben ihre besondern Tafeln. Als zum ersten die Gesandten-Tafeln, daran ihre Familie, grosse Herren und vornehme Ministri mit speisen; zum andern die Marschalls-Tafel, die vor die Gesandschaffts-Cavaliere, Legations-Secretairs, und andere dergleichen destiniret ist; und denn hernach die unterschiedenen Bey-Tische der geringern Bedienten. Diese letztern bekommen bißweilen Kost-Geld, und werden gar nicht gespeiset; Und dieses alles dependirt von den Reglement des Hofes.

§. 38. Wenn sie nicht viel Gesandschaffts-Cavaliers, oder Domestiquen von Hause mitgenommen, so finden sich allenthalben Leute genug, die sich bey der Ambassade, um Sicherheit zu geniessen, unter ihre Protection begeben, und ihnen inzwischen Dienste und Aufwartung leisten. Insonderheit nehmen sie an den solennen Tägen, als bey ihren Einzügen, ingleichen bey den öffentlichen Audienzen, eine grosse Menge Pagen und Laquais an, die sie auf das prächtigste kleiden lassen, und nachgehends wieder dimittiren. Sie geben bißweilen drey kostbahre und von einander unterschiedene Libereyen, als eine bey den Einzuge, und nachgehends zwey bey den besondern öffentlichen Audienzen.

§. 39. Bey der Reception der Abgesandten wird so wohl als bey den andern Stücken des Ceremoremoniels ein Unterschied gemacht, ob es Kayserliche, Königliche, Chur-Fürstliche, Fürstliche, oder Reichs-Gräfliche Gesandten, ingleichen, ob sie von alten oder neuen Häusern, von regierenden oder apanagirten Herren abgeschickt werden. Bißweilen halten sie einen sehr prächtigen und solennen Einzug, zuweilen aber stellen sie sich ohne dergleichen Solennität in der Stille ein.

§. 40. An einigen Königlichen Höfen, als wie in Franckreich, lassen die Ambassadeurs ihre Ankunfft den so genannten Introducteurs des Ambassadeurs und den Staats-Secretairs, so die ausländischen Affairen dirigiren, zu wissen thun, die es sofort dem Könige notificiren, und von ihm Befehl erwarten, auf was vor Art sie die Ambassadeurs empfangen sollen. Es werden dieselben auf unterschiedene Weise tractirt, entweder nachdem es hergebracht, oder nachdem man vor ihre Souverains Egard hat. Man hat an den meisten Höfen gewisse Reglemens, auf was vor Art die Ambassadeurs eingeholet, bewillkommet, empfangen und tractirt werden sollen.

§. 41. Es müssen sich die Gesandten, bevor man ihnen als öffentlich-accreditirten Ministris die gewöhnliche Honneur erzeigt, durch ihre Credentiales legitimiren. Also wurde an. 1717 der Französische Ministre Conte de Gergy, als Abgesandter in Comitiis zu Regenspurg, nicht eher pro legitimato erkandt, als biß derselbe seine Credentiales in Lateinischer oder Teutscher Sprache übergeben,

oder

oder seinem Original ein Transsumt beygelegt. S. Elect. Jur. Publ. Tom. X. p. 950.

§. 42. Die Ankunfft der Gesandtschafften wird von der Zeit der Arrivée des ersten Gesandten angerechnet. Die Notification der Ankunfft geschicht durch einen Cavalier. Die Gesandtschafft läst en corps notificiren, doch geschicht solche Notification einem ieden Ministre der Gesandtschafft. Das Gegen-Compliment wird gleichfalls von der gantzen Gesandtschafft abgestattet. Es geschiehet diese Notification allen anwesenden Ministris, deren Principalen mit den ihrigen in keinem Kriege, oder offenbahrer Feindseligkeit verwickelt sind.

§. 43. Wenn die ankommenden Gesandten den anwesenden ihre Ankunfft notificirt, so bekommen sie von ihnen die Visite. Kommt aber ein geringerer an, so giebt er denen, die höher sind als er, die erste Visite. Es geschicht zuweilen, daß auch höhere denen niedern ihre Ankunfft andeuten, und gleichwohl pflegen alsdenn die geringern die höhern zum ersten zu besuchen, wenn sie nicht stricte verfahren wollen; sonst ist in der Visite kein Unterschied, und die Ambassadeurs notificiren auch denen Envoyés ihre Ankunfft, wenn sie wollen besucht werden.

§. 44. Bißweilen wird ein gewiß Concert gemacht, wie es mit den Visiten und Revisiten gehalten werden soll, damit alle Disputen, so viel als möglich, vermieden werden. Manchmahl wird eine Visite verzögert, wenn ein Gesandter z. E. seinen

nen Einzug incognito gehalten, und er noch nicht recht weiß, was er vor einen Character annehmen werde.

§. 45. Die Visiten und Revisiten werden sine præjudicio ordinis gegeben, und angenommen, nachdem man sich früher oder späther ansagen läst. Läst sich die Gesandtschafft in corpore anmelden, so muß das Anmelden durch einen Cavalier geschehen, und die gefällige Stunde von dem andern, der die Visite bekommt, vorgeschrieben werden. Wenn aber bey den nachfolgenden Visiten nur ein Gesandter den andern en particulier besucht, so ist es genug, wenn ein Page oder Laquay das Anmelden verrichtet.

§. 46. Die Visiten geschehen mit so viel Kutschen als ein Gesandter will. Zuweilen sind die Visitati nicht zufrieden, wenn die Visitantes nicht in den gehörigen Carossen mit 6 Pferden, sondern nur in einigen Lehn-Wägen mit zwey Pferden erscheinen. Sind die Gesandten also logirt, daß man in den Hof fahren kan, so fährt bloß die Carosse, darinnen die Gesandten sitzen, in den Hof, die übrigen aber, in denen die Gesandtschaffts-Cavaliers sitzen, bleiben draussen.

§. 47. Die Visitati empfangen die Visitantes unten an der Carosse entweder selbst, oder durch ihre Cavaliers, und lassen ihnen im Gehen, Sitzen und Eintritt in die Zimmer die Oberhand, doch daß dem Parade-Stuhl nicht gänzlich der Rücken zugekehret werde. Die Cavaliers und Pagen des Visi-

Viſitati und Viſitantis halten ſich inzwiſchen in den Vorgemächern auf.

§. 48. Bevor ſie die Viſiten ablegen wollen, erkundigen ſie ſich zuvor genau, auf was vor Art ſie von den andern werden empfangen und tractiret werden; wenn ſie vorher mercken, daß ihnen daß Ceremoniel nicht recht anſtändig ſeyn möchte, ſo laſſen ſie auch wohl die Viſiten gar unterweges. Es werden aber mehrentheils, durch Vermittelung anderer, Temperamente hierbey ausgefunden, und wo ſie der Conjuncturen wegen nothwendig mit einander zu reden haben, ſo abſtrahiren ſie von allen Ceremonien, und beſuchen nur einander privatim.

§. 49. Die abgehenden Miniſtri, Ambaſſadeurs, Envoyés u. ſ. w. geben die erſte Abſchieds-Viſite an die bleibenden, ungeachtet die abgehenden höher ſind, und empfangen hernach von den bleibenden die Gegen-Viſite. Die Ambaſſadeurs geben in ihren Hauſe den geringern Characters die rechte Hand nicht, doch ſetzen die geringern den Hut auf. Die erſten, andern, oder dritten Geſandten haben mehrentheils ein gleiches Tractament zu erwarten; Sie nennen einander Jhro Excellenz, iedoch ſetzt es nicht ſelten Diſputen wegen der Abgeſandten der kleinern Puiſſancen. Manche wollen dieſen Titul zwar den erſten Haupt-Geſandten geben, verweigern ihn aber den andern und dritten.

§. 50.

§. 50. Wo sie mißtrauisch gegen einander, da observiren sie einander alle Tritte und Schritte die sie thun, die Häuser in denen sie sich aufhalten, die Leute mit denen sie umgehen, die Expressen die sie erhalten, und abschicken, um ihre Mesures darnach zu nehmen.

§. 51. Ob zwar die Gesandten der Fürsten einander nicht besuchen so lange der Krieg währet, so begegnen sie doch einander gantz höflich, wann sie am dritten Orte zusammen kommen, immassen der Krieg die Regeln des Wohlstandes und der Höflichkeit nicht aufhebt. Werden sie zu einer gewissen Solennität, Gasterey oder Assemblée eingeladen, so erkundigen sie sich genau, was vor Gesandte daselbst zugegen seyn möchten, damit sie beurtheilen, wenn ihnen die Gesellschafft nicht recht anständig wäre, ob sie kommen, oder sich entschuldigen sollen. Sie ziehen nicht allein wegen der daselbst befindlichen Gesandten Nachricht ein, sondern auch wegen der andern Standes-Personen, indem einige im Range so weit gehen, daß sie auch über die apanagirten Printzen den Rang verlangen.

§. 52. Wenn die Gesandten an einem Hofe zur öffentlichen Audienz wollen gelassen seyn, so lassen sie sich vorher bey dem grösten Staats-Ministre anmelden, und vernehmen welchen Tag sie dazu gelangen können. Ist ihnen nun Tag und Stunde hiezu anberaumt, so fahren sie mit grossen Staat und vielen Carossen zur Audienz, und werden

den auch wohl mit unterschiedenen Carossen eingehohlt. Bey der Audienz stehen die unterschiedenen Wachen an Gens d'Armes, Schweitzern, Trabanten, Leib-Wachten, und wie sie nur weiter genandt werden können, in Parade, von dem Schloß-Platz und Schloß-Thor an, biß an den Audienz-Saal, und erzeigen ihnen mit Præsentirung des Gewehrs, klingenden Spiele und fliegenden Fahnen die gewöhnliche Ehre. So bald sie ausgestiegen, werden sie an unterschiedenen Oertern, als theils unten an der Stiegen, theils oben an der Treppe, und wieder an der Anti-Chambre von unterschiedenen Staats-Ministres angenommen, und in den Audienz-Saal geführet, worinnen die Regenten unter einen kostbaren Baldachin stehen, oder auf einen prächtigen Thron sitzen, und bißweilen nach dem Unterschied ihrer Dignitæten, oder nachdem es eingeführt, entweder bloß auffstehen, oder wohl gar den Herrn Gesandten einige Schritte entgegen gehen. Die gecrönten Häupter sitzen bey der Audienz mit bedeckten Häuptern, sie entblösen aber das Haupt, so offt die Gesandten bey dem Hereingehen oder Herausgehen die Reverences machen, oder ihre Principalen nennen. Von den Gesandten werden mehrentheils bey dem Hereingehen und Herausgehen 3. Reverences gemacht.

§. 53. Bißweilen erlangen auch die Gemahlinnen der Gesandten bey den Königlichen oder Fürstlichen Standes-Personen weiblichen Geschlechts

schlechts Audienz, und die Gesandten præsentiren bey der Audienz gar offters ihre bey sich habenden Cavaliers an die Durchlauchtigsten Herrschafften, damit sie zum gnädigsten Hand-Kuß gelassen werden.

§. 54. In Wien müssen sich alle Ambassadeurs mit ihrer völligen Suite, den Tag wenn sie Audienz haben sollen, auf ein Lust-Schloß eine Stunde von Wien begeben, von daraus erwarten sie den Kayserlichen Obristen Hof-Marschall, welcher sie nebst allen von den Wienerischen Adel zugeschickten Carossen nach Hof führen muß. S. das Leben des Kaysers Leopoldi p. 718.

§. 55. An dem Türckischen Hofe haben die Gesandten das sonderbahre Privilegium, daß sie die Audienz in dem Divan der Türckischen Kayser sitzend nehmen, und wird ihnen allezeit bey der Audienz ein erhabner Polster oder Sessel gesetzt. S. Warsawic in Oratione de Legatione & Legatis, allwo er anführt ein Exempel eines Kayserlichen an die Türcken abgeschickten Gesandtens, David Ungnads, welcher, da er gesehen daß ihm bey der Audienz kein Sessel gesetzt worden, seinen Mantel untergelegt, und sich währender Audienz darauf niedergesetzt, auch den Mantel im Audienz-Saal zu Constantinopel liegen lassen. Es ist auch bey den Türckischen Audienzen etwas wunderliches, daß sich einige frembde Gesandten vorher mit Türckischen Caftans überkleiden müssen. Als der neue Venetianische Ambassadeur Gio Emo bey

C c 2   dem

dem Türckischen Kayser anno 1720. am 24. Octobr. seinen öffentlichen Einzug und Audienz hatte, so ließ ihm der Groß-Vezier und den 30. Personen von seinem Gefolge, kostbahre Caftane überreichen, die sie über ihre Kleider anlegten; wie solches geschehen, ward der Herr Gesandte nebst den vornehmsten Personen, so bey ihm waren, durch einen Capigi-Bassa in das Apartement des Groß-Sultans geführt.

§. 56. Es hat sich von ein 50 oder 100 Jahren her so wohl bey dem Audienz-Wesen der Abgesandten, als bey den andern Stücken des Ceremoniel-Wesens an den meisten Höfen gar vieles geändert. Johann Finet gedencket in seinen auserlesenen Anmerckungen über das Ceremoniel der Ambassadeurs p. 45. daß als anno 1618 die Rußischen Gesandten am Englischen Hofe Audienz gehabt, die Menge des Volcks verursacht hätte, daß sie ihre unmäßige tieffe Ehrerbietung oder vielmehr Anbetung nicht verrichten können, indem sie nach ihren damahligen Gebrauch mit ihren Häuptern dreymahl hätten die Erde schlagen sollen, es hätte aber dieses nur einmahl geschehen können, und zwar da sie gantz nahe vor ihre Majestät gestanden, welches sie nicht wenig aus ihrer Contenance gesetzt. Doch dieses ist heutiges Tages nicht mehr in Gebrauch.

§. 57. Die Gesandten thun ihre Anrede entweder in ihrer eigenen Mutter-Sprache, oder in der Sprache des Volcks zu welchen sie geschickt werden,

den. Bey jenen Fall müssen entweder ihre Legations-Secretairs oder andere Dollmetscher ihren Vortrag in unterschiedene Sprachen übersetzen, damit derselbe allen ausländischen und dabey sich befindlichen frembder Puissancen Ministris verständlich werde. Bey diesen Fall hat ein Gesandter mehr Ehre. Es war also bey der Audienz, so der Moscowitische Gesandte, Fürst Dolgorucki, den 26 April anno 1706 in Pariß erlangte, etwas besonders, daß, da vormahls mit den Moscowitischen Gesandten, welcher bloß ihre Rußische Landes-Sprache verstund, nicht anders als durch einen Dollmetscher zu tractiren war, dieses mahl kein Dollmetscher vonnöthen gewesen, sintemahl er sich in der Französischen wohl explicirt. Es gereichte dieses Lob nicht allein der Moscowitischen Nation zur Ehre, sondern auch zu grossen Vortheil, weil ein ieglicher Gesandter der in ein frembd Land geschickt wird, in seinen Handlungen besser reussirt, und mehr neues erfährt, wenn er die Landes-Sprache versteht, und mit den Hofleuten selbst reden kan, als wenn er alles durch frembde Leute auskundschafften und sich hernach verdollmetschen soll. S. den L. Theil der Europaischen Famæ p. 134.

§. 58. Die Ministri, welche an auswärtige Staaten verschickt werden, bemühen sich ihren Vortrag auf das allerobligeanteste einzurichten, sie melden gar offters, wie sie nicht so wohl den Nutzen ihrer hohen Herren Principalen, als vielmehr

mehr die Wohlfarth des Staats an den sie abgeschickt worden, vor Augen hätten, und befleissen sich dieses mit vielen nach der Treue und Aufrichtigkeit schmeckenden Worten zu zeigen. Insonderheit ist bey Republicken nöthig, daß sie in den Schrifften trefliche Insinuatoria mit einmischen, ihre Personen extenuiren, und dabey mit den verbündlichsten Ausdrücken die Hochachtung, die sie vor sie haben, an den Tag legen.

§. 59. Die Regenten beantworten die Reden der fremden Gesandten entweder selbst, oder durch ihre Cantzler und andere Staats-Minister, wie es an einem ieden Hofe Herkommens. Haben sie selbst die Geschicklichkeit, auf den beschehenen Vortrag die gehörige Antwort zu ertheilen, und dürffen bey der Audienz keine stummen Personen abgeben, so werden sie allezeit von den Gesandten mehr admirirt als andere. Es machen auch wohl die grossen Herren obligeante Complimens gegen die Gesandten, daß die getroffene Wahl ihrer Personen ihnen über die massen angenehm. Sie gedencken, wie sie sich erfreueten, daß ein solcher Minister abgeschickt worden, der nicht allein das Interesse seines hohen Principalen mit grosser Treue suchte, sondern sich auch seiner eigenen Neigung wegen, die gemeine Sache sehr angelegen seyn liesse, und bey derselben möglichsten Fleiß anwendete. Sie versichern ihm alles Estims und Liebe.

§. 60. Je manierlicher sie sich aufführen, und ie mehr sie sich den Neigungen des Herrn oder des
Volcks

Volcks an welches sie abgeschickt worden, conformiren, je angenehmer und beliebter machen sie sich, wenn sie auch schon bißweilen einen Schertz mit einer guten Art anbringen. Kayser Rudolphus verlangte einstens von einem Pommerischen Hertzog, der sich bey der Kayserlichen Hofstatt aufhielt, in Schertz, er solte ihn doch einmahl einen recht groben Pommer sehen lassen, welches der Hertzog Kayserlicher Majestät versprochen. Nach etlichen Tagen langte von ihm ein Abgesandter bey dem Kayserlichen Hof an, in einem gar altfränckischen Jäger-Kleide, mit ziemlich ungeschliffenen Worten und Geberden, so daß der Kayser und seine Hofstatt sich höchlich darüber verwunderten. Bey dem Abschied aber erschien der Gesandte in einem andern Habit, und conduisirte sich wie der allerhöflichste und manierlichste Cavalier. S. das I. Stück von Schötgens alten und neuen Pommer-Lande, p. 117.

§. 61. An einigen Höfen werden die Gesandten zu allen jungen Printzen und Princeßinnen zur Audienz geführet, an andern aber nicht, und es geschicht nur bißweilen zur Distinction. Bißweilen suchen sie auch Audienz bey den natürlichen Kindern, doch pflegt dieses gar sehr selten zu geschehen.

§. 62. Einige Abgesandten bringen von ihren Durchlauchtigsten Principalen ansehnliche Præsente mit, an kostbahren Pferden, Galanterien, delicaten Weinen u. s. w. Sie werden auch wohl selbst

selbst von einigen Höfen beschenckt, wenn sie durch ihre gute Conduite eine solche Handlung haben helffen zu Stande bringen, die so wohl den Hofe von dem sie abgeschickt, als auch dem an welchen sie gesendet worden, Vortheil und Ruhm zuwege bringt; als wenn z. E. durch ihre Vermittelung ein gewisser Allianz-Tractat zu Stande kommen. Sie erhalten, wenn sie sich von ihren Gesandtschafften wohl acquitirt, von ihren Herrschafften bey ihrer Zurückkunfft mancherley Begnadigung, und gemeiniglich einen höhern Character.

§. 63. Werden die Gesandten an den Höfen nicht so tractirt wie es ihrem Character gemäß ist, so melden sie es ihren Principalen, und suchen entweder bey dem Hofe um Abschieds-Audienz an, oder gehen auch wohl so ohne Abschied vom Hofe.

§. 64. Bißweilen sind die Gesandten durch ihr unartig Bezeigen selbst schuld, daß ihnen nicht so begegnet wird, als wie sie wohl verlangen. Wenn sich einige durch ihre allzu grosse Freyheit im Reden mit grossen Herren zu sehr familiarisiren wollen, so bekommen sie manchmahl dieserwegen ein trefliches Nota bene. Als der Französische Resident sich a. 1632 mit dem König in Schweden Gustavo Adolpho in München gar zu gemein machte, antwortete ihm der König: Ihr gebraucht euch der Französischen Freyheit im Reden gar zu viel, ihr soltet wissen, daß ich und euer König in besserer Correspondenz stehen, als ihr vermeynt; ihr soltet mit
bessern

beſſern Reſpect mit mir reden, auch zu Gemüthe führen, mit wem ihr redet, und an was vor einem Orte ihr redet. S. Kevenhüllers Annales T. XII. pag. 136.

§. 65. Manche erregen ſich deswegen Verdrüßlichkeiten, weil ſie ſich in Sachen mengen, die ihnen nichts angehen. Es iſt auch dieſerwegen in einigen Fundamental-Geſetzen des Reichs und Wahl-Capitulationen ausgemacht, daß die auswärtigen Geſandten ſich nicht in die Reichs-Sachen einmiſchen ſollen. Der Frantzöſiſche Geſandte wandte anno 1703 in Portugall zu Lißabon allen Fleiß an, um den General-Inquiſitorem dahin zu vermögen, daß er dem Portugieſiſchen König vorſtellen ſolte, es ſey derſelbe im Gewiſſen verbunden, ſich an keine ketzeriſchen Fürſten oder Republicken wider einem Römiſch-Catholiſchen König zu verbinden. Als aber der König davon Nachricht bekam, ließ er dem Frantzöſiſchen Geſandten zu wiſſen thun, daß ſoferne derſelbe fortführe, ſich in dergleichen Händel zu miſchen, ſo würde man genöthiget werden, ſolche Anſtalten zu machen, die ihm vielleicht nicht gefällig ſeyn würden. S. den XX. Theil der Europäiſchen Famæ p. 683. Chur-Fürſt Friedrich Wilhelm zu Brandenburg ſchrieben anno 1658 an Landgraf Wilhelm VI. zu Heſſen-Caſſel, wider die zu den Allianz-Tractaten zu Franckfurth anweſende Geſandten, daß ſelbige ſich unterſtünden, Ihrer Chur-Fürſtlichen Durchlauchtigkeit vorzuſchreiben, wie ſie ſich in ihren Actionen verhalten und begegnen solten; es stiege ihnen um desto schmertzlicher zu Gemüthe, daß sich die Leute unterwunden, ihnen ein solch bedrohlich Schreiben zuzuschicken; Gleichwie sie davor hielten, daß solches ohne ihrer Herren Principalen Willen und Vorwissen geschehen. Als wolten sie gebethen haben, solches den ihrigen auf das schärffste zu verweisen, und sie dergestalt ansehen, daß sie daran ein Vergnügen haben möchten. S. Lünigs Teutsche Reichs-Cantzley I. Theil p. 815.

§. 66. Haben die Gesandten etwan andere insultiret, oder Schreiben mit anzüglichen Terminis übergeben, oder auch wohl gar gesucht in dem Lande eine Conspiration zu erregen, so bekommen sie Ordre, daß sie innerhalb 24 Stunden die Residenz, und innerhalb 2 oder 3 Tagen das gantze Königreich, oder die sämtlichen Hoch-Fürstlichen Lande verlassen sollen. Es werden bey diesem Fall die schärffsten Drohungen bißweilen annectiret. Also rescribirte Kayser Leopoldus, anno 1701 an die Reichs-Stadt zu Regenspurg, daß wenn des Duc d'Anjou Abgesandte, der von Neuveforge, nach Verfliessung der ihm bestimmten 3 Tage, bey dem Abzuge einige Renitenz würde verspühren lassen, und sich nicht gutwillig hinweg begeben, daß er alsdenn ohne einig Nachsehen durch die Stadt-Garde unfehlbar solte hinaus geführet werden. Führet sich ein Gesandter feindselig auf, so darff er sich nicht wundern, wenn man ihn gleichfalls feindselig tractirt. Weiset er aber nicht

nicht einmahl sein Creditiv-Schreiben auf, und legitimirt sich als Abgesandter, so hat er sich vollends nicht zu beschweren, wenn er auch von denen, an welche er gesandt wird, nicht als Abgesandter tractirt wird.

§. 67. Es geschicht wohl gar, daß man zu der Arretirung eines Gesandten schreitet, der wider den Staat etwas gefährliches machinirt. Man versichert sich bey demselben Fall so wohl seiner Person, als auch aller seiner Brieffschafften; Es wird alsdenn durch ein Circular-Schreiben allen Ministris der frembden Puissancen Nachricht davon gegeben, und in einer öffentlichen Schrifft dieses Verfahren justificiret, iedoch werden die gefährlichen Projecte, Manifeste und Memoiren nicht eher bekandt gemacht, biß es die nöthige Sicherheit, und die aus Vorsichtigkeit gefaßten Gegen-Anstalten verstatten wollen.

§. 68. Ausser dem aber ist mehr als zu bekandt, daß die Gesandten nach den Rechten aller moralisirten Völcker vor inviolabel zu achten. Zu mehrerer Sicherheit lassen die Puissancen Placate herausgehen, und verbieten darinnen allen ihren Unterthanen auf das strengste und schärffste, daß sie weder directe noch indirecte, weder mit Gedancken, Worten, Minen noch Wercken, die Ambassadeurs, Envoyés, Residenten oder Agenten, und andere Ministres der Könige, Provintzen oder Republicken auf keinerley Weise insultiren sollen. S. dergleichen Placat, das anno 1651 von den Herren General-

General-Staaten abgefaßt worden, in dem II. Tomo der Memoires de Lamberty pag. 161. Die Sicherheit so die Gesandten zu genieſſen haben, gehet auch mit auf ihre Domestiquen und die übrigen von ihrer Suite, weil diese gleichsam ein Accessorium von ihnen sind, und also in dem Accord, worinnen ihnen bey ihrer Annehmung Sicherheit versprochen wird, ebenfalls mit eingeschlossen. Nicht weniger erstreckt sie sich auf ihr Hauß, Quartier, Wagen, Carossen und übrigen Sachen. Man nennet dieses Recht die Quartiers-Freyheit, welches einstens insonderheit der Französische Gesandte Marquis de Lavardin zu Rom mit Gewalt behaupten wolte. Hingegen Pabst Innocentius der IX konte nicht leiden, daß solchergestalt allen frevelhafften Dieben und Mördern eine offene Freystadt gegeben würde.

§. 69. Ist einem Gesandten durch einen andern, oder sonst durch iemand ein Affront geschehen, so sucht der Herr selbst dieserwegen Reparation und Satisfaction, und läst nachdrückliche Schreiben vorher ergehen. S. das Schreiben Chur-Fürstens Ferdinandi Mariæ in Bayern an das Chur-Fürstliche Collegium zu Franckfurth am Mayn, worinnen er wegen des von Chur-Fürsten Carl Ludwigen zu Pfaltz, seinen Geheimen Rath und zum Wahl-Tag bevollmächtigten Mit-Abgesandten Herrn D. Oexeln, vor den gantzen Chur-Fürstlichen Collegio, nachdem er wegen Verwaltung des Vicariats eine Schrifft abgelesen, erwiesenen

Affronts,

Von den Gesandten. 413

Affronts, durch Werffung des Dinten-Fasses auf den Tisch, oder wie andere wollen, nach dem Herrn Abgesandten, Satisfaction begehret, de anno 1658. S. Lünigs Reichs-Cantzley, p. 717.

§. 70. Bey dergleichen Beleidigungs-Fällen wird die Satisfaction entweder von dem beleidigten Herrn vorgeschrieben, oder es werden Repressalien gebraucht. Ist die Sache von einiger Wichtigkeit gewesen, und sie wird nicht durch Vermittelung anderer Puissancen in Güte gehoben, so entstehet wohl gar zuweilen ein Krieg daraus. S. Kemmerichs Grund-Sätze des Völcker-Rechts von der Unverletzlichkeit der Gesandten, sammt einer Relation von dem Affront, der anno 1708. den Moscowitischen Abgesandten in Engelland erwiesen worden.

§. 71. Bißweilen geschicht die Dimission der an frembden Höfen sublistirenden Ministres, theils der Sachen, theils ihrer Person wegen. Manchmahl ist zwar die Person dem Hofe anständig, weil aber andere Ursachen die längere Subsistenz nicht verstatten wollen, so muß man zur Dimission schreiten. Hat aber zuweilen eine Herrschafft eine Aversation vor der abgeschickten Person, so giebet sie auch wohl Anlaß zur Dimission.

§. 72. Bey dem letztern Fall reisen die Gesandten in aller Stille und ohne besondere Ceremonie weg. Bey dem erstern Fall aber, dafern nicht eine ne jählinge Ruptur vorgefallen, oder sie zur schleunigen Abreise von ihren Principalen Befehl erhalten, legen sie gemeiniglich bey den Herrschafften ihre Abschieds-Audienzen noch vorher ab.

§. 73. Die Abschieds-Audienzen geschehen auf eben die Weise wie die erstern. Sie legen solche theils bey den Regenten selbst, theils auch bey den übrigen von der Königlichen oder Fürstlichen Familie ab. Bey den natürlichen Kindern aber sehr selten und fast gar nicht, es müste denn aus einer besondern Consideration einmahl geschehen. Es wird dieses auch von den wenigsten Puissancen prætendirt, ausser daß der König in Franckreich Ludwig XIV. es bißweilen angesonnen. Als ließ er anno 1700 dem Päbstlichen Nuntio dem Cardinal Delfino wissen, da er in Begriff war abzureisen und seine Abschieds-Audienzen zu nehmen, daß dafern er nicht auch dieselbe bey seinen natürlichen Kindern dem Hertzog von Maine und Grafen von Thoulose, gleich andern Königlichen Printzen, nehmen würde; So solte ihm dieselbe bey ihm auch nicht verstattet seyn; Jedoch unterließ dem ungeachtet der Cardinal solche, und reisete ohne Abschied von Hofe. S. Theatr. Europ. T. XV. des Jahrs 1700. p. 873.

Das IV. Capitul.
Von Titulaturen.

§. 1.

Es ist mit den Titulaturen so wohl unter den höhesten Standes-Personen als unter Privat-Leuten, von den ältesten Zeiten biß auf die ietzigen, manche Veränderung vorgegangen. Einige alte Titul hatten fast mehr Realité als die neuern. Ehedem waren die grösten Monarchen mit dem Titul Herr zufrieden, weil man aber dieses Wort zu einer allgemeinen Benennung derjenigen gebrauchte, welche andern etwas zu befehlen haben, so ertheilte man ihnen nach der Zeit andere Beywörter, um die Höhern von den Geringern zu unterscheiden. In Teutschland wird bey unterschiedenen geistlichen und weltlichen Dignitæten grosse Parade gemacht, weil grosse Einkünffte und ein hoher Rang damit vergesellschafftet, und manche würden sich doch gewiß der Verrichtungen schämen, welche sonst diejenigen, deren Successores sie seyn wollen, über sich genommen.

§. 2. Obzwar in den vorigen Zeiten, da das Heydenthum geherrschet, so wohl den Kaysern als andern Regenten, ebenfalls sehr grosse Titul und fast göttliche Benennungen beygelegt worden, wovon
die

die Dissertation des Herrn D. Post de Divinis Imperatorum Titulis nachgelesen werden kan, so muß man doch bekennen, daß die Titulaturen mehrentheils ehedem weit geringer gewesen, und ihre Magnificenze fast durchgehends in den folgenden Zeiten durch die äusserliche zunehmende Pracht, durch die Schmeicheleyen der Unterthanen, und die Æmulation der andern vermehret worden.

§. 3. Daß die Könige der Longobarden sich den Titul Excellentissimi selbst gegeben, siehet man bey dem Mabillon de re Diplomatica, L. II. C. IV. §. 12. Bevor der Titul Durchlauchtig aufkam, wurden die Fürsten und Churfürsten nur mit dem Titul Ihrer Fürstlichen und Churfürstlichen Gnaden beehrt. S. Wicquefort de Legat. l. 1. C. XX. f. 386. Anno 1440 und 1443 wurde Ulricus Herr und Regent zu Ost-Frießland, Ehrhaffter Juncker, Edler Juncker und Edler Mann genannt. S. Brenneysens Ostfrießländische Historie I. Tomus p. 59. Anno 1450 wurde in der Ehe-Beredung, die Churfürst Friedrich der Gütige, und Hertzog Albrecht III. in Ober- und Nieder-Bäyern ihrer Kinder wegen mit einander aufrichteten, die Princeßin Elisabeth von Bäyern, Jungfer Elisabeth genannt. S. Müllers Annal. Saxon. pag. 72. Anno 1586 wurde am Spanischen Hofe wegen der Titulaturen darum so viel Streitigkeiten entstanden waren, eine Policey-Ordnung publicirt, der König befahl in dieser Ordnung, daß man ihn im Schreiben nicht mehr als oben im Brieffe

Brieffe Sennor, und auf der Uberschrifft Al Rey nuestro Sennor geben, in der Uberschrifft aber keine Cortesia brauchen, sondern der, welcher den Brief schriebe, allein seinen Nahmen unterzeichnen solte. Gleiche Manier solte man mit den Printzen und Infanten halten, und Ihnen an statt Ihrer Majestät Altezza geben, die übrigen Grandes aber unter einander weder oben noch über den Brieffen Cortesien setzen, sondern stracks von dem Negotio zu schreiben anfangen. S. Kevenhüllers Annal. Ferdin. II. Tomum p. 483.

§. 4. Der ehmahlige König in Schweden Gustavus mag sich auch um die Titul nicht groß bekümmert haben. Denn als die Liefländer anno 1559 ihre Gesandten an ihn abschickten, und er auf dem Credenz Schreiben wahrgenommen, daß sie ihm Erlauchtigst genennt, sagte er zu den Gesandten, was bedeutet Erleuchten, es ist durch GOttes Gnade der Schwedische König nicht so dunckel, daß er der Liefländer Erleuchtung von nöthen hätte. S. Harsdörffers Part. II. des Teutschen Secretar. Præf. von den Ehren-Tituln, n. 15.

§. 5. In den vorigen Zeiten sind in der That sehr viel Titul, deren sich grosse Herren nachgehends bedient, anfänglich niemahls auf eine öffentliche Weise, oder durch einen allgemeinen Consens ausgemacht worden, sondern einige von ihren Unterthanen haben ihnen dieselben aus eigennützigen Absichten zu erst beygelegt. Wenn sie nun dieselben ihren Stand und Sinn gemäß befunden, so haben sie solche durch einen stillschweigenden Consens approbirt, sie auch wohl in die aus ihren Cantzeleyen expedirten Schrifften mit einfliessen lassen; andere die mit ihnen von gleichem Stande, haben es ihnen nachgehends aus Jalousie, damit sie dadurch keinen Vorzug gewinnen möchten, nachgethan, und daher sind manche Titulaturen aufgekommen.

§. 6. Es hat zu jeden Zeiten sehr viel Disputen gegeben, wann sich ein Fürst eine Gemahlin aus einem geringern Stande beylegen, und derselben so wohl bey den Hochfürstlichen Gefreunden, als auch bey den übrigen Puissancen, die gewöhnliche Titulatur auswürcken wollen. Daher haben auch unterschiedene, um aller Zwistigkeiten überhoben zu seyn, hierinnen nachgegeben, so viel nur möglich gewesen. Als sich der Hertzog zu Sachsen Wilhelm III. mit der Catharina von Brandstein vermählen wolte, so befahl er in der Instruction seinen Gesandten, die er an seinen Herrn Bruder Churfürst Friedrichen den Gütigen und seine Söhne, wegen Præstirung ihres Consenses, zu Constituirung des Leibgedinges abfertigte: Dafern man Churfürstlicher Seiten etwan wegern würde, in dem Verwilligungs-Brief die Worte, die Hochgebohrne Fürstin zu setzen, dawider nichts zu moviren, sondern nur anzusuchen, daß allein Durchlauchtigste Fürstin möchte gesetzt werden; Dieses letztere ist zwar bey ietzigen Zeiten noch mehr als jenes, iedoch hat man sonder Zweifel

die

Von Titulaturen.

v. Absicht darauf genommen, daß der Titul Hochgebohren, Ihre Qualitæt, Geburth und Herkunfft an Tag legt. Sie ist so glücklich gewesen, daß sie von Churfürst Ernsten und dessen Bruder Hertzog Albrechten das Prædicat Irlaucht, das ist Durchlauchtige Fürstin und Hochgebohrne Fürstin, gleich ihren Gemahl erhalten. S. Müllers Annal. Saxon.

§. 7. Der Römische Pabst stehet mit einigen die ihn schmeicheln in den Gedancken, als ob ihm allein zukomme unter den grossen Herren die Titul auszutheilen, und daß die weltlichen souverainen Fürsten verbunden wären, ihre Gewalt und Titul von ihm zu hohlen. Daher haben sie nicht allein zu unterschiedenen mahlen sich den protestirenden Puissancen widersetzt, wenn sie höhere Dignitæten und Titulaturen annehmen wollen, sondern auch andere Römisch-Catholische Fürsten aufgehetzt, daß sie ihnen solche verweigern sollen. Es hat aber der Königliche Preußische Geheimbde Rath Herr von Ludwig im seinem Päbstlichen Unfuge wider die Cron Preussen gar wohl ausgeführt, daß die Päbste allezeit viel verlohren, so offt sich selbige in die Titulatur und Würdigkeit souverainer Häupter gemengt, und daß kein souveraines Haupt verbunden den Königlichen Nahmen und Würde von den Römischen Stuhl zu suchen, dem Pabst auch dergleichen auszutheilen gar nicht zukomme. Es haben auch allbereits einige gescheute Männer mitten in Pabstthum dieses erkandt, und
einen

einen Unterschied gemacht unter den weltlichen und geistlichen Würden.

§. 8. Die Päbste haben so genug mit ihrer Titul-süchtigen ihnen unterworffenen Clerisey zu thun, wie sie derselben Titul vermehren. Als die Zahl und Hochmuth der Geistlichen sehr anwuchs, und ein ieder gern ein Bischoff heissen, mithin von der Jurisdiction der weltlichen Obrigkeit entlediget seyn wolte, die Zahl der Bißthümer aber nicht mehr zulangten, so kam die schöne Mode auf, daß die Päbste nur Titulatur-Bischöffe creirten, dem sie in den Ländern in welchen zwar vor diesen Bißthümer gewesen, die aber ietzund in den Händen der Ungläubigen sich befinden, oder in partibus infidelium eine Kirche assignirten, z. E. zu Antiochia, Tripoli, Ephesus. Sie werden nicht allein Episcopi Titulares, und in partibus iufidelium, sondern auch wohl Spött-weyse Episcopi nullatenus genennt. Dieses sind heut zu Tage die so genandten Weyh-Bischöffe oder Päbstlichen Nuntii, und dieses zu dem Ende, damit sie die Bischöflichen Functionen an den Orten wo sie sich aufhalten, verrichten können.

§. 9. Bißweilen finden sich auch einige unter der Römischen Geistlichkeit, die mit ihren bißherigen Dignitæten zu frieden sind, und keine höhere verlangen, auch wohl die ihnen angetragen, ausschlagen, wiewohl dergleichen Exempel sehr rar sind. Also wolte Pabst Clemens XI. anno 1706 den Filepucci einen Römer zum Cardinal machen, er erklähr-

erklährte sich aber nach verlauffner ihm gegebenen Bedenck-Zeit, er fände sich darzu nicht geschickt, bäte also, ihn damit zu verschonen, und ließ sich auf keinen andern Sinn bringen, ob ihm gleich der Pabst selbst nebst verschiedenen Cardinælen ziemliche Summen anboth, um sich Standes-mäßig aufzuführen. Er retirirte sich so gar in ein Kloster, damit er Friede hätte. Der Pabst ließ ihn auf seine Unkosten ansehnlich begraben, und durch einen berühmten Jesuiten eine Leich-Predigt halten, dazu er ihm den Text aufgab: Magnus quia meruit, maximus quia renuit. S. Theatr. Europ. des XVII. Jahrs p. 249.

§. 10. Gleichwie der ietzige Pabst in allen Stücken die Pracht, die Galanterie und das Ceremoniel-Wesen nicht groß achtet, also scheinet er auch kein grosser Liebhaber des Titular-Wesens zu seyn. An. 1724 ließ er einen Befehl an alle seine Hof-Bedienten ergehen, den Titul Excellentissimi, in den Päbstlichen Pallast nicht mehr anzunehmen. S. das XXIX Stück der Einleitung zur neuesten Historie. p. 264.

§. 11. Es bezeugt sich bey den Titulaturen wohl niemand besonderer, als einige ausserhalb Europa herrschende Regenten. Also soll sich der Kayser von Æthiopien auf folgende Weise schreiben: Durch die Gnade unsers HErrn JEsu Christi Kayser in Æthiopien, Nubien, Saba und allen Grentzen von Arabia, aus einen Durchlauchtigen Stamm absprossend von der Königin von Saba,

Demüthiger seiner Feinde, Beschützer derjenigen die ihre Zuflucht bey ihm suchen, Erhalter des Glaubens JEsu Christi, König der Soldaten und ungezwungenen Armeen, Patron in Macht und Worten, mit einer unaussprechlichen Mäßigkeit, Vollmond seines Reiches ohne Finsterniß. u. s. w.

§. 12. Es ist wohl von vielen Seculis her, bey allen Regenten in Europa, und bey sehr vielen ausser Europa eingeführet, daß sie ihren Tituln das Wir von GOttes Gnaden præmittiren. Es soll dieses bey Fürsten und Herren eine sonderbahre gute Erinnerung abgeben, daß sie alle ihre Gewalt, Macht und Ehre, GOTT als dem König aller Könige und HErrn aller Herren zuschreiben, und damit zu verstehen geben, daß sie ihren hohen Stand aus Göttlicher Gnaden-Hand empfangen, und ihn in dessen Nahmen auf Erden führen. S. Spath. Secratariat-Kunst Vol. I. Part. II. Cap. 22. p. 465. So solte es wohl seyn; allein die allerwenigsten dencken daran, und gebrauchen sich dieser Formul als eines blossen Ceremoniels.

§. 13. Man findet diese Formul bey den Historicis auf unterschiedene Art exprimiret, als: Ex gratia Dei, Divinâ gratiâ, Divinâ disponente gratiâ, Divinâ ordinante gratiâ, Divinâ propitiante gratiâ; Ingleichen auf folgende Weise: Ex dispositione Dei, Deo favente, Divinâ indulgentiâ, miseratione Dei, Dei nomine, nutu Dei, Divinâ permissione, piâ Dei ordinatione u. s. w.

S. D.

S. D. Geißlers Diss. de Titulo Nos Dei gratiâ, Wir von GOtes Gnaden.

§. 14. Heutiges Tages darf sich kein Land-Stand unterstehen, ob gleich solches vor Alters nicht ungewöhnlich gewesen, und mehr zum Zeichen der Demuth als Hoheit gereichet, den Titul von GOttes Gnaden bey seinen Nahmen zu setzen, wenn er schon Gräflichen Standes seyn solte. So kommt es ihm auch nicht zu, daß er das Wörtgen, Wir, führen darff, wie der Landes-Fürst von sich zu schreiben pflegt, und damit seinen höchsten nach GOttes Willen habenden Regiments-Stand und Vorzug vor seinen Unterthanen, üblichen Gebrauch nach, anzeiget.

§. 15. Die grossen Herren gebrauchen das Wörtgen Wir nur pro autoritate, nemlich in offenen Befehlen und Cantzley-Brieffen; wenn sie aber aus guter Vertraulichkeit und in Hand-Briefen an einander schreiben, so reden sie mit dem Wörtgen, Jch, von sich.

§. 16. Nachdem die Reichs-Fürsten bey Erhaltung ihres Fürstlichen Standes, Ehre, Macht und Hoheit schuldig, zuförderst den Respect, die Ehre und Hoheit des Teutschen Reichs und der Kayserlichen Majestät vor Augen zu haben, so pflegen sie, wenn sie an des Römischen Kaysers Majestät schreiben, den Titul, Wir von GOttes Gnaden, auszulassen. S. Seckendorfs Fürsten-Staat II. Theil Cap. II. n. 2. p. 61. Sie stehen in einer Verbindung mit dem Kayser und dem Reich, und in in Ansehung gegen dem Kayser kan man sie nicht vollkommen vor souverain achten; und einige wollen doch die Titulatur, Wir von GOttes Gnaden, also auslegen, als ob hiedurch angedeutet würde, daß sie keinen Menschen hier auf Erden unterworffen, und bloß von GOtt gesetzt wären, als wie die Englischen Juristen von ihrem König reden: Omnes sub illo, ille sub nullo, nisi tantum Deo, à quo secundum sine quo, primus ante omnes & super omnes in suis ditionibus. S. Becmans Notit. Dignitat. Illustr. p. 63.

§. 17. Bey den Titulaturen grosser Herren, die sie an andere höhere oder geringere Standes-Personen zu ertheilen pflegen, wenn sie Schreiben an dieselbigen abfassen, hat man auf folgende Stücke zu sehen, (1) auf den Eingang z. E. Unsere willige Dienste zuvor, und was Wir mehr Liebes und Gutes ꝛc. Durchlauchtigster Fürst ꝛc. (2) auf den Context, Ewe. Gnaden, Liebden, u. s. w. (3) auf die Unterschrifft, in wie weit sie sich bey derselben ihnen entweder parificiren, oder sich gegen sie erniedrigen, und (4) auf die Auffschrifft des Schreibens, das ist, auf dem auswendigen Titul.

§. 18. Einige Regenten binden sich nicht eben so gar genau in Beehrung ihrer Mit-Regenten an dasjenige, was etwan biß anhero bey den Titulaturen unter ihnen gebräuchlich gewesen, sondern erweisen sich bey manchen Zeiten, wenn es ihre Staats-Raisons erfordern wollen, damit gantz
freyge=

freygebig, iedoch richten sie es auch dabey so ein, daß sie sich nicht allzuviel dadurch vergeben, dem Tertio oder ihren Successoribus dadurch præjudiciren, oder auch diejenigen denen mit dergleichen nichts gedient ist, mit ungewöhnlichen und überflüßigen Titulaturen nicht incommodiren.

§. 19. Andere aber sind sehr difficil, sie widersetzen sich den neuen Titulaturen, so die andern prætendiren, auf alle Weise, biß sich endlich andere ins Mittel schlagen, besondere Vergleiche hierüber aufgerichtet, oder einige Temperamente ausfündig gemacht werden. Das Exempel des ersten Kaysers von Rußland Petri I. da er von den andern Puissancen die Titulatur der Kayserlichen Majestät verlangte, kan hierinnen zum Beweiß dieses Lehr-Satzes dienen.

§. 20. Bey den Friedens-Congressen und anderen öffentlichen Berathschlagungen erregen die Titulaturen der Puissancen und der Abgesandten ein Hauffen Disputen, und dem Haupt-Werck der Handlungen trefliche Hindernisse. Hierbey wird bißweilen zum Temperament vorgeschlagen, daß man in tertia persona mit einander redet, und das Ehren-Wort, Altesse, Excellenz u. s. w. wegläst.

§. 21. An. 1717 setzte es in Regenspurg, als der Cardinal von Sachsen-Zeitz Principal-Commissarius worden, Zwistigkeiten wegen des Curialis, Heilig, in Ansehung der Römischen Kirche und des Stuhls zu Rom, so Evangelici sich zu geben weigerten. Man proponirte zum Temperament,

Evangelici können das Wörtlein Heilig, semel pro semper in sensu politico verstehen; wie man solches auch in Meynung des Heiligen Römischen Reichs verstünde, keines weges aber in Ansehung der Römischen Kirche, ingleichen könte man sich in solchen Fall des Styli in folgender Figur bedienen: der Heil. Röm. Kirche] des Heil. Röm. Stuhls der Römischen Kirche ∫ des Römischen Stuhls u. s. w. wovon in den X. Tomo der Electorum Juris Publici p. 939 mit mehrern kan nachgelesen werden.

§. 22. Wird eine gebührende Titulatur nicht gegeben, so pflegt entweder der Cantzeley=Zeddul mit beygeschlossen, oder gar die Schreiben welche dergleichen Titul führen, zurück gegeben zu werden, wiewohl zu den letztern modo nicht leichtlich zu schreiten, indem selbiger vermögend ist den Brief-Wechsel gantz und gar aufzuheben. An. 1716. ließ der Brandenburg=Onoltzbachische Gesandte den gehörigen Titul dieses Hochfürstlichen Hauses, mit der Beyfuge, daß solcher seinen Principal biß-anhero variabel gegeben worden, unter sämmtli-chen Gesandschafften austheilen. S. Elect. Jur. Publ. X. Tom. p. 495.

§. 23. Andere Fürsten beschweren sich vorher in Schreiben, wenn ihnen aus einer Cantzley oder von den Bedienten einer gewissen Puissance unge-wöhnliche Titul gegeben werden; Sie melden dem Regenten, sie verhofften, sie würden es so wenig gut heissen, als sie dergleichen Schreiben von ihnen an-zuneh=

zunehmen, oder dergleichen ungeziemende Vermessenheit noch einmahl zu gedulten gemeynet wären, sie trügen zu ihrer Liebden das freundliche Vertrauen, sie würden es gegen die ihrigen gebührend ahnden, und sie dahin anweisen, damit ihnen hinführo mit gebührenden Respect und gehöriger Titulatur begegnet werde.

§. 24. Wenn andere Regenten die neue Dignität eines grossen Herrn noch nicht gehörig agnoscirt, oder derselbe noch nicht darinnen bestätiget ist, so setzet es Kunst, wie ein grosser Herr bey dieser Ungewißheit zu tituliren. Also wurde der ietzige König in Spanien und damahlige Philippus von Anjou anno 1702 in einem Päbstlichen Breve, so ihm der Cardinal Barberini überbracht, folgender gestalt titulirt: Dilecto Filio nostro Duci Andeganensi Regi Hispaniarum proclamato & in Regno nostro Neapolitano commoranti. S. den VI. Theil der Europäischen Fama. p. 513.

§. 25. Bey feindseeligen Zeiten werden entweder in den Kriegs-Manifesten, oder doch in dem Schrifften so denselben ähnlich scheinen, die Titulaturen gar schlecht in Obacht genommen. Also war in einem Decret welches einer Kriegs-Declaration ziemlich gleichte, so Philippus V. publiciren ließ, als der König in Portugall sich bey der grossen Allianz wider Spanien feindlich erkläret hatte, folgendes enthalten: Je suis persuadè que le Courage d'un chacun s'enflamera a la veu d'une resolution si inopineè, que le Portugais a

pris,

pris, lequel devroit se contentes &c. es war schimpflich genug, daß der König von Spanien den König in Portugall nur schlecht weg den Portugiesen nennte. S. Memoires de Lampertus Tom. II. p. 520.

§. 26. Grosse Herren pflegen gemeiniglich die Länder, auf welche sie eine Prætension formiren, in ihre Titul mit einzurucken, sie sehen hierbey nicht allein auf diejenigen Prætensionen, die als gegenwärtig zu achten, sondern auch auf die, die nur in einen eventual Anwerbungs-Recht beruhen. So lange dem Recht eines Tertii hierbey nichts præjudicirt wird, ist das wohl unter die res meræ facultatis mit zu rechnen.

§. 27. Sie nehmen offters bey Gelegenheit einer geschlossenen Heyrath, da sie ein neu Recht auf ein Land bekommen, einen neuen Titul und Wapen an, und ersuchen dabey andere Fürsten, die Vorsehung zu thun, daß von Dero Fürstlichen Cantzleyen ihnen solcher auch gegeben werden möge. Sie notificiren auch wohl den Fürsten, denen sie einmahl in den künfftigen Zeiten zu succediren gedencken, daß sie zu mehrer Manifestation ihres eventualen Successions-Rechts, an den andern Landen den Titul und Wapen angenommen, verlangen aus deren Cantzleyen diesen Titul, und ersuchen sie zugleich sich deswegen keine widrige Impression zu machen, sondern vielmehr versichert zu seyn, daß sie eine gewisse Linie auf den Fall des Abgangs der andern Linie, an ihren Succession-
Recht

Recht nicht hindern, sondern dabey nachdrücklich mainteniren wollen.

§. 28. Bißweilen geschichts, daß sich ein Fürst wegen der Eventual-Succession und Führung des Tituls und Wapens ohne Consens und Zuziehung der andern, dem ein näher Recht daran zusteht, mit einer gewissen Fürstlichen Linie vergleicht, die andere aber der hierbey præjudicirt wird, wendet bey den Reichs-Comitiis dieserwegen eine Protestation ein, reserviret sich wider diese Eingriffe in ihre gerechtsame quævis competentia, und bittet diese Protestation wider die Annehmung des Titels und Wapens ad Acta imperii zu nehmen, und solche publice dictiren zu lassen.

§. 29. Gehen bey den Titulaturen Veränderungen vor, so pflegen die Gesandten der Puissancen solches nicht nur den Exteris anzuzeigen, damit die Titul bey den auswärtigen Printzen bekandt und von ihnen erkandt werden, sondern es pflegen auch grosse Herren ihren Colegiis vorzuschreiben, auf was vor Art sie in Zukunfft die Titul einrichten sollen. Also schriebe der Churfürst Christian II. zu Sachsen an Dero Collegia, nachdem sie von dem Römischen Kayser mit den Fürstenthümern, Jülich, Cleve und Berg beliehen worden:

Würdige ꝛc. ꝛc.

Da die Römische Kayserliche Majestät Unser Allergnädigster Herr, Uns und Unser Hauß Sachsen mit den Jülich, Clevischen und Bergischen Fürstenthüstenthümern auch derselben Tituln und Wapen beliehen, Uns auch Allergnädigst permittirt und zugelassen, daß Wir und Unser Hauß Uns dessen gebrauchen möchten, und Wir bedacht denselben hinführo auf die maaße wie innliegende Forme besagt, zu führen; Als begehren Wir hiermit gnädigst, ihr wollet hinführo, Unserm Titul ietzt gedachter Forme gemäß, in allen Briefen gebrauchen, davon geschicht Unsere Meynung, und Wir sind Euch mit Gnaden gewogen. Dreßden den 2. August. 1710.

§. 30. Bißweilen sind einerley Benennungen, nach dem Unterschiede der Lande in Ansehung ihres Adels, ihrer Macht, Rechte und Privilegien gar sehr von einander unterschieden; Also ist ein grosser Unterschied, unter einen Teutschen Marggrafen, und einen Italiänischen Marquisen.

§. 31. Gleichwie bey dem Titul-Wesen überhaupt sehr vieles auf die Einbildung ankommt, also ziehen einige gewisse Titul den andern Dignitäten die mit größrer Macht und Ansehen vergesellschafftet, weit vor. Die Polnischen Senatores schätzen ihre Würde so hoch, daß sie alle andere Ehren-Titul dagegen vor geringe achten. Als einstens König Sigismundus nach Wien reisete, und der Kayser unterschiedene mitgekommene Senatores mit dem Titul eines Reichs-Fürstens beehren wolte, so schlugen sie es schlechterdings aus, vorgebende, sie wären gebohrne Polnische von Adel, und hätten folglich das Recht Friedens-
und

und Krieges-Sachen mit ihren König zu tractiren. Dannenhero käme es ihnen fast schimpfflich vor, daß man davor hielte, als ob die Würde eines Reichs-Fürstens der ihrigen vorzuziehen wäre. S. Connors Beschreibung des Königreichs Pohlen. p. 445.

§. 32. Wenn der Römische Kayser einen Reichs-Stand aus besondern Meriten, die sich derselbe zuwege gebracht, oder aus hoher gegen ihm tragenden Zuneigung, ein grosses Prædicat, besondern Titul, oder auch nur Ehren-Wort beygelegt, so werden Diplomata darüber ausgefertiget, und ergehen eigene Intimationes an das Reich, oder wo dieses nicht geschehen, so intercedirt der Kayser bey den Ständen, daß sie diesem Stand das Ehren-Wort, welches er ihm selbst beygelegt, ebenfalls mittheilen. Ausserdem aber kan sich kein Stand des Reichs unterstehen, sich einer neuen Titulatur anzumassen, und pflegen die Römischen Kayser an die Churfürsten und andere Stände des Reichs bißweilen zu schreiben, daß sie in Dero Landen inquiriren, ob iemand vorhanden, so sich eigenmächtig einiger neuen Titul, Prædicate und Wapen angemaßt, damit, wo einige vorhanden, selbige Dero Reichs-Hofraths-Fiscali specificirt werden könnten.

§. 33. Die höhern Titul stehen mehrentheils voran, und die geringern folgen hernach; iedoch geschicht es auch bißweilen, wenn die geringern etwan zu den höhern Gelegenheit gegeben, als bey
dem

dem Titul der Churfürsten von Sachsen und Bayern, daß der Hertzogliche Titul eher kommt, und der Churfürstliche zuletzt, weil der Hertzogliche Titul zu dem Churfürstlichen Gelegenheit gegeben.

§. 34. Die grossen Herren richten sich mit ihren Titulen gar offt nach dem Genie der Völcker und Zeiten. Als Julius Cæsar wuste, daß der Titul des Königs dem Volck nicht gar angenehm war, so antwortete er dem Volcke, da sie ihm einen König nannten: Se Cæsarem, non Regem esse. Cronwell in Engelland hielt in Ansehung der damahligen Conjuncturen nicht vor rathsam, sich einen König zu nennen, sondern war damit zufrieden, daß er Protector von Engelland hieß. So beobachten auch einige Regenten darinnen die Regeln der Klugheit, daß sie den Titulaturen der höhern Puissancen, denen sie an Macht und Ansehen nicht gleich kommen, im geringsten nicht aspiriren, und die ihnen angebothenen auch wohl noch dazu ausschlagen.

§. 35. Es ist mehr als zu gewiß, daß mit den Titulaturen manches eitele, falsche und irrige Wesen vermenget sey. Der Römische Pabst nennet sich nach einem blossen Ceremoniel, einen Servum Servorum Dei; Pabst Gregorius I. soll sich dieses Tituls aus besonderer Demuth zu erst angemaßt haben, und in den folgenden Zeiten machte man eine Parade damit. Die Päbste können diesen Titul auf keinerley Weise behaupten, denn sie
sind

Von Titulaturen.

sind keine Knechte der Menschen, weil sie den Königen und Kaysern befehlen, und von ihnen die gröste Ehrerbietung und Devotion erlangen, und GOttes Knechte auch nicht, weil sie sich fast GOtt gleich achten, und Statthalter Christi seyn wollen. S. D. Johann Friedrich Mayer Dissert. de Titulo Pontificis Romani Servus Servorum Dei.

§. 36. Es wäre zu wündschen daß die Römischen Päbste bey diesem Titul so gute Gedancken haben möchten, wie der junge Printz Friedrich Moritz Dessauischer Linie, der anno 1620 verstorben; Als derselbe in dem zehenden Jahre seines Alters, in den letzten Capitul das Buch Hiob wahrgenommen, daß GOtt der HErr den heiligen Hiob viermahl seinen Knecht nennet, konte dieser junge Herr solches Tituls nicht vergessen, sondern nennte sich offt, mit aufgehabenen Augen und Händen gen Himmel, GOttes Knecht. S. Beckmanns Anhältischer Geschichte V. Theil p. 226.

§. 37. Einige von den grösten Puissancen bleiben bey ihren hohen Tituln dennoch in der Demuth. Als einstens ein Türckischer Bothschaffter Kayser Leopoldum einen Herrn aller Herren nannte, gab er ihm zur Antwort, es ist kein Herr ausser allein GOTT, worüber sich der Türcke gar sehr verwunderte. Wenn er zu Oettingen, Passau und Zelle seine Andacht vor den Altären verrichtete, ließ er zum öfftern diese Worte von sich hören, ich grösster aller Sünder ich geringste Creatur, ich unwürdigste Creatur Leopold. Auf seiner

Wallfarth nach der Heiligen Maria von Zelle unterschrieb er sich, der Heiligen Jungfrau Maria geringster und unwürdigster Knecht Leopold. S. Leben des Kaysers Leopoldi. p. 71.

§. 38. Die Quacker in Engelland sind abgesagte Feinde aller Titulaturen. Sie pflegen in ihren Anreden, Vorträgen und Memorialien ihre Regenten mit dem Brüderschafftlichen Nahmen Du anzufallen. Doch dieses ist billig vor eine phantastische Singularität zu achten, indem die Christliche Religion keinesweges verbeuth den Regenten solche Titul aus Respect und Ehrerbietung beyzulegen, welche ihnen zu derselben Zeit, darinnen man lebet, ertheilt werden, zumahl sie die Heilige Schrifft auch selbst Götter nennet. S. Europ. Fama II. Theil p. 190.

§. 39. Die Könige beehren heutiges Tages einander durchgehends mit dem Curiali Majestät. Wenn der Kayser an die Könige von Franckreich und Spanien schreibt, so wird ein Unterschied gemacht unter den scriptis publicis, so er als Imperator Romanus und aus der Reichs-Cantzley, oder von den Reichs-Convent abgehen läst, und unter den Hand-Briefgen, die er ihnen zuschickt. Bey jenen giebt er ihnen nach der alten Manier und Observanz nichts mehr als Serenitas Vestra, bey diesen aber, wenn er ihnen Gratulation- und Condolenz-Schreiben überreicht, Vôtre Majesté, oder Vuestra Maestà, und dieses alles mehr aus Höflichkeit oder Bluts-Verwandtschafft, als aus Schuldigkeit, und

ohn

ehn allen Præjudiz der Kayserlichen Prærogativen. S. Wicqueforts Ambassadeur, lib. I. p. 734.

§. 40. Die Churfürsten haben erst in dem XVII. Seculo angefangen den Königen das Prædicat Majestät zu geben, und zwar zu erst dem König in Franckreich, der es nach vielen bey den Westphälischen Friedens-Tractaten gehabten Debatten bey ihnen dahin gebracht, daß sie ihm die Majestät gegen das Prædicat Durchlauchtigst, und das Wort Bruder gegeben. Vorher hieß es entweder Ewe. Königliche Würde, oder Ewe. Königliche Würde und Majestät, und in XVI. Seculo gar nur Ewe. Königliche Durchlauchtigkeit oder zum höchsten Ewe. Königliche Würde. Das Wort Durchlauchtig ist erst von den Kaysern auf die Könige, sodann aber von diesen, auf die Chur- und endlich auf die Fürsten gekommen. Wie aber dieses auch ein Prædicat gewesen, womit man zugleich die Königlichen Printzen beehrt, so hat es diesen, da sie einigen Vorzug vor den Fürsten zu haben vermeynet, nicht länger anstehen wollen, sondern man hat ein neues Ehren-Wort, und zwar die Königliche Hoheit hervor gesucht.

§. 41. Das Wort Majestät wird bey allen Völckern auch bey den Slavonischen, welches bey ihnen Weliczestwo genennt wird, vor die allerhöchste Ehre gebraucht, und niemanden als den souverainen Obrigkeiten zugestanden. Es bedeutet nicht allein ihre hohe Würde, als die nächste nach GOtt, so in dieser Welt gefunden wird, sondern auch

auch die würckliche Gewalt Gesetze zu geben, Urtheile ohne Apellation zu sprechen, unwiedersprechliche Befehle zu ertheilen, und selbst keinen Gesetzen unterworffen zu seyn." S. das Recht der Monarchen in willkührlicher Bestellung der Reichsfolge. pag. 24.

§. 42. Es ist etwas besonders, daß der Titul des Königs von Engelland bey seiner Crönung, in der Lateinischen, Frantzösischen und Englischen Sprache dreymahl ausgeruffen wird. Erst kommt der Oberste Wapen-König vom Hosenband, und rufft dreymahl aus Largess, das ist Mildigkeit, und nachdem er von Sr. Majestät Mildigkeit, Erlaubniß zu reden erhalten, proclamirt er des Königs Titul folgender gestallt in Latein: Serenissimi, Potentissimi & Excellentissimi Monarchæ Georgii Secundi, oder wie er sonst heist, Dei Gratiæ Magnæ Britanniæ & Hyberniæ Regis, Fidei Defensoris &c.

Wenn sich nun die Wapen-Officiers wiederum geneigt, proclamirt der andere Wapen-König vom Hosenband Ihrer Majestät Titul zum andern mahl in Frantzösischer Sprache: Du trés haut, trés puissant & trés Excellent Monarque Georg II. par la grace de Dieu Roy de la Grande Bretagne, France & Irlande, Defenseur de la foy.

Indem sich die Wapen-Officiers auf das neue tief bücken, proclamirt der Wapen-König des Königs

Königs Titul zum drittenmahl, auch in Englischer Sprache also:

Of the most high, most meighty and most Excellent Monarch George II. by the grace of God King of Greal Britain, France and Ireland, Defender of the faith. S. Beschreibung der Englischen Crönungs-Solennitäten des ietzigen Königs. p. 79.

Das V. Capitul.
Von Belehnungen.

§. 1.

Die Belehnungen sind in Ansehung der Solennitäten und Ceremonien gar sehr von einander unterschieden, immaßen einige mit mehrern, andere aber mit wenigern vergesellschafftet sind. Man beobachtet hierbey mehrentheils dasjenige, was sonst bey dergleichen Gelegenheiten gebräuchlich gewesen, wo aber entweder auf Seiten des Lehns-Herrn oder des Vasallen eine Veränderung vorgegangen, so werden auch die Ceremonien einigermaßen verändert, es werden alsdenn, damit dem Haupt-Werck kein Auffenthalt geschehe, alle Kleinigkeiten wegen des Einfahrens in das Schloß, wegen der Audienz, und fast wegen aller Tritte und Schritte vorher ausgemacht.

§. 2. Werden die Vasallen in einen und dem andern mächtiger als ihre Vorfahren gewesen, oder bekommen neue Dignitæten, so setzt es allerhand Disputen, sie prætendiren mehr Ehren-Bezeugungen, und wollen doch weniger ertheilen, bißweilen bemühen sie sich gantz und gar der Lehns-Pflicht zu entziehen, daß also die Lehns-Herren bey diesen Fällen Ursach haben, auf ihrer Hut zu seyn, damit die bißherigen Observanzen und Pacta genau beybehalten und erfüllet werden. Gelangen die Lehns-Herren zu neuen Titulaturen, und zu grösserer Macht und Ansehen, so schreiben sie ihren Vasallen bißweilen unangenehme Ceremonielle vor, zumahl wenn sie ihnen sonst nicht gewogen, oder sie vorher von ihnen einiger massen beleidiget worden, oder wenn sie wissen, daß sie sehr ohnmächtig, und sich keiner frembden Assistenz zu getrösten haben.

§. 3. Bevor um eine neue Lehns-Empfängniß angesucht wird, so muß allezeit der Todt oder die Veränderung des vorigen Vasallen bey der Lehns-Cantzley angezeiget werden. Also ist in der Reichs-Hofraths-Ordnung Kaysers Ferdinandi III. enthalten: Es sollen auch die Agnaten und Procuratores, so offt sie die Reichs-Lehn zu empfangen ansuchen genugsame Beweise thun, wenn einen, etzliche, oder alle, deren Nahmen in vorigen Lehns-Briefen einverleibt, Todes verschieden, und gläubige Attestationes beylegen, in welchem Jahre, Monathe und an welchem Tage sich iedweder Todesfall zugetragen, ingleichen wie nahe die ansuchenden

chenden Lehns-Folger den vorigen verwandt, auch die nothwendige Gewalt zu Leistung des Lehn-Eydes, zu gleicher Zeit und alle auf einmahl produciren.

§. 4. Bißweilen finden sich zur Lehns-Empfängniß gar viel Prætendenten ein, die dieserhalben mit einander streittig sind; Bey diesem Fall erlangt zwar derjenige die Belehnung, dem das nächste und stärckste Recht davon zustehet, iedoch salvo petitorio & cujuscunque juribus; der sich in possessorio befindet, erzehlet aus der alten Historie in einer besondern Deduction seine an diesem Lande ihm zustehenden Rechte, die er durch diese oder jene getroffene und von den Lehns-Herrn ratificirte Convention erlangt, und wer sich in Possession dieserhalben befinde, und bittet also um die Belehnung dieses oder jenen Landes, und derselben anklebenden Hoheiten und Gerechtsame. Die andern widersprechen ihnen auf alle Weise, lassen besondere Gegen-Deductiones drucken, und allenthalben bekandt machen, darinnen sie sich die ihnen zustehenden Rechte vorbehalten, und protestiren wider die Lehns-Empfängnisse, und alle diesen anhängige und damit verwandte Handlungen. Bey diesem Falle wird die Belehnung nicht selten gar lang aufgeschoben, obschon die Lehns-Briefe lange vorher ausgefertiget gewesen.

§. 5. Wenn denen Lehns-Recessen gemäß ein Termin zu Empfahung der Lehn angesetzt wird, die Vasallen aber dieselbe bestimmte Zeit, nebst unterschiedenen andern nachher indulgirten Fristen vorbey streichen lassen, so wird nicht selten eine Commission niedergesetzt, so die Lehns-Stücke immittelst sequestriren muß. Vorher setzen sie auch wohl nochmahls zum Uberfluß einen Termin von 6 Wochen an, zu würcklicher Empfahung der Lehn, damit alle Welt sehen soll, daß sie allen möglichen Glimpff hierinnen beybehalten, mit fernerer Verwarnung, daß auf den Fall dieselben wieder alles besser Verhoffen, eben so wenig als die vorhergehenden respectiret werden solten, sie alsdenn nicht umhin könnten, ad ipsam privationem feudi zu schreiten, und dasjenige vor die Hand zu nehmen, was die Lehns-Rechte in solchen Fällen mit sich brächten. Die andern entschuldigen sich hierauf auf das allerbeste, führen ihre Momenta an, bitten die unförmliche Sequestration unverzüglich aufzuheben, und ihnen nicht allein das Exercitium aller ihrer Jurium und Regalium ungekränckt zu lassen, sondern auch nechstenshin ihnen die Lehns-Empfängniß zu gönnen.

§. 6. Sucht ein geistlicher oder weltlicher Chur- und Reichs-Fürst über seine Fürstenthümer nicht innerhalb der destinirten Lehn-Zeit, i. e. innerhalb Jahr und Tag, die Lehn-Empfängniß, so hält er bey dem Kayser um Lehns-Indult an, dafür er auf ieden Monate 15 Gülden bezahlt. Ein Reichs-Graf aber erlegt in den Reichs-Tart-Amt wegen seiner Reichs-Lehn-Grafschafft, so ihm vor und bey dem Reichs-Hofraths-Collegio zum Reichs-
Lehn

Lehn verliehen wird, nur zehn Gülden monathlich pro Indultu.

§. 7. Grosse Herren begnadigen zuweilen bey einem Lehn, so in kurtzen apert werden möchte, andere Vasallen wegen der Verdienste, so sie selbst und ihre Vorfahren ihrem Hause geleistet, mit der Anwartschafft gewisser Lehne, damit nun die meisten wegen der allodial- und feudal-Stücken so unter einander vermischt, keine Unordnung entstehen möge, so befehlen sie ihren Vasallen, um allen Disputen, so sich nach ihrem Tode ereignen könten, vorzukommen, durch ein Rescript an, daß sie innerhalb einer gewissen Zeit einige Räthe zu einer Commission, die sie deßhalb niedersetzen wolten, abschicken, auch alle diejenigen Lehn-Briefe, und andere zu dem Lehn gehörigen Documenta nichts davon abgesondert oder ausgenommen, bey den Pflichten mit welchen sie ihnen verwandt, entweder in Originali oder wenigstens durch vidimirte Abschrifften, mitgeben, coram commissione produciren, und des Lehns-Herrn gute Intention hierdurch erfüllen solten.

§. 8. Befindet sich einer von den Vasallen, der die Lehn nebst den andern mit empfangen solte, zu dieser Zeit in feindlichen Krieges-Diensten, so darf gemeiniglich in der Ansuchung um die Belehnung seiner nicht erwehnt werden, iedoch bekömmt er öffters die Vertröstung, wenn er sich von sothanen Krieges-Diensten abziehen und gehorsamst melden würde, daß er so dann absonderlich belehnet werden

werden solte. Es bekommen auch wohl die Gebrüder oder andere, die mit dem ausgeschlossenen in gleichem Grad, von dem Lehns-Herrn unter seiner Hand und Siegel ein Versicherungs-Schreiben, daß ob wohl der eine bey dieser Belehnung aus gewissen hochbewegenden Ursachen ausgeschlossen bliebe, solches dennoch den andern, in Ansehung der gesammten Hand, zu einigen Præjudiz nicht gereichen solte.

§. 9. Bißweilen geschiehet eine Belehnung und Ausfertigung eines Lehn-Briefes mit einer gewissen Bedingung die zuvor adimplirt werden muß. Zuweilen gratificirt auch ein Lehns-Herr in Ansehung gewisser Umstände, bey einem gewissen Casu, jedoch daß es zu keiner Consequenz gezogen werde, daß ein, dem Stande nach, geringer Lehn-Träger, als etwan sonst gewöhnlich gestellt werde, da denn der Vasalle oder sein Gevollmächtigter vor diese Dispensation im actu petitionis Danck abstattet.

§. 10. Den minderjährigen Vasallen, damit dieselben nicht etwan einiger massen periclitiren, wird auf alle Weise prospicirt. In der Kayserlichen Wahl-Capitulation ist in Ansehung der minderjährigen Reichs-Stände Artic. XI. folgendes disponirt: Wenn ein Churfürst, Fürst oder sonst unmittelbahrer Stand und Lehnmann des Reichs, mit Tod abgehet, und minderjährige Lehns-Erben s. puberes s. impuberes hinter sich verläst, so sollen der Vormünder oder die Vormündere nach angetretener würcklicher Administration der Tutel oder Curatel,

Curatel, ihre der minderjährigen von dem Reiche habenden Regalien und Lehne innerhalb Jahr und Tag würcklich suchen, und mit der darauf folgenden Belehnung das gewöhnliche juramentum fidelitatis ablegen, und die Gebühr entrichten, an welche der Vormünder Empfahung und eydliche Versprechung die minderjährigen selbst nach erlangter Pubertät und respective Majorennität dergestalt gebunden seyn sollen, als wenn die minderjährigen berührte Regalien und Lehne nach übernommener Regierung selbst empfangen, und den Lehns-Eyd erstattet hätten, dagegen wollen und sollen wir, sie minderjährigen nach erlangter Pubertät und Majorennität zu anderweitiger Empfängniß solcher Lehne und Regalien, wie auch Lehns-Eyd nicht, vielweniger zu einer doppelten oder weitern Entrichtung des Lehns-Taxes anhalten, sondern sie bey obgedachter erstern, den Vormündern ertheilten Belehnungen, allerdings lassen.

§. 11. Manchmahl wird die Lehns-Pflicht in eine Erb-Huldigungs-Pflicht verwandelt, theils durch gütliche Persuasiones, theils durch harte Drohungen. Damit nun dieses in den künfftigen Zeiten vermieden werde, so pflegen die schwächern bey Zeiten auf ihrer Hut zu seyn, und sich zu prospiciren, daß sie nicht solche verba honoris & civilitatis gebrauchen, daraus die Lehns-Herren nachgehends einen Huldigungs-und Unterthanen-Eyd würden erzwingen wollen.

§. 12.

§. 12. Einige Vasallen erhalten zum Faveur, daß die künfftigen zu ertheilenden Lehns-Recognitionen nicht nur an Seiten des Kaysers, sondern auch der Vasallen den würcklichen Belehnungen an Kräfften gleich, und als wenn die Lehns-Pflicht würcklich abgelegt wäre worden, geachtet werden solten. Nicht weniger ist in Teutschland ein besonder Privilegium und Kayserliche Begnadigung, daß, so lange einer von denen ietzo in der gesammten Investitur begriffenen Hertzogen eines gewissen Hauses, und dessen besondern Fürstlichen Linie am Leben, die Lehn, ausser wenn sich mit der Kayserlichen Regierung eine Aenderung zutrüge, und also bey Thron-Fällen von denen überbliebenen Herren nicht, sondern erst so dann, wann der letzlebende auch Todes verfahren, gesucht, und die vorigen Todes-Fälle iedesmahl an dem Kayserlichen Hofe kund gemacht werden solten.

§. 13. Zuweilen ist der Vasalle weit mächtiger und der Dignität nach ansehnlicher als sein Lehn-Herr, muß aber doch den alten Herkommen gemäß ein gewiß Stück von ihm zur Lehn nehmen, als Chur-Sachsen von dem Bischoff von Bamberg wegen des Ober-Marschall-Amts, und der König in Dennemarck von dem Hertzog zu Wolffenbüttel wegen des Budjadinger-Landes. Bey diesem Fall werden von den Vasallen Abgesandte mit gewisser Instruction, Vollmacht und Creditiv abgeschickt. Bey ihrer Ankunfft lassen sie sich bey dem Ober-Marschall, bey dem Cantzler oder wo

es

Von Belehnungen.

es sonst gebräuchlich ist, melden, und vernehmen welchen Tag die Belehnung vor sich gehen soll. Die Abgesandten werden von dem Lehns=Herrn auf das höflichste empfangen, die Wachen und Garden müssen das Gewehr vor sie præsentiren, sie werden auf das Fürstliche Schloß einlogirt, und allenthalben wohl tractirt. Sie erwarten der Belehnung, und nach der Belehnung versprechen sie und zwar mehrentheils vermittelst eines Handschlags, an den Lehn=Herrn und in tragender Vollmacht, daß ihre Principalen und Deroselben Mitbelehnte dem Lehns=Herrn wegen dieses Lehn=Stücks vermöge der Lehns=Rechte und dieserhalben errichteten Verträge, treu und hold seyn, Dero Bestes befördern und Arges abwenden helfen, und allen demjenigen, was den Vergleichen gemäß, nachkommen sollen und wollen. Hierauf erlangen sie wegen dieser Belehnung eine Recognition; Die Gesandten bezahlen was bey diesen Fällen gebräuchlich ist, und reisen hierauf wieder ihre Strassen nach Hause.

§. 14. Die Vasallen werden mehrentheils durch Gevollmächtigte zur Lehns=Empfängniß admittirt; es wäre denn, daß sie selbst sich in der Nähe befänden, da sie denn in Person erscheinen müssen, es geschicht auch wohl, daß bey andern Fällen eine persöhnliche Erscheinung prætendirt wird, und sind bereits von einigen Jahrhunderten her, an einigen Höfen dieserwegen Disputen gewesen.

§. 15. Zur Abschickung der Lehns=Empfängniß werden

werden geschickte Ministri ausgesucht, die in demjenigen, was bey den Lehns-Actibus zu bemercken nöthig, wohl informirt. Es gilt gleich ob sie hohen Standes, adelicher oder bürgerlicher Abkunfft seyn, maßen von vielen Jahrhunderten her, hierbey kein Unterschied beobachtet worden, dafern es nur nicht allzu geringe und in unansehnlichen Ehren-Aemtern stehende Officianten sind. Denn sonst sind die Lehns-Herren nicht damit zufrieden, sie thun dieserwegen Erinnerung, und admittiren sie bißweilen wohl gar nicht.

§. 16. Wenn es die Observanz mit sich bringt, daß eine gewisse hohe Standes-Person zur Lehns-Empfängniß abgeordnet werden muß, bey manchen Umständen aber eine andere abgeschickt wird, so muß der Vasall versichern, daß dieser Fall zu keiner Consequenz angezogen werden soll. Also ertheilte anno 1603 den 5 Febr. Kayser Rudolph II. dem Churfürsten zu Sachsen zwar auf dero alleinige Person, dahin ein Decret, daß die Vogtländischen Lehne über die Aemter Plauen, Vogtsberg, Schöneck und Pause, welche sonst durch eine Fürstliche Person, so von Geblüth des Haußes Sachsen hat müssen empfangen werden, durch eine Gräfliche Person, iedoch gegen einen Revers empfangen werden möge. S. Müllers Annal. Saxon. p. 232.

§. 17. Bißweilen wird es übel genommen, wenn ein Gesandter wi   die bißherige Observanz, in seiner Rede an   hns-Herrn zu entschuldigen
vergist,

Von Belehnungen.

vergist, daß sein Principal wegen unausseßlicher Verrichtungen nicht selbst zugegen seyn kan, da sich doch die Herren Gevollmächtigten bey dergleichen Lehns-Ertheilungen, allemahl dergleichen Formalien sonst bedienet.

§. 18. Vor Zeiten muste vor die zur Lehns-Empfängniß abgeschickte Personen, wegen der damahligen Befehdungs-Zeiten, ein sicher Geleite ertheilet werden. So findet man auch, daß in dem XV. Seculo, bey manchen Fällen, ein Kayserl. Herold mit einem Käyserlichen Abgesandten abgeschickt worden, und dem Vasallen zu belehnen. Also meldet der Herr Brenneysen in seiner Ost-Frießländischen Historie, daß anno 1464 der Regent zu Ost-Frießland Arnoldus Louis auf diese Art belehnet worden. Es lase einer des Geschlechts von Kirche, dem zu diesem Ende versammleten Volck den Kayserlichen Lehn-Brief vor, und befahl im Nahmen des Kaysers, den Herrn N. N. ins künfftige als ihren Regenten, Grafen und Fürsten zu ehren, und daß allen, die in dem Lehn-Briefe enthalten, ihren Gehorsam erweisen solten.

§. 19. In den alten Zeiten sind die Belehnungen ohne besondere Weitläufftigkeiten und Pflichtleistung, mit einem blossen Handschlag pro pignore fidei ertheilet und empfangen worden. Doch heutiges Tages geschehen sie mehrentheils durch Ablegung des Lehn-Eydes. Die Art der Leistung des Juraments ist bey den Lehns-Handlungen unterschieden. Bißweilen legen sie zwey Finger auf das

das Evangelien-Buch, und zwar auf das Evangelium Johannis, bißweilen aber auch beyde Hände Creutz-weiß. Werden unterschiedene zu gleicher Zeit mit etwas belehnet, so leget ein ieder von ihnen die Finger in das Evangelien-Buch. Manchmahl wird der Lehns-Eyd gar nicht abgelegt, sondern nur vorgelesen, und der andere Fürst als Vasall spricht: Ja, ich wills thun.

§. 20. Werden unterschiedene zugleich belehnet, so schwehret die Worte und Titulaturen, so dem Gesandten des einen Principals insonderheit angehen, dieser alleine, die andern auch das was ihren Herrn Principal eigentlich betrifft, ins besondere, die Generalia aber sprechen sie allerseits insgesammt nach, welche der Cantzler denselben vorlieset. Der Principal-Gesandte des vornehmsten Hauses thut die Anrede, und zugleich das Dancksagungs-Compliment, im Nahmen der andern Häuser die mit diesem verknüpfft sind.

§. 21. In dem XV. Seculo haben die Vasallen ihre Hände bey der Belehnung bißweilen zusammen geschlossen, und solche an des Königes oder Kaysers Brust gehalten, als wie solches von Hertzog Johann zu Sachsen, vor dem König Ladislao zu Böhmen anno 1488. den 26 Dec. geschehen. S. Müllers Annal. p. 53.

§. 22. Etwas besonders ists, daß ein Curländischer Ablegatus, wenn er im Nahmen des Hertzogs die Lehn von dem König in Pohlen empfängt, post præstium juramentum sich ein wenig bey dem

dem König in Pohlen niedersetzt, auch sein Haupt bedeckt, um die Possession dieser seinen Principalen zukommenden Session hiedurch zu mainteniren, weil dem Herzog von Churland, wenn er bey dem König in Pohlen anwesend, der nächste Locus bey dem König zu sitzen gehört. S. Chwalkowsky Jur. Publ. Polon. p. 527. 584.

§. 23. Erscheinen einige mächtige Vasallen in Person, so müssen sie zwar dasjenige thun, was der Actus der Belehnung mit sich bringt, sie müssen der Observanz nach, dem Lehn-Herrn um die Belehnung bitten, und bißweilen auf den Knien; Es werden aber doch bey den Principalen selbst die Ceremonien anders temperirt, als bey den Gevollmächtigten, und ihnen in einen und dem andern Douceurs erwiesen; Es werden ihnen Sammet-Küssen vorgelegt, sie werden auf das propreste tractirt, es wird ihnen mit allen Solennitæten begegnet. Der Lehns-Herr selbst oder dessen Cantzler führen an, daß es ihnen zu sonderbahren Wohlgefallen gereiche, daß der Vasall, um seine Devotion oder Ergebenheit zu bezeugen, sich in eigner Person, um die Lehn zu empfangen, habe einstellen wollen.

§. 24. Zuweilen ereignen sich unter den Linien eines Hauses wegen des Vorganges gewisse Streitigkeiten, oder da eine vor den andern in den Lehn-Briefen zu erst genennt seyn will, sie werden aber mehrentheils entweder durch eine unverfängliche Interims-Alternation, oder durch ein ander Temperament beygelegt.

Ff §. 25.

§. 25. Ehedem geschahen die Kayserlichen Belehnungen der Churfürsten unter freyen Himmel, mit besondern Ceremonien. Die Churfürsten liessen sich gewisse Lehns-Fahnen vortragen, die Kayser nahmen sie in ipso actu investituræ nach einander in die Hand, und die Churfürsten lieferten solche den Herolden, diese aber wurffen sie der Gewohnheit nach von deren Gerüste unter das Volck. An. 1566 den 23 April begab sichs bey einer vom Kayser Maximiliano II. auf dem Reichs-Tage zu Augspurg geschehenen Belehnung, daß alle Chur-Sächsische Fahnen von dem Pöbel in dem grossen Gedränge gewöhnlich zurissen worden, ausser des Hertzogthums Sachsen Fahne in dem Rauten-Crantz, und den 5 schwartzen Balcken, welche unerachtet des grossen Volcks, so sich darum gerissen und geschmissen, gantz blieben, gestalt solche ein Reuter erwischt, und dem Churfürsten unverletzt überantwortet, wovor er ein gutes Trinck-Geld bekommen, und ist solches vor eine gute Anzeige gehalten worden. S. Müllers Annal. Saxon. pag. 139.

§. 26. Wenn in den heutigen Zeiten ein Chur-Fürst oder Fürst des Heiligen Römischen Reichs, durch seine Gevollmächtigten, es wären derselben einer, zwey oder drey, vom Römischen Kayser und König seine Reichs-Lehn empfängt, so fertiget er solche mit behöriger Lehns-Vollmacht und schrifftlichen Pouvoir an den Kayserlichen Hof ab, nebst gewissen Credentialen an den Kayser. So bald die dieselben dort ankommen, übergeben sie solche Credentialen an den Kayserlichen Ober-Cämmerer in Copie, und begehren zur Kayserlichen Audienz admittirt zu seyn.

§. 27. Bey erfolgter Audienz übergeben sie an den Kayser das Original ihrer Credentialen, und legitimiren sich als abgefertigte Lehn-Träger zu Empfahung der Reichs-Lehne, sie übergeben in dem Reichs-Hofraths-Collegio ihre Lehns-Vollmachten, nebst einen oder mehr an dem Kayser gerichteten Memorialien, darinnen sie die Lehn bitten, fügen auch an die vidimirten und collationirten Copien der vorigen Lehn-Briefe und Documenten, ingleichen das Documentum mortis, daß nemlich der vorige Lehn-Mann und Chur-Fürst gestorben, und also das Lehn auf einen andern Successoren verstammt. Es kan auch der Lehn-Träger in solchem Lehns-Memoriali anführen, wann und wie bey dieser neuen Investitur sein Principal bey seinen Lehn und Regalien etwas verändert, angefügt, oder verneuert haben will.

§. 28. Sind diese Memoriale nebst Beylagen in dem Reichs-Hofraths-Collegio als dem Kayserlichen Reichs-Lehn-Hofe referirt, und man hat des Lehn-Trägers Petita vor billich befunden, und vom Kayser bewilliget, auch das Concept des neuen Lehn-Brieffes adjustirt, so erhält der Lehn-Träger ein Decretum admissionis ad investituram aus der Reichs-Hofraths-Stube. Dann läst ihnen der Kayserliche Oberste Hofmeister ein

Ff 2

Die-

Directorium Ceremoniálium zu solcher Benennung communiciren.

§. 29. Kommt es nun zum termino des actus investituræ, so muß der Lehns-Träger die Hof-Aemter-Taxam, und die Reichs-Cantzley-Jura in das Reichs-Hof-Cantzley-Amt bezahlen. Sind die Grafen des Reichs als Graf Pappenheim, von Limburg u. s. w. bey dem Kayserlichen Hofe selbst gegenwärtig, und assistiren bey der Belehnung persönlich, so empfangen sie auch obige Lehn-Taxe. Sind sie oder deren etzliche abwesend, so vertreten solche Stelle die vornehmen Kayserlichen Bedienten, als an statt des Reichs-Erb-Marschalls der Kayserliche Ober-Hof-Marschall, an statt des Reichs-Erb-Cämmerers der Kayserliche Ober-Cämmerer u. s. w. welche auch solche Taxe ziehen. Hat der Lehns-Träger aber mehr als einen Lehns-Actum abzuwarten, so muß er dieses Simplum auch so vielmahls als er belehnet wird, reiterato zahlen.

§. 30. Kommt es zur würcklichen Investitur, und die übrigen Requisiten sind von einem Chur-Fürstlichen oder Fürstlichen Lehn-Träger erfüllt, und Kayserliche Majestät haben Zeit und Stunde zum Investitur-Actu benennt, so wird den Lehn-Trägern und dessen zugeordneten Gewalthabern zur Lehn, durch den vom Kayserlichen Ober-Hofmeister und Premier-Ministre abgeschickten Kayserlichen Hof-Fourier, die Zeit und Stunde zur Investitur angesagt.

§. 31.

Von Belehnungen.

§. 31. Die Lehn-Träger erscheinen in gewöhnlichen Hof-Habit und Mantel-Kleidern, wie man es zu Wien zu nennen pflegt. Sind es Churfürstliche Ministri, wann sie auch nicht einmahl über ein Churfürstenthum, sondern nur ein Herzogthum und Fürstenthum die Lehn empfiengen, so fahren sie mit einer Carosse von 6 Pferden in den Kayserlichen Hof- und Burg-Platz. Sind es Fürstliche Lehn-Träger, wessen Caracteurs, Würde und Titul ihre Principalen auch wären, so müssen sie sich in diesem Fall bey dem Ausfahren schon etwas geringer bezeugen. Die Fürstlichen Gesammt-Häuser, so wegen anderer Fürsten die gesammte Lehns-Hand nehmen, fahren in ihren eigenen Wagen mit 2 Pferden bespannt hinter dem Lehn-Träger, und steigen die Gesammt-Händer in dem fördern Burg-Platz schon aus, und gehen vollends zu Fuß in die Kayserliche Burg.

§. 32. Sind sie in der Kayserlichen Burg angelangt, so treten bey solennen Belehnungen an dem Kayserlichen Hofe, vor die Churfürstlichen Gevollmächtigten die Haupt-Wache und Schweitzer-Garde unten am Thor ins Gewehr, und oben in der Trabanten-Stube die Kayserlichen Hatschierer auf der einen, und die Trabanten auf der andern Seite ins Gewehr.

§. 33. Vor der Ritter-Stube stehen Trabanten und Hatschierer in ihrem Gemach nach der Ordnung, und zwey vor der Thüre der Ritter-Stube, vor der Anti-Camera an der Thüre auch zwey, welche alle Cavaliers einlassen. Andere Leute werden in die Ritter-Stube nicht gelassen, biß der Actus angehet; alsdenn lassen sie männiglich ein.

§. 34. Kommen nun die Lehnträger und Gesammthänder an die Kayserliche Anti-Chambre, so warten sie dort. Inzwischen setzt sich der Kayser, von seinen Hof- und Reichs-Erb-Aemtern begleitet, auf seinen erhabenen, mehrentheils mit Brocat und Tapeten bekleideten, und auf einer Estrade stehenden Thron oder Stuhl unter einem Baldachin. Das Zimmer ist mit vielen Cavalieren, fremden Ministren und Zuschauern angefüllet. Hierauf gehet der Erb-Cämmerer, oder ipso absente der Kayserliche Ober-Cämmerer hin, eröffnet die Thüre des Zimmers, und läst den Lehnträger hinein. Sind es zwey Lehnträger oder mehr, so treten sie pari gradu & linea hinein, die Gesammthänder folgen nach, und fassen an der Lehnträger Mäntel an.

§. 35. Die Hof- und Erb-Aemter treten nächst dem Reichs-Vice-Cantzler, oder in dessen Abwesenheit dem Reichs-Hof-Raths-Præsidenten, dem Kayser zur Lincken, der Erb-Marschall oder der Kayserliche Ober-Marschall tritt dem Kayser zur Rechten mit dem blossen Schwerdt. Bey dem Eintreten machen die Lehnträger und Gesammthänder ieder einen dreyfachen Reverence mit Kniebeugen, fallen auch dreymahl auf die Knie, als im Eintritt einmahl, in der Mitte des Gemachs einmahl,

Von Belehnungen.

mahl, dann nahe vor dem Kayserlichen Thron vor der Estrade auf den gelegten Tapeten einmahl. Bey dem andern Kniefall nimmt der Kayser seinen Hut ab, setzt ihn wieder auf.

§. 36. Hierauf suchen die Lehnträger kniend um die Lehns-Empfängniß an, sie entschuldigen vorerst die Abwesenheit ihrer Herren Principalen, und ersuchen Kayserliche Majestät, ihnen die Investitur und Belehnung über das Chur-Fürstenthum, Hertzogthum, sammt allen darzu gehörigen und rechtmäßig gebrauchten Regalien, hochherrlichen Gerechtigkeiten und löblichen Gewohnheiten, als genugsam dazu Gevollmächtigten, Allergnädigst zu verleyhen, immassen solche Lehnstücke, Begnadigungen und Mitbelehnschafften in denen von ihnen übergebenen Memorialien mit mehrern begriffen; Dagegen wären sie erböthig, auf habenden Befehl die gewöhnliche Pflicht in ihrer Durchlauchtigsten Principalen Seelen zu schweren; sie versichern anbey, sie würden sich iederzeit wegen dero tragenden Lehen gegen Jhro Kayserliche Majestät und das heilige Römische Reich, wie solches getreuen und gehorsamen Chur- und Fürsten gebühret, verhalten, und dasselbe um Jhro Kayserlichen Majestät, besten und höchsten Vermögen nach, obligirter Schuldigkeit nach, unterthänigst verdienen.

§. 37. Hierauf kniet der Reichs-Vice-Cantzler nieder. Der Kayser befiehlet ihm, auf die Lehns-Ansuchung zu antworten, selbiger ertheilet kniend dem Lehnträger die Kayserliche Resolution in einer

ner kurtzen Rede: Der Kayser ließe sich dieses Ansuchen nicht zuwider seyn, nähmen auch die Entschuldigung, daß ihre Durchlauchtigste Principalen nicht erscheinen könten, vor dießmahl gnädigst an, weswegen sich die Herren Gevollmächtigten zu den Thron Ihrer Kayserlichen Majestät nähern, und den Lehns-Eyd in die Seelen ihrer Principalen abschweren könten.

§. 38. Inzwischen kommt der Kayserliche älteste Cammer-Diener, giebt dem Erb-oder Ober-Cämmerer das Evangelien-Buch, derselbe schlägt auf das Evangelium Sanct Johannis, in principio erat verbum, und leget es dem Kayser in Schooß; der Kayser, so bißher bedeckt gewesen, entdeckt sich, und giebt den Hut und die Handschuh seinem ältesten Cammer-Herrn zu halten. So wohl der Ober-Hofmeister als der Ober-Cämmerer knien nieder, jener zur Rechten, und dieser zur Lincken, und halten das Evangelium. Der Lehnträger tritt hinzu, kniet unten auf der Estrade des Throns, und dem Kayser zu Füssen nieder, leget die zwey vordersten rechten Finger auf das Evangelien-Buch, und schweret den Lehns-Eyd in die Seele seines Principals.

§. 39. Wenn das Jurament abgelegt wird, so reicht der Obriste Hof-Marschall dem Kayser das Schwerdt in die rechte Hand, welches derselbe allezeit dem knienden, und die Lehns-Pflicht abschwerenden Gesandten vorhält, um den Knopff davon zu küssen. Sind unterschiedene Gesandte als Mitbelehnbelehnte vorhanden, so küssen die voran knienden den Knopff davon zuerst, die hinten nach knienden aber zuletzt, und greiffen bey iedweder Actu investituræ, gleichwie ehemahls bey den Petitionen ratione der gesammten Hand- und Mitbelehnschafften, wiederum einander an die Mäntel. Wenn diß geschehen, so stattet der Lehnträger bey dem Kayser eine solenne Dancksagungs-Rede ab.

§. 40. Durch diese Solennitäten werden die **Vasallen** des Römischen Reichs in die Possess ihres verliehenen Lehns gesetzt; Jedoch sind dieselben nicht universal, sondern leiden, nach Bewandtniß gewisser Personen, oder durch persönliche Lehns-Empfängniß der Reichs-Chur- und Fürsten, eine Aenderung.

§. 41. Kayserliche Majestäten verleihen die Lehen nicht allein in ihrem eigenen Nahmen, sondern auch im Nahmen des heiligen Römischen Reichs, welches aus der Juraments-Formul erhellet, da sie versprechen, Ihrer Kayserlichen Majestät und dem heiligen Römischen Reich getreu, hold und gewärtig zu seyn. Wenn solche Lehen offen werden, fallen sie nicht allein dem Kayser, sondern auch dem Reich anheim: S. Itter, de feudis Imperii Cap. VI. p. 159. und haben sie solches, wie folget, in ihren Capitulationen von Zeiten des Kaysers Caroli V. biß auf die ietzigen versprochen; Wenn auch Lehen dem Reich bey Zeiten unserer Regierung durch Todes-Fälle oder Verwürckung eröffnet und lediglich heimfallen werden, so etwas würckliches ertragen, als Fürstenthümer, Grafschafften, Städte und dergleichen, die sollen und wollen wir, ohne Vorwissen der Chur-Fürsten, ferner niemand leihen, auch niemand einige Expetanz oder Anwartschafft darauf geben, sondern zu Unterhaltung des Reichs, unser und unserer nachkommender Könige und Kayser behalten, einziehen und incorporiren.

§. 42. Die Belehnungs-Formul wird meistentheils auf folgende Weise ausgedruckt: Sie werden belehnet mit dem Hertzogthum, Landgrafschafft, Marggrafschafft, item Pfaltzgrafschafft und andern Fürstenthümern, Landen, Leuten und Lehnschafften, Aemtern, Städten, Stücken, Gütern, Zöllen, Geleiten, Schulden, Renten, Zinsen, Nutzungen, Gerichten, Oberst und Niederst, Geist und Weltlichen, Bergwercken, Saltzwercken, Wildbahnen samt allen andern dergleichen Landes-Fürstlichen Hoheiten Regalien, Herrlichkeiten und Gerechtigkeiten, Obrigkeiten, Ehren, Würden und Freyheiten, Gewohnheiten und Eingehörungen, Benannt und Unbenannt ꝛc. ꝛc.

§. 43. Die Grafen, Freyherrn, und alle diejenigen so Reichs-Lehen haben, empfangen dieselben vor dem Reichs-Hof-Rathe, und zwar ein Teutscher stehend, die Italiäner aber kniend. Die Fürstlichen Lehen müssen unmittelbahr von dem Römischen Kayser empfangen werden.

§. 44. Vor die Ausfertigung der Reichs-Lehen-Briefe werden an die Reichs-Lehn-Expeditionen
die

Von Belehnungen.

die gewöhnlichen Honoraria entrichtet, nach dem Unterschied der silbernen oder güldenen, oder andern Capsulen, oder nachdem solche in Sammet eingebunden.

§. 45. Die Chur-Fürsten sind per A. B. von der Lehns-Taxe befreyet, jedoch pflegen sie den untern Hof-Bedienten, als den Schweitzern, den Thürhütern in der Ritter-Stube, den Hatschierern, den Trabanten, den Hof-Fourierern, den Tapezierern, Cammer-Heitzern, Cammer-Trabanten, Thürhütern, ältesten Cammer-Dienern so das Evangelium halten, Laqueyen, Trompetern und Pauckern, Hof-Fourierern, Herolden, Reichs-Hof-Raths-Thürhütern, und Geheimen Raths-Thürhütern Discretionen zu entrichten. Die Reichs-Fürsten dürffen ebenfalls nichts von der Taxe bezahlen; hingegen müssen sie neben dem jetzt specificirten vor die Hof-Bedienten kommenden Verehrungen, auch die Erb- und Hof-Aemter bezahlen, davon die Herren Chur-Fürsten frey sind. S. Uffenbach de judic. aul.

§. 46. Der Herr von Seckendorf sagt in den Zusätzen vom Fürsten-Staat p. 78. Man solte Exempel finden, das Landes-Herren im Reich wären, sonderlich im Grafen-Stande, die gar keine Lehn-Brieffe hätten. So könnte auch das Herzogthum Holstein selbst, ob es gleich von Zeiten Kaysers Friedrichs I. ein Reichs-Lehen gewesen, dennoch keine ältern Lehn-Brieffe als etwan nur von

von Kayser Carl V. vorzeigen. S. Itter de feud. Imper. p. 596.

Das VI. Capitul.
Von Bündnissen.

§. 1.

Der Tractaten, welche grosse Herren mit einander schliessen, giebt es viel und mancherley Arten. Einige betreffen den Frieden, den Stillstand der Waffen, die Auswechslung, Abtretung oder Wiedererstattung der streitigen oder eroberten Plätze und Länder, die Gewährschafften, Heyrathen, Commercien und dergleichen. Andere schliessen Off-und Devensiv-Allianzen, Vergleiche wegen der Grentzen und Zubehörungen. Uber dieses giebt es geheime Tractaten, deren Vollziehung und Eröffnung eine Zeitlang verschoben wird, auch findet man öffentliche, denen gewisse geheime Articul mit angehangen werden. Eventulle Tractaten nennet man, deren Vollziehung von gewissen Begebenheiten dependiret, von welchen man muthmasset daß sie sich ereignen sollen, und ohne welche diese Tractaten nichts würcken.

§. 2. In den vorigen Seculis wurden in Teutschland theils unter Churfürstlichen und Fürstlichen Häusern, theils auch unter Grafen mancherley

Erb=

Erb-Verbrüderungen getroffen. Der Endzweck war der allgemeine Nutzen und die Ruhe, denn diese Verträge gereichten zum Splendeur der Familien, zur Befestigung und zum Aufnehmen der Freundschafften, und Nutzen der Unterthanen, daß sie nemlich in blühenden Stande solten erhalten werden, und nicht an einem frembden und auswärtigen Herrn gelangen, daher findet man auch in den Erb-Verbrüderungen folgende Formul: daß solche Zusammensetzung gemeynet zu besserer Erhaltung gemeinen friedlichen Wesens im Heiligen Römischen Reiche, zu mehrer Zusammenziehung der Gemüther, der Herrschafften und Unterthanen, und Zuvorkommung allerhand Weitläufftigkeiten, so künfftig aus ungewöhnlichen Veränderungen der Herrschafften erfolgen künten.

§. 3. Es war nicht ungewöhnlich, daß Könige, Churfürsten, Fürsten und Grafen in dergleichen Verbindungs-Pacta mit eintraten. Also wurde anno 1538. den 9. April zwischen König Christian in Dennemarck, Churfürst Johann Friedrich zu Sachsen, Hertzog Ernsten und Frantzen Gebrüdern Hertzogen zu Braunschweig, Landgraf Philippen zu Hessen, und Gebhard und Albrechten Grafen zu Manßfeld, ein Verständniß und Bündniß aufgerichtet. S. Müllers Annal. Saxon. p. 92.

§. 4. Sie verbanden sich durch folgende Formul: Wir verbinden, vereinen, und thun uns zusammen gegenwärtiglich, in und mit Krafft dieses, in der allerbesten und beständigsten Forme, Weise se und Maaße, als solches jure publico, militari, und sonst zurecht geschehen kan und mag. Ein jeder von den Erb-Verbrüderten muste den andern auf dem Fall der Noth beystehen, und findet man dieses folgendergestalt ausgedruckt: Als nun unsere iegliche Parthey der andern Churfürstenthum, Fürstenthum, Herrschafften, Land und Leute laut unserer Brüderschafften rechter Erbe ist, so sollen wir und unser ieglicher dem andern getreulich mit Land und Leuten verholffen seyn, unser ieglicher auch des andern Land und Leute, Mann und Diener ihre Güter und Habe helffen wehren, schützen, schirmen und vertheidigen wider männiglich, wann und wie dick das immer Noth geschicht, ohne Gefehrde.

§. 5. Bey den Geschicht-Schreibern des Teutschen Reichs findet man sehr viel Exempel von dergleichen Erb-Verbrüderungen. Es sind dergleichen zwischen Hessen und Sachsen; zwischen Brandenburg und Pommern; zwischen den Schwartzburgischen, Stollbergischen und Hohensteinischen Grafen, ingleichen im dreyzehenden Seculo unter den Böhmischen Königen und Osterreichischen Hertzogen geschlossen worden.

§. 6. Ein Exempel eines solennen pacti successorii, ist auch das pactum successorium zwischen den Hertzogen von Sachsen und den Grafen von Henneberg, so anno 1554 im Monath September zwischen Johann Friedrich II. Johann Wilhelmen und Johann Friedrich III. Hertzoge zu Sachsen, mit
Wil-

Wilhelmen, George Ernsten und Poppone den Fürsten der Grafschafft Henneberg, wegen künfftiger Landes- und Erb-Folge aufgerichtet worden. S. Spangenbergs Hennebergische Chronica L. 5. C. 53. p. 272. und Höhns Coburgische Chronica l. 2. p. 181. Zu diesem Pacto gab die Angrentzung Gelegenheit, weil beyderseits Hochfürstlichen Herren Contrahenten Oerter, Ländereyen und Herrschafften zu Francken, mehr als an einem Orte zusammen stiessen, wie sie denn auch vor ein paar hundert Jahren beysammen gewesen.

§. 7. Diese Erb-Verbrüderungen wurden von den sämmtlichen Fürstlichen Contrahenten beschwohren, und pflegten auch wohl die Chur- und Fürstlichen Personen selbst den Eyd der Treue einander vorzuhalten, welchen sie nachgehends mit aufgereckten Fingern leisteten. Die Formul des Gelübdes war folgende: Was wir der Vereinigung halber, wie sie ietzt allhier auf diesen Tag unter uns allen beschlossen, verbrieft und versiegelt ist, unter einander abgeredet und gelobet haben, das wollen wir stets fest und unverbrüchlich auch getreulich halten; So wahr uns GOtt helffe durch JEsum Christum unsern HErrn.

§. 8. Diese Erb-Vereinigungen wurden von Zeit zu Zeit verneuert, und persönliche Zusammenkünffte dieserhalben benennt, und ausgeschrieben. In den Bey-Abschieden erörterte man auch folgende Puncte: (1) Wie es mit den Ausschreiben zur Renovation der Erb-Vereinigungen und Erb-Verbrüdebrüderungen zu halten, (2) wie die Sessiones und Subscriptiones des regierenden und nicht regierenden Fürsten genommen, und verrichtet werden sollen, (3) wie die Gelübden zu verlesen, und die Eyde von einander zu nehmen, (4) wer vor einen regierenden Herrn zu achten (5) wenn die Renovation auszuschreiben, und wer in Person zu erscheinen schuldig, oder Gevollmächtigte abzuschicken befugt, und wer diese zu setzen habe, (6) wie und auf was Weise einem nicht erscheinenden die Gelübden vorzulesen, und von demselben der Eyd zu nehmen.

§. 9. Bey der Errichtung oder Verneuerung dieser Bündnisse wurden Predigten gehalten, gewisse Texte erwehlt, die sich dazu schickten, und besondere darauf eingerichtete Gebether abgelesen. Hatte man vorher gewisse Recesse nur Puncts-weise aufgesetzt, so wurden sie nachgehends in einen förmlichen Vortrag gebracht, jene aufgehoben, und hingegen diese zur Krafft und Gültigkeit gebracht.

§. 10. Ehedem pflegten nicht allein die Erb-Vereinigungen beschwohren zu werden, sondern auch andere Bündnisse. Doch dieses ist heutiges Tages nicht gewöhnlich, ausser bey einigen Fällen. Also wurde anno 1706 das Bündniß zwischen der Republick Venedig und den beyden Cantons Zürch und Bern beschwohren, ingleichen das zwischen Franckreich und den VII. Catholischen Schweitzer-Cantons zu Solothurn. an. 1715.

§. 11.

§. 11. In Ansehung des Untersiegelns und der Unterschrifft wurde bißweilen dieser Unterschied getroffen. Die regierende Chur- und Fürsten unterschrieben die Erb-Verbrüderungen, und liessen auch ihre Insiegel dran hängen. Die nicht regierenden aber unterschrieben sie nur und besiegelten sie nicht. Einige ansehnliche Chur- und Fürsten des Reichs liessen unter das Siegel die Worte setzen: Gegeben mit Unser Königlichen Majestät Insiegel. S. Gribners Dissertat. de Sigillo Majestatis Saxonico.

§. 12. Wenn heutiges Tages die grossen Herren Allianzen mit einander schlüssen, so concertiren sie dieselben entweder selbst, wenn sie persönlich einander sprechen, oder lassen solche durch ihre Gesandten zu Stande bringen. Sollen sie durch die Gevollmächtigten regulirt werden, so geben sie den Ministris ihre besondern Instructiones, wie weit sie gehen und wie weit sie sich herauslassen sollen. Die Gesandten legen einander im Nahmen ihrer Principalen ihre Vollmachten vor, wechseln sie auf gewöhnliche Weise aus, und alsdenn vergleichen sie sich unter denen zwischen ihnen abgeredeten Puncten und Bedingungen über die Allianz.

§. 13. Bißweilen werden den Allianzen besondere Articul mit beygefügt, und alsdenn ausgedruckt, daß sie eben die Krafft haben sollen, als wenn sie von Wort zu Wort in den Tractat mit eingerückt wären, und doß sie mit dem Tractat ratifi-

ratificirt und zugleich mit demselben ausgewechselt werden sollen.

§. 14. Dafern schwächere mit mächtigern sich in Bündnisse einlassen, oder gewisse Vergleiche stifften, so werden mächtige Puissancen zur Guarantie mit gezogen, um vorzubauen, daß die künfftigen Vergleiche nicht wieder über den Hauffen geschmissen werden.

§. 15. Wenn die Ministri zweyer Herrschafften, die einander gleich sind, einen Tractat unterzeichnen, so lassen sie davon zwey Abschrifften verfertigen, die man ein doppelt Instrument nennt; ein iedweder von ihnen nennt seinen Fürsten zu erst in demjenigen, so er behält, und unterschreibt sich an der vornehmsten Stelle, um ihrer Anforderungen wegen der Præcedenz im Range keinen Eintrag zu thun, falls sie solche einander disputiren. S. Callieres Abgesandter. p. 226.

§. 16. Obschon die Ministri der Fürsten und freyen Staaten krafft ihrer Vollmacht tractiren, so schlüssen und unterschreiben sie doch keinen Tractat anders, als mit der Clausul der Ratification ihrer Herren. Es besteht aber die Ratification oder Genehmhaltung in einer Schrifft, so von ihnen eigenhändig unterschrieben, und mit ihren Insiegeln bedruckt wird, dadurch sie den Inhalt desjenigen Tractats, welchen ihre Ministri in ihren Nahmen geschlossen, bewilligen und bekräfftigen, und solcher Tractat wird darinnen vor der Ratifications-Handlung von Wort zu Wort wiederhohlt,
ver=

vermöge deren sie versprechen, selbigen treulich zu vollziehen, und die Minister der verschiedenen Partheyen wechseln solche darauf in der von ihnen bestimmten Zeit gegen einander aus, sind aber Mittels-Leute dabey, so geschicht die Auswechselung gemeiniglich durch ihre Hände. S. Calliéres Abgesandter. p. 229.

§. 17. Die Tractaten werden nicht eher als biß nach erfolgter Auswechselung der Ratificationen publicirt, würcken auch eher nichts als von dem Tage ihrer Publication an, falls man nicht durch einen absonderlichen Vergleich eine andere Verordnung deswegen macht.

§. 18. Die Ratifications-Formul ist mehrentheils folgende: Nos fœdus istud per omnia & singula approbamus, confirmamus & ratum habemus vigore harum literarum, & pollicemur nos omnia & singula in prædicto fœdere contenta firmiter & constanter observaturos, impleturos, observari & impleri curaturos, neque quantum in nobis erit, passuros, ut a quoquam sub quocunque demum prætextu directe vel indirecte violentur & infringentur. Die Ratificationes werden entweder innerhalb vier Wochen oder so bald es seyn kan, von dem Tage der Unterzeichnung anzurechnen, ausgewechselt.

§. 19. Bißweilen geschicht's, daß man einen Tractat, um die Zeit zu gewinnen, in einer andern Sprache abfast, als die bißherige Gewohnheit mit sich gebracht. Damit nun solches ins künfftige zu keiner Nachfolge sey, noch angezogen, sondern dem zwischen den Puissancen sonst üblichen Stylo nachgelebt werde, so wird declarirt, daß dasjenige was anietzo geschehen, dem alten Gebrauch nicht derogiren, noch ein neues Recht dem zuwider abgeben soll; Diese Declaration wird von den Gevollmächtigten unterzeichnet und besiegelt.

§. 20. Bey den Allianzen und Verträgen werden sichere und deutliche Redens-Arten ausgesucht, die nicht zweyerley sind, und keine Gelegenheit zu einigen Mißverstand geben. Dafern aber einige Redens-Arten mit eingeflossen, die etwas undeutlich sind, oder nach Verfliessung einiger Zeit sich Fälle ereignen, die man nicht vorher sehen können, so werden nachgehends besondere Dilucidations- und Erleuterungs-Recesse aufgerichtet.

§. 21. Entstehen neue Zwistigkeiten wegen gewisser Puncte die in den vorhergehenden Tractaten nicht bestimmt sind, so werden dißfalls besondere Conferenzien veranlaßt, und eigene Neben-Recesse, in welchen den Differentien abhelfliche Maaße gegeben wird, aufgerichtet.

§. 22. Es sind nicht allein in den vorigen Zeiten auf die geschlossenen Erb-Vereinigungs-Bündnisse Medaillen geschlagen worden, sondern es werden auch noch heutiges Tages zur Ehre und Andencken der Allianzen dergleichen geprägt. Also ward auf die Quadruple-Allianzen Müntze geschlagen, da Europa auf einem Stier-Ochsen gantz ruhig saß, und sich auf einem Schild stützte, auf welchen

Von Bündnissen.

welchen 4 in einander geschlossene Arme und Hände zu sehen waren, um die 4 Confœderirten anzudeuten, mit der Inscription pro publica quietè, und unten fœdus quadruplex. S. Heræi Inscriptiones. pag. 63.

§. 23. In einigen Fundamental-Gesetzen des Reichs und Wahl-Capitulationen wird ausgedruckt, auf was Art und Weise und mit wem die Allianzen sollen geschlossen werden, und müssen bey wichtigen Bündnissen die Reichs-Stände ebenfalls dabey mit gehöret werden. In Teutschland ist den Chur-Fürsten und Reichs-Fürsten vergönnt Allianzen zu schliessen, nicht nur unter sich, sondern auch zur Erhaltung der Ruhe und Sicherheit mit den Auswärtigen, dafern nur nicht des Römischen Kaysers Majestät oder die Wohlfahrt des Teutschen Reichs dadurch verletzet und beeinträchtiget werde, noch dieselben dem weltlichen, Religions-Westphälischen oder andern vorher getroffenen Friedens-Conventionen zuwider lauffen, oder der Eydes-Pflicht womit sie dem Kayser und dem Römischen Reich verwandt sind. Diese Requisita sind nicht nur in dem VIII. Articul des Westphälischen Friedens-Schlusses, §. gaudeant, sondern auch in der Capitulatione Josephina §. 10, und in der Capitulatione Kaysers Carl VI. bestimmet.

§. 24. Wenn der Römische Kayser oder das Reich wegen einiger Allianzen, so manche Stände mit den auswärtigen getroffen, Ombrage schöpffen kön-

könten, so geben sie ihnen vorhero Ouverture davon, und zeigen die Ursachen an, die sie bewogen, mit diesen oder jenen sich in ein Bündniß einzulassen. Es geschicht auch wohl, daß der Kayser, wenn er Nachricht bekommt, daß einige Stände damit umgehen, wie sie mit auswärtigen sich in eine Allianz einlassen wollen, und darzu invitiret werden, an sie schreibet: Sie liessen zwar dahin gestellt seyn, daß diese Allianz an Seiten des Chur-und Fürsten dahin angesehen, als wenn hiedurch das Reich bey seinem erlangten Ruhestand, Præeminenz und Freyheit um so vielmehr gesichert seyn würde; sie führen aber an, daß solche den Reichs-Constitutionen zuwider, erzehlen die Beschwehrungen die daraus erwachsen könten, ersuchen und ermahnen sie also, da sie zu Mitbeliebung dieser Allianz invitiret worden, sich damit nicht zu vertieffen, sondern ihr Absehen in dergleichen ihnen vorgebildeten Besorgung auf die heylsamen Reichs-Satzungen, Executions- und Creyß-Ordnungen, das Instrumentum Pacis, und endlich auf sie, als das Oberhaupt im Reich, ihre Reflexiones zu machen. S. CCXXXIV. Brief im I. Theil von Lünigs Teutschen Reichs-Cantzley.

§. 25. In Teutschland haben sich einige Land-Stände mit ihren Durchlauchtigsten Landes-Fürsten, vermittelst eines immerwährenden Pacti, so auch von Kayserlicher Majestät confirmirt ist, dahin verglichen, und in besondern Reversalien ausgemacht, daß, wenn Serenissimi aus erheb- und bewegli-

Von Bündnissen.

weglichen Ursachen, zu Nutz und Frommen ihrer Fürstenthümer und Lande, sich mit iemand in Confœderation und Bündniß einlassen würden, darzu der Landschafft Contribution vonnöthen, sie die Land-Räthe alsdenn mit darzu ziehen, und ihres Raths gebrauchen wolten.

§. 26. Es sind wohl zu keiner Zeit in Teutschland unter den Ständen so viel Bündnisse geschlossen worden, als in dem XIV und XV den Seculo, da die Chur-Fürsten, Fürsten, Grafen und Bischöffe, wegen der damahligen Befehdungen, mancherley Vereinigungen mit einander aufrichteten: bald, wie sie einander beystehen, und bedürffenden Falls so und so viel Mann zu Roß und Fuß auf des Theils, so die Hülffe begehrt, Unkosten einander zuschicken; bald, wie sie die Strassen rein und sauber halten; bald, wie sie die Nachfolge wider die Fehder zusammen anstellen, oder auch sich einer gewissen Forme des Austrages zur Beylegung aller künfftigen Irrungen und Gebrechen vergleichen wolten.

§. 27. Hentiges Tages pflegen die Off- und Devensiv-Allianzen auf mancherley Weise geschlossen zu werden. Die Bundes-Genossen muntern einander gegen den allgemeinen Feind auf alle Weise auf, um dem Ubel zu begegnen, welches sie von dem Feinde besorgen müssen, und demselben durch Anwendung aller möglichen Mittel vorzukommen, anbey auch die allgemeine Sache mit allen Kräfften und gesammter Hand zu befördern;

dern; sie versichern daß sie das Bündniß treulich halten wollen, und fügen hefftige Protestationen mit an, daß sie sich nicht, als biß nach hergebrachten sichern und renomirlichen Frieden, von einander trennen wolten.

§. 28. Wenn einige Puissancen zu Kriegs-Zeiten bemühet sind, andere in ein Bündniß zu ziehen, so wenden hingegen andere wieder alle nur ersinnliche Kräffte an, sie von dem Eintritt in die Allianz abzumahlen, sie recommendiren ihnen die Neutralität, und zeigen ihnen mit den schönsten Worten und vortrefflich colorirten Gründen die besondern Vortheile, so sie sich in diese Alliance nicht einliessen.

§. 29. Einige Puissancen achten bey ihren Bündnissen vor eine besondere Staats-Maxime, daß in ihrer Nachbarschafft viel Souverainen erhalten werden, und so viel als möglich, nicht zugelassen werde, daß ein eintziger auf allen Seiten seine Macht ausbreite. Sie schliessen nicht leichtlich eine Allianz, da sie sich nicht vorbehalten, ihren benachbarten Ländern, im Fall sie von einem mächtigern angegriffen werden solten, beyzustehen, ohne daß dieses den anderwärtigen Tractaten einen Abbruch thue.

§. 30. Weil es bißweilen zu geschehen pflegt, daß einige Alliirten vor dem Bündniß abspringen, und mit dem Feinde einen Particulier-Frieden schliessen, so præcaviren sich andere bey Schliessung der Off- und Defensiv-Allianzen auf alle wege,

ge, daß dergleichen nicht geschehen möchte. Wird ein falsch Spargiment ausgebracht, daß ein Alliirter sich in einen besondern Frieden einlassen wolte, so läst derjenige Theil, von welchem dieses fälschlich ausgebracht worden, bey seinen Bunds-Genossen durch Schreiben und seine Gesandten, allenthalben das Gegentheil versichern.

§. 31. Zu Kriegs-Zeiten erkundiget sich ein Alliirter bey dem andern, in was vor einem Zustande sich anietzo die Trouppen befinden, und ob ihre Recruten guten Fortgang gehabt, wie viel sie Mannschafft zu Pferd und Fuß würcklich ins Feld stellen, wenn diese Trouppen bereit zum marchiren, wie viel Munition und Artillerie mit ihnen gehen, in was vor einem Zustande sich die Vestungen befinden, wie die Magazine vor Menschen und Pferde angelegt, wie die Munition und Artillerie beschaffen u. s. w.

§. 32. Wo sie spühren, daß der eine Alliirte zu nachläßig, auf seiner Seite zu wenig thut, und hingegen von dem andern zu viel Assistenz begehret, so schreiben sie ihnen bißweilen ziemlich Teutsch, daß es ein seltzames Zumuthen sey von ihnen so viel zu begehren, da sie doch das ihrige redlich beygetragen, sie bedürfften selbst zu ihrer Armatur unausbringliche Geld-Summen, und reprochiren dem andern ihre Fehler gar nachdrücklich.

§. 33. Haben sich einige wider den allgemeinen Feind mit einander in ein Defensions-Bündniß eingelassen, und sie sehen, daß sie nicht starck genug

nug seyn, demselben Widerstand zu leisten, so schreiben sie an andere Puissancen, und melden ihnen, wie sie sich mit diesem oder jenem Feind in beliebige Tractaten eingelassen, und würde ihnen ebenfalls lieb seyn, nunmehro mit Ihrer Liebden in ein gleiches reciprocirliches und vertrauliches Freundschaffts-Bündniß einzutreten, und wolten sie dißfalls des Ortes und modi tractandi halber Dero Vorschlages weiter gewärtig seyn.

§. 34. Die Alliirten geben bey Defensions-Allianzen einander in Schreiben die Determination eines gewissen Quanti zum Beytrag anheim, und melden, sie lebten dabey der ungezweiffelten Zuversicht, sie würden sich mit gewieriger Erklährung nicht säumen, damit der in oberwehntem Defensions-Bündniß angezielte Zweck conservationis pacis, um so viel besser erreichet werde, und sie sowohl als die übrigen Alliirten gedeylichen Genuß und Effect davon haben möchten.

§. 35. Ereignen sich bey allerhand Bündnissen und Verträgen kleine Demeleen, so schreiben sie einander, wie sie bißanhero stets intentionirt gewesen, ein nachbarliches gutes Vertrauen, wie auch vertrauliche Correspondence und gut Verständniß, nach Laut und Innhalt der Pacten, zu halten, und ersuchen, daß dasjenige was mit den Pacten nicht überein kommt, und bißher in üblen Gebrauch gewesen, oder sonst einige Novirät schiene mit sich zu führen, auf das fördersamste abgestellet werden möchte.

Das

Das VII. Capitul.
Vom Kriege.

§. 1.

Gleichwie man iederzeit dasjenige Land und die Republick vor glückselig gepriesen, die zu Friedens-Zeiten an den Krieg gedenckt; Also pfleget weise Regenten bey dem ruhigsten und friedlichsten Zustande, darinnen sie sich mit ihren Unterthanen befinden, solche Anstalten zu machen, daß sie iederzeit im Stande sind, sich selbst, nebst ihren Freunden und Bunds-Genossen, wider die ihnen angedrohete Gewalt der Feinde zu beschützen, und die von GOtt und der Billichkeit ihnen zukommenden Rechte zu behaupten.

§. 2. Es werden so viel Soldaten angeworben, als die Unterthanen sie zu tragen und zu unterhalten vermögen, und dieselben in beständigen Exercitiis der Waffen unterhalten, damit man sich ihrer, bey einem plötzlichen Vorfall wider die einheimischen oder auswärtigen Feinde bedienen könne. Es werden gewisse Edicta publicirt, wie es mit derselben Anwerbung zu halten, damit alle Gewaltthätigkeiten und Excesse, so viel als möglich, dabey vermieden werden. Um die Soldaten zu den Kriegs-Diensten desto eher aufzumuntern, werden ihnen vorher

vorher mancherley Privilegia zuerkandt, z. E. daß sie selbst, wenn sie einstens der Kriegs-Dienste erlassen, und ihre Weiber und Wittwen mit mancherley handeln und wandeln und bürgerliche Nahrung treiben dürffen, auch von Schutz- und Dienst-Gelde frey seyn sollen u. s. w.

§. 3. Um das Desertiren zu verhüten, ergehen mancherley Befehle in das Land und unter die Milice, wie die ausgetretenen Soldaten bey ihrem Aussenbleiben, entweder auf das mühsamste aufzusuchen, und wenn sie ertappet werden, an Ehre, Leib und Leben auf das schärffste zu bestraffen, oder bey ihrer Wiederkunfft zu pardonniren; wie ihnen nirgends kein Auffenthalt zu verstatten; wie die erlangten Deserteurs zu examiniren; wie es wegen ihrer Fortschaffung zu halten, u. s. w. So werden auch, in Ansehung ihrer Auffuchung, Anhaltung und Auswechselung, mit denen benachbarten Puissancen dieserwegen besondere Conventionen errichtet.

§. 4. Es werden entweder besondere Invaliden-Cassen angelegt, oder eigene Invaliden-Häuser erbauet, darinnen die Soldaten, die entweder durch das Alter, oder durch ihre verlohrnen und verstümmelten Gliedmassen, zu weitern Kriegs-Diensten untüchtig geworden, biß an ihr Ende erneheret und mit aller Nothdurfft versorget werden.

§. 5. In denen Verpflegungs-Ordonancen und Einquartierungs-Reglemens wird determiniret, was und wie viel die Ober- und Unter-Officiers, ingleichen

gleichen die gemeinen Soldaten an Quartier, an Rationen und Portionen, an Etappen-mäßiger Verpflegung u.s.w. bekommen sollen; wie sie sich gegen ihre Wirthe, bey denen sie in Quartieren liegen, zu verhalten haben; wie die einquartirten Trouppen zu visitiren; wie es bey ihrem Aufbruch wegen des Vorspannens, wegen des Transports, der Artillerie, Munition oder des Proviants zu halten, u.s.w.

§. 6. Man publicirt March-Reglemens, und ordnet darinnen, was die Commandeurs der Regimenter und Corps, so bald sie zum March und Aufbruch beordert werden, in Obacht zu nehmen haben, wie die Liquidationes und Abrechnungen allemahl bey den commandirenden Stabs-Officiers geschehen müssen, wie die March-Ruthen einzurichten, wie weit die Stationen zu extradiren, was vor Menschen und Pferde an den Oertern, die der March trifft, abzutragen, was die March-Commissarii beobachten sollen. So werden auch zwischen den benachbarten und einigen andern Puissancen gewisse Conventionen getroffen, wie es bey Durch-Marchen beyderseits Trouppen durch des einen oder andern Land zu halten.

§. 7. In den Muster-Ordnungen wird vorgeschrieben, wie accurate Muster-Listen zu verfertigen, wie die Musterungs-Commissarii Mann vor Mann examiniren sollen, ob sie alle so angeworben, wie es der Verordnung gemäß, wie sie einen ieden zu vernehmen haben, ob und wie weit sie bezahlt, zählt, ob sie etwas zu klagen und anzubringen haben, wie die Officierer bey den Musterungen bey Seite treten sollen, wie die Musterungs-Commissarii alles und jedes mit gehörigen Umständen in das Muster-Protocoll eintragen sollen, wenn ein Officier, zum Exempel, von einem andern Leute auf eine Zeitlang entlehnet und gedungen, oder auch mit Erhandlung der Pferde, Gewehr und Waffen einigen Unterschleiff und Betrug vorgenommen.

§. 8. Nachdem man auch im Kriege nach Erbarkeit Zucht und Gerichte zu fragen pflegt, wenn von Christlichen und civilisirten Völckern die Rede ist, so werden bey den Armeen gewisse Krieges-Articul und Disciplins-Puncta publicirt, wie sie sich gegen GOtt, gegen ihren Landes-Herrn, gegen hohe Officiers, gegen sich selbst, und gegen ihre Cameraden verhalten sollen. Es werden eigene Verordnungen abgefast vor die Guarnisons in Städten, vor die Infanterie im Felde, vor die Artillerie-Personen, vor die Leib-Guarde, Trabanten u. s. w.

§. 9. Die gantze Soldatesque, die ein Regent unter sich hat, wird in unterschiedene Corps und Divisionen eingetheilt, die nach deren Unterschied der Länder, und den Sentimens der grossen Herren auf mancherley Weise von einander unterschieden. Also bestehet die Polnische Armee (1) aus der Pospolite, (2) aus den geworbenen Soldaten, (3) aus den Auxiliar-Trouppen, (4) aus den

Quar-

Quartianern, (5) aus den Freywilligen oder Volontairs. Ferner kan man sie eintheilen in Reuter und Fuß-Gänger, und diese sind wiederum einheimische oder frembde. Die einheimischen dienen mehrentheils zu Pferde, und haben entweder schwehre oder leichte Rüstung. Zu der ersten Gattung gehören (1) die Hussaren, welche so wohl als ihre Pferde gepantzert sind, und (2) die Towarzyss, welche nur einen Helm, einen Brust-Harnisch und Harnisch-Kragen tragen. Die Hussaren sind mit krummen langen Sebeln und Pistohlen gewaffnet, die Towarzyss aber mit Carabinern, Bogen und Pfeilen. S. Connors Beschreibung des Königreichs Pohlen. pag. 693.

§. 10. Je mehr ein König bevorstehend ist, ie mehr werden die Anstalten verdoppelt, und alle Mittel vorgekehrt zu einem sichern und renommirlichen Frieden zu gelangen. Es werden Avocatoria publicirt, daß die Landes-Kinder so sich in den Krieges-Diensten des Feindes befinden, dieselben ohne einigen Anstand verlassen, und sich bey unnachläßlicher Straffe Leibes und Lebens, auch bey Verbindung aller und ieder habender Privilegien, Ehren-Würden, Aemter, Freyheiten, Gnaden und Gerechtigkeiten, nicht weniger Confiscation aller Haab und Güter, Lehn und Eigenthümer zu Hause wieder einfinden sollen.

§. 11. Wider die ausgeübten frembden Werbungen ergehen scharffe Mandata; es wird befohlen, daß alle diejenigen, so sich unterstehen unter einigerley

nigerley Vorwand Menschen mit Gewalt oder List und Persuasion aus dem Lande wegzuführen, zur Hafft gebracht, als Strassen- und Menschen-Räuber, Stöhrer der allgemeinen Ruhe und des Land-Friedens, auch Verletzer der Hoheit angesehen und tractirt, und so fort ohne alles Ansehen der Personen, wenn sie schuldig befunden werden, mit dem Strange am Leben gestrafft, nicht weniger auch, die zu solcher Werbung, Weglockung und Ausführung der Leute Rath und Hülffe oder sonst vorsetzliche Beförderung thun, auf gleiche Weise vom Leben zum Tode gebracht werden sollen.

§. 12. Zu Vermeydung Verdachts und mancherley Discordien, geschehen zu Krieges-Zeiten scharffe Verbothe, daß auswärtiger Potenzen Trouppen nicht eintzeln noch Hauffen-weise sich durch das Land practiciren, sondern benöthigten Falls einen Pass oder Concession wegen des Durch-Marches erlangen sollen. Es darff sich niemand unterstehen dem Feinde Pferde, Munition oder andere contrabante und verbothene Waaren zuzuführen. Die frembden und auswärtigen die sich zu der Zeit im Lande aufhalten, werden auf das schärffste examinirt, damit die Spione, die mit dem Feinde ein heimlich Verständniß unterhalten, und ihm von allen was im Lande vorgehet, Nachricht ertheilen, entdeckt werden.

§. 13. Es werden Feld-Consistoria etablirt, besondere Kriegs-Gerichts-Ordnungen abgefaßt
und

und nicht allein vor die Auditeurs, sondern auch vor mancherley Krieges-Officianten, Instructiones aufgesetzt. Es wird der Rang der Officierer bey der Infanterie, Cavallerie, Artillerie, bey den Dragonern u. s. w., ingleichen der Rang der Regimenter, entweder nach ihren Alter, oder nach dem Alter der Obersten determiniret. Die Generals von der Artillerie, Cavallerie und Infanterie müssen bißweilen nach ihrem Range mit einander rouliren, als wie Ihro Königliche Majestät in Pohlen und Chur-Fürstliche Durchlauchtigkeit zu Sachsen, Friedrich August, solches anno 1707 verordneten.

§. 14. Bey den Avancemens werden bißweilen die Meriten oder Ancienneté der Dienste, bißweilen aber auch nur der Stand, das Geld und Ansehen in Betrachtung gezogen, eben so wohl als bey den Civil-Chargen. Die Kriegs-Chargen werden, nach ihren besondern vielen Unterschieden, entweder von dem Landes-Herrn und Regenten selbst, oder von der geheimen Kriegs-Cantzley, oder von dem General-Capitain, oder von den andern Generalen, Obristen und Capitains vergeben und ausgetheilet. Mancher grosser General, der sich wohl signalisirt, bekommt die Freyheit, alle ledige Kriegs-Chargen, biß auf die Obrist-Wachtmeister-Stelle, mit tüchtigen Leuten zu besetzen. Bey den Römisch-Catholischen hat man wohl eher gesehen, daß die Beicht-Väter, zumahl wenn es Jesuiten sind, sich die Freyheit heraus genommen, Officiers zu deno-

denominiren, und könte man aus alten und neuen Geschichten gar viel Exempel davon vorstellig machen.

§. 15. Bey einem nahe bevorstehenden Kriege müssen sich die Gesandten des Regenten, der entweder den Krieg decláriret, oder dem die Kriegs-Declaration geschehen, so geschwind als möglich, retiriren: es wird ihnen angedeutet, daß, wofern sich dieselben, nach gemessenen Befehl, nicht innerhalb drey Tagen aus der Stadt, und so und so viel Tagen aus dem Reich weg begeben, sie sammt den ihrigen mit aller Gewalt hinaus geführet werden sollen.

§. 16. Es geschehen Ausschreiben, so wohl an die Stände des Landes, als auch an die Alliirten, daß ein iedweder an seinem Orte alles Fleisses vigilire, keinem verdächtigen Menschen, wer der auch sey, ohne glaubwürdige Attestata passiren zu lassen, sondern iedweden umständlich examiniren, auch nach befundenen Sachen anhalten, sich um dessen Briefschafften fleißig zu erkundigen, und solche an die Civil- oder Militair-Obrigkeiten, wenn sie verdächtig befunden werden, zu liefern.

§. 17. In unterschiedenen Fundamental-Gesetzen der Reiche und dißfalls errichteten Wahl-Capitulationen ist ausgemacht, daß die Reichs-Stände allezeit zu dem Kriege, den man andern Puissancen declariren will, ihre Einwilligung mit geben sollen. Also haben sich in der Königlich-Schwedischen Elections-Acta, so bey dem Antritt der

der Regierung beyder jetzt regierenden Königlichen Majestäten errichtet worden, dieselben vor sich und vor ihre Successores müssen anheischig machen, daß sie, ohne dem Gutbefinden des Reichs-Raths und der sämtlichen Stände Einwilligung, keinen Krieg anfangen wollen.

§. 18. Die Souverains lassen mehrentheils in besondern Manifesten, die sie nicht allein vorhero den unterschiedenen Gesandten austheilen, sondern auch allenthalben an den Grentzen und in dem Lande, welches sie feindselig anfallen wollen, ausstreuen lassen, den Krieg declariren. Sie wollen in den Manifesten ihr Befugniß und Gerechtigkeit zum Kriege erweißlich machen, und allegiren darinnen so viel Raisons als sie nur können, um sich bey der gantzen Welt wegen ihres Vorhabens zu rechtfertigen. Es werden aber auch diese Manifeste durch Gegen-Manifeste, und bißweilen durch ziemlich nachdrückliche und spöttische Antworten, widerleget.

§. 19. Am Ende dieser Kriegs-Declarationen ersuchen sie alle Könige, Fürsten, Republicken und Staaten, die ihre eigene Erhaltung und Freyheit, nebst der von Europa, lieb haben, diese Erklährung und Declaration anzunehmen, als worzu sie entweder zu Beschütz- und Beschirmung ihrer Unterthanen, oder ihrer Rechte und der Ruhe von gantz Europa, gezwungen worden; Sie befehlen allen ihren Unterthanen und Einwohnern, Befehlshabern und Soldaten, N. N. vor Feind zu erkennen, dessen Länder, Leute, Einwohner und Unterthanen zu Waſſer und Land feindlich zu verfolgen und anzugreiffen, alle derſelben Gewalt abzukehren, und alles zu thun, was zur Beſchützung des Vaterlandes und zum Abbruch der Feinde gehöret.

§. 20. Die Kriegs-Erklährungen geſchehen bey den Armeen gemeiniglich unter Trompeten- und Paucken-Schall, und in Engelland durch Herolde, welche die Kriegs-Declaration an unterſchiedenen öffentlichen Oertern der Reſidentz ausruffen. Bißweilen geſchiehet die Erklährung des Krieges ipſo facto, da eine Puiſſance die andere unvermuthet überfällt, da ſie ſich deſſen am wenigſten verſiehet, auch wohl zu der Zeit, da lauter Freundſchaffts-Verſicherungen vorhergegangen. Doch dieſer Modus wird meiſtentheils verabſcheuet; man findet auch aus der Erfahrung, daß es gemeiniglich bey ſolchen Kriegen auf Seiten der Beleidiger einen übeln Ausgang gewinnet.

§. 21. Wiewohl es finden ſich auch Leute, die in den Gedancken ſtehen, die Kriegs-Manifeſte und Declarationen wären nichts als überflüßige und weitläufftige Complimens und Declarationes, die man billich müßigen Leuten überlaſſen müſte, die nichts anders zu thun hätten, als die Zeit mit fruchtloſen Worten und eiteln Ceremonien zuzubringen. Der Autor des II. St. der Europäiſ. Famæ ſagt p. 362. Worzu nützet es, viel Urſachen des Krieges in weitläufftigen Manifeſten anzuführen; es iſt einerley, ob dieſes iederman weiß oder nicht. Genug

nug, wenn man im Gewissen der Rechtmäßigkeit seiner Sache versichert ist.

§. 22. Heutiges Tages werden die Kriege unter den Christlichen und moralisirten Nationen nicht mehr mit solcher Grausamkeit geführet, als wie etwan vor diesen geschehen. Viel Feinde, wenn sie in ein Land einfallen, thun in den Manifesten kund, daß sie nicht gekommen, um einige Feindseligkeiten auszuüben, sondern im Gegentheil alle und iede zu beschützen, welche sich ergeben würden, die sich aber widersetzten, die solten alle Schärffe und Drangsalen des Krieges erfahren, sie selbst solten gehencket und durch das Schwerdt getödtet, ihre Häuser und Güter verwüstet, und Städte und Dörffer in Feuer und Brand gesetzet werden.

§. 23. Bißweilen werden nicht allein vor gewisse Districte und Oerter Schutz-Briefe ertheilt, Krafft deren sie von aller Krieges-Beschwehrung befreyt seyn sollen, sondern auch vor besondere Häuser und Plätze Salve-Garden gesetzt, und Sicherungen angeschlagen, die allerdings respectirt werden müssen, es wird den Soldaten bey Leib- und Lebens-Straffe verbothen, in denselben nichts zu beschädigen, oder daraus zu plündern, und mit sich zu nehmen.

§. 24. Anno 1678 schrieb das damahls zu Speyer versammlete Kayserliche und des Heiligen Römischen Reichs Cammer-Gerichte an den Kayser Leopoldum, es bey den künfftigen Friedens-Tractaten mit der Cron Franckreich und den

sämmt-

sämmtlichen Paciscenten dahin vermitteln zu helffen, daß in vim pacti puplici, diesen Ort, der mit den Krieges-Geschäfften im geringsten nicht implicirt wäre, sondern die Justiz, und deren Administration abzuwarten hätte, und in welchen ein hochschätzbahres Reichs-Archiv verwahrlich beybehalten würde, sammt allen dessen Inwohnern die Neutralität bey Krieges-Läufften vergönnet werden möchte. S. den CCXXXIX Brief des III. Theils von des Herrn Lünigs Staats-Cantzley. pag. 752.

§. 25. In den meisten Krieges-Ordnungen der Christlichen Potentaten wird den Soldaten bey Leib- und Lebens-Straffe verbothen, daß sie keine Mühlen, Backöfen, Berg-Saltz- und Wasser-Wercke, Brunnen, Schmieden, Brücken u. s. w. verderben oder ruiniren, noch Wein, Bier, Korn, Mehl, Brodt und dergleichen Proviant zernichten oder auslauffen lassen, es wäre denn aus erheblichen Ursachen von der Generalität anbefohlen. So dürffen sie sich auch nicht an Kirchen, Klöstern und andern dergleichen geistlichen Stifftungen, oder an Rathhäusern und andern öffentlichen Gebäuden und gemein nützlichen Sachen ohne Ordre vergreiffen, auch kein Feuer darinnen anlegen, und wenn sie muthwillig Feuer-Schaden verursacht, so müssen sie denselben ersetzen.

§. 26. Gleichwie nun nichts natürlicher ist, als Gewalt mit Gewalt zu vertreiben, also werden von einem

einem Regenten des Landes alle Mittel vorgekehrt, um dem Feinde tapffern Widerstand zu leisten. Die Unterthanen werden mit Gewehr versehen, es wird den Predigern anbefohlen, einem ieden seine Pflicht zu erinnern, und ihn zur Defension und zum Schutz des Landes auf das kräfftigste zu vermahnen. Die Römisch-Catholischen Puissancen sind in diesem Stück vor andern sehr sinnreich, wenn die Ketzer in ihre Lande einfallen, sie als die abscheulichsten und grausamsten Leute abzumahlen, sie befehlen ihrer Clerisey an, dem Volck vorzustellen, daß die Religion in höchster Gefahr wäre, sintemahl dieselbe der Deckmantel, dessen sich hohe und niedrige bißweilen zu Vertheidigung ihres Eigennutzes schändlich mißbrauchen.

§. 27. An einigen bergichten, waldichten und sumpfigten Gegenden haben bißweilen die Bauern zu Krieges-Zeiten mehr Abbruch gethan dem Feinde, als die regulirte Milice. Wie tapffer sich die Tyroler anno 1703 wider die eingefallenen Frantzosen und Bayern gehalten, ist allen denjenigen bekandt, welche die Geschichte derselben Zeit gelesen. Es hat ein Frantzose daher Gelegenheit genommen, die aufrichtige Meynung seines Hertzens in folgenden Reimen an Tag zu legen:

Was mack mir in Tyrol, Schelm Bauer Kop reiß ab,
Und arm Frantzoß lig todt da, wie Hund nit begrab,

Weib, Frau, Mann, Kind, groß Kerl, hau, stech,
werf, schmeiß wie Narr,
O lauff mir, eh Hals breck, zum Mareschall
Villars.

S. XV. Theil der Fama. p. 340. Man hat daher auch ihnen zu Ehren, da sie sich wider die Bayern so tapfer gewehret, eine Gedächtniß-Seule aufgerichtet, in welcher die tapfern Thaten der treuen Tyrolischen Bauern eingegraben, und der Nachwelt zum Andencken und zur Nachfolge vorgestellt worden. S. Theatr. Europ. XVII. Theil p. 69. des 1705ten Jahrs.

§. 28. Die sämmtlichen Trouppen werden vorher richtig bezahlt, ehe sie vor den Feind geführet werden, damit sie sich desto weniger schwürig bezeugen, und ein iedweder seine Schuldigkeit desto besser in Obacht nehmen möge. Es wird von allen Unterthanen der zehnde, bißweilen auch wohl gar der fünffte Mann aufgebothen. Hat man sich zu der Land-Milice nicht gar viel Gutes zu versehen, es sey nun, daß es ihnen an der Treue oder an der Tapferkeit mangele, so werden sie unter die andern Trouppen mit gesteckt. Die besten Trouppen auf welche man sich am meisten verlassen kan, werden biß zuletzt aufgehoben, und dahin gesendet, wo man ihrer am meisten nöthig hat. Also ist in Franckreich das so genandte Kön. Frantzösische Haus der Kern aller Frantzösischen Trouppen, die fast mit den Triariis bey den alten Römern in Vergleichung kommen. Der König sendet sie nirgends

nirgends hin, als wo er die äusserste Force der Feinde vermuthet. Sie halten gemeiniglich das erste Feuer aus, und werffen hernachmahls mit dem Degen in der Faust fast in einem Rennen ihren Contrapart über den Hauffen; es sind alle zusammen wohl gewachsene und schön montirte Kerle, grösten Theils von adelicher Geburth, oder doch von solcher Distinction, daß sie schon mehr Feld-Zügen beygewohnt.

§. 29. Die civilisirten Völcker vergleichen sich unter einander, daß sie den Krieg auf vernünfftige und zuläßige Weise fortsetzen, und sich alles dessen, was in den Völcker-Rechten disapprobirt wird, enthalten wollen. Also lautet der LII. Articul des anno 1702 mit den Kayserlichen und Frantzosen errichteten Cartels: Es soll beyderseits bey Leibund Lebens-Straffe scharff verbothen seyn, sich keiner Kugeln von Zinn oder andern Metall, als Bley, ingleichen keiner vergiffteten oder Drath oder anders figurirten Kugeln, weniger einiger unter den Christen verbothener und unzuläßiger Sachen gegen das Leben der Menschen oder des Viehes zu gebrauchen.

§. 30. Die See-Puissancen versprechen grosse Belohnungen, wenn ihre Kriegs-Schiffe oder andern Armateurs sich zu Kriegs-Zeiten vieler feindlichen Schiffe bemächtigen können; Inzwischen wird auch von den Admiralitäts-Collegiis den Schiffs-Capitains scharff verbothen, daß sie die Schiffe der neutralen Puissancen und Staaten, nicht beunruhigen, und sich nur bloß der Effecten, die den Frieden drauf zugehören, bemächtigen sollen.

§. 31. Nach geschehener Kriegs-Declaration wird nicht allein aller Brief-Wechsel verbothen, sondern es werden auch die andern Alliirten ersucht, daß sie doch dergleichen thun, und alle Correspondence mit den Feinden aufheben und verbiethen. Bey den Puissancen, die mit den Commerciis viel zu thun haben, setzt es wegen der Wechsel-Briefe bißweilen einige Hinderniß und Verzögerung, ehe sie sich dazu entschlüssen wollen. Als der Hertzog von Marlborough anno 1702 im Nahmen des Königs von England bey den General-Staaten in Holland dieserwegen ein Memorial übergab, so satzte es unter den Holländischen Provintzen einen und andern Debat. S. Memoires de Lamberty Tom. II. p. 141. Bißweilen sind die kriegende Theile so erhitzt gegen einander, daß sie auch denjenigen, so von den Souverains, mit denen sie in Streit liegen, blosse Hand-Schreiben überbracht, keine Antwort zurück ertheilt, als diese, sie hätten ietzunder kein ander Commerce mit einander, als bloß durch Waffen.

§. 32. Bey den Römisch-Catholischen werden die neuen Fahnen mit besondern Ceremonien in den Kirchen eingeweyhet, es wird die Messe dabey gehalten, solenne Reden abgeleget, das Te Deum laudamus gesungen, Salve gegeben, u. s. w.

§. 33. Es pflegen grosse Herren gar offters ihren

ren Generalen bevor sie sich in Campagne begeben, entweder ihren eigenen Degen von der Seite wegzuschencken, oder doch sonsten einen kostbahren Degen zu verehren, um sie dadurch, so offt sie diesen Degen führen oder denselben ansichtig werden, zur Tapferkeit, zur Treue gegen ihren Herrn, und zur Beschützung des Vaterlandes auszumuntern. Es hatte der vorige Churfürst in Bayern Maximilian Emanuel von dem Kayser Leopoldo einen Degen verehret bekommen, und als der Kayser anno 1683 die zum Entsatz der Kayserlichen Residentz-Stadt Wien gekommene Armee besehen wolte, so machte der Churfürst mit Entblößung seines mit Diamaten köstlich besetzten Degens vor seinen Trouppen in dem vorüber Reiten vor dem Kayser eine tieffe Reverence, und sagte: Allergnädigster Kayser und Herr, es sind etwan 3. Jahr, daß Ihro Kayserliche Majestät zu Alt-Oettringen mir diesen Degen verehret haben; Was ich nun damahls Ihrer Majestät verheissen, das hab ich hiemit gehalten, und diesen Degen zu Ewr. Kayserlichen Majestät Diensten ausgezogen, und will denselben noch ferner wider alle Dero und des Heiligen Römischen Reichs Feinde gebrauchen. S. curieus Bücher-Cabinet VI Eingang. p. 351.

§. 34. So offt eine wichtige Entreprise, eine Belagerung, eine Schlacht oder dergleichen unternommen werden soll, so wird allezeit von den vornehmsten Generalen vor dem Angriff ein Kriegs-Rath gehalten, und dürffen sich auch die

Gene-

General-Capitains ohne ausdrückliche Ordre nicht leichtlich zu einer Haupt-Action entschlüssen, wollen sie sich nicht dieserhalben grosse Verantwortung über den Halß ziehen, bißweilen bekommen die Generals en Chef von ihren Souverains Erlaubniß, daß sie sich mit dem Feind in eine Bataille einlassen sollen, wenn sie ihren Vortheil ersehn, ohne bey Hofe vorher weitere Anfrage deswegen zu thun, bißweilen aber auch nicht. Als der heldenmüthige Printz Eugenius die grosse Victorie bey Zenta befochten hatte, gab der General Capara dem Kayser den Rath, ihm deswegen vors Kriegs-Recht zu stellen, weil er dieses Unternehmen wider gegebene Ordre vollbracht, und solches, wo es übel ausgeschlagen wäre, dem gantzen Hause Oesterreich hätte können fatal werden. Allein der fromme Kayser antwortete: Dafür behüte mich GOTT, daß ich dasjenige Werckzeug, durch welches er mir eine unverdiente Gnade erwiesen, noch vor Gericht fordern solte. S. das Leben Kaysers Leopoldi, p. 236.

§. 35. Es hat ein General mehr plein pouvoir zu agiren, als der andere, nachdem er sich bey seinen Souverain durch seine Meriten und Erfahrung ein grösser Vertrauen gegen sich erweckt oder nicht. Manchmahl wird ihnen eine geheime und verschlossene Ordre zugeschickt, die sie nicht eher erbrechen dürffen, biß sie an diesen oder jenen Ort angelangt, und daraus sie von den Willen ihres Souverains benachrichtiget werden.

§. 36.

Vom Kriege.

§. 36. Ob es rathsam sey, daß sich die Regenten selbst vor die Spitze ihrer Armee stellen, ist eine Frage, die von den Politicis untersuchet und entschieden wird. Ohne die gröste Noth solten die grossen Regenten ihre geheiligten Personen der Gefahr nicht exponiren. So sehr als der Muth und die Tapfferkeit bey der gantzen Armee zunimmt, wenn sie sehen, daß ihr Fürst oder König zugleich mit ihnen und vor ihnen wider den Feind streitet, so sehr fällt auch hinwiederum der Muth, wenn sie ihr Haupt sincken und fallen sehen.

§. 37. Finden grosse Herren vor rathsam ihre Residentzen zu verlassen, und sich vor ihre Armeen zu stellen, so treffen sie Verfügungen, wie es inzwischen mit der Regierung des Landes gehalten werden soll, und tragen solche entweder ihren Gemahlinnen, einen von ihren hohen Anverwandten, oder ihren hohen Collegiis mit auf, sie beurlauben sich von allen den ihrigen, und halten einen prächtigen Auszug aus der Residentz.

§. 38. Die Feld-Postmeister und viele Postilions, die Trompeter und Paucker, die vielen Hand-Pferde, die mit den kostbaresten Schabracken geziert, die Trage-Pferde mit den Gezelten, die Maul-Thiere mit den Serviesen, ein Theil der Hofstatt so mitgehet, die Küchen-Keller-Silber-Pack-Cammer-und Bagage-Wägen, die Regiments-Wägen, die Feld-Jagtmeister, die Artilleristen, die unterschiedenen Kriegs-Handwercke, die Zimmerleute, Sattler, Schmiede u. s. w.

wech=

wechseln in einer guten Ordnung entweder nach den Regeln der Einzüge, oder nach dem Gefallen des Herrn.

§. 39. Vor ihrer Abreise und bey der Durchpaßirung der Oerter ihres Landes bekommen sie allenthalben freudige und glückwünschende Zuruffe wegen Ruhmes und Sieges von ihren Unterthanen. Kommen sie bey ihrer Armee an, so werden sie nach Soldaten=Manier salutiret, und mit den grösten Freuden=und allen nur ersinnlichen Ehren=Bezeigungen und Frohlocken empfangen.

§. 40. Es giebt einen gewaltigen Eindruck, wenn die grossen Herren selbst ihre Soldaten entweder vor der Schlacht zur Tapfferkeit, oder doch sonst zu allerhand Tugenden anmahnen, und findet man in der alten und neuen Historie hiervon unterschiedene Exempel. König Gustavus Adolphus in Schweden vermahnete seine Officirer den 29 Junii 1632, daß sie bessere Disciplin halten solten. Der grosse Chur=Fürst zu Brandenburg Friedrich Wilhelm, vermahnete die nach Ungarn marchirenden Auxiliar-Trouppen zur Einigkeit und Tapfferkeit. Es war auch etwas sonderliches, daß der junge König in Schweden Carl XII. bevor er Narva wider die Moscowiter entsatzte, anno 1700, nachdem er durch die Regiments=Priester das öffentliche Gebeth angestellet, und solches auch selbst mit der grösten Devotion vollbrachte, nachgehends bey der gantzen Armee ausruffen ließ, so iemand unter seiner Armee verzagten oder betrübten Hertzens wäre,

dem

dem solte freystehen, ohne einige Ungnade dißfalls zu befürchten, umzukehren und zurück zu bleiben. Sie rieffen aber alle mit einem Mund mit grosser Hertzhafftigkeit und Bewegniß aus: Sie wolten sich alle wehren biß auf den letzten Blutstropffen. S.T.E. p. 794. des 1700 Jahres, XV.Tom.

§. 41. Es ist sehr löblich, wenn grosse Herren bey ihren Soldaten nicht allein die Tapfferkeit und andere Tugenden, die den Kriegs-Leuten nöthig sind, sondern auch die Gottseligkeit, die zu allen Dingen und allen Menschen nütze ist, zu befördern suchen. Anno 1705 liessen Ihro Majestät der König in Preussen unter ihre Soldaten fünfftausend Exemplaria eines gewissen Tractätgens, welches der Baron von Hale aus dem Englischen übersetzt, und den Titul führet: Treuhertziger Unterricht vor Christliche Kriegs-Leute, wie sie sich der wahren Gottseligkeit und rechtschaffenen Tapfferkeit gemäß verhalten sollen, austheilen.

§. 42. Es ist gewöhnlich, daß unter den Armeen gewisse Cartelle aufgerichtet, und darinnen Soldat gegen Soldat, Reuter gegen Reuter, Dragoner gegen Dragoner, dieser Officier von diesem Range gegen einem andern von dergleichen Range ausgewechselt werden, iedoch sind die Medici, Balbierer, Feld-Prediger, die Weiber, Domestiquen, Trompeter, Tambours, Pfeiffer und dergleichen, wie auch Kinder unter 12 Jahren hiervon ausgenommen; denn diese werden einander so wiedergegeben, ohne daß man Rechnung hierüber zu halten pflegt.

§. 43.

§. 43. Bißweilen pflegen auch die Feinde selbst die Tapfferkeit zu loben und zu belohnen. Der König in Schweden, Carl der XII, sahe in der Schlacht bey Clißow anno 1702 einen Sächsischen Officier auf dem Champ de bataille, den er bey der Action mit Courage streiten gesehen, gantz entkleidet, er gab ihm seinen eigenen Rock und Degen, und ließ sich einen andern bringen. Dieser Officier versprach zur Erkenntlichkeit freywillig, daß er Zeit seines Lebens nicht mehr die Waffen wider Jhro Königliche Majestät führen wolte. Der König in Schweden schickte ihn nach Sachsen wieder zurück, und befahl ihn, sich dieser Worte stets zu erinnern. Jhro Majestät der König in Pohlen fanden diese Action so vortrefflich, daß sie den Degen des Königs in Schweden von diesen Officirer verlangten, und liessen ihm in Jhro Kunst-Cammer verwahrlich bringen, um solchen den Fremden zu zeigen. S. Memoires de Lamberty Tom. II. p. 172.

§. 44. Hat sich ein Commendant in einer Vestung tapffer gehalten, so wird er bey der Ubergabe von dem Feinde selbst auf das höchste gerühmet, zur Tafel gezogen, und auf das beste tractiret. Es hören auch im Kriege nicht alle Actionen der Höflichkeit auf. Die grösten Printzen und Generals, ob sie gleich feindselig auf einander sind, lassen doch einander bißweilen durch Trompeter, als privilegirte Personen, besuchen und Complimens gegen einander machen. Manchmahl lassen sie einander

condo-

condoliren wegen der Blessuren oder anderer Fatalitäten, bald offeriren sie sich, daß sie zur Retirade des Frauenzimmers, oder derjenigen, die ihnen sonst werth und angenehm sind, Pässe ertheilen wollen; Bald erkundigen sie sich nach der Gegend, wo sie ihr Haupt-Gezelt aufgeschlagen, mit dem Versichern, daß sie anbefehlen wolten, daß man vor dieselbe Gegend bey dem Canoniren und Bombardiren Respect haben solte. Doch sie bekommen bey diesem letztern Compliment bißweilen zur Nachricht: Ihr Gezelt wäre in ihrem gantzen Lager, und also solten sie nur hinschiessen, wo sie hin wolten.

§. 45. Die tapffern Officiers, wenn sie zu Prisoniers gemacht worden, werden auch alsdenn von manchen grossen Herren besonders distinguiret. Der König in Franckreich Ludwig der XIV. redete anno 1707 den Obersten Guethon, der die Kühnheit gehabt, den Königlichen Ober-Stallmeister Marquis von Beringen gefänglich einzubringen, aber darüber selbst gefangen worden, auf das höflichste an, und versicherte ihn, daß er ihn mit einem guten Quartier wolte versorgen lassen. S. Europ. Famæ 64. Theil. p. 297.

§. 46. Wird nun die Tugend von den Feinden erkannt, so kan man auch glauben, daß die Treue und Tapfferkeit noch viel mehr von den Freunden werde gerühmet und belohnet werden. Es lassen die Souverains an die Generals, die sich bey gewissen Actionen besonders signalisirt, obligeante Schreiben

ben abgehen, und verſichern ſie, ſie wůrden bey Zeit und Gelegenheit nicht ermangeln, nicht allein gegen ſie in ſpecie ein Merckmahl ihrer Erkenntlichkeit, ſondern auch gegen die übrigen Generals, Ober= und Unter=Officiers ihre Huld und Gnade zur Ver= geltung ihrer erwieſenen groſſen Tapfferkeit ſpühren zu laſſen. Sie geſinnen anbey gnädigſt, es ſämmt= lichen Generals, auch hohen Ober= und Unter=Of= ficiers zu Pferd und Fuß dieſes kund zu thun, und ihnen ihre beſondere Vergnügung ihres erworbe= nen Lobes Wiſſen zu laſſen, damit ſie dadurch zu weiterer bravour encouragirt, und ihnen ferner Anlaß gegeben werden möchte, es in Gnaden zu erkennen.

§. 47. Die Generals, Officiers und Gemeine werden nicht allein von dem Herrn ſelbſt in deſſen Sold und Dienſten ſie ſtehen, ſondern auch von den Alliirten und Bundes=Genoſſen, gerühmt und beſchenckt. Die Puiſſancen rühmen die beſonde= re Conduite eines groſſen Generals oder Admirals mit den allerfavorableſten Expreſſionen bey einem andern Souverain, erſuchen ihn, deſſen vortrefliche Dienſte, ſo er vor das allgemeine Beſte geleiſtet, in Betrachtung zu ziehen, und ihm bey vorfallender Gelegenheit eine mehrere und gröſſere Avantage zu conferiren.

§. 48. Die Generals en Chef bekommen biß= weilen gantze Graffſchafften und Fürſtenthümer geſchenckt, bißweilen werden ihnen auch zu Ehren beſondere Statuen und Monumenta aufgerichtet,
als

als wie dergleichen Ehre dem Venetianischen General-Feld-Marschall von Schulenburg auf der Insul Corfu, da er dieselbe wider die Türcken so tapffer defendirt hatte, von der Republick Venedig erzeiget worden.

§. 49. Die commandirenden Generale überschicken nach geendigter Schlacht ihren Principalen nicht allein eine accurate Designation von allen denen, die bey einem ieden Regiment geblieben oder blessirt worden, sondern auch eine Relation, welche sich vor andern von Officirern und Gemeinen wohl gehalten, haben einige von den Auxiliar-Trouppen ihr Devoir wohl in Acht genommen, so rühmen sie es in den Berichten bey ihren Souverains, und bey den Herrn der Völcker, die unter ihnen gestanden.

§. 50. Dafern aber einige Generals oder andere commandirende Officiers bey einer Belagerung oder Schlacht ihre Schuldigkeit sehr schlecht beobachtet, so werden sie deshalber zur schweren Verantwortung gezogen, und nachdem das Kriegs-Recht über sie gehalten worden, auf mancherley Weise deshonorirt nach dem Unterschied ihrer Verbrechen, sie werden vor infam declarirt, es werden ihnen von den Henckern die Degen zubrochen, sie werden einige Jahre in Festungen gefangen gesetzt, ihrer Chargen entsetzt, sie verlieren ihre Orden, und bißweilen wohl gar die Köpffe, wie aus einigen alten und neuen Historien bekandt ist. Auf was vor Art der Kayserliche General-Feld-

Feld-Marschall-Lieutenant Georg Eberhard von Heydersdorf, welcher die ihm anvertraute Stadt Heidelberg an die Frantzosen übergeben, so wohl des Teutschen Ordens beraubet, als infam gemacht worden, kan in dem II. Theil des Herrn Lünigs Europäischen Staats-Ceremoniel p. 1270 nachgelesen werden. Gedencken sie ihre Conduite zu justificiren, so lassen sie deßhalb besondere Defensions-Schrifften in Druck ausgehen, und machen dieselben allenthalben bekandt. Die falschen Spargemens, so sich dißfalls ausgebreitet, widerlegen sie so gut sie wissen und können. Als anno 1703 der Baron von Opdan bey Eckern von seinen Leuten auf eine unglückliche Weise durch die Feinde coupirt worden, und sich darauf in Holland ein Gerüchte ausgebreitet, als ob die Generale nicht mehr unter ihm dienen wolten, so unterschrieben sich alle Holländische Generale, daß sie nach wie vor mit Plaisir die Ordre von ihm erwarten wolten.

§. 51. Ist eine Victorie befochten worden, so melden es die General-Capitains alsobald ihren Puissancen, und diejenigen Officiers, so die erste Nachricht davon überbringen, erhalten vor diese angenehme Zeitung mehrentheils einen stattlichen Recompens, oder auch eine höhere Charge. So bald die Victorie kund worden, bekommen die Souverains allenthalben Felicitationes von Puissancen mit denen sie in guten Vernehmen stehen, von frembden Ministres, höchsten Staats-Bedienten

dienten, gantzen Provincien und Particulier-Städten ihrer eigenen Lande.

§. 52. Ist ein Sieg befochten worden, und ein oder der andere Theil der Alliirten spühret, daß die andern allzu saumfertig sind die Siege zu prosequiren, und sich des erlangten Vorthels recht zu Nutz zu machen, so ermahnen sie die andern Alliirten, die bißherigen Siege recht zu gebrauchen, und zu Verfolgung und Dämpffung des Feindes bessere Anstalten zu machen, damit sie nicht der herrlichen Vortheile, so GOtt durch seine Güte den Waffen der Alliirten bißher verliehen, wieder verlustig werden mögen.

§. 53. Ist eine glückliche Niederlage eines solchen Feindes erfolget, der der gantzen Christenheit Gefahr angedrohet, so notificiren die Puissancen die sich zu der Römisch-Catholischen Kirche bekennen, solche Victorien alsobald dem Römischen Pabst, und überschicken ihm auch wohl einige den Feinden abgenommene Fahnen und Roß-Schweiffe; Der Pabst unterläst so dann nicht in einem geheimen gehaltenen Consistorio den Cardinælen diese gute Zeitung zu eröffnen, stellt ein Danck-Fest dieserwegen an, und regaliret gar offters den commandirenden General, der den Sieg erfochten mit einem geweyheten Hut und Schwerdt. Die von den Türcken eroberten Fahnen und Roß-Schweiffe werden mit besondern Ceremonien und einem grossen Einzuge in die Hof-Capelle getragen. Voraus marchiren

Trompeter, Paucker und Hautboisten zu Fuß, bey der Ankunfft in die Kirche werden einige Canonen abgefeuert, es wird dabey das hohe Amt unter Trompeten- und Paucken-Schall gehalten, eine sich darauf schickende Predigt abgelegt, das Te Deum laudamus angestimmt, und alsdenn werden die Fahnen aufgehangen. Es geschicht auch wohl daß ein Cardinal mit einer besondern Rede die den Türcken abgenommene Fahnen dem Pabst überreicht, und dieser legt hierauf eine Gegen-Rede ab.

§. 54. Wenn so wohl die Römisch-Catholischen als Protestirenden an einer Victorie, die sie wider einen gemeinschafftlichen Feind erhalten, Antheil nehmen, und solche nächst göttlichen Beystand durch beyder Religions-Verwandten Cooperation erfolget, und von den Römisch-Catholischen dieserhalben Friedens-Festivitæten angestellet werden, so wird nicht selten um gegen die Protestirenden keine Verbitterung zu erwecken, den Römisch-Catholischen Pfaffen verbothen, in ihren Danck-Predigten, oder auch sonst keine solche Redens-Arten zu gebrauchen, die den Protestirenden empfindlich fallen könten. Als anno 1706 Barcellona und Turin durch Assistenz der Engländer und anderer Protestirenden entsetzt wurde, und man deshalber in Wien ein Freuden-Fest anstellte, so wurde den Geistlichen hart eingebunden wider die Protestirenden nichts mit einfliessen zu lassen, welches denn der Kayserliche Beicht-Vater und Jesuit

P. Buße

P. Buße so wohl in Acht genommen, daß er in seiner Freuden-Predigt über den Text aus dem I. Cap. des II. Buchs der Könige und dessen 14. Vers frey bekandte, es hätte der gütige Himmel das Hauß Oesterreich ietzo so lieb, daß er auch zu dessen Erhaltung das Gebeth der Uncatholischen erhörte, und müste man die bißherigen Siege matri Angelorum & matri Anglorum zuschreiben. S. Theatr. Europ. T. XVII. 1706. p. 92.

§. 55. Zuweilen legen sich beyde Theile den Sieg bey, und lassen deßwegen das Te Deum laudamus anstimmen, wenn nemlich jene auf den rechten Flügel, diese aber auf den lincken Flügel Platz behalten.

§. 56. Manchmahl wird von einem grossen Herrn, und von dem Regenten, der sich selbst an der Spitze seiner Armee gestellet, und eine glorieuse und siegreiche Campagne gehalten, wenn er wieder in seine Residentz zurück kommt, ein prächtiger Einzug gehalten. Sie bringen alle die erbeuteten Fahnen, Standarten, Canonen u. s. w. in der schönsten Ordnung, nach den allgemeinen Regeln der Einzüge, mit sich; Sie werden allenthalben von ihren Unterthanen, von den Landes-Ständen, von allen Collegiis, Magistrats-Personen und der gesamten Bürgerschafft frohlockend bewillkommet und beehret; An den Ecken der Strassen werden ihnen Ehren-Colonnen aufgerichtet, und Pyramiden, die mit Armaturen und den vortrefflichsten und

sinn-

sinnreichsten Inscriptionen ausgezieret; Auf den Gassen, durch welche sie durchpassiren, werden ihnen Ehren=Pforten erbauet; Bey ihrem Einzuge werden die Stücke gelöset, alle Glocken geläutet, des Abends Illuminationen angezündet, und Feuerwercke angebrandt. Die eroberten Fahnen, Canonen und andere Sieges=Zeichen werden auf eine solenne Weise, unter Trompeten= und Paucken=Schall und klingenden Spiele, in die Arsenale oder andere Oerter gebracht, wo sie verwahrlich aufbehalten werden sollen, und viel Tage nach einander mit lauter Freudens=Festivitäten zugebracht.

§. 57. Ist ein Land erobert, und der Feind ziehet mit seinen Trouppen aus demselben, so werden von den commandirenden Häuptern, Krafft der Vollmachten, so sie von ihren Herren empfangen, besondere Evacuations-Tractate geschlossen, und von beyden Theilen, biß zu deren Vollziehung, Geisseln, an Generalen, Obersten und andern Officiers, zurück gelassen.

§. 58. Ist nun ein Feind grossentheils gedemüthiget, so hält er um einen Stillstand der Waffen an; Je mehr er nun um Verlängerung der Termine, die anfangs concertirt gewesen, ansucht, und ie moderater sich eine Nation, zumahl wenn sie sonst einiger maßen barbarisch ist, dabey aufführet, desto grösser ist die Hoffnung, daß der Sillstand in einen Frieden werde verwandelt werden.

Das

Das VIII. Capitul.
Von den Friedens-Schlüssen.

§. 1.

Ob zwar, aller redlichen Patrioten Meynung nach, die ruhigen Friedens-Zeiten den gefährlichen Krieges-Läufften vorzuziehen, so finden sich dennoch einige falsche Politici, die in den Gedancken stehen, es wäre vor Herren und Unterthanen nicht rathsam, wenn ein Land allzu lange den Frieden genösse, und die Soldaten ihre Degen nur pro forma an der Seite, wie die Nonnen ihre Lateinischen Bücher in der Hand trügen. Die grossen Herren wären hierbey mancher Gefahr unterworffen, die Soldaten und Unterthanen würden bey der grossen Ruhe faul und wollüstig, und vergessen ihre militarischen Exercitia. Ich halte aber davor, daß dieser Kummer unnöthig sey, immassen grosse Herren schon Mittel finden können, ihren Soldaten und Unterthanen auch zu Friedens-Zeiten Arbeit zu verschaffen, und sie in stetswährender Ubung zu erhalten.

§. 2. Einige wollen die mit Krieg und Unruhe vermischten Zeiten denjenigen vorziehen, in welchen ein beständiger und lange anhaltender

Frieden floriret, und andere wollen es vor möglich achten, daß unter allen Europäischen Puissancen ein perpetuirlicher Frieden herrsche, wie der Autor eines vor einigen Jahren von dieser Materie in Frantzösischer Sprache edirten Tractätgens darthun wollen. Doch dieses ist wohl zu wünschen, aber nach der ietzigen Beschaffenheit der Menschen, wie sie sich von ihren Neigungen gröstentheils beherrschen lassen, nicht zu hoffen. Die Puissancen mögen in ihren Tractaten die Gräntzen noch so deutlich bemercken, die allerbündigste und sicherste Guarantie vor die allgemeine Ruhe stifften, und allen Gelegenheiten zum Kriege noch so weißlich zuvorkommen, so wird dennoch die Klugheit und Tugend der Menschen, die etwas in dem gegenwärtigen Lauff der Zeiten beschleust, nicht alle Fälle der künfftigen Zeiten vorher sehen, noch alle Boßheit der künfftigen Menschen verhindern können.

§. 3. Bißweilen werden Stillstande der Waffen getroffen, die von einer längern Dauer seyn, als manche Friedens-Schlüsse, und hingegen einige Friedens-Schlüsse, ob sie schon ewig genennet werden, verwandeln sich in einer sehr kurtzen Zeit in einen blutigen Krieg. Einige Puissancen thun Friedens-Vorschläge nicht aus Ernst und aus einem friedfertigen, sondern vielmehr feindseligen Gemüthe, damit sie sich unter der Hand rüsten und in bessern Stand setzen, ihren Feinden desto krafftiger zu widerstehen; sie wollen die andern Puissancen, mit denen sie bißanhero in Krieg verwickelt gewesen,

sen, einschläffern, daß sie über den Friedens-Propositionen die Kriegs-Præparatorien unterlassen, und sie desto eher sicher machen.

§. 4. Manchmahl will ein Theil von den Alliirten, dem von dem Feinde sehr avantageuse Vorschläge gethan werden, von dem andern abgehen, und sucht durch mündliche und generale Handlungen die Sache so lange aufzuhalten, biß endlich ein besonderer Waffen-Stillstand, und die Furcht eines Particulier-Friedens mit der einen Puissance die andern Alliirten nöthiget, alles einzugehen, was der Feind verlangt. Wenn aber die andern Alliirten dieses mercken, so suchen sie der gantzen Negotiation ein baldig Ende zu machen, oder dieselben gar zu rumpiren, in der Hoffnung, daß bey Fortsetzung des Krieges der Feind würde genöthiget werden, sich näher zum Zweck zu legen.

§. 5. Da aber die Alliirten, wie es allezeit seyn soll, redlich zusammen halten, so communiciren diejenigen Theile, denen zuerst die Friedens-Vorschläge gethan worden, alles mit denen übrigen, sie melden ihnen in Schreiben ihre Gedancken, in wie weit ihnen die Propositionen plausible scheinen oder nicht, und vernehmen nachgehends aus der Antwort, die sie darauf thun, ob es rathsam sey, sich mit dem Feind in Tractaten einzulassen, oder nicht.

§. 6. Einige neutrale Puissancen, die bey den streitenden in guten Ansehen stehen, und die zur Beförderung der gemeinschafftlichen Wohlfahrt
Europä

Europa den Frieden verlangen, pflegen die streitenden Theile schrifftlich zu ersuchen, so bald als möglich einen Friedens=Congreß durch genugsam bevollmächtigte Ministros zu beschicken, und ihres Orts an diesen heylsamen Werck die Hände anzulegen; Sie versichern anbey, daß sie nicht unterlassen wolten, alles mögliche anzuwenden, was sowohl zur Herstellung des Ruhestandes, als zu Erlangung des Friedens und Verhütung fernerer Vergiessung des Christen=Blutes gereichen möchte. Insonderheit wendet der Römische Pabst alle nur ersinnliche Officia an, wenn er siehet, daß entweder die Römisch=Catholischen einander in Haaren liegen, oder doch daß das Interesse der Papistischen Religion bey dem länger anhaltenden Kriege periclitiren möchte. Er thut also alles, was in seinen Kräfften stehet, um den Frieden wieder herzustellen, er vermahnet, er bittet, er schlägt seine Mediation vor, er läst auf viel Tage Ceremoniel-Fasten und Gebether ausschreiben; es lassen sich aber doch nicht allezeit die harten Hertzen durch alle seine Bemühung erweichen. Einige Römisch=Catholische Potentzen kommen selbst bey ihm ein, erklähren ihre Dispositionen zum Frieden, und ersuchen ihm, die andern mit dazu disponiren zu helffen, wie der vorige König in Franckreich Ludwig XIV. zu unterschiedenen mahlen in dem letztern Spanischen Successions=Kriege gethan. Sie thun es gar offters aus Politique, damit sie sich bey Sr. Päbstlichen Heiligkeit

wegen

wegen ihres friedfertigen Gemüths rechtfertigen.

§. 7. Einige Souverains werden von ihren Alliirten grösten Theils verlassen, wenn sie nehmlich säumig sind, ihnen die versprochenen und accordirten Subsidia zu entrichten, oder schicken ihnen die Auxiliar-Trouppen nicht zu rechter Zeit zu, so daß ihnen die gantze Krieges-Last weit empfindlicher über den Halß fällt als den andern, diese können sich denn bey so gestallten Sachen nicht besser helffen, als daß sie den andern drohen, sie würden genöthiget werden, mit dem Feinde einen Particulier-Frieden zu schlüssen, dafern sie ihnen nicht die versprochene Assistenz gönnen wollten.

§. 8. Die Friedens-Propositionen geschehen bißweilen einigen Leuten auf eine geheime Weise, mehrentheils aber auf eine offentliche und ouverte Art; jener Modus wird gar offters und zwar mit Grund vor verdächtig angesehen. In den Spanischen Successions-Kriege anno 1706 schrieb der Churfürst zu Bayern Maximilian Emanuel an den Hertzog von Marlborough und die Herren General-Staaten, daß der König in Franckreich biß anhero intentionirt gewesen, den Frieden zu erlangen, und ihn durch gewisse Leute, die er aus besondern Raisons dazu autorisirt auf geheime Wege hätte wollen zu Wercke richten. Da aber die Feinde dieses anders auslegen wollten, und vor solche Demarchen ansehen, die nur Uneinigkeit unter ihnen erregen sollten, so wäre er nunmehr

mehr entschlossen, ihnen öffentlich die Friedens-Conferenzen zu proponiren. S. Actes & memoires touchant la paix d'Utrecht p. 17. & 19.

§. 9. Ist ein Regent mit seinen Unterthanen durch den Krieg sehr mitgenommen worden, so flehen die Reichs-und Land-Stände ihren Landes-Herren an, er möchte sich doch gefallen lassen, zu Verhütung ihres äusersten Ruins den Frieden mit den Feinden zu schlüssen, so gut als er ihn erlangen könte, und die Regenten schreiben auch an andere Puissancen, ihre guten Officia bey dem Feind anzuwenden, damit doch der Friede erfolgen möchte. Sind aber den Puissancen Friedens-Vorschläge gethan worden, und die Fundamental-Gesetze des Reichs bringen es mit sich, daß sie die Reichs-Stände mit dabey hören müssen, so recommandiren sie ihren Reichs-Collegiis, wie sie nach dem Unterschied der Länder und Reiche mit unterschiedenen Nahmen benennet werden können, das vorseyende Friedens-Negotium auf das allerbeste, eröffnen ihnen die Conditiones des bevorstehenden Friedens, und machen ihnen alles davon bekandt, was ihnen hierbey zu wissen nöthig.

§. 10. Einige neutrale Puissancen, deren Interesse erfordert, daß ihre benachbarten Staaten bilancirt werden, schlagen sich entweder aus freywilligen Triebe, oder auf Ansuchen der anderen und zwar schwächern Theile ins Mittel, damit unter den kriegenden Theilen ein raisonabler Friede erfolgen möge. Die Mediateurs müssen mit
Macht

Macht und Autoritæt versehen seyn, damit theils ihre Worte, theils ihre Regimenter starcke Argumenta moventia abgeben, denjenigen Theil der sich allzu hartnäckig erzeiget, und die Sayten gar zu hoch spannen will, zum Frieden zu disponiren.

§. 11. Die streitenden Theile ziehen bey den Mediateurs, wenn sie ihnen trauen, oder ihren Vorstellungen Gehör geben sollen, vorher unterschiedenes in Betrachtung, als ihre Religion, ihre Stärcke, ihre Schwäche, Entlegenheit, Interesse bey dem Kriege oder Frieden, die nahe Freundschafft oder geheime Alliance mit diesem oder jenem Krieg-führenden Theile, die zu alten Zeiten bezeugte Jalousie über das Aufnehmen des einen Theiles, der ietzund in Krieg verwickelt, u. s. w. Ob man schon vor einem schwachen und ohnmächtigen Mediateur schlechten Egard hat, so trauet man doch auch nicht allezeit einen sehr mächtigen und zu gleicher Zeit einiger maßen mit drohenden Friedens-Mediateur. Ihro Czaarische Majestät Petrus I. sollen sich einstens gegen einen ausländischen Ministre haben verlauten lassen, wie sie nicht gewohnt wären, iemand zu einem Mediateur anzunehmen, der ihr mit der lincken Hand einen Oehlzweig, mit der rechten aber ein Schwerdt wiese. S. Elect. Jur. Publ. Tom. XX. p. 339.

§. 12. Die Friedens-Schlüsse werden, wie andere dergleichen öffentliche Tractaten und Negotia, durch gewisse hierzu bevollmächtigte Ministres concertirt

certirt und zu Stande gebracht, immaßen etwas gantz besonders war, daß der Cämmerische Friede zwischen der Ludovica, der Mutter des Königes in Franckreich Francisci I., und der Margaretha, Kaysers Caroli V. Muhme größtentheils reguliret wurde, welcher daher von den Historicis meistentheils nur der Weiber-Friede genennet wird. S. Brautlach in Histor. Pacificat. Guicciardin. in Hist. sui temp. Lib. V. p. 713. Man trägt dergleichen Tractaten einigen zugleich auf, damit, wenn der eine etwan abwesend ist, oder durch Unpäßlichkeit verhindert wird, die andern mit gleichen Pouvoir die Friedens-Tractaten fortsetzen können. Bißweilen werden die Friedens-Negotia durch ein paar grosse Generale oder Ministres tractiret, denen ein paar Legations-Secretarii zugegeben werden. Also wurde der Rastadter Friede durch den Printz Eugenium und den Marechal de Villars geschlossen. Es ist gantz etwas neues, daß Printz Eugenius bey dem Frieden zu Rastadt, ohne vorhergehenden Reichs-Schluß, bloß von dem Kayser, iedoch nach vorheriger Communication mit Chur-Mayntz bevollmächtiget ward, sich mit dem Villars in Friedens-Tractaten einzulassen; es geschahe solches zu dem Ende, damit man Weitläufftigkeiten und Auffenthalt vermeiden wolte, welche die vorhergehenden Reichs-Deliberationen verursachen könten. Sonst wird man in der Teutschen Historie nicht gar viel dergleichen Exempel haben. Bey den Westphälischen Friedens-Tractaten wolten

ten sich die Frantzosen durchaus nicht eher einlassen, biß man erstlich der Reichs-Stände Gesandten admittirte. Die Nimwegischen Friedens-Tractaten wurden zwar auch blosser dings durch Kayserliche und Frantzösische Gesandten gepflogen, es war aber der Kayserlichen Gesandtschafft die Beobachtung des Reichs Interesse zuerst aufgetragen worden. So wurde auch, anno 1684 den 15 Augusti der zwantzig-jährige Stillstand zu Regenspurg bloß durch den Kayserlichen Principal-Commissarium Bischoff Marquarden zu Aichstedt, mit dem Frantzösischen Gesandten Ludwig Verjus Grafen zu Crecy geschlossen, es geschah aber auch mit des Reichs Genehmhaltung.

§. 13. Vor den Friedens-Congressen vergleichet man sich gewisser Præliminarien, darinnen man folgende Puncte ausmacht, auf was vor ein Fundament der Friede gesetzt werden soll, an welchen Ort die Conferentien sollen gehalten werden, welche Puissancen hierbey mit zu admittiren, oder davon auszuschliessen, wem man die Ehre der Mediation anvertrauen, auch die daraus fliessende Guarantie überlassen, auf was vor Art man die Paßports und Geleits-Briefe abfassen will, wie weit sich das neutrale Territorium um den Friedens-Conferenz-Ort erstrecken soll, was man denen zun Congressen abzuschickenden Gevollmächtigten vor Characteres ertheilen, und überhaupt, wie man eine und die andern Ceremonien und Umstände, so das künfftige Friedens-Negotium angehen,

hen, reguliren will. Bißweilen geschicht es auch, daß die kriegenden Theile von den Præliminarien gar nichts hören, sondern dieselben zugleich mit dem Frieden in denen hierüber anzustellenden Conferentien einrichten wollen.

§. 14. Damit dem Haupt-Werck kein Aufhalt zugezogen werde, so vermeidet man alle Rang-Disputen, und retrenchiret alle überflüßige Ceremonien, so viel als nur möglich. Die accredirten Ministri nehmen gar öffters anfänglich gar keinen Character an, oder nennen sich nur bloß Commissarios gewisser Puissancen, biß sie sich wegen einiger streitigen Puncte mit einander verglichen. Manchmahl wird ausgemacht, daß die gevollmächtigten Ministri den Character der Abgesandten nicht eher declariren sollen, biß an den Tag, da die Friedens-Tractaten unterzeichnet werden sollen.

§. 15. Die Præliminar-Tractaten werden von allen Plenipotentiariis unterschrieben. Es geschicht auch wohl, daß über die zugeschickten Præliminarien, von einem Staats-Minister oder Secretair politische Reflexions gemacht werden, in wie weit diesen Puncten zu trauen und Glauben beyzumessen oder nicht, und in wie weit sie vortheilhafft, oder dem Interesse der andern Partheyen nachtheilig, und also nicht acceptabel.

§. 16. Der Ort, wo die Friedens-Tractaten reguliret werden sollen, muß den meisten oder doch den vornehmsten Puissancen, und sonderlich derjenigen, die sich zum Mediateur angiebt, bequem,

die

Von den Friedens-Schlüssen. 515

die Posten desselben Ortes müssen nach den Reichen und Ländern, nach welchen die Gevollmächtigten zu correspondiren haben, wohl eingerichtet seyn; man muß daselbst nöthige Lebens-Mittel, und zwar um einen billigen Preiß bekommen können; es müssen räumliche Quartiere vor die Gesandtschafften und ihre Domestiquen anzutreffen seyn; er muß zur Ausübung des freyen Religions-Exercitii bequem, und wider die feindlichen Anfälle gesichert seyn. So lange die Tractaten währen, wird der Ort vor neutral gehalten, der keinen unterworfen; es werden, so weit das Territorium herum gehet, gewisse Grentz-Seulen aufgerichtet, und mit dem Wort, Neutralität bezeichnet. Bißweilen wird wegen des Ortes in Vorschlag gebracht, daß dieser Theil drey Oerter vorschlagen, und jener einen daraus erwehlen soll.

§. 17. Manchmahl werden die Tractaten im freyen Felde in einem Conferenz-Hause, so auf der sämtlichen pacisirenden Theile Unkosten erbauet wird, unternommen, als wie es bey dem Carlowitzischen Frieden geschahe, oder in besondern Conferenz-Gezelten, als wie bey dem Passarowitzischen Frieden, der zwischen dem Türckischen und Römischen Kayser geschlossen ward, in welche sich die Gesandten iederzeit bey einem prächtigen Auffzuge unter Trompeten- und Paucken-Schall begaben. Bey den Gezelten werden viel Verdrüßlichkeiten und Disputen vermieden, die sich sonst bey dem Bau der Conferenz-Häuser zu ereignen pflegen.

Kk 2 §. 18.

§. 18. Ist der Ort, in welchen die Friedens-Conferenzen gehalten werden sollen, in dem feindlichen Territorio gelegen, so werden vorher vor die Gevollmächtigten, die dahin abgeschickt werden sollen, Paßporte und Geleits-Briefe ausgewürckt, darinnen allen Commendanten und Officirern zu Wasser und Lande anbefohlen wird, daß sie die gevollmächtigten Ministris, so wohl vor ihre Bedienten, als auch vor ihre Equipage, Pferde, und alle übrige Meublen sollen sicher paß- und repassiren lassen, ihnen allenthalben behülfflich seyn, und im geringsten keinen Verdruß erzeigen. Bißweilen wird noch über die Paßporte eine genugsame Garde und Bedeckung von Soldaten erfordert.

§. 19. Uber diese Paßports ereignen sich mancherley Disputen, und setzen manche unterschiedenes daran aus, sie wären nur auf Papier, und nicht auf Pergament geschrieben, auch nur mit einfachen schwartzen Faden geheftet, die Siegel wären so aufgedruckt, daß man sie nicht recht erkennen könte, sie führten gantz ungewöhnliche Siegel, die Titul der Gevollmächtigten wären nicht recht ausgedruckt, auch die Data der Tage und Monathe ausgelassen. Sie werden öffters zwey biß dreymahl wieder zurück gegeben. Manchmahl läst ein Theil mit Fleiß allerhand Fehler in die Paßports mit einschleichen, damit das Friedens-Werck, wenn ihm an dessen Beförderung nicht gar viel gelegen, desto mehr trainirt werde.

§. 20. Bevor die Gesandten an dem Ort anlangen,

langen, wo die Friedens-Tractaten sollen gepflogen werden, so werden alle Anstalten gemacht, die zur Bequemlichkeit und Sicherheit ihrer Personen und ihrer Domestiquen nöthig sind; es werden neue Häuser erbauet, oder doch erweitert und vergrössert; es wird von der Obrigkeit des Ortes allen Häusern, Zimmern und Ställen, wie auch den Victualien eine gewisse billige Taxe gesetzt; es wird den Land-Leuten anbefohlen, daß sie allerhand Lebens-Mittel, so lange sich die Gesandten da aufhalten, einführen und eintragen sollen. Die Strassen werden gebessert; es wird auf das schärffste verbothen, daß durchaus keine Brieffe auf den Posten erbrochen, und keine Schrifften, Bilder oder anders dergleichen, dadurch die Gemüther gegen einander erbittert werden könten, ausgetheilet, gedruckt noch verkaufft werden sollen; ingleichen, daß niemand von allen denen, die zu den Ambassaden gehören, auf keinerley Art und Weise insultiret, beschimpffet oder beunruhiget werden soll.

§. 21. Die Gesandten erhalten von ihren Höfen ihre Instructionen, nicht allein was sie in Ansehung des Hauptwercks, sondern auch wegen der Ceremonien beobachten sollen, was sie andern bey den Visiten, Titulaturen, Complimens, Præcedenzen u. s. w. geben, und was sie hinwiederum von andern vor Ehr-Bezeugungen erwarten sollen, damit der Ehre ihrer Principalen nichts vergeben werde. Man vergleicht sich zwar mehrentheils bey streitigen Puncten durch gewisse Temperamente, einige sind aber doch so hitzig, daß sie durchaus von keinen Temperamenten nichts hören wollen, sondern sie beruffen sich auf ihre Decrete, Instructionen und Possess, und wenn es nicht nach ihrem Sinn gehet, so drohen sie gleich den Conferenz-Ort zu verlassen. Ist aber alles nach ihrem Sinn eingerichtet, so sind sie zufrieden, sie bedancken sich deshalber und versichern, das freundliche Bezeugen ihren Principalen unterthänigst anzurühmen, und es bey allerhand Vorfallenheiten zu erwiedern.

§. 22. Die Einzüge der Gesandten an dem Conferenz-Orte geschehen mehrentheils in der Stille und ohne Gepränge, damit mancherley Ceremoniel-Streitigkeiten, so sich sonst bey diesen Gelegenheiten gar leichlich entspinnen könten, vermieden werden Die Gesandten werden nicht öffentlich eingehohlet, ausser daß einige von ihren Collegen empfangen werden. So feuert man auch keine Canonen ab, weil einige prætendiren, daß ihnen zur Ehre ihrer Principalen mehr Canonen sollen gelöset werden, als den andern. Im übrigen pflegt man bey diesen und andern Occasionen vor die Mediations-Ministres besondere Consideration zu haben, und ihnen allenthalben alle nur ersinnliche Ehre zu erzeigen.

§. 23. Die Gevollmächtigten lassen ihre Ankunfft dem Magistrat des Ortes, an welchem die Conferentien gehalten werden sollen, zu wissen thun, und derselbe läst ihnen nachgehends Bewill-
kom-

Von den Friedens-Schlüssen.

kommungs-Complimens ablegen, und sie zugleich ersuchen, mit ihrer Beyhülffe alles dasjenige, was zur Conservation der Policey und guter Ordnung vonnöthen, unter ihren Domestiquen, und auch sonst allenthalben mit zu reguliren. Es werden nicht allein die Duelle, sondern auch das tragen der Stücke und Degen den Laqueyen auf das schärffste verbothen, es wird ordonnirt, wie es mit dem Ausweichen der Kutscher gehalten soll werden, es darff sich niemand unterstehen, weder bey Tage noch weniger des Nachts in ungewöhnlicher masquirten Kleidung sehen zu lassen, die Herrschafften machen sich anheischig, daß sie auf alle Wege bey ihren Domestiquen gute Disciplin erhalten wollen. Bißweilen vergleichen sie sich, damit die Conferentien desto besser avanciren, daß ein Abgesandter nicht mehr als 2 Cavaliere, 2 Pagen und eine gewisse kleine Anzahl anderer Domestiquen bey sich haben soll, und bestimmen, mit wie viel Pferden sie in das Conferenz-Hauß fahren wollen.

§. 24. Dafern aber ein Gevollmächtigter den andern oder seine Leute wider das Völcker-Recht insultirt, so machen alle die übrigen ein gemeinschafftlich Negotium daraus, die Puissancen drohen, daß sie ihre Ministres würden nach Hause beruffen, wann ihnen nicht Satisfaction geschähe, oder dieser unruhige Minister wieder nach Hause geschickt, und ein anderer an dessen Stelle abgesendet würde.

§. 25. Die Visiten und Gegen-Visiten der Abgesandten werden nach dem unter ihnen verglichenen Ceremoniel abgelegt. Sind 2. 3. 4 und mehr Gesandten, so setzt es bißweilen Disputen, ob solche in corpore oder nach den Personen eingerichtet sollen werden.

§. 26. Vor dem würcklichen Anfang der Conferentien werden von den sämmtlichen Gevollmächtigten die Häuser oder Gezelte, in welchen die Tractaten gepflogen werden sollen, besehen, und ein ieder ordonirt dasjenige, oder erinnert es zum wenigsten, was der Respect oder das Interesse seines Principalen hierbey erfordern möchte. Die Conferenz-Gemächer werden mit den Thüren, Fenstern und Meublen so angelegt und aptirt, daß bey denen im Range streitigen Puissancen, so viel als möglich, eine Gleichheit erhalten, und allen Disputen vorgekommen werde. Ein ieder kommt durch besondere Thüren, und nach gleichen abgemessenen Schritten in das Conferenz-Zimmer. Die Herren Mediateurs haben ihren eignen Eingang, und die bißher im Kriege begriffen gewesene auch ihren. Ein jeder Theil setzt sich mit dem Rücken gegen seine Thüre.

§. 27. Bißweilen sind die Gesandten der streitenden Theile in besondern Zimmern, und die Mediateurs auch, die denn von einem zum andern gehen, und allenthalben proponiren, was zur Beschleunigung und Erhaltung des Friedens vonnöthen. Die Zusammenkünffte geschehen in unterterschiedenen Gemächern, wie selbige von einer ieglichen Parthey durch das Looß zugefallen.

§. 28. Gleichwie die Mediations-Ministri instruirt sind, allen Zwistigkeiten, so dem Friedens-Conferentien einen Aufhalt geben könten, und allen Argwohn einiger Preference zuvor zu kommen, also geben sie sich viel Mühe, bey den Conferenz-Gemächern alles so mit ajoustiren zu helffen, daß es allen recht seyn möchte. Es werden bißweilen viel Risse und Modelle wegen der Conferenz-Gebäude verfertiget, bevor sie eine völlige Approbation finden. Man declarirt auch wohl gegen einander, daß kein Ort vor den ersten, andern oder dritten solte gehalten werden, und daß keiner von den Gevollmächtigten den Vorsatz habe, sich durch diesen oder jenen Platz, einige Prærogativ oder Vorzug, und hingegentheils den andern einige Nachtheile zuwege zu bringen.

§. 29. Wegen der Sprache entstehen auch bißweilen Disputen, wenn entweder die Mediations-Ministri ihre Articul in eine solche Sprache abfassen, die den andern nicht anständig, oder andere Gevollmächtigte bey den Conferenzen sich einer Sprache bedienen wollen, die bißher nicht gewöhnlich gewesen.

§. 30. Nachdem die mancherley und streitigen Titulaturen der Puissancen keine geringe Irrungen und den Friedens-Conferentien Verzögerungen zuwege bringen können, so ist ein sehr gutes Mittel, um diesen vorzukommen, wenn die Mediateurs

teurs mit Einwilligung aller bey diesen Friedens-Tractaten interessirten Gesandten und Gevollmächtigten ein Instrument aufrichten, und sich untereinander erklähren, daß die Zusätze oder das Auslassen derjenigen Titul, welche sich in die Schrifften, so diesen Friedens-Tractat betroffen, mit einschleichen möchten, dem Theil, so sich dergleichen streitige Titul zugeeignet, kein Recht zuwege bringen, und dem andern, der sich beklaget, daß man ihm solche verweigert, an seiner Prætension nichts einziehen sollen. Es wird declariret, durch gemeinschäfftliche Einwilligung, daß die Gerechtsamen der Potentaten des Zusatzes oder der Auslassung dieser Titul unbeschadet, aufrecht und unverletzt verbleiben sollen.

§. 31. Einige Puissancen wollen sich nicht eher in Friedens-Tractaten einlassen, obschon ein Stillstand der Waffen publicirt worden, biß ihnen zur Sicherheit entweder einige vornehme Geisseln, oder einige Städte und Vestungen abgetreten worden, zumahl wo sie mercken, daß es dem Feinde kein rechter Ernst ist, und sie durch vorige Erfahrungen allbereits gewitziget worden.

§. 32. Das Fundament der reciproquen Friedens-Handlungen bestehet in den Vollmachten der Ministres, die den Frieden concertiren sollen. In der ersten Conferenz werden die Vollmachten gegen einander ausgewechselt, und verabredet, wie vielmal sie die Wochen zusammen kommen wollen; sie berathschlagen, wie alle weitläufftige Untersuchungen

chungen zu vermeiden, und alles auf das kürtzeste auszumachen, damit man desto eher zum Schluß gelangen möge. Es wird von dem vornehmsten Gevollmächtigten vorher eine kleine Rede gehalten, und von Gegentheilen beantwortet. Ein ieder meldet, wie er von seinem Principal instruiret sey, das Friedens-Werck zu einem erwünschten und baldigen Ausgang zu bringen, und hoffet, Gegentheil werde auch so intentioniret seyn. Bißweilen wird auch nur von allen und ieden ein kurtzer Wunsch gethan, daß der grosse GOtt dieses Friedens-Negotium zu einem glücklichen Schluß bringen wolle.

§. 33. Die Tafeln, an denen die Conferentien gehalten werden, sind entweder viereckigt, und werden nach der Beschaffenheit der Conferenz-Zimmer auf die Weise placirt, daß nirgends einige Unter-oder Ober-Stelle daran zu spühren, wie ich in dem vorhergehenden angezeigt, oder rund, und da wird denn ebenfalls ausgemacht, daß alle Stellen einander gleich seyn sollen, und daß sich ein ieder hinsetze, wo er hin will; Man nimmt auch wohl die Spiegel weg, und verdeckt die Camine, damit es keinen Schein gebe, als ob diejenigen, welche bey den am nächsten sitzen, einen Vorzug vor den andern haben.

§. 34. Bißweilen wird auf beyden Seiten lange gestritten, wer die erste Proposition thun soll, biß endlich der eine Theil nachgiebt. Gemeiniglich thut derjenige, der den Frieden zuerst sucht, die Proposition,

position, und zeiget an, warum er den Congreß verlanget. Hierauf erfolgen die Gegen-Propositionen, und die besondern Petitionen, Postulata und specifique Antworten der Gevollmächtigten.

§. 35. Wegen Führung des Protocolls setzt es auch bißweilen kleine Streitigkeiten. Manchmahl führen es die Mediateurs, doch excipiren nicht selten die andern Gesandten darwider. Ein ieder Theil pflegt gemeiniglich sein eigen Protocoll zu halten, weil manche glauben, derjenige Theil, so sich dieses anmassen wolte, suchte hierunter eine gewisse Priorität.

§. 36. Die Gesandten controvertiren bey den Friedens-Conferenzen, ob sie schrifftlich oder mündlich mit einander tractiren wollen. Vielmahls wollen sie nicht an die schrifftlichen Tractaten, sie meynen, die Negotiationen würden dadurch aufgehalten, sie dencken, es schickte sich nicht, daß alles den andern Tag gleich gedruckt würde. Andere hingegen meynen, wenn man die Anforderungen vor billig hielte, so solte man es gerne sehen, daß sie gedruckt würden, damit die Völcker, welche davon Nachricht überkämen, die ersten wären zu bitten, das man selbige annehmen möchte; da es hingegentheil auch, wenn sie nicht acceptabel, natürlich wäre, daß die Alliirten dem Publico die Ursachen sehen liessen, warum man sie nicht annehmen könte. So offt als bey dieser oder einer andern Materie zweiffelhaffte Casus vorfallen, so offt schicken die Gevollmächtigten Staffetten an ihre Principacipalen geben ihnen davon Nachricht, und verlangen von ihnen nähere Instructionen und Befehle, wie sie sich hierbey verhalten sollen.

§. 37. So lange die Conferentien dauren, wird niemand erlaubet dabey zuzuhören, ausser wenn sie zu Stande gebracht, und zur Unterzeichnung kommen. So werden auch dabey Chocolade, Confituren, und bey den Türcken Coffe, Sorbet und wohlriechende Sachen aufgetragen, die sie einander præsentiren.

§. 38. Bey den Friedens-Conferentien kommen auch die Gevollmächtigten derjenigen Printzen und Republicken mit ein, die eben nicht zu den Haupt-Partheyen der Alliirten, oder derer die bißher wider einander gestritten, gehören, die aber doch einigermassen ein Interesse mit dabey haben, oder doch zu haben vermeynen, sie thun ihre Repræsentationen, formiren Prætensionen, und übergeben Memoriale nebst den nöthigen Beylagen. Insonderheit concurriren hierbey diejenigen, so bey dem Kriege auf diese oder jene Weise etwas mit erlitten, sie ersuchen die Alliirten, daß sie ihnen entweder erlauben möchten auf den Friedens-Congreß ihr Interesse durch ihre Gevollmächtigten auszuführen, oder daß sie doch ihr Interesse zugleich mit zu besorgen belieben wolten. Also haben unterschiedene ansehnliche Stände des Reichs, die in den Kriegen mit Franckreich ein hartes erfahren, bey den Friedens-Schlüssen mit Franckreich die Kayserlichen und Reichs-Gesandschafften ersucht,
ihren

ihren hohen Herrn Principalen und Committenten ihre Angelegenheiten beliebig vorzustellen, damit in den Reichs-Deputations-Instructionen bey den künfftigen Friedens-Tractaten gleichfalls vor sie ein deutlicher Articul einverleibet, und sie als so lange bedrängte Mitglieder des Heiligen Römischen Reichs endlich consolirt würden.

§. 39. Nicht weniger kommen die Ministri der neutralen Puissancen mit dabey ein, und übergeben ihre Memoriale. Bißweilen sollicitiren wohl gar eintzele Städte, Land-Stände, Gemeinden und Privat-Personen, entweder der Religion oder andern Prætensionen wegen, und suchen an um Ersetzung des Schadens, Restitution ihrer Rechte u. s. w. Vielmahls werden sie abgewiesen, bißweilen geschicht es aber doch wohl außerordentlicher Weise auf Intercession einer Puissance, an die sie sich gewandt, daß ihre Jura und Befugnisse mit in Betrachtung gezogen, und sie in den Frieden mit eingeschlossen werden.

§. 40. Insonderheit menget sich der Pabst zu Rom überall mit ein, wenn er siehet, daß bey dem künfftigen Friedens-Schluß entweder etwas der Römisch-Catholischen Religion zum Besten geschlossen, oder derselben nachtheiliges abgewendet werden könte. Also hat er bey dem Utrechtischen Frieden starcke Instantien gethan, daß der IV. Articul des Ryßwickischen Friedens-Schlusses in Salvo verbleiben möchte. S. Tom. II. Actes & memoires touchant la Paix d'Utrecht. p. 63.

§. 41.

§. 41. Uberhaupt kommen alle diejenigen, die durch den Friedens-Schluß vermeynen lædirt zu werden, mit Protestationen und Contradictionen dagegen ein. Doch sie werden meistentheils gar schlecht attendirt. Es wird auch zuweilen in den künfftigen Friedens-Schlüssen und andern pragmatischen Sanctionen mit eingerückt, daß in Zukunfft alle wider den Friedens-Schluß eingewandte Protestationes und Contradictiones, sie haben Nahmen wie sie wollen, und rühren her woher sie wollen, verworffen und vernichtet seyn sollen.

§. 42 Die neuen Friedens-Schlüsse beziehen sich fast allezeit auf die vorigen, so unter eben diesen Puissancen getroffen worden, von denen sie gewisse Articul bestätigen, andere aber aufheben. Bißweilen gründet sich ein Friedens-Schluß auf den vorigen, und sind doch in dem letztern Articul enthalten, die dem erstern schnurstracks zuwider sind. Also wird der Westphälische Friede in dem Ryßwickischen zum Grunde gesetzt, und gleichwohl hat die Clausul des IV. Articuls des Ryßwickischen Friedens, daß nehmlich die Römisch-Catholische Religion in denen also restituirten Oertern in den Stande verbleiben soll, darinnen sie sich anietzo befindet, bey den Protestirenden Ständen grosse Klagen verursacht, und verursacht sie noch.

§. 43. Es geschicht wohl, daß ein Friedens-Schluß noch einige Erläuterung benöthiget, damit nun allen Streitigkeiten vorgebeugt werde, so

wird

wird durch Vermittelung und angewandte Mühe des Mediations-Ministri noch eine Erleuterungs-Acte über den geschloßenen Frieden getroffen, und vergleichen sich die Ministri über gewiße Erklährungen und Anmerckungen, die hernach ebenfalls ratificirt und ausgewechselt werden. Insonderheit thun, die durch einige dunckele Stellen beeinträchtiget werden, starcke Instantien um dessen Erleuterung. Also ersuchten der Churfürstlichen Fürstlichen und anderer Reichs-Stände Gevollmächtigte, Räthe, Bothschafften und Gesandten in einem allerunterthänigsten Schreiben Ihro Römische Kayserliche Majestät, daß der III. Articul der zu Rastadt geschloßenen Præliminarien in den Friedens-Tractaten zu Baden erleutert würde, damit derselbe mit der Verordnung des Westphälischen Friedens bestehen könte, und die Beschwerde, welche die Evangelischen durch die Religions-Clausul im IV. Articul des Ryßwickischen Friedens aufgebürdet werden wolte, cessiren möchte, sie lebten der allerunterthänigsten Hoffnung, Ihro Kayserliche Majestät würden damit Allergnädigst einstimmig seyn, und dasjenige was solchen entgegen, dem Frieden einverleibet werden möchte, nimmermehr agnosciren.

§.44. Wird in einem Friedens-Schluß ein Land an eine Puissance abgetreten, so pflegen gar offters die Unterthanen, Eingesessene und Angehörige, der Städte, Dörffer u. s. w. durch gewiße Cessionen und Renunciationen alle der Pflichten und

und Entbindungen, womit sie ihrem ehmahligen Landes-Herrn verpflichtet gewesen, vollkommen entbunden, und sie an die andern Puissancen als ihren nunmehrigen Landes- und Ober-Herrn verwiesen zu werden. Es werden also die Evacuations-Conventionen, Barriere-Tractaten, und andere dergleichen solenne errichtete Contracte, den Friedens-Schlüssen mit einverleibet.

§. 45. Bey der Unterschrifft der Friedens-Instrumente ereignen sich auch noch bißweilen Disputen, theils wegen des Special-Ortes, da sie einige an diesen, andre aber an einen andern unterzeichnen wollen, theils wegen des Vorzuges, indem diejenigen, die den Frieden zuerst zu Stande gebracht, sie auch zu erst unterschreiben wollen; zuweilen streiten sie auch wegen Rangirung der Nahmen, ingleichen wegen der Prædicate, Plenipotentiarien, Legati Extraordinarii u. s. w. Bey diesen Fällen geschehen gar öffters Protestationes, sie bleiben aber gröstentheils ohne Effect, wenn es einmahl so weit gekommen. Um manche Ceremoniel-Differentien, die bey der Subscription vorkommen könten, zu vermeiden, schiebet man nicht selten die Unterschrifft auf biß zur Auswechselung der Ratificationen. Die Puissancen, die an Dignität einander völlig gleich, unterzeichnen die Friedens-Schlüsse zu gleicher Zeit. So bald der eine Bothschaffter die Feder ergreifft, den Frieden zu unterschreiben, thut es der andere auch zu gleicher Zeit, und sodann der zweyte Bothschaffter ebenfalls in einem Moment.

§. 46. Bey dem endlichen Schluß collationiren die Gevollmächtigten das verglichene gantze Instrumentum Pacis, lesen es von Articul zu Articul klar und deutlich ab, damit sie vernehmen, ob nicht etwan eines oder das andere mit dabey zu erinnern seyn möchte. Nach vollbrachter Ablesung des Friedens-Instruments vergleichen sie sich wegen gewisser Formulen in Ansehung der künfftigen Ratification, und unterreden sich dieserhalben bey den letztern Conferentien; wenn sie gerne alles zur Richtigkeit bringen wollen, bleiben sie bißweilen biß in die sinckende Nacht beysammen. Es war merckwürdig, daß der Nimwegische Friede erstlich des Nachts um 1. Uhr zur Richtigkeit kam; eine gewisse Person sahe dieses als ein Omen an, als ob er kaum ein Jahr dauern würde:

Formatâ cur pace sonum campana dat unum?
Unus qui pacem terminat, annus erit.

Bißweilen werden die Friedens-Conferentien an einem andern Orte angefangen, und der Friede kommt an einem andern Orte zum völligen Schluß.

§. 47. Die Tractaten werden mehrentheils in der Lateinischen Sprache abgefast. In dem Rastadter Friedens-Schluß wurde in einem besondern Articul ausgemacht, daß, weil diese Friedens-Tractaten wider die ordentliche bißherige Observanz, so zwischen Ihrer Kayserlichen Majestät, dem Reich, und Ihrer allerchristlichsten Majestät beobachtet worden, in Frantzösischer Sprache niedergeschriegeschrieben wären, so solte diese Aenderung zu keinen Exempel noch zur Folge angeführet, noch auch iemand auf keinerley Art und Weise, wie die auch seyn möchte, einige Præjudiz hiedurch zugezogen werden. Man würde sich künfftighin bey dem solennen General-Frieden zwischen der Kayserlichen Majestät, dem Reiche und Sr. allerchristlichsten Majestät, so wohl was die Lateinische Sprache als andere Formalitäten anbeträffe, nach der bißher bey dergleichen Gelegenheiten eingeführten Observanz zu richten wissen, iedoch solte dieser Tractat eben die Krafft und Würckung haben, als wenn alle diese Formalitäten dabey in acht genommen, und als ob er in der Lateinischen Sprache abgefasset worden.

§. 48. Die Ratificationen werden zuweilen auch noch differirt, wenn man anführt, daß sie nicht in gehöriger Forme gefertiget wären, und daß noch eines und das andere vorhero erfüllet werden müste. Ist aber alles zu Stande, so werden sie von den Secretarien mit üblichen Ceremonien gegen einander ausgewechselt, und wird ein Certificat hierüber ausgestellt. Wenn nun die auf eine feyerliche Weise unterschriebene Friedens-Instrumenta an allerseits hohe Herrn Principalen überschickt worden, so wird bißweilen biß zu deren Wiedererlangung die solenne Publication des Friedens aus geheimen Ursachen ausgesetzt, iedoch zum voraus auf den Frontiéren ein Stillstand der Waffen und Cessation von allen Feindseligkeiten publicirt. §. 49.

§. 49. Die Formulen der Guarantien bey den Friedens-Schlüssen werden auf das bündigste abgefast. Die Guaranteurs versprechen bißweilen sub hypotheca bonorum, daß allen und ieden, was versprochen worden, auf das getreulichste nachgelebet werden soll, es geschicht wohl gar, daß die Römisch-Catholischen sich auf dem Fall, wenn sie den Frieden violiren, dem Kirchen-Bann unterwerffen. In dem Oßnabrückischen Friedens-Schluß ist folgende Formul, Articul. XVII. §. 2. der Guarantie æquiparirt: Sit perpetua lex & pragmatica imperii sanctio in posterum æque ac aliæ leges & Constitutiones fundamentales Imperii, nominatim Recessus Imperii, ipsæque Capitulationes Cæsareæ.

§. 50. Die Guarantie wird nicht allezeit bloß durch das Versprechen bestätiget, sondern es kommt auch bißweilen der Eyd dazu; Also wurde in dem zwischen den Frantzosen und Spaniern in der Stadt Acken getroffenen Frieden anno 1668 in dem Final-Articul folgendes ausgemacht: En outre ont promis & promettent, les dits Plenipotentiaires, que le dit Seigneur Roy tres chrétien, le plutôt, qu'il se peut, & en présence de telle personne, ou personnes, qu'il plaira au dit Seigneur Roy Catholique deputér, jurera solennellement, sur la Croix, l'Evangéle, Canon de la messe, & sur son honneur, d'observer & accomplir pleinement, reellement & de bonne foy tout le contenu aux articles du present Traité.

Traité. Eine gleiche Juraments-Formul findet man in dem Madritischen Frieden §. 49. von anno 1526, und in dem Cämmerichischen artic. 46. von anno 1529.

§. 51. Ist nun alles bey dem Frieden zur völligen Consistenz gekommen, so werden die Thüren des Conferenz-Hauses eröffnet und den anwesenden Cavalieren und andern Personen wird Erlaubniß gegeben, so weit der Raum verstatten will, hinein zu treten. Die Gevollmächtigten umarmen einander, ertheilen den gewöhnlichen Friedens-Kuß, und congratuliren einander auf allen Seiten, sie schicken sofort Staffetten an die Höfe, und geben einander und auch dem Volck auf unterschiedene Weise ihre allgemeine Freude wegen des wieder hergestellten Friedens kund.

§. 52. Bißweilen schicken die Puissancen einander nach geschloßnen Frieden solenne Ambassaden mit Geschencken zu, und werden hierbey nicht allein die Regenten selbst, sondern auch ihre grösten Ministri regalirt. Also sind dergleichen Ambassaden insonderheit zwischen den Römischen und Türckischen Kaysern gebräuchlich, die an einem gewissen Orte iederzeit ausgewechselt werden. S. die Ceremonielle der Gesandschafften, nach dem zu Paßarowiz geschlossenen Frieden, da von des Römischen Kaysers Majestät der Herr Graf v. Virmond, und von dem Türckischen Kayser der Seraskier-Vezier

Vezier Ibrahim abgesondert worden, in den XV. Tomo der Electorum juris Publici p. 405.

§. 53. Die Puplication der Friedens-Schlüsse pflegt auf unterschiedene Weise zu geschehen. In Franckreich wird der geschlossene Friede durch den Lieutenant General de Police in Pariß auf den darzuverordneten Gassen publicirt. Es ist aber zu mercken, daß solche Publication niemahls auf den Fauxbourgs, sondern nur bloß in dem Bezirck der Stadt geschieht. Daher dann die Frembden, welche auf den Fauxbourgs logiren, sich nach der Stadt begeben müssen, wenn sie solche Solennität mit ansehen wollen. S. Nemeitz Sejour de Paris p. 193. An andern Orten werden sie von den Herolden ausgeruffen, und mit Trompeten und Pauckenschall kund gemacht, bey den Armeen wird Salve geschossen.

§. 54. Die Lustbarkeiten, die über den geschlossenen Frieden angestellt werden, sind ebenfalls unterschiedlich. Hat ein Theil durch den Frieden keinen gar zu grossen Vortheil erhalten, so werden die Freuden-Ceremonien gar sehr gemäßiget; Bey dem andern hingegen der bey dem Frieden so glücklich geworden, als er im Kriege gewest, werden die Solennitäten desto mehr gehäufft, und desto geschwinder unternommen, und wissen sich einige wie aus alten und neuen Exempeln bekandt, mehr als zu hochmüthig und zu trotzig dabey auszuführen.

§. 55.

Von den Friedens-Schlüssen. 535

§. 55. Bey den Friedens-Festivitäten werden alle Glocken geläutet, die Canonen abgefeuret, Freuden-Feuer mit den sinnreichsten Erfindungen, und sehr künstliche Illuminationen des Abends angezündet. Den Pöbel wird viele Tage nach einander mancherley Lust gemacht. Man läst ihnen gantze Ochsen braten, die unter sie umsonst ausgetheilt werden, man läst Fontainen mit rothen und weissen Wein springen, man vergönnet ihnen allerhand Schau-Spiele, Comœdien und musicalische Concerte. Es werden prächtige Banqueter ausgerichtet, und werden so wohl die Inventions-Tafeln als die Speisen und die Confituren dabey mit solchen Sinn-Bildern embelliret, die sich dazu mit schicken. Auf den Universitäten und Schulen werden dem Frieden zu Ehren mancherley oratorische Actus gehalten, u. s. w.

§. 56. So ist es auch gar gewöhnlich, daß unterschiedene goldene und silberne Medaillen auf den neu hergestellten Frieden gepräget werden. Also sahe man unter andern Gedächtniß-Müntzen, die auf den Frieden zu Rastadt gemacht worden, eine, welche die zwey Haupt-Tugenden Sr. Kayserlichen und Catholischen Majestät Caroli VI als die Tapfferkeit und Beständigkeit vorstellte. Sie waren beyde in der auf den Römischen Schau-Müntzen gewöhnlichen Stellung, und die erste überreichte der andern den Janus oder Friedens-Schlüssel, anzudeuten, daß, da der Friede nun-

mehro

mehro durch die Tapfferkeit hergestellt, die güldenen und blühenden glückseligen Zeiten auch nunmehro beständigst auf die Nachkommen würden gebracht werden. S. Guſtavi Heræi Inſcriptiones p. 33.

§. 57. Unter allen Freudens-Bezeugungen, die den neuen Frieden zu Ehren angestellt werden, ist die gottgefälligste, wenn nicht allein die Regenten par Ceremonie ihren Unterthanen solenne Danck- und Lob-Feste vorschreiben, sondern wenn ein ieder Unterthan zu Hause und in der Kirche den HErrn aller Herren und den König aller Könige vor die große Wohlthat des edlen geschenckten Friedens aus dem innersten der Seele Danck abstattet.

Der

Der dritte Theil.
Von dem Ceremoniel der großen Herren in Ansehung ihrer Unterthanen.

Das I. Capitul.
Von den Fürstlichen Vormundschafften und Majorennitæts-Erklährungen.

§. 1.

Bey den Königlichen oder Fürstlichen Vormundschafften wird bißweilen, iedoch nicht allezeit, ein Unterschied gemacht, unter denen die den Staaten, Reichen und Landschafften vorstehen, und unter denen, die über die Person des minderjährigen Regenten gesetzt, und seine Auferziehung zu besorgen haben. Die Grentzen dieser verschiedenen Vormünder werden entweder in den Testamenten oder auf andere Weise nachgehends bestimmt.

§. 2.

§. 2. Die Politici und Publicisten streiten, was den Tutoribus der souverainen Reiche vor eine Gewalt zustehe, ob sie eine Majestatem temporariam haben oder nicht. Meines Erachtens braucht es keines grossen Disputs, sondern es ist am besten, wenn man sagt, es käme ihnen so viel Potestät zu, als ihnen andre Puissancen, das Ministerium und das Volck gönnen und überlassen wollen. Bißweilen sind sie von den würcklich regierenden Herrn wenig oder gar nicht unterschieden, bißweilen aber auch vor nichts anders als vor blosse grosse Staats-Ministri anzusehen.

§. 3. Die Vormundschafftlichen Regierungen sind nicht allezeit die besten, und erhellet sonderlich aus unterschiedenen Exempeln der Fürstlichen Häuser in Teutschland, daß, ie mehr sie dergleichen Regierungen unterworffen gewesen, ie unglücklicher sie geworden. Daher ist es auch kommen, daß man in einigen alten Schrifften, an statt Vormundschafftliche Administration, das Wort Gerhabschafftliche findet; es ist dieses ein alt Oesterreichisch Wort, und soll so viel bedeuten, als Vormundschafftlich; wie denn bekandt, daß Kayser Maximilianus I. die ungetreuen Vormünder Gerhaber, das ist, Gernhaber, die das Land lieber selbst gerne hätten, genennet. S. Tom. IX. Elect. Jur. Publ. p. 460.

§. 4. Die Bestellung der Vormundschafften wird in den Fundamental-Gesetzen des Reiches, und in den besondern Vergleichen, so die Regenten dieser dieserwegen mit ihren Reichs- oder Land-Ständen errichten, determiniret. Vielmahls wird den Landes Herren die Macht überlassen, so wohl dem Reiche als auch dem Successori wegen der Vormundschafft in Testamente zu prospiciren. Als anno 1660 die sämtliche Dänische Nation ihrem König die Regierung auftrug, so überließ es ihm auch völlig seiner Disposition, was er vor eine Art der Regierung beobachtet wissen wolte, wenn der nächste Erbe des Königreichs minorenn seyn würde; sie verpflichteten sich eydlich, daß sie vor sich und vor ihre Erben sich dieser Königlichen Sanction als einem Fundamental-Gesetz verbindlich unterwerffen wolten. S. Thuanus Lib. 120 Histor. ad ann. 1598.

§. 5. Die testamentirlichen Vormundschafften haben keine weitere Krafft, als es den Land-Ständen, oder den andern, denen das nächste Recht zur Vormundschafft und Succession zustehet, anständig oder andern Puissancen, die darüber zu Guaranteurs gesetzt, gefällig ist. Im Römischen Reich gründen sich die Vormundschafften auf die Testamenta und Compactata der Vorfahren, auf die Kayserlichen Decreta, Reichs- und andere Belehnungen und die darauf eingerichtete Landes Huldigung.

§. 6. Es lassen grosse Herren bißweilen bey ihren Lebzeiten eine Verordnung und Disposition, wie es im Fall dero Absterbens mit der Vormundschafft und Administration dero Lande gehalten werden soll

soll, in öffentlichen Druck ausgehen. Sie erklähren sich, daß sie diesen, dem sie entweder dazu erwehlt, oder der von den Gesetzen dazu bestimmt, die Administration gerne gönnen, und darwider weder durch Testamenta noch in andere Wege nichts ändern, oder dagegen etwas thun und vornehmen, noch andern solches zu thun gestatten; begehren zugleich von dero Landschafft, dieselben wollen auf obgedachten Fall sich an niemand anders, als an diesen halten, denselben vor den Vormund und Administratorn der gesammten Lande erkennen, ehren und respectiren.

§. 7. Es ist wohl gethan, wenn die Vormundschaffts-Fälle entweder in den Fundamental-Gesetzen des Reichs, oder in Testamenten, oder in den besondern Vergleichen mit den Agnaten, und auf andere Wege bey Zeiten ausgemacht und in Ordnung gebracht werden, denn sonst setzt es unter den unterschiedenen Agnaten offtermahls grosse Streitigkeiten, darüber das Land und die Unterthanen nachgehends am meisten leiden müssen. In Teutschland ist die Vormundschafft der Chur-Fürsten in der güldenen Bulle ausgemacht, und dieselbige kan durch testamentirliche Disposition nicht so gar leicht geändert werden, wie hievon in der Teutschen Historie hin und wieder unterschiedene Exempel anzutreffen; inzwischen ist doch auch hierbey die Interpretation nicht so gar sehr wider die Billigkeit einzuschräncken. Deswegen schrieb der Chur-Fürst zu Sachsen Augustus anno 1584

an

an den Chur-Fürsten zur Pfaltz Ludwig VI. daß es ein schwer Thun seyn würde, wann die güldene Bulle, indem sie dem nächsten Agnaten die Vormundschafft aufträgt, die Meynung haben solte, daß dadurch in den Chur-Fürstlichen-Häusern den Eltern dermassen die Hände geschlossen wären, daß dieselben, so gar auch andere Personen und Freunde mehr, zu denen sie ein besonder Vertrauen hätten, im Testament oder letzten Willen zu verordnen nicht Macht haben sollten.

§. 8. Die grossen Herren pflegen nicht selten ihren Gemahlinnen die Administration der Vormundschafft, und die Auferziehung ihrer jungen Printzen zu überlassen, und setzen ihnen einige geschickte Staats-Ministres, zu welchen sie vor andern ein besonder Vertrauen haben, an die Seite. Als der König in Schweden Carl Gustav sterben wolte, trug er in seinem Testamente nebst dem Consilio Senatus die Vorsorge vor das Reich und vor seinen Printzen der Königin Hedwig Eleonoren und den 5 grösten Ministris auf, so lange sie unvermählt bleiben würde. Sie war allzeit in dem Staats-Conseil mit gegenwärtig, und hatte 2 Suffragia.

§. 9. Es kommen mancherley Ursachen zusammen, warum die Fürstlichen Mütter gar leicht zu den Vormundschafften gelangen können; theils haben sie eine gute Vermuthung der Pietät vor sich, daß sie vor die Wohlfahrt ihres Kindes sehr besorgt seyn würden, um derentwillen ihnen auch in den

Privat-

Privat-Rechten die Vormundschafft aufgetragen wird, theils sind ihnen einige grosse Staats-Ministri auf alle Wege dazu behülflich, denn sie profitiren dabey, weil manche von ihnen mehr regieren, als die Königlichen oder Fürstlichen Mütter. Bißweilen werden sie durch einen specialen Consens des Volcks dieser Vormundschafften fähig, da sie sich durch ihre grosse Meriten und Tugenden den Weg dazu bahnen. Es geschicht auch wohl, daß sie durch List das Reich nach und nach an sich ziehen, und die Ministres und Stände gewinnen.

§. 10. Nach der Teutschen Verfassung sind die Vormundschafften der Fürstlichen Mütter ebenfalls gegründet. Bißweilen trägt des Römischen Kaysers Majestät die Vormundschafft des pupillen ihnen selbst auf, die Administration des Fürstenthums aber einen von den Hochfürstlichen Agnaten, wie es der Kayser anno 1678 bey dem Hertzogthum Würtenberg thate. Offters werden sie auch in den Fürstlichen Testamenten die der Kayser nachgehends zu confirmiren pflegt, dazu ernennet, und einige geheimbde Räthe ihnen an die Seite gesetzt.

§. 11. Wird ihnen die Vormundschafft und Administration des Fürstenthums selbst aufgetragen, so lassen sie in Beyseyn des Erb-Printzens die Fürstlichen Räthe in das Gemach kommen, und tragen ihnen mit nachdrücklichen und wehmüthigen Worten vor, wie Dero Hochseeliger Gemahl ihnen bey der Minderjährigkeit ihres Herrn Sohns

die

die Vormundschafft und Landes-Regierung committirt, sie wolten gnädigst hoffen, sie die Räthe würden in ihren bißherigen Bedienungen ihnen getreulich an die Hand gehen, und dasjenige ferner beobachten, wozu sie von ihren Hochseeligen Gemahl befehliget worden, und durch eine unterthänigste Angelöbniß den Handschlag von ihnen erwarten.

§. 12. Wann sie nun ihre Bedienten durch den Handschlag in neue Pflicht genommen, so weisen sie dieselben mehrentheils gleich wieder in ihre Aemter, um darinnen zu continuiren, immassen sie nicht leicht unter der Hofstatt zumahl unter den Herren Räthen eine Veränderung vornehmen. Sie vermahnen hierauf alle und iede insonderheit, sich in ihren Aemtern so aufzuführen, wie sie es gegen den grossen GOtt, gegen die liebe Gerechtigkeit, gegen ihre Herrschafft, und sonderlich dermahleinstens gegen des Erb-Printzens als künfftigen Regentens Hochfürstliche Durchlauchtigkeit zu verantworten getrauten.

§. 13. Bevor sich diese Handlung endiget, leget einer von den Hoch-Fürstlichen Herren Räthen in Nahmen der sämtlichen Hofstatt eine solenne Gegen-Rede ab, dancket Ihrer Durchlauchtigkeit vor den gnädigsten Vortrag, gratuliret Ihnen zur angetretenen Vormundschafftlichen Administration des Landes, und versichert im Nahmen aller, daß sie nicht unterlassen würden, Ihrer Hoch-Fürstlichen Durchlauchtigkeit schwerer Vor-

Vormundschaffts-Last, so viel als in ihren Kräfften stünde, mit erleichten zu helffen, und ihnen mit allen möglichen Fleiß und Treue zu assistiren.

§. 14. So bald sie die Vormundschaffts-Regierung angetreten, notificiren sie dieses in Schrifften den andern Reichs-Fürsten, diese unterlassen sodann nicht sofort hierauf zu antworten, Ihnen zur angetretenen Fürstlichen Vormundschafft und Landes-Regierung zu gratuliren, und wünschen daß die Erziehung Dero hochgeliebten Erb-Prinzens und der übrigen Prinzen und Princeßinnen Ihnen so glücklich seyn möchte, daß Ihre Hoch-Fürstliche Durchlauchtigkeit viel Fürstliche Freude und vollkommenes Vergnügen gegen diese erlittene schwere Betrübniß empfinden möchten.

§. 15. Offters wird nach dem Testament, oder durch Kayserliche Verordnung ein mächtiger Fürst zum Ober-Vormund zugleich mit bestimmt, der der Fürstlichen Frau Wittwe zugleich assistiren muß. Bey manchen Fürstlichen Häusern in Teutschland sind die Kayserlichen Confirmationen der Vormundschafften gebräuchlich, bey andern aber nicht. Wo sie nun eingeführt, da müssen sie gesucht werden, wo sie aber nicht des Herkommens, bleiben sie unterwegens. Dafern sich bey Conferirung einer Vormundschafft etwas veränderliches ereignet, so wird die Einwilligung der Land-Stände mit darzu erfordert.

§. 16. In Teutschland ists nichts ungewöhnliches, daß auch Personen geringern Standes eines

Von den Fürstl. Vormundschafften ꝛc. 545

nes höhern Unmündigen Vormündern seyn, sintemahl man hierbey auf die Verordnungen des Testatoris seine vornehmste Betrachtung richtet. Die Vormundschafft und eine Raths-Bestallung sind einander in geringsten nicht zuwider. Es gedenckt nicht allein Mylenus in seinem Tractat de Princip. & Statib. Imperii Part. I. Cap. 29. §. 13. eines Exempels von einem Marggrafen von Baaden, dem nach väterlicher Disposition der Cantzler zum Vormund gegeben worden, sondern man hat bey einigen andern Häusern auch noch mehr dergleichen Exempel, daß Geheimbde Räthe zu Vormündern der jungen Printzen constituirt worden.

§. 17. Inzwischen gehören doch diese Casus unter die seltenen; gewöhnlicher ists, daß die nächsten Hoch-Fürstlichen Agnaten, dafern nicht die Mutter ein näher Recht erlangt, entweder durch Testamentliche Verordnung, oder nach Inhalt der Fürstlichen Verträge und Compactaten, oder der Landes- und Reichs-Gesetze der Fürstlichen Vormundschafft theilhafftig werden. Bißweilen werden in den Testamenten nebst den Fürstlichen Ober-Vormündern, als Vettern vom Hause, auch noch zugleich 4 oder 5 Räthe als Unter-Vormünder zugleich mit bestellt. Es geschicht wohl gar, daß der älteste von den Herrn Söhnen den andern Herrn Brüdern zum Vormund constituirt wird; und zugleich andre zu Mit-Vormündern erklährt werden.

Mm §. 18

§. 18. Wenn die Hoch=Fürstlichen Mütter ihre Vormundschafft antreten wollen, so entstehen gar öffters zwischen den Agnaten dieserhalben harte Contradictiones; Die Hoch=Fürstlichen Herren Vettern wollen sich ihres vermeintlichen gebührenden Vormundschaffts=Rechts mit aller Gewalt gebrauchen, sie wenden wider eine andre Administration die solennesten Protestationes ein, sie lassen in besondern Deductionen allenthalben bekandt machen, wie ihnen vor andern das Vormundschaffts=Recht zustehe, und wie die andre Tutel, der sich die Fürstliche Wittwe angemast, dem alten Herkommen, den Fürstlichen Verträgen und ausgestellten Reversalien zuwider sey. Sie maßen sich öffters der Administration des Landes und der Erziehung der Printzen de facto an, sie deuten der Hoch=Fürstlichen Frau Wittwe an, daß sie sich auf ihren Wittwen=Sitz begeben soll, sie wollen den Printzen wegführen, die Bedienten in Pflicht nehmen, und die Landschafft zur Huldigung zwingen.

§. 19. Diesen Bezeugen widersetzen sich nun die Hoch=Fürstlichen Wittwen so viel als möglich, sie beziehen sich auf die vielen Exempel die bey diesen Hoch=Fürstlichen Hause und bey andern Hoch=Fürstlichen Häusern anzutreffen, daß die Mütter bey der Tutel den Agnaten vorgezogen worden; sie allegiren zu ihrer Faveur die Erb=Verträge und Landes=Reversalien, auch Ehe=Pacten, so die Agnaten mit unterschrieben, sie steiffen sen sich auf das Testament ihres Hochseligen Gemahls, und zeigen wie es in materia und forma richtig, und zu Recht beständig wäre, und suchen sich bey ihrer Vormundschafft zu erhalten. Können nun die streitigen Theile bey diesen Fällen weder vor sich, noch durch Interposition andrer Fürsten in Güte aus einander kommen, so entstehen offenbahre Feindseligkeiten. In Teutschland aber pflegt des Römischen Kaysers Majestät als der allerhöchste Ober-Richter, entweder durch besondre Commissarien sie aus einander zu setzen, oder den Streit durch den Ausspruch des Reichs-Hof-Raths oder Kayserlichen Cammer-Gerichts zu decidiren.

§. 20. Wie sich nun die Agnaten gar offters zu den Vormundschafften reissen, also geschicht es doch auch bißweilen, daß sie sich nicht gerne dazu verstehen wollen, wenn sie etwan viel Schwürigkeiten und bedenckliche Suiten vor sich sehen, oder mit den Unmündigen, theils etwan wegen einer unter Händen gehabten Theilung, oder sonst in einigen Irrungen und Disputen stehen. Bey diesen Umständen bemühen sie sich nun, entweder der Vormundschafft gantz und gar zu entbrechen, oder sich doch zu Vermeydung Verdachts und einer besondern Verantwortung derselben nicht eher zu unterziehen, biß ein andrer zugleich zum Contutore mit bestimmt.

§. 21. Die Fürstlichen Vormünder pflegen mehrentheils nach angetretener Vormundschafft

Patente in das Land auszuschreiben, darinnen sie den Land=Ständen, Beamten, und sämmtlichen Unterthanen anbefehlen, sich mit ihren Pflichten und Schuldigkeit getreulich zu halten, und niemand anders, wer der auch sey, und unter was vor Vorwand dergleichen an sie begehrt worden, oder noch begehret werden möchte, mit Handschlag oder Pflichten verwandt zu machen.

§. 22. Die Tutores der hohen Standes=Personen sind so wohl als die Vormünder der Privat-Leute verbunden, in währender Vormundschafft der Unmündigen Nutzen und Frommen besten Vermögens zu befördern, dagegen Schaden und Nachtheil abzuwenden, auch von derselben Haabe und Gütern Inventaria machen zu lassen. Nach geendigter Vormundschafft müssen sie alles getreulich wieder ausliefern, und der Administration halber Rechenschafft und Antwort geben. Die besondern Umstände, was sie zu besorgen und wie sie sich zu verantworten haben, sind nach dem Unterschied ihres Standes unterschieden; Je ohnmächtiger sie sind, desto mehr wird von ihnen gefordert. Diese müssen nicht allein die Rechnungen und Geld=Sachen, sondern auch alles, was zur Vormundschafft gehörig, in der grösten accuratesse halten, damit sie geschickt seyn nach geendigter Tutel alles treulich wieder zu überliefern, und alle ihre Handlungen, die sie im Nahmen des Pupillen und in Absicht auf seine Wohlfahrt vorgenommen, zu justificiren.

§. 23.

Von den Fürstl. Vormundschafften ꝛc. 549

§. 23. Was den Vormundschaffts-Eyd betrifft, daß die Tutel wohl geführt werden soll, so ist zu wissen, daß die Höhern denselben gar selten in eigner Person schwehren, sondern mehrentheils durch ihre zu solcher Handlung Gevollmächtigte. Im Kayserlichen Cammer-Gericht ist folgende Formul eingeführt: Ich N. gelobe und schwere in Krafft der schrifftlichen Gewalt, so von Herr N. Hertzogen zu N. zu dem Kayserlichen Reichs-Hof-Rath übergeben, und in die Seele desselben, daß er als Vormund weyland Herrn N. Hertzogs zu N. nachgelaßner minderjähriger Kinder, Söhne und Töchter in besten Befehl haben, sie zu Fürstlichen Ehren und Tugenden anweisen, alles und iedes, so denselben nützlich und gut ist, thun und handeln, was unnütz u. schädlich, vermeyden und unterlassen, und verhindern, derselben Güter und Personen zu ihrem Nutzen, in gutem Glauben und Treue vertreten, und im besten versehen, Inventarien von ihren Haab und Gütern machen, seiner Handlung und Administration zu gebührlicher Zeit Rechnung thun, mit vollkommener Uberlieferung alles dessen, so der Vormundschafft halber zu seinen Händen kommen, und den hinterlassenen Unmündigen zustehet, oder er ihnen schuldig bleibt, und sonst alles das thun will, was einem getreuen Vormund zugehört; alles bey Verpfändung seiner Haab und Güter ohn Gefehrde und Arglist, als wahr ihn GOTT helffe, und das Heilige Evangelium.

§. 24.

§. 24. Ob ein grosser Herr, wenn er durch seinen Tutorem lædirt worden, ex capite minorennitatis wie Privat-Personen wider seinen Vormund eine Klage anstellen könne, ist unter den Staats-Rechts-Lehrern streitig. Es wird sich dieser Casus unter den souverainen Häuptern nicht leichtlich zutragen. Carl II. König in Spanien muste in seinem 7. Jahre dem Königreich Portugall renunciren, und in vier Jahren drauf verlohr er die Franche Comté, die er an Franckreich überlassen muste. Der König in Engeland Henrich VI. büßte zur Zeit der Minorennität sehr viel an Franckreich ein, man lieset aber doch nirgends, daß sie dieserwegen ex capite Minorennitatis eine Restitution gesucht hätten. Inzwischen glaub ich doch, daß dieses bey manchen Fürsten in Teutschland in Ansehung ihrer Vormünder possible sey. S. D. Fleischers Dissert. an princeps ex factis sui tutoris possit obligari.

§. 25. Die Vormundschafft endiget sich, wenn der bißher minderjährige Printz seine Majorennitäts-Jahre erreicht, und sich entweder selbst vor fähig erklährt, die Regierung anzutreten, oder durch andere dazu erklähret wird. Der terminus majorennitatis ist nach dem Unterschied der Länder und Reiche unterschieden. Bey einigen Reichen ist er in den Fundamental-Gesetzen determinirt, bey andern aber wo die Regenten völlig souverain sind, können sie sich vor majorenn achten, wenn sie wollen. In der neuen Regierungs-Forme, so

an-

an. 1719. den 21. Februarii zu Stockholm publicirt worden, ist ausgemacht worden, daß kein König den Thron betreten soll, bevor er sein 21. Jahr völlig zurück gelegt. Bey den Teutschen Fürstlichen Häusern, ist der Terminus majorennitatis ebenfalls unterschieden, und zuweilen auch gar nach den unterschiedenen Linien eines Hochfürstlichen Hauses verändert. Also gedencket der weyland hoch-meritirte Staats-Minister und Ruhmwürdige Autor des Europäischen Herolds p. 242. daß ein Land-Graf zu Hessen-Cassel allererst in seinem 25. Jahr zu seiner Mündigkeit gelange, gestalltsam Jhro ietzo regierende Durchlauchtigkeit eher nicht als an. 1677. aus Dero Frau Mutter und Vormündern Händen, die Fürstliche Landes-Regierung, welche diese in die 14. Jahr rühmlichst verwaltet, und nun solenniter in Gegenwart der Prälaten, Ritter und Landschafft auch sämmtlichen hohen Bedienten resignirt, empfangen, und nach Anleitung des hergebrachten juris primogeniturae angetreten hätten. Hessen-Darmstadt hingegen, so bey der Augspurgischen Confession unverändert geblieben, gewönne vermöge des vom Kayser Ferdinand II. Land-Graf Ludwigen und dessen Fürstlichen Erben und Nachkommen ertheilten Privilegii de dato den 15. Nov. 1625. nach dem abgelegten 18. Jahre die Volljährigkeit, und würde zur Regierung fähig erkandt. Mehrentheils erreichen sie ihre Majorennität nach dem sie das 21. Jahr zurück gelegt. Der Terminus majorennitatis tacis kan durch gewisse Pacta und Vergleiche, durch speciale Concessiones und Kayserliche Privilegia und andere dergleichen Modos allezeit wieder geändert werden.

§. 26. Die Römischen Kayser pflegen nicht selten denen Printzen in Teutschland, wegen ihrer besondern Qualitäten und Tugenden, vor dem gewöhnlichen Termin der Majorennität veniam ætatis zu ertheilen, und ihnen zu erlauben, daß sie die Regierung selbst antreten mögen. Also ward der König in Ungarn und Böhmen Ludovicus im XIII Jahre vor Regierungs-fähig erkannt; S. Goldastus de Regno Bohemiæ Lib. IV. Cap. I. n. 6. Und Philippus, Landgraf zu Hessen im XIVten. Kayser Leopoldus declarirte anno 1693. Printz Eberhard Ludwig von Würtenberg im XVIIten Jahr seines Alters vor majorenn, iedoch mit der Condition, daß er nichts ohne seine Mutter die Hertzogin und zweyer Räthe unternehmen solte. S. das Leben des Kaysers Leopoldi p. 668.

§. 27. Bißweilen stehet es auch in den Mächten des Fürstlichen Vormunds, daß er seinen minderjährigen Printzen der Curatel erlassen, und ihm die Regierung seiner Lande übergeben kan. Er notificirt ihm sodann solchen Entschluß in einem obligeanten Schreiben: Ob wohl die Jahre der Minorennität noch nicht völlig verflossen wären, nachdem aber gegen den Ober-Vormund er, der Fürst, sich diese Zeit über also betragen, daß sein geneigtes und geflissenes Gemüth darob zu verspühren, so

wolte

Von den Fürstl. Vormundschafften ꝛc. 553

wolte er zum Zeichen seiner gegen demselben habenden Affection ihm dieses dagegen erweisen, und ihm dero über sich gehabte Curatel frey geben und entlassen, mit der nunmehrigen Erlaubniß die Administration und Regierung der Lande also zu führen, gleich als ob er majorenn wäre. Also liessen Jhro Königliche Majestät in Pohlen und Chur-Fürstliche Durchlauchtigkeit zu Sachsen Herr Friedrich August, durch Dero Obristen Cantzler Hertzog Christian Augusten, Bischoffen zu Raab, Dero noch nicht volljährigen und bißhero unter der Chur Curatel gestandenen Vetter Hertzog Johann Georgen zu Weissenfelß, nach ertheilter Venia ætatis, vor mündig und Regierungs-fähig solenniter erklähren, dergleichen Actus in dem Chur-Fürstenthum Sachsen sind noch nie geschehen. S. Müllers Annales Saxoniæ p. 609.

§. 28. Wo souveraine Herren sind, als wie in Franckreich, so erklähren sie sich selbst vor majorenn, wenn es ihnen gefällig, und sie nicht durch ihre bißherigen Vormünder, oder Königliche Anverwandten, oder einige grosse Staats-Ministres, mit denen ein und anderer auswärtiger Printz unter einer Decke liegt, daran verhindert werden. Sie beruffen alsdenn die gantze Königliche Familie, ihre nächsten Anverwandten und die vornehmsten Stände des Reichs zusammen, und notificiren ihnen, daß sie nun das Alter ihrer Majorennität erreichet; sie versichern eine gute Regierung, und verlangen von allen und jeden Devotion und

Mm 5 Gehor-

Gehorsam, lassen auch durch ein Edict ihren Entschluß, und die mit ihnen vorgegangene Veränderung allen ihren Unterthanen, notificiren.

§. 29. Hierauf hält einer von den vornehmsten Ständen oder Staats-Ministris, im Nahmen des gantzen Reichs eine solenne Rede, gratulirt Jhrer Majestät zum Antritt der Regierung, appreciret Jhnen alles Königliche Heyl, und versichert eines ieden vollkommene Devotion. Es geschicht auch wohl, daß der bißherige Vormund, es mag nun solches ein Königlicher Agnate oder die Königliche Frau Mutter seyn, in einer Rede dem jungen König vor der gantzen Familie und Hofstatt und Deputirten des Reichs die Regierung übergibt. Also hielt die Königin in Franckreich Anna Maria an ihren Sohn König Ludwig XIV in Franckreich eine Rede, als er nach erhaltener Majorennität das Regiment übernehmen wolte a. 1652. Der junge Regent danckt seinem bißherigen Vormund in einer Gegen-Rede vor dessen Bemühung und Sorgfalt, bittet ihm mit einem guten Rath und Unterricht zu assistiren, und versichert ihm aller Liebe und Propension.

§. 30. Bißweilen schicken die vornehmsten Stände, wenn sie sehen, daß ein grosser Herr die Jahre der Kindheit zurück gelegt, und viel Verstand von sich blicken läst, auch Liebe bey dem Volck erlangt, nach geschehener Berathschlagung eine solenne Deputation von denen Reichs-Officiis an den König, und ersuchen ihn die Regierung des Königreichs anzutreten. Der junge König dan-

Von den Fürstl. Vormundschafften rc.

dancken den Ständen und dem Volck vor ihre Liebe und das in Sie gesetzte gute Vertrauen, führen an, sie wären zwar noch jung von Jahren, ein so schwer Regiment zu führen, verhoffeten aber gleichwohl, es würde GOtt durch seinen Geist und Beystand sie desto mehr unterstützen.

§. 31. Wenn ein Printz in Teutschland die Jahre seiner Majorennität erreicht, so kommt bißweilen der Fürstliche, von dem Kayser ihm gesetzte Vormund ein, führet in einem allerunterthänigsten Schreiben bey Römischer Kayserlicher Majestät an, daß sein Pflegbefohlener das 21. Jahr seines Alters zurück gelegt, und dadurch sein vogtbahres Alter nach den Gesetzen dasigen Landes erreichet, und mithin, vermöge der bey dem Fürstlichen Hause alten hergebrachten Observanz, die Regierung des Fürstlichen Antheils anzutreten hätte, mit Bitte, ihm von sothaner Tutel per Decretum Absolutionis allergnädigst loßzusprechen. Ist nun die allegirte Observanz wegen der erlangenden Vogtbarkeit in dem XXI. Jahr glaubwürdig bescheiniget, so erfolget ein Kayserlicher Bescheid.

§. 32. An andern Höfen erfolget eine solenne Resignation der Vormundschafft, und der Antritt der Regierung, wenn der Printz zu den Jahren seiner Majorennität gekommen, ohne vorhergegangene Kayserliche Resolution. Bißweilen ist der bißherige Vormund selbst gegenwärtig, und legt in Beyseyn des gantzen Hofes und der vornehmsten Land-Stände die Vormundschafft nieder in einer

solen-

solennen Rede, die denn von dem Printzen, der nunmehr die Regierung seiner Lande übernommen, durch eine Gegen-Rede beantwortet wird. Oeffters geschicht auch diese Handlung in seiner Abwesenheit durch seine Gesandten und Gevollmächtigten.

§. 33. Die Fürstlichen Vormünder pflegen hierbey alles zu überliefern, was ihnen der Vormundschafft halber zu dero Händen kommen, und dem volljährigen-Fürsten zustehet, an Landen, Herrschafften, Würdigkeit, Ehren und andern Rechten, Nutzungen und Zugehörungen, dergestalt, daß derselbe als ein rechter natürlicher Erb- und Landes-Fürst zu seiner Landes-Huldigung nach Bequemlichkeit schreiten kan, sie überantworten ihnen auch die gebrauchten Secreta und Insiegel, nebst den Cantzeley-Cammer- und Rentherey-Schlüsseln.

§. 34. Nach der Resignation der Vormundschafften werden den Fürstlichen Vormündern Qvittungen ausgestellt, worinnen die neuen Landes-Fürsten ihre bißherigen Vormünder und alle dero Erben und Nachkommen wegen solcher Vormundschafft, und was dem mehr anhängig, auch des Inventarii halber, Landschafft-Rentherey-Amts-und andrer Rechnung, oder was nur ersinnlicher maßen von dieser Vormundschafft dependirt, oder in oder außer Recht vorgegangen und verhandelt, und einige Verantwortung, wie die Nahmen haben möchten, auf sich hätte, in bester Forme und Gestalt, wie solches in Rechten und
Ge-

Gewohnheiten am kräfftigsten und beständigsten immer geschehen soll, kan und mag, ietzt wie alsdann, und dann als ietzo, gäntzlich und allerdings ohn einigen Auszug oder Vorbehalt, quitt, ledig und loßgezehlet werden bey Fürstlichen Ehren, Treuen, Worten und Glauben.

§. 35. Hat nun alles seine Richtigkeit, so führet die Hoch-Fürstliche Frau Wittwe oder der Hoch-Fürstliche Agnate in einem öffentlichen Ausschreiben an, daß Sie Inhaltes der testamentlichen oder einer andern Disposition die Vormundschafft biß auf 2c. nach vorhergegangener Allergnädigsten Confirmation geführt, an selbigen Tage aber Ihres freundlich geliebten Herrn Sohns oder Vetters Liebden, dero Majorennität nach dem Herkommen des Fürstlichen Hauses erreicht, mithin die auf Sie verfallte Landes-Regierung selbst angetreten, auch nach deroselben eignen Willen die Erb-und Landes-Huldigung einzunehmen hätten; Als wolten Sie, nachdem Sie von Hochgedachten Sr. Liebden Sie über die bißherige Administration vergnüglich quittiret, Krafft dieses alle Räthe und Beamten, ingleichen die Freyherrn und Ritterschafft, Rittersassen und Landschafft, Bürgermeister in Städten, Bürger und Einwohner in Städten und Dörffern, welche ihnen bißhero als Fürstlichen Vormündern und Regenten, theils mit würcklicher Pflicht, theils mit Gehorsam verwandt gewesen, derselben erlassen, und Sie an Hochgedachte Se. Liebden als ihren

ange-

angebohrnen und Inhaltes Fürst-väterlichen Testamente einig regierenden Landes-Fürsten verwiesen haben.

§. 36. Nach dem Antritt der Regierung, erfolgt die Huldigung. Die von der Königlichen Familie und von den vornehmsten Ständen des Königreichs, machen damit den Anfang, und die andern folgen nach, und bezeugen ihre Submission, wie es die Observanz eines ieden Hofes des Reiches und Landes mit sich bringt. Hierauf publiciren sie neue Landes-Gesetze, ertheilen neue Chargen, und unterziehen sich in allen Stücken der Königlichen Regierung.

Das II. Capitul.
Von dem Fürstlichen Successions-Wesen.

§. 1.

Die Reichs-Cron-Folge-Gesetze sind von keiner ewigen Dauer und Währung, wie einige Lehrer des Staats-Rechts vorgeben wollen, sondern werden nach Beschaffenheit der Conjuncturen, theils von den Königen, theils von den Ständen und Unterthanen geändert. Also hat in den alten Zeiten bey diesen und jenen das Wahl-Recht vorgewaltet, iedoch ist es also gemäßiget worden, daß wohlverdienter Könige Kinder dabey gar selten übergangen

Von dem Fürstl. Successions-Wesen. 559

gen worden; Mit der Zeit wurde das Recht des Geblüthes zwar stärcker, und fast als ein Vorrecht eines gewissen Stammes angesehen, doch gleichwohl noch unter dem Schein einiger freyen Wahl, welches endlich nun gantz und gar dahinaus gediehen, daß zwar ein Geblüths-Erbe noch hat mögen übergangen werden, aber anders nicht, als wenn an demselben ein Mangel erfunden worden, so dem Reich, nach Gebühr und Nothwendigkeit der Zeiten vorzustehen, hinderlich gewesen. Solch Wahl-Recht ist suffragium negativum genennet worden, da nehmlich das Volck von dem Cron-Folger urtheilen können, ob er der Reichs-Bürde fähig, und auf das Gegentheil ihm die Cron-Folge zu versagen. Es sind auch Zeiten gewesen, da bey den alten Völckern nach der Zahl Königlicher männlicher Kinder das Reich in eben so viel Stücke und Königreiche zutheilet, bißweilen auch die Bastarte davon nicht ausgeschlossen worden. Manche wolten besondere Arten der Cron-Folgen einführen, daß nemlich die jüngern Söhne zwar mit gewissen Theilen des Reichs unter Königlichen Nahmen und gewissen Bedingungen versehen werden, der älteste aber das beste behalten, und auf gewisse Maße der andern Ober-Herr seyn solte.

§. 2. Die Successions-Ordnungen werden nach den Fundamental-Gesetzen des Reiches und Landes entschieden. Gleichwie an Feststellung einer unveränderten Erbfolge gar viel gelegen, also ist höchst nöthig, daß, um allen Mißverstand und innerliche

nerliche Unruhe, auch andere daraus zu besorgende Ungelegenheiten gäntzlich zu verhüten, folglich alle listige und gefährliche Intriguen, so an den Höfen im Schwange zu gehen pflegen, aus dem Wege zu räumen, in dergleichen Legibus pragmaticis, so viel als möglich, mancherley künfftige Fälle determiniret werden.

§. 3. Wo unterschiedene gar nahe Anverwandten, so entstehen bißweilen der Succession wegen gar wichtige Staats-Fragen; sie werden aber am leichtesten decidirt, wenn der eine die Liebe des Landes und der Stände, und sonderlich der Armee zu gewinnen sucht. Da bey dem Tode des Königs in Schweden Carl des XII nicht allein die Schwester Ulrica Eleonora, sondern auch der von der ältesten Schwester hinterlassene Sohn, Printz Carl Friedrich zu Holstein vorhanden war, so drang die Schwester am ehesten durch, als sie die genereuse Resolution ergriff, alles, was man Souverainität nennet, gäntzlich abzuschaffen, und die Regierung des Reichs auf den alten Fuß zu setzen. Von der Successions-Folge in dem Königreich Schweden siehe den Eylfertigen Entwurff aus den Schwedischen Reichs-Grund-Gesetzen und dem Münsterischen Friedens-Schluß über die Successions-Folge bey den Absterben Sr. Königlichen Majestät in Schweden Caroli XII, und die andern unvorgreifflichen Gedancken über den eylfertigen Entwurff ꝛc. in einen Schreiben an einen vornehmen Herrn abgefaßt.

§. 4.

§. 4. Daß in den Erb-Königreichen nach Abgang der männlichen Linie die Königlichen Princeßinnen, und welche von diesen herstammen, der Successions-Folge fähig seyn, ist nicht allein bey dem Königreich Schweden bekandt, sondern es sind auch in Spanien und Engelland genug Exempel davon vorhanden. Bißweilen bringen es die Gesetze des Wohlstandes und der Billigkeit, auch die Liebe mit sich, daß die letzte Princeßin eines Hauses, zumahl wenn sie sich um ihr Vaterland wohl verdient gemacht, allen andern vorgezogen wird, ob schon die Weibes-Personen durch die Fundamental-Gesetze desselben Staats zur Succession nicht beruffen würden, und sie dieser Raison halber vermöge eines ihnen zuständigen Rechts, und ohne vorhergehende besondere Wahl nicht succediren könten.

§. 5. Wenn ein Hauß auf den Fall stehet, und grosse Regenten sehen, daß sie ohne männliche Erben abgehen würden, und nach ihrem Absterben der Succession wegen nicht allein viel und mancherley Streitigkeiten, sondern auch wohl gar blutige Kriege entstehen möchten, so recommandiren sie ihren Reichs-Ständen die Succession auf das beste, und ersuchen sie eine Successions-Acta bey Zeiten zu etabliren, damit aller Unordnung und allen Unheil möchte vorgebeuget werden. Also hielt der König in England Wilhelm III. als ihm der Hertzog von Glocester gestorben war anno 1701. den 22. Februarii eine eigene Rede an das Parlament

ment, und stellte darinnen gar nachdrücklich vor, wie die Nothwendigkeit allerdings erfordere, daß man nunmehro genauere Vorsehung thät wegen der Succession zur Crone. In einigen Reichen und Ländern als wie in England wird ein frembder aus einem andern Lande und frembden Geblüthe durch eine Naturalisations-Acta der Succession fähig erklährt.

§. 6. In den Testamenten und andern Grund-Gesetzen so die Erb-Folge reguliren, wird auch die Religion gemeiniglich mit versichert und ausgedrückt, so daß diejenigen so der Erb-Folge genüssen, sich auch zugleich zu dieser oder jener Religion mit bekennen sollen. Die Clausul wegen der Religion, zu der sich ein Successor zu verpflichten hat, wird in einem Successions-Gesetze immer schärffer und bündiger ausgedruckt, als in dem andern. In einigen werden diejenigen, so einer andern Religion zugethan, auf ewig vor untüchtig erkandt, die Cron und Regierung dieses Königreichs und der dazu gehörigen Länder zu ererben, zu besitzen und zu genüssen, noch einige Königliche Gewalt, Ansehen oder Jurisdiction in denselben zu haben, zu gebrauchen und zu exerciren, und daß bey allen dergleichen Fällen das Volck in diesem Königreich von dieser Treue und Gehorsam solte loßgesprochen seyn. Es werden nicht selten die pragmatischen Sanctionen und Gesetze, welche alle Printzen einer frembden Religion von der Succession ausschliessen, in dem Gedächtniß der Unterthanen nicht allein verneuert und

und wiederholt, sondern auch alle Anstalten vorgekehrt, damit nicht das geringste en faveur einer frembden Religion eingeführt werden könne.

§. 7. Wie durch das Recht der Erstgeburth dem Wohl der Fürstenthümer prospicirt, und mancherley Unheyl, so sonst daraus entstehen könte, vorgebeugt werde, findet man in den Special-Verordnungen der Primogenitur ausgedrückt. In der Disposition so Johannes Fürst zu Anhalt-Zerbst anno 1649. den 29. Octobr. dieserhalben aufgesetzt, lieset man folgendes: Als auch bey der Hochfürstlichen Anhalt-Zerbster Linie in Erwegung kommen, daß bey künfftiger Vermehrung der Hochfürstlichen Nachkommen eine Verminderung des Fürstlichen Splendeurs entstehen würde, wenn ein ieder absonderlich die Regierung führen wolte, man sich auch erinnert, wie sich andere Durchlauchtige Häuser durch das Primogenitur-Recht guten theils in beharrlichem Flohr erhalten, und zu noch grösserer Aufnahme gedeyen. S. Beckmanns Historie des Fürstenthums Anhalt IV. Theil Cap. I. n. 4. p. 506. Der Hertzog Christian der ältere zu Sachsen-Merseburg erkläret sich in seinem letzten Willen dieser wegen folgender gestalt: Gestalt es denn klar und an Tage ist, welcher maßen unsere Länder dergestalt nicht zureichen, daß ein iedweder unserer freundlich geliebten vier Söhne eine eigene Regierung, oder nur einen Fürstlichen Staat an Dienern, Beamten und anderer Nothwendigkeit führen, weniger unsers Fürstlichen Hauses Dignität Respect, Hoheit und Splendeur, zumahl da hinkünfftig, wie zu vermuthen, allerseits mehr Fürstliche Erben erzeiget würden, in ihrem Wesen und Integrität verbleiben, oder es mit demselben bey solchen vielfältigen Zerreiß- und Zergliederungen unserer Lande und Vielheit der in Land und Leute succedirenden Herrn, als wodurch, gleich eine Ableitung grosser Schiff-reicher Flüsse in kleine verächtliche Bäche nicht allein vornehme alte Häuser an ihren Nahmen, Reputation und Kräfften augenscheinlich geschwächt und herunter kommen, sondern auch Land und Leute so wohl zu solcher Fürstlichen Häuser selbst als auch des allgemeinen Wesens, Schaden und Nachtheil, zerrüttet und getrennet, durch die die verderbliche Assortirung Fürstlichen Ansehens gäntzlich erschöpfft, und ins Verderben gestürtzet werden, in die Länge unmöglich würde Bestand haben können. ꝛc.

§. 8. Die Rechts-Lehrer erfordern zu Einführung dieses Rechts, (I) daß diese Pacta durch eine solenne Einwilligung der Land-Stände bestärckt werden, wie solches der Hertzog zu Braunschweig-Lüneburg Ernestus Augustus in Obacht genommen, bevor er zur Churfürstlichen Würde gelangt. S. den Europäischen Herold I. Theil p. 323. (II) daß sie durch ein Jurament derer die nachgehends würden gebohren werden, confirmirt seyn, (III) daß den Secundogenitis wegen der Apanage und den Princeßinnen Töchtern wegen ihrer Ausstattung prospicirt

spicirt werde, (IV) daß die Autorität des Kaysers dazu komme, damit es nicht scheine in der freyen Macht und Gewalt der Vasallen zu beruhen, die Lehns-Pacta zu verändern, (V) daß sie durch die Einwilligung der andern Reichs-Stände Krafft und Stärcke erlangen: Ob es wohl nicht unrecht wäre, wenn zu Vermeydung der mancherley künfftigen Disputen alles dieses in Obacht genommen würde, so sind doch Exempel und Gründe vorhanden, daß dergleichen Pacta mit Recht etablirt worden, ob man schon eines und das andere von diesen angeführten Stücken dabey nicht mit in Betrachtung gezogen. S. des Herrn von Saltzburg Dissertation de Emolumentis territorii Germanici ex juræ Primogenituræ descendentibus.

§. 9. Ausserhalb Teutschland, wo die Regenten völlig souverain sind, nehmen sie sich die Freyheit von dem Recht der Erstgeburth abzugehen, und bißweilen en faveur der Nachgebohrnen etwas anders zu verordnen. Also declarirten der Rußische Kayser Petrus I. anno 1722. daß es in Zukunfft iederzeit in der Willkühr des regierenden Landes-Herrn stehen solte, nicht allein die Succession zuzuwenden, wem er will, sondern auch den bereits designirten Successorem, wenn er einige Untauglichkeit an ihm bemerckt, wieder zu verändern, damit die Kinder und Nachkommen dadurch in Zaum gehalten und abgeschrecket werden, in dergleichen Gottlosigkeit zu verfallen. Sie statuiren hierinnen selbst ein Exempel, da sie ihren Sohn Alexium verfliessen, wie solches aus dem dißfalls publicirten Manifest zu ersehen. Diese den 11. Februarii publicirte Haupt-Verordnung haben alle Stände der gantzen Nation angehöret, freundlich aufgenommen, danckbarlich gepriesen, und daß sie gerecht sey, durch ihren Eyd bezeugt. Es ward auch bey dieser Gelegenheit eine eigene Schrifft in der Rußischen Sprache gedruckt, und aus derselben in die Teutsche übersetzt, so den Titul führet: Das Recht der Monarchen in willkührlicher Bestallung der Reichs-Folge, darinnen diese Materie nach den göttlichen und natürlichen Gesetzen, und den Regeln der Klugheit untersucht wird.

§. 10. Wenn die Fürstlichen Häuser oder Linien wegen der Primogenitur oder andern dergleichen Rechte unter einander streitig sind, und sich zu gütlichen Vergleichen nicht accommodiren wollen, so werden denn bey solchen Fällen gewisse Austräge vorgeschlagen, so die streitigen Erbschaffts-Puncte entscheiden müssen. So lange die Prætendenten mit einander disputiren, bleibt inzwischen das Votum der Stimme und Session auf den Reichs- und Creyß-Tägen suspendirt, und dessen Stelle vacant.

§. 11. Zuweilen rescribirt der Kayser in dergleichen streitigen Fällen an den gemeinschafftlichen Cantzler und Räthe förderlichst ihr pflichtmäßiges Gutachten, wie sie es vor GOtt und deroselben zu verantworten gedächten, verschlossen, und unter ihrer aller Hand, Unterschrifft und Siegel einzuschicken,

cken, wie sie vermeynen, daß denen noch übrigen Differentien und Puncten der noch nicht verglichenen Portionen an dem Fürstenthum salvo & integro remanente cursu justitiæ, den Recessen und Herkommen des Hauses gemäß, völlig abgeholffen, und die streitenden Fürstlichen Herren Gebrüder und Vettern endlich entschieden und von einander gesetzt werden können, und darauf fernere Kayserliche Verordnung gewärtig seyn.

§. 12. Die Abtretung eines Landes, es mag nun solche in einem Friedens-Schluß oder auf andere Art geschehen, pflegt mit besondern Solennitäten verrichtet zu werden. Also ward anno 1636 den 14 April das Marggrafthum Ober-Lausitz durch einen solennen Actum, vermöge der zu Prag getroffenen Friedens-Tractaten, übergeben: Erstlich holeten einige Abgeordnete von der Landschafft die Kayserlichen Commissarien aus ihren Logis auf das Rathhauß. Da sie nun auf das Rathhauß kamen, perorirte einer von den Kayserlichen Gesandten gegen die Landschafft, und zehlete sie Kayserlicher Majestät wegen mündlich und schrifftlich ihrer Pflichten loß. Es ward die Kayserliche Vollmacht samt der schrifftlichen Eydes Erlassung und dem Pragischen Receß abgelesen, und die Tradition geschahe schrifftlich. Von Chur-Sächsischer Seite erfolgte gegen die Kayserlichen Commissarien eine wohlgesetzte Dancksagungs-Rede. Die Landschafft proponirte darauf gegen die Chur-Sächsischen Gesandten, was sie vor nöthig befan-

befanden, statteten ihren unterthänigsten Glück=
wunsch ab, und verrichteten ihre Huldigung. Als
solches geschehen, giengen sie ab, und die Chur=
Sächsischen Gesandten hielten mit den Kayserli=
chen Commissarien und den vornehmsten Land=
Ständen ein kostbar Banquet. S. Kevenhüllers
Annal. Ferdinand. XII. Tomum p. 1667.

Das III. Capitul.

Von Interregnis und den Wahlen.

§. 1.

Die Interregna entstehen in einem Reiche
auf dreyerley Weise, zum ersten, wenn
ein Thron durch den Todes=Fall des
Regenten erlediget wird, zum andern,
wenn ein Monarch seine Regierung von freyen
Stücken nieder legt, und zum dritten, wenn ein
König von einem freyen Volck wegen seiner ty=
rannischen und höchst unvernünfftigen Regierung
gantz und gar vom Thron verstossen wird. Der
erste Fall ist der gewöhnlichste, der andre trägt
sich seltner zu, der dritte aber gehört unter die Casus
rarissimos, und ist auch noch bey denselben den
Staats=Rechten nach zu untersuchen, ob er vor
zuläßig zu achten.

§. 2.

§. 2. Bey einem Interregno werden gewisse Circular-Schreiben abgefaßt, und in denselben die geschehene Erledigung des Thrones und die Publication des Interregni kund gethan. Es wird den sämmlichen Ständen, welche nach dem Unterscheid der Stände bey der neuen Wahl concurriren müssen, angedeutet, daß sie sich innerhalb einer gewissen Zeit an diesen oder jenen Ort versammlen müssen.

§. 3. Es wird vor die Sicherheit der Strassen und des Landes in allen Stücken gesorgt, niemand verdächtiges ins Land gelassen, auf alles genau Acht gegeben, was an benachbarten Oertern vorgehet, es wird alles verwehrt, was zu öffentlichen verdächtigen Zusammenkünfften könte Gelegenheit geben, die verdächtigen Briefe werden aufgebrochen, und die Grentz-Plätze wider einen besorglichen Einfall der Feinde mit starcken Guarnisonen versehen.

§. 4. Es bekommen alsdenn diejenigen Reichs-Officianten, die in den Fundamental-Gesetzen des Reichs dazu denominiret sind, die höchste Gewalt und Interims-Administration des Königreichs. In Pohlen stehet zur Zeit des Interregni dem Ertz-Bischoff als obersten Senatori des Königreichs diejenige Autorität zu, die der König sonst gehabt.

§. 5. Gleichwie die Reichs-Stände von auswärtigen Potentaten Ambassaden annehmen, und die Schreiben ihrer Höhen Herren Principalen

palen öffentlich ablesen lassen und beantworten, also pflegen sie gleichfalls an alle benachbarte Staaten gewisse Personen abzufertigen, welche um die Fortsetzung ihrer Freundschafft anhalten müssen. In Pohlen müssen alle Ambassadeurs oder Envoyés, welche vor des letzten Königs tödtlichen Hintritt ihre Abschieds-Audienz gehabt, innerhalb acht Tagen abreisen. S. Connors Beschreibung des Königreichs Pohlen p. 558.

§. 6. Ob die Wahl-Reiche den Erb-Königreichen vorzuziehen, ist unter den Politicis noch nicht ausgemacht. Vor die Wahl-Reiche bringen einige folgende Argumenta vor: In den Wahl-Reichen würden die Adelichen Kinder mehr encouragirt, sich in allerhand Wissenschafften zu üben, und bemühten sich einer den andern zu übertreffen, damit sie einstens durch die Wahl des von ihren Tugenden charmirten Volcks des Thrones gewürdiget werden möchten. In dem Erb-Reiche hingegen würde des Monarchen Sohn, als welcher den Scepter suchte, und ohne Sorge erwartete, sich so viel Mühe nicht geben, die zur Regierung nöthigen Wissenschafften zu erlernen, 2) hätte ein erwehlter Monarch dem Volck seine Erhebung zu dancken, und pflegte deswegen nicht so hart, sondern mit Gelindigkeit zu regieren, 3) würde in einem Wahl-Reiche nach des Königs Tode der Beste, den man finden könte, auf den Thron gesetzt, in einem Erbreiche aber gienge solches nicht an, sondern man müste des Landes-
Herrn

Herrn Sohn annehmen, ohne darauf zu sehen, ob er gut oder böse, weise oder thöricht wäre.

§. 7. Doch diese und noch mehrere Argumenta, die einige vor die Wahl-Reiche anzuführen pflegen, lassen sich gar leicht beantworten, es besitzen gewißlich nicht alle die bey der Wahl durch Macht oder listige Intriguen, die stärckste Parthey, und durch dieselbe die Königliche Dignität überkommen, die Vollkommenheit der Tugenden, die einem Regenten nöthig ist. So viel ist gewiß, daß die Wahl-Königreiche natürlicher, und der Zuneigung des Volcks und der Stände weit gemäßer als die Erb-Reiche, daher bemühen sich auch die Stände, so viel als möglich, wo die Succession eines Königlichen Hauses gantz und gar ausgangen, daß sie die bißherige Verfassung der Erb-Folge verändern, und das Königreich in ein Wahl-Reich wieder verwandeln, wie aus dem neuesten Exempel des Königreichs Schweden bekandt. So haben auch dem Alter nach die Wahl-Königreiche vor den Erb-Reichen einen Vorzug.

§. 8. Ob bey Lebzeiten des Königes der künfftige Successor zu denominiren, oder ob die Sache erstlich zum Interregno gelangen soll, ist unter den Publicisten ebenfalls streitig. Einige halten vor sicherer, zur Erhaltung der Rechte der freyen Wahl die Beschwerlichkeiten des Interregni zu vertragen, als bey Lebzeiten des Königes vor einen Successorem zu sorgen; andere aber meynen, daß manchen innerlichen Kriegen und mancher Unruhe vorgebeu=

gebeuget werden kan, wenn man diesen Casum bey Zeiten ausmacht.

§. 9. Die Wahl der Stände ist entweder gantz uneingeschränckt, oder durch vorhergehende Pacta an eine gewisse Familie restringirt, iedoch so, daß den wehlenden, in Ansehung aller Glieder, die zu derselben Familie gehören, ingleichen unter den Kindern des verstorbenen Regenten die Freyheit gelassen wird, den geschicktesten und vollkommensten daraus zu erwehlen. Ferner ist die Wahl entweder gantz frey, oder einiger maßen gezwungen, wenn z. E. einige grosse Armeen im Lande oder doch in der Nähe stehen, und das Land und die vornehmsten Stände mit einer harten Heimsuchung bedrohen, dafern sie nicht denjenigen, dem sie favorisiren, zum König erwehlen würden.

§. 10. Von den Wahlen der Könige sind diejenigen gantz unterschieden, wenn in einigen Republicken des äusserlichen Splendeurs, oder um besserer Ordnung willen, einige zu den vornehmsten, das ist, zu Hertzogen, Dogen, oder wie sie etwan sonst genennet werden können, erwehlet werden. Das Volck in den Republicken verwahret sich auf das beste, damit ihren Häuptern alle Hoffnung benommen werde, sich das Volck unterwürffig zu machen; Sie dürffen sich nicht der Republick nach ihren Gefallen bedienen, sie haben nur eine Magnificenze, die in die Augen fällt, sind aber in der That nichts anders als Bedienten der Republick.

§. 11.

§. 11. Wie die Wahl in allen Stücken zu besorgen, und was vor, in, und nach derselben in Obacht zu nehmen, wird in den Reichs-Fundamental-Gesetzen und den Elections-Actis determiniret. Die vornehmste Sorge der Reichs-Stände gehet alsdenn dahin, wie sie in allen Stücken ihre Rechte und Freyheiten nicht nur erhalten, sondern auch durch mancherley neue Verfassungen ihre Prærogativen und Privilegia verbessern und vermehren. Bey den neuen Constitutionibus schräncken sie bißweilen die Königliche Gewalt in etwas mehr ein, als sonst, wenn etwan die Vorfahren zu weit gegangen, oder sich in manchen Stücken ihrer Königlichen Autorität gemißbraucht.

§. 12. Vor der Wahl werden die sämmlichen Interessenten zusammen beruffen, und geschiehet die Convocation entweder von dem Antecessore, oder von gewissen Reichs-Officianten wie es nach dem Unterschied der Reiche und Länder Herkommens. Die erwehlenden Personen sind entweder das gantze Volck, oder die Miliz, wenn das meiste auf die Armee ankommt, oder die vornehmsten Stände und diejenigen, denen das Volck solches aufgetragen, oder die es sich selbst angemaßt.

§. 13. Die Wahl wird entweder gleich nach dem tödtlichen Abgang des Antecessoris vorgenommen, oder so bald sie sich sonst unter einander selbst, und mit den frembten Puissancen dieserwegen vereinigen, und dazu gelangen können. In den Fundamental-Gesetzen wird mehrentheils die

Zeit

Zeit exprimirt, von welcher anzurechnen man zu der Wahl schreiten soll. Also machten die Königlich-Schwedischen Stände in der Elections-Acte an. 1719. aus, daß wenn Jhro Majestät ohne männliche Leibes-Erben abgehen solte, und die Königliche Würde in solchem Casu wiederum zu der freyen Wahl des Reichs-Raths und der sämmtlichen Reichs-Stände verfallen wäre, ohne daß iemand durch Erb- oder andere unterschiedene Ursachen zur Schwedischen Reichs-Crone und Recht etwas prætendiren könte, so solten die sämmtlichen Reichs-Stände schuldig seyn, ohne einige Zusammenberuffung sich selbst willig in Stockholm auf den 30. Tag nach des Königs Tode zur Wahl-Verrichtung einzufinden. Solte nun iemand so unbedachtsam seyn, und seine Pflicht vergessen, daß er innerhalb der Stände allgemeinen Zusammenkunfft durch einseitige Verpflichtung, oder heimliche Zusammenstifftung, etwas würckete, ausbrütete oder vornähme, die Königliche Wahl an sich zu bringen, den solten die Stände als einem Stöhrer der Ruhe und der allgemeinen Wohlfarth ansehen.

§. 14. Damit bey der Wahl nicht allzuviel Zeit verstreiche, so wird bißweilen in den Reichs-Grund-Gesetzen die Zeit mit ausgedrückt, binnen welcher sie mit der Wahl sollen zu Ende kommen. In Pohlen müssen sie innerhalb 6 Wochen das Wahl-Negotium endigen. Jedoch gehet dieses nicht allenthalben an.

§. 15.

§. 15. Der Ort, wo die Wahl vorgenommen werden soll, ist ebenfalls determinirt, jedoch veranlassen einige Umstände die Veränderung desselben. In Pohlen ward der Wahl-Tag in vorigen Zeiten in Petrikow gehalten. Seit dem aber das Groß-Hertzogthum Litthauen mit Pohlen vereiniget worden, hat man allezeit eine halbe Meile von Warschau nicht weit von dem Dorff Wola in freyen Felde die Wahl pflegen anzustellen. S. Connors Beschreibung des Königreichs Pohlen. pag. 557.

§. 16. Es liegt einigen Reichs-Ständen oder Reichs-Officianten insonderheit ob, daß sie die zur Wahl nöhigen Anstallten besorgen müssen. Also muß allezeit der Churfürst von Sachsen als Vicarius des Heiligen Römischen Reichs nach dem Abgang des Römischen Kaysers an den Reichs-Erb-Marschall den Graf von Pappenheim schreiben, daß er die bey den Wahl-Tägen vormahls gehaltenen Acta ungesäumt aufsuchen, einen Reichs-Quartier-Meister annehmen, denselben nach Franckfurth am Mayn abfertigen, ingleichen an den Magistrat zu Franckfurth am Mayn schreiben soll, bey der bevorstehenden Wahl die Nothdurfft wegen der Victualien, der Fütterungen und Logimenter zu verschaffen, auch den Reichs-Quartier-Meister mögliche Beförderung zu thun.

§. 17. Die auswärtigen Puissancen insonderheit aber die benachbarten unterlassen nicht ihre Gesandten zu den Reichs-Ständen abzuschicken, damit

damit sie den bevorstehenden Wahl-Negotio beywohnen mögen, und ihr Interesse auf das bestmöglichste wahrnehmen. Die Abgesandten lassen ihre Ankunfft alsofort den Principalen, dem Königlichen Senat, den vornehmsten Reichs-Ständen, Reichs-Officianten und wie sie etwan weiter heissen möchten, zu wissen thun, und werden nachgehends nach dem, an einen ieden Orte eingeführten Ceremoniel, introducirt und tractirt.

§. 18. Je mehr das Interesse eines Potentaten mit dem Lande, welchen ein Regente vorgesetzt werden soll, verknüpfft ist, iemehr erfordert die Vorsichtigkeit, daß er bey dem Wahl-Negotio vor das Heyl seines Landes durch seinen Gesandten vigiliren lasse. Gleichwie der Römische Pabst bey allen Negotiis vor das Wachsthum seiner Kirche und die Ausbreitung seiner Religion besorgt ist, also müssen seine Nuntii bey allen Wahlen der Römisch-Catholischen Häupter mit concurriren.

§. 19. Die zu den Wahl-Handlungen abgeschickte Gesandten müssen eine kluge Conduite beobachten, damit sie alle Stände caressiren, und keinen einzigen vor den Kopff stoßen, denn wo dieses nicht geschicht, werden sie ihr Vornehmen nimmermehr zum gewünschten Ende bringen. Sie müssen unter der Hand ihr Desseins formiren, sich aber niemahls auf eine öffentliche und odieuse Weise in die Regierungs-Sachen und Reichs-Geschäffte mischen.

§. 20.

§. 20. Bey den Polnischen Wahl-Tägen ist eine höchstnöthige Eigenschafft vor alle ausländische Minister, welche auf einige Weise das Interesse ihrer hohen Herren Principalen mit dabey zu besorgen haben, daß sie nicht allein beredt, sondern auch freygebig und großmüthig seyn, damit sie durch allerhand complaisance, stattliche Banquete, insonderheit aber durch ihr Geld die Stimmen so wohl der Senatoren als des Adels gewinnen mögen. Ja es wird von den Abgesandten als ein unentbehrlich Stück erfordert eine große Figur zu machen, offene Tafel zu halten, viel Geld aufzuwenden, und ansehnliche Geschencke auszutheilen, weil sonst die auf den Wahl-Tag versammleten Stände, wenn sie nur den geringsten Argwohn einiger Spahrsamkeit oder Kargheit bekommen, alsobald den Schluß daraus machen, daß der Principal eines solchen Ambassadeurs ein armer und unvermögender Herr seyn müste, daher sie sich auch nachgehends gar schwerlich entschlüssen, denselben oder denjenigen den er vorgeschlagen, auf den Thron zu erheben. Gleichergestalt haben sie Ursache, mit allen ersinnlichen Fleiß sich zu bemühen, daß sie die Clerisey auf die Seite bekommen.

§. 21. In den Reichs-Satzungen und Grund-Gesetzen werden auch gewisse Requisita von demjenigen, der zu dem künfftigen Regenten erwehlet werden soll, erfordert, insonderheit aber die Religion, zu welcher er sich bekennen soll, exprimirt. Also soll ein Römischer Kayser der Geburth nach ein Teutscher seyn, seiner Ankunfft nach von Durchlauchtigen Herkommen, in Ansehung seiner Güter reich und mächtig, der Religion nach kein Ungläubiger noch ein Ketzer. Der Schwaben-Spiegel sagt bey dem Goldasto in dem I. Theile der Teutschen Reichs-Satzungen, L. I. C. 21. §. 3. einen lahmen, meuchelsichtigen Mann, und der in den Bann oder in der Acht ist, oder ein Ketzer, den sollen die Fürsten nicht zum König kiesen. Kiesen sie aber diesen, so verwerffen ihn wohl die andern Fürsten mit Recht.

§. 22. Da sich bißweilen bey der Erledigung eines Thrones viel Europäische Printzen auf eine Cron Rechnung machen, so sind sie einer frühzeitigen Wahl eines Nachfolgers entgegen, so viel sie können, damit sie durch das trainiren, Hoffnung behalten, auch hierbey zu reussiren.

§. 23. Ist einer oder andere dem etwan ein vermeyntliches Recht an der Crone zustehet, oder der sich einbildet, daß er nothwendig dabey mit concurriren müste, davon ausgeschlossen worden, so schickt derselbe solenne Protestationes wider die Wahl ein, und will die geschehene Wahl hierdurch unkräfftig machen, und vor null und nichtig erklähren.

§. 24. Ist von einer starcken Faction des Reichs wider die Verfassung der Grund-Gesetze eine unrechtmäßige Wahl getroffen, so protestiren die andern Stände wider die Election, so die übelgesinnten zum Nachtheil der Gesetze und der Constitutionen

tutionen unternommen, sie halten das gegenseitige Verfahren vor Attentata, und verhoffen, daß alle Könige, Fürsten und andere Christliche Staaten es mit Befremden ansehen, und denjenigen Prinzen, der durch die freyen Stimmen ihrer Nation auf den Thron erhoben worden, vor ihrem rechtmäßigen Souverain erkennen werden; sie publiciren offters Manifeste, und erklähren sich darinnen, daß sie bereit wären, den von ihnen erwehlten Fürsten biß auf den letzten Bluts-Tropffen zu vertheidigen, den andern aber würden sie nimmermehr vor ihren Herrn erkennen, sondern alle diejenigen, die bey der gegenseitigen Wahl gegenwärtig gewesen, und derselben in einiger Weise Assistenz geleistet, vor Feinde des Vaterlandes achten.

§. 25. Von Rechts wegen sollen die Suffragia frey seyn, sie werden aber bey vielen, ja ich möchte wohl sagen, bey den meisten durch Geld, oder durch Affecten gelenckt, daß sie bey ihrer Wahl nicht auf die Wohlfahrt des Reichs sehen, wie es wohl seyn solte, sondern vielmehr auf ihre eigene interessirte Absichten. Ob schon zuweilen von den Eligenten ein Jurament erfordert wird, daß sie nach ihren besten Wissen und Gewissen einen Regenten erwehlen wollen, und wenn auch gleich die collectio votorum in den Grund-Gesetzen ausgemacht und vorgeschrieben wird, so wird doch offters die Unordnung nicht dabey vermieden, das tumultuarische Wesen und die Affecten behalten

ten dabey die Oberhand, und es wird nicht selten derjenige erwehlt, der es am wenigsten vermuthend gewesen, und es auch vielleicht am wenigsten würdig ist.

§. 26. Bey einigen Wahl-Reichen haben die Väter ihre Printzen vorgeschlagen, ihre Tugenden gerühmet, und sie dem Volcke auf das beste angepriesen, sie haben aber bey diesem Fall durch andere Puissancen grosse Hindernisse angetroffen, indem sie durch ihre Gesandten der Nation vorstellen lassen, wie eine solche Wahl auf alle Weise zu dissuadiren, und wie man hierdurch nichts anders abzielete, als ein Wahl-Königreich in ein Erb-Königreich zu verwandeln; iedoch haben sich auch die Eligenten nicht allezeit an die gegenseitigen Remonstrationen gekehret, sondern bißweilen den Vätern, die sich bey dem Volck Liebe erworben, hierinnen favorisirt, und ihre Erben, wenn sie Successores der väterlichen Tugenden gewesen, des Wahl-Rechts unbeschadet, zu den künfftigen Cron-Folgern des Königreichs bestimmt. Bißweilen hat es auch wohl gar einigen geglückt, daß sie sich selbst erwehlen können; sie haben gesagt, sie känten sich selbst besser als einen andern, auf sich votirt, und nachgehends bey andern Beyfall erhalten.

§. 27. So bald ein Regent erwehlet worden, legen sie ihm eine Capitulation oder gewisse Articul vor, die er nothwendig eingehen muß, bevor die Proclamation ihren Fortgang haben kan. Es sind dieselben vor nichts anders anzusehen, als vor einen

einen Contract oder Vergleich, der zwischen dem künfftigen König und dem Volck aufgerichtet worden. Diese Pacta, Conventa, oder wie sie sonst weiterhin können und mögen genennet werden, müssen die Regenten gemeiniglich eydlich bestärcken, und die Nation hiedurch in Sicherheit setzen, daß sie denselben in allen und ieden Puncten und Clausulen nachleben wollen. Der Haupt-Punct kommt in diesen Capitulationen darauf an, daß sich die Könige keiner Succession oder Erbschafft über das Königreich anmassen, oder darnach trachten wollen, die Crone auf ihre Erben oder Nachkommen, oder iemand anders, ohne Einwilligung des Volcks, zu transferiren.

§. 28. Uber diesen Haupt-Punct dingen sich die Eligenten unterschiedenes sonst noch aus, so zu ihrem Interesse oder Honeur gereicht, und reguliren zugleich einige Puncte in dem Ceremoniel-Wesen. Also haben die Chur-Fürsten in denen, mit den Römischen Kaysern errichteten Wahl-Capitulation pacisciret, daß ihre Gesandten an den Kayser-und Königlichen Höfen und in den Capellen, den Bothschafftern der auswärtigen Republicken, und auch den Fürsten in Person ohne Unterschied vorgehen sollen.

§. 29. Vor der Wahl wird gemeiniglich ein Gottesdienst in der Kirche gehalten, und dabey viel Lateinische Hymni abgesungen, daß der Heilige Geist ihnen die zu dieser Wahl nöthige Erleuchtung verleihen wolle; es geschicht aber dieses Absingen mehrentheils nur pro forma.

§. 30. Die geschehene Wahl wird dem Volck entweder durch Herolde oder auf andere Weise, durch Trompeten= und Paucken=Schall, und wie es an einem ieden Orte hergebracht, bekandt gemacht, und nachgehends eine solche Abkündigung der geschehenen Wahl durch ein vielfaches Vivat solenniſiret und begleitet. Iſt ein neuer Pabſt erwehlet, so zeiget sich der Ceremonien=Meiſter auf dem Altar der St. Peters=Kirche dem Volck, und thut ihm die geschehene Erwehlung mit lauter Stimme kund; hierauf läſt sich ein allgemeines Freuden=Geschrey hören, es werden alle Glocken geläutet, es erschallen Trompeten und Paucken, und das grobe und kleine Geschütz wird abgefeuert.

§. 31. Dem erwehlten Printzen wird die beschehene Wahl durch eine solenne Ambaſſade notificiret. Also wurde anno 1697. dem Durchlauchtigſten Chur=Fürſten zu Sachſen Herrn Friedrich Auguſto durch eine groſſe Gesandtſchafft, so die Republick Pohlen nach Tarnowitz zu ihm abschickte, die ihm getroffene Wahl zu wiſſen gethan, und der Groß=Feld=Herr Jablonowsky legte eine wohlgeſetzte Rede dabey ab. Dergleichen geschahe auch im Nahmen des Groß=Hertzogthums Litthauen, und im Nahmen des geſammten Pohlniſchen Adels dem König Johann Sobiesky.

§. 32. Iſt nun dem deſignirten Succeſſori die Wahl

Von Interregnis und den Wahlen.

Wahl entweder durch Gesandten oder durch Briefe intimirt worden, so findet er sich gar bald zur Crönung ein, sintemahl es heutiges Tages gar ein rarer Casus währe, wenn ein grosser Herr eine Crone refusiren solte, wiewohl man in den abgewichenen Zeiten einige dergleichen Exempel in den Geschichten antrifft. Dem Chur-Fürsten zu Sachsen, Friedrich dem Weisen, wurde, nach Abgang des Kaysers Maximiliani I., das Kayserthum offeriret, er schlug es aber großmüthig aus. S. Fabricii Rer. Misnicar. L. I. f. 23.

§. 33. Auf die glücklich vollzogene Wahlen werden mancherley Medaillen und Schaustücke gezeiget. Also sahe man bey der allerhöchsten Kayserlichen Wahl des ietzigen Römischen Kaysers Caroli VI. und dessen Wiederkunfft in Teutschland folgende Schau-Müntze: Der Kayser stund in der alten Tracht eines Sieg-prangenden Uberwinders, als gleichsam mit einem Fuß aussteigend aus der Spitze eines Römischen Schiffes, wie solches auf den alten Müntzen die glückseligen Züge und Thaten zu Wasser vorstellet, mit der einen Hand hielten sie das güldene Vließ, welches sie als das Ehren-Zeichen der Spanischen Crone, wie ein anderer Jason, zu Wasser und Land durch so viel heroische Thaten erobert, und zugleich eine Erd-Kugel mit dem Phœnix, als das Bild der wiederhergebrachten glückseligen Zeiten, mit der andern Hand empfangen Sie bey siegreicher Wiederkunfft die durch allgemeine Wahl aufgetragene Sieges-Crone von dem zurückkommenden Glück. Die Uberschrifft: Lustratis terrâ marique finibus, zeigt an, daß dieses geschehen, da sie, nach alten Gebrauch vieler Völcker, vor Antritt der Regierung die Grentzen zu Land und Wasser besichtiget, und zwar mit Sieg und höchster Ehre; Unten in dem Abschnitt lase man die Worte: Fortuna redux M. D. CCXI. S. Gustavi Heræi Gedichte und Latein. Schrifften p. 48.

Das IV. Capitul.
Von der Crönung.

§. 1.

Den natürlichen Rechten nach pflegt zwar die Crönung der Königlichen Würde nichts zu geben noch zuzueignen, sondern sie wird in den Wahl-Reichen erlangt durch die Wahl, und in den Erb-Königreichen durch die Succession, inzwischen ist sie doch vor eine Declaration der Königlichen Dignität anzusehen; sie giebt den Unterthanen Gelegenheit, daß sie vor ihre Ober-Herren grössere Veneration und Ehrerbietung haben, und die Mit-Regenten desto eher Anlaß finden, ihnen zu gratuliren, und mancherley Freundschaffts-Bezeugungen ihnen zu leisten. Einige Unterthanen haben, wiewohl fälschlich, geglaubt, die Crönung wäre so nöthig, daß sie

auch

Von der Crönung.

auch ihren Ober=Herren, bevor dieselbe geschehen, keinen Gehorsam leisten wollen. S. den Europäischen Herold II. Theil, f. 403.

§. 2. Die Crönungs=Feste werden vorhero an öffentlichen Oertern der Residentz oder des Ortes, wo die Crönung vorgenommen werden soll, durch Herolde oder durch Trompeten= und Paucken=schall einen ieden kund gethan, damit sich iederman darnach zu richten weiß. Es werden an die Stände des Reichs besondere Einladungs=Schreiben abgefaßt, daß sie sich bey der Crönung einfinden; öffters wird die gantze Ritterschafft, oder doch deren ein grosser Theil verschrieben, daß sie die Procession nach der Kirche mit auszieren helffen. Es wird der Milice, der sämtlichen Hofstatt, der Geistlichkeit, und den Bürger=Compagnien angemeldet, wo und auf was Art sie sich einfinden sollen. Es werden Reglemens publicirt, wie die gantze Procession dirigirt werden soll. Es werden Herolde und Marschälle gesetzt, die in der Kirche alle Plätze vor diejenigen, die der Crönung mit beywohnen, und vor die vornehmen fremden Zuschauer in Ordnung bringen müssen.

§. 3. Einige Städte pflegen von vielen Seculis her das Privilegium zu haben, daß die Könige daselbst müssen gecrönet werden. Man gehet selten davon ab, iedoch bringen es die Umstände bißweilen so mit sich, daß eine Veränderung des Ortes hierinnen vorgenommen wird. Nachdem der Landgraf zu Hessen=Cassel, Friedrich, zum König in

Schweden anno 1720. erwehlet worden, so schickten die Stände eine Deputation an den König, Ihro Majestät unterthänigst zu ersuchen, es möchten Dieselben geruhen, Dero Crönung nicht, wie gewöhnlich, zu Upsal, sondern in Stockholm verrichten zu lassen, weil der Bauersmann, wegen seines benöthigten Vorspannens, an dem Ackerbau, die Soldaten, welche bald ins Feld rücken solten, durch das hin= und hermarschiren an der Defension des Landes, und sie, die Reichs=Stände, an ihren gegenwärtigen Deliberationen allzu sehr gehindert werden möchten, im Fall die Crönung zu Upsal geschehen solte. Der König überließ den Ausspruch in dieser Sache Dero Gemahlin Majestät; Diese wünschten zwar hertzlich, daß die Crönung am gehörigen Orte geschehen möchte, liesen aber endlich, nach reiffer Überlegung, die von den Ständen angeführten Motiven gelten, und entschlossen also, daß dieselbe zu Stockholm geschehen solte.

§. 4. Die Crone und andere Reichs=Insignien werden nach den Grund=Gesetzen des Reichs an gewissen Orten aufbehalten, und mit besondern Ceremonien alleizeit nach dem Ort der Crönung abgehohlt. Bißweilen sind einige an diesen Ort, und die andern werden an einen andern Ort aufbehalten, ist Gefahr wegen des Feindes obhanden, so transportirt man sie anders wohin, da sie sicherer seyn.

§. 5. Die Frome der Cronen ist unterschiedlich. Die Cronen die die Könige an den Crönungs-Festen

Von der Crönung.

Festen führen, sind von denen, welche sie sonst bey grossen Solennitäten auf ihren Häuptern zum Staat zu tragen pflegen, in etwas different. So wird auch an den Cronen der Königinnen einiger Unterschied gespühret. Uber die ordinairen Cronen, mit welchen die Könige an ihren Crönungs-Tägen paradiren, sind in einigen Reichen auch noch besondere Cronen ihrer Vorfahren vorhanden, deren sich die Könige bey der einen und andern Handlung auch noch zu bedienen pflegen.

§. 6. Sie brilliren insgesammt mit den kostbarsten Edelsteinen, die nur zu finden seyn. Die Crone, so der Kayser in Rußland Petrus I. seiner Gemahlin zur Crönung destinirt, ist so kostbar gewesen, daß dergleichen in Europa niemahls gesehen worden. Es soll sie ein Frantzose gemacht haben, und zehn biß zwölff Pfund schwehr gewesen seyn; Sie wurde von einigen biß auf 4 Millionen Rubeln an Werthe angegeben. Es sollen insonderheit an selbiger 2 Diamanten zu sehen gewesen seyn, die ein Persianischer Kauffmann an den Czaar verhandelt, und auf zwey hundert tausend Rubeln geschätzet worden.

§. 7. Als der ietzige König in Portugall Anstalten machte, sich mit eben den Formalitäten und Ceremonien, wie auswärtige Könige zu thun pflegen, crönen zu lassen, brachte man die kostbarsten Edelsteine und Diamanten, die in Europa zu finden, zusammen, deren principalsten auf 400 tausend Crusados geschätzt worden. Ein Crusado macht

macht nach unserer Müntze einen Thaler, vier Groschen. An. 1717. erhandelte der Hertzog von Orleans als Regent in Franckreich von Monsieur Pitt einen Engländer, der von den Gouverneur des Fort Saint George in Ost-Indien gewesen, und von da als er an. 1710. nach England retourniret, diesen Stein mitgebracht, einen Diamant vor zwey Millionen Livers, um solchen der Königlichen Crone einzuverleiben. Er hatte diesen Stein, der ein vortreflicher Brillante war, und an Grösse einen kleinen Ey gleich, in dem Lande des grossen Moguls mit List erhascht, solchen hierauf brillandiren zu lassen. Vor welchem zu schneiden sollen dem Künstler allein 1000000. Gülden gegeben, und aus den Fragmentis mehr als 150000. Gülden gelöset worden seyn, und soll allein 2. Jahr hierüber zugebracht haben. Eine mehrere Nachricht hievon siehe in dem I. Versuch der Schlesischen Natur- und Kunst-Geschichte. Artic. V. p. 75.

§. 8. Der Autor des XLVI. Stücks der Europäischen Famæ moralisirt über die Kostbarkeit der Königlichen Cronen folgender gestalt: Die Circul der Cronen fassen in ihren Umkreyß eine unaussprechliche Menge widriger Zufälle, und die blitzenden Steine, welche die Künstler daran gefügt, sind ein bloßes Zeugniß, daß die Steinbürden viel schwehrer weder gemeine Gemüther sich einbilden, oder daß mancher Souverain mehr Steine in den Hertzen als glückseelige Momens seiner Regierung zu zehlen weiß.

§. 9.

§. 9. Je weiter der Ort der Crönung von der Königlichen Residentz abgelegen, und ie mehr auswärtige von Bischöffen, Ertz-Bischöffen oder Reichs-Officianten u. s. w. dabey zu verrichten haben, desto eher muß ihnen die bevorstehende Crönung notificirt werden, damit sie rechte Zeit haben, so wohl zur Reise als auch zu den andern Ceremonien das nöthige zu veranstalten. So bald ein König in Franckreich den Entschluß gefaßt, sich crönen zu lassen, und zu salben, so wird dasselbe nicht allein bey Hofe publicirt, sondern es wird auch dem Ertz-Bischoff zu Rheims, und dem Rath daselbst angedeutet, die gehörigen Anstalten zu dieser Solennität vorzukehren. Es werden ihnen Königliche Ceremonien-Meister zugegeben, welche das Ceremonien-Wesen, denen ihnen ertheilten Instructionen zu Folge, nach den Umständen der Zeit einrichten müssen, dem Gouverneur von Champagne wird die Sorge vor die Milice aufgetragen, so anmarschirt ist, um den Königlichen Hof unter währender Salbung und Crönung zu bedecken. Der Abt von Saint Renci muß das Fläschgen mit dem heiligen Salb-Oel, und der Abt zu Saint Denys den in seiner Abtey verwahrten Königlichen Ornat zur Crönung in Bereitschafft halten. Die zu dieser Solennität verschriebenen geistlichen und weltlichen Pairs lassen es sodann an kostbaren Anstalten auch nicht fehlen, weil immer einer dem andern an Pracht und Magnificence zu übertreffen bemühet ist.

§. 10.

§. 10. In Pohlen ist es etwas besonders, daß allezeit des letzt-verstorbenen Königs Leich-Begängniß vor dem Crönungs-Tage gehalten, und dessen verblichener Cörper nach der Kirche des heiligen Stanislai, insgemein Schalcka genannt, gebracht wird. Bey dem Grabe zubrechen die Marschälle ihre Stäbe, und alle die übrigen hohen Bedienten geben durch andere Zeichen zu erkennen, daß sie ihre Aemter niedergelegt. Hierauf wird der Königliche Leichnam in der Cathedral-Kirche eingesenckt, und zu den übrigen Königen gesetzt, als welche fast insgesammt daselbst begraben liegen. S. Connors Beschreibung des Königreichs Pohlen. p. 586.

§. 11. Wenn die Könige in den Städten anlangen, wo sie sollen gecrönet werden, so werden sie theils von der Geistlichkeit, theils von den Magistrats-Personen und allen Einwohnern mit dem grösten Frohlocken und der allerersinnlichsten Devotion bewillkommet und angenommen.

§. 12. Wollen sie sich in die Kirchen begeben zur Crönung und Salbung, so wird ein prächtiger Aufzug aus dem Residentz-Hause in die Kirche gehalten; Sie passiren durch mancherley Ehren-Pforten, die nach den Regeln der Architectur und Bildhauer-Kunst mit mancherley Statuen, Devisen und andern sinnreichen Erfindungen ausgezieret sind. Es wird etwan durch eine auf dem Schloß-Thurm ausgesteckte Fahne, oder durch ein ander Signal ein Zeichen zum Geläute gegeben, und darauf

auf werden alle Glocken geläutet, und die Procession gehet an, die Straſſen werden mit einem bretternen Fußboden belegt, und mit Tuch bedeckt, welches hernach dem Volck preiß gegeben wird. Bey der Crönung des ietzigen Königs von Engelland iſt es etwas beſonders geweſen, daß der gantze Weg der Proceſſion, biß nach dem Weſt-Münſter zu, mit zwey Blättern breiten blauen Tuch, ſo ſich in allen auf 1200 Ellen belauffen, bedeckt, und nachgehends ſolch Tuch mit 9 Körben voll wohlriechender Kräuter und Blumen, von Ihrer Majeſtät ordentlichen Blumen-Streuerin; in Begleitung noch 6 andern Frauenzimmers, über und über beſtreuet worden. S. die Beſchreibung der Crönungs-Solennitäten. p. 33.

§. 13. Die Ordnungen des ſolennen Einzuges in die Kirche pflegen nach dem Unterſchied der Europäiſchen Provintzien, auch wohl der Zeiten und der Crönungen in etwas von einander unterſchieden zu ſeyn. Die vornehmſten Reichs-Officianten, die Cavaliere von der Hofſtatt des Königs, die Regimenter Milice, die Nobleſſe, die Geiſtlichkeit, die prächtigen Caroſſen, die koſtbar ausgeputzten Parade-Pferde, die Raths-Collegia, die Deputirten der Städte, die Chöre der Trompeter und Paucker, und alles übrige, was zur Vergröſſerung des Staats und zum Embelliſſement in die Augen fallen kan, pfleget auf verſchiedene Weiſe, nach dem Unterſchied der Obſervanzen, mit einander verwechſelt zu werden. Die Straſſen werden

auf

auf beyden Seiten, um alle Unordnung und Unfug des Pöbels zu verhüten, entweder von Soldaten- oder von Bürger-Compagnien geschlossen.

§. 14. Die Könige kleiden sich an ihren Crönungs-Tägen entweder in gantz besondere Habite, die von langen Zeiten her bey diesen solennen Handlungen eingeführet, oder in ihre ordinaire Frantzösische Kleidung, iedoch so propre und magnifique, als nur kan erdacht werden. Bißweilen legen sie auch einen prächtigen silbernen und güldenen Harnisch und Pantzer an, und suchen sich auch hierbey nach der Gewohnheit des Landes und dem Genie des Volcks zu richten. Als Ihro Römisch-Kayserliche Majestät zum König in Ungarn gecrönet wurden, führten sie bey währendem Aufzuge eine Ungarische Kleidung, mit einem Ungarischen Mantel und Mütze, darauf ein mit kostbahren Steinen besetzter Reiger-Busch zu sehen, und an der Seite einen mit vielen Diamanten und andern Jubelen gezierten Säbel.

§. 15. Um sich bey dem neuen Volck desto mehr beliebt zu machen, pflegen sie nicht selten bey dem Aufzuge die vornehmsten von den Officirern der Bürgerschafft gantz gnädig zu grüssen, und auch wohl den Hut vor sie zu rücken.

§. 16. Die Königinnen pflegen gemeiniglich zu Fuß in die Kirche zu gehen, die Könige aber reiten auf einem kostbar ausgezierten Pferde. Beyde haben einen prächtigen von Gold und Silber gestickten oder mit dergleichen Frantzen geschmückten

Balda-

Baldachin über sich, der von 8, 10 oder 12 Königlichen General-Lieutenants, oder den vornehmsten Reichs-Räthen getragen wird.

§. 17. Die vornehmsten von den Reichs-Ständen oder Reichs-Bedienten, tragen die Reichs-Insignien in die Kirche, und übergeben solche den Ertz-Bischöffen und Bischöffen. Es bestehen solche nicht allein in der Königlichen Crone, in Scepter, Reichs-Apffel und Schwerdt, sondern auch in einigen andern Stücken, und bißweilen in gewissen raren Antiquitæten, die von den Vorfahren noch hergekommen seyn. Sie werden gemeiniglich einige Tage vor und nach der Crönung öffentlich zum Beschauen ausgestellt, und zur Parade viel tausend Menschen gezeigt.

§. 18. Es sind so wohl die Kleinodien selbst nach dem Unterschied der Reiche unterschieden, als auch ihrer Ordnung, nach welcher sie getragen und übergeben werden. Wenn etwas dabey verunglückt, wie es manchmahl zu geschehen pflegt, so wird solches vor ein böses Omen gehalten. Dem König in Schweden Carl den XII. fiel ein grosser Diamant aus der Crone, da er dieselbe auf dem Haupt tragend zu Pferde steigen wolte, und sein Pferd, nachdem er den einen Fuß in den langen Mantel verwickelt, ein wenig scheu worden, und eine starcke Bewegung machte; ob solches von ohngefehr geschehen, oder ob sein fataler Tod bey Friedrichs-Hall dadurch angedeutet worden, will ich nicht beurtheilen.

Pp §. 19.

§. 19. Einige Politici haben allerhand gute Gedancken vorgetragen, was die Kleinodien des Reichs bedeuten, und wie sich grosse Herren hierbey einer und der andern Pflicht ihrer Regierung erinnern sollen und können. Der Reichs-Apffel soll entweder die grosse und mit viel Beschwerlichkeiten vereinigte Last der Regierung, oder das veränderliche, wandelbahre und sich wunderlich drehende Glück vorstellen. Bey dem Creutz auf den Reichs-Apffel sollen sie gedencken, daß sie Christen seyn, oder, daß sie das Christenthum beschützen sollen, oder, daß sie das Reich durch die Wohlthat des Gecreutzigten erlangt. Der Scepter soll ihnen zum Merckmahl ihrer Gnade gereichen; das Schwerdt, ihre Macht gegen die Widerspenstigen andeuten; der Ring, die Verbindung des Königes mit dem Volck, mit dem es gleichsam verlobet. S. Cap. IV. Diss. IV. von Beckmanns Syntagm. Notit. Dignit. Illustr. Ich glaube, daß die wenigsten grossen Herren an ihren Crönungs-Tägen sich bey diesen moralischen Reflexions lange aufhalten, und daß die meisten sie vielmehr den Schulfuchsereyen beyzehlen werden.

§. 20. Die Kirchen, in welchen die Crönung vorgenommen werden soll, werden vorher auf das kostbarste ausgeschmückt, und die Ceremonien-Meister, die Herolde und Marschälle bekommen Ordre, an welchen Ort sie einen ieden, der zu der Procession gehört, bey dem Eingang in die Kirche placiren sollen. Der Königliche Thron wird in der

Von der Crönung.

der Kirche aufgerichtet. Auf den Kirchhoff, und um die Kirche herum werden bewaffnete Soldaten gestellt, um aller Unordnung vorzubeugen.

§. 21. So bald sie in die Kirche kommen, werden sie von der Geistlichkeit empfangen, und gemeiniglich mit den Worten: Gesegnet sey der da kömmt im Nahmen des HErrn, angeredet, und bey den Römisch=Catholischen mit Weyh=Wasser besprengt. Hierauf lassen sich die Paucken und Trompeten hören, und der solenne Gottesdienst fängt sich an mit Anstimmung der Lob=Gesänge. Bey den Römisch=Catholischen werden meistentheils lateinische Psalmen musicirt; bey den Evangelisch=Lutherischen aber das Lied: Komm Heiliger Geist, HErre GOtt, abgesungen, oder auch andere Lieder von dem Amt des Heiligen Geistes, als: Komm GOtt Schöpffer Heiliger Geist, ingleichen das Lied: Es woll uns GOtt genädig seyn.

§. 22. Die Ceremonien=Meister und Marschälle führen die Königlichen Personen auf den Thron und wieder zurück. Der Thron der Königin ist meistentheils um eine Stuffe niedriger als der Thron des Königes, in dem übrigen sind sie einander gleich. Nachdem die in der Kirchen erbauten Throne nach der Crönung wieder zernommen werden, so wäre diejenige Invention eines Thrones, so von dem weyland berühmten Königlich=Pohlnischen und Churfürstlich=Sächsischen Modell=Meister Herrn Andreas Gärtnern angegeben worden, hierbey wohl anzubringen. Er stellte in einem Modell einen Thron von 8 Stuffen mit seinem gehörigen Baldachin, künstlichen Säulen-wercken und Postementen vor; bey der Audienz stund er in vollen Splendeur, nach geendigter Audienz aber senckte sich dessen Architectur, so daß sich die kostbahren Säulen-Wercke in einander verlohren, und die Staffeln in einander verstackten. S. das 62 Couvert der Sächsischen Briefe. pag. 565.

§. 23. Die Herolde und Marschälle geben der Geistlichkeit, den Reichs-Officianten, und allen Personen, die bey der Crönungs-Solennität etwas zu verrichten haben, gewisse Zeichen, wenn sie zu dieser oder jener neuen Handlung schreiten sollen, sie sorgen, daß die vornehmsten von der Procession auf ihren vor sie erbauten Gestühlen nach ihrem Range placirt werden, und auch die frembden Zuschauer auf denen in Form eines Amphitheatri vor sie errichteten Stellagen bequeme Plätze finden mögen.

§. 24. Mit den Königlichen Insignibus werden mancherley Ceremonien vorgenommen. Die Ertz-Bischöffe und einige von den vornehmsten Reichs-Officianten hohlen den Königlichen mit Gold, Silber und Edelsteinen besetzten Mantel, den Reichs-Apffel, das Reichs-Schwerdt, den Reichs-Schlüssel und das übrige, und legen sie dem König an, oder geben ihm dieselben in die Hände; Sie recitiren fast bey einem iedweden eine gewisse Gebeths-Formul, und fügen eine

respe-

respective Erklärung, Vermahnung und Anwündschung mit an.

§. 25. Alle diese Insignia sind so wohl als die Crone bey einer Crönung kostbahrer, als bey der andern. Der Königliche mit Hermelin gefütterte und mit Perlen und Diamanten besetzte Mantel, so in Paris vor den König in Portugall verfertiget wurde, ward auf 200 tausend Crusados geschätzt. S. den II. Th. der Einleitung zur neuesten Historie der Welt p. 5.

§. 26. Die vornehmsten Ertz-Bischöffe und Bischöffe des Königreichs verrichten allezeit die Inauguration. In Spanien der zu Toledo, in Franckreich der zu Rheims, in Britannien der zu Canterbury, in Pohlen der zu Gnesen, in Böhmen der zu Prag, u. s. w.

§. 27. Die Eyde werden zu dem Ende abgelegt, damit die Unterthanen hier durch einiger massen gesichert werden, daß die künfftigen Regenten ihrer Macht nicht mißbrauchen, und die Grund-Gesetze und Privilegia des Königreichs nicht durchlöchern. Sie sind an einem Ort schärffer abgefaßt, als an dem andern, und bestehen in der Versicherung, daß sie sich wollen angelegen seyn lassen, alles dasjenige zu erfüllen, was von der guten Regierung eines Königes kan gefordert werden.

§. 28. Die Ablegung des Eydes geschiehet im knien, sie legen zwey Finger beständig auf die Bibel, und sagen dem Cantzler oder dem andern, der ihnen den Eyd vorhält, denselben mit deutlichen

Worten nach. Es geschicht dieser Actus vor dem hohen Altar, und werden sie zu demselben entweder von der Geistlichkeit oder von einigen Reichs-Ständen geführet. In dem Königreich Pohlen tragen der Ertz-Bischoff von Gnesen und der Land-Bothen-Marschall die Pacta und Conventa, auf welche sich der Eyd gründet, vor dem König her, und führen ihn an den Platz, wo er den Eyd ablegen soll.

§. 29. Vor der Crönung bedienen sich die Könige und Königinnen gemeiniglich der heil. Communion, damit sie hiedurch ihren Glauben vor dem gantzen Volck, welches sie beherrschen wollen, öffentlich bekennen, und sich auch hiedurch anheischig machen, den Glauben und die Religion zu beschützen. Bey den Römisch-Catholischen werden auch wohl noch über dieses, entweder vor oder nach der Crönung, unterschiedene Wallfahrten zu diesem oder jenem Heiligen angestellet, der bey ihnen am meisten beliebt, und in dieser oder jener Kirche berühmt worden.

§. 30. Die Salbung geschicht durchgehends bey allen Europäischen Puissancen, welche gecrönet sollen werden, von dem vornehmsten Ertz-Bischoff des Landes, welchem gemeiniglich ein paar andere Bischöffe mit zu assistiren pflegen. Sie ist ein sehr alter Gebrauch, der sich noch aus dem alten Testament her schreibet. S. II. Buch Mosis am XXIX Cap. 7. 8. III. Buch Mosis am XXI Cap. 10. 11. und geschicht zu dem Ende, daß sie sey ein Zeichen

der

der Gnade GOttes, mit dessen Gaben alle diejenigen, die entweder der Kirche oder dem gemeinen Wesen vorstehen wollen, ausgerüstet sollen werden. Bey den Römisch-Catholischen wird nicht erlaubt, daß sie vor der Salbung einige Speise und Tranck zu sich nehmen, es müste denn von dem Pabst bey einigen Fällen dispensirt werden.

§. 31. Es pflegt gar öffters einer von den Reichs-Ständen oder den vornehmsten Officianten dem Herrn Consecratori das Gefäß mit dem Salb-Oehl zu reichen. Die Königlichen Personen knien darauf auf die Sammet-Küssen nieder, legen die Cronen und Scepter neben sich hin, und erwarten der Salbung. Die Herren Consecratores nehmen etwas von dem Salb-Oehl auf die zwey fördersten Finger der rechten Hand, und salben die Königlichen Personen auf die Stirne, und auf die Puls-Adern der beyden Hände. Zuweilen geschicht die Salbung auch bey den Königen auf der Brust, und auf den entblößten rechten Arm, unter den Schultern, an dem rechten Daumen, und dann an der flachen Hand, wie sie nach der Observanz eines ieden Königreichs hergebracht. Es werden gewisse Gebethe bey der Königlichen Salbung hergebethet. Die Bischöffe trocknen nachgehends das heilige Oehl wieder ab, und führen sie wieder auf den Königlichen Thron.

§. 32. Bißweilen werden ihnen vor der Salbung, bißweilen auch nach derselben gewisse Habite oder besondere Stücke, die zu der Kleidung gehören,

ren, angelegt. Die Königin in Dennemarck Louyse, die Gemahlin König Friedrichs IV. ward anno 1700 nur auf dem Kopffe und der Brust gesalbet, ihr auch die Crone nicht abgenommen. Der König von Sicilien ward am rechten Arm und zwischen den Achseln gesalbet; und wo es anders wahr ist was Thuanus schreibet, so ist der König in Engelland Jacobus der I. auch an den Füssen gesalbet worden: Post festas acclamationes in capite, fronte, pectore, intra humeros, in brachiis, manibus & pedibus coram Walliæ Principe filio & Elisabetha filia unctus fuit. Thuan. L. CXXIX. ad ann. MDCIII.

§. 33. Nach der Salbung wird den Königen die Königliche Crone wieder aufgesetzt, und der Scepter und andere Reichs-Kleinodien in die Hände gegeben. Der erste König in Preussen Fridricus I. nahm vor der Salbung die Crone selbst vom Haupt, und satzte sie auch nach der Salbung wieder auf, zum Zeichen, daß er souverain, und ein König von unumschränckter Macht wäre, und seine Crone nicht durch frembden Vorschub erhalten.

§. 34. Die Königinnen empfangen die Cronen entweder zugleich mit ihren Gemahlen, oder ohne dieselben. Mit ihren Gemahlen, wenn sie entweder vor deren Crönung, oder um eben dieselbe Zeit mit ihnen vermählet worden. Ohne dieselben aber, wenn sie erst hernach mit Einwilligung der Stände das Königliche Ehe-Bette bestiegen. Wird in
Pohlen

Pohlen eine Königin allein und absonderlich gecrönet, so muß es geschehen mit Einwilligung des Königes, und auf dessen vorhergegangenes Ansuchen bey der Republick. Er selbst muß die Königin in die Kirche führen, und sie dem Ertz-Bischoff, oder einem andern dessen Stelle vertretenden Bischoff præsentiren, welcher ihr die Crone aufsetzt, sie mit dem heiligen Oehl salbet, und ihr den Scepter in die rechte, den Reichs-Apffel aber in die lincke Hand giebt. Hierauf führet auch der König die Königin nach dem Rath-Hause, doch wird ihr daselbst keine Huldigung geleistet.

§. 35. In den Königlich-Böhmischen Fundamental-Gesetzen ist verordnet, daß die Königin nach ihres Ehe-Herrn Tode nicht eher des Königlichen Leibgedings fähig werden kan, als biß sie gecrönet. Durch die Crönung wird die weibliche Eventual-Succession mehr befestiget; Es soll auch eine alte Propheceyung der Königin in Böhmen nicht eher männliche Erben versprechen, als biß sie sich salben und crönen lassen. Bey diesen Crönungen ist etwas besonders, daß nach einem alten Gebrauch die Ehe-Weiber der Ober-Land-Officiers, des Ober-Burggrafens, des Ober-Land-Hofmeisters, Ober-Land-Cämmerers, Ober-Land-Richters, Ober-Cantzlers und andrer hohen Land-Bedienten ihre besondern Tafeln haben.

§. 36. Bey der Königlichen Ungarischen Crönung des ietzt regierenden glorwürdigsten Römischen Kaysers haben der Kayser Dero Crone auf dem Haupte und den Scepter in der Hand habend, vor den hohen Altar dasigen Gebrauch nach, um die Crönung der Kayserin von Jhro Durchlauchtigsten Eminenz mit den gewöhnlichen Worten Reverendissime Pater postulamus &c. angesucht.

§. 37. Anno 1723. im Monath November notificirten Jhro Rußische Majestät Petrus I. in einen öffentlichen Manifeste allen Dero Unterthanen, wie sie intentionirt wären, nach dem Exempel aller Christlichen Könige, und insonderheit vieler Griechischen Kayser, Dero Gemahlin zur Rußischen Kayserin crönen zu lassen; Unter andern Ursachen und Bewegungs-Gründeu führten Sie mit an, Dero grosse und ausnehmende Liebe und Treue, insonderheit wie Dero Gemahlin Anno 1711. an dem Pruth ihm und seiner gantzen Armee treflichen Beystand geleistet. Sie hätten also nach der ihnen von GOtt gegebenen Souverainität beschlossen, Dero Gemahlin vor sothane Bemühung mit Aufsetzung der Kayserlichen Crone zu betreten. S. den II. Theil der Einleitung zur neuesten Historie der Welt p. 586. Nach vollbrachter Crönung der Königinnen und Kayserinnen pflegen gemeiniglich die Dames von Gräflichen und andern hohen Stande sich die Gnade auszubitten, Jhnen allerunterthänigst den Rock zu küssen.

§. 38. Der Gottesdienst in der Kirche wird nach vollbrachten Crönungs-Solennitæten mit
An-

Von der Crönung.

Anstimmung des Te Deum laudamus unter Trompeten- und Paucken-Schall und Abfeurung der Canonen und der Mousqueterie geendiget; alsdenn wird den Herolden ein Zeichen gegeben den König auszuruffen, und sind die Formulen hievon nicht allenthalben einerley. Bey den ietzigen König in Schweden Friedrich den I. hörte man folgende Formul: Nun ist Friedrich der I. gecrönet über der Schweden und Gothen Land, auch darunter liegenden Provintzien, er und kein anderer.

§. 39. Dieses Ausruffen wird mit einem vielfachen Vivat Rex begleitet. Bißweilen wird das gewöhnliche Vivat noch mit andern Wündschen vermehret, als: GOtt segne den König, GOtt erhalte ihn. Je grösser die Liebe ist, je mehr erschallet das Ausruffen. S. Beckmanns Laudes Regales ad illustrandam acclamandi formulam Vivat. In Engelland, ist mehrentheils das Formulgen, GOTT bewahre den König, eingeführt. Der Ertz-Bischoff von Lamberg begieng bey dem Ausruff des Vivat, so er dem Grafen Stanislao Leszynski zu Ehren wolte erschallen lassen, als er von einer Faction zum König in Pohlen ausgeruffen ward, einen treflichen Fehler, indem er den Stanislaum keinen König nennte, sondern nur die Worte ausrieff: Vivat Stanislaus & Catharina Regina. Es war auch dieses hierbey gar merckwürdig, daß die Crönung eben an dem Sonntage geschah, da bey uns in Sachsen in dem Evangelio

die

die Worte: Wer sich selbst erhöhet, der soll erniedriget werden, und wer sich selbst erniedriget, der soll erhöhet werden, erklährt worden. S. den XL. Theil der Europäischen Famæ p. 247. Das Auscuffen des Vivat geschicht bißweilen ohne Trompeten= und Paucken=Schall, bißweilen wird es aber auch damit vergesellschafftet.

§. 40. Die Procession gehet auf eben die Weise wieder aus der Kirche, wie sie hinein gangen waren, und rücken die Paucker u. Trompeter vor der Kirchthüre in den Marsch ein. Es werden auch gemeiniglich die Canonen dabey gelöset, und eine unaussprechliche Menge der Zuschauer erfüllt die Lüffte mit Jauchzen und unaufhörlichen Freuden=Getümmel eines erthönenden Vivat Rex & Regina, wenn die Crönung nach dem Wundsch und Verlangen des Volcks eingerichtet.

§. 41. Nach der Crönung werden unter das Volck güldene und silberne Müntzen ausgeworffen, welches ebenfalls auf unterschiedene Weise zu geschehen pflegt. Bißweilen reutet ein Königlicher Rentmeister mit 6 Reutern auf allen Strassen herum, und werffen das Geld in grosser Menge aus, um das Volck in Freude zu setzen, und zur Liebe gegen ihren neuen Landes=Herrn anzureitzen, auch zu erweisen, daß der Regent gutthätig und milde sey. An einigen Höfen und zu manchen Zeiten gehet es gar spahrsam damit zu, es werden entweder die Gedächtniß=Müntzen bloß an die Vornehmsten ausgetheilt, oder doch mit einer
ziemli=

ziemlichen Sparsamkeit ausgeworffen. In Engelland pflegt der Schatzmeister des Königlichen Hauses in Begleitung des obersten Herolds während Huldigungs-Solennität silberne und güldene mit Fleiß hierzu verfertigte Medaillen, als Zeichen von Sr. Majestät Mildigkeit unter das umstehende Volck zu werffen, welches zu thun er so lange fortfähret, biß die Königin auch gecrönet ist.

§. 42. Wenn sie sich an die Tafeln begeben, so pflegen sie an diesen solennen Crönungs-Tägen mit ihrem Königlichen Hause meistentheils allein zu speisen. Zuweilen speisen sie in ihrem Königlichen Staat mit der Crone auf dem Haupte, und mit dem umhangenen Königlichen Mantel, zuweilen legen sie aber auch den Königlichen Habit ab, und ziehen eine andere kostbare Kleidung an, und setzen sich mit bedecktem Haupt und aufhabenden Hut mit Federn zur Tafel. Die Tafeln werden, wie man leicht gedencken kan, an diesen solennen Festins auf das kostbarste und herrlichste angerichtet, wie in dem ersten Theile von Bestellung der Königlichen und Fürstlichen Tafeln nachgelesen werden kan. Die Reichs-Officianten haben allerhand gewöhnliche Functionen dabey zu verrichten, und wenn einer oder der andere von den Höhern oder Niedern wegen Kranckheit oder anderer Zufälle nicht zugegen seyn kan, so vertritt der nächste im Range seine Stelle.

§. 43.

§. 43. An der Tafel des Königs in Engelland ist eine besondere Ceremonie, so sich an seinem Crönungs-Tage begiebt: Es kommt ein Champion, das ist, ein Verfechter oder Kämpffer des Königs, auf einem weissen Pferde, mit einem Pantzer und eisernen Handschuhen angethan, und mit einigen Leuten umgeben, in das Gemach geritten, alsdenn rufft der Herold mit heller Stimme aus: Dafern iemand, er sey wes Standes er wolle, vorhanden wäre, der da leugnen oder auch nur in Zweifel ziehen wolte, daß der König kein rechtmäßiger Erbe der Crone dieses Königreichs Groß-Britannien wäre, oder solches nicht in seinem Besitz haben solte, so zeigte sich allhier dessen Verfechter, welcher einen solchen, Lügen straffen und öffentlich darthun wolte, daß er ein schändlicher Verräther wäre; alsdenn wirfft er zum Zeichen der Aussorderung seinen Pantzer und Handschuh zur Erde, welchen, wenn er eine Weile gelegen, der Herold wieder aufhebt, und dem Helden überreicht. Ist nun dieses zu unterschiedenen mahlen geschehen, so kommt der Mundschencke, præsentirt dem König einen güldenen Becher voll Wein, mit einem Deckel, welchen Ihro Majestät dem Helden zutrinckt, und durch den Mundschencken zustellen läst. Der Champion nimmt selbigen ehrerbietigst an, ziehet sich ein wenig zurück, trinckt daraus, und neiget sich auf das demüthigste gegen Se. Majestät dem König Hierauf behält er den Becher mit sammt dem Deckel zu seiner Verehrung.

§. 44.

§. 44. Es ist fast bey allen Crönungen der Europäischen Puissancen gewöhnlich, daß ein gantzer Ochse gebraten, und dem Volck preiß gegeben wird. So pflegt auch ein Stück davon an dem Crönungs-Fest auf die Königliche Tafel gebracht zu werden. In einigen Königlichen Residentien pflegt dieser Ochse einige Tage vorher durch die Fleischer-Knechte in der Stadt herum geführt zu werden, nachdem ihm die Hörner verguldet, und er mit bunten Bändern ausgeziert. Einige leiten den Gebrauch dieser gebratenen Ochsen, so hernach dem Volck ausgetheilet werden, von den Triumphen der Römer her, die einen solchen Ochsen den Göttern geopffert, und ein herrlich Festin dabey angestellt. S. Hopiny de jur. insign. C. II. §. VII. fol. 249. Limn. not. in A. B. C. XXVII. §. VII. Obs. 7.

§. 45. Uber dieses findet man bey den unterschiedenen Königlichen Crönungen auch hin und wieder unterschiedene Special-Gebräuche, z. E. das ausswerffen der Nüsse bey den Böhmischen Crönungen, das anrühren der Kröpfigten bey den Königlich-Frantzösischen Crönungen, u. s. w. Die gecrönten Häupter empfangen bißweilen vor, bißweilen auch nach der Crönung von den Ständen sehr kostbare Geschencke. Also haben die Königlich-Böhmischen Stände Ihrer Römisch-Kayserlichen Majestät Carl dem VI. und Dessen Allerdurchlauchtigsten Gemahlin bey der Crönung in einer gehabten Audienz dem Kayser zehen tausend, der
Kayse-

Kayserin aber fünff tausend Species Ducaten verehret.

§. 46. Bey der Crönung des jetzigen Königs in Franckreich Ludwigs des XV. ist als etwas besonders angemerckt worden, daß die Vogelfänger zu der Zeit, da das Volck unter einem mit Trompeten- und Paucken-Schall begleiteten Zuruff: Vivat Rex, ausgeruffen, eine grosse Menge in Kefichte verschlossener gewesener Vögel in ihre Freyheit fliegen lassen.

§. 47. Die Crönungs-Täge werden allenthalben mit den grösten Solennitäten gefeyert. Die Werck-Stätte und Kram-Läden werden nicht allein in der Königlichen Residentz, sondern auch bißweilen in dem gantzen Königreich zugeschlossen gehalten, es werden solenne Crönungs-Predigten abgelegt, die vortrefflichste Music dabey gehöret. Man siehet und höret allenthalben auf eine vielfache Weise Freudens-Festivitäten, an Illuminationen, Feuerwercken, Comödien, Opern, Bällen; man läst unter das Volck rothen und weissen Wein springen, und ein iedweder ist bemühet, alle nur ersinnliche Kennzeichen einer allgemeinen Freude und vollkommenen Zufriedenheit dabey an Tag zu legen. Auf eben diese Weise werden auch die jährlichen Gedächtniß-Feste wegen der verneuerten Crönungs-Solennität celebriret. Es wird nicht selten ein General-Pardon vor die Gefangenen dabey publiciret, und gegen das Armuth eine gantz besondere Königliche Munificenz erwiesen. Also
liessen

lieſſen Jhro Königliche Majeſtät in Preuſſen, Friedrich der I, ruhmwürdigen Gedächtniß, anno 1704 den 18 Januarii an dem Gedächtniß-Tag Jhrer Crönung in dem groſſen Friedrichs-Hoſpital alle Armen auf Königliche Unkoſten mit guten Speiſen und Getrâncke an Bier und Wein tractiren.

§. 48. Die beſchehenen Crönungen werden alſofort an fremden Höfen notificiret, und die gecrönten Häupter empfangen wegen derſelben glücklichen Vollziehung die Gratulations-Complimens, ſo wohl von ausländiſchen Miniſtres als auch einheimiſchen, Cavaliers und Dames, und andern Perſonen von Diſtinction.

§. 49. Die erſten Handlungen der Regierung nach vollbrachter Crönung beſtehen entweder in Creirung gewiſſer Ritter, oder in einnehmen der Huldigung, oder in andern Unternehmungen. Nach der Crönung des Römiſchen Kayſers iſt der erſte Actus gemeiniglich die Einnahme der Huldigung bey der Crönungs-Stadt, und nach Gelegenheit der andern Reichs-Städte, welche auf der Rückreiſe nach dem Kayſerlichen Hof-Lager betroffen werden.

Das V. Capitul.
Von Einzügen.

§. 1.

Die Straſſen und Gaſſen der Reſidentz, welche bey den prächtigen Einzügen paſſiret werden, ſind auf ausdrückliche Ordre und Befehl auf das beſte auszuzieren. Bißweilen

weilen werden sie mit kostbaren Tapeten behangen, bißweilen aber auch zu beyden Seiten mit einer anmuthigen und continuirlich grünenden Allee von Tannen-Baumen, die mit allerhand Sorten, theils natürlichen, theils gekünstelten Obstes behangen, ausgeschmücket. Manchmahl siehet man lauter grünende Schwibbögen, Pyramiden und andere künstlich eingeflochtene Arbeit und Schrifft, nebst viel raren Abbildungen. Es wird auf das schärffste verbothen, daß sich niemand in zercissenen oder sonst alten und lappichten Kleidern auf der Strasse dürffe sehen lassen.

§. 2. In den vorigen Seculis war es denen Landes-Fürsten eine angenehme Parade, wenn ihnen eine grosse Menge allerhand Volcks entgegen kam, die vor Freuden jauchzeten und in die Hände schlugen, oder wenn die Gassen mit kleinen Knaben und Mägdgen besetzt waren, die in weissen Hembden, so mit mancherley buntfarbigen Bändern ausgezieret, grüne Cräntze auf den Häuptern führten, und die Durchlauchtigsten Herrschafften mit einer Choral-Music, die ihren Kräfften und Vermögen proportionirt war, beehreten; wie denn nebst viel andern der theure Chur-Fürst zu Sachsen Johann Friedrich, als er aus seinem Gefängniß wieder zurück kehrete, in Jena, Weimar, Coburg und andern Orten auf diese Weise beneventirt worden. Heutiges Tages würde diese Ceremonie manchen gar spöttisch vorkommen; Jedoch lieset man auch in der neuesten Historie, daß anno 1696. bey der solennen

Ein-

Einholung und Empfangung der Princeßin von Savoyen, als Braut des Hertzogs von Burgund, die Gassen auf beyden Seiten mit lauter jungen und prächtig gekleideten jungen Leuten von einerley Taille besetzt gewesen. Ausser dem aber werden die Gassen entweder von der Bürgerschafft oder der Miliz geschlossen, damit aller Unordnung verwehret werde, und pflegen dieselben entweder in neuer Mondirung, oder doch sonst in sauberer Kleidung zu erscheinen. Ist der Einzug bey der Nacht, so sind die Fenster der Häuser gemeiniglich mit weissen Wachs-Fackeln oder auf andere Weise herrlich erleuchtet.

§. 3. Es werden hin und wieder auf den Strassen prächtige Ehren-Pforten erbauet, die mit trefflicher Architectur an Seulenwerck, Gemählden, Statuen und Sinn-Bildern ausgezieret, und aus Holtz, oder Alabaster, Porphyr, Gold und Silber zubereitet, wie sie sich zu einer ieden Handlung am besten schicken. Bey den Ehren-Pforten, die vor die Printzen, so victorisirend aus der Campagne wieder zurück kommen, erbauet, siehet man solche Statuen und Devisen, so die Kriegs-Tugenden und das Glück im Kriege vorstellen. Bey den Ehren-Pforten, so der Ankunfft der Hoch-Fürstlichen neu Vermählten bestimmt, sind die Erfindungen von der Liebe hergeholet.

§. 4. Wo man willens ist, auf die Erbauung der Ehren-Pforten viel Unkosten zu wenden, und eine grosse Pracht dabey sehen zu lassen, so werden ihrer

ihrer viel in einer geraden Linie hinter einander angelegt, daß man auf perspectivische Weise durchsehen kan, und sie den Durchpaßirenden nicht anders, als die in einer Reyhe liegende Gemächer in den grossen Pallästen, deren immer eines schöner als das andere, anscheinen. Bey manchen Ehren-Pforten ist ein artiger Kunst-Garten angerichtet, in welchem viel Springbrunnen, Grottenwercke, Wasserfälle, und weisse Marmor-Bilder zu sehen. Bey einer Ehren-Pforte, welche anno 1680 der Gemahlin des Königs in Spanien Caroli II. zu Ehren in Madrit angeleget war, observirte man viel güldene Schilder, und auf diesen des Königs und der Königin Wapen, welche von Perlen, Diamanten, Rubinen, Schmaragden und andern Edelsteinen formirt waren, und dermaßen kostbar, daß man versichert, diese Ehren-Pforte wäre 12 Millionen werth gewesen.

§. 5. Bey einigen Ehren-Pforten sind Adler, Statuen, als der Mercurius und andere heydnische Götzen angebracht, die sich bewegen, und den Königlichen oder Fürstlichen Herrschafften entweder Carmina übergeben, oder Blumen und Früchte ausschütten. Für diesen sind auch einige schöne Jungfrauen als Nymphen gekleidet vorher gegangen, welche die gantze Strasse mit Blumen bestreuet. Es pflegen die Deputirten der Collegiorum oder Communen, so die Ehren-Pforten erbauen lassen, die Durchlauchtigsten Herrschafften mit einer solennen Rede zu bewillkommen, die denn ent-

entweder von den Herrschafften selbst, oder von Dero Cavalieren beantwortet werden. Bißweilen überreichen sie ihnen bloß ein Carmen, oder bezeugen ihre Devotion, um sie nicht aufzuhalten, durch tieffe Neigungen. So werden sie auch wohl an den Ehren-Pforten, entweder von Manns-Personen, oder von Frauenzimmer, die in Römischen oder andern artigen Habit eingekleidet, mit einer lieblichen Music beehret.

§. 6. Unter währendem Einzuge läst man bißweilen die Röhren mit Weine vor den Pöbel springen, ingleichen werden Gedächtniß-Müntzen unter das Volck ausgeworffen, und einige von der Soldatesque darzu gestellet, um alles besorgliche Unheil zu verwehren. Die Glocken werden geläutet, die Stücken gelöset, die Chöre der Trompeter und Paucker nebst anderer Music wird allenthalben gehöret. Auf den Thürnen zeigen sich mancherley Seil-Täntzer und Lufft-Springer, die auf deren obersten Knopff-Spitze allerhand Gauckel-Possen vornehmen, und entweder ein Pistohl loßschiessen, oder ein Glaß Wein austrincken, und solches nachgehends herunter werffen, wie man denn auf der Kunst-Cammer zu Berlin noch ein Glaß zeiget, welches bey dem Königlichen Einzuge von des Thurmes Spitze herunter geworffen worden, und dennoch biß auf ein klein Stückchen, so am Fusse abgesprungen, gantz geblieben.

§. 7. Bey den Römisch-Catholischen siehet man gar offters bey ihren Einzügen, und bey ihren Processiocessionen, die Geistlichkeit mit dem Creutz, so pflegen auch wohl die grossen Herren bey ihnen, wenn entweder die Ertz-Bischöffe das Creutz præsentiren, oder wenn sie sonst etwas von Heiligthümern gewahr werden, vom Pferd abzusteigen, auch wohl gar niederzufallen, und das Creutz kniend zu küssen. Der Autor des VII. Theiles der Europäischen Famæ gedenckt hierbey p. 609: ein anders wäre es, das Creutz nach Gewohnheit zu küssen, ein anders aber, dasselbe dem Christenthum zu Folge willig zu tragen.

§. 8. Geschehen Einzüge auf dem Wasser, so werden propre Schiffe ausgerüstet, mit schöner Bildhauer-Arbeit, die in unterschiedene Zimmer abgetheilt, mit Atlas, Sammet oder Brocate ausgeschlagen, mit Venetianischen Glaß-Fenstern, Flaggen und Fahnen ausgezieret, inwendig und auswendig vergüldet und gemahlet sind. Die Schiffer sind entweder in Taffet oder ander Zeug auf Holländische oder andere Weise eingekleidet. Ist es auf den Abend, so werden die beyden Seiten des Ufers erleuchtet.

§. 9. Die Magistrats-Personen pflegen gar offters ihrem Landes-Herrn bey seinem solennen Einzuge die Schlüssel der Stadt entweder auf einem Sammet-Küssen und Polster, oder in einer silbernen oder güldenen Schüssel zu überreichen, der sie ihnen denn auf eine gar gnädige Weise wieder zurück giebt.

§. 10. Der Anfang der Einzüge geschicht nicht auf

auf einerley Weise. Am Kayserlichen Hofe macht der Kayserliche Hof-Quartiermeister gerne den Einzug zum marchiren. Bey manchen Einzügen kommt erstlich ein Troup Dragoner oder Reuter, die Gassen frey zu halten, nachgehends folget ein doppelt Chor von zwey Paar Heer-Pauckern, und 24 Trompetern, die sich in währenden Marsch immer hören lassen, alsdenn kommen die Herolde und Fouriere. Bey andern wird der Einzug eröffnet durch eine Compagnie oder Esquadron wohl-mondirter Curassiers oder Carabiniers. Gemeiniglich aber pflegen bey den solennesten Einzügen alle zum Post-Wesen gehörige Officianten, von dem höchsten biß auf den niedrigsten Rang, vorweg zu reiten, als die Post-Commissarii, die General-Ober-Postmeister mit ihren Bedienten, die Cammer-Couriers und die Postmeister des Landes, welchen sodann die Postilions folgen. Sie reiten ie 2 und 2 in einem Gliede. Die General-Ober-Postmeister führen propre verchamerirte Kleider, mit Sammet aufgeschlagen, die mit der gewöhnlichen Farbe der Postilions-Kleidungen accordirt, ihre Capute ist auch von solchen Sammet, das Post-Horn von Silber mit Diamanten besetzt, und ihre um sich tragende Scherpe von puren Silber. Die Postmeister haben ebenfalls neue und wohl-assortirte Kleider, und silberne Post-Hörner. Ihre Pferde die sie reiten sind alle von einerley Farbe, und das Pferde-Zeug von einerley Façon. Die Postilions

lions erscheinen in ihrer gewöhnlichen Kleidung, die aber nebst dem Felleisen, so sie hinten mit aufgepackt, und alle dem, was zu ihrer gantzen Equipage gehört, ebenfalls neu verfertiget ist. Die Postilions haben wieder andere Pferde und ander Pferde-Zeug als die Postmeister. Alle diese Post-Bedienten müssen mit dem Blasen ihrer Post-Hörner die Ankunfft des Einzuges eclat machen.

§. 11. Die Fürstlichen Personen reiten entweder in den grösten Staat auf kostbahren Pferden, oder sitzen in prächtigen Carossen. Bey den Königen in Spanien ist dieses etwas besonders, daß sie reiten müssen, wenn sie ihren Einzug in Madrit halten. S. Lünigs Thetr. Ceremon. T. I. p. 143. Wenn sie fahren, so haben sie die Fenster an den Wägen gemeiniglich offen, daß sie sich iedermann zeigen. Vor den Leib-Carossen, in welchen die Fürstlichen Herrschafften sitzen, gehen entweder ein 12 oder 24 Mohren, mit den schönsten Scharlachnen Talaren, güldenen Halsbändern und Türckischen Bünden, oder ein 12 Lauffer in seidenen und mit güldenen und silbernen Tressen bordirten Wämsterchen, und der gleichen Schürtzen, auch so viel Heyducken, 6 und 6 in einem Gliede in ihren Habitern. Vor oder hinter den Wägen folgen ein 24 Laqueyen und Pagen 2 und 2, oder 6 und 6 in einem Gliede. Neben der Carosse gehen ein 24 Hellepartirer, oder Schweitzer-Trabanten, auf ieder Seite 12 in ihrer gewöhnlichen Kleidung.

An

An statt dieser siehet man bißweilen um die Carosse viel Unter-Officirer, welche commandirt sind, das häuffig andringende Volck abzuhalten. Uber diese gehen neben der Kutsche bißweilen zwey Wagenhalter, so reiten auch wohl einige Cavaliers neben her. Als anno 1698 der damahlige Königlich-Dänische Cron-Printz Friedrich der IV. mit der Princeßin von Mecklenburg Louysen Beylager hielt, giengen neben der Carosse über die gewöhnlichen Trabanten auch 12 Nordische und nach der Landes-Art gekleidete Bauern mit ihren Streit-Aexten.

§. 12. Die Fürstlichen Dames sitzen in einer Carosse, und die Fürstlichen Manns-Personen auch in einer besondern, welche von einem Zuge von 8 Pferden geführet werden. Zu den Carossen der Clerisey in Spanien und Italien werden mehrentheils Maul-Esel genommen.

§. 13. Die Leib-und Parade-Carossen sind entweder inwendig und auswendig mit Sammet ausgeschlagen, und mit Gold und Silber ausgestickt, oder von der kostbarsten Mahlerey und Schnitzwerck, deren Desseins von den berühmtesten Meistern verfertiget, und vortreflich mit einander harmoniren. Was man sonst an andern von Holtz siehet, ist hier bey vielen von Silber und Gold. Die Geschirre sind von Sammet, die Schnallen und Boucklen daran von pur massiven Silber und Gold. Die Pferde-Decken von Sammet, mit Gold und Silber, Perlen und Edelsteinen ausgeschmückt. Die Zügel bey den Pferden und Maulthieren von Gold, Silber oder Seiden, die Köpffe, Mähnen und Schweiff mit Feder-Büschen geziert, und mit den schönsten Bändern eingebunden.

§. 14. Die Herrschafftlichen Carossen werden auch von den übrigen Carossen der sämmtlichen Cavaliers und Dames begleitet. Bey sehr magnifiquen Einzügen wird Ordre gestellt, daß keine Kutschen unter 6 Pferden zuzulassen. Bey allen aber läst sich dieses nicht practiciren, und es helffen so wohl die sechsspännigen als die vier und zweyspännigen den Einzug mit vermehren. Einige sind mit Cavaliers und Dames besetzt, die andern aber leer. Die Laquais, Lauffer und Pagen gehen vor einer ieden Carosse her, und sind alle in neuer Liberey eingekleidet. Die Carossen der Cavaliere von geringern Range, und die mit wenigern Pferden bespannet, fahren voran, und die übrigen folgen hernach.

§. 15. Uber die ordinairen Carossen siehet man bey den Einzügen bißweilen mancherley künstliche und von Bildhauer-Arbeit verfertigte Triumph-Wägen, unter den Vorstellungen allerhand heydnischer Götter, die sich zu einer ieden Festivität schicken, als bey den Vermählungen die Eintracht, die Liebe, den Frieden u. s. w.

§. 16. Die Hof-Cavaliers, die zu der sämmtlichen Hofstatt gehören, gehen entweder bey grossen Festivitäten mit blossen Häuptern, oder reiten paar und

Von Einzügen.

und paar in der kostbarsten Kleidung, und ihre Pferde sind mit den schönsten Sätteln und Zeugen gezieret, die Cammer-Juncker kommen zuerst, hernach folgen die höhern, als Cammer-Herren, die geheimbden Räthe u. s. w. daß endlich die obersten Staats-Ministri der Durchlauchtigsten Herrschafft am nächsten seyn, und so wird es ebenfalls gehalten, wenn sie in Carossen fahren.

§. 17. Die Pagen sind gar offters bey solennen Einzügen in propren Spanischen Habit eingekleidet. Sie reiten entweder 2 und 2 oder 4 und 4 in einem Gliede, und werden von ihrem Hofmeister geführt. Bißweilen reitet auch vor ihnen einer in einem reich-mit Gold gestickten Kleide, mit einer Javeline, auf einem stattlichen Tummel-Pferde in einem gantz verguldeten Curaß, mit einen hohen Federbusch auf dem Haupt. Manchmahl reiten ein paar Zwerge in besondern Habit entweder vor oder nach.

§. 18. Die Jägerey wird von den Jagt-Fouriers aufgeführt. Die Falckenirer kommen mit ihren Falcken auf den Händen voran, und die Hand-Pferde der höhern Officianten hinter drein. Bißweilen werden sie in ein Corpo eingetheilt, bißweilen in unterschiedene, sie führen eine grüne mit Gold gestickte Fahne bey sich, und ihre besondere Jagt-Music. Ein paar Ober-Forstmeister pflegen bißweilen die Jagt-Esquadronen zu schlüssen.

§. 19.

§. 19. Die Ritterschafft aus dem Lande wird mit dazu verschrieben, sie wird nach den unterschiedenen Creyßen in besondere Divisionen eingetheilt, die von den vornehmsten Häusern und Geschlechtern des Landes geführt wird. Sie reiten 2 und 2 oder vier und vier in einem Glied, haben alle einerley egale und ihnen vorgeschriebene Kleidung, ihre besondere Fahne, und reiten auf wohlausgesuchten Pferden, die mit herrlichen Chabraquen und kostbaren Zeuge belegt sind.

§. 20. Die Fürstlichen Stallmeister und Bereuters helffen nebst der ihnen zubehörigen Equipage den Einzug sehr mit embelliren. Die Hand-Pferde, die in einer sehr langen Suite auf einander folgen, werden von den Reit-Knechten geführt. Sie sind mit den kostbarsten Chabraquen belegt, und Sattel, Zeuge und Decken nach besondern wohlausgesuchten Desseins mit Gold und Silber, auch wohl mit Perlen und Edelsteinen gestickt. Offters sind sie auch mit Feder-Büschen ausgeputzt. Auf den Chabraquen siehet man entweder den verzogenen Nahmen der Durchlauchtigsten Herrschafft, oder das Wapen, so mit Gold, Silber und buntfarbigter Seide ausgeschmückt, ingleichen auf den Decken gestickte Adler, Cronen und ander solchen Zierrath. Vor diesen wurden auf die Decken allerhand Sinn-Bilder, Cornucopiæ und dergleichen gestickt, doch dieses ist heutiges Tages abkommen.

§. 21. Die prächtigen Einzüge der hohen Häupter

Häupter, denen das jus belli & pacis zustehet, sind mit mancherley Corps der Milice untermengt. Bald kommen ein Esquadron Cüraßirer, in gelben ledernen Colletten und halben Cüraßen, die auf den Köpffen Casquette mit rothen Federn, und in den Händen bloße Degen führen. Bald wieder die Grenadiers a Cheval, hernach Dragoner, Carabiniers, u. s. w. in ihrer ordinairen Mondur; die Obersten, die General-Majors, General-Lieutenants, und übrigen Ober= und Unter=Officiers wechseln dabey auf unterschiedene Weise.

§. 22. An den Deutschen Höfen siehet man bißweilen bey dergleichen Einzügen ein Corpo, die auf Alt=Fränckische Manier gekleidet, wie die alten Deutschen sonst einher gegangen, mit weiten Pluder=Hosen, Rosen auf den Hüten, Riemen in den Schuhen, spitzigen Hüten, mit Camisölern mit weiten aufgeschnittenen Ermeln u. s. w. Uber= dieses werden auch noch Trabanten zu Pferde mit dazu gezogen, die in unterschiedene Compagnien eingetheilet werden, davon die eine lauter weiße, die andere aber schwartzbraune Pferde reitet. Auf ihren Kleidern observirt man offters das Fürstliche Wapen, oder den verzogenen Nahmen mit Gold und Silber bordiret. So sind auch die Schabracken nebst Pistohl=Halfftern mit eben dergleichen Wapen gezieret.

§. 23. Die Bürger der Hoch=Fürstlichen Residentz bekommen nicht selten vom Hofe Befehl, zu

Bezeugung ihrer unterthänigsten Devotion, der Herrschafft mit entgegen zu ziehen, und den solennen Einzug vermehren zu helffen. Sie theilen sich alsdenn in besondere Compagnien mit unterschiedenen Fahnen, die von den Rathsherren oder andern Häuptern aufgeführet werden. Sie putzen sich und ihre Pferde aus, so gut als ihnen möglich, und führen ebenfalls bißweilen ihre Trompeter und Heer-Paucker mit sich.

§. 24. Vor der sämmtlichen Equipage reitet gar offters ein Herold zu Pferde in einen Sammeten Herolds-Kleide, auf dessen Kleide ein reich gesticktes Königliches oder Fürstliches Wapen zu sehen, er führet einen pur massiven silbernen Herolds-Stab in der Hand, und sein Pferd ist mit Feder-Büschen allenthalben ausgezieret.

§. 25. Die Provintz-Pferde werden von den Reit-Knechten geführet, sie marchiren eins hinter dem andern, sind allenthalben ausgeputzt, und mit Sammet-Decken belegt, auf welchen die Wapen der Provintzien eingestickt.

§. 26. Den Schluß des Einzuges machen entweder die Bagage-Wägen, oder eine Compagnie, Esquadron, oder Regiment zu Fuß oder zu Pferde. In den ehemahligen Zeiten wurden bey den Einzügen der Teutschen Fürsten nicht so viel Ceremonien gemacht, sondern es wurde schon vor trefflich solenn gehalten, wenn ein Heer mit 100 Mann von der Miliz einzog. Die Geschicht-Schreiber erwehnen als etwas merckwürdiges, daß die Mecklenburlenburgiſchen Herren Gebrüdere, Hertzog Henrich und Albrecht, als ſie bey dem von Chur-Fürſt Joachim I. zu Brandenburg in Neu-Rupin angeſtellten Tournier eingezogen, ſie eine Escorte von 120 Reutern mit ſich gebracht, und bey der Ankunfft mit Trompeten und Paucken wären angenommen worden; ingleichen, da mit den zwey Gevettern Johanne und Henrico, Hertzogen zu Sachſen, eine Garde von 150 grau mondirten Bogen-Schützen zu Pferde eingezogen.

§. 27. Wo man auf gute Ordnung bedacht, ſo werden auf beyden Seiten der Straſſen vor die Zuſchauer Gerüſte aufgerichtet, und vorhero, zu Verhütung alles Schadens, durch gewiſſe Perſonen beſichtiget, ob ſie auch ſtarck genug ſeyn, die Perſonen zu ertragen.

§. 28. Wenn alle zum Einzug gehörige Perſonen auf dem Schloſſe und dem Reſidentz-Hauſe der Durchlauchtigſten Herrſchafft anlangen, ſo werden an verſchiedenen Orten der Thore und der Schloß-Plätze unterſchiedene Wachen placiret, mit einem Capitain, einem Lieutenant und einem Fähndrich mit einer ſtarcken Mannſchafft und Fahne, welche die Durchlauchtigſte Herrſchafft ſalutiren, und dabey das Spiel rühren müſſen. So pflegen auch die gantze Treppe hinauf Trabanten zu ſtehen biß an die Zimmer. Die Nobleſſe, die Generalität und die Hof-Leute ſteigen auf dem Schloß-Hofe von ihren Pferden ab, und erwarten daſelbſt die Herrſchafft.

§. 29.

§. 29. Es pflegt öffters die sämmtliche Milice, die in der Ordnung mit marchiret, nach geendigten Einzuge auf dem Schloß-Platz Salve zu geben, und wendet sich sodann wieder nach ihren Quartieren. Nach diesen ziehet die Bürgerschafft auf, und giebt ebenfalls ihre Salven.

§. 30. Es geschicht auch wohl, daß die Fürstliche Herrschafft mit ihrer sämmtlichen Hofstatt einer frembden Herrschafft entgegen fähret, und ihre Trouppen mit ihrer bey sich habenden Artillerie an demjenigen Ort zur Parade führet, wo sie die frembde Herrschafft mit ihrer Entgegenkunfft beehren wollen. So bald sie nun der frembden Fürstlichen Kutsche von ferne ansichtig werden, muß die Cavallerie und Infanterie vom lincken Flügel das erste Feuer geben. Nach geschehener Conjunction beyder Herrschafften wird bey dem Einsitzen und Abfahren das andere Feuer auf dem rechten Flügel gegeben, welchem sogleich das dritte Feuer auf beyden Flügeln nachfolgt. Alsdenn rücken die frembden Herrschafften in die Ordnung des Einzuges mit ein.

§. 31. Die Ordnungen der unterschiedenen Divisionen oder Corps, wie sie auf einander folgen, beruhen auf keinen gewissen und beständigen Regeln, sondern dependiren von dem Belieben derer, die sie anstellen und dirigiren. Sie sind nach dem Unterschied der Höfe gantz von einander unterschieden. Die mancherley abwechselnden Corps werden entweder von Cammer- und Reise-Fouriers,

oder

oder von Herolden und Marschällen, oder von andern Häuptern aufgeführet, und pflegen auch entweder Trompeter und Heer-Paucker, oder andere musicalische Chöre vorher zu marchiren.

Das VI. Capitul.
Von Antritt und Niederlegung der Regierung.

§. I.

Wenn einem auswärtigen Printzen, entweder durch Testamente oder durchs Successions-Recht, so auf die Fundamental-Gesetze des Landes gegründet, ein Königreich oder ander Land zu Theil worden, so fehlet es denn nicht an mißgünstigen und boßhafften Gemüthern, welche dem Volck einen Haß gegen ihren künfftigen Regenten beybringen wollen, und alles unvollkommene von seiner Person und von seiner Gemüths-Beschaffenheit aussprengen; bißweilen geben sie wohl gar vor, er wäre lahm, einäugicht, krumm und ungestallt, so daß sie bey dieser Lästerung öffters genöthiget werden, ihre Portraite in Lebens-Grösse allenthalben auszutheilen und herumzuschicken, um die Wohlgesinneten damit zu beschencken, und die Lästerungen dadurch einiger massen zu widerlegen.

Rr §. 2.

§. 2. Bey turbulenten Zeiten, wo die Gemüther in allerhand Factionen zertheilet, lassen die vor den rechtmäßigen Erben oder Cronfolger treu gesinnte, ein Manifest publiciren, und es in allen Ländereyen und Districten des Königreichs austheilen, darinnen sie mit den allergrösten Eyd=Schwüren, und mit den allerbündigsten Betheurungen versichern, daß sie vor ihren rechtmäßigen Souverain Gut und Blut aufsetzen wollen; sie declariren vor der gantzen Welt, und bey allen Puissancen, daß sie an der Ungerechtigkeit der andern kein Antheil nehmen, und protestiren auf das solenneste wider alles gegenseitige Unternehmen.

§. 3. Wird ein Printz durch ein Testament oder auf andere Weise zu einen Regenten eines auswärtigen Reichs bestimmt, so berufft dessen Königlicher oder Fürstlicher Herr Vater so wohl die Herren Brüder des Printzens, dafern einige vorhanden, als auch die sämmtlichen Printzen vom Geblüthe, die vornehmsten Ministres des Reichs und Hofes, und die fremden Gesandten zusammen, eröffnet ihnen auf was Art göttliche Providenz seinen Sohn diese neue Dignität destinirt, stellt ihnen allen als einen König und Regenten des Landes vor, welches er in kurtzen beherrschen soll, und läst ihme von derselben Zeit an, so wohl bey der Tafel als auch sonst, nach dem gewöhnlichen Ceremoniel, als König tractiren. Er theilet ihm auch wohl bey solchem Fall die Regeln und Vermahnungen mit, die er vor dienlich erachtet, und die sämmtlichen Printzen vom

vom Geblüth, Gesandten und Ministri müssen ihm die Felicitations-Complimens abstatten, und die Honneur erzeigen, die seiner neuen Dignität eigenthümlich ist. Zuweilen geschiehet die Declaration nur vor einigen hohen Ministres. Also hielten der Römische Kayser Leopoldus I. eine Anrede an Dero Geheimbde Conferenz-Räthe, als Sie Ihren andern Durchlauchtigsten Herrn Sohn, Ertz-Hertzog Carln, zum König in Spanien declarirten.

§. 4. Vor dem Antrit der Regierung machen sich die grossen Herren anheischig, daß sie ohne der Reichs- und Land-Stände Einwilligung die Fundamental-Gesetze nicht ändern, vielweniger neue Ordnungen, so dem Lande præjudicirlich seyn könten, einführen, noch die Interpretation der Reichs-Satzungen und Friedens-Schlüsse vornehmen, sondern mit gesammter Stände Rath und Vergleichung auf Reichs- und Land-Tägen damit verfahren, zuvor aber nichts darinnen verfügen noch ergehen lassen. Sie versichern in den allerbündigsten Expressionen, ihre Unterthanen bey ihrer Religion, bey ihren Freyheiten und hergebrachten Gerechtigkeiten zu erhalten, sie wohl zu beherrschen und ihr Heyl zu besorgen.

§. 5. Die sämmtlichen Reichs-Stände werden vor dem Antrit der Regierung convocirt; sie gehen erstlich alle zusammen in einer solennen Procession in die Kirche, um den daselbst angestellten Gottesdienst abzuwarten; nachgehends erscheinen sie

sie auf dem Königlichen Propositions-Saal, auf welchen der Königliche Thron aufgerichtet. Wenn sich nun der König auf seinen Thron verfüget, so trägt ihm der Reichs-Cantzler, nach dem Schluß der Reichs-Stände, die Königliche Regierung auf in einer langen und zierlichen Oration, welche denn der König in einer kurtzen Gegen-Rede wieder beantwortet, darinnen er sich vor den Auftrag der Regierung bedancket, und sie alles Guten versichert; auch hierauf die Felicitations-Complimens von Einheimischen und Auswärtigen erwartet.

§. 6. Sind diese Ceremonien vollbracht, so wird Salve gegeben, es werden die Canonen abgefeuert, prächtige Tafeln und Banqueter angestellet, Illuminationen und Feuerwercke angezündet, und einige Tage und Nächte nichts als lauter Freudens-Festivitäten wahrgenommen.

§. 7. Gehet mit den Regenten eine Veränderung vor, so bemühen sich gemeiniglich die Reichs-Stände, die durch die Souverainité ihrer vorigen Beherrscher um ihre Freyheiten und Rechte ziemlicher maßen gekommen, so viel als möglich, zu ihren ehemahligen Rechten und Ansehen wieder zu gelangen, insonderheit arbeiten einige Reichs-Collegia, welche aus ansehnlichen Mitgliedern und Reichs-Ständen bestehen, an Vermehrung und Vergrösserung ihrer Rechte. Nach dem Tode des Königs in Franckreich Ludwigs des XIVten bemühete sich das Frantzösische Parlament mit
aller

Von Antritt u. Niederleg. der Regierung. 629

aller Gewalt, wieder auf den alten Gipffel zu steigen; es wurde aber gar bald in ziemliche enge Schrancken wieder getrieben, und den 26 Augusti 1719 ein solenner Gerichts-Tag dieserhalb angesetzt.

§. 8. Sie sind nicht alle so glücklich, wie das Königreich Schweden, welches das Joch der Souveraineté vor ein zehn Jahren vom Halse geschüttelt. Die Liebe der Unterthanen ist wohl die beste Souveraineté der Regenten. Ich kan nicht umhin folgende merckwürdige Stelle aus dem I. Theile der Europäischen Famæ p. 82. hiermit anzufügen: Heist dieses souverain seyn, wenn man zwar der Unterthanen Leiber und Güter, aber nicht ihre Hertzen beherrschet. Erkennt ein solcher König, welcher Tag und Nacht von Furcht und Argwohn gequählet wird, keinen Obern in der Welt, und lebet derjenige ohne Gesetze, an welchen der Dolch seiner mißvergnügten Unterthanen, alle Augenblicke, und wenn er sichs am wenigsten versieht, noch ehe sein bestimmtes Lebens-Ziel verflossen, das allgemeine Gesetz der Sterblichkeit vollstrecken kan? O wie elend ist ein Monarch in solchem Zustande bey aller seiner eingebildeten Souveraineté. Dagegen halt ich einen Regenten, welcher seiner Unterthanen Hertzen und Gemüther beherrscht, vor weit souverainer und mächtiger, ob auch schon seine Gewalt mit viel Fundamental-Gesetzen, und mit den stärcksten Capitulationen umschränckt wäre. Worinnen können ihm diejenigen ungehorsam

Rr 3 oder

oder widerspenstig seyn, welche nichts wollen, als was er verlangt, und welchen nichts mißfällt, als was ihm zuwider ist.

§. 9. Bevor die grossen Herren ihre Regierungen antreten, so notificiren sie den andern Puissancen mit denen sie ein Commerce haben, insonderheit mit denen sie einander verwandt oder benachbart sind, den Todes-Fall ihres Herrn Vaters oder Herrn Vettern, und den auf sie gekommenen Anfall der Lande, entweder durch Schreiben oder abgeschickte Ministres, offeriren ihnen alle Freundschafft, und bitten sich davor wieder die ihrige aus. Hierauf erhalten sie wieder von ihren Mit-Regenten entweder durch Gesandte oder durch schrifftliche Antworten respective Condolencen und Gratulationen wegen des Absterbens Dero Herrn Väter oder Gevettern, und wegen des Antrits zur Regierung, nebst Dancksagungen vor die beschehene Notification. Stehen sie mit einen oder dem andern der Succession wegen oder eines andern Puncts in einigen Nexu oder in einer kleinen Irrung, so errichten sie vorher gewisse Compactata, Vergleiche und Recesse, darinnen sie alles reguliren.

§. 10. Bey den Successions-Gesetzen wird offters ein Fluch angehängt auf diejenigen, welche sich unterstehen wollen, dieses oder jenes bey dem Königlichen Hause lange eingeführte oder von neuen hergebrachte Gesetz in Verwirrung und Zweiffel zu ziehen. In Engelland ist es die Strafe se des Hochverraths, so diejenigen zu erwarten haben, die bey dergleichen Reglemens etwas ändern der sie nicht erkennen wollen. Werden neue Formulen eingeführt, so müssen die Unterthanen selbige beschwehren. Also musten anno 1724 die Stände in Böhmen, so bald sie die Majorennität erlangt, die in Faveur der von Ihrer Kayserlichen Majestät stabilirten Succession eingeführte Formul beschwehren. S. Einleitung zur Historie XXXVI. Stück. p. 710.

§. 11. Wenn die Reichs- oder Land-Stände auf den Fall, daß ihr ietziger Regente mit Tod abgehen solte, einen auswärtigen Successorem in ihrer Successions-Ordnung denominiren, so pflegen sie auch gemeiniglich mit auszudrücken, auf was vor Art das Ministerium soll besetzt seyn, und von wem die Regierung des Königreichs soll geführt werden, biß der frembde Cron-Folger in dem Reich angelangt. Da anno 1705 den 28 Novembr. die Englische Successions-Sache in Beyseyn der Königin, die sich incognito dabey aufhielt, in dem Parlament zu Londen vorgenommen, und der protestirende Successor, auf den Fall des erledigten Throns, auf Ordre des Geheimbden Raths-Collegii in Engelland und Irrland, für König ausgeruffen ward, so wurde auch zugleich mit declarirt, daß das Regiment biß zu seiner Ankunfft ins Reich, durch den Ertz-Bischoff von Cantelberg, den Cantzler, Schatzmeister, den Geheimbden Raths-Præsidenten, den Groß-Admiral,

miral, Geheimbden Siegel-Verwahrer u. ſ. w. verſehen werden ſolte.

§. 12. Iſt nun die Succeſſions-Acta edablirt, ſo wird eine anſehnliche Legation abgeſchickt, ihnen eine anſehnliche Suite und koſtbahre Equipage mit gegeben, welche den declarirten Nachfolger den abgefaſten Schluß der Reichs-Stände hinterbringen muß. Dieſe Geſandſchafft wird hernach von dem künfftigen Succeſſore auf das herrlichſte empfangen, auf das koſtbahrſte bewirthet, und offters auch auf das reichſte beſchenckt.

§. 13. Wird ein Nachfolger in dem Teſtament deſignirt, ſo wird es eben ſo gehalten. Die Executores teſtamenti oder die Reichs-Regierungs-Räthe, denen dieſes aufgetragen, notificiren ihm oder ſeinen Vater ſchrifftlich den Todes-Fall, und beruffen ihn ins Reichs. Dieſer ſchickt eine obligeante Antwort wieder zurück, acceptirt die Notification des Teſtaments, und verſichert die baldige Ankunfft ins Reich. Die Reichs-Regierung dancket wieder wegen verſicherte Acceptation des Teſtaments und ſollicitirt um baldige Ankunfft.

§. 14. Bißweilen iſt es nöthig, daß der künfftige Succeſſor noch bey Lebzeiten des andern ins Reich beruffen werde, damit das Volck das Unterpfand der allgemeinen Sicherheit gleich vor Augen haben, und ſie bey einem jählingen Vorfall ihre Zuflucht zu ihnen nehmen können.

§. 15. Bey dem actu declarationis muß ſich

der Regente gemeiniglich eydlich verbindlich machen, die Stände und das Volck nach dem Inhalt der Fundamental-Gesetze bey ihrer Religion, bey ihren Rechten, Freyheiten und Privilegiis allenthalben zu erhalten.

§. 16. Damit die Succession eines Hauses destomehr befestiget werde, so wird dieselbe gar offters in den Friedens-Schlüssen von andern Puissancen in verbindlichen Terminis mit assecurirt und guarantirt. Spühren die Reichs- und Land-Stände, daß eine ungerechte Domination und Gewaltthätigkeit wider die Fundamental-Gesetze des Reichs und die Freyheit der Stände einbrechen will, so kommen nicht selten die Stände zusammen an Noblesse, Bürgerschafft und andern getreuen Gemeinden des Landes und Königreichs, versprechen einander in geheim und gegen einander, daß sie sich derselben so viel als in ihren Kräfften steht, widersetzen wollen, und lassen auch wohl zu dem Ende durch die Hand eines Notarii Publici eine von ihnen allerseits unterschriebene solenne Protestation registriren.

§. 17. Wo andere Europäische Puissancen sehen, daß einige mächtige Königreiche und Länder durch die Succession möchten zusammen kommen, und also nachgehends das Æquilibrium aufgehoben, und einer allein gar zu mächtig werden, so wird der eine durch die andern nicht selten obligirt, daß er auf das solenneste auf ein Königreich renunciren, und die Renunciations-Acta beschwehren muß.

§. 18.

§. 18. Wenn auswärtige entweder wegen eines pacti successorii oder auch sonst vermeynen, in ihrer Anforderung zur Succession fundirt zu seyn, so lassen sie nichts ermangeln, was so wohl in jure als facto zu Ausführung ihrer gerechten Befugniß und billigmäßigen Zwecks Erreichung gehört, zu bewerckstelligen. Sie lassen in besondern Schrifften ihr unwidersprechlich Recht zur Folge im Reich oder in Landen ausführen. Sie schicken Gesandte an auswärtige Höfe und Puissancen, und suchen Assistanz, sie bemühen sich, die Stände auf alle Weise zu gewinnen. Sie berufen sich auf die, mit dem letztern Fürsten errichteten Eventual-Vergleiche, oder erweisen auch justitiam causæ auf andere Art.

§. 19. Sie protestiren wider die Jura und facta des Gegners auf das feyerlichste, sie widersprechen ihnen in der beständigsten Forme der Rechte, und wollen gegenwärtigen Besitzern oder Prætendenten nichts einräumen, sondern ihnen vielmehr alle Competentia und Compelituren vorbehalten haben, des zuversichtlichen Vertrauens lebende, es würde ein iedweder ihr Sonnen-klares Recht an diesem Lande dermahleinst erkennen, sie zu dessen geruhiger Possession wieder verhelffen, und dabey mächtig schützen. Vermeynen sie, das ihnen etwan durch ein Testament zu wehe geschehen, so übergeben sie schrifftliche Protestationes in Ansehung der Nullität und Ungültigkeit der Stellen, so in diesem Testament enthalten, auch wider alles dasje-

dasjenige, so aus Krafft solcher Passagen zum Nachtheil ihrer ungezweiffelten Rechte gereichen möchte.

§. 20. Es geschicht bißweilen, daß sich zwey hohe Controvertenten der Possession des Landes zugleich anmaßen, und actus possessorios vornehmen, der eine läst z. E. in der Residentz die Wapen anschlagen, der andere hingegen einen Land-Tag in seinem Nahmen halten und schlüssen, nimmt die Siegel der Collegiorum in Verwahrsam, und schickt Miliz ins Land u. s. w. Wenn sich nun in Teutschland dergleichen zuträgt, so mahnen Kayserliche Majestät beyde Theile an, ihre actus possessorios zu verlassen, die Wapen abzuthun, die Milice aus dem Lande zu führen, und ihre Jura rechtlich auszuführen, sie erklähren sich, daß ihnen die Begebung solcher Actuum künfftighin nicht præjudiciren soll, und lassen bey dergleichen Fällen das Land mehrentheils sequestriren.

§. 21. Bißweilen ergreiffen einige zugleich die Compossess eines gewissen Landes oder Residentz-Schlosses; alsdenn lassen sie einen Notarium und Zeugen dazu requiriren, der ein Instrument hierüber ausfertigen muß, sie hauen zusammen ein Stück Holtz aus der Schloß-Kirche ab, und berühren die Rincken im Thore, ingleichen ein Holtz von der Schloß-Pforte, sie löschen das Feuer in der Küche aus, und befehlen im Nahmen der neuen Besitzer wieder neues anzumachen, sie hauen auch einige Stück Holtz ab von den Thüren der unter-
schie-

schiedenen Collegiorum, und setzen hin und wieder Wachen vor die Thüren.

§. 22. Zu Entscheidung der Differentien die sich in Teutschland unter den Ständen des Heil. Römischen Reichs bey den mancherley Successions-Fällen zu entspinnen pflegen, wird des Römischen Kaysers Majestät implorirt, dieselben nach den Reichs-Fundamental-Gesetzen zu entscheiden; er setzt sodann gar offters eine Kayserliche Commission zum gütlichen Vergleich nieder, und rescribirt an die sämtlichen uneinigen Fürsten: Damit die Successions-Irrungen zu sämtlicher Theile Befriedigung aus dem Grunde gehoben, und völlig abgethan werden mögen, so gesinnen sie an, daß sie sich fördersamst dazu anschicken, damit sie innerhalb einer gewissen Zeit alles dasjenige was zur Information der Commissarien, und zur Vertheidigung ihrer Gerechtsamen gereichen möchte, einschicken, und den Vergleich zu Stande bringen, oder in Entstehung eines andern Falles eine anderweitige Verordnung erwarten mögen.

§. 23. Wenn in Teutschland ein Hauß auf den Fall stehet, und ein Reichs-Stand, zumahl wenn er mächtig ist, keine männliche Leibes-Erben hinter sich läst, so müssen gar öfters die sämmtlichen Agnaten und Mitbelehnten noch bey des andern Leb-Zeiten alle die Urkunden, woraus sie ihre jura dereinsten in casu aperturæ erweißlich machen wollen, an den Kayserlichen Hof einschicken, damit

damit Jhro Kayserliche Majestät bey Zeiten erkennen, wie weit ein iedweder von allen denen, die einsten Prætension darauf formiren würden, in seinen Rechten gegründet sey, und also bey Zeiten desto sicherere Anstalten vorkehren, daß in denen künfftigen Zeiten allen besorglichen Unheil vorgekehret werde.

§. 24. Es werden bey unterschiedenen Fällen gewisse Feste und verclausulirte Successions-Pacta errichtet, und Ihrer Kayserlichen Majestät als Ober-Lehns-Herrn unterthänigst vorgezeigt, und Kayserliche Confirmation darüber ausgebethen. Kayserliche Majestät nehmen denn solche Pacta allergnädigst an, lassen solche beylegen, und versprechen, daß auf erfolgenden Fall diesen Pactis nachgelebet werden soll.

§. 25. Also schliessen einige Reichs-Grafen und andere zu Conservation des gantzen Geschlechts ein gewiß Pactum und Vereinigung, sie unterschreiben es alle, besiegeln und beschweren es. Sind die übrigen, die zu diesen Geschlecht gehören, noch minderjährig, so müssen sie nach erlangter Majorennität bey der Reception zu den Geschlechts-Conventen und Sessionen nicht allein mit Hand und Siegel, sondern auch bey dem Wort der ewigen Wahrheit angeloben, der Geschlechts-Vereinigung und allen Pactis Familiæ in allen Stücken nachzuleben, und in keinerley Weise dawider zu handeln.

§. 26. Es werden zuweilen andere Häuser ersucht,

sucht, die Guarantie eines gewissen Vergleichs der Succession-Tractats über sich zu nehmen.

§. 27. In den Erbtheilungs-Recessen wird öffters mit verabredet, daß ohne Consens aller Fürstlichen Interessenten von Land und Leuten nichts veralienirt noch verpfändet, auch bey den künfftigen Anfällen an Land und Leuten, oder deren Revenuen ein gleichmäßiges, als ietzo besorget worden, beobachtet werden soll.

§. 28. Bißweilen müssen die Kinder die Fürstlichen Testamenta nicht allein unterschreiben, sondern auch so gar eydlich versprechen, daß sie der väterlichen Disposition Folge leisten wollen; doch man hat genug Exempel, daß wenn gleich beydes geschehen, es doch nachgehends von den Erben nicht gehalten worden.

§. 29. Die Theilung geschiehet entweder auf eine ungleiche oder gleiche Art. Der erste Casus trägt sich zu, wenn der Vater im Testament das Reich oder Land unter seine Kinder theilet, und gehet diese Theilung bißweilen nach Affection, so das die Gleichheit nicht allezeit darinnen beobachtet wird, und der eine vielmehr bekommt, als der andere.

§. 30. Bißweilen wird auch die Theilung dem Looße überlassen. In Teutschland ist bey Privat- und hohen Standes-Personen die Regel im Gebrauch, daß der älteste theilet, der jüngste aber wehlet. S. Springsfeld de apanag. C. 13. n. 6.

§. 31. Die gleiche Theilung verhält sich nicht auf

auf einerley Weise, denn es kommt hierbey entweder das gantze Land, und alles, was darzu gehörig, in Theilung, oder es werden nur gewisse Ländereyen und Rechte getheilet, da die andern ungetheilet bleiben, welche entweder gemeinschafftlich beherrschet werden, oder nur bloß vom Seniore dependiren.

§. 32. Ob die Reichs-Vota nach Theilung der Ländereyen deswegen vor getheilt zu achten, ist unter den Rechts-Lehrern noch sehr streitig; die meisten behaupten es bey diesem Fall, wenn der Kayserliche Consens zu der Theilung gekommen, und ein ieder Fürst über sein Territorium besonders investirt ist.

§. 33. Nach der Theilung wird ein ieder Fürst in seinem getheilten Stück Landes ein regierender Landes-Fürst, er geneust die Würden, Vorzüge, Rechte und Privilegien seiner Antecessorum, und behält auch wegen der Hoffnung der künfftigen Succession den völligen Titul. Die Mit-Erben oder die Fürstlichen Herren Brüder sind allesammt einander gleich, und kan sich keiner über den andern etwas zum voraus zueignen, wenn es ihm nicht von dem andern ausdrücklich vergünstiget, iedoch pflegen die jüngern dem ältern die Præcedenz nicht leichtlich streitig zu machen. Es werden daher auch bey den Votis, bey den Unterschrifften und bey den andern Rechten die Senioren meistentheils den jüngern vorgezogen.

§. 34.

§. 34. Bißweilen pflegen die Fürstlichen Herren Gebrüdere in einem besondern Fürst-Brüderlichen Vergleich die hohen Jura dem ältesten Herrn Bruder und dessen Nachfolgern am Regiment gleichsam vigoræ commissionis perpetuæ unwiderrufflich zu übergeben und aufzutragen. Sie überlassen ihm alle Reichs- und Creyß-Sachen mit allen dahin gehörigen Expeditionen, Beschickung der Land-Täge, Ertheilung der Vollmachten, Instructionen und Verordnungen, Führung der Votorum, die Cammer-Gerichts-Visitationen, Verwilligung aller Reichs-Anlagen an Gelde und Volck, Suchung der Reichs-Lehen, alle Landschaffts-Sachen, die Land-Tags-Propositionen und Abschiede, die Ausschreiben und das Eintreiben der Steuern und Anlagen, die Direction des gantzen Steuer-Wesens, die Verpflichtung der Bedienten, Einführung aller Gemeinen, Kirchen-Policey- und Landes-Ordnungen, extraordinaire Collecten, das Jus Belli & Pacis und was hierzu gehörig, die Auffoderung des Ausschusses und der Ritter-Pferde, die Abordnung der Gesandtschafften, und was ad statum publicum mag gehörig seyn, u. s. w.

§. 35. Diese Prærogativ wird das Directorium genennet, und pflegt denen ältesten vor diese Function etwas zum voraus, entweder aus der väterlichen Disposition, oder aus den Pactis der Familie assignirt zu werden. So wird auch die Clausul bißweilen mit eingerückt, daß der älteste Bruder

Bruder das Directorium mit gebührenden Rath führen soll, und sich aller Einführung eines fremden dem Fürsten-Band und Einigkeit ebenbürtiger Gebrüder oder Vettern höchst schädlichen, unbilligen und ungebührlichen Dominats enthalten.

§. 36. Es geschicht bey unterschiedenen Fürstlichen Häusern, wenn ein von den Eltern hinterlassenes Stück Landes zu einer Landes-Fürstlichen oder Fürst-mäßigen Portion nicht genug zu seyn scheinet, und die Landes-Fürstliche Hoheit allen gemeinschafftlich verbleiben soll, daß nur eine Theilung der Einkünffte vorgenommen wird, biß sie durch neue Accessionen des Landes zu einer erblichen und austräglichen Landes-Theilung können fortschreiten.

§. 37. Einige Fürstliche Herren Gebrüdere errichten auf folgende Weise einen Provisional-Receß. Sie vereinigen und vergleichen sich zu Erhaltung ihrer selbst und ihrer Posterität freundbrüderlich mit einander, daß sie nichts von einander trennen, keiner von ihnen den bösen Mäulern, wie sich in dergleichen Fällen gemeiniglich zuzutragen pflegt, Glauben zustellen, sondern einer dem andern getreulich davon informiren und part geben, auch den Personen selbst, um zu sehen, ob es auch aus einiger Passion geschehen seyn möchte, zu wissen machen soll; sie versprechen auch heiliglich und vor dem Angesicht GOttes, daß keiner von ihnen ohne des andern Vorwissen einige Possession apprechendiren, keiner ein mehrers Recht vor dem andern

andern prætendiren, sondern alles in statu quo lassen, nichts verändern noch vornehmen, vielmehr eine gesammte Cantzeley anstellen, und so lange auf gemeine Unkosten durch getreue Leute unterhalten, biß sie sich, wegen der ihnen angefallenen Land und Leute sammt denen Pertinentien freund=brüderlich verglichen, und aus einander gesetzt haben würden.

§. 38. Sind Pacta vorhanden, daß ein Land oder Fürstenthum nicht weiter getheilet werden soll, und der eine oder andere von den Fürstlichen Herren Brüdern oder Vettern dringet doch auf die Theilung, so kommt der Primogenitus ein bey andern Fürsten, und bittet, um Vorschrifften bey Kayserlicher Majestät zu intercediren und zu effectuiren, daß Sie allergnädigst geruhen möchten, die Geschlechts=Pacta de non amplius dividendo zu confirmiren, und denselben gemäß, ihn als Primogenitum unter seinen Brüdern bey der alleinigen Besitzung und Regierung des Landes zu lassen und zu schützen, und Gegentheil mit dem Gesuch der dem introducirten Juri Primogeniturae und Conservation des Stammes, auch dem Interesse publico zuwiderlauffenden Theilung mit seinen unmündigen Brüdern abzuweisen.

§. 39. Das Recht der Erstgeburth ist bey den meisten Häusern in Europa und in Teutschland eingeführt. Zu den Zeiten der alten Teutschen wuste man von den Rechten der Primogenitur nichts, weder bey der Succession der Könige, noch
in

Von Antritt u. Niederleg. der Regierung. 643

in den Reichs-Lehen. Die Succession der Könige geschahe nach der Wahl, auch zur Zeit der Francken. S. Ludolph. de Jur. Primogenit. Aphorism. X. Nachgehends aber ist das Recht der Erstgeburth durch gewisse Fundamental-Gesetze der Reiche und Lande, durch Gewohnheit oder eine Verjährung von gantz undencklichen Zeiten her, durch Testamenta und durch besondere Pacta und Statuta Familiæ eingeführet worden.

§. 40. Bey den Chur-Fürsten ist es in der güldenen Bulle gegründet, und wird es iederzeit in den Kayserlichen Capitulationen bestätiget: Wir wollen allewege die weltlichen Chur-Häuser bey ihrem Primogenitur-Recht, und ohne daßelbe wider die Gebühr restringiren zu lassen, nach Innhalt der güldenen Bulle verbleiben lassen.

§. 41. In vielen Testamenten wird es angeordnet, man findet aber auch bißweilen Exempel, daß die Primogenitur darinnen ausdrücklich verbothen, hingegen die Æqualitas Successionis mit folgenden Worten bestätiget wird: Das leidige Primogenitur-Wesen wollen wir bey unserer Posterität, um allerhand daraus fliessenden schädlichen Consequentien willen, bey Vermeidung zeitlichen und ewigen Seegens, abgestellet wissen.

§. 42. Wird das Recht der Erstgeburth im Testament eingeführet, so erklähren sie den ältesten Printzen zu einen völligen Successorem der Land und Leute, auch aller ihm zustehenden Hoheiten, Jurium und Regalium, dergestalt, daß derselbe künfftighin tig hin der regierende Landes-Fürst alles dessen, so sie an Land und Leuten besessen, und ihnen annoch bey ihrem Leben, oder nach ihrem seeligen Absterben heimfallen möchte, verbleiben soll; sie haben das Vertrauen zu dero übrigen Printzen, daß sie sich dieser zu ihres Hauses Conservation und Aufnahme zielenden väterlichen Verordnung gehorsamst submittiren werden, wobey sie sich denn des göttlichen Seegens können versichert halten. Es geschicht auch wohl, daß sie eine mächtige Puissance in dem Testament ersuchen, diese Verordnung mit zu guarantiren, und darüber halten zu helffen.

§. 43. Bißweilen haben die Durchlauchtigsten Herren Paciscenten und Gebrüdere bey Fürstlichen Ehren, Treu und Glauben, an würcklich geschwohrner Eydesstatt sich verglichen, daß sie sich der väterlichen Disposition unterwerffen wollen. Man findet auch wohl in der Teutschen Historie Exempel der Fürsten, die das unter sich aufgerichtete Primogenitur-Recht durch ein Jurament bestärcket, und von einem Notario ein Instrument darüber verfertigen lassen.

§. 44. Mehrentheils ersuchen die Fürsten des heiligen Römischen Reichs die Römisch-Kayserliche Majestät, es wollen dieselben zu möglichster Vorkommung und Abwendung aller etwan besorgenden Irrungen, welche sich nach ihren Ableben ereignen könten, als regierender Römischer Kayser und oberster Lehns-Herr, ihr Fürstenthum, zur Erhaltung und Fortführung ihrer Fürstlichen Posterität,

tät, auch ihrem Land und Leuten, und zuförderst dem Heil. Römischen Reich zu mehrern Besten allergnädigst geruhen, das in ihrem Fürstenthum eingeführte Primogenitur-Recht aus Kayserl. Macht und Vollkommenheit mit verbindlichen Clausuln, und wie dasselbe am beständigsten und kräfftigsten geschehen könte oder möchte, durch dero Kayserliche Confirmation zu befördern und zu befestigen.

§. 45. Wenn sie nun durch ein alleruntertänigstes Memorial bey Römisch-Kayserlicher Majestät um Confirmation angesucht, so müssen sie hierauf beybringen, wie alt die Herren Söhne seyn, ingleichen bey ihrem Fürstlichen Nahmen, Worten, Treue und Glauben, Berichte und Attestata einschicken, daß durch die Disposition der Primogenitur, und die darinnen verordneten Apanagia und Deputata, den jungen Printzen und den folgenden, da deren GOtt mehr beschehrte, nicht zu kurtz geschähe, sondern ihnen vielmehr ein erkleckliches zugeordnet und zugedacht sey, als ein ieder nach Proportion der Lande und der Gefälle, worauf bey Erb-Vertheilungen in dem Fürstlichen Hause reflectirt zu werden pflegt, nach Abzug der obliegenden Onerum zur Legitima zu gewarten habe.

§. 46. Die Confirmations-Formul pflegt auf folgende Weise eingerichtet zu seyn: So confirmiren wir aus wohlbedachten Muth, guten Rath und rechten Wissen, als ietzt regierender Römischer Kayser nicht allein diese Primogenitur-Disposition in allen deren Inhalt, sondern bewilligen und verordnen auch Krafft dieses gnädiglich, daß zu iederzeit nur ein eintziger regierender Landes-Fürst aus des ältesten Geburths-Linie Posterität in den Fürstlichen Landen seyn, und nach dem Recht der Erst-Geburth admittirt werden soll. Thun das, confirmiren und bekräfftigen vorgeschriebene Disposition, bewilligen und verordnen auch sothanes Recht der Erstgeburth, für uns, unsere Nachkommen am Reich, Römische Kayser und Könige, hiermit und Krafft dieses Kayserlichen Briefes von Römischer Kayserlicher Macht, Vollkommenheit, Hoheit, Würde und Gültigkeit, als solches am beständigsten geschehen soll, kan und mag.

§. 47. In den Fürstlichen Vergleichen wird ebenfalls ausgemacht, auf was vor Art dieses Recht der Primogenitur bey einigen Fällen zu rechnen sey. Also ist in dem anno 1672 errichteten Attenburgischen Haupt-Vertrage unter andern folgendes disponirt: Gleichwie nun dieser gantze und wichtige Vergleich nicht anders als auf beständige Stifftung unaufhörlicher Freundschafft und vertraulicher Zusammensetzung angesehen und erbauet; Also vereinbahren und erklähren wir uns auch bey dem Haupt-Stück und Fundament dieses Vergleichs allerseits dahin, damit unsere beyderseits Fürstlichen Häuser ins künfftige um so viel desto mehr in beständiger Einträchtigkeit erhalten, und alles Mißvernehmen abgewendet

wendet werde, des Inhalts, daß die bey diesen Fürstlichen Sammthause aufgerichtete Verträge, und ausgelassenen kundbahren Schrifften, auch judicial und extrajudicial Einwendungen die Primogenitur allewege nach dem würcklichen Alter, so in natürlichen Lauff der Jahre, Monathe und Tage bestehet, nicht aber nach den Linien noch Repræsentation, noch Fiction juris gerechnet und geachtet werden soll.

§. 48. Die Teutschen Fürsten machen die Antretung ihrer Landes-Regierung der sämmtlichen Reichs-Versammlung bekandt, und versichern, daß sie nach dem rühmlichen Vorbilde ihrer Vorfahren, zu allen was des heiligen Römischen Reichs Wohlfarth befördern könte, mit behülflich seyn würden, dagegen vermuthende, daß man ihnen hinwiederum alle ihre Prærogativen würde genüssen lassen.

§. 49. Bißweilen wird unterschiedenen zugleich entweder durch die gesammte Hand und Mitbelehnschafft, oder durch ein Testament oder durch Tractaten und Compactaten die Regierung eines Landes aufgetragen. Bey diesen Casu pfleget denn der älteste und erstgebohrne im Nahmen der übrigen Herren Brüder die Mandata und Rescripta zu resolviren, und die andern zur Regierung gehörige Handlungen zu expediren, und ist die Formul hierbey folgende: Für uns, und die Durchlauchtigen Fürsten unsere freundlich geliebten Herren Brüder Hertzog Albrechten und Moritzen

ritzen ꝛc. fügen hiermit öffentlich zu wissen. S.
Fromman. de condom. territ. c. 9. §. 9. Sie
constituiren auch wohl einen gemeinschafftlichen
Procuratorem durch ein Procuratorium, daß der
Gevollmächtigte dasjenige verrichten soll, was die
Principalen von selbst zur Stelle verrichten könten,
solten und wolten. Bißweilen wechseln sie die
Regierung einige Monathe oder einige Jahre nach
einander um, so daß sie diese Zeit über bey diesen
und eine andere bey jenen ist, welches die Mutschie-
rung genennt wird. Bey andern wird die Jurisdiction auf gewisse Districte und Quartiere eingerichtet, in die sie sich theilen. Stehet es denen, die
eine gemeinschafftliche Regierung bißher gehabt,
nicht länger an, in Communione zu bleiben, so
können sie allezeit auf die Theilung provociren.

§. 50. Es ist fast in allen Provincien Teutsch-
landes keine gleiche und in allen Stücken überein-
kommende Landes-Regierung, sondern es sind fast
so viel unterschiedene Arten der Regierungen als
Provincien anzutreffen. S. Lynckers Dissert.
de Superioritate territoriali, & Hertii de specia-
libus Roman. German. Imperii rebus publicis
earumque variis nominibus & figuris.

§. 51. Die neuen Regierungen ziehen grosse
Veränderungen nach sich, so wohl bey den Staats-
Geschäfften als insonderheit unter den Bedienten.
Viel Officianten, die sich bey dem Successor nicht
in besondere Gnade gesetzt, werden abgedanckt.
Sind

Sind etwan Schulden vorhanden, die abgetragen müssen werden, so wird die Hofstatt auf das engeste und genaueste eingezogen. Mancher Minister muß Rechnung seines vorigen Haußhaltens ablegen, ein anderer wird wohl gar in ein Staats-Gefängniß gelegt, oder in das Exilium verwiesen, viele die sonsten in schlechten Ansehen stunden, und gar nichts galten, kommen hoch ans Bret.

§. 52. Vielmahls bemühen sich die jungen Regenten durch eine besondere Gnade merckwürdig zu machen, weil die Unterthanen aus den ersten Linien einen Schluß von dem künfftigen Erfolg des gantzen Lebens machen.

§. 53. Es werden ebenfalls nicht selten gantz neue Collegia und Judicia etabliret, bey welchen folgende Ceremonien merckwürdig sind. Es wird vorhero nach der Verfassung des Landes mit den Ständen Communication gepflogen, insonderheit aber mit denjenigen Collegiis, die einiger maßen mit dem neuen Collegio concurriren, damit man ihr Gutachten hierbey vernehme. In den besondern Ordnungen und Statutis werden die Pflichten, Verrichtungen und Eydes-Notulen aller und ieder Bedienten von obersten Præsidenten biß auf den untersten Aufwärter exprimirt, und die Grentzen ihrer Jurisdiction beniemet. Es geschehen Notificationes an alle Collegia des Landes wegen der Titulaturen und Expeditionen, so dieses Collegium zu besorgen hat, damit dieses alles zu der Unterthanen Notiz gelange. Vielmahls wird auch die gantze Verfaſſung gedruckt, damit ſich ein ieder deſto beſſer darnach richten könne.

§. 54. Es wird eine ſolenne Proceſſion angeſtellt von den Membris des neuen Collegii, der ſämmtlichen Hofſtatt und den Deputirten der Stände, aus demjenigen Orte wo ſich das neue Collegium verſammlet in die Kirche, wenn nun daſelbſt die ſich zu dieſer Handlung ſchickende Predigt abgelegt, und der Gottesdienſt geendiget, ſo gehen ſie ſämmtlich in ihrer Ordnung wieder zurück.

§. 55. Hierauf wird im Nahmen des Regenten die Propoſition gethan, die Statuta und Ordnungen des neuen Collegii werden öffentlich abgeleſen, und die Inſtallation und Verpflichtung der neuen Membrorum wird nach abgelegten ſolennen Reden und Antworten vorgenommen. Nach Endigung dieſer Handlung werden entweder unter den Trompetenblaſen und Pauckenſchlagen die Stücken abgefeuert, oder doch von der, unten vor dem Hauſe des neuen Collegii ſtehenden Soldatesque ein paar mahl Salven aus Mousqueten gegeben.

§. 56. Finden ſich groſſe Herren genöthiget ihrer Angelegenheiten wegen entweder auf eine kurtzere oder längere Zeit ihr Land zu verlaſſen, ſo tragen ſie inzwiſchen die Regierung entweder ihren Räthen und Miniſtris, oder ihren älteſten Printzen, oder auch ihren Gemahlinnen auf. Alſo conſtituirte der Chur-Fürſt zu Bäyern Maximilian
Ema-

Emanuel anno 1704, da er sich nach der unglückli-
chen Schlacht bey Höchstedt retiriren muste, seine
Gemahlin in einem Decret zur Regentin des Landes, legte ihr die absolute Gewalt und Autorität
bey, um bey seiner Entfernung von dem Lande die
durchgehende Regierung so wohl in publicis als
militaribus zu führen, und alles dasjenige zu beobachten, zu handeln, und zu beschlüssen, was sie ihm
und dem Lande am besten zu seyn erachten würde.
Dieser Schluß wird allen ihren Collegiis und den
sämmtlichen Land-Ständen notificirt, damit sich
das gantze Land darnach zu richten wisse.

§. 57. Nachdem die Könige nicht allenthalben
zumahl in entfernten Ländern in Person gegenwärtig seyn können, so erfordert es die Nothwendigkeit, daß sie an statt ihrer, gewisse Vice-Roys oder
Königliche Statthalter verordnen. Sie schreiben
ihnen vorhero gewisse Reglemens und Instructiones vor, wie weit sich die Grentzen ihrer Gewalt
und Jurisdiction erstrecken sollen. Sie erwehlen
mehrentheils solche, deren Treue sie durch vielfältige Proben vorhero gewiß versichert, die sich bey
ihnen auf vielfache Weise allbereit meriirt gemacht, die der Gebräuche des Landes, in welches sie
geschickt werden, kundig, und bey dasigem Volck,
dem sie vorstehen sollen, lieb und in Ehren gehalten
werden möchten.

§. 58. Bißweilen wird auch die Statthalter-
schafft oder das Gouvernement einigen von den
Hochfürstlichen Hause selbst aufgetragen, wenn sie
die

die Capacität und Erfahrung besitzen, die zur Vice-Regierung eines Landes nöthig ist, und die Regenten die ihnen die Administration des Landes übergeben, auf keine Seite etwas præjudicirliches in Ansehung ihrer zu besorgen haben. Also werden auch wohl Hochfürstliche Weibes-Personen zu Gouvernantinnen eines Landes erklähret, wie wir denn die neuesten Exempel selbst haben an den Kayserlichen und Ertz-Hertzoglichen Oesterreichischen Hause, da ein paar Kayserliche Ertz-Hertzoginnen so wohl in den ehmahls Spanischen Niederlanden, als in der Grafschafft Tyrol das Gouverno erhalten.

§. 59. Die Statthalter und Gouvernantinnen so von den Hochfürstlichen Anverwandten dazu erwehlet werden, haben ein mehrers Pouvoir als die andern, es geschicht aber auch nicht so gar leichtlich und nicht so gar offters, daß ihnen das Gouverno aufgetragen wird; es steckt gemeiniglich eine kleine Jalousie und Furcht dahinter, als ob ihnen die Unterthanen allzusehr anhangen würden, zumahl wo sie mehr Hoffnung zur Succession hätten, oder sie die Grentzen ihrer Administration weiter erstrecken möchten, als der Intention der Landes-Regenten gemäß wäre.

§. 60. Die die Ober-Auffsicht über ein kleines Fürstenthum, über eine Grafschafft, oder einen andern District Landes in Teutschland erhalten, werden nicht so wohl Statthalter als vielmehr Ober-Land-Droste, Ober-Lands-Hauptleute, Ober-
Auffse-

Auffeher u. ſ. w. genennt, und wird ein ſolch Gouverno mehrentheils alten und meritirten Miniſtres zu Theil, die ſonſt treue und erſprießliche Dienſte geleiſtet.

§. 61. Wenn ein neuer Regente eine andere Puiſſance nicht dazu bewegen kan, daß ſie ihn davor erkennt, ſo pflegt er alles Commerce mit derſelben völlig abzubrechen, er rufft ſeine Miniſtres, Secretaires, Reſidenten und Agenten von ihr wieder zu ſich, er entziehet den gegenſeitigen Unterthanen alle Privilegia und Freyheit, die ihnen vorhero zugeſtanden, er läſt nichts von ihren Schiffen, Waaren und Effecten in ſeine Häfen und in ſein Land, und dieſes ſo lange, biß die andere Puiſſance ihn vor dem rechtmäßigen Regenten dieſes oder jenen Landes erkennt, oder durch Interpoſition der andern ein Temperament dieſerwegen gefunden worden. Zuweilen entſtehet wohl gar hierüber eine ſolche öffentliche Feindſeeligkeit, die in einen blutigen Krieg ausbricht.

§. 62.. Ein freywilliges niederlegen der Crone iſt zwar eine Sache, die ſich gar ſelten zuträgt, indem es den meiſten Menſchen natürlicher iſt, den Scepter freywillig zu ergreiffen, als ihn von ſich zu geben; inzwiſchen ſind dennoch einige wenige Exempel aus der Hiſtorie, von Kayſer Carl dem Vten, von der Königin in Schweden Chriſtina, von dem König in Pohlen Johann Caſimir, und von dem ietzigen König in Spanien Philippo V. da er eine Zeitlang abdanckte, auch hiervon bekandt geworden.

§. 63.

§. 63. Bey diesem Fall geschehen bißweilen eine lange Zeit vorher gleichsam gewisse Præludia, die den Weg darzu bähnen. Die Regenten concertiren ihr Deßlein entweder mit einigen grossen Staats-Ministres, oder mit ihren künfftigen Successoribus, die ihnen denn hierbey kein Hinderniß in Weg legen, sondern sich ihren Entschluß gar wohl gefallen lassen. Bringen sie aber diese Resolution an die Stände, so ersuchen sie dieselben in einer solennen Deputation auf das allerflehentlichste, sie nicht zu verlassen, und ihren Schluß hierinnen zu verändern; nicht weniger pflegen andere Puissancen, wenn sie etwas davon erfahren, ihr Vorhaben auf alle Weise ihnen zu widerrathen.

§. 64. Beharren sie aber beständig auf ihren Entschluß, so lassen sie ein Abdanckungs-Diploma abfassen, und exprimiren darinnen die Ursachen, die sie hierzu bewogen, welche mehrentheils folgende sind, als die Schwachheit des Leibes, das hohe Alter, und das Verlangen nach der Ruhe, oder der Eckel zum Jrrdischen, und die Liebe des Himmlischen. Nicht weniger führen sie in dem Abdanckungs-Instrument an, daß sie das Regiment freywillig, und ohne iemands Anstifften von sich ablegten, auch allen Prætensionen auf das Reich vor ietzt und künfftig renuncirten, welche sie zu keiner Zeit, weder durch sich, noch durch andere hervorsuchen wolten.

§. 65. Die sämmtlichen Stände werden durch Deputirte zusammen beruffen, das Abdanckungs-Diplo-

Diploma wird abgelesen, und zugleich das Assecurations-Diploma wegen der jährlich zu empfangenden Summe Geldes, so sie von den Ständen biß an ihr Lebens-Ende verlangen. Sie steigen auf den Thron in Königlicher Pracht, halten in Gegenwart des Successoris eine bewegliche Abdanckungs- und Valet-Rede an die Stände, empfehlen dem Successori die Wohlfarth des Königreichs, ertheilen ihm manche heilsame Erinnerungen, und gratuliren ihm zur Crone. Hierauf hält einer von den Reichs-Ständen im Nahmen des Königreichs eine Gegen-Rede, er beklaget den Verlust, den sie hierdurch erlitten, ersucht ihn, die angebohrne Liebe gegen das Vaterland unverrückt zu behalten, und versichert ihm des steten Andenckens. Wenn dieses geschehen, legen sie ihren Königlichen Staat ab, wollen von den Ständen und Bedienten nicht mehr die vorigen Ehr-Bezeugungen annehmen, die ihnen sonst als Königen zugekommen, sondern geben sich nunmehr als Privat-Personen aus.

§. 6. Bey diesen Sätzen wird das Exempel der Königin Christinæ in Schweden die beste Erläuterung abgeben. Als sie im Begriff war die Crone niederzulegen, und alle ihre Bedienten und Unterthanen von ihren Pflichten und Gehorsam loßzuzehlen, wurde sie auf das prächtigste von den vornehmsten Officialen des Reichs angekleidet, sie satzten ihr die Königliche Crone auf das Haupt, gaben ihr in die rechte Hand das Scepter, und in die lincke den güldenen Reichs-Apffel. Zwey Senatores

res trugen ihr das Schwerdt und den güldenen Schlüssel vor. Sie satzte sich auf den Thron, und ihr Nachfolger Printz Carl Gustav nicht weit von ihr.

§. 67. Nachdem nun das Abdanckungs-Instrument abgelesen, ließ sie sich ihres Königlichen Ornats nach und nach entkleiden, der Reichs-Cantzler nahm ihr den Reichs-Apffel, der Reichs-Admiral den Scepter, und der Reichs-Trost die Crone, die drey Aufwärter zogen ihr den Rock aus, welchen die Hof-Leute in tausend Stücken zurissen, weil ein iedweder etwas davon haben wolte. Wie sie gantz entkleidet, stund sie in blossen Haaren, in weissen silbernen Tobin, hielt eine bewegliche Rede an die Stände, zehlte sie von ihren Gehorsam loß, und verwieß sie an den Printzen. Der Schluß ihrer Valet-Rede war folgender: Ihr wisset dieses wohl, und ohne Zweiffel werdet ihrs glauben, es bestehe die allergröste Bezeugung und Bestätigung meines Willens darinnen, wenn ich sage, daß ich zu allen Zeiten eine Christina seyn und bleiben werde.

§. 68. Hierauf hielt wieder einer von den Reichs-Ständen eine sehr bewegliche Gegen-Rede, beklagte die vor sie betrübte Entschliessung der Königin, danckte vor ihre Regierung, und vor die neu-getroffene gute Wahl. Sie stieg vom Thron herunter, ließ die vornehmsten von den vier Ständen zum Valet, zum Hand-Kuß, redete den Printzen mit einer wohlgesetzten Rede an, gratulirte ihm zur Crone, und empfohl ihm das Wohl der

Von Antrit u. Niederleg. der Regierung. 657

der Unterthanen. Der Printz wandte sich hierauf mit seiner Rede zu den Reichs-Ständen, welche dem König antworteten, und ihm ihrer Treue versicherten; die vornehmsten von den Ständen wurden zum Hand-Kuß gelassen; der Printz führte die Königin in ihr Gemach; des Nachmittags empfieng er mit gehörigen Solennitäten die Crone, und ward durch einen Herold zum König der Schweden, Gothen und Wenden ausgeruffen.

Das VII. Capitul.
Von der Huldigung.

§. I.

Die Huldigung ist eine eydliche Versicherung von der Unterthänigkeit und Treue, welche ein Unterthan seinem Landes-Herrn leistet, und sind hierzu alle Unterthanen, Landsaßen und Einwohner, von was für Condition sie auch seyn mögen, so offt verbunden, als sich eine Veränderung mit der Person des Landes-Herrn begiebt. Die Erb-und Landes-Huldigung, welche von den Unterthanen geleistet wird, ist von der Lehns-Pflicht, welche die Vasallen in Ansehung des Lehns versprechen, in manchen Stücken unterschieden. Bey den Lehns-Eyden wird die Formul gebraucht, wie einem getreuen Lehn-Mann eignet und gebühret, und hingegen bey Homagialmagial-Eyden, wie getreuen Unterthanen zustehet.

§. 2. Die meisten Ceremonien bey den Huldigungen werden durch die Observanz determiniret; Je grösser die Liebe und Zuneigung der Unterthanen gegen ihren Landes=Herrn, je mehr Solennia werden von ihnen freywillig dabey vorgenommen: Die Anzahl der Stände ist stärcker, die Præsente ansehnlicher, das Vivat frolockender, ihr Bezeugen devoter, und ihre gantze Handlung solenner.

§. 3. Ob es rathsam sey, daß ein Landes=Herr der Huldigung in eigner hoher Person beywohne, oder solche durch seine Gevollmächtigten einnehmen lasse, schreiben bey besondern Fällen die Regeln der Staats=Klugheit vor. Das ist gewiß, daß die Liebe und Freude der Unterthanen mehrentheils grösser, wenn ein Fürst selbst persönlich dabey zugegen ist; es können auch öffters durch sein freundliches und gnädiges Bezeugen, diejenigen, so sonst vor die neue Regierung eben nicht die besten Sentimens gehabt, auf andere Gedancken gebracht werden.

§. 4. Bißweilen suchen die Stände in einer solennen Rede an, Hoch=Fürstliche Durchlauchtigkeit möchten gnädigst geruhen, in Hoch=Fürstlichen hohen Gnaden zu resolviren, die unterthänigste Erb= und Lehns=Pflicht von ihnen in eigener Person gnädigst an= und aufzunehmen, sie verhofften dabey, Serenissimi würden vor= und bey bevorstehender unterthänigster Landes=Huldigung dasjenige ge geschehen lassen, was in vorigen Zeiten bey dergleichen solennen Actibus des Herkommens gewesen, überreichen auch wohl dieserhalben eine unterthänigste Deduction.

§. 5. Wo die Landes-Herrschafften bey den Huldigungen selbst zugegen sind, da wird ein- und der andere Punct bey den Ceremonien ein wenig anders regulirt, als sonst, und nach dem Genie des Serenissimi eingerichtet. Manchen grossen Herrn geschiehet kein sonderlicher Gefallen, wenn er viele und weitläufftige Orationen anhören soll, sondern er siehet es am liebsten, wenn die Worte so kurtz gefast werden, als nur immer möglich; Ein anderer ist gar wohl zufrieden, wenn seine Unterthanen die Unkosten bey den Feuerwercken und Illuminationen ersparen, dafern sie ihm nur bey der Huldigung ein ansehnliches Præsent von neu-geprägten Ducaten offeriren, u. s. w.

§. 6. Vor der Huldigung werden Patente ins Land ausgeschrieben, damit die Solennien reguliret werden können, und sich ein ieder darnach zu richten wisse. Bißweilen ertheilen die Landes-Herrschafften eine Vorschrifft wegen Einrichtung der Solennitäten, manchmahl aber überlassen sie solche der eigenen Willkühr des Magistrats, der Bürgerschafft, oder der übrigen Stände; diese pflegen denn gemeiniglich mit dem Hof-Marschall-Amt oder sonst vorher zu concertiren, was Serenissimo bey diesem oder jenem Fall am gefälligsten seyn möchte.

§. 7. Von der Landschafft müssen vorhero gewisse richtige Consignationes eingeschickt werden, damit man bey dem abzulegenden Homagio nicht in Unrichtigkeit sey, und wisse was vor Stände vorhanden, und sich keine zu eximiren habe. So werden auch vorher einige Præjudicial-Fragen entschieden, z. E. ob die von Adel, so sich zwar in dem Lande aufhalten, aber nicht mit Lehn-Gütern angesessen, zu dem Homagio zu admittiren, ingleichen ob die, so zwar Lehn-Güter besitzen, aber nicht von rechten adelichen Geblüthe herstammen, unter der allgemeinen Ritterschafft zu Ablegung des unterthänigsten Homagii zu lassen u. s. w. Manchmahl werden auch nach der Erbhuldigung von Hofe aus gewisse Specificationes verlangt, wer von den Herrn Land-Ständen bey der abgelegten Erb-Huldigung zugegen gewesen, und wer hingegen nicht dabey erschienen.

§. 8. Wenn der Huldigungs-Actus von Hofe aus, den Höhern als denen von der Ritterschafft oder den Stadt-Magistraten intimirt worden, so intimiren sie hinwiederum solchen denen, die ihnen subordinirt seyn, damit sich ein ieder parat halte, und dasjenige beobachte, was entweder Serenissimus von ihm verlangt, oder sonst der Observanz und dem Huldigungs-Actui gemäß ist.

§. 9. Zuweilen geschehen der Observanz nach unterschiedene Intimationes in den besondern Ausschreiben und Hof-Decreten. In der letztern wird der eigentliche zur Vollziehung der Huldigung gesetzte

Von der Huldigung.

gesetzte Tag determinirt, und auf das ernstlichste angekündigt, nach dem Unterschied der Stände und Umstände der Fürsten und Städte, Prælaten, Herren und Ritterschafften entweder persönlich oder durch Abgeordnete zu erscheinen.

§. 10. In einigen Ländern als wie in Norwegen werden die Erb-Huldigungen durch ein paar Herolde und Trompeter ausgeruffen.

§. 11. Die Gassen in Städten werden vor der Huldigung auf das zierlichste ausgeschmückt. Auf den Haupt-Plätzen und Strassen richtet man prächtige Triumph-Bögen und Ehren-Pforten auf, die Häuser und Ercker werden mit Schildereyen und Tapezereyen behangen, die Gassen mit grünen Tannen-Bäumen, mit Orengerien, mit Blumen, perspectivischen Gemählden, und auf andere Weise ausgeziert. Die Bürgerschafft und Zünffte erscheinen in sauberer Kleidung mit ihren Fahnen und mit guten Ober- und Unter-Gewehr versehen.

§. 12. Die Stände versammlen sich nach dem Unterschied der unter ihnen anzutreffen, an unterschiedenen Oertern, als die von der Ritterschafft entweder auf dem Schloß, auf dem Ritter-Saale, oder in dem Landschafft-Hause, die Geistlichkeit in der Kirchen, die Bürgerschafft auf dem Rathhause, die Bauern auf dem Marckte. Die von der Ritterschafft ansehnliche Characters führen, werden wiederum von den andern distinguirt, und besondere Gemächer ihnen eingeräumet. Die Besitzer der Ritter-Güter, so nicht Adeliche, werden etwas anders tractirt, und gemeiniglich von den andern abgesondert.

§. 13. Die Fürsten oder deren Gevollmächtigte werden auf das prächtigste zur Huldigung eingehohlet, der Magistrat und die Bürgerschafft ziehen ihnen aus den Städten mit Trompeten und Paucken, Fahnen, Pferden und Carossen, entweder in bundfarbichter Kleidung oder in Trauer-Habit entgegen, wenn dergleichen von der Landes-Herrschafft vorgeschrieben worden, und die Erb-Huldigung bald nach dem Absterben des Landes-Fürsten vorgenommen wird. Die Stadt-Obrigkeiten bringen ihnen in einer zierlich versilberten und vergüldeten Tasse, oder auf einen Sammet-Küssen die Schlüssel der Stadt entgegen getragen, und empfangen sie im Nahmen der Stadt durch ein Glückwünschungs-Compliment, welches deren Serenissimi oder deren Gesandten in einer kurtzen Gegen-Rede wieder beantworten, der Stadt alle Gnade versichern, und die Schlüssel der Stadt auf eine obligeante Weise wieder zurücke geben. An einigen Orten sind über dieses noch andere Ceremonien. Also überreichte der Marquis von Castiglione anno 1707 den 16 April bey der zu Meyland vollzogenen Huldigung dem Printzen Eugenio die Schlüssel der Stadt, der Königliche Lieutenant aber zwey Gefäße voll Wasser und Erde, welche Se. Durchlauchtigkeit ausschütteten,

damit

damit anzudeuten, daß sie die Stadt und das Hertzogthum Meyland im Nahmen Königs Carl des III. in Besitz nähmen. S. den 66 Theil der Europäischen Famæ. p. 413.

§. 14. An den Stadt-Thoren pfleget auch gemeiniglich die zum Distrikt der Stadt gehörige Bauerschafft auf beyden Seiten zu stehen, und die Herrschafften oder die Ministres zu bewillkommen. Es wird den Fürstlichen Gevollmächtigten eben die Honeur angethan, als der Herrschafft selbst, sie werden nebst allen ihren Bedienten und Subalternen, so lange sie in der Stadt sind, auf das beste tractirt, und allenthalben frey gehalten. Bißweilen wird auch so lange der Actus homagialis währet, bey der Guarnison von dem, der die Huldigung einnimmt, die Parole ausgetheilt, und von ihm an den erst regierenden Bürgermeister gegeben.

§. 15. Die Rath-Häuser oder andere öffentliche Gebäude, in denen die Huldigung vorgenommen werden soll, werden von oben biß unten aus, mit den schönsten Illuminationen, mit Wapen, Sinn-Bildern, Inscriptionibus, Chronodistichis und andern Erfindungen die sich zu dieser Handlung schicken, ausgeziert. Auf den Huldigungs-Saal wird ein prächtiger Thron aufgerichtet, wenn der Landes-Herr sie selbst in eigener hohen Person einnehmen will, sonst aber nur an dem Orte, wo der vornehmste Gevollmächtigte hin placirt, wird des Serenissimi Portrait in Lebens-Größe gestellt.

§. 16. Die offtmahls ziemlich rauhen und ungestimmten Flöthen der Dichter stellen sich bey dergleichen Solennitäten vor andern mit ein, und übergeben ihre Gedichte so gut oder übel sie gerathen wollen. Ein gewisser Autor ereifert sich über die massen über den Autorem eines Gedichts, welches von einem elenden Stümper im Nahmen einer vornehmen Reichs-Stadt, auf die von dem Glorwürdigsten Römischen Kayser Josepho dem I. daselbst eingenommene Huldigung verfertiget worden: Er sagt, der Antritt der Regierung eines Christlichen Kaysers ist die allerbeste Gelegenheit, die man immermehr wündschen und verlangen kan, demselben seine allerunterthänigste Devotion zu erweisen, und solte daher von den alleredelsten Federn durch die auserlesensten Gedichte besungen werden. Da kömmt so ein armer Sünder aufgetreten, den die Meistersänger zu Nürnberg nicht gerne vor ihren Lehrmeister erkennen würden, und will mit seiner ausgetrockneten Vena im Nahmen einer gantzen vornehmen Reichs-Stadt ein solch Gänse-Geschnatter unter den Schwähnen unserer Zeit anstimmen, daß der gantze Musen-Berg eine Resonanz davon geben soll. Wenn ich an das Beyspiel des grossen Alexanders gedencke, welcher dem in seinen Landen befindlichen Poeten Chærilo vor ieglichen schlimmen Vers eine Maulschelle zur Belohnung gegeben, so möchte ich das Recompens mit unserm Dichter nicht theilen, dafern derselbige unter gleichmäßigen scharffen Censoribus seinen Preiß erlangen soll. §. 17.

Von der Huldigung.

§. 17. Vor der Erb-Huldigung laſſen ſich bißweilen einige Deputati entweder von den geſammten Ständen, oder von dem Ausſchuß, bey Sereniſſimo melden, und bitten um Audienz, ſie tragen dabey vor, was maßen die treu-gehorſamſten
Stände ſo wohl deren bereits ſchon vorher gepflo-
genen Tractaten, als auch deren an ſie abgegangenen
Erforderungs-Schreiben nach ſich verſammlet, und
ſolchemnach von Hertzen begierig wären, die Erb-
Huldigung zu thun, allermaßen ſie derentwegen zu
Sr. Durchlauchtigkeit abgefertiget wären, und
ſelbige unterthänigſt bäthen, ſie möchten geruhen,
den veranlaßten Schluß nach, von denen treu-gehorſamſten Ständen, die Huldigung aufzunehmen,
und ihnen ihre Privilegia, Freyheiten, Rechte und
gute Gewohnheiten zu confirmiren, ſie auch in
Dero Landes-väterlichen Schutz zu erhalten, dagegen ſie erböthig wären, Sereniſſimo alles dasjenige zu leiſten, ſo getreuen aufrichtigen Unterthanen gebührt.

§. 18. Vorhero reichen ſie auch wohl eine und
die andern unterthänigſten Erinnerungen ein, welche ſo wohl geſammte Stände von Land und Städten conjunctim, als auch die Land-Stände vor
ſich anzubringen haben, und bitten, Sereniſſimus
wolle, die zu des armen Landes Conſervation Beſten angeſehene, und conſequenter das hohe Lan-
des-Fürſtliche Intereſſe mit concernirende Puncte
und die unterthänigſt vorgetragene Landes-Noth-
durfft in gnädigſte Conſideration nehmen, und

Tt 5 hierauf

hierauf die getreuesten Stände mit gnädigst-erwünschter Resolution erfreuen, alle die von den Durchlauchtigsten Vorfahren ihnen ertheilte General- und Special-Concessionen, und was in Ecclesiasticis und Politicis davon dependiren mag, aus Landes-väterlicher Macht und Hoheit gnädigst confirmiren, und sie nicht weniger mit den Landes-Fürstlichen gnädigsten Reversalien in Hoch-Fürstlichen Gnaden versorgen. Insonderheit sind sie auf alle Weise bedacht, wenn etwan mit dem Successore der Lande eine Veränderung der Religion vorgegangen, daß der Status Religionis in allen und ieden Stücken dißfalls unverändert möchte beybehalten, und ihrer künfftigen Sicherheit in diesem Stück prospicirt werden.

§. 19. Ist nun alles gehörige veranstaltet, so wird eine solenne Procession in die Kirche vorgenommen, um der Huldigungs-Predigt und des daselbst angestellten Gottesdienstes abzuwarten. Bey solennen Huldigungen müssen gewisse hierzu denominirte Ceremonien-Meister und Marschälle alles vorher reguliren. Es pflegen auch hierbey die vornehmsten Reichs-Officianten die Reichs-Insignia, als die Crone oder den Chur-Huth, den Scepter, das Schwerdt, den Marschalls-Stab u. s. w. vorzutragen.

§. 20. Bey dieser Procession begeben sich alle Anwesende, so wohl die Durchlauchtigsten Herrschafften, oder dero Gevollmächtigte mit dero bey sich habenden Suite, als auch die übrigen Ministri, Räthe

Räthe und Cavaliere, die sämmtliche Ritterschafft, die Deputirte von den Städten und von den übrigen Ständen in die Kirche. Zur Predigt wird ein zu dieser Handlung sich schickender Text erwehlet, die Colecten, die Gebether und die Music darnach eingerichtet. Bey den Römisch-Catholischen pflegt die Geistlichkeit bißweilen aus ihren Kirchen und Clöstern der Huldigungs-Procession einige kostbahre Reliquien entgegen zu tragen, um solche den vornehmsten zum küssen hinzureichen; Es wird auch wohl an diesen solennen Tägen der Leib eines gewissen Heiligen mit besondern Ceremonien vor den Altar gesetzt oder geleget.

§. 21. Ist der Gottesdienst in der Kirche geendiget, so gehet der Zug auf eben die Weise wieder heraus, als er hinein gangen, und man schicket sich nachgehends zur Huldigung an. In der Grafschafft Valengin müssen so wohl Serenissimi als ihre hierzu Gevollmächtigte vorher einen Eyd ablegen, die Unterthanen bey allen ihren ehemahligen Rechten und Gerechtigkeiten zu schützen. So ist auch vor diesen in Arragonien ein besonder Huldigungs-Ceremoniel in acht genommen worden: der neue König von Arragonien muste schweren, daß er alle ihre Rechte und Privilegia, wie sie zu Saragossa gedruckt sind, halten wolte; hierauf huldigten sie ihn mit folgender vortrefflichen Formul: Wir Arragonier, die so gut seyn als ihr, und ihr so gut als wir, machen euch zu unsern König und Herrn, mit dem Bescheid, daß ihr sollet unsere
Rechte

Rechte und Freyheiten erhalten, und so ihr das nicht thut, so ist auch unser Eyd nichts, und wir sind euch zu nichts verbunden. In dem Königreich Portugall muß der König auf dem Thron auf folgende Weise einen förmlichen Eyd leisten: Ich schwehre und gelobe, durch GOttes Gnade recht und wohl zu regieren, und Recht und Gerechtigkeit einem ieden wiederfahren zu lassen, so viel mir menschlich und möglich seyn wird, auch eure guten Gebräuche, Privilegia, Gnaden und Freyheiten, welche die Könige meine Vorfahren euch gegeben, bestätiget und bekräfftiget haben, zu erhalten.

§. 22. Haben sich nun die sämmtlichen Stände auf dem Propositions-Saale eingestellet, so thut entweder Serenissimus selbst, oder der Hof-Cantzler, oder einer von den Gevollmächtigten Ministres einen Vortrag: Serenissimus vermerckten der treugehorsamsten Stände willfährige Erscheinung zu gnädigstem Gefallen, und nachdem nunmehro nach göttlicher Providence, auf Abgang des Durchlauchtigsten N. N. die Regierung des Landes ihnen zugefallen, daher sie bey gegenwärtigen Conjuncturen nichts nöthigers befänden, als diese Erb-Huldigung vorzunehmen, und ihr von den treugehorsamsten Ständen die Huldigung leisten zu lassen; dagegen wären sie aber erböthig, das Land bey seinen Rechten und Gerechtigkeiten zu schützen, ihnen ihre Privilegia und Freyheiten zu confirmiren, und sich sonst in allen als ihr Erb-Landes-Fürst zu erzeigen.

§. 23.

Von der Huldigung.

§. 23. Der Land-Marschall, oder wie er etwan sonst nach dem Unterschied der Länder genennt werden kan, erbeuth sich gehorsamst im Nahmen der Stände zu Leistung der Erb-Huldigung, und bittet unterthänigst, Serenissimus möchte des gnädigsten Erbiethens seyn, und dem verlaßten Schluß gemäß sich mündlich gegen die Stände vernehmen zu lassen, daß sie ihnen ihre und des Landes Privilegien, gute Gewohnheiten, Rechte, Gerechtigkeiten und Freyheiten zu confirmiren und bestätigen belieben wolten. Nachdem nun Serenissimus sich mündlich gegen sie vernehmen lassen, daß sie deroselben gehorsamsten Erscheinung und Willfährigkeit zur Erb-Huldigung sich gnädigst gefallen liessen, solche auch allezeit in Landes-Fürstlichen Gnaden erkennen wolten, und sie sich erbothen, die Stände bey ihren Rechten und Gerechtigkeiten verbleiben zu lassen, ihnen auch ihre Privilegia und Freyheiten, altes löbliches Herkommen, und gute Gewohnheiten zu confirmiren, so erfolgen denn die übrigen Handlungen der Huldigung.

§. 24. Bey den Huldigungen in Städten braucht es nicht so grosser Weitläufftigkeit: es wird an den Rath und die Bürgerschafft eine kleine Rede von dem gevollmächtigten Ministre abgelegt, und solche gemeiniglich von dem Syndico der Stadt in einer Gegen-Rede wieder beantwortet.

§. 25. Bißweilen wird der Adel in einem Zimmer a part vernommen, ob sie bey der Eydes-Formul und andern Solennitäten etwas zu desideriren

haben,

haben, und wenn sich nichts findet, das nicht alsobald durch eine prompte Erklärung gehoben werden möchte, so werden sie nach einander aufgerufen, wer zugegen, und warum einer oder der andere nicht erscheinen können, vernommen.

§. 26. Bey den Huldigungs-Eyden wird auch auf die Successions-Fälle mit gesehen, und dieselbige auf alle die Häuser mit erstreckt, denen durch Erbschafft-Recht, oder durch Pacta und Erb-Verbrüderungen, nach Ausgang dieser oder jener Linie die nächste Anwartschafft zur Succession zustehet. Zuweilen stellen sich die Gesandten der Puissancen die eventualiter succediren sollen, wenn es der Observanz gemäß bey den Erb-Huldigungen mit ein, um bey der Huldigung dasjenige zu beobachten, was ihr künfftig Interesse und der Eventual-Successions-Eyd erfordert. Also pflegt das Königreich Pohlen den Compactatis gemäß, um der Eventual-Succession willen zu der Huldigung des Königreichs Preußen gewisse Gesandten abzuschicken. Sie wündschen in ihren Reden, die sie deßfalls bey den ansehnlichen Ständen des Königreichs Preußen, an dem Huldigungs-Tage ablegen, daß sie bey ihrer Freyheit und Gerechtigkeit wachsen, und sich in steten Wohl befinden möchten, hiernächst aber erwarteten sie von ihnen dasjenige bey dieser Gelegenheit, wozu sie die zwischen dem Königreich Pohlen und dem Chur-Hause Brandenburg abgeredeten Pacta anwiesen. Die Stände antworten in einer Rede, daß sie
zwar

zwar diesen Tag der Devolution nicht wündschten, solte er aber erscheinen, so würden sie sich nicht weigern dasjenige zu leisten, was ihrer Pflicht gemäß wäre.

§. 27. Die Confirmation der Privilegien geschicht bißweilen vor der Huldigung, bißweilen nach derselben. Als Hertzog Johann Casimir zu Sachsen anno 1597 am 15 May die Huldigung auf dem Rathhauß empfieng, die gewöhnliche Confirmation der Privilegien, Statuten, Gewohnheiten und Herkommen allererst den 26 Augusti anno 1600 ertheilete, so rückte er die Bedingung mit ein, so viel deren christlich, das ist, wie es im folgenden gleichsam erkläret wird, die dem göttlichen Gesetz und Worte nicht entgegen sind, rechtmäßig, erbarlich und aufrichtig, ihnen selbst und gemeiner Stadt dienstlich, furträglich und nützlich sind. S. Rudolphi Gotha Diplomat. I. Th. p. 55.

§. 28. Bevor die Stände und Unterthanen den Huldigungs-Eyd leisten, so muß an einigen Orten bey den Römisch-Catholischen nach geendigter Messe der von Serenissimo abgeordnete Gevollmächtigte die Hände auf das Meß-Buch legen, welches ihm zu dem Ende præsentirt wird, und in die Hände des Ertz-Bischoffs den gewöhnlichen Eyd, zu Observirung der Rechte und Freyheiten der Kirchen zu N. N. ablegen. Worauf dann der Dechant der Kirchen in Begleitung der Canonicorum dem Gevollmächtigten wegen der Rechte und Privilegien der Kirchen in N. N. einen besondern Eyd vorlieset.

§. 29.

§. 29. Bißweilen geschehen bey der Huldigung, wenn es die Umstände mit sich bringen, in der Anrede gar starcke und nachdrückliche Vermahnungen, zu Beobachtung ihrer Pflichten, und auch zugleich auf das Jurament, das sie ablegen und schwehren sollen, und welches ihnen von Wort zu Wort vorgelesen soll werden, fleißig und genau Acht zu haben.

§. 30. Die Eydes-Formulen sind hier und da unterschieden. Bey einigen heist es: So wahr mir GOTT helffe durch JEsum Christum seinen Sohn unsern HErrn, bey andern hingegen: So wahr mir GOTT helffe um CHristi willen. An einigen Oertern ist auch wohl die Formul bekandt: Ihr schwehret zu GOTT eurem Schöpffer, und bey dem Antheil, welchen ihr an dem Paradieße haben wolt, daß ihr ꝛc. So ist auch wohl eine andere Formula Juramenti homagialis vor den Magistrat, und eine andere vor die Bürgerschafft. Bey den Römisch-Catholischen ist die Formul bekandt: So wahr mir GOTT helffe, die heilige Jungfrau Maria und alle Heiligen.

§. 31. Bißweilen wird die Treue und Unterthänigkeit eydlich angelobet und versprochen, die sie schon viel und lange Jahre würcklich geleistet. An einigen Orten ist es dem Herkommen gemäß, daß an statt des eydlichen Gelöbnisses ein blosser Handschlag jedoch zugleich an Eydes-Statt gegeben wird. Manchmahl weigern sich die Stände das Wort gehorsam abzuschwehren, und wollen nur

nur bloß treu und huld schwehren, wenn sie etwan vermeynen in alter Observanz und Possess zu stehen, sie suchen auch wohl die persönliche, mündliche Huldigung zu decliniren, und wollen davor eine schrifftliche General-Huldigung abstatten. Zu manchen Zeiten wird sie in Ansehung besonderer Umstände vor diesesmahl iedoch ohne Consequenz und Præjudiz angenommen, wie dergleichen anno 1708 in Ost-Frießland geschahe. S. D. Brenneysens Ost-Frießländische Historie und Landes-Verfassung. II. Tomum pag. 1089. Der Geistlichkeit wird die Eydes-Leistung bißweilen erlassen, und dafür der Handschlag allein angenommen.

§. 32. Durch den Eyd der Treue, den die Unterthanen ablegen, verbindet man sie zur Unterthänigkeit. Weil man nemlich durch den Eyd GOTT zum Zeugen anrufft, daß man diejenige Person, welche die Regierung antritt, oder von der man in Dienste genommen wird, seine rechtmäßige Obrigkeit erkennen, und ihr treu verbleiben, ihrer Macht und Gewalt sich solcher gestalt unterwerffen, auch nichts wider dieselbe vornehmen will, und verlangt, daß er uns straffen soll, dafern wir nicht halten, was wir versprochen haben, so wird auch einer, der da gläubt, daß ein GOTT sey, der alles wisse und sehe, auch ihm bestraffen werde, wenn er entweder nicht den Sinn hat, zu halten, was er verspricht, oder doch ins künfftige mit Wissen und Willen seinen Versprechen zuwider handelt,

handelt, sich dergleichen zu thun den Eyd abhalten lassen.   Und also ist er ein Mittel, die Unterthanen zu verbinden, daß sie die Majestät nicht beleidigen. Solten auch einige gefunden werden, die auf diesen Eyd nicht sähen, so behält er doch noch diesen Nutzen, daß sie weniger Entschuldigung finden, wenn sie wegen beleidigter Majestät sollen zur Straffe gezogen werden, damit sie aber des Eydes sich desto leichter erinnern, so muß ihnen die Majestät der hohen Obrigkeit stets vor Augen schweben. S. des Herrn Hofrath Wolffs Gedancken von Gesellschafftlichen Leben der Menschen. S. pag. 499.

§. 33. An einigen Oertern heist der Homagial-Eyd: Ich will Serenissimo von Unterthänigkeit wegen getreu, gewärtig und gehorsam seyn, Ihrer Fürstlichen Durchlauchtigkeit Frommen und Bestes zu fördern, Nachtheil und Schaden zu wenden, und alles das zu thun, was des Herkommens, und getreue Unterthanen ihren Erb-Herrn und Landes-Fürsten zu thun schuldig und pflichtig sind, alles getreulich und ohngefährlich.   Bey andern heist es: Ich will Serenissimo getreu, hold gewärtig und gehorsam seyn, auch nicht in dem Rath vielweniger bey der That seyn, da wider Serenissimum gehandelt und gerathschlagt würde, auch deroselben Ehre, Frommen und Nutzen befördern, Schaden hingegen warnen und wenden, nach dem besten Vermögen.   In noch andern ist mit angeführt: Insonderheit, da ihr erführet, daß

ichtwas

Von der Huldigung.

ichtwas wider Serenissimum an Leib, Ehre, Würden und Stande zu Gegen- und Nachtheil, oder Dero Chur- und Fürstenthümern, Herrschafften, Land und Leuten zu Abbruch von iemand solte vorgenommen werden, solches Serenissimo offenbahren, und daß durch euch oder die eurigen treulich verrichten.

§. 34. An den meisten Oertern werden die drey Finger bey den Huldigungs-Eyden aufgehoben, an andern hingegen bringt es die bißherige Gewohnheit und Observanz mit sich, daß sie auch ohne Aufhebung der drey Finger den Eyd von Wort zu Wort nachsprechen.

§. 35. Nach abgelegten Huldigungs-Eyde erschallet allenthalben das Vivat, und dieses wird um desto stärcker, williger und öffterer ausgeruffen, ie mehr natürliche Zuneigung die Unterthanen in ihren Hertzen, gegen ihre hohe Landes-Obrigkeit tragen. Bißweilen wird auch der Vermahnung zum Eyde mit angehangen, daß sie das gewöhnliche Frolockende Vivat dreymahl auf i:des gegebenes Zeichen mit freudiger heller Stimme aus den innersten Kräfften eines wahren teutschen Hertzens ausruffen sollen.

§. 36. Grosse Herren lassen sich bißweilen gefallen das Hand-Gelöbniß in eigner hoher Person in den Städten von der Bürgerschafft, von Reichen und Armen ohne Unterschied anzunehmen. Bey dem Handschlage gehen zuweilen die vornehmsten nach ihrem Range vorher, nachgehends aber wird keine sonderliche Ordnung mehr observirt, sondern es gehen die zu der Ritterschafft oder zu dem Ausschuß oder andern Corporibus und Communen gehörige Personen wie sie zukommen. Bey den Römisch-Catholischen gehen erstlich die Bischöffe, folgends die Prælaten, nachgehends kommt der Herren-Stand, worunter auch ohne Præcedenz die Fürsten begriffen, alsdenn die Ritterschafft, und letzlich der Städte und Märckte Abgeordnete.

§. 37. Manchmahl stehen in den Städten die Honoratiores abgesondert, als die Doctores und Licentiati, die Geistlichkeit und die Kauffmannschafft, hernach folgen die andern Bürger pele méle. So werden auch wohl den einen Tag der Rath, das Ministerium, und andere von höherer Condition in Pflicht genommen, den andern Tag aber die andern.

§. 38. Die von der Ritterschafft werden gar offters, wenn die Durchlauchtigste Herrschafft bey der Huldigung zugegen, zum Handkuß gelassen, die Bürgerlichen aber begeben sich nur biß an Trohn, machen ihre Reverence, und reteriren sich so dann wieder nach Hause. Unter währenden Handkuß und Angelöbniß wird an verschiedenen Oertern mit Mousqueten Salve gegeben, und darauf alles Geschütz um die Stadt gelöset, auch alle Glocken geläutet.

§. 39. Bey den Huldigungen werden solenne Festins ausgerichtet, die sämmtlichen Stände werden

Von der Huldigung.

den herrlich tractirt, und bey den Gesundheit-Trincken die Stücken gelöset, Trompeten geblasen und Paucken dazu geschlagen. Werden die Huldigungen in Städten eingenommen, so lassen die Stadt-Magistrate der Durchlauchtigsten Landes-Herrschafft oder deren Gevollmächtigten, so zu dieser Handlung abgeschickt sind, eine kostbare Mahlzeit zurichten.

§. 40. Die Fürsten ziehen an diesen Tagen einige von den vornehmsten Ständen an ihre Tafeln mit, und lassen davor einige von ihren eigenen Cavalieren zurück. Ereignen sich bey den Tafeln der Stände einige Streitigkeiten unter ihnen, der Præcedenz halber, so befehlen sie an, daß vor dieses mahl zu Verhütung der Weitlaufftigkeiten keine Ordnung unter den Tafeln gehalten werden, sondern sie unter einander vermischt gesetzt werden sollen. An den Huldigungen müssen die Erb-Aemter ihre Functionen verrichten, der Erb-Truchseß muß nebst den Cavalieren und Cammer-Herren die Speisen auftragen, der Obriste Land-Fürschneider das Fürschneiden verrichten, der Erb-Silber-Cämmerer muß ebenfalls seiner Function vorstehen.

§. 41. So wird auch dem gemeinen Pöbel bey dergleichen Solennitäten mit Essen und Trincken manche Lust gemacht. Man läst ihnen in Quantität Fleisch, Bier und Brod austheilen; so läst man ihnen auch wohl einen oder ein paar Tage Fontainen mit Wein springen, oder ihnen Geld aus-

auswerffen, zumahl wenn die Regenten der Zuneigung des Volcks nicht recht versichert, und solche gleichsam hierdurch erkauffen müssen. In den Clevischen ist etwas besonders, daß ein Chur-Fürstlicher Minister bey den Huldigungen durch die Stadt reitet, und ein langes so genandtes Gnaden-Seil nach sich ziehet, welches vier Missethäter, so den Tod verschuldet, ergreiffen, und Pardon bekommen. S. den II. Theil von Lünigs Europäisch. Theatr. Ceremon. p. 852.

§. 42. Die Magistrats-Personen in Städten und die übrigen von den Ständen pflegen nicht selten die Durchlauchtigste Landes-Herrschafft, wenn sie die Gnade haben sie bey sich zu sehen, und einige von dero vornehmsten Ministres, die sie bey sich haben, oder doch die von ihnen zu Einnehmung der Huldigung abgeordnete Gevollmächtigten zu beschencken. Es bestehen aber die Præsente entweder in Beuteln mit Gelde oder in schönen Pferden, oder pretieusen Silber-Geschirren. Zuweilen regaliren auch die Landes-Herrschafften die vornehmsten von den Ständen mit ihren, mit Diamanten besetzten Portraiten. Bey einigen Huldigungen werden silberne Schaalen voll schöner neuer silberner und güldener Müntze, mit des Landes-Fürstens Symbolo und seinem Bildniß, die auf den Huldigungs-Actum geprägt worden, aufgesetzt, und unter die Stände ausgetheilet. Also wurde a. 1712 auf die Oesterreichische Huldigung eine Müntze geschlagen, da der Hercules den Oesterreichischen Landen, so unter der Gestalt einer Weibes-Person vorgestellet worden, das Symbolum der Glückseligkeit, nemlich ein Cornu copiæ überreichte, mit der Uberschrifft: Tanto Duce. Die Unterschrifft: Austria felix sacramento fidelitatis obligata. VIII. Nov. M. D. CC. XII. S. Gustav. Heræi Gedichte p. 29.

§. 43. Es wird so wohl in Teutschland als ausser Teutschland unter einigen höhern und niedern, mächtigern und ohnmächtigern Regenten scharff controvertiret, ob diejenigen, die mit dem andern wegen gewisser Compactaten in einigem Nexu stehen, oder in gewissen Stücken von ihm dependiren, als Unterthanen und Vasallen des andern anzusehen, oder als solche, denen die Landes herrliche Hoheit frey zustehet. Einige sind in der That vor freye Landes-Regenten zu erkennen, und besitzen alle hohe Jura und Regalien, ob sie schon durch gewisse Compactaten einige Jura, die in Ansehung ihrer Umstände ihnen nicht nöthig sind, oder darzu sie in vorigen Zeiten aus Noth veranlaßt worden, auf die höhern transferirt. Doch die höhern wollen dieses zu weit extendiren, alle ihre Jura über den Hauffen werffen, völlige Unterthanen aus ihnen machen, und ihnen nichts als ein blosses Schattenwerck der Freyheit übrig lassen. Inzwischen ist auch nicht zu läugnen, daß sich manche mit Unrecht einige höhere Jura angemaßt, ihren Oberherren zu der Zeit, da sie von andern verfolget worden, manches abgezwackt, und also im Trüben gefischt.

§. 44. Wenn sich nun dieserhalben öffentliche Feindseligkeiten erheben, so rüsten sich die schwächern dargegen aus, so gut sie wissen und können, zumahl wo ihnen das Jus belli & pacis zustehet, sie verbinden sich mit den Benachbarten, die sonst etwan auch die Reyhe treffen könte, sie führen in Gegen-Manifesten, die sie drucken lassen, ihre Befugnisse aus, sie imploriren die Hülffe der mächtigern Puissancen, suchen die Jalousie bey ihnen zu erregen, und bitten, daß ihre Jura bey den künfftigen Friedens-Schlüssen besorget werden möchten.

§. 45. Andere, die ohnmächtiger sind, und den Degen nicht ausziehen dürffen, nehmen ihre Zuflucht zu der Feder. Sie lassen Deductiones drucken, stellen ihre Jura darinnen auf das nachdrücklichste vor, und widersetzen sich des andern Prætensionen, sie bitten um Intercessionalien bey mächtigern Regenten, sie veranlassen Conferenzen, damit die Zwistigkeiten durch gütliche und friedliche Wege gehoben werden, sie adressiren sich an die Hoch-Fürstlichen Anverwandten, an die Mignons und Favoriten, und an die grösten Staats-Ministres der Puissancen, von denen sie gedrückt werden, und offeriren denselben ansehnliche Præsente. Manche bezahlen pro redimenda vexa eine Summa Geldes, und erkauffen hierdurch auß neue ein ihnen zukommendes Recht, welches ihnen der andere streitig machen will; andere

dere erheben eine Klage dieserwegen in dem Kayserlichen Reichs-Hof-Rath oder in dem Cammer-Gericht, und inzwischen verwahren sie ihre Jura mit den allerbündigsten Protestationen, sie vertheidigen dieselben mit den allerstärckesten Argumentis, und richten dabey alle die Formalien bittweise ein, und temporisiren, biß sie etwan bey einem veränderten Successore oder Ministerio einige Verbesserung finden mögen.

Das VIII. Capitul.
Von den Reichs- und Land-Tägen.

§. I.

Die Reichs-Täge werden in den Königreichen ausgeschrieben, so offt als es entweder die Wohlfarth des Königreichs erfordern will, oder dem Willen des Königes oder der Stände gemäß ist. In Pohlen werden die Comitia eingetheilet in Togata & Sagata; Togata, wo man nichts als Friede und Ruhe abzielet, Sagata, wo die Ritterschafft in offenen Felde erscheinet. Daselbst hat der König allein Macht den Reichs-Tag auszuschreiben, und so wohl die Zeit als den Ort solcher Zusammenkunfft zu bestimmen. Nach den Reichs-Gesetzen ist er verbunden, alle drey Jahr einen Reichs-Tag zu halten,

und

und zwar zweymahl nach einander in Pohlen, das dritte mahl aber in Litthauen. S. Connors Beschreibung des Königreichs Pohlen p. 499. So ist auch ein Vorreichs-Tag nöthig, damit man ungestöhrt zum Werck schreiten könne. In der neuen Wahl-Capitulation, so die Schwedischen Stände anno 1720 mit dem neuen König errichteten, ward im VIII. Articul ausgemacht, daß den Reichs-Ständen frey stehen solte, um die Anordnung eines Reichs-Tags abzuhalten, und so dann solte der König verbunden seyn, solchen auszuschreiben; die Wahl des Reichs-Tags-Marschalls solte auch bey den Ständen verbleiben, und der König die Protocolle von den Deputationen der Stände nicht zu sehen verlangen, sondern sie am gewöhnlichen Ort ruhen lassen.

§. 2. Ob die Könige verbunden sind, in eigener höchsten Person den Reichs-Tägen mit beyzuwohnen, wird in den Fundamental-Gesetzen des Reichs ausgedruckt. Zum wenigsten sehen es die Reichs-Stände allezeit lieber, wenn die gecrönten Häupter mit dabey erscheinen, halten auch öffters um ihre Gegenwart an. Also muste Kayser Leopoldus anno 1704 den Ungarischen Malcontenten versprechen, daß Kayserliche und Königliche Majestät gesonnen, sich selbst in Person bey dem Ungarischen Reichs-Tag einzufinden, und daselbst mit den gesammten Reichs-Ständen auszumachen, was nach gestalten Sachen in Cammer- und Kriegs-Sachen festzustellen, zu ändern, und zu verneuern

Von den Reichs- und Land-Tägen. 683

neuern seyn möchte. So haben auch die Ungarischen Stände zu unterschiedenen mahlen angehalten, daß der ausgeschriebene Reichs-Tag in Allerhöchster Gegenwart Ihrer ietzt-regierenden Kayserlichen Majestät möchte vorgenommen werden, nebst der unterthänigsten Versicherung, daß die meisten und wohlmeinenden Stände dieses Reichs, ungeachtet aller Bemühung der Widriggesinneten, in grosser Anzahl dabey erscheinen würden.

§. 3. Da nunmehro bey vorfallenden wichtigen Reichs-Geschäfften ein Reichs-Tag auszuschreiben, so pflegen die Könige ihren Reichs-Ständen in Schrifften dieserwegen Notification zu thun, und sich mit ihnen der Zeit und andern Umstände solcher Zusammenkunfft zu vergleichen, und sie zu vermahnen, in Person selbst, oder nach Gelegenheit der Sachen, und bey ihren Verhinderungen durch Gevollmächtigte zu erscheinen. In den auszufertigenden Ausschreiben werden die Ursachen, die Puncte, wovon gehandelt werden soll, und auch die Zeit ausgedruckt. In Pohlen läst der König sechs Wochen vorher an alle Woywoden Circular-Schreiben absenden, und thut denselben darinnen sein Vorhaben, nebst der darzu bestimmten Zeit zu wissen, überschickt ihnen auch zugleich ein Verzeichniß von allen den Puncten, die auf dem Reichs-Tage abgehandelt werden sollen. Hierauf läst ein iedweder Woywode, oder dessen Abgeordneter, ohne Verzug allen, in seinen Woywodschafften sich befindenden Castellanen, Starosten und

und andern Edelleuten solches berichten, und darneben eine gewisse Zeit setzen, da sie alle zusammen kommen sollen, so wohl über den Königlichen Vortrag, und andere Sachen, die auf den Reichs-Tag vorgebracht werden sollen, zu berathschlagen, als auch einen Land-Bothen oder Deputirten zu erwehlen, der ihre Meynung und gefasten Schluß in ihrer aller Nahmen vortrage.

§. 4. Die Sachen, so auf einen Reichs-Tage abgehandelt werden, betreffen die auswärtigen und einheimischen Angelegenheiten des Königreichs, als die Wahl eines neuen Königs oder dessen Vermählung, die Einrichtung der künfftigen Succession, die Abfertigung gewisser Abgesandten an auswärtige Puissancen, das Religions-Wesen, den Schluß neuer Bündnisse, oder allgemeine Anlagen zu Fortsetzung des Krieges u. s. w. Die Deputirten der Provintzen bringen bißweilen allerhand Propositiones auf das Tapet, welche denn nach Anzahl der meisten Stimmen entweder angenommen oder verworffen werden. So wollen auch mancherley mit dabey vorkommende Privat- und Neben-Sachen viel Zeit wegnehmen, wo es aber recht ernstlich zugehen soll, werden sie bey Seite geschafft, und in keine Betrachtung gezogen, damit sie dem Haupt-Werck kein Hinderniß zu wege bringen. In der Königlich-Schwedischen neuen Regiments-Forma von 1719. §. 36. ward ausgemacht, daß allezeit bey einem neuen Reichs-Tage den Ständen vorgeleget werden müste, was nach

nach dem letzten Reichs-Tage vorgefallen, und wie des Vaterlandes Zustand beschaffen seyn möchte. So hätten auch die Stände nachzufragen, wie die Reichs-Räthe ihre Rathschläge gefast, zu Ihro Majestät guten Vergnügen, des Reichs Wohlseyn, der Verbesserung ihrer selbst, und zu ihrer wahren Ehre und beständigen Ruhm.

§. 5. Die convocirten Reichs-Stände pflegen denn den Tag und die Zeit, wenn ihnen solch Ausschreiben zukommt, accurat aufzuzeichnen, und dann nach Gelegenheit selbst in Person oder durch einen Gevollmächtigten zu erscheinen. Werden sie durch etwas verhindert, so führen sie die Ursachen an, die sie von der persönlichen Erscheinung zurück halten. In Pohlen stellen sich die meisten von Adel, welche Mittel haben, sich prächtig aufzuführen, mit Weib und Kindern ein, zu keinem andern Ende, als daß sie andere wollen sehen, und sich auch selbst sehen lassen. Haureville macht in seiner Beschreibung des Königreichs Pohlen eine artige Anmerckung über die Pohlnischen Reichs-Täge, er sagt: Die Pohlen wendeten mehr Zeit auf schmausen und banquetiren, als auf die Angelegenheit des Staats, sie dächten niemahls eher an die Ursachen, um welcher willen sie zusammen gekommen, als biß sie kein Geld mehr hätten, davor sie hungarischen Wein kauffen könten. Doch dieses hat nicht allein in Pohlen statt, sondern auch an andern Orten, es könte hier und da bey dergleichen

chen Tägen mehr verrichtet werden, wenn nicht viele von den Ständen die Gast-Gebothe so fleißig abwarteten.

§. 6. Die auswärtigen Puissancen pflegen ihre Ministres und Gesandten auf die Reichs-Täge mit abzuschicken, um ihrer Principalen Interesse daselbst zu besorgen, sie werden nicht leichtlich zu den geheimen Conferenzen gezogen, bey öffentlichen Handlungen und Processionen aber werden ihnen sonderbahre Stellen, iedoch den Ständen ohne Præjudiz gelassen.

§. 7. Die Reichs-Stände werden nach dem Unterschied der Reiche in besondere und unterschiedene Classen eingetheilt, und bey den Sessionen unter den hohen Reichs-Beamten, unter den Geistlichen und weltlichen Ständen eine gewisse Ordnung in Acht genommen. Es ereignen sich nicht selten unter ihnen wegen des Ranges, Vorsitzens, Præminenz u. s. w. mancherley Ceremoniel-Disputen, damit aber solche dem Werck keine Hinderniß verursachen, so werden sie entweder so gleich von dem König decidirt, oder Temperamenta ausgefunden, und Erklährungen vorgeschlagen, daß dieses oder jenes einen ieden an seinem Rechte in geringsten nicht præjudicirlich seyn soll.

§. 8. Einigen Reichs-Officianten stehet vor andern an den Reichs-Tägen eine besondere Prærogativ und Macht zu. Also hat der Landbothen-Marschall in dem Königreich Pohlen eine sehr grosse Ehre, er gebeuth den Land-Bothen still

zu

Von den Reichs-und Land-Tägen.

zu schweigen, alles was von ihm geschlossen wird, trägt er dem König und dem Senat vor, es ist ihm auch vergönnt, den König selbst, so offt es scheint nöthig zu seyn, des bey seiner Crönung geleisteten Eydes zu erinnern.

§. 9. Die Solennitäten mit denen sich die Reichs-Täge eröffnen, sind nach dem Unterschied der Reiche unterschieden, in dem Königreich Ungarn ist es nach dem alten Gebrauch des Herkommens, daß die Sessionen des Abends vorhero durch Trompeten- und Paucken-Schall von den Thürmen unter Lösung der Canonen intimirt werden. Der Anfang des Reichs-Tages geschiehet allenthalben, wie es auch recht und billig ist, mit dem Gottesdienst. Die Könige gehen in Begleitung der Reichs-Senatoren, Staats-Ministres, Officiern von der Crone, ihrer sämmtlichen Hofstatt und Garden in die Kirche, hören daselbst die Predigt an, warten alle Arten des Gottesdienstes mit ab, wie sie nach dem Unterschied der drey Christlichen Religionen eingeführt; wenn nun der Gottesdienst geendiget, so begeben sie sich auf eben die Weise, wie sie in die Kirche gegangen, wieder heraus, und auf den Platz da die Proposition des Reichs-Tages soll gethan werden.

§. 10. Der König begiebt sich in Begleitung der sämmtlichen Reichs-Senatoren und übrigen Reichs-Stände auf den, vor ihm zugerichteten Königlichen Thron, und der Reichs-Tag wird durch eine solenne Rede, die er entweder selbst oder

der

der Cron-Cantzler ablegt, eröffnet, und die Beantwortung dieser Rede erfolgt sodann von des Reichs-Tages Marschall. Der König in Pohlen, Johannes III. hielt auf dem Reichs-Tage zu Grodno eine Rede an die Stände, worinnen er versprach, in keinen Stück wider die Pacta conventa zu handeln. Hierauf werden die Acta proponirt, die Senatores und Reichs-Stände schreiten zu ihren Deliberationibus, communiciren ihre Schlüsse untereinander selbst und auch mit dem König, conferiren die gewöhnlichen neuen Dignitäten, fassen Ordnungen und Gesetze ab, biß sie endlich zu gewissen und völligen Reichs-Tags Schlüssen gelangen, die denn in pleno abgelesen, in Ordnung gebracht, und meistentheils gedruckt werden.

§. 11. Die Zeit des Reichs-Tages, wie lange er währen soll, ist in einigen Fundamental-Gesetzen des Reichs bestimmt, in andern hingegen nicht. In Pohlen soll ein Reichs-Tag nicht länger als 6 Wochen dauren, und die Edelleute pflegen diesen Termin so genau in Acht zu nehmen, daß sie nach Verlauff der gesetzten Zeit ohne Verzug ihren Marschall an den König absenden, der in ihren Nahmen Abschied nehmen, und zugleich bey Ihrer Majestät um die gewöhnliche Verstattung des Hand-Kusses anhalten muß.

§. 12. Daß in Pohlen die Reichs-Tage leichtlich zurissen werden, und die Reichs-Stände offters unverrichteter Sachen auseinander gehen, ist
kein

Von den Reichs-und Land-Tägen. 689

kein Wunder, indem ein einziger Landbothe, der widriger Meynung, den Schluß der sämmtlichen Stände umstossen, und also den Riß des Reichs-Tages verursachen kan.

§. 13. Können die Reichs-Stände die Reichs-Täge wegen der vorseyenden Krieges-Operationen oder anderer Hindernisse in geschwinder Zeit nicht gäntzlich zum Schluß bringen, so werden dieselben mit einhelliger Bewilligung aller Stände verschoben, biß endlich alle Vorfallenheiten, Desideria und Recesse der vorigen Reichs-Täge bey der Reassumtion wieder vorgenommen werden.

§. 14. Was in den Königreichen die Reichs-Täge, das sind in Teutschland die Land-Täge, so die Landes-Herren bey vorfallenden Angelegenheiten des Landes auszuschreiben pflegen, wenn es entweder der status religionis erfordert, oder die Etablirung neuer und nützlicher Landes-Gesetze und Ordnungen, oder die Vermehrung der Trouppen, die Aufrichtung öffentlicher und dem gantzen Lande heylsamen Gebäude, meistentheils aber, wenn die Landes-Verwilligungen zu Ende gehen, und die Stände wieder neue Summen Geldes dem Landes-Herren verwilligen sollen. Bißweilen ist es zu weitläufftig, zu kostbar und zu mühsam, allgemeine Land-Täge auszuschreiben, da alle Stände zusammen beruffen werden, und alsdenn pflegt man nur einen Convent, der aus den vornehmsten Ständen des Landes besteht, zu veranlassen, der denn ein Ausschluß-oder Landes-

Xr   Deputa-

Deputations-Tag genennt wird. Bey den Ausschuß-Tägen getrauen sich die Stände offters nicht in wichtigen Sachen etwas zu resolviren, sie schützen vor, es würde ihnen bey ihren Mitständen Verantwortung zu wege bringen, sie hätten ehedem Verdruß gehabt, daß sie sich in einem und dem andern so weit herausgelassen, und bitten also, diesen oder jenen wichtigen Punct biß zur Convocation der sämmtlichen Stände zu verschieben. In einigen Provintzen ist den Land-Tägen eine gewisse Zeit vorgeschrieben, wenn sie gehalten werden sollen, als in Sachsen alle 6. Jahre, die Ausschuß-Täge aber werden ausgeschrieben, so offt es dem Landes-Herrn gefällt, und die Wohlfarth des Landes mit sich bringt.

§. 15. Die besondern Recesse und Vorträge mit den Land-Ständen, ingleichen wenn es zur Contradiction gekommen, die dißfalls publicirten Kayserlichen Decreta und Executions-Recesse, determiniren über was vor Sachen Land-Täge auszuschreiben, wie es auf denselben mit den Propositionen, Untersuchung der Vollmachten, Deliberationen der Land-Stände, Eröffnung ihrer Meynung an den Landes-Herrn, Abfassung der Land-Tages Abschiede, und Schluß des Land-Tages gehalten werden soll.

§. 16. Die Stände und Städte werden in verschiedene Classen eingetheilt, und nach deren Unterschied entweder dem weitern oder engern Ausschuß beygezehlt. Die Art und Weise aber wie

der

der engere Ausschuß von dem weitern erwehlt werde, ist nach dem Unterschied der Provintzen different, und kan in keine allgemeine Regeln recht gebracht werden. Sie bestehen fast allenthalben in Prælaten, Grafen, Herren, Ritterschafft und Städten. An einigen Orten als wie in dem Ertz-Hertzogthum Oesterreich und in dem Hertzogthum Jülich wird der Herren-Stand, der Grafen- und Baronen-Stand von der Classe der andern Edelleute unterschieden. Den Prælaten werden die Dom-Capitul, die Aebte, die Clöster, und die Universitäten mit beygezehlt.

§. 17. Die Land-Stände haben ihren Syndicum, und ihr eigen Archiv, darinnen die befindlichen Original-Land-Tags-Acta, und alle dazu gehörige briefliche Urkunden wohl verwahrt und beschlossen werden, und darüber ein sonderlich Inventarium aufgerichtet wird, ingleichen haben die von der Ritterschafft in engern und weitern Ausschusse ihre sonderliche Consulenten. Mit den Stiffts-Ständen hat es eine gleiche Bewandniß, wie auch mit den Stiffts-Tägen, welche die Bischöffe nebst ihren Dom-Capituln, so offt als das Interesse des Stifftes eine gemeinschafftliche Berathschlagung erfordern will, auszuschreiben pflegen.

§. 18. Der Landes-Herr entschlüßt sich eines gewissen Tages und Ortes, wenn und wo er den Land-Tag halten will. In den besondern Ausschreiben werden die Land-Stände von Prælaten,

Grafen,

Grafen, Herren, Ritterschafft und Städten convocirt mit genugsamer Vollmacht und Instruction zu erscheinen; in dem Ausschreiben wird angeführt, Serenissimus trüge zu Dero gehorsamsten Land-Ständen das gnädigste zuverläßige Vertrauen, daß dieselben sich über die Proponenda nach geschehener Visitation und Examination der Vollmachten in Unterthänigkeit nach Land-Tags Recht zusammen thun, die proponirten Puncta der hohen Wichtig-und Billigkeit nach zu Ihrer Hoch-Fürstlichen Durchlauchtigkeit und des geliebten Vaterlandes Besten fördersamst und wohlbedächtig überlegen, und derselben deswegen mit einer unterthänigsten Land-Tags-Resolution getreulich an die Hand gehen, auch darauf die Eröffnung und Publication des Obrigkeitlichen Land-Tages Abschiedes gehorsamst abwarten werden. Diese Ausschreiben werden entweder durch Bothen aus einem ieden erforderten Stand abgeschickt, um solche zu insinuiren, und Recognition darüber zu fordern, damit sich ein ieder darnach zu richten habe, oder auch nur durch Mandata, um die Auslösungs-Kosten zu erspahren.

§. 19. Es werden auch wohl gewisse Fürstliche Personen zu den Land-Tags-Versammlungen mit beruffen, und ihnen dieserhalben Notification ertheilt, wenn es der Landes-Verfassung gemäß, damit sie mit den ihrigen zugleich mit consultiren und schlüssen helffen. Also muß der Hoch-Fürstliche Herr Senior mit den Hoch-Fürstlichen Herren

ren Gevetttern oder Gebrüdern den Land-Tag intimiren, und alles mit ihnen zugleich in Uberlegung ziehen. Die Land-Tags-Proposition geschiehet entweder in des ältesten regierenden, oder in der sämmtlichen mitregierenden Herren Vettern oder Gebrüder Nahmen, die Landschaffts-Memoriale werden auch so eingerichtet, und die Land-Tages-Schlüsse auf gleiche Weise abgefast, wie es der bißherigen Observanz gemäß. Spühren nun die Herren Vettern, daß man bey der Haupt-Linie hierinnen etwas saumseelig, so ersuchen sie dieselbe die Anstalten zu verfügen, daß vermittelst zeitlicher absonderlicher schrifftlicher Notification an sie, dasjenige Herkommen, so etwan bißher einigen Anstoß gelidten, wieder auf den alten Fuß gesetzt, und in den vorigen Gang stabilirt werden möchte, sie würden nicht unterlassen die ihrigen mit behöriger nöthiger Instruction dahin zu schicken.

§. 20. Es ersuchen auch wohl die übrigen Land-Stände, wo sie sehen, daß der Landes-Herr wider die bißherige Verfassung etwas wichtiges ohne der Stände Einwilligung vornehmen und beschliessen will, Serenissimum auf das beweglichste, dieses, was die Wohlfahrt des Landes concernirt, mit ihnen zu communiciren, dero unterthänigstes Bedencken darüber gnädigst zu hören, und die Stände dieserwegen zu convociren.

§. 21. Die Stände, so zu den Land-Tägen verschrieben werden, müssen majorenn seyn, und gewisse

wisse Jahre zurück gelegt haben, denn die nicht fähig sind, ihren eigenen Sachen ihrer Jugend wegen wohl vorzustehen, dürffen auch an Besorgung des Heyls des gemeinen Wesens keinen Antheil haben. Die Land-Stände stellen sich persönlich ein, und die Grafen oder andere, so auf eine erhebliche Weise, hohen Alters oder der Unpäßlichkeit wegen, verhindert werden, selbst zu kommen, schicken ihre Gesandten, so wohl auch die Städte, aus ieder Stadt ungefehr zwey, drey biß vier Personen, nach der Gelegenheit eines ieden Grösse, und instruiren sie mit gehörigen Vollmachten.

§. 22. Ob es schon in Engelland eben nicht gebräuchlich ist, daß man denen zum Parlament erwehlten Deputirten dergleichen Instructionen mittheilet, so pflegen es doch einige Communen bey wichtigen Angelegenheiten zu thun, damit sothane Deputirte allen demjenigen gemäß nachkommen, was ihnen bey einem wichtigen Parlament mit grossen Eyfer aufgetragen wird. Sie bedienen sich hierbey lauter solcher Redens-Arten, dadurch sie ihren grossen Eyfer anzeigen, als: Wir ersuchen euch ihr Herren, wir beschwehren euch ihr Herren, diesen oder jenen Punct euch auf das allerangelegentlichste empfohlen seyn zu lassen.

§. 23. Bey der Ritterschafft setzt es ein hauffen Disputen, ob dieser oder jener dem Land-Tag mit beywohnen soll. An viel Orten muß sich ein neuer Besitzer eines Adelichen Guthes, bevor er auf dem Land-Tag erscheinen darff, bey dem Landes-Herrn persön-

persönlich oder schrifftlich melden, und durch Producirung nöthiger Documenten legitimiren, daß er ein rechtmäßiger Besitzer des Guthes sey. In einigen Ländern admittirt man nur diejenigen von Adel, die auf väterlicher und mütterlicher Seite von einem unbescholtenen Adel, in andern hingegen wird es so genau nicht genommen. Wenn einige alte Geschlechter den neuern bey diesen Gelegenheiten allzu sehr præjudiciren wollen, so ertheilet der Landes-Herr ein Decisum, und giebet den neuern die Freyheit, daß sie eben so wohl als jene vor fähig geachtet werden, dem Land-Tag mit beyzuwohnen.

§. 24. Die Land-Stände sehen es gerne, daß bey ihren Zusammenkünfften so wohl der generale als speciale Ort beybehalten werde, wo vor dem dergleichen angestellet worden, sonst erfolgen Protestationes hierüber, ja sie wollen auch wohl gar nicht erscheinen, es wäre denn, daß zu manchen Zeiten, z. E. bey Contagions-Läufften, wenn es sich nicht anders thun liesse, der Ort mit der Stände Genehmhaltung geändert würde. Nachdem die Gewalt der Landes-Fürsten durch ihre Stände mehr oder weniger eingeschräncket ist, nachdem müssen sie sich auch bey ihren Land-Tägen an einerley Ort binden, oder nachdem nehmen sie sich die Freyheit von dem Ort abzugehen, und einen andern hierinnen zu erwehlen.

§. 25. Zeilerus meldet in seiner Topographia Illustri Ducatuum etwas besonders von dem Herzogthum Braunschweig=Lüneburg, daß daselbst die Land=Täge, wenn es die Nothdurfft erforderte, alten Herkommen gemäß, unter dem freyen Himmel in einem Gehöltz, der Schott bey Hassering genannt, in dem Amte Bodentrich, 4 Meilen von Zelle gehalten würden. Ob dieses noch heutiges Tages gebräuchlich, ist mir unbekandt. Sonst pflegen die Land=Täge mehrentheils in den Fürstlichen Residentien gehalten zu werden.

§. 26. Anno 1724 beschwerten sich die Oesterreichischen Land=Stände am Kayserlichen Hofe, daß die gewöhnlichen Land=Tags=Propositiones dieses Jahr nicht bey Hofe geschehen, da sie doch in dem Receß, durch welchen sie sich verbindlich gemacht, Ihrer Kayserlichen Majestät zu Friedens=Zeiten jährlich eben so viel als zu Krieges=Zeiten von 1723 biß 1740 pro ordinario 600 tausend Gülden, und pro extraordinario 200 tausend Gülden nebst einem Steuer=Drittel abzutragen, anheischig gemacht, dabey aber ausdrücklich vorbehalten, daß, obgleich die Postulata besagter massen ihre Richtigkeit hätten, die Propositiones dennoch dem alten Herkommen gemäß bey Hofe geschehen solten. Darauf denn Ihro Kayserliche Majestät besagten Ständen in einer Audienz versprochen, daß es in Zukunfft auch also gehalten werden solte. S. Einleit. zur neuesten Hist. XXXVI. Stück p. 719.

§. 27. Es werden auch zuweilen in gewisse Districte und Gegenden einige Fürstliche Comissarii

rii geschickt, die um der Beyhülffe, befehliget sind, eine Proposition zu thun. Sie legitimiren sich durch ihre ihnen mitgegebene Instruction, entbiethen denen von der Ritterschafft und Städten den gnädigsten Gruß von Serenissimo, versichern, daß Serenissimus deroselben, vermöge des Ausschreibens, geschehene gehorsame und volckreiche Versammlung zu gegenwärtigen willkührlichen Land-Tage nicht anders als angenehm sey, und sie solche als ein Zeichen ihrer treuen und unterthänigsten Devotion considerirten, und tragen nachgehends dasjenige vor, worzu sie vom Landes-Herrn beordert.

§. 28. Haben sich nun die Stände hierauf eines gewissen Schlusses verglichen, so nehmen die Fürstlichen Commissarii zwar den Land-Tags-Schluß und der Stände Verwilligung in einer Rede an, bedingen aber doch dabey, daß, wenn er etwan dergestalt nicht eingerichtet seyn solte, daß Serenissimus dabey acquiesciren könten und wolten, sondern dagegen etwas weiter zu urgiren der Nothdurfft befinden würden, diese Annehmung auf solchen unverhofften Fall zu keinem Præjudiz gereichen oder angeführet werden möchte.

§. 29. Es stehet den Landes-Herren in einem Lande immer mehr Freyheit und Macht zu, als in dem andern. Christliche und weise Regenten ziehen der Land-Stände Meynung und Gutachten, wenn sie auch schon der Landes-Verfassung nach nicht schlechterdings daran gebunden wären, dennoch

noch in billige Betrachtung, und bemühen sich, ihre Land-Tags-Abschiede so einzurichten, wie sie es gegen GOtt, gegen Römische Kayserliche Majestät, und gegen ihr gesammtes Land und Unterthanen verantworten können, kommen auch alle demjenigen, was sie ehedem ihren Ständen versprochen, getreulich nach. In dem Märckisch-Brandenburgischen Land-Tags-Abschied de anno 1653 § 14 ist enthalten: Wir wollen in wichtigen Sachen, daran des Landes Gedeyen oder Verderben gelegen, ohne unserer getreuen Landes-Stände Vorwissen und Rath nichts schliessen und vornehmen, und auch zu keiner Verbündnis, dazu unsere Unterthanen und Landsaßen solten und müsten gebraucht werden, ohne Rath und Bewilligung gemeiner Land-Stände uns einlassen.

§. 30. In den Mecklenburgischen Landen gieng es anno 1718 auf einem Land-Tage sehr tumultuarisch zu. Es wurden den Land-Ständen neuerliche Contributiones unerträglicher Portionen angesonnen, die alten rechtmäßigen Land-Räthe abgesetzt, und hingegen neuere bestellt, ein neues Land-Siegel obtrudirt, und das alte verbothen, um dadurch die Ritterschafft aus dem Possess aller ihrer Rechte zu setzen; daher sie auch genöthiget worden, an dem Reichs-Hof-Rath dieserwegen zu appelliren.

§. 31. Wenn ein Landes-Herr, der die Landes Verfassung gantz über den Hauffen werffen, und eine Trennung unter den Land-Ständen vornehmen

Von den Reichs- und Land-Tägen. 699

men will, einen Land-Tag von denen vor ihm gesinneten Ständen ausgeschrieben, so kommen denn die andern von der Ritterschafft und von ihren Mit-Ständen ein, und erinnern sie, daß sie bey ihrer Versammlung die Behutsamkeit gebrauchen sollen, damit von ihnen nichts verbündliches geschlossen werden möchte, weder die so theuer erworbene, von dem Landes-Herrn iederzeit bestätigte Landes-Privilegia und Jura gekränckt, noch die alten löblichen Gebräuche und Gewohnheiten des Landes, die von Kayserlicher Majestät ihnen confirmirte Reversalia, Pacta und sämmtliche Landes-Constitutionen violiret würden. Widrigenfalls, und da ausser Verhoffen dem entgegen etwas geschlossen oder verabredet werden solte, so protestiren sie darwider auf das feyerlichste, erklähren dasselbe als etwas unverbindliches vor null und nichtig, und reserviren sich ihre Jura auf das künfftige, so gut sie können.

§. 32. Die Stände müssen meistentheils auf eigene Unkosten reisen, iedoch bekommen sie nachgehends die Auslösung. Einige Politici haben in Vorschlag gebracht, daß die Deliberationes weit mehr beschleuniget werden würden, wenn die Stände gar keine Auslösungs-Gelder bekämen, und vor ihr eigen Geld zehren müsten. Doch dieses ist eine Sache, welche die Stände an den Orten, wo sie eingeführt, schwerlich werden lassen abkommen.

§. 33. Sind die Stände in der Fürstlichen Residentz

sidentz angekommen, so lassen sie ihre Ankunfft entweder dem Hof-Marschall-Amt, oder ihrem Directori, oder demjenigen Ministre, bey dem es sonst eingeführt, zu wissen thun, und erwarten sodann ihre Bewillkommung und das Gegen-Compliment.

§. 34. Es haben auch die Land-Stände ihren gewissen Marschall, welche Charge in dem Chur-Fürstenthum Sachsen der Adelichen Löserischen Familie erblich und eigenthümlich ist, ist aber keiner von diesem Geschlecht fähig zu einer gewissen Zeit dieser Charge vorzustehen, so wird ein anderer geschickter und patriotisch-gesinnter Cavalier zum Verweser des Erb-Marschall-Ambtes erklähret. Nicht minder stehen den besondern Creyßen ihre eigene Directores vor.

§. 35. Bevor nun der Land-Tag seinen Anfang nimmt, werden vorher gewisse Reglemens und Verordnungen an denjenigen Höfen, wo man in dem Ceremoniel-Wesen accurat ist, publiciret, wie es mit der Procession der Stände zu halten, wenn sie in die Kirche gehen, wo sie sich auf dem Propositions-Saal hin placiren sollen, und was die Cammer-Fouriers dabey zu beobachten haben. Den Abend vorher wird aus dem Hof-Marschall-Amte durch die Hof- und Cammer-Fouriers den Ständen angesagt, wo sie sich einfinden sollen.

§. 36. Den andern Tag verfügen sie sich alle zusammen auf den kostbar ausgeputzten Propositions-Saal, allwo die Schweitzer- oder andere Garden

Garden paradiren, und begeben sich in guter Ord̃-
nung in die Kirche, um die Land-Tags-Predigt
anzuhören, und die übrigen Handlungen des Gottesdienstes abzuwarten. Ist der Gottesdienst geendiget, so erscheinen sie alle wieder auf dem Saal,
und placiren sich an die ihnen angewiesene Stellen.
Die Grafen haben ihre gewisse Ordnung unter einander, die Prälaten aber, als Decani der Stiffter,
gehen über die Grafen; so findet man auch bißweilen eine Distinction unter den Stühlen, vor
die vornehmen werden Sammetene, vor die andern
aber nur tuchene Stühle gesetzt.

§. 37. Wenn sich die Stände an ihre gehörigen Plätze postirt, und der Landes-Herr mit seiner
gantzen Hoffstatt, an Ministres, Generalen, Hof-
Cavalieren auf dem Propositions-Saal eingefunden, und auf den vor ihm zugerichteten kostbaren Thron oder Fürsten-Stuhl gesetzt, so geschicht
die Eröffnung der Proposition. Es bestehet dieselbe in drey Stücken: (1) in einer Anzeige, daß
dem Landes-Herrn zu gnädigstem Gefallen gereiche, daß die Land-Stände gehorsamst erschienen;
(2) in Vorstellung der Puncte, darüber zu delibe-
riren, und (3) in einem Begehren an die Land-
Stände, daß sie sich über solche Puncte zusammen
thun, und mit ihren unterthänigsten Gutachten
dem Landes-Herrn ihre Meynung darüber eröffnen. Die Anrede bey der Proposition geschiehet
entweder von dem Cantzler oder geheimden Rath,
oder auch von dem Landes-Herrn selbst, welche
darin-

darinnen vorstellen, daß die unvermeidliche Nothwendigkeit, und der Nutzen, der dem gantzen Lande darüber zuwachsen würde, gegenwärtige Anlagen erforderte, sie hätten das Vertrauen, die treugehorsamsten Stände würden sich nicht entbrechen, alles beyzutragen, damit der so heilsam abgezielte Zweck möchte erreichet werden.

§. 38. Wenn sich die Landes-Herren gefallen lassen in eigner höchsten Person den Vortrag an die Stände zu thun, so befördern sie hierdurch gar sehr die Liebe und Devotion ihrer Unterthanen gegen sich. Also rühmen die Geschicht-Schreiber die grosse Huld und das annehmliche Bezeugen in Tractirung der Land-Stände Chur-Fürstens Johann Friedrichs zu Sachsen, da er vor sich, und in Vormundschafft seines jüngern Bruders Hertzog Johann Ernstens einen Land-Tag nach Jena verschrieben, bey dem er selbst persönlich den Vortrag gethan. Nachdem nun den lieben Chur-Fürsten die große Schulden-Last, mit welchen ohne sein Verschulden sein Cammer-Wesen sich überhäufft gefunden, sehr gedrückt. Also hätten sich darauf die getreuen Land-Stände in solcher unterthänigsten Bezeugung herausgelassen, daß der Chur-Fürst ein gnädiges Gefallen daran gehabt, deswegen er auch bey Endigung des Land-Tages wiederum selbst eine bewegliche Rede gehalten. S. Rudolphi Gotha Diplomat. I. Tom. p. 100. und 101.

§. 39. Nach Ausstellung der Land-Tags-Proposiposition hält wiederum einer von den vornehmsten Ständen in Nahmen der sämmtlichen Stände eine solenne Gegen-Rede. Sie dancken, daß Serenissimus sich gefallen lassen, in eigener höchsten Person dem Land-Tag beyzuwohnen, und die Stände dero fürwährenden Erb-Landes-Fürstlichen Hulde und Gnade zu versichern, sie würden sich mit euserster Application demjenigen, was ihre Obliegenheit erfordert, unterziehen, und nach Verstattung gewöhnlicher Deliberationen, darum sie gehorsamst bäthen, dasjenige was ihnen gnädigst ausgestellt worden, nach allen Umständen reiflich überlegen, und sich darauf geziemend vernehmen zu lassen, nicht anstehen. Solte aber etwan wegen wahrhaffter Ersprießlichkeit Serenissimi ingleichen des Wohl und Wehe des Landes, einige Erinnerungen in gehorsamste und zugelassene Modestie beyzufügen, der Unumgänglichkeit seyn, oder der entkräftete Zustand der Contribuenten die völlige Erreichung der führenden Intention hindern, so sind sie versichert, daß Serenissimus solches auch als einen Effect der unterthänigsten Gegen-Verbindung annehmen würden.

§. 40. Die Propositionen werden öffentlich abgelesen, und den unterschiedenen Collegiis der Stände, unterschiedene Exemplaria davon zugestellt, auch einige Beyfugen, als z. E. die Berechnungen der Gelder, die auf den vorigen Land-Tägen verwilliget worden, u. s. w. zugleich mit übergeben. Nach der Proposition werden von den Stän-

Ständen mancherley Gravamina in Religions- Justiz-Policey- und andern Sachen zur gnädigsten Decision überreicht, mit unterthänigster Bitte, denselben wo möglich noch bey währenden Land-Tag abzuhelffen, worauf sich denn die Landes-Fürsten schrifftlich erklären, auf was maaße solchen abgeholffen werden soll.

§. 41. Die Stände richten bißweilen selbst untereinander zur Verwahrung ihrer Jurium, sonderlich in Religions-Sachen besondere Conventiones auf, und verbinden sich zur Eintracht so viel als nur möglich seyn will. In den Schrifften, so sie Serenissimo übergeben, führen sie ihren Stylum so gelinde als sie nur immer können, und adouciren alle Expressionen, damit sie auf keinerley Weise, zumahl bey unangenehmen Materien, und den Puncten die sie zu depreciren suchen, der Devotion, die sie dem Landes-Fürsten schuldig sind, zu nahe treten.

§. 42. Nach der Proposition schreitet man zum Examine, ob diejenigen Personen, die gegenwärtig als Land-Tags-Comparenten sich einfinden, sattsam dazu qualificirt seyn, es ist billig, daß da ein Landes-Herr mit seinen Unterthanen von wichtigen Sachen handelt, erwiesen werde, daß diejenigen, mit welchen er handelt, dazu qualificirt seyn.

§. 43. Hierauf wenden sich die Land-Stände zu ihren Deliberationen, und erstatten über die Landes-Fürstlichen Ansinnen theils ihre unmaßgeblichen Gutachten, theils ihre treu meynenden Consilia, theils ihre allerunterthänigsten Bewilligungen, und unvorgreiflichen Vorschläge. Sie fassen mancherley Schrifften ab, als Præliminar-Schrifften, die ersten Bewilligungs-Schrifften u. s. w. und lassen solche durch ihre Deputirten insinuiren. In den Præliminar-Schrifften dancken die Stände vor das Ausschreiben des Land-Tages, und das Serenissimus solchen zu eröffnen, gnädigst geruhen wollen, und fügen denselben nach Gelegenheit und Beschaffenheit der Umstände mancherley Gratulationen oder Condolenzen bey.

§. 44. Die unterschiedenen Stände halten ihre Consultationes, und communiciren mit einander an ihren unterschiedenen Orten, da sie sich aufhalten. Wenn nun auf allen Seiten alles wohl mit einander conferirt worden, so entschlüssen sie sich nach genugsamer Uberlegung, einer gewissen Meynung, wo bey der Sachen Nothdurfft nach zu beruhen, ingleichen was auf die eingerichteten Propositionen zu antworten seyn möchte. Haben sie sich nun vereiniget, so wird dasjenige Bedencken, so sie sich unter einander schrifftlich eröffnet, und was sie sich Raths und That halber erkläret und erbothen, zu Papier gebracht, rein umgeschrieben, und dem Landes-Fürsten vorgetragen.

§. 45. Der Landes-Fürst nimmt in Beyseyn seiner Räthe die Schrifft von den

Depu-

Deputirten an, er läſt ſie von ſich, und begehrt, daß ſie, biß Reſolution erfolgen möchte, eine Zeitlang in Gedult ſtehen, examinirt deren Inhalt, und ſtellt denn in fernere Berathſchlagung, ob man mit ihren Erbiethen könne zu frieden ſeyn, und da befunden wird, daß ſolche zu geringe, und das geſetzte Ziel dadurch nicht erreichet werde, ſo thut er eine höhere Anforderung.

§. 46. Die Abgefertigten werden wieder vorgefordert, es wird ihnen die förmlich abgefaßte Antwort zugeſtellt, auch die Urſachen angeführt, warum Sereniſſimus mit ihren Erbiethen nicht zu frieden ſeyn könte, erinnert ſie mit ihrer Verwilligung nicht zu ſäumen, keine unnöthige Weitläufftigkeiten zu verurſachen, und die Berathſchlagungen zu beſchläunigen.

§. 47. Bey einigen Schrifften, ſo die Land-Stände übergeben, wird bißweilen unter den Ständen und Landes-Herrn geſtritten, wie ſolche Reſolution und Meynung der Land-Stände anzuſehen, ob ſie nemlich bloß als ein Rath, Gutachten oder Bedencken, oder aber als eine, den Landes-Herrn ſchlechterdings verbindende Deciſion oder Geſetze, und kurtz, ob es als ein Votum Deliberativum oder Deciſivum zu achten. Die Leges Fundamentales und die Verfaſſung eines ieden Landes giebt hierbey die beſte Auslegung.

§. 48. Haben nun der Landes-Herr und die Stände genug Schrifften und Gegen-Schrifften
gegen

gegen einander ausgewechselt, so erfolget endlich der völlige Land-Tags-Schluß. Serenissimus lassen den gewöhnlichen Land-Tags-Abschied abfassen, und solchen den Herkommen gemäß in einer solennen Rede nebst Aushändigung der gewöhnlichen Reversalien publiciren, nach dessen Erfolg sie die getreue Landschafft in Gnaden dimittiren, sie ihrer fernern Gnade und Hulde versichern, auch alles Gute anwünschen. Die Land-Stände halten wieder eine solenne Gegen-Rede, dancken vor die gnädigste Dimission, und empfehle sich der beharrlichen Hochfürstlichen Gnade und Propension.

§. 49. So ist es auch gewöhnlich, daß die Directores der Landschaffts-Collegiorum nach geendigten Land-Tage, von der Ritterschafft in einer Rede Abschied nehmen, sie rühmen ihre Sorgfalt und Mühe, daß sie iedesmahl ihre vernünfftigen Gedancken mit seinen wenigen Directorio geneigt und willig beytragen wollen, sie bitten, ihre Fehler bestens zu entschuldigen, und solche mehr ihrer Unerfahrenheit und der vorgelauffenen Sachen Wichtigkeit als einigen Vorsatz beymessen wollen, und versichern sie ihrer beständigen Freundschafft und Ergebenheit. Dieses Compliment wird hinwiederum aus einen von ihren Mittel auf das obligeanteste beantwortet.

Yy 2

Das

Das IX. Capitul.
Von den Ritter=Orden.

§. 1.

Die Endzwecke, warum die Ritter=Orden etablirt worden, und die Gelegenheiten, so dieselben veranlaßt, sind viel und mancherley. Bißweilen ist die Begierde, die Ehre GOttes hiedurch zu befördern, der wahre Bewegungs=Grund gewesen; Bißweilen hat auch ein bloßer Aberglaube nicht wenig Antheil daran genommen. Viele von den Römisch=Catholischen, die als Stiffter mancher Ritter=Orden anzusehen, haben entweder ihre Liebe und Ehrerbietung gegen eine von den drey Personen der einigen GOttheit, oder gegen die Mutter GOttes, oder gegen einen besondern Heiligen, den sie sich zum Schutz-Patron ausgelesen, hiedurch an den Tag legen wollen. Wenn mancher an dem Tage eines gewissen Heiligen eine glückliche Begebenheit oder fast nur einen Traum von ihm gehabt, so hat er schon denselben zu Ehren einen Orden aufgerichtet. Zu Zeiten haben wohl gar lächerliche und wunder seltzame Historien manchen Ritter=Orden den Ursprung ertheilt. Meistentheils aber sollen die Ritter, durch die Orden, mit welchen sie große Herren begnadigen, zur Tapfferkeit und andern Tugen=

Tugenden angereitzt, oder ihre Tugenden mit diesen Ordens-Zeichen belehnet werden.

§. 2. Die Statuta sind bey den meisten Orden überaus löblich, es wird nichts als von lauter Tugenden und Verdiensten darinnen geschwatzt, die Praxis kommt aber nicht allezeit mit der Intention der Stiffter überein. Wen grosse Herren in Ansehen der Gnade und Zuneigung, die sie gegen ihn tragen, vor würdig erklähren, der bekömmt den Ritter-Orden, seine Tugenden mögen auch bestehen, worinnen sie wollen. Der Autor des II. Theiles der Europäischen Famæ sagt p. 137: Wir leben in einer solchen Zeit, da sich alle hohe und niedere Stände vermehren. Also darff man sich nicht wundern, wenn sich eben dergleichen Fruchtbarkeit bey den Ritter-Orden spühren läst, es kan ein Fürst niemahls diejenigen, deren Verdienste er belehnen will, mit geringern Unkosten begnadigen, als wenn er sie mit einem Ordens-Zeichen erfreut.

§. 3. Die Ritter-Orden sind gar sehr von einander unterschieden, einige Ritter genüssen über die Ehre und die Prærogativ, mit welcher sie von andern distinguirt werden, auch noch ihre reichliche und gute Unterhaltung, andere aber müssen sich mit der blossen Ehre abspeisen lassen. Bey manchen ist eine gewisse eingeschränckte Anzahl der Ritter, bey andern aber nicht. Bey vielen wird der Unterschied in Religionen in Betrachtung gezogen, bey andern aber werden alle Religions-

Verwandten, die sich zu einer von den drey Christlichen Religionen bekennen, vor würdige Mitglieder dieser Orden angesehen. Viele sind mit dem cœlibat verbunden, und bey andern Orden hingegen können sich die Ritter in den Ehestand begeben. Manche sind vor Cavaliers, und andere vor Dames bestimmt.

§. 4. Je älter nun der Orden, je grösser der Herr, der solchen conferirt, desto mehr Ehre ist auch dabey. Einiger Orden schämen sich die grösten Könige nicht, und viele hohe Puissancen pflegen ihre neugebohrne Printzen in gewisse Orden einzukleiden, oder ihnen die besondern Ordens-Zeichen umzuhängen.

§. 5. Die Orden werden meistentheils denen conferirt, die von rechten alten adelichen Geblüthe, und mit ihren Ahnen väterlicher und mütterlicher Seiten auf eine gewisse Anzahl, die im Statuten ausgedruckt wird, steigen können. Als der König in Franckreich Ludwig der XIV. alle Marschälle zu Rittern des Heiligen Geistes machen wolte, so bedanckte sich der alte Catinat vor diese Gnade, und gab aufrichtig vor, daß er mit Bestand der Wahrheit den Adel seiner Vorfahren, den doch die Statuta dieses Ordens erforderten, nicht gehörig beweisen könte, begehrte aber auch nicht mit falschen Anziehungen zu prahlen, und den Leuten einen blauen Dunst vor die Augen zu machen. S Theatr. Europ. T. XVII. des 1705 Jahres p. 258. Dieses war wohl ein rechter Trieb eines adelichen Gemüthes.

§. 6.

§. 6. Zu dem Orden des Saint Louis, welchen der König in Franckreich Ludwig XIV. anno 1693 gestifftet, zur Aufmunterung der Milice, hat auch einer, der kein Edelmann gewesen, gelangen können, dafern er nur dem König zehen Jahr lang Krieges-Dienste geleistet. Nachdem dieser Orden in Franckreich so gar gemein worden, und der König in Franckreich anno 1700 auf einmahl 250 neue Ritter von diesem Kriegs-Orden creirte, so konte bey dieser grossen Anzahl nicht vermieden werden, daß man nicht damahls hätte sagen sollen, was man vor diesem von dem überhäufften Orden Sanct Michael raisoniret, daß nemlich das Ordens-Zeichen ein Zeichen oder Halsband aller Thiere wäre. S. Theatr. Europ. Tom. XV. des 1700 Jahres p. 824.

§. 7. Unter andern Requisitis ziehet man auch die eheliche Geburth derer, die man in den Orden aufnehmen will, in Consideration, und wird nicht leichtlich einer angenommen, der von einer Maitresse gezeuget. Doch ist dieses nur von denen von Adel zu verstehen; denn daß auch die natürlichen Kinder grosser Herren in den Ritter-Orden aufgenommen werden, ist mehr als zu bekandt. Bißweilen wird doch auch wohl hierinnen, wie bey der Anzahl der Ahnen, dispensirt, und geschehen in diesem Stück wie in andern Casus pro amico.

§. 8. Wie alle Sachen der Veränderung unterworffen, so gehet es auch mit den Orden. Einige, die in vorigen Zeiten sehr berühmt gewesen, und in welchen viel Chur-Fürstliche, Fürstliche und Gräfliche Personen gepranget, sind eingegangen, wie aus den Geschichten der Orden zu ersehen; und hingegen andere, die lange Zeit in Verfall und in Vergessenheit gerathen, sind in den neuern Zeiten wieder zum Ansehen gediehen, und mit neuen lustre und Statutis vermehret worden, wie mit unterschiedenen Exempeln könte erweißlich gemacht werden. Also restaurirte der König in Dennemarck Christianus V. bey der Geburth seines Printzens Friedrichs, den anno 1219 vom König Woldemaro II. gestiffteten Orden, der aber nachgehends gar sehr ins Abnehmen gerathen war.

§. 9. Nicht weniger werden bey einigen Ritter-Orden einige neue Ceremonien regulirt, die vor diesem nicht gebräuchlich gewesen. Als vor einigen Jahren der ietzige König in Franckreich Ludwig der XV. verschiedene Ritter des Heiligen Geistes am Pfingst-Tage creirte, so kamen bey dieser Installirung verschiedene Dinge vor, davon man vor diesem nichts gehört. Sonst konte der Ceremonie beywohnen wer da wolte, dieses mahl aber ward niemand admittirt, wer nicht ein Billet von dem Capitain der Garde dem Duc de Bethune hatte. Die fremden Ambassadeurs und Envoyes sind gleichfalls nicht hiebey erschienen, und zwar jene deswegen nicht, weil der König ihnen zuvor andeuten lassen, daß er dieselben nicht salutiren würde, diese aber, weil der Introducteur des Ambassadeurs prætendirt gehabt, gleich nach den Ambassadeurs,

sadeurs, und mithin denen Envoyés vorzusitzer. S. Einleitung zur neuesten Historie der Welt, II. Theil p. 145.

§. 10. Jede Orden sind mit besondern Sratutis versehen, die alles determiniren, was zum Interesse und Aufnehmen des Ordens gereicht, wie es bey der Reception der Mitglieder zu halten, und insonderheit vorschreiben, wie sie sich so wohl gegen ihr Oberhaupt, als auch gegen sich selbst unter einander der Liebe und Eintracht befleißigen sollen. Sie haben ihre besondern Ordens-Cassen, darüber alle Jahre Rechnungen gehalten, und solche den Ordens-Gliedern communiciret werden, ingleichen ihr eigen Archiv, ihren Syndicum, oder doch Ordens-Secretarium, der alle zum Orden gehörige Geschlechts-Register, Acta und briefliche Urkunden in Verwahrung behält.

§. 11. Die mancherley Ordens-Kleinodien sind nicht allein, wie bekandt, gar sehr von einander unterschieden, sondern auch die Couleuren der Bänder, an denen sie paradiren. Es müssen dieselben bey Solennitäten, an fremden Höfen, bey Ambassaden, an Capituls-Tagen, und überhaupt wo man in Galla erscheinen soll, getragen werden. Bey einigen Orden, als wie bey dem Orden vom güldenen Vließ sind gewisse Tage im Jahre ausgedruckt, da sie das Ordens-Kleinod nothwendig tragen müssen. Wo das Gedächtniß-Fest eines Ordens begangen wird, müssen sich die sämmtlichen Ordens-Glieder in ihrem völligen Ornat einfinden. Also speisen bey Celebration des weissen Adler-Ordens-Festin die sämmlichen Ritter, nach der gewöhnlichen Ordens-Ceremonie, in egaler roth-mit Silber gestickten propren Kleidung zusammen öffentlich, und nach aufgehobener Tafel wird das so gewöhnliche Ritterschiessen gehalten.

§. 12. So wird auch manch Ordens-Fest, das etwan von einem gewissen Heiligen den Ursprung hat, wenn dessen Tag einfällt, mit noch andern Solennitäten begangen. Die sämmtlichen Ritter gehen mit ihrem Oberhaupt in ihrer Ordens-Tracht und mit ihren Ordens-Insignien in die Kirche, warten den solennen Gottesdienst ab, hören die besonders darauf eingerichtete Predigt und Music mit an, und begeben sich alsdenn aus der Kirche zur Tafel.

§. 13. Es ist einem ieden grossen Herrn, der mit Landesherrlicher Hoheit versehen, erlaubet, Orden zu stifften, dafern sie nur nicht aus Æmulation und zum Præjudiz der andern geschehen, die bereits solennisirt sind. Die Römisch-Catholischen Fürsten bedürffen zwar hierbey nicht die Einwilligung des Pabstes, sie glauben aber, daß ihnen und denen von ihnen etablirten Orden grössere Ehre zuwächst, wenn sie durch Päbstliche Bullen confirmirt werden. Die Teutschen Fürsten haben zwar bey Aufrichtung ihrer Ritter-Orden nicht eben nöthig des Kaysers Consens zu requiriren; iedoch wächst manchen Orden mehr lustre zu, wenn sie von Römisch-Kayserlicher Majestät solennisirt und bestä-

Von den Ritter-Orden.

bestätiget werden. Anno 1702 stifftete der Ertz-Bischoff zu Saltzburg mit allergnädigster Bewilligung Sr. Kayserlichen Majestät einen neuen Ritter-Orden, der den Nahmen Ruperti, als des ersten Bischoffs der Stadt Saltzburg, führet.

§. 14. Nachdem es sonst nicht leichtlich zu geschehen pflegt, daß ein Frauenzimmer mit den Orden, die vor Manns-Personen destiniret, beehret wird, so war es allerdings vor etwas besonders anzusehn, daß anno 1723 am 22 April die Princessin von Rocella zu Neapolis zum Ritter von Malta gemacht wurde. Der Commandeur Sabiosi überreichte derselben die Bulle von seinem Ordens-Meister zur Freyheit, das Zeichen und den Habit dieses Ordens tragen zu können, und hefftete ihr das mit Diamanten reich besetzte Creutz mit eigener Hand auf die Brust. S. das XXVII. Stück der Einleit. zum neuesten Geschichten der Welt.

§. 15. Bey einigen Orden braucht es keiner grossen Ceremonien, wenn die Ordens-Glieder damit beehret werden. Der Fürst oder Fürstin schicken demjenigen, den sie damit begnadigen wollen, den Orden zu, oder hängen ihn wohl selbst an, und die andern statten hernach ihr unterthänigstes Dancksagungs-Compliment hievor ab. Bey andern aber gehen grosse Weitläufftigkeiten vor, und besondere Solennien, bevor einer in den Orden recipirt wird. Es wird ein eigener Capituls-Tag dieserwegen ausgeschrieben, bey dem das Oberhaupt des Ordens nebst den sämmtlichen Mitgliedern sich
ein-

einstellen müssen, sie verfügen sich alle zusammen in einer ordentlichen Procession mit dem neuen Candidaten in die Kirche, bey der gewisse Herolde oder Marschälle alles reguliren müssen, es werden die Gesänge, Komm Heiliger Geist HErre GOtt, und Nun bitten wir den Heiligen Geist, dabey angestimmt, und das Te Deum laudamus unter Trompeten-und Paucken-Schall, auch wohl unter dem Abfeuern der Canonen abgesungen, eine Predigt gehalten, und gewisse Gebethe und Collecten, die auf diese Handlungen besonders eingerichtet, dabey abgelesen. Nach geendigtem Gottesdienst gehet die Procession wieder aus der Kirche, und die Investitur des neuen Ritters wird den Observantzen gemäß vorgenommen.

§. 16. Die Anreden und Admonitionen, so von dem Oberhaupt des Ordens geschehen, werden nach dem Unterschied der Personen bißweilen verändert; anders werden sie eingerichtet bey einem anwesenden Fürsten, anders vor einen Fürstlichen Gesandten, der solchen vor seinen Principal bekommt, und wieder anders bey einem Grafen, Minister oder Cavalier, der vor seine eigene Person mit dem Orden honorirt wird.

§. 17. Die meisten müssen bey der Investitur eydlich angeloben, daß sie die Ehre und den Nutzen dieses Ordens nach aller Möglichkeit befördern, den Schaden hingegen warnen und abwenden wollen, und insonderheit allen demjenigen, was die Statuta dieses Ordens mit sich bringen, getreulich nach-
kom-

kommen. Von diesem Eyde, den die übrigen alle abschweren müssen, sind die Ritter des Ordens von Sanct Hubert frey, diese versprechen und geloben nur an bey Fürstlicher Ehre, Treue und Paroie, daß sie die Statuta des Ordens bestmöglichst observiren wollen.

§. 18. Einige Ritter genüssen an dem Tage ihrer Investitur vor andern besondere Privilegien. Also haben die Ritter des Königlich-Preußischen Adlers an dem Tage ihrer Investitur die Honeur, daß die Garde das Gewehr vor sie præsentirt, und das Spiel würcklich rührt. S. Beckmanns Anhältischer Geschichte V. Theil p. 295. Bey den Maltheser-Rittern ist es etwas besonders, daß sie an dem Tage, da sie in den Orden aufgenommen werden, eine Pœnitenz-Mahlzeit speisen müssen. Als der Ritter von Orleans, welcher anno 1719 den 21 September in den Maltheser-Ritter-Orden eingekleidet worden, aus des Großmeisters Palais weggieng, begab er sich nach dem Hause, allwo die Französische Nation pflegt zusammen zu kommen, und verrichtete dasjenige, so man den Gehorsam nennt, nemlich er aß Saltz und Brod, und tranck Wasser, weil dieser Orden demjenigen, so sich darein begiebt, nichts mehr verspricht, als dieses. Diese mäßige Mahlzeit wird ihm durch den Obristen und von den vornemsten Rittern, so ihm begleitet, vorgesetzt, und nachgehends mit eben dem Gefolge in sein Quartier begleitet. Das beste aber war dieses, daß er nachgehends von dem

dem Lieutenant, und von dem gantzen Orden auf das magnifiqueste tractiret worden. Bey welcher Mahlzeit sich die Canonen tapfer hören liessen. S. die Beschreibung dieser Ceremonien in dem XIIX. Tomo der Electorum Juris Publici, pag. 791.

§. 19. Wenn grosse Herren die Ritter besonders begnadigen wollen, so hängen sie ihnen das Ordens-Zeichen selbst um. Also legten Ihro Königliche Majestät in Preußen anno 1703 den XVII. Januarii, Fürst Leopold, von Anhalt-Dessau, in öffentlichen Ordens-Capitul das Ordens-Band selbst an. S. Bücher-Cabinets VI. Eingang p. 151. Ordentlicher weise stehet den Rittern nicht frey, daß sie einen erwehlen können, von wem sie das Ordens-Zeichen annehmen wollen, sondern sie müssen sichs gefallen lassen, wie es die Observanz mit sich bringt. Es war also etwas besonders, daß sich der Land-Graf in Thüringen Friedrich, der sich anno 1338 in dem Feld-Zug wider den König in Franckreich Philippum den Schönen tapffer signalisirte wider den König in Engelland Eduardum, da er ihm des Englischen Ritter-Ordens würdigte, erklähren durffte. Er würde diese Würde von keinem andern annehmen, als von einen, der nie vor seinem Feind gewichen wäre. Da ihm nun der König erlaubte, solchen zu benennen, so erwehlte er einen von Wangenheim, welcher damahls Statthalter von Thüringen genennt wurde, der ihn mit dem Schwerdt-
schla-

Von den Ritter-Orden.

schlagen, und so dann die Spohren anlegen muste. S. Rudolph Goth. Diplomat. I. Theil. p. 32.

§. 20. Bey den Antritt der Regierungen pflegen grosse Herren bißweilen neue Ritter-Orden zu stifften. Also fundirten Ihro Königliche Majestät in Preußen anno 1701 am Tage der Crönung den Orden des Königlichen Preußischen Adlers, das Capitul aber und die Investitur ward nicht eher als an. 1703 eingerichtet. S. Beckmanns Anhaltischer Geschichte V. Theil p. 290.

§. 21. Auf die etablirten neuen Orden, oder auch auf die jährliche Celebration der bereits etablirten, werden besondere Müntzen geschlagen. Also wurde auf die sacra anniversaria equitum aurei velleris eine denckwürdige Medaille geprägt, die man bey den Inscriptionibus des Gustavi Heræi p. 31. nachlesen kan.

§. 22. Wenn ein Königlicher Abgesandter einen König oder andern grossen Herrn, einen Orden überbringt, so geschicht solches mit gantz besondern Solennitäten. Es werden auf dem Saale, auf welchen die Ordens-Ceremonien vorgenommen werden sollen, zwey kostbahre Throne aufgerichtet, der gantze Hof muß in lustre und Gala dabey erscheinen. Die Abgesandten, so den Orden überbringen, werden mit den grösten Ehren-Bezeugungen angenommen, sie legen im Nahmen ihres Königs eine solenne Rede ab, worauf ein obligeantes Danckfagungs-Compliment wieder erfolgt. Sie stellen den Fürsten, dem sie den Orden

den überbringen, des Ordens=Siegel und Statuten=Buch zu, kleiden ihn nebst ihren bey sich habenden Herolden in den Orden ein, und verbinden ihn durch seine Unterschrifft zu dem Eyde, um die Statuta dieses Ordens zu observiren, dispensiren ihm aber auch zugleich von einigen Kleinigkeiten. Nach geschehener Investitur werden die Stücken gelöset, und die Trompeten und Paucken erschallen allenthalben. Es werden Gedächtniß=Müntzen geprägt, des Abends Illuminationes und Freuden=Feuer angezündet, auch die Gesandten mit den grösten Honeur tractirt. Bey ihrer Abreise erhalten sie kostbare Geschencke vor sich, und vor ihre Principalen obligeante Dancksagungs=Schreiben, die sie mit sich zurücke nehmen.

§. 23. Als Jhro Königliche Hoheit der Sächsische Chur=Printz vom Kayserlichen Hofe mit dem Orden des güldenen Vließes beehret ward, so zogen die sämmtlichen Garden in ihren neuen propresten Montur=Kleidern auf. Die höchsten Hof-Civil- und Militair-Bedienten, desgleichen auch der in Dreßden versammlete Land=Adel erschiene in Gala-Kleidern auf dem Schlosse. Es gieng ein solenner Zug aus dem Königlichen Wochen=Zimmer in das gewöhnliche Audienz-Gemach, allwo sich des Königlichen Printzens Hoheit nebst Dero Suite vorher eingefunden. Der Kayserliche Land=Marschall nebst den Ordens=Cantzler trugen das sehr pretieuse Toirum oder Ordens=Zeichen mit der Ketten auf einem rothen mit Gold durchwürckten

ten und mit dergleichen Frangen und Crepinen ge¬
zierten Polster öffentlich. Sie legten nebst Ihro
Majestät dem König, dem Chur-Printzen die ge¬
wöhnlichen roth sammetenen mit Gold reich gestick¬
ten prächtigen Ceremonien-Kleider an, satzten
ihm die dazu gehörige Parade auf, und hiengen ihm
das Ordens-Kleinod en Ceremonie um. Bey
diesen Actu liessen sich unterschiedene Chöre von
Trompeten und Paucken hören, die Stücken wur¬
den gelöset, und von Regimentern eine dreyfache
Salve gegeben. Die abgeschickten Kayserlichen
Ministri wurden auf das prächtigste tractirt, und
mit den herrlichsten Geschencken regalirt.

§. 24. Der heilige Andreas ist der Schutz-
Patron dieses Ordens, und wenn das Andreas-
Fest celebrirt wird am Kayserlichen oder Spani¬
schen Hofe, so gehen die sämmtlichen Kayserlichen
oder Königlichen Spanischen Cavaliers und Mi¬
nistri, so dann die Ordens-Ritter in ihrer Ordens-
Tracht und grossen Ordens-Kette in einer solen¬
nen Procession in die Kirche, auf dem Altar wird
das Bild oder eine Reliquie von diesem Heiligen
gelegt, eine Predigt und ein solenner GOttes¬
dienst unter Trompeten- und Paucken-Schall
gehalten, und aus der Kirche begeben sie sich zum
prächtig angestellten Festin.

§. 25. Bey dem Absterben eines Ordens-Mei¬
sters wird General-Capituls-Tag zur neuen Wahl
veranlaßt, und die Herren Commendatores müs¬
sen darauf theils in Person, theils durch genugsam

Gevollmächtigte erscheinen, es werden von demjenigen der berechtiget ist, einen zum Heer-Meister zu præsentiren gewisse Gevollmächtigte Commissarien zu diesen Capituls-Tag abgefertiget, um bey den bevorstehenden actibus electionis & installationis dasjenige zu verrichten und zu beobachten, was die Statuta, Verträge, und das alte Herkommen mit sich bringen; es wird der gewöhnliche Eyd zu der bevorstehenden Wahl von den Herren Commendatoren so wohl vor sich, als vor diejenigen, die nicht zur Stelle sind abgenommen, wann dieselben vorher die nach der gewöhnlichen Form abgefaste Eydes-Notul abgelesen.

§. 26. Wenn einer von den Ordens-Rittern mit Tode abgehet, so müssen mehrentheils die Erben nach der Vorschrifft unterschiedener Ordens-Statuten das ertheilte Ritterliche Insigne, oder Kleinod wiederum zu des Collatoris Händen zurück liefern, und werden solche bißweilen mit solennen Reden zurück gegeben. Wird ein Minister eines Printzens dessen Herr Vater mit dem Orden beehret worden, und der ebenmäßig von demselben Hofe den Orden erhalten, abgeschickt, das Ordens-Kleinod wieder zurück zubringen, so führt er in seiner Rede an, wie ihm Serenissimus committirt, das hohe Ritter-Ordens-Zeichen des Elephantens, mit welchen Dero seeliger Herr Vater von Ewr. Königlichen Majestät auch nunmehro Hochseeligen Herrn Vater beehret worden, mit geziemenden Respect zurück zu bringen, und dabey zu er-
weh-

wehnen, daß da ihm ſelbſt das Glück gegönnet, ſich mit eben dieſen Orden, welcher wegen ſeiner Conſideration, Luſtre und Præminenz mit allen andern in Europa um den Vorzug ſtreitet, diſtinguirt zu ſehen, auch dieſes eintzige capabel ſeyn könte, ſie täglich Dero Schuldigkeit zu erinnern, und zu encouragiren, damit ſie ſich Ewr. Königlichen Majeſtät Freundſchafft und Wohlwollen ie mehr und mehr würdig machen möchten.

§. 27. Da ſich einer durch mancherley lachete und criminelles Bezeugen der Honeur dem Orden weiterhin zu bekleiden, unwürdig macht, ſo erfolgt eine öffentliche Degradation. In den neueſten Geſchichten haben wir hierinnen ein beſonder Exempel an den Kayſerlichen General-Feld-Marſchall Lieutenant George Eberhard von Heydersdorff, welcher die ihm anvertraute Stadt Heydelberg auf eine ſchändliche Weiſe an die Frantzoſen übergab. Es ward ihm das Ordens-Zeichen und Creutze vom Halſe geſchmiſſen, und zweymahl in das Geſicht geſchlagen, und endlich von einen jungen Ritter des Teutſchen Ordens-Hauſes aus demſelben hinausgeführt, ihm auch zum Zeichen der völligen Hinausſtoſſung im Herausgehen einen Fuß-Stoß in den Rücken gegeben.

§. 28. Wird ein Ritter des blauen Hoſenbandes in Engelland der Ketzerey, des Hochverraths, der Zaghafftigkeit im Felde wider ſeinen Feind u. ſ. w. überführt, ſo wird er bey der nächſten Verſammlung der Ritter ſolenniter degradirt Die Urſa-

Ursachen seiner Degradation werden ihm publicirt, und die öffentlichen Acta der Degradation abgelesen. Wenn man auf die Worte kommt, daß der gegenwärtige Ritter hinführo von diesen Edlen Geschlecht ausgeschlossen, und aller mit diesen Orden verknüpfften Ehre entblöset seyn soll, so reissen die hierzu beorderte Herolden den Helm, ingleichen den Degen und die Fahne herunter, und werffen alles mit Gewalt zu Boden, hierauf treten die Wapen-Bedienten herzu, und stossen die herunter gerissene Wapen anfänglich vom Chore, nachgehends aus der westlich liegenden Kirchthüre, nach der Brücke, und von selbiger in den Graben mit Füssen fort. S. Guy Micéye im Staat von Groß-Britannien und Irrland. P.I.C. XV. p. 411. und 412. allwo zugleich zu befinden, wie der Hertzog von Buckingham, als er wider seinen geleisteten Eyd, Pflicht und Treue den König verrätherischer Weise aus dem Wege zu räumen entschlossen gewesen, aus der Gesellschafft verstossen worden.

Das X. Capitul.
Von der Ehre und Devotion, so die Unterthanen gegen ihre Landes-Herrschafft abstatten.

§. I.

Die Liebe und Devotion, so gehorsame und treugesinnte Unterthanen ihren Landes-Fürsten, der sie mit Sanfftmuth und Weißheit beherrscht, aus einem wahren Triebe,

Triebe, der gegen ihm tragenden Hochachtung abstatten, ist von einer blinden Liebe und unvernünfftigen Sclaverey, wie sie etwan bey einigen Völckern ausserhalb Europa angetroffen wird, wohl zu unterscheiden.

§. 2. Solche Unterthanen legen ihrem Landes-Herrn alle nur ersinnliche Ehren-Benennungen und Titul bey, dadurch sie ihn erheben und ihre Liebe ausdrücken wollen, und dieses nicht aus einer eigennützigen Absicht, wie einige schmeichlerische Hof Leute und Schmarotzer zu thun pflegen, sondern aus dem innersten der Seelen freywillig und einmüthig. Sie nennen ihn den Vater des Vaterlandes, den Gütigen, den Frommen, u. s. w. und sagen dadurch alles was nur kan gesagt werden. Es ist auch in der That eine weit rühmlichere Titulatur vor grosse Herren, wenn alle Unterthanen ihren Landes-Fürsten nach der Wahrheit ihren lieben Landes-Vater nennen, als wenn der Zwang, die Furcht, die Schmeicheley und der Eigennutz noch so prächtige Titul einführen. Die Benennungen, die sich grosse Herren durch ihre Verdienste und durch ihre liebreiche Regierung zu wege gebracht, sind von einem weit grössern Umfang als die solennen Beynahmen, die aus dem Ceremoniel ihren Ursprung herleiten. Die auswärtigen Unterthanen haben vor einen solchen Regenten so viel Liebe als die einheimischen, und die Nachkommen legen ihn eben so wohl diesen Liebes-Titul bey, als die in der gegenwärtigen Zeit leben, da hingegen viel Länder, manchen Regenten, dem seine schmeichlerischen Unterthanen den Nahmen des Großen beygelegt, vor nichts als vor einen grossen Tyrannen und berühmten Räuber ansehen.

§. 3. Wo die Liebe bey der Regierung der grossen Herren nicht das Steuer-Ruder führet, da kommen alle Handlungen der Unterthanen die sie bey gewissen öffentlichen Landes-Solennitäten par Ceremonie vornehmen, und dadurch sie ihre Devotion erzeigen sollen und wollen, sehr gezwungen und kaltsinnig heraus. Hier muß alles anbefohlen werden auf was vor Art sie die Herrschafft beehren und ihre Liebe an Tag legen sollen, weil sonst vieles nachbleiben würde. Es geschicht auch wohl, daß sie auf die wiederhohlten Ordren und Befehle ihre Vorstellungen thun, wie es unmöglich sey, dieses oder jenes zu thun, und bitten daß sie mit diesem oder jenem Ansinnen möchten verschonet werden. Es ist lächerlich, wenn man in den Geschichten bißweilen lieset, daß den Unterthanen anbefohlen worden, wie sie bey dieser oder jener Gelegenheit das Vivat mit heller Stimme ausruffen, oder ein freywillig Præsent ihrer Herrschafft überbringen sollen, und sie sich doch noch wohl bey beyden Fällen schwürig erzeiget.

§. 4. Devote Unterthanen thun aus einem eigenen und freywilligen Triebe mehr, als von ihnen könte gefordert werden. Kommen ihre Landes-Fürsten in ihre Städte, so übergeben deren Einwohner nicht allein, dem Ceremoniel nach, die Schlüssel

Schlüssel zu ihren Thoren, sondern auch zugleich mit ihre Hertzen, und die Schlüssel zu allen ihren Schätzen, wenn es ihre Herrschafften verlangten. Die Städte streiten gleichsam um den Vorzug in dem Eifer und in der Begierde ihre Herrschafft zu beehren. Ist es etwan in den vorigen Zeiten gebräuchlich gewesen, daß die Landes-Regenten sich an diesen oder jenem Ort bißweilen eine Zeitlang aufgehalten, so ersuchen dieselben Städte die Herrschafften auf das flehentlichste, daß sie doch geruhen möchten, sie eine Zeitlang mit dero allerhöchsten Gegenwart zu erfreuen, und ihr Hof-Lager bey ihnen aufzuschlagen, sie sind willig und bereit, alle darzu erforderliche Unkosten her zu geben, und ihnen beqveme und zierliche Residentz-Häuser zu erbauen.

§. 5. Sie ergreiffen alle Gelegenheiten, bey denen sie ihre Freuden-volle und devoteste Ergebenheit durch ihre unterthänigste Glücks-Wünsche abstatten können. Es felicitiren hierbey nicht allein die höchsten und vornehmsten unter den Ständen, oder etwan bloß die Hof-Leute, als welches ein Gewohnheits-Werck ist, sondern auch die gemeinsten Bürger und Bauern. Es lauffen von allen Städten und Flecken, ja so gar von allen Innungen und Communen so viel Glück-wündschungs-Adressen ein, daß ihrer wegen der grossen Menge fast nicht mehr angenommen werden können. Sie erfüllen bey denjenigen solennen Festen, die zu ihrer Landes-Herrschafften Ehre und Glück gereichen, alle nur ersinnliche Pflichten treu-gesinnter Unterthanen. Sie laſſen güldene und silberne Schaustücken prägen, und überbringen die ansehnlichsten Præsente, sie erbauen koſtbahre Ehren-Pforten, zünden Freuden-Feuer und Feuerwercke an, und alle Stände laſſen durch ihre Deputirten solenne Reden bey ihren Herrschafften ablegen. Die Univerſitäten ſtellen solenne Actus an, die Profeſſores und ſämmtlichen Academie-Verwandten begeben ſich in die Academiſchen Kirchen, laſſen daſelbſt prächtige Schau-Bühnen aufrichten, und unter einer vortrefflichen Muſic solenne Teutſche oder Lateiniſche Orationen durch einen von ihren gelehrten Männern, oder durch einen jungen ſtudirenden von Adel recitiren.

§. 6. Es iſt auch eine gewiſſe Art einer Devotion der Unterthanen, daß die Univerſitäten ſich die Erlaubniß ausbitten, die jungen Printzen ihrer Landes-Herrſchafft, zumahl wenn ſie ſich zu eben der Religion bekennen, zu ihren Rectoribus Magnificentiſſimis zu erwehlen, und denſelben das Rectorat aufzutragen. Nicht weniger ſuchen ſie bißweilen in tiefſter Demuth an, daß eine oder die andere von den anſehnlichſten Land-Chargen einem Printzen des Hoch-Fürſtlichen Hauſes conferirt werden möchte. Alſo erſtatteten in den abgewichenen Jahren die löblichen Stände des Marggrafthums Ober-Lauſitz, ſo wohl bey Ihrer Königlichen Majeſtät und Chur-Fürſtlichen Durchlauchtigkeit der Königin in Pohlen und Chur-Fürſtin zu Sachſen,

als

als auch bey Ihrer Hoheit der Königlichen Frau Mutter, und des Chur-Printzens Durchlauchtigkeit ein allerunterthänigstes Dancksagungs-Compliment, daß sie die allergnädigste Vorsorge vor sie getragen, und durch dero hohe Königliche Intercession selbst allergnädigst veranlaßt, daß Ihro Königliche Majestät, die bey dem Marggrafthum Lausitz zeit-über vacant gewesene Land-Vogthey durch dero eigenen und eintzigen Königlichen Printzens Hoheit, zu des gantzen Landes ungemeinen Freude und Consolation, hinwiederum allergnädigst zu redintegriren sich in hohen Königlichen Gnaden resolviret.

§. 7. Wenn die Unterthanen erfahren, daß die Landes-Herrschafften sich allzu grosser Gefahr exponiren, oder etwas feindseliges und hinterlistiges wider sie machiniret wird, so warnen sie dieselben wo sie wissen und können, sie ersuchen sie durch schrifftliche unterthänigste Adressen und durch Deputirte, daß sie doch ihre Wachen und Garden verdoppeln, sich an diesen oder jenen Ort bey Tag oder bey Nacht nicht mehr alleine aufhalten, und alle Præcautiones gebrauchen sollen, damit ihnen nicht etwan einiges Unheyl oder übler Zufall widerfahren möchte.

§. 8. Sind die Landes-Regenten aus einer grossen Gefahr errettet worden, oder von einer gefährlichen Kranckheit, an der sie danieder gelegen, reconvalescirt, so veranlassen sie so bey ihrer Landesherrschafft aus eigner Bewegniß, daß dieserwegen in dem Lande solenne Lob-und Danck-Feste ausgeschrieben, in allen Predigten GOtt öffentlich gedancket, und das Te Deum laudamus mit frohlockenden Hertzen der Unterthanen unter Trompeten- und Paucken-Schall abgesungen werden möchte.

§. 9. Sie lassen zu Ehren ihrer Herrschafften kostbahre Statuen aufrichten, dieselben mit den sinnreichsten Inscriptionen auszieren, und auf das solenneste inauguriren. Bey der Inauguration werden solenne Reden abgeleget, es lassen sich Trompeten und Paucken oder andere musicalische Instrumenten dabey hören, es wird eine Salve aus Canonen und Mousqueten dabey gegeben, es erschallet ein in der gantzen Lufft erthönendes und aus dem Hertzen steigendes Vivat Rex! des Nachts darauf werden Freuden-Feuer angezündet, und Geld unter den Pöbel ausgeworffen.

§. 10. Bey den Land-Tags-Verwilligungen erzeiget sich ihre Liebe und Zuneigung gegen ihre Herrschafft so deutlich, als bey einer andern Gelegenheit. Sie sind willig und bereit, diejenigen Summen Geldes und Præstationen, so die Landes-Herren ihnen abfordern, zu versprechen und abzutragen, weil sie sattsam versichert sind, daß sie zu nichts anders angewendet werden, als zu demjenigen, was das Heyl und die Wohlfarth des Landes und der Unterthanen unumgänglich erfordern.

§. 11. Solten einige Fundamental-Gesetze des Reichs,

Reichs, oder die Verfassung des Landes, das Pouvoir der Landes-Herren in einen und dem andern Stück einschräncken und ihnen die Hände binden, so gehen sie bißweilen von diesen Grund-Gesetzen in etwas ab, aus besondern Vertrauen zu deren liebreichen und weisen Regierung, und ertheilen ihnen in manchen Puncten mehr Macht und Autorität, als ihre Vorfahren gehabt. Wenn sie spühren, daß sie ohne männliche Descendenten abgehen solten, so überlassen sie lediglich dero Gefallen die Regulirung des künfftigen Successions-Wesens, und submittiren sich in allen Stücken dero testamentarischen Verordnung, und solte auch, nach einem neuen und bey diesen Hoch-Fürstlichen Hause noch nie erhörten Casu, die Succession der Lande auf die Princeßinnen Töchter transferirt werden.

§. 12. Bey dem Absterben ihrer Regenten verbinden sie die äusserlichen Trauer-Zeichen mit der innerlichen Trauer des Hertzens, und bauen ihnen von aussen und in ihren Seelen Denck-und Ehren-Mahle auf. Ja man hat auch wohl eher gehöret, daß sie nach ihrem Tode ihr Andencken gefeyert. Also lebte Fürstin Mechtildis zu Anhalt Henrici II. Ascherslebischer Linie Gemahlin in solchen Ehren, daß man auch nach ihren Tode in dem Stifft Foose ihr Andencken jährlich begangen, besage einer gewissen Recognition des Capituls zu Foose von anno 1303. S. Becmanns Anhältischer Geschichte V. Theil II. Buch p. 75

Der

Der vierdte Theil.
Von denen Divertissemens der grossen Herren / so wohl überhaupt / als derselben mancherley Arten.

Das I. Capitul.
Von den Hoch-Fürstlichen Divertissemens überhaupt.

§. 1.

Je schwerer die Regiments-Last, die grossen Herren bey Beherrschung ihrer Länder auf dem Halse lieget, ie mehr Erqvickung und Ergötzlichkeit haben sie auch vonnöthen. Da auch alle Handlungen, der Regenten sowohl als der Privat-Personen, mit einander harmoniren müssen, so müssen auch ihre Divertissemens Fürstlich seyn und man kan nicht allezeit die mit einigen Unkosten vorgenommene Ergötzlichkeiten, die man bey ihren Unterthanen mit allem Recht zu mißbilligen hätte, einem grossen Herrn verdencken.

§. 2.

§. 2. Es ist kein Zweifel, daß einige von den Divertissemens, die an den Europäischen Höfen angestellet werden, unschuldiger, und den göttlichen und natürlichen Rechten nach zuläßiger, als die andern. Christliche und weise Regenten setzen auch bey ihren Ergötzlichkeiten die Pflichten nicht aus den Augen, die sie gegen GOtt und gegen ihre Unterthanen zu beobachten haben. Sie erwehlen solche, mit denen Lust und Nutzen zugleich vereiniget, dergleichen sind mancherley Arten, der Lust-Jagten, Fischereyen u. s. w. die ihnen und ihren Hof-Cavaliers zur Ergötzung, und zugleich dem Lande zur Erleichterung und Bequemlichkeit gereichen; sie retrenchiren dabey alle unnöthige Unkosten und überflüßigen Aufwand so viel als möglich, sie widmen eine gewisse jährliche Summe darzu, die ihren Einkünfften und Ausgaben proportionirt, damit nicht zu der Zeit, wenn der Hof nebst einigen Unterthanen tantzt und springt, der gröste Theil des Landes seufftzen und weinen möge, und lassen alles so einrichten, daß alle sündliche und thörichte Mißbräuche davon entfernet bleiben.

§. 3. Bißweilen sind besondere Umstände vorhanden, da grosse Herren mehr ihren Bedienten und Unterthanen zu Gefallen, als zu ihrem eigenen Plaisir, Divertissemens anstellen. Es stecken nicht selten mancherley politische Absichten darhinter. Sie wollen die Liebe der Höhern und des Pöbels erlangen, weil die Gemüther der Menschen bey dergleichen Lustbarkeiten, die den äusserlichen Sinnen schmei-

schmeicheln, am ehesten gelencket werden können, sie suchen sich etwan in der Gunst des Landes bey einer neuen Regierung zu befestigen, sie wollen die Unterthanen hiedurch zu neuen Anlagen, die sie von ihnen verlangen, desto eher disponiren, auch wohl die calamitösen Zeiten, die ein Land oder eine Residentz drücken, desto eher verbergen.

§. 4. Demnach thun sie alles, was zu diesen Zeiten dienlich. Sie ziehen die vornehmsten Reichs- und Land-Stände zu allen Arten der Lustbarkeiten; je mehr einer von ihnen in Ansehen bey dem Lande stehet, je grössere Ehre und Vergnügen wird einem ieden verschafft; sie invitiren sie an die Fürstlichen Tafeln, und zu den verschiedenen Divertissemens. Ist aber einen oder dem andern lieber, einen Zuschauer abzugeben, so verschaffen sie ihm in den Comödien und Opern eine bequeme Loge, und bey allen den andern Divertissemens einen guten Platz, von dem er alles mit Commodité in Augenschein nehmen kan. Dem Pöbel lassen sie auf öffentlichen Plätzen besondre Lustbarkeiten anstellen, die sich vor denselben schicken; sie erlauben ihm, daß sie den Freuden-Spectaculn, die auf den Residentz-Schlössern gehalten werden, iedoch mit Beobachtung guter Ordnung, mit zuschauen dürffen.

§. 5. Weil der gröste Theil des Pöbels in Belustigung des Geschmacks, und in Fressen und Sauffen sein Vergnügen findet, so geben die grossen Herren ihn bißweilen ihre eigene Tafeln, die mit den grösten Delicatessen besetzt sind, völlig Preiß, oder
lassen

laſſen ihnen beſondere Mahlzeiten zurichten, oder mancherley Victualien und Getraͤncke austheilen. Zu Neapolis hat man bey oͤffentlichen Freuden-Bezeugungen einige mit allerhand Lebens-Mitteln, als mit Fleiſch, Fiſchen, Brodt und andern dergleichen Eß-Waaren angefuͤllte Karren. Sie ſind auf unterſchiedene Art ausgeputzt, mit treflichen Schnitzwerck verſehen, und ſtellen mancherley Figuren vor, als Meer-Goͤtter, Cornu copiæ u. ſ. w. ſie werden in Begleitung der Miliz durch die Straſſen der Stadt gezogen, und endlich an einen gewiſſen Platz, und meiſtentheils an den Pallaſt des Herrn Vice-Re, dem Volck preiß gegeben. S. Einleit. zur neueſten Hiſtorie XXVIII. Stuͤck p. 173. So laſſen auch bißweilen hohe Miniſtri, wenn ſie ihrer Durchlauchtigſten Herrſchafft zu Ehren gewiſſe ſolenne Tage celebriren, Ochſen braten, die mit Huͤnern und Caphaͤhnen angefuͤllt, und theilen ſolche nebſt Wein, Brodt und Fleiſch unter den Poͤbel aus.

§. 6. Weiſe Regenten verfuͤgen bey allen ihren Divertiſſemens ſo loͤbliche Anſtalten, daß alle Precaution und Behutſamkeit dabey angewerdet, und aller beſorgliche Schaden und Ungluͤck abgewendet werden moͤge. Sie laſſen hin und wieder auf den Straſſen ſcharffe Mandata anſchlagen, daß ſich niemand unterſtehen ſoll, des Nachts einigen Unfug oder Lermen zu erregen, ſondern ein ieder ruhig nach Hauſe begeben. Die Patroullen zu Pferde und Fuß, muͤſſen die Straſſen in Sicherheit

heit erhalten, die Unruhigen an einen ruhigen Ort bringen, und die Irrenden zu rechte weisen. Sie sorgen, daß niemand weder von denen die sich mit Divertiren, noch von den Zuschauern durch Gelegenheit der Divertissemens an seiner Gesundheit Schaden leyde. Wo gewisse Scheiben-Schiessen oder andere Arten der Schiessen gehalten werden, so lassen sie entweder durch gewisse Zeichen die vorbeygehenden warnen, daß sie sich diesen oder jenen Plätzen nicht nähern sollen, oder eigene Wachen und Posten zu diesem Ende ausstellen, und besorgen in diesen und andern Stücken mehr das Heyl ihrer Unterthanen so wohl bey den schertzhafften Handlungen, als bey den ernsthafften.

§. 7. Nicht weniger werden den Frembden bey den Divertissemens alle nur ersinnliche Arten der Höflichkeit erzeigt; Die von besondern Meriten und Stande werden an die Fürstlichen Tafeln, und zu den Lustbarkeiten selbst als Carousellen, Ringrennen, Schlittenfarthen, Balletten, Wirthschafften, u. s. w. mit gezogen, die andern aber doch bey den Zuschauern wohl tractirt; Es werden ihnen nach eines ieden Rang und Condition entweder Billetten ausgetheilt, daß sie die Commœdien und Opern, und andere dergleichen Lust-Oerter ohne Geld mit besuchen dürffen, oder ihnen sonst bey den Zuschauern bequeme Plätze angewiesen.

§. 8. Viele von den Divertissemens leiten ihren Ursprung von den heydnischen Römern und Griechen her; Wenn man z.E. die an den Europäischen Höfen

Höfen gebräuchliche Aufzüge etwas genauer betrachtet, und solche mit den alten Römischen in Vergleichung stellt, so wird man allenthalben eine grosse Aehnlichkeit wahrnehmen. Ja das alte heydnische und mythologische Wesen muß bey den meisten Lustbarkeiten die besten Erfindungen abgeben. Einige sind unsern Teutschen eigenthümlich, als z. E. die Ritterspiele, und Fuß-Turniers. Ob es zwar wohl erscheinet, daß sie aus Italien nach Teutschland möchten gekommen seyn, so sind sie doch von den ältesten Zeiten an, und über tausend Jahr an den Teutschen Höfen beständig in Gebrauch gewesen. Man hat von derselben Zeit an, an den meisten Teutschen Höfen fast bey allen Lustbarkeiten dergleichen Ritterspiele mit angestellt.

§. 4. Manche sind zwar allgemein, die nicht allein in Teutschland, sondern auch in andern Europäischen Provintzen gebräuchlich, und so wohl bey Privat-Personen als unter grossen Herren eingeführt, als die Täntze, die Schlittenfahrten, die Comödien, die Opern, die Feuerwercke, die Illuminationen, die Wirthschafften, die Bauer-Hochzeiten, u. s. w. sie haben aber in einigen Ländern gantz neue Zusätze bekommen, und sind daselbst erst recht kunstmäßig ausgearbeitet, in neue Verfassung gesetzt, und in besondere Regeln gebracht worden.

§. 10. Gewisse Lustbarkeiten sind unsern Vorfahren gröstentheils unbekandt gewesen, und nur etwan von ein 50 Jahren her aus Italien und

Franckreich an den Teutschen Höfen eingeführt worden, als z. E. die Divertissemens der Reduten und des Carnevals. Je mehr unsere Teutschen Printzen angefangen auf ihren Reisen Franckreich und Italien zu besuchen, und die Frantzosen und Italiäner hoch zu achten, ie mehr haben sie ihnen nachgeahmt, und so wohl bey den Arten sich zu divertiren, als bey den andern Gebräuchen ihnen abgelernt.

§. 11. An einigen Höfen, wo man auf eine stetswährende Veränderung der Lustbarkeiten bedacht ist, unterhält man eigene Intendants des Plaisirs, die vor die Einrichtung, Ordonirung und Abwechselung der Divertissemens besorgt seyn und mit Zuziehung des Hof-Marschalls, auch mancherley Künstler und Virtuosen unterschiedene Lust-Projecte, Serenissimo einreichen müssen. Es sind bißweilen vornehme Cavaliers, als Cammer-Herren, u. s. w. denen diese Function aufgetragen wird.

§. 12. Manchmahl haben diese Intendants des Plaisirs die Aufsicht über die Comödianten, Operisten, Capellmeister, Dantzmeister, Cammer-Musicos, Taschenspieler, Hof-Mahler, Hof-Baumeister, Hof-Laquirer, Masquirungs-Schneider, Pritzschmeister, und andere dergleichen Leute, gemeiniglich aber gehören sie alle zusammen unter das Hof-Marschall-Amt. Dieses pflegt auch Sorge zu tragen, daß die Lustbarkeiten, daselbst mit allen ihren Umständen auf das deutlichste und specifiqueste

Von den Hochfürstl. Divertissemens überh. 739

cifiqueste beschrieben, und mit denen dazu gehörigen Zeichnungen, zum Andencken der Vorfahren, und den Nachkommen zum Besten verwahrlich beygeleget werden.

§. 13. Sind die Lustbarkeiten zu Ende gebracht, so pflegen diejenigen, die hierüber bestellt, Anstalten zu machen, daß die Schlitten, die Machinen, die Masquirungs-Kleider, das Gewehr, und die andern Sachen, die man aus den Rüst-Cammern zu diesem Ende abgehohlt, wieder an Ort und Stelle gebracht werden, und dasjenige was verdorben oder verschlimmert worden, wieder reparirt und ergäntzet, oder ein anders an dessen Stelle geschafft werden möge.

Das II. Capitul.
Von Aufzügen.

§. 1.

Ein Aufzug entstehet, wenn alle diejenigen Personen, die einem solennen Divertissement gewidmet sind, in gewisser Ordnung, nach den Regeln der Kunst, nebst denen dazu gehörigen Carossen und Machinen, oder andern lebendigen oder leblosen Dingen, um eine Parade zu machen, sich an einen gewissen Orthe versammlen, und die vornehmsten Strassen eines Orthes durchziehen. Sie schreiben sich von den Zeiten der Römer her, als welche, wenn sie aus dem Kriege victorieus wieder zurück

zurück kamen, mit mancherley Machinen und Sieges=Zeichen, und mit Begleitung der Uberwundenen, die sie als Gefangene bey sich führten, in die Stadt Rom einen prächtigen Einzug hielten.

§. 2. Das Hauptwerck bey den Aufzügen kommt auf eine geschickte Erfindung an, damit die gantze Historie mit allen ihren Abtheilungen und dazu gehörigen Stücken, accurat, den Geschichten, der Wahrheit, und der Natur der Sachen nach, eben wie in einer Opera oder Comœdie vorstelle.

§. 3. Einige Aufzüge sind simple und einfach, und fassen nichts weiter in sich, als den Zug der Leute, die in gewisser zu ihrer Handlung sich schickender Kleidung aus den Versammlungs=Ort durch die vornehmsten Gassen der Stadt ziehen, um ihre Lustbarkeit an einen andern Ort vorzunehmen, oder sonst dasjenige zu verrichten, um welches willen sie sich versammlet gehabt, andere aber sind von allegorischer und emblematischer Erfindung, die eine gantze Historie vorstellen, und nach ihren besondern Actibus abgetheilt, wie die Opern.

§. 4. Je sinnreicher die Erfindung, ie häuffiger die darinnen vorkommenden Machinen, ie prächtiger die Leute, Carossen und Pferde, ie natürlicher die Repræsentationen, ie länger der Zug, ie abwechselnder die Corpos und Divisionen, ie ordentlicher ein iedes Stück des Aufzuges, ie vollkommener ist auch nachgehends der Aufzug.

§. 5. Bey den Aufzügen werden mancherley frembde streitbahre Völcker aus der alten und neuen

Von Aufzugen.

neuen Zeit, oder frembde Bauer-Habiter, ingleichen Amazonen, Helden, Heydnische Götter und Göttinnen, Tugenden, Element-Nymphen, Amouretten, Meer-Wunder und andere dergleichen aufgeführt. Die Strassen werden gar offters, zumahl bey unsaubern Plätzen und bey nasser Witterung mit Bretern belegt, und auf beyden Seiten mit zusammengeschloßener Milice oder Bürgerschafft besetzt, damit die Ordnung von dem eindringenden Volcke auf keinerley Weise gestöhret noch getrennet werden möge.

§. 6. Einige Aufzüge, die historisch, inventieus und Opernhafftig eingerichtet, werden en Masque gehalten; andere aber, die nur eine einfache Handlung vorstellen, als eine Wirthschafft, eine Bauer-Hochzeit u. s. w. ohne Masque. Die Personen, aus denen der Aufzug bestehen soll, müssen sich vorhero an einem gewissen Ort versammlen, und daselbst von den Maitres, so solche Aufzüge dirigiren, ihre Instructionen erhalten, wie sie sich bey ihrem marchiren verhalten, auch in was vor Ordnung sie nach einander gehen sollen.

§. 7. Die bey den Aufzügen vorkommende Music wird nach den Personen eingerichtet: Bey den Satyren höret man Flöten, bey den Hirten Schalmeyen, bey den Apollinen und Orpheus die Leyer, bey den Römern Trompeten und Paucken, bey den Persianern, Mohren, Türcken und Griechen Cymbeln, Paucken und Clarinen, bey den Feld-Göttern Bauer-Instrumenta, als Dudelsäcke, bey den

Tritons und andern Meer-Göttern Trompeten-Marinen.

§. 8. Bißweilen geschiehet der Auszug aus einer Machine, aus einem Berge, oder aus einer Höle oder andern dergleichen. Eine Art der heydnischen Götzen, als der Mercurius u. s. w. intimirt das Divertissement, oder eine andere heydnische Göttin stimmt unter vortrefflicher Music eine Cantata oder Arie an, und excitirt alle Personen, aus denen der Auszug bestehet, zu derjenigen Solennität, die nach dem Willen des grossen Herrn vorgenommen werden soll.

§. 9. Der Ausmarsch des gantzen Zuges geschiehet auch wohl unter dem Schall der Trompeten und Paucken, und sie werden auch an dem Orte, wo sie wieder einziehen, auf eine gleiche Weise empfangen.

§. 10. Den Anfang des Aufzuges macht entweder ein Herold oder ein Marschall zu Pferde, die auf das propreste nach der Geschicht der Repræsentation ausgekleidet, sie reiten gemeiniglich einen Täntzer, mit dem sie auf der Strasse die beste Parade machen; alsdenn folgen die Trompeter und Paucker, und dann der übrige Zug. Ist der Aufzug zu einem Tournier oder Carousel ausersehen, so kommen die Stallmeister und die Bereuter mit sehr vielen, auf das kostbarste ausgezierten Hand-Pferden anmarchiret; soll er aber in etwas anders bestehen, so folget ein anderer Train. Wo sich Trompeten und Paucken zu einem Aufzug nicht schicken,

schicken, so macht eine andere Bande Musicanten, die mit der Vorstellung harmonirt, entweder zu Wagen oder zu Fuß, den Anfang mit dem Marsch.

§. 11. Die Personen werden von besondern Häuptern geführet, wie sie zu einer ieden Abtheilung gehören, und haben gar öffters ihre eigene Fahnen. Sie tragen dasjenige in Händen, was sich vor einen ieden von ihnen schickt. Sind es Bergleute, so haben sie z. E. Tröge von allerhand Ertzen und Mineralien, besondere Instrumenten, Probier=Oefen, Schmeltz=Tiegel und anders dergleichen, und so verhält es sich auch bey den übrigen.

§. 12. Die Bedienten werden so ausgesucht, und so gekleidet, wie sie zu einer ieden Person und zu einer ieden Repræsentation gehören. Um die Göttin Venus sind kleine Amouretten, um die Proserpina Geister und Furien, um den Türckischen Kayser Janitscharen. Bey dem Damen-Rennen werden Lauffer erwehlt, weil die Absicht im Rennen bestehet.

§. 13. Die Wägen, die Pferde, die Geschirre, die Kutscher, die Laqueyen u. s. w. müssen nicht allein mit der Historie accordiren, sondern es muß auch ihre Kleidung, den Couleuren und andern Umständen, mit der Kleidung der Cavaliers oder Dames harmoniren, die sie zu begleiten haben.

§. 14. Gleichwie eine Egalité bey allen Stücken, was zu einem ieden Corpo oder Division gehöret, die Vollkommenheit und Schönheit eines

Aufzuges mit ausmachen hilfft, also ist auch die Abwechselung der unterschiedenen Quadrillen oder Abtheilungen angenehm, und ein iedwedes Corpo der Leute, oder eine iede neue Abhandlung muß den Wägen, Machinen, Pferden, Personen, Bedienten und Musicanten nach, von einander unterschieden seyn, und diese müssen alle zusammen bey ihren Kleidungen und den übrigen Stücken etwas anders vorstellen, so man bey dem vorhergehenden Corpo nicht gesehen und nicht gehört.

§. 15. Wenn sich ein neu Corpo oder eine neue Ordnung der Personen anfängt, so pflegt gemeiniglich ein Cammer-Fourier mit Trompeten und Paucken, oder eine andere Bande Musicanten vorweg zu marchiren. Bißweilen werden auch wohl von einer Göttin auf ihrem Triumph-Wagen unter währendem Aufzug Cantaten oder Arien abgesungen. Doch pflegt dieses gar selten zu geschehen.

§. 16. Der Musicanten Chor, so den Aufzug anfangen oder beschliessen, macht zuweilen ein eigen Corpo aus, immassen man bey einigen Königlichen solennen Aufzügen auf ein 24 zehlet, die mit ihren hellklingenden Trommeln, Pfeiffen, Paucken, und meßingenen Becken bey der Janitscharen-Music, oder mit ihren andern Instrumenten ie 2 und 2 in einem Gliede marchiren.

§. 17. Die Erfindung der Wägen, auf denen die heydnischen Gottheiten sitzen, muß aus der Mythologie hergehohlet und auf das eigentlichste darnach eingerichtet werden. Die Triumph-Wägen
sind

Von Aufzügen.

sind auf Romanische Art gemacht. Des Martis Wagen wird etwan auf folgende Weise vorgestellet: Es ist ein prächtiger Römischer und mit mancherley Gewehr, wie es damahls bräuchlich gewesen, ausgezierter und vergüldter Wagen, auf welchen der grosse Mars sitzt, dem eine geharnischte Person zu den Füssen liegt, die Pferde werden von geharnischten Männern geführet. Vor ihm reiten zwey geharnischte Männer, deren Pferde nicht weniger verpantzert, und dem Marti zur Seite gehen; neben her gehen vier grosse Riesen in rothen mit Gold durchmengten Kleidern, die mit grossen Schildern versehen, auf den Häuptern Cronen, und in Händen grosse Morgen=Sterne führen. Den Triumph=Wagen der Göttin Juno ziehen 2 grosse Pfauen, dieweil sonst der Pfau von den Poeten der Vogel Junonis benennet wird. Der Neptunus fähret in einem die ungestümen Meeres=Wellen durchschneidenden Schiff, und hält seinen gewöhnlichen dreyspitzigen Scepter in der Hand. Die Göttin Pallas sitzet auf ihren mit dem geflügelten Pferd Pegaso bespanneten Wagen. Diana wird von 2 flüchtigen Hirschen gezogen, und hält Bogen und Pfeil in der Hand.

§. 18. Die Kleidung mancher Personen ist bey den Aufzügen leichter vorzustellen, als der andern. Also braucht es keiner grossen Mühe, wenn ein Nationen=Aufzug soll gehalten werden, weil der Unterschied in der Kleidung der fremden Völcker bekandt, und leicht nachzuahmen ist; Wenn aber andere leblose Dinge, als wie die Elementa, Lufft, Erde, Feuer und Wasser, oder Sonne, Mond und Sterne, oder Geister und dergleichen repræsentirt sollen werden, braucht es schon ein grösser Nachsinnen. Man imitiret hierbey die Natur so gut als man kan, nach ihren Farben, Gestalten oder Würckungen.

§. 19. Die Mohren werden in schwartzen Sammet gekleidet, der ihnen gantz glatt auf dem Leibe anliegt, als ob sie nackend wären, und haben um die Gürtelstädte Schürtzen um sich von Zündel oder Taffet, oder auch von rauchen Fellen, und tragen Javelins in Händen. Der Führer ihres Corpo hat etwan einig Geschmeide um sich herum, und eine Schürtze von Brocar, oder die doch sonst mit Gold und Silber ausgestickt, und führet einen Regiments-Stab in Händen. Die Mexicaner sind über und über mit bunten Federn behangen, und haben bunt-gemahlte Pfeile um sich. Die wilden Männer sind mit rauchharigen Kleidern gantz glatt auf dem Leibe angethan, auf den Kopff und um den Leib haben sie grüne Cräntze von Eichen- oder andern Baum-Laube. Die Pferde, so bey ihrem Corpo angetroffen werden, sind auch mit rauchen Thier-Häuten bekleidet, und auf den Köpffen mit grünen Büschen gezieret. Ihre Music bestehet in einem grossen Polnischen Bock und einigen grossen Schallmeyen, so allerhand Wald-Lieder anstimmen.

§. 20. Bey dem Carousel der vier Elementen, wel-

welches am 18. September a. 1719. in Dresden bey der Heimführung der Königlichen Chur-Princessin in Sachsen gehalten ward, stellte man die Elementa sehr sinnreich vor, welches aus der eintzigen Beschreibung des Feuers erhellen kan. Der Königliche Ober-Bereuter repræsentirte dasselbige: Er war mit einem rothen seidenen Romanischen Habit bekleidet, darauf von goldenen Zündel gleichsam brennende Flammen genähet waren, auf dem Haupte führte er von dergleichen Zeug eine viertheilige hocherhabne Mütze mit einer grossen Flamme von Lahne, so wie eine Fackel brannte, in der Hand trug er einen roth-gemahlten Fackel-Leuchter, oben mit einer Flamme von gelben Lahne. Auf eine gleiche Weise waren die Marschälle, die Trompeter, und alle die übrigen, so auf Pferden sassen und dabey her giengen, bekleidet. Die Hand-Pferde hatten Ponce-roth seidene und mit Feuerflammen, so von goldenen Zündel gemacht, ausgesetzten Decken belegt, auf welchen beyden Seiten sich eine brennende Sonne zeigte, auf dem Kopff so wohl als auf des Pferdes Creutze war eine grosse von gelben Lahn gemachte Flamme aufgesetzt.

§. 22. Die Renner hatten eine kostbahre Kleidung von Ponce-rothen Atlaß, auf Art wie Feuerflammen mit Golde ausgemachten Romanischen Habit, auf deren Schößen von Gold ein Salamander eingestickt, zu sehen. Das Zeug an Pferden war verschlungen roth und Gold. Auf

ihren

ihren Häuptern trugen sie hohe Römische rothe mit Gold geflammte Hauben, und in Händen gantz kleine vergoldete Spontons. Ihro Majestät der König in Pohlen, als Chef dieser Bande, hatten einen roth-Sammeten mit Gold gestickten Romanischen Habit, der mit Edelsteinen auf das allerprächtigste ausgezieret, und auf 2 Tonnen Goldes estimirt wurde. Auf dem Kopffe und hinten auf dem Creutz des Pferdes sahe man eine von Diamanten gleichsam brennende Sonne. Neben Ihrer Majestät giengen 4 Lauffer in Ponce-rothen Habit wie das Feuer gekleidet, alsdenn die Avanturiers, deren Bediente, ihre Hand-Pferde u. s. w. in dergleichen Habit.

§. 23. Bißweilen werden auch nach der Invention der Aufzüge gewisse Gebäude aufgerichtet, die mit ihnen accurat harmoniren, so wohl in Ansehung der äusserlichen Architectur, Statuen und Zierrathen, als auch des innerlichen Auspuszes und der Meublirung. Wird etwan bey einer Jagt-Lustbarkeit ein solenner Jäger-Einzug gehalten, so wird auch zu Zeiten der Dianæ zu Ehren ein besonder Gebäude errichtet, und durch denselben Aufzug eingeweyhet. Wenn in solchen Gebäuden Tafel gehalten wird, so pflegen nicht allein die Bedienten, und Musicanten, die bey der Tafel mit aufwarten, sondern auch die Speisen und Confituren, so auf die Tafeln gesetzt werden, die Gefäße und Trinck-Geschirr auf den Tafeln, und so gar auch

auch die Vasen und andere Stücken, mit denen die Buffets ausgeziert werden, zu harmoniren.

§. 24. Die in einen Aufzug vorkommende, und sich unvermerckt bewegende Machinen helffen denselben, wenn sie künstlich ausgearbeitet, und wohl angebracht, gar sehr empelliren. Bißweilen siehet man ein grosses Schiff mit schönen zierlichen Simsen, Leisten, Schildern, Höltzungen und andern Zierrathen, mit halb erhobner Arbeit, künstlich ausgehauen, und auf das reichste verguldet, mit Mast-Baum, Seegel-Stangen, Mast-Körben, Seegeln, Wimpeln, Flaggen und Fähnlein, auf welchen zu beyden Seiten Tritons oder Meer-Götter sitzen, die in blau gekleidet, und mit Silber vermengten Schuppen überzogen, die Haare sind ihnen von Meerbinsen mit Corallen untermischt, in den Händen führen sie Muscheln, und gewöhnliche Meer-Hörner.

§. 25. Manchmahl observiret man einen sehr anmuthigen und zierlichen Garten, der sich allgemach verändert, und mit unvermerckter Bewegung fortrückt. Er ist mit einer Galerie, auf welchen Statuen und Vasen mit allerhand grünenden und blühenden Gewächsen placiret, umgeben, und mit künstlichen Fontainen gezieret. Neben her gehen einige Satyri oder wilde Wald-Männer mit Bäumen in den Händen.

§. 26. Bald folgt wiederum ein gleichsam von langwierigen Feuer-Dünsten ausgedorrter, und in einander gefallener Felsen-Berg, dessen Höhlen

len, und die darinnen rasende Schmiede-Gesellen erweisen, daß dieses die Werckstadt des Vulcani, als Gott des Feuers sey, welcher auch zu oberst drauf stehet mit seinem schwehren Schmiede-Hammer über der Achsel, mit einem Schutz umgeben, und lauter brennende Fackeln und Feuer-Flammen um sich hat. Neben her gehen die ihm zugehörigen Aufwärter, die als wilde Bergleute aussehen und ihre Hämmer auf den Achseln tragen.

§. 27. Der Schluß des Aufzuges geschiehet entweder von den Bedienten oder Aufwärtern. Die zu der letzten Division oder Corpo gehören, oder von gewissen Militair-Bedienten, von einigen Unter-Officirern und dazu gehörigen Mannschafft, die den tollen und neugierigen Pöbel zurück halten müssen, oder auch wohl von gewissen Musicis. Ist der Aufzug geendiget, so werden die Cavaliers und Dames die bey den Aufzug gewesen, von den Durchlauchtigsten Herrschafften zur Tafel und zum Ball mitgezogen, die andern aber begeben sich entweder wieder in ihre Wohnungen, oder werden auch zugleich an unterschiedenen Tafeln und Tischen nach dem Unterschied ihres Standes u. Ranges wohl tractirt, und mit Speisen und Getrancke versorgt. Das besondere Gebäude, das zu dem Ende aufgerichtet worden, wird auf den Abend inwendig und auswendig mit weisen Wachs-Lichtern, Lampen und durch allerhand Inventionen bißweilen sehr künstlich illuminirt,

man

Von Aufzügen.

man siehet zu Zeiten aus den Statuen, die um das Gebäude herum stehen, aus den Vasen und Blumen-Geschirren, aus den Bäumen, ja gar aus der Erde heraus artige Feuer-Flämmgen fahren.

Das III. Capitul.
Von den mancherley Turnieren und Ritter-Spielen.

§. 1.

Die Turniere und Ritter-Spiele, sind eine solche Ubung, welche von den ältesten Zeiten an biß auf die ietzigen von den höchsten Standes-Personen angeordnet und dirigiret, und den Adelichen Geschlechtern vor sehr anständig geachtet worden. Die meisten Autores gedencken, daß der Kayser Henricus der Vogelsteller, vor den Urheber dieser Ritter-Spiele zu achten, andere hingegen melden, daß dergleichen schon vor ihm in Orient zu Constantinopel von dem Kayser Michael angestellt worden, ingleichen daß sie allbereits bey den Gothen, Longobarden und Francken gebräuchlich gewesen. S. das II. Cap. von Schubarti Tractat de ludis equestribus.

§. 2. Dem sey wie ihm wolle, so ist doch gewiß, daß der Kayser Henrich, diese Ritter-Spiele, nachdem er die Hunnen ausgerottet, und die Slaven und Sorberwenden sich unterwürffig gemacht, in beson-

besondere Ordnungen gesetzt, und sie mit mancherley vorher gantz unbekandt gewesenen Gebräuchen vermehrt. Sind in einer Sache Gesetze und Ordnungen nöthig gewesen, so ist es gewiß bey diesen Ritterlichen Exercitiis, bey denen eine ungeheure Menge Leute zusammen kommen, die theils durch das hitzige Geträncke, theils durch brennende Ehr-Begierde, oder vielmehr Ehr-Geitz und Hochmuth, theils durch Rachgierde ihr Müthgen an ihren Gegnern zu kühlen, ja ich möchte auch wohl sagen, durch die Liebe vor das Frauenzimmer angeflammt worden, und gar leicht zu einer Unordnung haben gebracht werden können.

§. 3. Der Ort, wo man vor Zeiten dergleichen Ritter-Spiele gehalten, muste eine in dem Reich gelegne Stadt seyn, die zu diesen Ubungen bequem, wo Quartier in Menge zu erlangen, wo Lebens-Mittel wohl zu bekommen, und bey der die Hin- und Her-Reisen mit Sicherheit anzustellen waren. Vor andern Städten in Teutschland sind wegen der Geschichte der Ritter-Spiele, Merseburg, Nürnberg, Worms, Straßburg und Braunschweig bekandt und berühmt worden.

§. 4. Die Kayser und Fürsten in Teutschland legten bey Anstellung der Turniere mancherley Endzwecke zum Grund. Sie wolten hiedurch junge Cavaliers zu den Krieges Metier desto geschickter machen, und in beständigen Exercitio, auch zu Friedens-Zeiten erhalten, weil dieses in den damahligen Zeiten die beste Profession war,

sie

sie wolten ihre Ritter bey der Lust und den Divertissemens kennen lernen, ihre Tapfferkeit und Bravour erforschen, damit sie hernach wusten, was sie sich in Ernst zu ihnen zu versehen hätten, sie wollten nach den blutigen Kriegen so wohl einigen mächtigen Städten, an denen ihnen etwas gelegen war, als auch der Ritterschafft eine Freude und Vergnügen machen, daß sie ihrer in den Treffen gebliebenen Anverwandten desto eher vergessen möchten. Ich glaube auch, daß eine Haupt-Absicht unter andern mit gewesen, daß sie bey der Gelegenheit, da der tapfferste Adel beysammen gewesen, mit den sämmtlichen Ständen zu dem Heyl des teutschen Vaterlandes gemeinschafftliche Berathschlagungen pflegen wollen.

§. 5. Es hatten auch einige grosse Herren ihre besondere Absichten, warum sie zu dieser oder jener Zeit, an diesen oder jenen Ort die Turniere anstellten, und den Adel deswegen zusammen berieffen. Also meldet Rüxner in seinem Turnier-Buch fol. XCIV. Kayser Henrich legte den Turnier um dreyer Ursachen willen gen Nürnberg. Die erste war, daß er bey seiner Anwesenheit in seinem Erb-Reich Sicilien die Fürsten zu frieden stellte, und ein Regiment aufrichtete. Die andere war, etzliche Fürsten gütlich in des Reichs Gehorsam zu bringen, die seinem Vater Kayser Friedrich zuwider gewesen. Die dritte war das Aufnehmen der Stadt, welche in den vorigen innerlichen Kriegen ziemlich herunter gekommen war, wieder herzustellen.

§. 6.

§. 6. Nachgehends wurden sie der bloßen Divertissemens wegen angeordnet, und die Ritter durch folgendes alt Fränckische Formular dazu eingeladen: Nachdem wir zu unsern Hochzeitlichen Ehren und Freuden, allerley Fröhligkeit, Ritterspiel, und andere Kurtzweil zu halten und zu vollbringen entschlossen; Als haben wir Chur-Fürst N. von N. darneben die Durchlauchtige N. N. wie denn auch der Veste, unser Hof-Marschall, Ober-Stallmeister und lieber Getreuer N. N. bedacht, dem Königlichen, Chur-Fürstlichen, Fürstlichen, Geistlichen und andern Adelichen Frauenzimmer zu Ehren, Gefallen und Vermehrung ehrlicher Freude und Ergötzlichkeit den Tag N. N. um 1. Uhr ein freyes ritterliches Rennen zu halten entschlossen, und dich N. N. nebst andern Rittern dazu einzuladen, befehlen dir also rc.

§. 7. Bißweilen giengen greuliche Excesse dabey vor, und hatte mancher im Sinn einen andern bey dieser Gelegenheit eines zu versetzen, daß er es entweder sein Lebetage fühlen oder gar des Auffstehens dabey vergessen solte. Der Herr von Ziegler erwehnet in seinem Historischen Schau-Platz p. 908. eine schändliche Action, so bey einen Turniere passiret. Als der König Dietrich unter dem Kayser Justino zu Worms ein Turnieren im Rosen-Garten gehalten, worinnen der Mönch Ilsanes aus dem Closter Eisenburg gen Preiß davon getragen, immaßen er den stolzen Ritter Staudenfuß erlegt, auch noch mit 52 starcken Männern

ge-

gekämpffet, deren er 12 todt in den Sand geworffen, die andern aber flüchtig gemacht, so hätte die junge Königin Creinhield als Stifferin dieses Blut-Bades 52 Rosen-Kräntze gewunden, und sie diesem Mönch als Sieges-Zeichen geschenckt, worauf er ihr 52 Küsse gegeben, dabey aber ihre zarte Lippen mit seinem rauhen Bart dermaßen gerieben, daß das Blut herausgeflossen, dabey er sich denn dieser Worte bedient.

Also soll man küssen die ungetreue Maid,
Daß sie auch soll wissen, was sie gestifft vor Laid.

§. 8. Bey andern gieng es zwar so arg nicht her, es wurden aber doch bißweilen manche Ritter von Ehrgeitz und Nachgierde so angeflammt, daß sie einen andern ein treflich empfindlich Nota bene gaben. Als die Teutschen Fürsten anno 1521 bey währenden Reichs-Tage zu Augspurg, dem neu gekrönten Kayser zu Ehren unterschiedene Ritter-Spiele hielten, und die dabey befindlichen Spanier und Italiäner dieses scharffe Rennen nicht sonderlich achteten, mit Vorgeben, daß es zu einem Ernst zu geringe, zu einem Schertz aber zu hart wäre. So hat Fürst Wolffgang zu Anhalt bey einem scharffen Rennen dergestallt mit Hertzog Henrichen zu Braunschweig getroffen, daß auf beyden Theilen Mann und Pferde gelegen, und beyden Fürstlichen Personen das Blut zum Ohren und Munde häufig hervorgedrungen, und gaben also zu verstehen daß ein solch scharff Rennen keine so gar leichte Sache wäre. S. Beckmanns Anhältischer Geschichte, V. Theil. p. 141.

§. 9. Viel und mancherley Zwistigkeiten waren fast den meisten Turnier-Spielen eigenthümlich, so daß bey der Beschreibung des von Chur-Fürst Joachim I. zu Brandenburg gehaltenen Turniers pag. 44. als etwas sonderbahres, ja gar als etwas wunderbahres und unerhörtes angemercket wird, daß bey einem so grossen Convent und Zusammentretung so vieler Personen, welche von so verschiedenen Nationen, und aus so mancherley Provintzien sich dahin begeben, bey so vielen angestellten Lustbarkeiten, Banqueten, Balletten, Lust- und Ernst-Spielen, ja bey so mancherley Schertz-Reden und Discoursen unter den Turnierenden und Kämpffern selbst nicht der geringste Unwillen, Streit, Mißverständniß oder Eifersucht sich entsponnen, sondern sich alles mit höchster Zufriedenheit und Vergnügen aller Anwesenden angefangen und geendiget.

§. 10. Nachdem nun mancherley Verdruß mit vielen Ritter-Spielen vergesellschafftet gewesen, so darff man sich nicht wundern, wenn einige von den Teutschen Fürsten sehr schlecht plaisir darbey gefunden. Als Chur-Fürst Johannes zu Sachsen noch ein junger Herr gewesen, und zu Jnspruck an dem Hofe Kaysers Maximiliani I. eine gute Zeit mit Rennen, Stechen, Turnieren, Tantzen und andern Ergötzlichkeiten zugebracht, hat er sich gar öffters nach der Zeit, wenn er daran gedacht, die Worte ver-

Von mancherl. Turnieren u. Ritterspielen. 757

verlauten lassen: Er wüste mit Wahrheit zu sagen, daß ihm auch derselben Freuden-Tage kein eintziger iemahls ohne mit sonderbahrer Traurigkeit und Hertzeleid verflossen wäre. S. Beckmans Anhältischer Geschichte V. Theil II Buch XLI. Capitul p. 141.

§. 11. Nachdem die Römischen Päbste auf die Turniere und Ritter-Spiele sehr übel zu sprechen gewesen, und gar wohl erkandt, daß solche nicht allein dem Leibe, sondern auch gar öffters der Seele mancherley Gefahr zuwege brächten, so haben sie viel scharffe Verordnungen darwider publicirt, wie aus dem Jure Canonico zu ersehen, die aber bißweilen in gar schlechte Consideration gezogen worden. S. Schubart de ludis Equestribus pag. 173.

§. 12. Einige Arten der Turniere sind allegorisch und historisch eingerichtet, und es werden bey dem solennen Aufzuge auf die Weise, wie in dem vorhergehenden Capitul abgehandelt, mancherley Triumph-Wägen, künstliche Machinen und andere Inventiones dabey angebracht.

§. 13. Die zu den Ritter-Spielen ausgesucht werden, müssen meistentheils die Kleidung, die Waffen, die Music, und andere äusserliche Umstände der tapffern und martialischen alten oder neuen Völcker nachahmen, als der alten Teutschen, der Römer, der Griechen, der Schweitzer u. s. w. und würde es sehr seltzam lassen, wenn die Ritter in mancherley Bauer-Habit eingekleidet seyn solten.

Bbb 3

ten. So erwehlet man auch bißweilen die äusserliche Figur der wilden und barbarischen Völcker, als der Türcken, Persianer, Mohren, Americaner u. s. w.

§. 14. Die Turnierer werden in unterschiedene Hauffen oder Esquadrillen, wie sie heutiges Tages genennet werden, eingetheilet. Das Italiänische Wort Squadriglia ist ein Diminutivum von dem Worte Squadra, welches eine Compagnie in Ordnung gestellter Soldaten bedeutet. Eine iede Quadrille ist von der andern durch gewisse äusserliche Zeichen unterschieden. Vor diesen wurden die besondern Corps nur dadurch von einander abgesondert, daß einige ihre Helmspitzen angeheftet hatten, die andern aber solche weggelassen; diese liessen das Zeichen eines Püffel-Kopffes, und jene eines Adlers u. s. w. auf ihre Pferde-Decken sticken.

§. 15. Heutiges Tages differiren die Banden entweder den Harnischen nach, einige führen gantz schwartze, die andern aber blancke, noch andere gantz vergüldte oder blau angelauffene; manche sind gantz geharnischt, mit Brust-Rücken- und Arm-Harnischen, eisernen Handschuhen und gantzen Helmen mit Visieren versehen, andere aber nur halb geharnischt. Sie distinguiren sich auch wohl den Escarpen, die sie um den Leib haben, den Federbüschen und andern Stücken der Kleidung nach. Manche führen unter den Leibstücken bleumourantne von Atlaß mit silbernen Tressen und Frangen bordirte Schürtzen, auf den Helmen weisse Federn

Federn und zusammengebundene Feder-Büsche, andere aber wieder von einer andern Couleur. Eine iede Bande hat ihre verschiedene Music, als Trompeten, Querpfeiffer, Hautbois u. s. w.

§. 16. Die zu den Turnieren und Ritter-Spielen gezogen werden, müssen sich vorhero in dem H. Marschall-Amte wegen ihres alten und ächten Adels gebührend legitimiren, und durch ihre 32 Ahnen nebst beygemahlten Geschlechts-Wapen erweißlich machen, daß sie nicht allein von ihren Vätern, sondern auch von den Müttern her, aus alten adelichen Geblüth ursprünglich herkommen. Es sind auch die Turnier-Geschlechter von alten Zeiten her biß ietzund regiſtrirt, und niedergeschrieben, und zu den Acten in den Hof-Marschall-Aemtern beygelegt, und darzu bemerckt worden, wie sie nacheinander turnieret, und auf was vor Art sie getroffen.

§. 17. Einige von unsern Teutschen von Adel wissen sich viel damit, wenn sie in des Rüxners oder andern Turnier-Büchern ihre Geschlechter allbereits antreffen; es haben aber unterschiedene Gelehrte gar gründlich gezeiget, daß auf dergleichen gedruckte Turnier-Bücher nicht allezeit zu trauen, und in den folgenden Zeiten manch adelich Geschlecht in die Turnier-Bücher eingeschaltet worden, welches doch bey den marquirten Turnieren sein Lebtage nicht gewesen.

§. 18. Vor diesen sind die Schilder und Geschlechts-Wapen der Streitbahren Fürsten und

Adelichen Turnier-Gesellschafften bey den Turnieren aufgehänget worden, damit sie einen ieden zum Antrieb der auszuübenden Tapfferkeit dienen solten. Also meldet ein alter Sächsischer Historicus, daß auf dem Beylager Hertzog Johansens zu Sachsen mit Frauen Sophien gebohrnen von Mecklenburg, so man zu Torgau Anno 1560 celebrirt, Ihre Churfürstliche Gnaden am Mittel der Reit-Bahn ein hohes weites Beschau-Hauß drey Gaden hoch aus Bretern hätten lassen aufschlagen, damit man nach Niederländischer Gewohnheit die Schild und Wapen der Turnierer, daran hängen, und Spiesse und Schwerdter darauf verwahren möchte. S. Struvens Historisch-Politisch Archiv III. Theil p. 51.

§. 19. Der Platz wo das Turnieren soll gehalten werden, wird zuvor auf unterschiedne Weise ausgeputzt, es wird auf Art der Orengerien mit Gelendern eingefast, mit Tannen besetzt, so werden auch artige Logen, in Gestalt grüner Lust-Häuser, dabey erbauet, mit Reißig überkleidet, mit Statuen, Spiegeln und allerhand artiger Mahlerey ausgeziert.

§. 20. Bey den Turnieren, nachdem sie zu Pferde oder zu Fuß gehalten werden, nimmt man unterschiedne Exercitia vor, als mit der Lantzen, mit den Wurf-Pfeilen, mit den Pistohlen, mit dem Degen u. s. w. Bißweilen chargiren sie auch nach Römischer Art mit den Schildern aufeinander.

§. 21. Bevor sich das Turnier anfängt, wird
ent-

entweder mit Schwenckung einer Fahne, oder mit Löſung der Stücken ein Signal ertheilt, oder auch in die Trompete geſtoſſen, oder bey den Fuß-Turnieren mit einen Wirbel Appel gegeben, darauf die Avanturiers nach einander anmarchiren.

§. 22. Die Ordnung des Zuges iſt unterſchiedlich. Zuweilen kommt ein Hof-Fourier mit dem Wapen auf der Bruſt, und dem Marſchalls-Stabe, der als ein Herold mit mancherley buntfarbigten Bändern ausgeziert. Zuweilen kommen wohl zwölff Trompeter und 2 Paucker voran, nebſt zwölff Marſchällen oder Judicirern mit buntfarbigen Federn, und colorirten Feld-Zeichen. Es avanciren auch wohl vor den andern Train der Stallmeiſter nebſt den Bereutern und ſehr viel Hand-Pferden, die mit dem koſtbareſten Decken belegt ſind.

§. 23. Die Chefs der Banden oder Esquadrillen ſind entweder große Printzen und hohe Standes-Perſonen, oder vornehme Generale. Die Ritter oder Avanturiers folgen ihren Chefs, entweder zu 2, oder 4, oder 6. an der Anzahl, und nach dieſen kommen die Secundanten die bey den Avanturiers mit ſind. Bey den Häuptern der Banden gehen Pagen und Laquais neben her, in proprer Kleidung, ſo ihnen das nöthige Gewehr mit zutragen helffen.

§. 24. Bey den Turnier-Aufzügen wechſeln auf verſchiedene Weiſe, nach dem Gefallen derer die ſie dirigiren, die Herolde, die Marſchälle, die

Officiers, die Corpo der Ritter oder Avanturiers, die Milice u. s. w. bißweilen kommt ein Zug Piqueniers, hernach 1 Zug Fusiliers, 1 Capitain, 2 Waffenträger, 1 Fähndrich mit einer Fahne, 4 Hautboisten, 2 Tambours, 1 Qverpfeiffer, eine Bande der Ritter, und hernach wieder ein Zug Piqueniers und Fusiliers. Die Trabanten, Piqueniers und Mousquetaires werden bißweilen so wohl zur Parade als zur Bedeckung mitgegeben.

§. 25. Mit den Aufputz der Milice wird auf verschiedene Weise gewechselt, einige haben Casquetes auf den Köpffen, andere grosse Schlacht=Schwerdter, noch andere kurtze Gewehr, an welchen grosse Trollern hängen. Die Officierer führen nicht selten versilberte Harnische und vergüldte Casquete. Gemeiniglich siehet man auch Pritzschmeister dabey, welche wunderlich gekleidet, und Lantzen und Schwerdter zulangen.

§. 26. Vor den Turnieren werden gewisse Articul aufgesetzt, und von der Herrschafft ratihabirt und publicirt. Bey dem zu Neu=Rupin a. 1509 von Chur=Fürst Joachim I. zu Brandenburg angestellter Turnier trat ein Chur=Fürstlicher Herold hervor, intimirte im Nahmen des Durchlauchtigsten Chur=Fürsten, wie auch Hertzog Henrichs zu Mecklenburg, allen hohen Anwesenden das auf den folgenden Tag angestellte Turnier und Ritterspiel mit erhabner Stimme, und publicirte die Leges, so dabey beobachtet werden solten. S. die Beschr. davon p. 14.

§. 14.

§. 27. Diese Articul werden auf unterschiedene Art abgefaßt; unter andern beobachtet man auch folgende: Es darff keiner ein ander Schwerdt oder einen andern Spieß gebrauchen, als der von den Herren Judicirern approbirt ist. Es darff keiner mehr als dreymahl mit dem Spieß zusammen gehen, er werde gebrochen oder nicht, auch keiner mehr als 5 Streiche mit dem Schwerdt thun, wer hierüber schreitet, dem wird es nicht passiret. Wer seinen Spieß oder sein Schwerdt fallen läst, dem wird kein anders gereicht. Wer bloß gegeschlagen wird, wird nicht wieder zugelassen. Es müssen alle Spiesse am Kopffe getroffen werden, und nicht gelten, wenn einer seinen Spieß nicht frey führet, sondern mit Zulauffen oder Stossen die Arme am Leibe behält, oder sonst nicht nach den Articuln stößt. Wer zur Erde gestossen oder geschlagen, soll nicht wieder zugelassen werden. Den Spieß-Danck erlangen die in den ersten 3 Stössen die meisten Spiesse brechen, und den andern, die in den ersten 5 Streichen die meisten Schwerdter zuschlagen. Bey den Fuß-Turnieren müssen die Turnierer auf gewöhnliche Fuß-Turnier-Art gerüstet seyn, auch anders nicht als mit geschlossenen Helm, und ohne andern unzuläßigen Vortheil tourniren.

§. 28. Bißweilen hat eine iede Esquadrille ihren Maitre de Coup mit einem zierlichen Maitre-Stabe, es stehen auch Tambours auf den vier Ecken, und das Turnieren fängt sich an von Capitain, Fähn-

Fähndrich, und continuirt durch alle Turnierer durch. Es gehet auch bey den Turnierenden der Maitre de Camp mit, der observirt, ob es Turniermäßig, und wie es die Gesetze erfordern, zugehet. So bald sie auf den Turnier-Platz kommen, macht ein ieder sein Compliment und Salutation mit der langen Pique oder andern Gewehr gegen die Durchlauchtigste Herrschafft; Wenn solches geschehen, rücken sie an, setzen die Spieße ein, und stossen in Force auf einander. Wenn der Spieß zubricht, wird von einem Turnier-Knecht ein anderer gereicht. Ist diß geschehen, ergreiffen sie das an der Seite führende Schwerd.

§. 29. Wenn die Avanturiers ihre Lectiones machen, wird das Spiel gemeiniglich gerührt; Die Fuß-Turnieren werden gar offters mit etzlichen 100 Mann gewaffneter Infanterie bedeckt. Bey der Folge, wenn die Turnierer in einer Linie stehen, wird Appel, March und Allarm geschlagen, auch wenn sich selbige anhebet, durch die Mousqueterie Glieder-weise gefeuert.

§. 30. Bey den Balgerennen werden ebenfalls vorher gewisse Articul aufgesetzt. Bißweilen kommen vor dem Troup oder vor den Quadrillen der andern Ritter zwey auf einander loßgeritten, welche die Pistohlen auf einander lösen, mit den Degen zusammen fechten, und ein solch scharff Duell anfangen, als ob es Ernst wäre, und dadurch den Zuschauern ein Lust-bringendes Schrecken verursachen. So werden auch wohl vorher Cartelle

telle in teutschen Knittel-Versen publicirt, und in denselben das Turnier angekündiget. Die Waffen werden vorher examinirt, ob sie auch alle gleich, in den Articuln wird ausgemacht, wie sie die Treffen nach einander machen, ingleichen wohin sie sich, nachdem sie den Cour geendiget, wieder wenden sollen.

§. 31. Die Ritter müssen auf den Platz, der ihnen von den Chefs angewiesen wird, in ihrer Ordnung halten bleiben, wie sie aus dem Loose kommen, und ohne Vorbewust des Chefs nicht davon wegreiten, noch vom Pferde absteigen. Wird Lermen geblasen, so müssen sie zusammen gleich auf dem rechten Fuß des Pferdes ansprengen, und ihre Carriere auch in Galop auf selbigen Fuß vollführen. Sie müssen die Lantzen mitten in der Carriere brechen. Wer vom Roß aus dem Sattel gerannt wird, muß zu Fuß nach Hause gehen, es wäre denn, daß er pardonirt würde. So viel Esquadrillen, so viel Preiße werden aufgesetzt.

§. 32. Unter währenden Gefecht geben nicht selten die den Turnier-Platz umschlossen haltenden Grenadiers mit den paradirenden Mousquetairs Plutons-weise Salve, und die Piquenirer werffen continuirlich brennende Granaten gegen den Platz so lange das Gefecht dauret.

§. 33. Wer sich nun bey den Turnieren vor andern am besten signalisirt, hat auch den besten Gewinn zu hoffen. Die Gewinste, die heutiges Tages an die Ritter ausgetheilt werden, bestehen in

Sil

Silberwerck, als in einem silbernen und vergoldeten Caffe-Chocolate- oder Thée-Service, oder Saladiers sammt Leuchtern, in Credenz-Tassen, in Rossoli-Service, in Toiletten zierlich eingelegten Pistohlen u. s. w.

§. 34. Wenn das Frauenzimmer vor diesen den Uberwindern den Zier-Danck oder die Gewinste austheilte, so wurden von den Frauenzimmer gar offters weitläufftige und solenne Reden gehalten, die mit treflichen Douceurs bißweilen ausgeschmückt waren, und nach der damahligen Zeit vor sehr zierlich geachtet wurden, wie man aus den alten Turnier-Geschichten ersehen kan. Heutiges Tages würde dergleichen Oratorie manchen ziemlich spöttisch anscheinen. Die Fürstlichen Ritter wurden auch aus den Hoch-Fürstlichen Händen beschenckt, die Adelichen hingegen von dem Adelichen Frauenzimmer honorirt. Es war dieses ebenfalls den Turnier-Satzungen gemäß, die so accurat beobachtet werden musten, daß diezenigen, so sich unternehmen wolten, dawider zu handeln, nicht allein der darauf gesetzten Preyße verlustig, sondern auch zugleich aller Ritterlichen Ehren entsetzt wurden.

§. 35. Wurde der Zier-Danck von einem Hoch-Fürstlichen Frauenzimmer einem jungen Printzen zuerkandt, so legte ein Cavalier im Nahmen des Printzen eine Dancksagungs-Rede ab; und führte unter andern mit darinnen an, ob wohl Se. Hoch-Fürstliche Durchlauchtigkeit solchen erlangten Ruhm

Ruhm vielmehr der großen Höflichkeit des Fürstlichen Frauenzimmers zuschrieben, als daß sie es ihrer eigenen Geschicklichkeit beymaßen, so wolten doch Jhro Hochfürstliche Durchlauchtigkeit sich solches dazu dienen lassen, hinführo in dergleichen Ritter-Spielen sich mehr zu üben, selbige an ihrem eigenen Hofe zu gebrauchen, auch bey andern in vollem Schwang bringen zu helffen, damit also der Jugend die volle Bahn zur Tugend geöffnet, und alle andere undienliche Ergötzlichkeit auf den Chur- und Fürstlichen Zusammenkünfften verbannt werde.

§. 36. In den ietzigen Zeiten wird bey den Austheilen der Däncke nach vollbrachten Balge-Rennen und Fuß-Turnieren von einem Ministre an die versammleten Ritter eine solenne Rede gehalten, deren Formalien etwan in folgenden bestehen: Serenissimus erkennt in Gnaden, daß auf Dero Gnädigstes Ansinnen und Befehl eine so ansehnliche Anzahl entsprossene Stifft- und Turniermäßige Ritter sich allhier einfinden, in den Waffen mit gleichmäßiger Tapfferkeit und Geschicklichkeit üben, und dadurch die angestellten Lustbarkeiten vermehren wollen, es solten die tapffern Ritter, die ihre Begierde in Jhrer Hoch-Fürstl. Durchlauchtigkeit Diensten in aller Treue zu leben und zu sterben an öfftern an Tag gelegt, und gleich ietzo ihre Geschicklichkeit in Ubung der Waffen erwiesen, aus den Händen Jhrer Hoch-Fürstl. Hoch-Fürstl. Durchlauchtigkeit Durchlauchtigkeit der Fürstin und der Princeßin, das Andencken, welches ihnen

Sere-

Serenissimus aus besondern Gnaden überreichen läſt, empfangen, damit es ihnen, und ihren, aus Adelichen Geblüth entspringenden Nachkommen eine gleichmäßige Aufmunterung zu allen ritter-mäßigen Thaten und tugendhafften Aufführung seyn möchte.

§. 37. Im Nahmen der Ritter wird wieder eine unterthänigste Dancksagungs- und Gegen-Rede gehalten, daß Ihro Hoch-Fürstliche Durchlauchtigkeit ihren getreuen Adel zu Ehren und Gefallen ein besonder Turnier- und Ritter-Spiel an, und dessen uhralte Ahnen vor aller Welt als gantz rein, untadelhafft und unverfälscht vorgestellt, und über dieses noch einige derselben wegen ihres Wohlverhaltens mit besondern Zier und Ehren-Dancken, und zwar durch hohe Durchlauchtigste und theuerste Hände, beehren lassen. S. Reden der vornehmsten Ministres CCI und CCII Rede im XII. Theile.

§. 38. Nach gehaltenen Turnieren wurden vor diesen solenne Täntze angestellt, auch bey denselben gewisse Ordnungen und Ceremonien in Obacht genommen, und die sich bey den Ritterspielen am meisten signalisirt, hatten auch bey den Täntzen einen besondern Vorzug; heutiges Tages aber beobachtet man dieses so gar accurat eben nicht.

Das

Das IV. Capitul.
Von Carousellen/ Ring-Rennen und Roß-Balletten.

§. 1.

Die Carousels haben ihre Benennung von den Curribus solis, Carro del sole, von den Sonnen-Wägen, die nebst andern zierlichen Triumph-Wägen und Machinen mit einen vortrefflichen Ausputz bey den Schauspielen der alten Römer, und bey ihren triumphirenden Aufzügen aufgeführt wurden.

§. 2. Die Verrichtungen der Renner bey den Carousels bestehen darinnen, daß sie mit den Lantzen nach den Ringen, oder aufgesetzten Köpffen rennen, mit den Javelins oder Wurff-Spiessen darnach werffen, mit den Pistohlen darnach schiessen, und mit dem Degen einen auf der Erde liegenden Kopff aufheben. Die Carousels und Turnier zielen dahin, daß die Ritter ihre Geschicklichkeit und Erfahrenheit so wohl in Reiten und Wenden, als auch in Fechten, Werffen, Schiessen und andern Ubungen erweisen.

§. 3. Bey den Königen in Spanien mögen sie wohl nicht sonderlich Mode seyn, sintemahl die Geschichte unsrer Zeiten melden, daß der Spanische Abgesandte, als er den ietzigen König in Spanien Philippum von Anjou vor seiner Abreise aus Franckreich auf der Reit-Bahne mit einen blossen Degen in der Hand gegen den aufgesteckten Kopff rennen sahe, gesagt, er glaube dieses sey nach Carolo V. der erste König in Spanien, den man mit einen blossen Degen bey diesem Exercitio gesehen.

§. 4. Bey den Carousellen zielet man gemeiniglich nach ausgestellten Türcken-Köpffen. Es soll dieses einen gewissen Türckischen Gesandten, der dem An. 1662 zu Wien angestellten Kopff-Rennen zugesehen, gar nicht gefallen haben, daß man ein solch Spiel auf Türcken-Köpffe übte, gestalt er sich gegen einen zum Christenthum bekehrten Türcken, mit dem er reden können, dieser ausdrücklichen Worte soll haben vernehmen lassen: Sein großmächtigster Kayser liesse in Siebenbürgen und auswerts lebende Christen-Köpffe in genugsamer grosser Anzahl niedersäbeln, und hier triebe man mit erdichteten Türcken-Köpffen solche unnöthige Kurtzweil. S. Lünigs Theatr. Cerem. II. Theil p. 1171.

§. 5. Einige Carousels geschehen gantz simplement und ohne große Erfindung. Die Ritter und Cavaliers werden in nichts als in der Farbe der Kleidung von einander unterschieden. Andere aber sind inventieuser und allegorischer eingerichtet, als die National-Aufzüge, die Carousels der vier Elemente u. s. w. Die besondern Erfindungen, die unterschiedenen mit dabey vorkommenden künstlich ausgesonnenen Machinen, die gute Rangirung,

rung, die Prächtigkeit der Kleider bey den Rennen, die nach ihren unterschiedenen Esquadrillen sich vor einander distinguiren, die schönen ausgeputzten, geschickten und muthigen Pferde, die vortrefliche Music, nebst der großen Menge der Pagen und Laquais, so die Avanturiers begleiten, contribuiren sehr viel zu Embellirung der Carouselles.

§. 6. Bißweilen werden auch Carousels-Comiques gehalten, welche sich in Ansehung ihres Aufzuges nach einer gewissen Comœdie reguliren. Dergleichen sahe man zu Dreßden den 16. Februarii an. 1722. zum Beschluß des Carnevals. Es bestund in 8 Quadrillen, als in Scaramuzzi, Crispini, Harlequini, Pantaloni, Dottori, Brigelli, Policinelli und Capitani, die 9 Cavaliers und 9 Dames bey einer ieden ausmachten, inclusive des Chef, und der Chefin. Die Avanturiers waren auf die Art gekleidet, wie es ihr Nahme und die ihnen zugeschriebenen Geschichte oder Gedichte mit sich brachten, und die Hand-Pferde, die man bey einer ieden Esquadrille mit beyführte, wären nach einer gleichen Aehnlichkeit ajustirt. Die Hand-Pferde der Scaramuzzi führten Decken von dergleichen Couleur wie die Scaramuzzi, mit 5 Masquen, nemlich eine auf den Rücken, und die übrigen vier auf den Ecken, sie waren auch vor der Visage mit einer rechten Menschen-Masque geziert. Die Hand-Pferde der Crispini hatten jonquille Decken, auf welchen verschiedene Figuren als spitzige schwartze Hüte zu sehen waren, und ebenmäßige Masquen forn am Kopffe, und Federbüsche oben auf den Köpffen.

§. 7. Die Häupter der Quadrillen sind gemeiniglich Fürsten oder die vornehmsten Officiers von Militair- oder Civil-Staat; Sie distinguiren sich vor den übrigen an den Parade-Lantzen, die sie in Händen führen, an den prächtigen Pferden die sie reiten, an der kostbahren Kleidung, und an der Menge der Pagen, Laquais und Läuffer, die ihnen mit Lantzen zur Seite gehen. Stellt ein großer Herr bey einem National-Aufzug zum Carousel den Türckischen Sultan vor, so ist er mit eben solchen Habit angethan, als der Türckische Kayser. Die Janitscharen umgeben ihn mit ihren Befehlshabern, auch den Spahi zu Pferde mit ihren Lantzen, Fahnen und Roß-Schweiffen, wobey sich die Türckische Music mit Trommeln, Pfeiffen, Geigen u. s. w. zugleich mit hören läst.

§. 8. Die Carousels und Ring-Rennen werden auf den Reitbahnen meistentheils gehalten, und dieselben bey besondern Solenniräten auf das beste darzu ausgeschmückt. Die Barrieren werden mit grünen Tannen-Reißig, die Bahnen mit zierlich gemahlten Pyramiden die oben mit vergüldeten Knöpffen und den gewöhnlichen Quintanen versehen sind, ausgeputzt, bißweilen auch mit Postamenten, die mit Orange-Bäumen besetzt, mit Fontainen, Arcaden, Portalen, Colonnaden und dergleichen.

§. 9.

§. 9. Bißweilen werden die Carousels durch einen Herold mit 12 Trompetern und einem Paucker durch die Stadt notificirt. Zuweilen geschicht auch die Intimation durch eine besondere aus den Opern-Wesen entlehnte Invention. Es kommt etwan Mercurius, oder ein anderer von den heydnischen Göttern und Göttinnen hervor getreten, redet das Hoch-Fürstliche Frauenzimmer und die andern Anwesenden an, erzehlet die Ursachen des angeordneten Ring- und Kopff-Rennens, weiset darauf die Articul zum Carousel, und überreicht den Richtern die Articul. Bey dem Carousel der 4 Elemente, so a. 1719 in Dresden bey der Heimführung Ihrer Königlichen Hoheit der Königlichen Chur-Princeßin zu Sachsen gehalten wurde, stellte man die vorseyende Ergötzlichkeit durch eine Operette vor, die vorher abgesungen ward. Man errichtete eine Machine, so das Chaos genennet ward, und diese war auf so künstliche Weise erbauet, das fast nicht das geringste daran zu sehen war, das sich nicht auf eine wunderns-würdige Art bewegt hätte. Die vier Elemente, als Feuer, Erde, Wasser und Lufft, giengen gantz verworren durcheinander, in dieser Machine saß ein Königlicher Castrate, der den Götzen Jupiter præsentirte, und dasjenige, was bey dem Carousel Aufzug vorgestellet werden solte, absang. Nach geendigter Operette wurde solch Chaos in geschwinder Eyl zunommen und vom Platz abgeräumet.

§. 10. Vor denen Carousellen werden gewisse Articul

Articul abgefaßt, wie es gehalten werden soll, wenn die Ritter auf die Bahne kommen, wenn Appel geblasen wird, wenn Lermen geblasen wird, wie sie die Treffen machen sollen, wie viel Rennen zu halten, wie die Haupt-Gewinste auszutheilen, nach den Ringen, die einer getroffen, nach den Javelins, die einer geworffen, und nach den Kugeln, damit einer durchbohret.

§. 11. Die Ordnung der Aufzüge bey den Carousels ist unterschiedlich, und kan nicht gar wohl in allgemeine Regeln und Classen gebracht werden. Bißweilen marchiren ein 50 Mann vorher von einer Garde unter Anführung eines Obersten mit entblößten Degen und Gewehr; ferner folgt ein Herold zu Pferde in einem buntscheckigten Herolds-Habit und grossen Feder-Busch auf dem Haupt, hinter solchem folgen Trompeter, entweder in altteutscher Kleidung, oder in solchen Habit, der mit dem übrigen Aufzug harmonirt, auf diese ein Paucker und wieder einige Trompeter, nachgehends unterschiedene Marschälle, 2 und 2 in einem Gliede, ferner die Ritter mit ihren Chefs, und 24 Lantzenträger zu Fuß à 3 und 3 mit Quintan-Lantzen; den Beschluß machen wieder 50 Mann von einer Garde du Corps, oder reitenden Trabanten mit ihren Ober-Officiers.

§. 12. An andern Höfen wird folgende Ordnung beobachtet: Erst kommt ein Unter-Bereuter zu Pferde, zum andern 8 Reit-Knechte, zum dritten ein doppelter Chor Trompeter, nebst denen darzu gehö-

gehörigen Pauckern, viertens 10 biß 12 Läuffer in einer Reyhe, fünfftens 12 Königliche oder Fürstliche Laquais, sechstens 8 Pagen, und siebendens das Haupt einer Esquadrille nebst den Rittern. Das Chef ist wieder mit unterschiedenen Officiers oder Cavaliers umgeben, und die Bedienten, die bey ihnen hergehen, führen vergüldte Lantzen und Darden.

§. 13. Die Trompeter und Paucker, die Stallmeister und Bereuter, die Herolde und Marschälle, die Hand- und Parade-Pferde so von den Reitknechten geführet werden, und mit kostbahren Schabracken, Sätteln und Zeugen gezieret sind, die Pagen, Laquais und andern Bedienten, die Carousel Ritter nach ihren unterschiedenen Esquadrillen, nebst ihren Secundanten und Patronen die dabey sind, wechseln auf unterschiedene Weise. Wenn es sehr solenn zugehen soll, so sind vor ieder Bande ohne die ordinairen Chefs 4 General-Majors, und 4 Obristen als Maitres de Camp zu Pferde, mit ihren Marschalls-Stäben, nachgehends die Banden, und vor einer ieden Bande erst wieder ein Bereuter oder Piqueur. Ein General hält etwan in der Mitten der Renn-Bahne, um die Trompeter, so Appel zum Rennen blasen, zu commandiren, auf den Seiten paradiren die Marschälle, die Trompeter und Paucker, die Bereuter, die Avanturiers nebst den Bedienten mit Lantzen, Javelins und andern Gewehre.

§. 14. Die zu dem Rennen destinirten Ritter

ter erscheinen entweder in einem besondern figürlichen und inventieusen Habit, oder in ihren eigenen mit Gold und Silber reich chamerirten Kleidern. Als Anno 1633 GOTT den Römischen Kayser Ferdinand II mit einem Erben gesegnet hatte, so wurde ein Carousel-Rennen angestellt, bey dem 60 Personen an Fürsten, Grafen und Herren als Ritter aufgewartet. Die Kleider der Cavaliers waren von Taffet, und alle mit Spiegeln behängt. Der Laquais ihre von Leinwand, ebenfalls mit Spiegeln behängt so wohl als die Pferde-Decken. S. Kevenhüllers Annal. Ferdinand. XII Theil p. 498.

§. 15. Zuweilen pflegen an Höfen bey keiner allzugrossen Versammlung bey Trompeten- und Paucken-Schall nur mäßige Gewinst-Rennen gehalten zu werden, die nicht so gar solenn sind; die Ritter theilen sich in ein paar Suiten, iede von ein 10 biß 12 Personen; in 2 Carrieren werden zwey Ringe zugleich aufgesteckt, darnach ie 2, und 2 aus ieder Suite einer, wie solche durch ein paar Cammer-Fouriers aufgefordert, und von ihnen nach gegebenen Appel unterschiedne Rennen gehalten werden. Die Avanturiers rennen nach den aufgesteckten grossen und kleinen Ringen. Mit den Lantzen stechen sie nach den Köpffen, und mit den Javelinen werffen sie.

§. 16. Der Anfang des Carousel- und Ring-Rennens geschiehet wieder auf unterschiedne Weise. Bißweilen gehet ein Stallmeister, der das Amt

Amt eines Adjutanten verrichtet, zu den Kampf-Richtern, sie zu fragen, ob es den Rittern erlaubt, sich in die Renn-Bahne zu begeben, und den Zuschauern zu zeigen. Wenn nun die Kampf-Richter mit Approbation der Durchlauchtigsten Herrschafft, ihme Erlaubniß gegeben, so gehet er wieder zu den Rittern, ihnen solche Ordre zu überbringen. So offt als ein neu Rennen gehalten werden soll, werden die Kampf-Richter befraget, an andern Orten aber wird diese Ceremonie nicht in Obacht genommen. Manchmahl geschiehet der Eingang des Rennens mit der Fama. Es wird ein Trompeter in Gestallt einer geflügelten Weibes-Person in weissen Atlas mit Gold eingekleidet, führt in der Hand eine güldne Trompete, und invitirt die Ritter durch das Stossen in die Trompete zu dem Rennen.

§. 17. Sie absolviren ihre Ritte, wie sie nach geblasenen Appel von den Fouriers aufgefordert werden. Wird Lermen geblasen, müssen die Renner zusammen auf dem rechten Fuß des Pferdes ansprengen, und ihre Carriers auch in Galop auf selbigen Fuß vollführen. Sie zielen in vollen Galoppiren mit den Lantzen, Javelins, Pistohlen und Degen nach den Ringen, nach den Türcken-Köpffen, und nach den von Pappe gemachten und auf der Erde liegenden Kugeln und andern dergleichen. So kommen zuweilen auch andere Exercitia dabey vor. Die Chefs zeigen in Begegnen ihren Gegnern einen ieden sein Schild, darauf

gewisse

gewisse Divisen zu sehen, dann ergreifft der eine aus einem Beutel die von Thon a parte dazu gemachte Kugel, und wirfft solche im Zurückkehren dem andern, welcher sein Schild auf die lincke Schulter geworffen, nach, und wendet sich geschwinde um, hingegen der so geworffen worden, ergreifft dergleichen Kugel, und zubricht sie auf vorige Weise bey seinen Gegner.

§. 18. Damit die Pracht mancher Carouselle desto ansehnlicher erscheine, so formiren die Ritter und Cavaliere mit ihren prächtigen Kleidern offters unterschiedliche künstliche Figuren, als erstlich ein gedoppeltes Creutz, hernach wenn sie sich offtmahls untereinander gemischt und gewendet, einen Stern, der sich in viel Strahlen zertheilt. Sind nun solche Posituren und Stellungen wiederum künstlich zutrennt, und unterschiedlich verwechselt worden, so geben sie zu allerhand Figuren Anlaß. Es folgen auch wohl hinter dem Rennen einige der tapffersten Pferde und Lufft-Springer, die auf das prächtigste geziert, welche mit ihren künstlichen Springen ihre Freude gleichsam auch mit dabey zu verstehen geben.

§. 19. Bißweilen sind einige Roß-Balletter mit den Carousellen und Ring-Rennen vereiniget; Doch scheinet es, daß dieselben noch mehr in den vorigen Zeiten Mode gewesen, als in den ietzigen. Sie zeigen, wie weit ein Cavalier ein Pferd dressiren könne, damit er Gelegenheit habe seine Geschicklichkeit zu erweisen, und die Pferde in Mensur

und

Von Carousellen, Ring=Rennen und 2c. 779

und Tempo methodice zu regieren, sie haben ebenfalls ihre Regeln, iedoch muß man sich hauptsächlich bey diesen Bewegungen nach den Vermögen der Thiere richten. Johannes Mollerus meldet in seinen Allegoriis Profano sacris Cap. V. p. 124. §. 203. daß, als anno 1645 im Monath Octobris zu Königsberg ein Fürstliches Beylager zwischen dem Durchlauchtigsten Fürsten und Herrn in Lief= und Churland Jacobo, und der Durchlauchtigsten Fürstin und Princeßin Lovysen Charlotten Marggräfin zu Brandenburg gehalten worden, so hätte man unter andern schönen Ritter=Spielen auch sieben Tartarische Pferde, so der Hoch=Fürstliche Herr Bräutigam mit sich gebracht, auf den Schloß=Platz geführt, welche so künstlich abgerichtet gewesen, daß sie durch die Regierung derer, so darauf gesessen, nach der Music und Tact recht ordentlich und zierlich bald mit den Köpffen zusammen, bald wieder von einander so künstlich umher getantzt hätten, daß es niemand ohne besondere Verwunderung anschauen können.

§. 20. Bey den Roß=Balletten werden nach den Schulen mit den Trompeten und Hautbois gewisse Arien geblasen, als eine Arie a la Soldate, eine Arie zum Corweten, eine zu Passaden, eine zu Volten. Es werden nach dem Tact und der Cadance in der Music zierlich erhabne Corwetten gemacht, und solche mit der Music einstimmige in etzlichen geraden Fortsetzungen, Volten und Wendungen angebrracht. Nach diesen flechten sich andere

dere wiederum mit schwartzen Passaten hin und wieder, und schlüssen die übrigen auf eine artige Art ein. Andere machen künstliche Repellonen, und verwechseln sich sämmtlich nach allerhand unter sich gemachten Wendungen.

§. 21. So machen auch einige redoppirende Pferde nach verschiedenen Ein- und Abtheilungen des Creyßes besondere Wendungen von einer Hand zur andern, und schlagen sich zwischen den andern durch, biß sie endlich nach den Tact und Maaß des Thones auf den vier Ecken der Creyße in gleicher Weite zu stehen kommen. Andere folgen in zierlichen Galopp mit verschiedenen Hin- und Herwerffungen der Pferde, theils nach Krieges, theils nach Tantz Manier, sie fahren mit so künstlichen und leichten Sprüngen in die Höhe, nicht anders als wenn es flüchtige Hirsche wären.

§. 22. Diese corwetirenden, passirenden, redoppirenden, galoppirenden und springenden Pferde und Reuter werden nach ihren unterschiedlichen Posituren und Creyßen so in einander geflochten und gestellt, daß allenthalben etwas artiges und besonders zu sehen ist. Bißweilen gehen die Pferde in einem sachten und majestätischen Schritt, nicht anders als ob sie eine Currante tantzten, zu weilen marchiren sie flüchtiger. So bald als eine neue Veränderung zu sehen oder zu spühren, lassen sich die Trompeter und Paucker auf das neue hören. Bey dem Abmarsch formiren die Ritter offters curieuse Irr-Marsche, entweder

als

als eine Schnecke, oder nach einer andern Figur, und der Abzug geschiehet auf solche Weise, wie der Eingang geschehen.

§. 23. Nach geendigten Carousell werden die Gewinste ausgetheilet, die entweder in Jubelen oder in kostbaren silbernen und güldenen, oder porcellainen Zeuge bestehen, oder in Gewehren u. s. w. Die Herrn Judicirer, zu welchen die Hoch-Fürstlichen Räthe und Ministres erwehlt werden, beurtheilen nach den Articuln, und registriren, wer das beste gethan. Gewisse Marschalle führen diejenigen so gewonnen, einen nach dem andern unter Trompeten- und Paucken-Schall ab zu den Judicirern, allwo ihnen die gewonnenen Preiße ertheilt, und sie mit gehörigen Ceremonien an ihren Ort wieder begleitet werden; An andern Orten, eylen die Sieger bey Trompeten- und Paucken-Schall unter die Logen des vornehmsten Frauenzimmers, aus deren Händen sie die Præsente erhalten. In den vorigen Zeiten war es gebräuchlich, daß die Ritter und Uberwinder von einer Dame nicht allein mit einen andern Præsent, sondern auch zugleich mit einem Krantz regaliret worden, worauf sie denn in Beyseyn der gantzen Versammlung unter Trompeten- und Paucken-Schall einen teutschen Tantz mit ihnen thaten, welchen die Kampff-Richter nachgehends auch nachfolgten.

§. 24. Zuweilen werden nach einer gantz besondern Erfindung gewisse Damen-Rennen gehalten.

ten. Die hiezu denominirten Dames und Cavaliers müssen sich zu gesetzter Zeit im Reith-Hause einfinden, und nach ihren assignirten Renn-Wägen begeben. Die Renn-Wägen sind auf Art der Römischen Triumph-Wägen gemacht, in Gestallt eines Thrones, zierlich gemahlt, versilbert und vergüldet, und mit Taffet oder Sammt ausgeschlagen. Eine iede Dame wird von einen Cavalier begleitet.

§. 25. Die Dames und Cavaliers sind nebst ihren Bedienten und Läuffern auf das artigste gekleidet. Mit diesen Couleuren müssen nicht allein die Federn, Bänder und andere Zeuge der Pferde, sondern auch die Schuhe, Strümpffe und Mützen der Läuffer accordiren.

§. 26. Der zum Rennen bestimmte Platz bestehet bißweilen in 12 besondern Bahnen, in welchen allezeit zugleich 4 Damen auf ihren prächtigen Triumph-Wägen rennen, und eine iede hat zu ihrer Rechten und Lincken einen Cavalier zu ihrer Begleitung, der zugleich mit rennet. Die Dame sticht mit ihrer Lantze nach dem Ringe, und der Cavalier auch. Andertwärts stehen auf dem Renn-Platze viel Pyramiden mit güldenen Knöpffen, durch welche die Renn-Wägen fahren müssen, doch aber auf einmahl nur 1. Wagen.

§. 27. Der Renn-Platz ist zuweilen in vier Ecken gar curius gebauet, mit grünen Reißig künstlich beflochten; Es werden mitten auf den Gängen und Logen erhabne Fenster gemacht; welche

welche mit Pyramiden gezieret, auf welchen die Fürstlichen Personen zu stehen pflegen. Bevor die Rennen angehen, pflegen der Hof-Marschall und einige Herolde mit 12 Trompetern und ein paar Pauckern forn an zu reiten, und auf der Renn-Bahne mit dem Aufzuge eine Parade zu machen. Bey iedem Rennen lassen sich die Trompeten und Paucken, wie gewöhnlich, hören.

§. 28. Zuweilen werden auch gewisse Nacht-Rennen gehalten. Hierbey werden die Säulen auf den Carrieren nebst den Pyramiden mit viel 1000 Lampen auf eine wohl ausgesonnene Weise erleuchtet, und über dieses mancherley Arten Leuchter mit Lampen an die Cordons gehencket: Als bey der Anwesenheit Ihrer Königlichen Majestät in Preussen und Churfürstlichen Durchlauchtigkeit zu Brandenburg vor einigen Jahren in Dresden ein Nacht-Rennen gehalten wurde, so præsentirte sich in der Mitten der Reit-Bahne über den 2 erhabnen meßingenen Pyramiden der Nahme des Königes in Preussen auf einer versilberten grossen Tafel; oben darüber sahe man viel Lampen von unterschiedner Grösse, in deren Grund bald röthliches bald grünes wasser gegossen ward; diese Wechselsweise gesaßten Lampen gaben nach ihrer vermischten Farbe einen solchen Glantz von sich, nicht anders, als wären es gewisse Arten der Edelsteine, welche alle zusammen die Forme einer Königlichen Crone præsentirten.

§. 29. Es müssen eine gewisse Anzahl Soldaten,

ten, die in Römische Feuer-Kleider eingekleidet, und in unterschiedene Ordnungen vertheilet, die Fackeln herzu tragen; der Platz wodurch der Zug bey den Nacht-Carousels paßiren soll, wird ebenfalls auf das beste illuminiret, und die Eingänge werden Zeit währenden Rennen, wie bey allen dergleichen Lustbarkeiten gebräuchlich ist, mit doppelten Wachen besetzt, um alle Desordres zu verhüten.

Das V. Capitul.
Von den musicalischen Concerten/ Tantzen/ Bällen und Balletten.

§. 1.

Man findet an allen Höfen, an denen man die Divertiſſemens und lustigen Handlungen eben so Regul-mäßig tractirt wiſſen will als die ernsthafften und die Staats- und Regierungs-Geschäffte, wohl bestellte Capellen. Es bestehen aber dieselben gemeiniglich aus Capell-Meistern, Vice-Capell-Meistern, Sopranisten, Altisten, Tenoristen, Baſſiſten, Componisten, Tiorbisten, Organisten, Instrumentiſten, Gambisten, Violoncelliſten, Cornettiſten, Hautboisten, Tromponisten, musicalischen Trompetern, Castraten, Cantatricen und andern dergleichen. Je mehr nun ein Regent

Regent die Music und die damit verbundenen Er=
findungen liebt, ie mehr läſt er ſich angelegen ſeyn,
geſchickte Muſicos in ſeine Capelle zu bekommen,
und dieſelben mit Unkoſten darinnen zu erhalten,
und iſt es nichts ungewöhnliches, daß einige Ita=
liäniſche Sänger und Sängerinnen einige tauſend
Thaler des Jahres über zu ihrer Beſoldung oder
Penſion bekommen.

§. 2. Die Componiſten pflegen auf mancher=
ley verſchiedene Weiſe an Hoch = Fürſtlichen Ge=
burths=Tägen, Beylagern, Kindtauffen, Huldi=
gungen, Crönungen und andern Feſtivitäten aller=
hand Serenaden, muſicaliſche Paſtorellen und
Sina=Ballette, durch Hülffe der Poeſie, Muſic
und Mathematic zu erfinden. Die Serenaden ſind
gewiſſe Abend=Muſicken, die bey Fackeln durch
Menſchen=Stimmen und Inſtrumenta überbracht
und vorgeſtellet werden. Sie ſind entweder ſim=
pler oder zuſammen geſetzt, hiſtoriſch und allego=
riſch. Die ſimplen beſtehen in der bloſſen Muſic,
die hiſtoriſchen aber ſtellen zugleich eine gantze Hi=
ſtorie vor, die ſich zu einer ieden Solennität ſchickt.
Die Perſonen ſind auf eine beſondere Weiſe ge=
kleidet, es werden heydniſche Götter und allerhand
Machinen mit dabey angeführt. Die Sänger
und Sängerinnen formiren bey viel tauſend Fa=
ckeln beſondere Figuren, u. ſ. w.

§. 3. Die Paſtorellen ſind gewiſſe Schäfer=
Gedichte, die etwan bey Hoch=Fürſtlichen Beyla=
gern inventirt werden, und dem neu verlobten Hoch=

Ddd　　　　　　　　Fürſt=

Fürstlichen Paar zur Ehre und zum Divertissement die Handlungen der Liebe auf eine angenehme musicalische Art vorstellen, um ihnen durch die Personen, so dabey aufgeführt werden, zu ihrer Vermählung zu gratuliren.

§. 4. Die Sing-Gedichte werden nach Art der kleinen Opern bißweilen eingerichtet, bißweilen aber auch ohne besondere abwechselnde Handlungen. In den Gedichten des berühmten Gustavi Heræi findet man p. 203. eine Beschreibung eines beleuchteten Saals und Theatri zu einem Sing-Ballet, so anno 1703. bey der Geburths-Feyer des Durchlauchtigsten Fürsten und Herrn, Herrn Christian Wilhelms, Fürstens zu Schwartzburg-Sondershausen, ordoniret worden. Der Innhalt des Sing-Ballets war der Glücks-Wunsch zu der Geburths-Feyer Sr. Hoch-Fürstl. Durchlauchtigkeit. Die Music Frantzösischer Composition, und musten sich die Verse darnach richten. Die Schau-Bühne præsentirte einen mit durchscheinender Erleuchtung illuminirten, bey Winters-Zeit grünen Tannen-Wald, am Ende stund ein Spring-Brunnen, dessen Fuß ein doppelter Adler war, der auch Wasser sprützte.

§. 5. Die Erfindung der Illumination hatte ihr Absehen auf die von Jhro Hoch-Fürstl. Durchlauchtigkeit glücklich zu Ende gebrachten XI. Lustra, wobey die in dem grossen Saal eben gefundene XI. bequeme Stellen Anlaß gegeben. Rings um den Saal zwischen jeder Statue war ein Obeliscus aufgeführt,

Von musicalischen Concerten/ Tantzen/ ꝛc. 787

geführt, und auf einer ieden von diesen gespitzten Säulen ein ander Römisches Votum Quinquennale, nebst Hieroglyphischer und Emblematischer Vorstellung der Geschichte von einer ieden 5 jährigen Zeit abgebildet. Man sahe auch auf einem ieden Obelisco die vornehmsten Thaten, Momenta und Meriten der Lebens-Schilder, Inscriptiones, Gemählde und Emblemata.

§. 6. Der Bau des Theatri war eine illuminirte Säulen-Reyhe von Jonischer Ordnung. Zwischen den beyden ersten Säulen hiengen drey Clypei votivi unter einander, in der Mitten war die Oeffnung der Bühne, worüber die Frise leuchtete, mit dem bey allen öffentlichen Schau-Spielen gewöhnlichen Zuruff: De nostris annis addat Tibi Maximus annos. In der Verdachung schiene Ihrer Hoch-Fürstl. Durchlaucht verschlungener Nahme in einem Schilde, so mit dem Fürsten-Hut und den Adler-Köpffen des Fürstlichen Wapens gezieret war, sammt denen symbolischen Neben-Zierrathen einer glücklichen Regierung. In der dritten Oeffnung war wieder eine Thüre, wie in der ersten, so daß diese beyden Oeffnungen an den Seiten der mittlern grössern gleichsam die Hospitalia der alten Römischen Theatris vorstellten, auf welchen hernach die Masquen zur Wirthschafft heraus traten.

§. 7. Die Bälle sind ein allgemeines Divertisement, so gemeiniglich mit den übrigen Solennitäten oder Lustbarkeiten vergesellschafftet ist. Wenn

Ddd 2 die

die Hoch=Fürstl. Personen nebst den anwesenden fremden Herrschafften, oder ihre eigene Hofstatt an solennen Cour-Tägen, oder bey andern Festivitäten von der Tafel aufgestanden, so wird hernach getantzt. Die Täntze sind entweder einfache oder zusammengesetzte; Die einfachen sind, wenn eine Manns=Person mit einem Frauenzimmer nach derjenigen Weise, wie sie entweder von der Natur oder von der Kunst gelehret worden, und in einem jeden Lande gebräuchlich ist, zu tantzen pflegt. Die zusammengesetzten aber, oder die Ballette bestehen aus sehr viel Personen, die zusammen tantzen, und nach gantz besondern Regeln dirigirt werden.

§. 8. An den Teutschen Höfen sind über diejenigen, die unserm Vaterland eigenthümlich, meistentheils die Frantzösischen und Englischen eingeführt. Etwas besonders war es, daß der Römische Kayser Leopoldus niemahls Frantzösisch tantzte, sondern vielmehr eine Art von einer Teutschen Führung beobachtete, welche der Gravität dieses höchsten Ober=Haupts gemäß war. Dieses ist nicht etwan bloß in seinen jungen Jahren geschehen, sondern wie sich der Wienerische Hof nicht leichtlich weder in Plaisir noch andern Sachen zu verändern pflegt, so hat er in seinem hohen Alter sich nicht lange vor seinem Tode dieser Vergnügung theilhafftig gemacht. S. Leben des Kaysers Leopoldi pag. 66.

§. 9. Bey den Hoch=Fürstlichen Beylagern ist an den meisten Höfen der so genannte Fackel=Tantz gewöhn=

gewöhnlich. Es ist dieses eine alte Ceremonie, die entweder die Römer von denen viel ältern Teutschen, oder die Deutschen von den Römern angenommen, als die ihre Hochzeitlichen Festivitäten unter andern auch von den Tædis oder Kühn-Fackeln, die sie den Verlobten vortragen liessen, benennten. Wenn entweder die Hoch-Fürstliche Braut mit ihren Bräutigam, oder eines von den vermählten Paar mit den nächsten Hoch-Fürstlichen Anverwandten tantzet, so pflegt der Hof-Marschall sie mit dem Marschall-Stabe zu diesen Tantz aufzuführen. Es geschicht derselbe unter Trompeten und Paucken-Schall; Bißweilen pflegen ein 12 Pagen mit brennenden weissen Wachs-Fackeln vorher zu marschiren, bißweilen müssen es auch wohl gar an Königlichen und Chur-Fürstlichen Höfen, Cammer-Juncker, Cammer-Herrn oder Generals thun, und die Hof-Dames müssen der Königlichen oder Fürstlichen Braut die Schleppe nachtragen. An manchen Höfen ist gebräuchlich, daß nebst dem Hoch-Fürstlichen Paar ein 6 paar von den Hofleuten vor, und ein 6 paar nach, zugleich mit Tantzen, alle mit brennenden Fackeln.

§. 10. An vielen Deutschen Fürstlichen Höfen ist noch die alte Ceremonie bey den Hochzeitlichen Festivitäten hergebracht, daß die Princeßin Braut mit verbundenen Augen drey Personen aus denen in dem Braut-Gemach um sie herum tantzenden Reyhen ergreiffen, und ihnen die Crone zustellen muß, zu diesen vermeynten und betrüglichen Merckmahl, daß eine iede von diesen ergriffenen, wenn sie noch ledigen Standes, in demselben Jahr in der Verehligung nachfolgen werde.

§. 11. Bey den Tantzen pflegt man an Höfen ebenfalls den Rang zu observiren, und darff sich einer von den geringern nicht leichtlich unterstehen, ein Frauenzimmer aufzuziehen, biß es die Hoch-Fürstliche Herrschafften erlauben, oder biß ihn nach dem ihn zukommenden Rang die Reyhe trifft, es müste denn en masque getantzt, oder bey manchen Lustbarkeiten erlaubet werden, daß alles untereinander tantzen dürffte. Jedoch sind hierunter bloß die Cavaliers und Dames zu verstehen, sintemahlen sich keiner von den andern, dafern er nicht eine Straffe will zu erwarten haben, unternehmen darff, auf den Tantz-Platz, der bloß den Hoch-Fürstlichen Herrschafften und ihrer Hofstatt gewidmet ist, zu erscheinen. Es werden daher auch meistentheils gewisse Schrancken gesetzt, damit sich niemand, der nicht dazu gehört, eindringen, und den vornehmen Täntzern beschwehrlich seyn möge.

§. 12. Die Ballette kommen nicht allein bey den Commœdien, Tragœdien und Opern vor, sondern auch bey andern Hof-Divertissemens, als bey Carousellen, bey Masqueraden, Redouten u. s. w. Sie werden eingetheilt in serieuses oder in comiques und grotesques. Bey jenen werden die Qualitäten und Tugenden berühmter Leute mit ernsthafften, seltsamen und temperirten Geberden andern zur Nachahmung vorgestellt. Bey diesen
aber

aber die Laſter und Abſurditäten brutaler Menſchen durch die Satyre und das Gegentheil aller Regeln, ſo für ernſthaffte gehören, corrigirt, damit andere für ſolchen närriſchen Geſtibus einen Eckel und Abſcheu bekommen mögen.   Uber dieſes giebt es philoſophiſche, welche die Grund-Urſachen, die Würckungen und Eigenſchafften der Dinge in einem guten Verhältniß vorſtellen, Romanesquen die ihren Urſprung aus den Romainen hohlen, wunderſeltzame Ausgänge in ſich faſſen, und offt gar wenig Wahrſcheinlichkeit bey ſich führen; poetiſche und fabulöſe, deren Erfindung aus der Mythologie und heydniſchen Fabeln kommt; und hiſtoriſche, die aus den wahrhafften Geſchichten genommen.   In Summa, was in der Welt, in der Natur, oder unter den Menſchen zu geſchehen pflegt, wird in Balletten mit vorgeſtellt.

§. 13. In allen Balletten werden 3 Haupt-Ordonancen und Eintheilungen gemacht, nehmlich 1) die Ouverture, welches die Erklährung des Sujets oder der Haupt-Abhandlung giebt, ſo man præſentiren will, und ſoll den Haupt-Endzweck von der gantzen Action vorſtellen. Die Actus handeln die gantze Geſchichte ab, und werden in ihre Entreen oder Scenen wieder abgetheilt, dieſes ſind die unterſchiedenen Folgerungen, welche zeigen, wie dieſe Geſchichte von Stück zu Stück paſſirt ſey.   Das Grand-Ballet oder der Schluß der gantzen Repräſentation geſchicht, wenn ſich die Täntzer alle verſammlen, und vielmehr Paſſagen und Figuren machen, als in den vorigen Entréen

§. 14. Die Perſonen zum Balletten werden nach Beſchaffenheit der Materie, die man vor ſich hat, erwehlet. Bey Paſtorellen kommen Schäfer-Ballette vor, begreifft der Actus eine Feld-Schlacht, ſo wird eine Entrée von Combattanten vorgeſtellt; Tractirt das Schauſpiel eine Jagt-Materie, ſo ſiehet man Jäger und Jägerinnen tantzen; Bey verliebten Avanturen kommen Amouretten vor. So præſentiren ſich auch bißweilen auf den Schau-Platz in den Entréen allerhand frembde Nationen, ingleichen Geiſter, Furien, Nymphen, Satyren, Bergleute, Scaramuzzen, alte Trödel-Weiber u. ſ. w. Nicht weniger werden allerhand Affecten vorgeſtellt, durch traurige, zornige, raſende, verzweiflende, verliebte, und andere Täntzer. Man ſiehet auch wohl zuweilen nach beſondern Erfindungen lebloſe Dinge in Entreen, als Irrlichter, Winde, Sterne, Elemente, u. ſ. w. auffführen.

§. 15. Bey den Balletten müſſen das Naturell, die Actionen und Paſſionen der Menſchen, auch die Eigenſchafften der unvernünfftigen, lebloſen, beweglichen und unbeweglichen Creaturen, durch harmoniſche Cadence und ſymmetriſch regulirte Bewegungen der Geberden, Affecten und Figuren wohl ausgedrückt werden. Die Vollkommenheit der Ballettes beſtehet darinnen, daß man der Natur nachahme, ſo viel als nur möglich, keine ne Geberden noch pofituren mache, die sich nicht sehr wohl auf die Sache schicken, die man vorstellt, und den Character der Personen, so viel als nur immer möglich, auf das deutlichste præsentire.

§. 16. Man muß den Tantz=Platz wohl beurtheilen; nachdem er eine halbe oder gantze Perspective vorstellt, nachdem sind auch die Veränderungen der Figuren zu ordoniren. Die besten Täntzer sind allemahl vor, und die schlimmsten hinter zu rangiren, bevoraus wenn sie nach der Länge stehen. So müssen auch die Habites, die Masquen die zu den Sachen und Personen gehörigen Werckzeuger, mit der gantzen Erfindung harmoniren.

§. 17. Bey der Composition hat man in Betrachtung zu ziehen, daß die Schritte, Tritte, Mienen und Geberden, sie mögen gleich mit dem Kopff, Munde, den Augen, Händen, Fingern oder gantzen Leib geschehen, accurat nach dem Tact und Proportion der Cadence, das ist, nach der ordentlichen Folgung der Stimmen in der Melodie, und in Maaß Tempo und Gewicht, Regelrecht eingerichtet werden. Die Zuschauer müssen allbereits aus der Gesticulation erkennen, was dieses oder jenes ins besondere bedeuten soll, wenn auch schon die Decoration und Auskleidung des Schau=Platzes nicht dabey wäre. Der Wohlstand und die Lieblichkeit sind mit gehöriger lieblicher Sänffte, bey ernsthafften oder lustigen langsamen

samen oder geschwinden Mouvemens, mit einander zu temperiren

§. 18. Die Schritte und Geberden müssen hauptsächlich mit dem Character der Personen, den sie ausdrücken, harmoniren. Bey den Entreen der Damen muß die Modestie allenthalben die Oberhand haben, die Capriolen sind ihnen nicht anständig, und ihre Sprünge müssen niemahls über das Contretemps schreiten. Sollen Cavaliers tantzen, so müssen douçe und manierliche, bey Bauern tumme und ungeschickte, bey Klopff-Fechtern freche und freye, bey Soldaten heroische und kühne Schritte, Minen und Geberden, an Händen, Füssen, Augen, Kopff und gantzen Leib ausgesonnen werden: Winde müssen leicht, trunckne Menschen taumelnd, zornige hitzig, lustige frölich, furchtsame zweiffelhafftig, und betrübte traurig tantzen, ie natürlicher die Motion und Gesticulation ist, ie künstlicher und rühmlicher wird auch das Ballet seyn.

§. 19. Eine wohl ausgesuchte, und mit der Materie accordirende Music, contribuiret ein vieles zur Schönheit der Ballette. Sollen Nymphen oder verliebte Personen ballettiren, so wird eine douçe und anmuthige, bey melancholischen eine traurige und betrübte, bey desperaten eine furieuse und rasende, bey tapffern eine heroische, bey Scaramuzzen eine poßirliche, bey alten Weibern eine zerrige und dehnende Air und Melodie erfordert. Bey einer combattirenden Entree würden sich so
wenig

wenig die Fleutedoucen, Lauten, Viol di Gamba, Panduren, Clarinen; als bey Bauern und Schäfern, weil diese letztern, als ein lustiges Völcklein, gemeiniglich nach einer schnurrigen und frischen Feld=Music, als Schallmeyen, Dudelsack und Leyer gantz muthig herum zu hüpffen gewohnt sind, und die erstern, bey denen alles martialisch zugehet, durch Trompeten, Paucken, Hautbois und Bassonen zum Streit munter gemacht werden. Bey Cavaliers und Dames ist douce Music zu gebrauchen.

§. 20. Die Balletter sind an den Europäischen Höfen von einigen Seculis her bey Lustbarkeiten und Schau=Spielen im Gebrauch gewesen. In Franckreich stellte man unter dem König in Franckreich Ludwig XIII. Balletter vor, von den Tugenden, der Clemenz, Klugheit, Tapfferkeit, Mäßigkeit u. s. w. ingleichen von Schäfern, so aus den besten Tänzern bestanden. Unter dem letzt verstorbenen König Ludwig XIV. von den vier Jahres-Zeiten, von freyen Künsten u. s. w. Bey der Crönung des ietzigen Königs in Franckreich præsentirten die Commœdianten ein Ballet von 24 Stunden, welches in vier Actus eingetheilt war, nemlich in die Mitternacht, in die Morgenröthe, in den Mittag und in den Abend. Es hatte diese Lustbarkeit, vor welcher ein Prologus vorher gieng, sehr viel künstlich ausgesonnene Abwechselungen von Tänzen, Musicken, Frantzösischen und Italiänischen Comödien. In Schweden sahe man ein

Ballet=

Ballet, welches zu Zeiten Caroli Gustavi gehalten ward, von Krieg, Friede, der Liebe und Glückseligkeit der Unterthanen, so von einigen Amazonen getantzet wurde. In Spanien und Engelland hat man dergleichen unterschiedene gesehen, bald von allerhand Tragœdien, bald von Affecten und moralischen Dingen. Gleichwie die Poesie und die Music in Italien im grösten Flor stehet, also kan man auch glauben, daß die Ballette daselbst vor allen andern Europäischen Ländern mode seyn, und ihren rechten Sitz daselbst aufgeschlagen.

§. 21. Der Endzweck der Ballette soll dahin gerichtet seyn, daß so wohl die Tänzer als Zuschauer durch die besondern Affecten, Bewegungen und Handlungen, durch manierliche und unanständige Geberden zu den Tugenden angereitzet, und hingegen von mancherley lasterhafften Sitten und Actionen zurück gezogen werden; ich glaube aber, daß die wenigsten Componisten bey Composition der Ballette, und die wenigsten Tänzer und Zuschauer hieran gedencken.

Das VI. Capitul.
Von Opern und Comœdien.

§. 1.

Die Opera ist gleichsam eine Assemblee, darinnen in einer gewissen Ordnung ein Concert gehalten, und dabey getantzet wird. Alle, die zu der Opera gehören, repræ-

Von Opern und Comœdien.

repræsentiren gleichsam eine kleine Republic, und machen bißweilen, als wie in Franckreich und Italien, wohl ein paar hundert Personen aus, einige singen, andere tantzen, wiederum andere spielen auf verschiedenen Instrumenten, die schlechtesten unter ihnen sind, welche bey den Logen die Billets abfordern, und die auf dem Theatro bey den Machinen arbeiten. Wenn auf den Theatris bey Hofe entweder zur Sommers-Zeit, da der Zulauff nach den Spectaclen so gar groß nicht ist, oder um anderer Ursachen willen nur kleine Piécen vorgestellt werden, so nennet man dieses Operetten.

§. 2. Man findet bißweilen, daß Durchlauchtigste hohe Häupter sich gefallen lassen, einige Opern auszuarbeiten, wie denn unterschiedene bekannt sind, die von dem Durchlauchtigsten Hertzog zu Wolffenbüttel Anton Ulrichen componirt worden. Es soll auch ehedessen zu Zeiten Ihrer Kayserlichen Majestät, Leopoldi des Grossen, in Wien niemahls eine Opera gespielt worden seyn, worinnen er nicht selbst eine und die andere Passage componiret. Er soll auch in der Opera eine solche Aufmercksamkeit bezeugt haben, als wenn er sie zum ersten mahl hörte, und nicht leichtlich ein Auge von der in Händen habenden Parthie weggewendet haben, so genau hätte er alle Noten observirt. Hierinnen aber soll ihm, seine ihn sonst an Willen und Frömmigkeit gleiche Gemahlin, die Käyserin Maria Theresia, gantz und gar nicht einstimmig gewesen seyn; maßen sie sich öffters in die Opera

Opera einen Nähe-Rahmen tragen lassen, woran sie bey währender Opera so fleißig gearbeitet, daß sie nicht einmahl ein Auge auf das Theatrum gewendet, also daß man gesehen, wie sie bloß dem Kayser zu Gefallen, und ihn mit hinein zu begleiten, in die Opera gegangen. S. das Leben des Kaysers Leopoldi, p. 59

§. 3. Die Theatra müssen geräumlich, und zu der Veränderung der Scénen und Machinen recht bequem seyn. Je mehr die grossen Herren selbst Liebhaber der Opern und Comœdien, ie mehr Unkosten wenden sie an Erbauung und Ausputzen der Theatres. Des Römischen Kaysers Josephi Majestät liessen zu Anfang ihrer Regierung ein so prächtiges Theatrum aufführen, davon allein die Mahlereyen über 50000. Rthlr gekostet. S. den VIten Eingang des curieusen Bücher-Cabinets. p. 878. Die Theatra sind von den Amphitheatris zu unterscheiden. Die Amphitheatra sind diejenigen Plätze, wo die Zuschauer sitzen, davon die halbrunden besser als die langen ovalen, und auf verschiedene Weise gebauet sind.

§. 4. Von Theatris hat man vielerley Sorten, als (1) Theatra-Fixa, welche sonst und beständig an einem Orte stehen bleiben, und dieses sind die gewöhnlichsten, (2) portatilia, die aus unterschiedenen Absichten nach Gefallen von einem Ort zu dem andern können getragen werden, (3) schwimmende, die man bey mancher Gelegenheit auf dem Wasser hinschwimmen läst, (4) Theatra a l'iml'improva, die in grossen Zimmern oder an andern Orten aus den Wänden von unten auf, oder von oben herunter sich unversehens hervor thun. Einige werden in Gärten unter freyen Himmel aufgerichtet, mit grünen Tannen bekleidet, mit Orengerien besetzt, und mit Grotten ausgeziert, es werden auch wohl, damit die gantze Gesellschafft vor dem Regen gesichert sey, über und über Seegel-Tücher ausgespannt. Bißweilen lassen sichs Fürstliche Personen gefallen, daß sie unter währender Opera auf dem Theatro speisen, oder doch auf dem Amphi-Theatro der Opera zusehen, und nach geendigter Opera oder Comœdie die Acteurs auf das propreste bewirthen und accommodiren.

§. 5. Bey den Opern und Comœdien erwecken die Schönheiten und Decorationen des Theatri, die Annehmlichkeiten des Gesanges, die Symphonien und ihre Veränderungen, die Geschicklichkeit und Menge der Täntzer und Täntzerinnen, Ruhm und Approbation, insonderheit wenn selbige in den grossen Balletten in sehr grosser Anzahl als zu 30. 40. u. s. w. auf einmahl auftreten, und in einer künstlichen Verwirrung sich zwar stets unter einander verflechten, aber doch allezeit nach dem Unterschied ihrer Personen von einen ieden ins besondere gesehen und unterschieden werden können.

§. 6. Die Decorationen des Theatri wecken den Geist der Zuschauer auf, und bringen Mouvemens zuwege, die mit den Decorationen, und mit der vorgestellten Historie wohl übereinstimmen. Es bestehen aber dieselben in den verschiedenen Scénen und Machinen, die Scénen sind alle die leblosen Wercke der Kunst, die sich eine Zeitlang auf dem Theatro præsentiren, als Palatien, Wälder, Höhlen, Städte u. s. w. die Machinen aber; diejenigen Wercke, die sich beständig bewegen, als Wolcken, Thiere, Schiffe, Triumph-Wägen u. s. w. Bißweilen siehet man folgende Machinen, und Statuen, als heydnische Götter u. s. w. die in der Lufft von dem Theatro geflogen kommen, und der Durchlauchtigsten Herrschafft die Opera oder diejenige Piece, welche abgesungen und præsentiret werden soll, überbringen.

§. 7. Die Veränderungen der Scénen des Theatri müssen in guter Ordnung bey schöner Mahlerey, nach den Regeln der Bau-Kunst und der Perspective angebracht seyn. Es läst wohl, wenn bey einer guten Abwechselung und nach Beschaffenheit der Materie auf dem Theatro, bald ein stürmendes Heer, bald eine belagerte Stadt, bald ein Königlicher Pallast, bald ein weites Feld, und ein Fluß, worüber die Soldaten eine Brücke schlagen, bald ein prächtig meublirtes Königliches Cabinet præsentirt werden.

§. 8. Bey den Auszierungen der Personen hat man insonderheit auf die Kleidung zu sehen. Es gilt nicht gleich, auf was vor Art die Acteurs oder Täntzer bekleidet seyn, sondern ihr Habit muß sich so wohl in Ansehung der Forme, als auch der Farbe und anderer Umstände, nach der übrigen Abhandlung

lung der Materie reguliren. Werden hohe Personen angeführt, so muß auch der Pracht der Kleider mit ihrer Hoheit correspondiren. Die Zeichen, so die Täntzer gewisser Actionen wegen in Händen führen, müssen so ausgesucht werden, wie sie sich vor einem ieden schicken.

§. 9. Die Composition muß mit der Direction der Music wohl accordiren, und sind die Opern allezeit vortrefflicher, wenn entweder die Autores der Music zugleich kundig sind, oder wenn ein geschickter Inspecteur-General, der in der Music und Composition wohl erfahren, die Vocal- und Instrumental-Musique der Opera dirigiret, als wie in Franckreich gebräuchlich.

§. 10. Je mehr neu erfundene Entreen, Täntze und Ballette von Geistern, Schiff-Leuten, Berg-Leuten, fremden Nationen und dergleichen, bey den unterschiedenen Actibus, oder lustige Zwischen-Spiele vorkommen, ie angenehmer läst es. Manchmahl werden auch Combats vorgestellet, welche von den Hof-Fechtmeistern dirigirt und dergestalt angeordnet werden, daß sie nach einer gewissen Cadence, und einer gewissen Figur den Augen angenehm fallen. Die Ballette, sie mögen nun gleich aus einem serieusen oder kurtzweiligen Tantze bestehen, von einer oder sehr viel Personen getantzet werden, geschehen in den Opern, Operetten, Pastorellen oder Comœdien entweder zum Beschluß, oder bey den Umkleidungen, zwischen den Handlungen und Verwandlungen.

Eee §. 11.

§. 11. Die Thour der Music müssen mit dem Character und den Passionen der Acteurs, die sie vorstellen, harmoniren, und auch bey den Zuhörern besondere Bewegungen exciriren. Es ist schön, wenn nach dem Zustand der Personen die etwan in Raserey und Verzweiflung verfallen, die gantz verwirrten und ungewöhnlichen Thour, in lauter sich beständigst einander resolvirenden Dissonantien bestehen, und nach der Gräßlichkeit oder auch der Wehmuth ihrer lugubren und kläglichen Verstimmung, bey den Zuhörern bald Schrecken, bald Mitleiden zu erwecken vermögen.

§. 12. Die Schritte, die Geberden, die Bewegungen und alle Handlungen der Acteurs müssen ihre reguliere Abmessungen haben, nach den Regeln der Music eingerichtet seyn, und der Natur gantz accurat und eigentlich nachfolgen. Die Zuschauer müssen es denen Personen aus einigen wenigen Schritten oder Geberden gleich ansehen können, ohne daß sie ein Wort reden, was sie vor eine Person vorstellen, und welcher von ihnen die Passion eines Verliebten, eines Zornigen, eines Hochmüthigen, eines Melancholischen u. s. w. præsentire.

§. 13. Der seelige Herr Pasch gedenckt in seiner Anweisung zur Tantz-Kunst pag. 60. daß es nicht allein zur Decoration gehörte, sondern auch seinen guten Grund hätte, wenn man die Laster in den Comœdien und Opern in besondern Masquen und Habiten vorstellte. Es würde den Zuschauern ver-

verdrießlich fallen, eine ordentlich-gekleidete Person in ihrem lasterhafften Bezeugen zu sehen, und ihr fast nicht glaublich anscheinen, daß ein serieuser Mensch so exorbitant thun solte, ob es schon täglich geschähe, daß mancher, der sich aber nicht selbst kennet, viele von den ungereimten Minen an sich hätte, welche man in einer zwey oder dreystündigen Action einem solchen Acteur beylegte. Es könte auch zufälliger Weise geschehen, daß eine solche unmasquirte Person iemand am Hofe oder in der Stadt ähnlich sähe, welches sodann vielen Schertz und daraus entstehende Ungelegenheit verursachen würde. Deswegen gäbe man ordentlich bey allen Repræsentationen dergleichen Character den Dienern, oder sonst geringern Leuten, damit man die Zuschauer desto leichter corrigiren, und ihnen sagen könne, daß sie sich nicht also stellen solten, wie dergleichen unhöfliche Leute zu thun pflegen.

§. 14. Bißweilen wird den Operisten unter dem Fuß gegeben, daß sie einen und andern Fehler, den man bey Hof-Leuten gewahr wird, unvermerckter weise mit berühren müssen. Die andere Gemahlin des Kaysers Leopoldi, Claudia Feliciras, bediente sich össters der Gelegenheit, in der Opera eine und die andere Erinnerung am Hofe zu thun; wie denn absonderlich einer, so den Titul führte: La Lanterna di Diogene, bekandt ist, worinnen Diogenes dem gantzen Hof seine Fehler vorrückte, und dem Kayser selbst unter der Gestallt des Alexandri M. sagte, daß er aus allzu milder Gnade, nicht ohne grossen Schaden des gemeinen Wesens, die Laster nicht genug bestraffte. So wurden auch vor einigen Jahren in einem lustigen Schau-Spiele, so der Dreßdnische Schlendrian betitult wurde, die Laster, so in Dreßden unter Höhern und Geringern, unter den jungen Edelleuten, Officiers, bürgerlichen, Standes-Personen und andern im Schwange gehen, auf eine lebhaffte Art denen Zuschauern und Zuhörern sehr artig vorgestellet.

§. 15. Ausser dem aber, wo sich die Operisten oder Comœdianten nicht durch höhern Befehl legitimiren können, oder doch hierbey einer Approbation der höchsten Standes-Personen versichert halten, thun sie nicht wohl, wenn sie die Fehler des Hofes auf eine deutliche und merckliche Art vorstellen; sie ziehen sich sonst hiedurch manchen Verdruß, und wenn sie einige Hohe anpacken, eine sehr empfindliche Ungnade über den Hals. Madame de Noyer gedencket in ihren Lettres galantes, lettre 6. daß das Italiänische Theatrum zu Pariß über die 20 Jahr verschlossen gewesen, weil die Acteurs zu Lebzeiten Königs Ludwigs des XIV. allzu grosse Freyheit in ihren Stücken gebraucht, und weder den Hof, noch andere vornehme Herren verschonet. Unter andern sagt sie: Les Comediens Italiens se sont ressenti de la mauvaise humeur de Madame de Maintenon, on les a chassé pour avoir jour la fausse prude, dans la quelle on dit, que Madame de Maintenon s'est reconnue, tout Paris regrése cete perte.

§. 16.

§. 16. So wird auch den Operisten und Comœdianten offters ernstlich inhibirt, wenn sie sich unterfangen, in ihren Schau-Spielen etwas mit vorzubringen, welches andern grossen Herrn, gecrönten Häuptern, oder doch sonst regierenden Fürsten zur Deshonneur und Verachtung gereicht. Bey der Crönung des ietzo mit Glück und Seegen regierenden Römischen Kaysers zu Prage, wurde anno 1723 durch eine Bande Teutscher Comœdianten daselbst die Tragœdie des zu Stockholm enthaupteten Baron Görtzens, nebst beyderseits Königlichen Majestäten von Schweden auf eine ungeziemende Weise vorgestellt. Nachdem aber der Schwedische Resident diese Begebenheit an seinen Hof berichtete, und man von Schweden aus dieserwegen Satisfaction verlangte, so sind diese Comœdianten würcklich mit Arrest belegt worden. S. Einleitung zur neuesten Historie der Welt. pag. 441.

§. 17. Man hat hin und wieder einige Exempel, daß Hoch-Fürstliche Personen ihren Purper nicht vor unanständig geachtet, in den Opern und Comœdien, theils mit zu tantzen, thiels auch als Acteurs sich der zuschauenden Versammlung zu zeigen. Des Römischen Königs Josephi Majestät excellirten so in dem Tantzen, daß sie auch zum öfftern bey den Cammer-Festen sich vor dem Kayser ihren Herrn Vater, und den Ertz-Hertzoginnen in den Opern sehen liessen. Anno 1724 wurde an dem Tage, da die Römische Kayserin mit Dero

neu-

neugebohrnen Ertz-Hertzogin einen Kirchgang hielt, zu Wien des Abends Jhro Majestät zu Ehren eine Opera gespielet, welche um so viel merckwürdiger war, als alle Acteurs und Muficanten aus lauter Personen Fürstlichen und Gräflichen Standes bestanden. S. Einleitung zur neuesten Historie XXVI. Stück. p. 704. Anno 1702 hat man in Franckreich an dem Hofe des Hertzogs von Burgund, eine Comœdie von einer gantz neuen Art eingeführt, indem nichts von der Liebe darinnen gehandelt worden, und hat die Hertzogin von Burgund in diesen beyden Schau-Spielen die vornehmste Person agirt, die andern sind aber durch die Herren und Damen des Hertzoglichen Hofes vorgestellt worden. Madame la Duchesse de Maine, ließ vor einigen Jahren auf ihrer Residence zu Meaux etzliche Meilen von Paris gelegen, durch einige von ihrer Hofstatt, zu Zeiten Comœdien spielen, spielte auch wohl selbst mit. S. Nemeitz Sejour de Paris p. 89. Ein gewisser Autor sagt bey dieser Gelegenheit: Niemand schickt sich zu dieser Verrichtung besser als die Hof-Leute, weil ein Hof nichts anders zu nennen ist, als ein stets währender Schau-Platz, auf welchen immer eine Comœdie nach der andern gespielt wird, und allwo immer neue Personen auftreten, welche ihrer Vorfahren Masquen angenommen. Ist ein Schauspiel geendiget, so werden schon neue Masquen, Scénen, Machinen, Decorationen, und andere zur Verstellungs-Kunst benöthigten Dinge ausgearbeitet,

beitet, um der Welt ein abermahliges Schau-Spiel vorzustellen.

§. 18. Die Opern und Comœdien werden nicht allein von denen ordentlichen hiezu bestellten Banden der Operisten und Comœdianten, welche insgemein in die Teutschen, Frantzösischen und Italiänischen eingetheilet werden, repræsentirt, oder von Hof-Leuten, wie ich ietzt angeführt, und welches gar seltsam zu geschehen pflegt; sondern auch von Studiosis auf Universitäten, von Schü-lern und Gymnasten, auf den Schulen, und wohl gar von Mönchen und Nonnen, in manchen Rö-misch-Catholischen Klöstern. Anno 1702 nach-dem die Englischen Waffen in Teutschland wider die Frantzosen so treflich victorisirt hatten, wurde von der Universität Oxford am ersten Tage des Neuen Jahres, auf den öffentlichen Theatro, eine in den zierlichsten Oratoren und Gedichten beste-hende, und von den allda studirenden jungen Edel-leuten recitirte Glückwunschungs-Opera aufge-führt. Man stellte darinnen vor: Strenam Oxo-niensem, das Oxfurtische Neu-Jahr-Geschencke, Carolum III. hospitem, König Carl den III. als ei-nen Gast, Cladem Hochstadiensem, die Höch-städtische Niederlage, Bavarum profligatum, den flüchtigen Bayer-Fürsten. S. XXXII. Theil der Europäischen Fama. p. 575. Vor einigen Jah-ren wurde in den öffentlichen Zeitungen aus Ita-lien geschrieben, daß die Nonnen des Closters der heiligen Cœciliæ sich auf eine Comœdie anschick-ten,

ten, welche sie zu Ehren der Gemahlin des Prætendenten, so sich bey ihnen aufhielte, um sie zu divertiren, spielen wolten. Es pflegt dieses auch gar offters bey manchen Gelegenheiten in den Klöstern zu geschehen.

§. 19. Die Banden der Operisten und Comædianten werden an manchem Hofe beständig salarirt, an andern Höfen hingegen genüssen sie nur alle Jahre gewisse Præsente, zu der Zeit da sie dieselben zu besuchen, und sich eine Zeitlang dran aufzuhalten pflegen. Bißweilen wird nicht ein Pfennig aus der Landes-Fürstlichen Casse zu Unterhaltung der Opern und Comædien genommen, sondern die Capellmeister dirigiren sie auf Gewinn und Verlust. An etzlichen Höfen aber werden wohl zu Tonnen-Goldes durch die Opern und Comædien des Jahrs consumirt, zumahl wenn in manchen Opern prächtige Machinen und kostbare Kleidungen vorkommen. Bey der Vermählung des Römischen Kaysers Leopoldi, wurden die 3 berühmten Opern Pomo d'oro, la Monarchia latina und Cybele mit solcher Pracht vorgestellt, daß man versichere, es hätte allein Pomo d'oro über hundert tausend Thaler gekostet.

§. 20. Etwas besonders war es, was Curiosus Alethophilus in seiner Historia moris Civilis s. aulici p. 43. anführt: daß König Ludwig XIV. in Franckreich zu seiner Zeit, Kinder von 5 biß 6 Jahren abrichten lassen, die Comædien und Opern hätten müssen Spielen, und dieses hätten sie mit solcher

cher Geschicklichkeit verrichtet, daß sie manche von den ältesten übertroffen hätten.

§. 21. Ob zwar einige lustige Intervalla eine Comœdie gar sehr enbelliren, und es gar angenehm, wenn den Zuschauern die ernsthafften Handlungen durch einige schertzhaffte Harlequins Streiche adoucirt werden, so wird doch bey den Comœdien, die bey Hofe repræsentirt werden, nicht leichtlich verstattet, daß allzu freye oder unehrbare Reden oder Possen darinnen vorgebracht werden. Also wurde vor dem Jahre aus Paris in öffentlichen Zeitungen gemeldet, daß die ietzige Königin in Franckreich ihren Italiänischen Comædianten anbefohlen, sich auf dem Theatro aller unanständigen Redens-Arten zu enthalten. Kayser Ferdinand II. fand zwar an den Comœdien bißweilen seine Belustigung, inzwischen waren ihm doch alle diejenigen zuwider, die entweder gar zu lächerlich, oder zu possenhafft inventirt. Er sahe es am liebsten, wenn ihm eine Comœdie das Leben, und den Ritterlichen Kampff eines heiligen Märtyrer, vor Augen stellte. Er beförderte einige Studiosos zu ansehnlichen Diensten, bloß um deswillen, weil er sich erinnert, daß sie vor Zeiten die Person eines Heiligen in der Comœdie zierlich und wohl vertreten. S. Kevenhüllers Annal. Ferdinand. XII. Th. pag. 2434.

§. 22. Von den meisten grossen Höfen hat man eigene erbaute Opern- und Comœdien-Häuser, darinnen die öffentlichen Schau-Spiele vorgestellt werden, an andern hingegen, werden nur zu der Zeit, da man Opern und Comœdien spielen will, gewisse Plätze dazu zu recht gemacht, und Theatra erbaut, oder auch gewisse Sähle auf den Schlössern dazu gewidmet. Daß die Opern-Häuser hin und wieder in den Europäischen Ländern durch den Brand verunglückt, bezeugen sehr viele Exempel. Ein gewisser Autor macht über den Brand der Opern-Häuser folgende Reflexion: Welcher verständiger Mensch kan sich wundern, daß die Opern-Häuser so leicht entzündet werden, weiß man denn nicht, daß in diesen Venus-Tempeln von eitel Liebes-Feuern geprediget wird, und daß die meisten Zuhörer ihre Sardanapalische Andacht mit lichterlohe brennenden Hertzen darinnen verrichten. Solten denn alle diese gleichsam in einen Mittel-Punct zusammenstoßenden Flammen, nicht endlich ein würckliches Feuer anzünden.

§. 23. Damit nicht in den Comœdien und Opern die bey Hofe gespielt werden, durch die Zuschauer eine und die andere widrige Unordnung entstehen möge, so pflegen nicht allein die Eingänge mit besondern Trabanten oder andern Wachen bestellt, sondern auch bißweilen eigene Verordnungen publicirt zu werden, auf was vor Art sich ein ieder so wohl in Occupirung der Logen, als auch sonst hin und wieder bezeugen soll. An einigen Orten und zu manchen Zeiten wird niemand eingelassen, als wer sich mit einen besondern Billet, so er aus dem Hof-Marschall-Amt bekommen, legiti-

legitimiren kan. Bißweilen wird anbefohlen, daß ein ieder en masque erscheinen soll, bißweilen aber wird den masquirten Personen der Eingang verwehrt.

§. 24. Anno 1710 nahm der Marquis de Prie in den Opern-Hause Capranica zu Rom, in der Carneval-Zeit, so wohl die Kayserliche als Spanische Loge ein, unerachtet einige Frantzösisch-gesinnte solches zu verhindern trachteten, also daß der Auditore Molines, welcher sich sonst der Spanischen Loge angemaßt, der starcksten Parthey zu weichen genöthiget ward. Hierauf ertheilten Se. Päbstliche Heiligkeit Befehl, ermeldtes Opern-Hauß zu schliessen, aus Beysorge, es möchte unter denen Bourbonisten und Anti-Bourbonisten eine solche Opera gespielet werden, welche sich mit einem Lami endigen, und aus Schertz Ernst machen würde. S. Europ. Famæ 97ten Theil p. 101. A. 1724. den 10 Febr. ließ der Graf von Wrangel, Gouverneur zu Brüssel, eine Verordnung abkündigen, daß nemlich alle diejenigen, welche sich künfftig in dem Opern-Hause in den Raum, wo das Volck vor dem Theatro zu stehen pflegt, einfinden wolten, zu der Zeit wenn der Marquis de Prie und seine Gemahlin in ihre Loge gehen würden, ihre Hüte abziehen, und so lange, biß Jhro Excellenz wieder weggangen, vom Kopffe behalten solten; Damit sich nun niemand mit der Unwissenheit entschuldigen möchte, so ist diese Verordnung an der Thüre des Opern-Hauses angeschlagen worden.

§. 25.

§. 25. Bey den ersten Christen waren die Comœdien und andere dergleichen öffentliche Schau-Spiele sehr verhaßt, sie hielten genaue Auffsicht, daß sie keine Comœdianten, Gauckler, Taschen-Spieler, Seil-Täntzer und dergleichen Gesindel in ihre Gemeinschafft aufnahmen. Denn sie hielten es, wie Cyprianus von ihnen schreibt, weder der göttlichen Majestät, noch der Evangelischen Zucht gemäß, daß die Schamhafftigkeit und Gravität der Gemeinde durch eine so schändliche Contagion geschwächet würde. Es wurde auch solche Lebens-Art selbst unter den Heyden vor infam und unehrlich gehalten. S. Arnolds Leben der ersten Christen, IV. Buch, VII. Cap. p. 516.

§. 26. Clemens Alexandrinus macht Lib. III. Pædagog. C. II. eine heßliche Beschreibung von den Schau-Spielen, wie sie damahls unter den Heyden gebräuchlich gewesen. Er sagt: Die Zusammenkünffte bey den Schau-Spielen sind voller Boßheit und Schande. Die Gelegenheit derselben ist eine Ursache der Unzucht, da die Weiber und Männer ohn Unterschied zusammen kommen, daß einer den andern ansehe, indem die Augen geil sind, werden die Begierden erhitzt, und weil sie Zeit und Weile haben, so wachsen sie zusehens. Darum soll man die Comœdien und Schau-Spiele verbieten, welche von Boßheit, schandbahren und eiteln, vergeblichen Worten angefüllet; denn welche schändliche That wird nicht auf den Schau-Bühnen öffentlich gezeigt? welche unverschämte Worte

Von Opern und Comœdien. 813

te stossen die Comœdianten und Stock-Narren nicht aus, wenn sie ein Gelächter machen. Die Schau-Spiele sind sehr mächtig die Hertzen zu verkehren, und deswegen muß sie ein weiser Mensch meiden, weil sie nur erfunden worden sind zu der Ehre der Heydnischen Götter. Auf den Theatris schwatzen sie ja in Comœdien von Unzucht und schändlicher Liebe, in den Tragœdien von der Blut-Schande und Mordthaten. Die jungen Leute, die in ihren schlüpfrigen Alter solten gezähmt und wohl regiert werden, sehen diesen Greueln allemahl zu, und werden durch solche Bilder zu allen Schanden und Lastern unterwiesen.

§.27. So sehr als nun dergleichen Schau-Spiele von einigen alten und neuen Kirchen-Lehrern herunter gemacht werden, so finden sich auch hingegen wieder sehr viel Verfechter und Vertheidiger der Opern und Comœdien. Sie schreiben den grotesquen Actionen auf dem Theatro einen unvergleichlichen Nutzen zu; sie meynen, ihr Haupt-Endzweck bestünde keinesweges darinnen, daß man die Gemüther der Menschen bey ihrer Ungezogenheit divertiren wolte, gleichwie sich etwan diejenigen, so keinen Verstand von der Sache hätten, träumen liessen, sondern sie zielten vielmehr directe dahin, daß man die Laster unartiger Leute vor Augen stellen, und sie gleichsam mit solchen heßlichen Farben abmahlen wolte, daß sich andere daran spiegeln, und vor dergleichen hüten lernten. Man hätte aus der Erfahrung, daß eine so lebendige Vor-
stel-

stellung und in Schertz beschehene Bestraffung der Laster, den Leuten offt weit mehr zu Hertzen gienge, als eine vorgeschriebene Morale, oder der Usus epanorthoticus in der Leipziger Prediger-Kunst. Die schertzhaffte Morale fruchtete öffters weit mehr, als die ernsthaffteste, und bahnte zu dieser nicht selten den Weg, daß sie hernach besser eindringe, und aufgenommen würde.

§. 28. Man muß bey den Opern und Comœdien, wie bey allen übrigen Sachen in der Welt, den Gebrauch von den Mißbrauch wohl absondern. Gleichwie die Menschen durch sehr viel Schau-Spiele mehr verschlimmert als gebessert werden, also kan man auch nicht alle ohne Unterschied verwerffen. Wenn sie wohl ausgearbeitet, so kan man aus den Schau-Spielen auf eine geschwindere Art, als sonst, erkennen lernen, wie es in dem menschlichen Leben hergehe, und insonderheit was vor Glück oder Unglück aus manchen Handlungen zu entstehen pflege. Weil in dem Leben alles nach und nach geschicht, auch öffters lange Zeit hingeht, ehe das Unglück kommt, welches man sich durch lasterhafftes Leben über den Halß ziehet, oder man auch im Gegentheil das Glück erwartet, damit die Tugend belohnet wird, so erkennet man nicht, daß dieser oder jener Zufall aus diesen oder jenen Handlungen erfolget, oder auch aus unserm Vergnügen das gegenwärtige Mißvergnügen erwachsen sey; hingegen in Comœdien folgt alles, was zusammen gehört, in einer kurtzen Reyhe auf einander, und der Erfolg

Erfolg der Handlungen, läst sich daraus viel leichter und besser begreiffen, als wenn man im menschlichen Leben darauf Acht hat.

§. 29. Soll aber dieser Nutzen aus den Comœdien und Opern entstehen, so müssen die Erfinder in den Zufällen des menschlichen Lebens sehr erfahren, und in der Sitten-Lehre und Staats-Kunst wohl geübt seyn, und die Spieler müssen ihren Character sehr wohl vorstellen können. Es muß den Acteurs alles natürlich und ungezwungen lassen, wenn es einen Eindruck in die Gemüther machen soll, widrigen falls siehet es der Wahrheit nicht ähnlich, und niemand kan dadurch überredet werden, daß die Sachen so aus einander erfolget, wie man in der Comœdie oder Tragœdie siehet, und bey diesen Fall sind die Freuden- und Trauer-Spiele mehr hinderlich und schädlich, als nützlich. S. des Herrn Hofrath Wolffens Gedancken von dem gesellschafftl. Leben der Menschen. p. 272.

Das VII. Capitul.
Von dem Carneval und
Masqueraden.

§. 1.

Die Masqueraden überhaupt sind zwar bey einigen Seculis her an den Teutschen Höfen im Gebrauch gewesen, sintemahl in einigen alten Geschichten der Hoch-Fürst-

Fürstlichen Häuser angeführet wird, daß die Hoch-Fürstlichen Personen bey ihren Lustbarkeiten mit vermumten Gesichtern herum gegangen. Es ist aber die Masquirung der damahligen Zeiten, gegen die ietzigen, ein blosses Kinderspiel gewesen. Heutiges Tages aber sind die Masqueraden, nachdem die Frantzosen und Italiäner so sehr hierinnen, wie in andern Arten der Lustbarkeiten, raffinirt, und wir Teutschen ihnen ihre Kunst-Stücke trefflich abgelernt, recht in formam artis gebracht worden.

§. 2. Es ist mehr als zu bekandt, daß die Carnevals ihren Ursprung aus dem wollüstigen Italien herleiten, sintemahl sich die Italiäner an diese Arten der Ergötzlichkeiten so sehr gewöhnet, als an ihre Ave Maria. In dem Kirchen-Staat und in Rom gehen sie so sehr in Schwange, als in andern Provintzen und Städten Italiens, es müste denn seyn, daß entweder eine feindliche Unruhe den Kirchen-Staat bedrohete, oder eine andere allgemeine Land-Plage bevorstünde, da werden sie von Ihrer Pabstlichen Heiligkeit auf eine Zeitlang pro forma verbothen. Der Autor der Europäischen Famæ macht über ein vom Pabst Clemente XII. bey dergleichen Umständen geschehenes Verboth, folgende Glosse: Ich halte davor, es sey niemahls ohne Gefahr der Seelen Carneval zu halten, weil der Teufel iederzeit, so wohl in der gantzen Welt als auch in Italien herum gehet, wie ein brüllender Löwe, und sucht welchen er verschlinge, wenn

wenn man schon in den sicherſten Frieden lebt, und auf viel Meilen kein Soldat weder zu ſehen noch zu hören iſt. Ob aber die Italiäner leben können, wenn ſie ſich ein gantz Jahr nicht masquirt hätten, und ob ſie die Faſten-Zeit über in den Paſſions-Predigten mit rechter Andacht auf das Hertze klopffen können, wenn ſie nicht zuvor etzliche Wochen tauſenderley Thorheiten begangen, will ich nicht entſcheiden. Wenn es auch gleich einigen Päbſten ein Ernſt wäre, daß ſie dieſe und andere dergleichen Luſtbarkeiten auf eine Zeitlang abgeſtellt wiſſen wollten, ſo finden ſich doch bißweilen einige barmhertzige Cardinæle, die durch ihre künfftige Interceſſionalien, die ſie vor die Luſtbarkeiten des Carnevals einlegen, Se. Päbſtliche Heiligkeit nicht ſelten auf andere Gedancken bringen. Bißweilen bekommen ſie aber auch eine abſchlägige Antwort. An. 1708. verboth Pabſt Clemens XI. alle Luſtbarkeiten des Carnevals. Weil nun viel Kaufleute, Künſtler und Handwercks-Leute durch dieſes löbliche Verboth an ihrer Nahrung gekräncket wurden, ſo erwegte dieſes dem Cardinal Mareſcotti zu einem ſolchen Mitleiden, daß er den allerheiligſten Vater zu überreden ſuchte, nur einige dieſer Luſtbarkeiten zum Troſt der Künſtler und Handwercks-Leute zu verſtatten, er muſte ſich aber mit einer abſchlägigen Antwort ſeine übel gegründete Liebe des Nächſten vergehen laſſen. S. den 24ſten Theil der Europäiſchen Famæ. pag. 79.

Fff   S. 3.

§. 3. Aus Italien und Franckreich ſind die Maſqueraden in andere Europäiſche Provintzen gedrungen, und werden daſelbſt ſo lange beliebet, als friedliche und ruhige Zeiten in den Ländern ſind, oder, als keine ſonderlichen Exceſſe dabey vorgehen, oder die Geiſtlichkeit, wenn ſie bey Hofe in beſondern Anſehen ſteht, und ihre Vorſtellungen Ingreſs finden, nicht allzu ſehr darwider eifert. Bey dieſen Fällen aber, und wenn ſich die Umſtände verändern, werden ſie entweder verbothen, oder doch eingeſchränckt. Als anno 1724. der Biſchoff zu Londen mehr als einmahl mit groſſen Eifer wider die Maſqueraden predigte, ſo würckte dieſes ſo viel, daß ſie die Faſten-Zeit über verbothen wurden. Als man ſie aber nach Oſtern wieder erlaubte, ſo gab dieſes einen Böſewicht Gelegenheit zu einer ſehr ſpöttiſchen Schrifft, die er den Biſchoff zu Londen in das Hauß ſchickte. S. Einleitung zur neueſten Hiſtorie der Welt. II. Theil. p. 224. In Coppenhagen ergieng ebenfalls ein ſcharff Königlich Verboth wider die Maſqueraden, weil die Herren Geiſtlichen von den Cantzeln ſich ſehr hart dawider hatten hören laſſen, es ſtund aber dabey, daß dieſes Verboth ſich im geringſten nicht auf die Königlichen hohen Miniſtres oder andere Vornehmen extendiren ſolte.

§. 4. Die Carnevals und Redouten ſind an den Teutſchen Höfen nicht zu einer gleichen Zeit eingeführt worden. Sie ſind an einen Hofe länger Mode geweſen, als an den andern, an manchen ſind
ſie

sie nur vor 20 oder 30 Jahren her bekandt geworden. Diese Arten der Lustbarkeiten sind gar sehr von einander unterschieden, so wohl in Ansehung der Zeit und ihrer Dauer, als auch in Ansehung der Divertissemens, die man dabey vornimmt. Bißweilen continuiren sie nur eine Woche durch, manchmahl aber auch wohl ein paar Monathe nach einander. An einigen Höfen bestehen sie nur in Verkleidungen und in den gewöhnlichen Spielen und Tantzen, so damit vereiniget, an andern aber sind sie mit vielen kostbaren und solennen Lustbarkeiten, als, Aufzügen, Fuß-Turnieren, Feuerwercken, Kampff-Jagten u. d. gl. vergesellschafftet. An den Höfen, bey denen die Lustbarkeiten sehr im Schwange gehen, bemühet man sich alle Jahre eine der Herrschafft angenehme Veränderung damit vorzunehmen.

§. 5. Bey den Masqueraden wird entweder eine gewisse Invention durchgeführet, darnach sich ein iedweder bey seiner Verkleidung zu richten hat, als wie bey einer Masquerade der Nationen, oder bey einem Götter-Aufzuge, oder es wird einen iedweden die Freyheit verstattet, sich nach eigenen Gefallen zu kleiden, wie es einer am besten inventiren oder nach seinem Beutel ausführen kan, dafern er nur hiebey nicht etwan denen deßfalls publicirten Landes-Herrlichen Verordnungen zuwider handelt, oder wider die Regeln der Klugheit verstößt, die ein iedweder bey dergleichen Fällen in Obacht zu nehmen hat. Also ist es nicht rathsam, wenn einer

einer den andern Tag eben dergleichen Habit an=
leget, als er den vorigen bey dem Landes=Herrn
oder sonst bey einer sehr hohen Standes=Person
observiret, oder in einer so monströsen Masque er=
scheinet, daß die Zuschauer über einen solchen An=
blick mehr in Schrecken gesetzt, als divertirt wer=
den.

§. 6. In des berühmten Gustavi Heræi Gedich=
ten findet man p. 227. eine kurtze poëtische Beschrei=
bung der Masqueraden:

Hier gilt kein Unterscheid, wer erst kommt, gehet
vor,

Beym Doctor geht ein Narr, beym Herrn sitzt
ein Bauer,

Die Christin führt ein Türck, das schönste Bild
ein Mohr,

Es wird den Sclaven nichts, dem Bettler auch
nichts sauer,

Offt spielt die Frau den Mann, offt wird der
Mann ein Weib,

Verwandlung geht im Schwang, als zu der
Dichter Zeiten,

Sie macht zur Fledermauß den allerzärtsten
Leib.

§. 7. Die Masquen versammlen sich auf den
Redouten=Sälen gegen den Abend, und warten
die Lustbarkeiten auf mancherley Weise ab, biß
nach Mitternacht. Die sich vor den andern in
Habiten recht distinguiren wollen, lassen ihre Masquen

squen aus Franckreich und Italien verschrieben, die andern aber sie in den Residentz-Städten bey denjenigen Leuten, die sich an solchen Oertern darauf legen, verfertigen. Bißweilen wird niemand von dem Pöbel eingelassen, und die Wachen auf das schärffste beordert, keinen, als Standes-Personen nebst Cavaliers und Dames den Eintritt zu verstatten. Zu manchen Zeiten aber bekommt ein iedweder Erlaubniß, wenn er nur masquirt ist, einen Mitspieler oder Zuschauer dabey abzugeben.

§. 8. Bey der jährlichen neuen Einrichtung und der Veränderung des Carnevals müssen die Componisten, Operisten und andere von dieser Gattung, nebst den Tantzmeistern einen neuen Plan oder Projet verfertigen, und solches dem Intendant des Plaisirs, oder demjenigen Ministre, der über dergleichen Sachen gesetzt, zur Untersuchung übergeben, damit ihm derselbe der Durchlauchtigsten Herrschafft zur Approbation zeigen könne.

§. 9. Die Redouten-Sähle werden mit den schönsten silbernen oder crystallenen Cronen-Leuchtern und viel tausend weissen Wachs-Fackeln gezieret, welche denn durch die um und um befindliche grossen Spiegel, silbernen Tische und ander Silberwerck ihren Schein verdoppeln, und alles erleuchten. In den Neben-Zimmern findet man mancherley Arten des Zeitvertreibs, an Bretspielen, Schachspielen, Biliard-Tafeln und andern Spielen.

§. 10.

§. 10. Die Plätze, wo sich die hohe Landes-Herrschafft nebst der Noblesse befinden, werden durch gewisse Schrancken, entweder durch einige Erhöhung von etlichen Staffeln oder auf andere Art abgesondert. Zu Ende der erhöheten Schrancken stehen bißweilen unter einem propren Baldachin einige Sammet-Stühle vor die Durchlauchtigsten Personen. Manchmahl ist es einigen Fürstlichen Personen nicht gefällig in Masque zu erscheinen, und belieben unmasquirt hohe Zuschauer dabey abzugeben.

§. 11. Man höret darbey zu Vergnügung der Ohren mancherley Concerte von Violinen, Waldhörnern, Hautbois und andern Instrumenten, welche stets Menuets, Teutsche, Englische, auch wohl Polnische und Ungarische Täntze auffstreichen. Bey den Krämern, die man hin und wieder auf dem Saale und in den andern Behältnissen antrifft, kan ein iedweder nach Gefallen Caffé, The, Chocolade, Limonade, Liqueurs, Rosolis, Confituren, Obst, Pasteten, Biscuite und dergleichen Genäsche bekommen. Uber dieses stehen in den Neben-Zimmern mancherley Tafeln mit delicaten Speisen besetzt; von denen die Cavaliers und Dames nach Gefallen etwas nehmen und zulangen können.

§. 12. Zu den Carnevals Zeiten siehet man auch gemeiniglich um den Redouten-Saal, oder an einem besondern Platz eine Mercerie vorgestellet. Der gantze Platz und die besondern Boutiquen sind

zur

Von dem Carneval und Masqueraden. 823

zur Abends-Zeit mit vielen Lichtern erleuchtet, und zuweilen mit grünen Tannen- oder Orange-Bäumen ausgeziert. Die Boutiquen sind in einer guten Symmetrie und nach ordentlichen Figuren gesetzt, und fassen allerhand artige Sachen und Galanterien in sich, die auf eine angenehme Art in die Augen fallen. In dieser Boutique zeigen sich allerhand Silber-Geschirre und andere Jubelirer-Waaren, in der andern mancherley Chinesisches, Japanisches und Indianisches Porcelain, und noch in einer andern, Leute, die mit unterschiedenen optischen Bildern handeln, die, wenn man sie umkehrt, stets etwas neues vorstellen. Der Nahme eines ieden Kauffmanns wird über seiner Bude auf einem papiernen Schilde aufgemacht, auf welchen man zugleich die Waaren mit vorstellet, die in ieder Bude anzutreffen. Hier wird man Comœdianten, Marionetten-Spieler und Marcktschreyer gewahr, und da hält eine masquirte Person in einer Bude eine Banco zu Pharao, und die Spieler sind gleichfalls masquirt. Ein solcher Marckt continuirt offt das gantze Carneval hindurch, und wird keinen Abend vor Endigung der Redoute geschlossen. Es wird besondere Mannschafft commandirt, die in Circo continuirlich patrouilliren, und das an Boutiquen häuffig stehen bleibende, aber nichts kauffende Volck wegtreiben, und also einem ieden einen freyen Zutritt zu den Verkäuffern verschaffen müssen, auch auf die mit untermengten Freykäuffer zugleich ein wachsames Auge zu haben.

Fff 4 §. 13.

§. 13. Es wird gar öffters gegen die Nachtzeit nach geendigter Masquerade auf eine sehr magnifique Art Tafel gehalten, und da führet denn ein ieder Cavalier seine Dame zur Tafel, ohngeachtet sie nicht wissen, wer sie sind. Die Bedienten, so dabey mit aufwarten, sind gemeiniglich in Haußknechts= oder andern Habit verstellt.

§. 14. Zu Verhütung alles Unheyls werden nicht nur auf dem Schlosse und dem Redouten=Hause allenthalben gute Wachen ausgestellt, sondern es müssen auch die Soldaten und Bürgerschafft die gantze Nacht patrouilliren, damit kein Unfug vorgenommen, und die Muthwilligen bestrafft werden. Sie müssen die Leute vor Schaden warnen, und einen ieden vermahnen, sich in der Stille nach seinem Quartier zu begeben.

§. 15. Wenn die Carnevals zu Ende gehen, so werden sie gemeiniglich mit einer Wirthschafft oder Bauern=Hochzeit beschlossen.

Das VIII. Capitul.
Von den Wirthschafften und Bauer=Hochzeiten.

§. I.

Die besondern Arten der Verkleidungen, da sich Fürstliche Personen gefallen lassen nebst ihrer Hofstatt auf eine Zeitlang in den Habit der Bauern, oder auch anderer gerin=

geringen Leute zu verstecken, ist von unterschiedenen Seculis her nicht allein in Deutschland, sondern auch an allen Europäischen Höfen eingeführet. An manchen Oertern sind gewisse Land-Häuser zu diesen Divertissemens gewidmet. Also schreibet Molesworth in seiner Nachricht von dem Königreich Dennemarck p. 200. daß der Königlich-Dänische Hof sich allezeit auf einem Dorff, Nahmens Amak, welches ein paar Meilen von Coppenhagen gelegen wäre, als Nord-Holländische Bauern zu verkleiden pflegte. Die Majestät würde daselbst auf die Seite gestellt; die Königlichen Herrschafften speißten nebst ihrer Hofstatt auf hölzernen und irrdenen Schüsseln, und tantzten nach Bauern-Music.

§. 2. Diese Lustbarkeiten werden mehrentheils Wirthschafften genennet, und auf verschiedene Weise angestellet. Bißweilen geschehen sie en Masque, und bißweilen ohne Masque. Einige bestehen in mancherley nur ersinnlichen Handwerckern, und sind mit einer Mercerie oder einer Nachahmung eines solennen Jahrmarckts vereiniget. Die mancherley Boutiquen, die mit den kostbarsten Galanterie-Waaren und artigsten Illuminationen ausgeputzt, und nach besondern Figuren gar sinnreich ordoniret, formiren einen sehr schönen Prospect. Der gantze Platz ist mit Pyramiden, an denen viel hundert Lampen hängen, gezieret und erleuchtet. Die Kauffer und Verkauffer sind hohe Standes-Personen, und die darzu ausgesuchten

Spitzbuben ehrliche Leute. Die vornehmen Scheerenschleiffer, die Raritäten-Kastenträger und die Charletans, die man hin und wieder antrifft, erwecken einen angenehmen Lermen, und locken viel Zuschauer und Liebhaber an sich.

§. 3. Andere Wirthschafften bestehen in einigen Banden gewisser Professionen oder Handtierungen, die man darzu erwehlet. Also wurde vor einigen Jahren in Dresden eine wohl inventirte Wirthschafft aus Wintzern, Schäfern, Müllern und Gärtnern angestellt, welche die Zunfft der vier Haupt-Diebe betitult wurde. Manche machen einen National-Aufzug aus, bey denen die meisten Nationen, in so weit als ihre Art der Kleidung bekandt worden, vorkommen. Andere sind noch auf andere Art eingerichtet.

§. 4. Vielmahls werden solche Wirthschafften bey Anwesenheit frembder Herrschafften ihnen zu Ehren und zu Gefallen angestellet. Es kan auch bißweilen bey der Gelegenheit mancher Rang-Disput vermieden werden. Als der letzt-verstorbene Czaar zu Moscau Petrus I. sich anno 1698 incognito zu Wien aufhielt, so ward ihm zur Lust eine trefliche Wirthschafft an dem Kayserlichen Hofe angeordnet, wobey der Kayser und die Kayserin den Wirth und die Wirthin, der Römische König einen Persianer, und der Czaar einen Frießländischen Bauer præsentirten. Bey dieser Lustbarkeit standen der Kayser Leopoldus von Tafel auf, traten mit einem kostbahren crystallenen Glase voll Wein

Von Wirthsch. u. Bauer-Hochzeiten. 827

Wein zu dem Frießländischen Bauer, und sagten zu ihm: Er wüste wohl, daß er den Groß-Czaar von Moscau wohl kennte, dessen Gesundheit er ihm hiermit prächte. Worauf der verkleidete Frießländische Bauer sich auf das höflichste bedanckte, das Glaß nahm, und antwortete: Er müste allerdings gestehen, daß er den Groß-Czaar in- und auswendig wohl kennte, er sey ein Freund von Ihrer Kayserlichen Majestät, und ein Feind seiner Feinde, ja so gar vor des Kaysers Interesse und Liebe portirt, daß er, wenn auch das Glaß voll Gifft wäre, dasselbe dennoch austrincken wolte. Als er nun das Glaß ausgetruncken, und es dem Kayser leer wieder geben wolte, sagte der Kayser, weil er gar nichts in dem Glase gelassen, wolte er es ihm hiermit geschenckt haben, welches er auch mit grossen Vergnügen annahm, und versicherte, daß, weil er lebte, sein Hertz bey Erinnerung dieses Glases zu ihrer Kayserlichen Majestät Diensten stehen solte. Nach diesen gieng er zu dem Römischen König, und sagte: Ewre Majestät sind noch jung, und können den Trunck besser vertragen als dero Herr Vater, nöthigte ihn also, daß er ihm Gesundheits-Gläser Bescheid that, und dieses Festin zu höchsten Vergnügen beschlossen ward.

§. 5. Auf dem Saale, oder in dem Hause, wo die Tafel dieser Wirthschaffts-Assemblee gehalten werden soll, wird gemeiniglich ein curieuser und lustiger Schild angehefftet, mit einer inventieusen und artigen Einfassung, und zu der Materie sich
wohl

wohl schickenden Versen. Bey der vorhin angeführten Wirthschaffts-Masquerade, die a. 725 in Dresden gehalten wurde, und aus den vier Banden, der Schäfer, Wintzer, Gärtner und Müller bestand, lase man auf dem Wirthschaffts-Schilde folgende Verse:

Ihr Gäste, kommt zum Trunck, kommt her zum
  Tantz und Schmauß,
Ihr findet alles hier umsonst in diesen Hauß;
Spielt, esset, trincket, tantzt, und schertzet nach
  Belieben.
Der Schild zeigt an, der Wirth mag wachsam
  seyn,
Es zieht allhier in dieser Herberg ein
Die Zunfft von den vier grösten Dieben.

§. 6. Bey dergleichen Wirthschafften kommt es hauptsächlich darauf mit an, daß man die Personen nach ihren Staturen, Sprache, Alter, natürlichen Geschicklichkeit und anderen äußerlichen Umständen wohl zu choisiren wisse, und einem ieden denjenigen Character beylegen wozu er sich dem Ansehen nach am natürlichsten schickt. So muß auch der Habit gantz accurat mit der Kleidung derer die man nachahmt, übereinkommen. Gemeiniglich wird die äußerliche Façon der Kleidung nur beybehalten, der Zug aber nach den höhern Stand der Personen, die sich dergleichen Habit gefallen lassen, mit etwas kostbaren verwechselt, iedoch geschicht es auch bißweilen, daß man um die Nachahmung

ahmung desto vollkommener einzurichten, sich auch nur gleichmäßige Materie zur Kleidung gefallen läst.

§. 7. Die Wirthschaffts-Assemblée ziehet bißweilen in einem ordentlichen Auszug durch die gantze Stadt, entweder zu Fuß oder zu Pferde, oder zu Wagen, bißweilen aber auch nur über den Schloß-Platz aus einem Gemach in das andere. Bestehet die Wirthschafft in unterschiedenen Banden, so hat eine iede ihren Chef und Cheffin bey sich, so die vornehmsten sind, und sich in propper Kleidung von den übrigen distinguiren. Die Cavaliers versammlen sich bey ihren Chefs, die Dames aber bey ihren Cheffin.

§. 8. Die Music muß mit dem Character der Personen harmoniren, die bey dem Aufzug und bey einer ieden Bande præsentirt werden. Wird ein Aufzug von Berg-Leuten aufgeführt, so gehet eine Bergmännische Music. Bey einer andern wirthschafftlichen Procession marchiret auch wohl eine Bande von der Hof-Capelle mit Instrumental-Music vorher, die bißweilen gantz propre gekleidet in grün Taffet-Kleider mit Silber bordirt. Ist es zu Abend, so macht auch wohl ein Nacht-Wächter den Anfang mit dem Aufzuge. Bey einem Bauern-Aufzuge hört man Spielleute mit Geigen, Schallmeyen, Dudelsäcke, welche allerhand Teutsche und Pohlnische Täntze auffspielen.

§. 9. Nach der Music kommen die andern Personen des Aufzuges, als, bey einer ordinairen
Wirth-

Wirthschafft ein zwölff oder vier und zwantzig Paar der Hauß-Knechte und Hauß-Mägde, die aus beyderley Geschlechte von den jüngsten, schönsten und artigsten Leuten hiezu ausgesucht worden. Nach diesen der Wirth und die Wirthin, die unterschiedene Köche und Köchinnen, nebst andern Küch- und Keller-Bedienten, deren er in seiner Wirthschafft benöthiget, bey sich führet. Bey einem vermischten Wirthschaffts-Auszuge folgen über die andern Personen auch noch allerhand frembde Nationen, als Chineser, Americaner, Zigeuner u. s. w.

§. 10. Bey einer Bauer-Hochzeit ist über den Wirth und die Wirthin, den Bräutigam und die Braut, auch noch des Bräutigams Vater und Bräutigams Mutter, Braut Vater und Braut Mutter, die Braut-Führer und die Kräntzel-Jungfern, oder, nach der Sächsischen Mund-Art, die Zücht-Jungfern, der Braut Bruder und Schwester, allerhand frembde Bauer-Nationen, an Schwäbischen, Tyrolern, Schweitzerischen, Holländischen, Schwedischen, Spanischen und Norwegischen. Es wird auch gemeiniglich ein Dorff-Schultze nebst einem Schulmeister mit dabey aufgeführt.

§. 11. Es werden vorhero die Billetten gezogen, die eine solche Hochzeit vorstellen sollen. Die Hochzeit-Bitter laden nebst den Bräutigam die Fürstlichen Personen zur Hochzeit ein, und thun nach bäurischer Weise eine lustige Anrede.

§. 12. Bey dem Aufzuge kommt vorher ein Wagen

gen mit Spielleuten, die sich auf Schallmeyen oder andern Instrumenten hören laſſen, wie ſie in einem ieden Lande gebräuchlich ſind. Die Wägen ſind zwar nach Bäuriſcher Art verfertiget, iedoch ſchön grün oder roth angeſtrichen, auch wohl bißweilen vergüldet, und mit grünen Reißig beſteckt, die Pferde mit güldenen Zündel und bunten Bändern ausgeputzt.

§. 13. Die Braut ſitzt mit ihren Geſpielinnen auf einen Wagen, welchen die andern Gäſte nachfolgen, der Bräutigam ſitzt zu Pferde, und ſchießt mit denen, die ihm begleiten, bißweilen loß. Die andern, ſo Bauern bedeuten ſollen, reiten paar und paar, und werffen bißweilen Citronen, Pomerantzen und Pommes de Sine unter die Leute, auch wohl in die Fenſter.

§. 14. Wenn nun dieſer wirthſchafftliche Aufzug in ihrer Auberge angelangt, ſo werden ſie von dem Wirthe und der Wirthin auf das freundlichſte angenommen, und zur Tafel geführt. Bey dieſen Mahlzeiten wird das bäuriſche Weſen vielmahls nachgeahmt. Die Speiſen ſind ſchlecht, und nach Art des Land-Manns zugerichtet, die Schüſſeln von Thon, und die Teller von Holtz, man trinckt aus Bier-Gläſern und höltzernen Schleiffkannen, und iſt allenthalben hierbey nichts von Pracht noch Verſchwendung zu ſpühren. Doch dieſes iſt nicht allezeit. Offters ſind die Tafeln auf Fürſtliche Weiſe beſtellt, ob ſchon der
Wirth

Wirth und die Gäste auf einige Zeit den Personen niedrigen Standes ähnlich scheinen; iedoch muß auch bey der Tafel einige Harmonie seyn mit dem, so durch den Wirth und seine Gäste vor dieses mahl vorgestellt wird. Die Schüsseln und Teller sind gemeiniglich aus feinen Porcelain, die Aufsätze der Speisen müssen einigermaßen mit der gemeinen Façon überein kommen, und die Fürstliche Magnificence wird hier und da durch gemeine Manieren versteckt. Bißweilen sind einige Hof-Confituriers so künstlich, daß sie alle Banden des gantzen Aufzuges recht wohl proportionirt, mit gehörigen Farben illuminiren, auf gewisse Postementer stellen, und solche hernach unter den Confituren mit anbringen.

§. 15. Bey dergleichen Wirthschaffts-Mahlzeiten geben sich bißweilen die höchsten Standes-Personen Mühe, und zugleich das Plaisir den masquirten Gästen bey der Tafel aufzuwarten, um nach einen und dem andern mit zum Rechten zu sehen, und die Gäste zugleich zur Frölichkeit aufzumuntern. Sie distinguiren auch diejenigen, vor die sie besondere Gnade haben vor den andern, und bringen ihnen ein Glaß Wein zu mit einer obligeanten und gnädigen Anrede. Als anno 1678. Fürst Johann George II zu Anhalt-Dessau bey einer Bauer-Verkleidung am Kayserlichen Hofe zu Wien als ein Holländischer Schiffer erschienen, standen Ihro Kayserliche Majestät Leopoldus von der Tafel auf, traten hinter dem Fürsten

Fürsten, und brachten ihm ein groß Glaß Wein zu, mit diesen Worten: Weil ich glaube, daß sich keiner aus der gantzen Gesellschafft besser auf den Wind versteht, als der Holländische Schiffer, so trinck ich ihm diese Gesundheit zu, mit Wundsch, daß derjenige Wind dem Römischen Reich, meinem Ertz-Hertzoglichen Hause, und Jhnen auch selbst iederzeit favorable seyn und anwehen möge, so wie Sie ihn verlangen, worauf Seine Durchlauchtigkeit, ob es schon Tokayer gewesen, das Glaß auf einmahl ausgetruncken, und die Dames und Cavaliers haben alle mit den silbernen Messern auf die Teller geklopfft, und Vivat dazu geruffen. S. Beckmanns Anhältischer Geschichte Vter Theil, pag. 256.

§. 16. Sind die hohen Gäste von den Tafeln bey Bauer-Hochzeiten oder bey den Wirthschafften aufgestanden, so geschicht es nicht selten, daß nachgehends die gantzen Tafeln, wie sie mit Speisen und Geträncke besetzt sind, denjenigen, die Erlaubniß bekommen, Zuschauer dabey abzugeben, Preiß gegeben werden. Nach der Tafel werden Teutsche Täntze vorgenommen, und bey den Bauer-Hochzeiten den neuen-Eheleuten die Hochzeit-Geschencke, die in Krügen, zinnernen Gefässen, und andern dergleichen Haußrath bestehen, Preiß gegeben.

Ggg

Das IX. Capitul.
Von Schlittenfahrten.

§. 1.

Die Schlittenfahrten sind ein solch Winter-Divertissement, so die Natur und die Nothwendigkeit erfunden und gelehrt, die Kunst aber und die lüsterne Eitelkeit der Menschen je mehr und mehr vergrössert, erweitert und ausgeputzt. Molesworth meldet in seinem Etat du Royaume de Danemarc, pag. 113. daß in Dennemarck sich niemand unterstehen dürffte, auf dem Schlitten in der Stadt zur Lust zu fahren, biß der König und der Hof zu erst angefangen. Zu Zeiten Königs Christiani V. wurde dieses so gehalten. Ob dieses heutiges Tages noch gebräuchlich, lasse dahin gestellt seyn.

§. 2. An einigen Orten, wann die hohe Landes-Herrschafft zur Winters-Zeit solenne Schlitten-Fahrten anstellt, muß die Soldatesque auf dem Marckt und andern freyen Plätzen der Residenz Parade machen, und es werden auf ieder Ecken, so lange die Durchlauchtigste Herrschafft sich in Circo befindet, unaufhörlich Paucken und Trompeten gehört, welches den Zuschauern eine nicht geringe Ergötzung giebt. Sie geschehen meistentheils des Abends bey Fackeln, und es wird nicht selten anbe-

anbefohlen, daß die Einwohner ihre auf die Strassen zugehende Fenster an Häusern Pyramidenweise und sonst durch allerhand vorstellende Figuren mit Lichtern und Fackeln illuminiren müssen.

§. 3. An dem Kayserlichen Wienerischen Hofe hat man iederzeit solenne und prächtige Schlittenfahrten gesehen. Der Römische Kayser Joseph war ein sehr grosser Liebhaber derselben, und zeigte bey allen Gelegenheiten dabey seine Pracht, die Schlitten waren bey ihm so kostbar, daß einer bißweilen zu zwantzig- biß dreyßig tausend Thaler zu stehen kam. Es ward alsdenn auf einen ieden Platz der Stadt ein Troup Reuter von der Leib-Guarde postirt, welche hernach denen so die Schlittenfahrt beschlossen, und dem Zug, in continuirlichen Galop folgten.

§. 4. Der Anfang des Zuges der Schlittenfahrten geschiehet auf gar unterschiedene Weise. Mehrentheils pflegt ein Fürstlicher Ober-Stallmeister oder anderer Stallmeister mit einem leeren Schlitten vor allen den andern zu fahren, nach diesen folgen die Fürstlichen Personen, und sodann die andern, wie sie entweder dem Range oder Looße nach hinter einander gehören.

§. 5. Der erste Schlitten, in welchen der Stallmeister sitzt, ist sehr prächtig, und wird mit sehr viel Laquays und Läuffern begleitet. Es fahren auch wohl drey Schlitten mit den Fürstlichen Stallmeistern vorher, als, in den einen sitzt der Ober-Stallmeister,

meister, und die andern beyden werden von zwey Unter-Stallmeistern regieret. Bißweilen reiten die sämmtlichen Reit-Knechte der Herrschafft paar und paar voran. So führet auch wohl ein Officier die Stangen-Knechte, und reiten derer vier und vier in einer Reyhe. Hernach dirigiren ein paar Officiers die Schlittenfahrt.

§. 6. Bey andern Schlittenfahrten reitet ein Reit-Knecht vorher, hernach kömmt ein Wurst-Schlitten mit 6 Pferden, auf dem 12 Trompeter und Paucker sitzen, alsdenn ein 12. Reit-Knechte zu Pferde mit vergüldten Schlitten-Stangen, nach diesen einige Futter-Knechte, und auf diese wieder eine Reyhe Sattel-Knechte.

§. 7. Die Schlitten-Pferde werden auf das kostbarste mit silbernen Geläute, mit Federbüschen und Bändern, und andern Zierrathen ausgeputzt. Die Schlitten prangen mit Sammeten und andern Decken, die mit silbernen oder goldenen Frangen oder Tressen besetzt sind. Man siehet die künstlichste Mahlerey und Bildhauer-Arbeit daran. Sie præsentiren zuweilen artige Figuren, und siehet man gemeiniglich allerhand wilde Thiere auf denselben zur Zierrath, als Bären, Tyger, Löwen, Hirsche, oder Vögel, als Reyher, Pelicane, Schwäne, Adler, Strauße u. s. w. die entweder ausgestopfft, oder ausgeschnitzt.

§. 8. Ein ieder Cavalier führt ein Frauenzimmer neben sich in Schlitten. Neben den Schlitten lauffen oder reiten eine gewisse Anzahl Pagen, Laquays

quays und Lauffer, die ebenfalls, in Ansehung der Habite, der Couleuren und anderer Umstände, mit den Schlitten und unter sich selbst harmoniren müssen. Vor ein paar Jahren wurden bey einer Schlittenfarth, so bey Hofe in Hannover gehalten wurde, die Schlitten von gewissen Reutern begleitet, die in der Gestalt der alten Weiber masquirt waren, und Tobacks-Pfeiffen im Munde führten, welches curieus anzusehen gewesen.

§. 9. Je prächtiger die Schlitten, ie grösser der Aufzug, ie magnifiquer der Comitat, ie regulirer die gantze Ordnung der Schlitten, desto ansehnlicher und solenner sind die Schlittenfarthen. Den Schluß machen entweder ein Troup Reuter von der Milice, oder von den Fürstlichen Stangen- und Reit-Knechten, oder auch ein gantz leerer Schlitten, da das Pferd von ein paar Reit-Knechten geführet wird, oder ein Wurst-Schlitten mit Trompetern und Pauckern, und andern Musicis.

§. 10. Zuweilen werden auch wohl gewisse historische und allegorische Schlittenfarthen gehalten, die einen Opernhafften Aufzug vorstellen, ingleichen gewisse Damen-Rennen auf Schlitten. Anno 1727 sahe man zu Dreßden im Monath Januario bey höchster Anwesenheit Ihrer Majestät des Königes in Preussen ein solennes Damen-Rennen auf Schlitten. Die sämmtlichen Renner wurden mit ihren Dames in 4 Banden eingetheilet, als blau, roth, gelb und grün. Jede Bande bestund inclusive der Chefs aus 13 Schlitten, und es hatten so wohl die Pferde als Cavaliers und Dames grosse Federbüsche von der Couleur ihrer Bande. Neben jeden Schlitten sahe man 2 Bediente, deren einer die Lantze, der andere aber das Javelin trug. Nach gegebenen Appell ward der Anfang von den 4 Chefs gemacht, so die Schlitten regierten. Die Damen rannten Anfangs mit der Lantze nach dem Ringel, hernach wurffen sie mit dem Javelin nach der Scheibe, dann spielten sie mit Bällen nach niedrigern Scheiben, und endlich spießten sie mit blo... Degen einige auf der Erden liegende Aepf... Citronen auf. Diesen folgten wieder 4 v... ...de in solcher Ordnung, biß sie 12 Renn... ...ht.

Das X. Capitul.

Von Illuminationen.

§. I.

Die Illuminationen sind gewisse nach den Regeln der Bau=Kunst und Perspective ausgesonnene Stellungen der Leuchter, Lampen und Fackeln, mit welchen nebst der Mahlerey und andern darzu kommenden Auszierungen bey nächtlicher Weile gantze Gebäude, oder besondere Stücke der Gebäude, oder auch Plätze, Gärten u. s. w. erleuchtet werden. Sie sind

sind von ein paar hundert Jahren her bekandt geworden, iedoch an einem Hofe immer älter als an dem andern. Bey der von Chur-Fürst Joachim I. zu Brandenburg anno 1509 in Neu-Rupin angestellten Lustbarkeit des Turniers wird allbereits einer Illumination Erwehnung gethan. S. die davon herausgekommene Beschreibung p. 14. Hingegen hat man an andern Höfen in Teutschland nur etwan vor 30 Jahren die erste Illumination gesehen.

§. 2. Vor einigen Jahren hat man auch an dem Türckischen Hofe angefangen, sie zu imitiren. Als a. 1724 wegen unterschiedener Conqueten, so die Türcken in Persien gemacht, erfreuliche Nachrichten einlieffen, so hatte der Groß-Sultan anbefehlen lassen, alle Häuser und Kram-Läden auszuzieren, und zu illuminiren. Man hatte auch so gar den frembden Gesandten zu verstehen gegeben, wie sie dem Groß-Sultan ein gar besonder Plaisir machen würden, wenn sie an dieser Frölichkeit Theil nehmen wolten, und ihre Palläste illuminiren liessen. Man hatte auch auf platten Schiffen verschiedene Kunst-Feuer, wie Pyramiden und Schlösser formirt, præsentiret, welche die Nacht durch illuminirt gewesen, und sodann nach und nach angezündet worden. S. Einleit. zur neuesten Geschichte der Welt. XXVI. St. p. 134.

§. 3. Bey einigen Solennitäten dauren die Illuminationen einige Tage nacheinander, und die Erfindungen werden stets verändert: Den ersten Tag
geschie-

geschiehet die Erleuchtung mit grossen Fackeln, den andern Tag aber Pyramiden-weise mit lauter Lampen, oder auf andere Art. Also wåhreten die nåchtlichen Erleuchtungen bey der Crönung des jungen Rußischen Monarchens Petri II. eine gantze Woche hinter einander. So werden auch wohl bey grossen Festivitåten alle Glocken darzu gelåutet.

§. 4. Es lassen nicht allein die gecrönten hohen Håupter und die Landes-Regenten an ihren solennen Freuden-Tågen, oder die Unterthanen, zur Bezeugung ihrer Devotion und unterthånigsten Freude, dergleichen Illuminationen anzünden, sondern auch die fremden Ministri und Abgesandten, wenn eine ihnen höchst erfreuliche und ihren Souverains vortheilhafft- und rühmliche Nachricht kund wird. Vor einigen Jahren ließ der Portugisische Abgesandte in Londen, wegen der doppelten Heyrath des Printzen von Brasilien mit der Spanischen Infantin, und des Printzens von Asturien mit der Portugiesischen Infantin, seinen Pallast auf eine sehr magnifique Weise mit vielen weissen Wachs-Fackeln illuminiren. Mitten auf dem Platz war eine sehenswürdige Machine in 3 eckigter Forme, und biß 30 Fuß hoch aufgerichtet, und mit Portraiten der Printzen und Princeßinnen, dem Portugiesischen Wapen, und vielen sinnreichen Sprüchen und Emplematibus ausgezieret. Diese Machine brannte 3 Abende nach einander mit 50 kleinen Låmpgen, in deren ieder 3 Dochte waren, auch setzte man 50 Lampen auf dem Platz
herum,

herum, allwo ein Brunnen war, woraus man dem Volck viel süssen Wein springen ließ.

§. 5. Die Illuminationen sind theils einfach, theils sehr künstlich und zusammen gesetzt. Manchmahl werden nur inwendig in Häusern und in den Höfen die Lampen auf erhabenen Gestellen Alleenweise ordoniret, die Fenster mit weissen brennenden Wachs-Fackeln besetzt, und die Zimmer zugleich zur Repercussion der Strahlen mit kostbahren Spiegeln und Orengerien ausmeublirt. Bißweilen sind sie mit kleinen Feuerwercken vermischt, und geben zu gleicher Zeit, theils ein Feuerwerck, theils eine Illumination ab.

§. 6. Es werden dem Feuer und den Flammen mancherley Figuren gegeben, nachdem sichs die Künstler auszusinnen pflegen. Bald werden die Lichter, zumahl in der Höhe so gestellt, daß sie von weiten nur wie die Sterne scheinen, und gewisse Nahmen vorstellig machen, bald große Klumpen und Feuer-Ballen præsentirt, die einen weiten Glantz von sich streuen, bald die Feuer mit mancherley bunten Farben colorirt, bald die Fackeln und Lampen mit einander vermischt, u. s. w. Je mehr diejenigen, die dergleichen Illuminationen einrichten in der Architectur, in der Optica, Catoptrica und Dioptric erfahren, desto geschickter werden sie auch seyn, dergleichen anzugeben.

§. 7. Man inventirt hierbey schöne Gemählder, Sinnbilder, Epigrammata, verzogene Nahmen, Wapen, Inscriptiones, lateinische und teutsche Verse,

Verse, so die merckwürdigsten Geschichte des Lebens, und die Thaten der großen Herren, dem zu Ehren sie gebrannt werden, vorstellen, und mit gegenwärtigen solennen Actu wohl harmoniren.

§. 8. Soll eine Illumination in einer gantzen Stadt geschehen, so geben sich die Hochfürstlichen Herrschafften das Vergnügen, fahren in der gantzen Stadt mit ihrer Hof-Suite herum, und besehen die Erfindung. Wenn der Anfang damit geschehen soll, wird entweder mit Trompeten und Paucken-Schall angekündiget, oder aus den Thürmen ersehen, mit denen das Anzünden der Feuer-Lampen und Fackeln angehet. Es werden an denselben nicht allein die Unter- und Ober-Gänge an denen hierzu verfertigten Stellagen, sondern auch alle Schall-Löcher biß unter den Knopff der Thürme mit Lampen ausgeziert, welches die in der Nähe wohnenden Land-Leute, mit Vergnügen anschauen können.

§. 9. Es wird bey der Illumination hier und da der Durchlauchtigsten Herrschafft zur Freude und zu Gefallen, entweder auf den Thürmen oder an andern Plätzen der Stadt ein angenehmes musicalisch Concert gehört, so entweder in Trompeten und Paucken, oder in einer lieblichen Instrumental-und Vocal-Music bestehet. Die Märckte und großen Plätze werden mit Pech-Tonnen und Holtz-Hauffen erleuchtet. Einige große Ministri oder wohlhabende Leute lassen grosse Rauch-Fässer hangen, hängen, und die Flammen viel Stunden lang mit gelben Ambra, Weyrauch und Mastix unterhalten, und parfumiren also die gantze Gegend.

§. 10. Bißweilen præsentiren unter währender Illumination und unter dem Geloder vieler von Weyrauch und Bernstein brennender Rauch-Fässer der Durchlauchtigsten Herrschafft im Vorbeyfahren, einige verkleidete Personen, allerhand mit raren Früchten und Confituren belegte silberne Credenz-Schaalen. Also vergnügten bey der Königlich Preußischen Crönungs-Illumination die Augen des Hofes und aller Zuschauer am meisten die 4 Printzen und Princeßinnen des Hertzogs von Holstein als Gouverneurs von Preussen, welche sehr kostbar gekleidet waren, und Ihrer Majestät einige Schaalen voller Pomerantzen und Citronen mit folgenden allerdevotesten Wunsch darreichten:

An statt der Lampen-Glantz, der Fackeln und der Kertzen,
Bringen wir willig hier in Demuth unsre Hertzen,
Nimm selbe gnädigst an, GOtt gönne dir den Tag,
Daß unser Kindes-Kind dich glücklich kennen mag.

S. Thucelii Acta Public. T. I. p 735.

§. 11. Nachdem die Bewohner der Häuser die andern

andern an Stand, Ansehen, Einkünfften, oder Devotion gegen ihre Landes-Herrschafften übertroffen, nachdem thun sie es/den andern an sinnreichen
und kostbahren Illuminationen zuvor. Einige
illuminiren die gantzen Häuser, sie lassen alle Zimmer mit sehr vielen Chrystallinen Leuchtern, und alles von der Hauß-Thüre an, biß unter das Dach
in der schönsten Ordnung mit großen und kleinen
Lampen erleuchten, andere aber nur einige Stock-
wercke, oder gar nur etzliche Fenster.

§. 12. Zuweilen sind die Häuser mit grünen
Tannenreißig beschlagen, an welchen die Lampen
aufgehängt, und vor den Thüren siehet man illuminirte Postamenter, die entweder künstliche
Triumph-Bogen oder etwas anders vorstellen,
und an welchen mancherley Ordnungen und Zierrathen der Bau-Kunst angebracht. Sie sind
theils von Tannenreißig, theils von Mooß und
Laubwerck verfertiget, und in den dazwischen liegenden Feldern, die vornehmsten Umstände und
Begebenheiten, die man vorstellen will, angebracht.
Sie werden nicht selten mit Orengen-Bäumen
und andern ausländischen Gewächsen decorirt,
und um einige Stuffen vor den Hauß-Thüren erhöhet.

§. 13. Einige Illuminationen præsentiren auf
eine recht künstliche Weise bewegliche Machinen.
Als Jhro Königliche Majestät in Preussen im ver-
wichenen 1727ten Jahre die Königliche Residenz
Dreßden mit Dero höchsten Ankunfft beglückten,
und

und Ihnen zu Ehren eine Illumination in der gantzen Stadt Allergnädigst anbefohlen worden, so observirte man hierbey an dem Rath-Hause zu Dreßden eine Pyramide drey Ellen hoch, auf dem Fusse derselben waren See-Fische und Schiffe zu sehen, in der Mitten sahe man Menschen, ingleichen Wild in einem Walde herum wandern, über diesen brannten vier Lampen, welches alles die in dem Fluß stehende Machine in eine solche Bewegung brachte, daß die Schiffe in dem Wasser ausliessen, die Menschen giengen, und die Lampen in dem Obertheil zugleich mit bewegt wurden. Zu beyden Seiten derselben præsentirte sich oben die Sonne, deren Strahlen alle Creaturen beschienen. Diese Machine war so künstlich, daß aus derselben an den Orten der Pyramide zugleich Wein lieffe.

§. 14. Wenn man auf den Sählen gewisse Arcaden, Ehren-Tempel und dergleichen vorstellen will, so pflegt man an statt des mit Oel getränckten Papiers, welches man sonst hierzu erwehlt, weissen Atlaß zu nehmen, und solchen mit Gemählden auszuzieren, wenn die Illumination **magnifique** aussehen soll.

§. 15. Stehen gewisse illuminirte Postementer an solchen Oertern, da sie nicht grossen Schaden thun können, als auf dem Wasser u. s. w. so werden die darauf gesetzten Pyramiden mit Pech-Kräntzen und unterschiedener brennender Materie angefüllten Thran-Tonnen behängt und belegt.

§. 16.

§. 16. Es pflegen auch bißweilen auf eine besondere Weise bey nächtlicher Weile gantze Gärten illuminirt zu werden. Eine dergleichen prächtige Garten-Illumination sahe man zu Wien, als Jhro Königliche Hoheit der Chur-Printz zu Sachsen, so sich damahls daselbst aufhielt, an dem Kayserlichen Geburths-Tage dergleichen anstellen ließ. Es waren nicht allein alle Zierrathen des Garten-Gebäudes, die Sims-Wercke und Frontons biß an das Dach erleuchtet, sondern man sahe auch so gar die Terrassen, die Blumenstücke, die Vasen und Orengerie-Bäume mit Flämmgen ausgezieret, da auch die Fontainen selbst ein gelindes Feuer von sich gaben, so würde durch das Wasser der Glantz der zurück prallenden Strahlen noch mehr vermehret. Diese prächtige Garten-Illumination ist in des Gustavi Heræi Gedichten mit allen Inscriptionen und Devisen beschrieben und in Kupffer gestochen. S. p. 109. biß 123.

Das XI. Capitul.

Von Feuerwercken.

§. 1.

Wenn ein Feuerwerck wohl ordonirt werden, und aus unterschiedenen Handlungen bestehen soll, so gehört eben eine so geschickte Composition dazu, als zu einer

ner Opera oder Comœdie, sie müssen auch eben so auf einander folgen, iedoch mit diesen Unterscheid, daß so wohl die Ausziehungen des Theatri, als auch die Handlungen nicht so weitläufftig seyn dürffen, als in einer Opera.

§. 2. Bißweilen ist ein Feuerwerck und eine Illumination mit einander vermischt. Man stellet, z. E. einen prächtigen Tempel oder ander Gebäude vor, mit trefflichen Colonnaden, Pfeilern und Statuen, die bey der Nacht, durch die mit Papier umgebnen Lichter gantz erleuchtet sind, dergestalt, daß man historische Bilder und Schrifften, welche sich in einem solchen Gebäude hin und wieder befinden, sehr deutlich sehen kan. Je grösser die Gemählde, ie deutlicher kan man sie des Nachts bey der Erleuchtung observiren. Man baut auch wohl dergleichen Gebäude ins Wasser. Auf die Pfähle, die in dem Gebäude herum sind, setzt man 2 Palussaden ausserhalb, die mit Lichtern und Papier erleuchtet, und andere innerhalb, welche aus Raqueten mit gemahlten und vergüldeten Stäben zusammen gesetzt. Die Raqueten und Kunst-Feuer sind unter dem prächtigen Gebäude verborgen, und gehen nachgehends insgesammt unvermerckt loß.

§. 3. Man stellet in den Feuerwercken mancherley vor, so sich zu einer ieden Festivität und Erfindung schickt, als verzogene Nahmen, Wapen, Ehren-Pforten, Gebäude, Vestungen, Portale, Statuen, Götter u. s. w. So siehet man auch

biß-

bißweilen auf dem Theatro einige in Feuer ver-
kleidéte Männer, die sich mit Feuer versetzten Kol-
ben tapffer herum schlagen; man præsentirt mancherley Lateinische und Teutsche Inscriptionen, die
sich alle gar deutlich lesen lassen, und Fontainen, die
unterschiedliche melirte Feuer in die Höhe spritzen.
Es werden auch wohl gar künstliche Portraite mit
dabey angebracht, und alles übrige, was durch die
Mahlerey vorgestellet wird.

§. 4. Die besondern Handlungen, aus welchen
ein Feuerwerck zusammen gesetzt, werden in besondern Figuren von unterschiedenen Couleuren vorgestellt, als, einige brennen in weissen Feuer, die andern in blauen Feuer, noch andere in rothen Feuer.
Es machen auch die unterschiedlichen colorirten
Feuer, die zugleich brennen, ein gar gutes Ansehen.

§. 5. Zum Signal läst man gemeiniglich einige
Raqueten mit Schlägen, und einige mit Schwärmern versetzt steigen, auch wohl die Canonen abfeuern, und Trompeten und Paucken erschallen.
Es läst auch gar artig, wenn bey einigen prächtigen Feuerwercken, die mnn mit Abfeurung einiger
halber oder gantzer Carthaunen eröffnet, Mercurius, oder ein Adler, oder sonst etwas anders geflogen kömmt, und das Feuerwerck anzündet.

§. 6. Bey einigen grossen Wercken und weitläufftigen Historien, die auf Art der Opern abgefast, werden bißweilen einige Actus zugleich præsentirt, und wenn ein Actus beschlossen, mit Trompeten

peten und Paucken ein Zeichen zur andern Handlung gegeben. Es stehen auch wohl hinter einer ieden Handlung Kästen die mit einigen hundert oder tausend Raqueten angefüllt, und bey Endigung eines ieden Actus angesteckt und in die Lufft geschickt werden. Man zündet nicht eher ein neues Feuer an, als biß das eine mehrentheils ausgebrand, und dunckel zu werden anfängt.

§. 7. Es werden zwar die Figuren mit allen Dependentien bey einer ieden Handlung auf einmahl angezündet, wobey sich auf ein 100 Stücke hören lassen, es ist aber doch auch dahin zu sehen, daß sie nicht alle zu jähling wegbrennen. Es muß alles harmoniren, was zu einer ieden Art gehört. Bey den Wasser-Feuern müssen lauter solche Figuren zusammen kommen, die sich dahin schicken, als Neptunen, die Nymphen, Tritons, Delphinen Meer-Pferde, Meer-Kälber, und aus einem ieden Stücke muß auch Feuer spritzen. Also siehet man feurige Ströme aus den Muscheln oder aus den Trompeten der Tritons, ingleichen Feuerschläge aus den Nasenlöchern der Delphine, oder aus den Urnen der Flüsse, welche ins Wasser fahren, und daselbst verschiedene Feuer præsentiren. Bey der großen Menge der Wercke und Figuren ist alles so einzurichten, daß es die Augen fassen können, und bey der allzu grossen Menge nicht in Unordnung gesetzt werden.

§. 8. Der Unterschied der Donner- und Blitz-Feuer, der Lust-Kugeln, der Freuden-Feuer, Thau-

H h h und

und Regen-Feuer, ist wohl in Betrachtung zu ziehen, und so wohl das Knallen und die Stärcke, als die Schwäche, das stille Wesen und die Lieblichkeit nach der Erfindung zu beurtheilen. So müssen auch die Farben nicht allein einer jeden Sache natürlich, sondern auch deutlich und erkenntlich seyn. Es würde also wider die Regeln seyn, wenn man bey Vorstellung einer Liebes-Handlung Donner- und Blitz-Feuer anbringen wolte, die mit vielen Knallen und Rasseln vermischt wären, da hierbey vielmehr stille Wasser-Feuer und Lust-Kegel nöthig sind.

§. 9. Bey Kriegerischen Handlungen schiest man aus den Mörsern Pfauen-Schwäntze, Giradolen und Lust-Kugeln, die mit Schwermern, Sternputzen, Serpenteaux, Schmeltz-Werck und grossen Schlägen versetzt, und bey Vorstellung einer Schlacht wird auch wol aus einigen 100 Mousquetons noch darzu gefeuert. Es steigen auch währender Zeit, da das Feuerwerck brennet, einige tausend Raqueten zu vielen Pfunden, welche theils in Kasten versetzt, theils an Creutzen hängen. Je mehr Pfund Pulver die Raqueten erhalten, desto mehr bedecken sie mit ihren auffahrenden Bögen und Strahlen den Horizont.

§. 10. Die Wasserwercke, das ist, die Machinen, die in dem Wasser liegen, werden bißweilen alle auf einmahl zugleich angezündet, in währender Zeit, daß diese brennen, werden viel hundert Wasser-Kugeln mit ein- und ausfahrenden Feuern, Bienennen-Schwärmen, umlauffenden Wasser-Kugeln und Grund-Kugeln, unaufhörlich ins Wasser geworffen, so mit Wasser-und Land-Schwermern versetzt. Es läst wohl, wenn allezeit ein Raum von ein 8, 10 oder 12 Schritt dazwischen ist, bevor ein neuer Wasser-Kegel oder Bienenschwarm angezündet wird. Manchmahl schwimmen einige brennende Buchstaben im Wasser herum, welche zusammen einen gewissen Glücks-Wunsch ausmachen. Vor einigen Jahren hat man in Paris von dieser Art der Feuerwercke etwas gantz neues und besonders gesehen, da ein gewisser Kunst-Feuerwercker vor dem König und dem gantzen Hofe eine noch nie gesehene und gehörte Probe ablegte. Er warff aus einem Köcher etliche Raqueten 4 mahl höher als sonst, welche die Worte: Vive le Roy, vorstellten. Diese Buchstaben blieben bey nahe eine Minute in der Lufft, endlich warffen sie eine grosse Menge Lust-Kugeln, Schwärmer und dergleichen aus. S. den XXXIII. Versuch der Schlesischen Natur- und Kunst-Geschichte, p. 242.

§. 11. Die Stücke, so man bey den Feuerwercken löset, werden fein langsam abgefeuert, wenn der Knall des letzten Stücks hinweg ist, so werden die Creutze und Kästen mit Raqueten behangen und versetzt, und zugleich angezündet.

§. 12. Die Music, so man bey den Feuerwercken, entweder nach Endigung einer ieden Handlung, oder auch unter dem Actu erschallen läst, muß mit dem Themate, so man repræsentirt, harmoniren.

ren. Bey einer martialischen Action, als bey einer Schlacht, Belagerung und Eroberung eines Castels höret man Trompeten und Paucken; hingegen bey Friedens-Inventionen, als bey Liebes-Bündnissen u. s. w. Hautbois, Waldhörner u. s. w.

§. 13. Die Erfindung des Feuerwercks muß sinnreich seyn, und aus nichts gemeinen noch abgeschmackten bestehen. Es ist also diejenige Invention nicht gar weit her, da bey einem Hoch-Fürstlichen Vermählungs-Fest ein paar sich schnabelnde Turtel-Täublein im Feuer præsentirt werden. Je mehr Embellissemens und Veränderungen von Feuer-Regen, gläntzenden Sternen, Feuer-Rädern, Schwärmern und dergleichen gesehen werden, desto prächtiger läst es.

§. 14. In den heutigen Zeiten, da alle Künste und Wissenschafften auf einen sehr hohen Gipffel gestiegen, verlangen grosse Herren mit Recht bey ihren Feuerwercken mehr Kunst und Accuratesse, da man hingegen vor ein hundert Jahren und drüber mit einer gar schlechten Invention vorlieb nahm. Den 12. Dec. an 1585. wurde auf dem Beylager Chur-Fürstens Augusti zu Sachsen, so er zu Dessau mit Frau Agnes Hedwig zu Anhalt celebrirte, auf der Mulde ein Feuerwerck angezündet, so in der Gestalt eines Crocodils angerichtet war, und mitten auf dem Fluß gebracht wurde; es gab etliche 100 Schüsse von sich, und ward damahls vor etwas vortrefliches gehalten. S. Beckmans Anhält. Geschichte V. Theil, pag. 204. Und bey

bey der Vermählung des Churfürsten von Sachsen Princeßin Tochter Magdalena Sybilla, mit dem Printzen Christiano V. zu Dennemarck, ward an. 1634. ein Feuerwerck mit bloßen Raqueten und andern Lust-Schwärmern angebrandt. S. Kevenhüllers Annales XII. p. 1516.

§. 15. Die Vorsichtigkeit ist bey allen Feuerwercken höchst nöthig, damit nicht allein den nicht gar zu weit davon entfernten Gebäuden, sondern auch durch Herunterfallung so vieler tausend Raqueten-Ruthen, und etzlicher 100 Lust-Kugeln, den Menschen oder Gebäuden kein Schaden zugefügt werde.

Das XII. Capitul.
Von unterschiedenen Arten der Lust-Schießen.

§. 1.

Die Scheiben-Schießen werden entweder auf einem Saale oder in den freyen auf einem Platze gehalten, werden sie in freyen gehalten, so richtet man zum Auffenthalt der Herren Schützen, einige mit artigen Schildereyen, Spiegeln und Glaß-Fenstern vermachte, und von aussen mit grünen Reißwerck umwundene Logen auf. Die Seiten-Wände bestehen aus grünen Reißwerck, und sind mancherley schöne Architecturen und Sculpturen dabey angebracht.

§. 2. Die Schützen schiessen nach der Ordnung wie sie das Looß trifft, und gehen ihre Rennen durch. Die gantze Gesellschafft wird vorher durch eine lustige Anrede, die ein Pritzschmeister zu halten pflegt, dazu invitirt. Es werden auch gewisse Gesetze und Articul, wie es in einen und dem andern gehalten werden soll, vorher publicirt.

§. 3. Die Scheiben werden bißweilen mit artig inventirten Gemählden, und curieusen Versen ausgezieret. Es werden vor die Sieger besondere Gewinste aufgesetzt, die in silbernen Geschirren, kostbahren Pistohlen, schönen Uhren, Tabatieren u. d. g. bestehen. Die Pritzschmeister pflegen gemeiniglich ihnen solche zu überreichen. Uber dieses bekommen sie eine silberne Schaale mit Marzipanen oder andern Confituren, und ein zierlich geschnitten Crystallinen Glaß mit Wein; den andern aber, die Weit-Schüsse thun, wird mehrentheils ein Teller mit Bratwurst und Sauerkraut, oder Erbsen u. d. g. præsentirt, und ihre schlechten Verdienste noch darzu in Knittel-Versen besungen.

§. 4. Zuweilen werden Nacht-Schiessen gehalten, da denn die Logen, die Seiten-Wände, und der gantze Platz, wo das Nacht-Schiessen gehalten wird, mit Lampen illuminirt ist. Die Scheiben werden auf ein paar hundert Schritte also formirt, daß iedesmahl, wenn der Zweck getroffen wird, eine in der Lufft zuspringende Raquete auffsteigt. Zuweilen wird es durch eine noch künstlichere Invention

tion angedeutet, es zündet sich zugleich eine hinter der Scheibe befindliche Granate, welche nach einem grossen Knall hoch in die Lufft steigt, und 12 biß 15 Raqueten heraus läst, die wieder zuspringen, und allerley bunte Stern=Feuer von sich geben. Das Signum, wenn die Scheibe wieder ordinirt, und die Raquete von Artilleristen angemacht, wird durch Trommelschlag angedeutet, und darff keiner, als biß solcher gehört worden, loßfeuern. Es werden zu Abwendung der Desordres aller Orten starcke Posten ausgesetzt, und der gantze Platz mit grauen Jagt=Tüchern umzogen.

§. 5. Den mancherley Lust=Schiessen ist auch das gewöhnliche Vogel=Schiessen mit beyzuzehlen, da ein hölzerner Vogel mit Kugel=Büchsen oder auf andere Art abgeschossen wird. Vorhero werden unterschiedene Gesetze und Articul abgefaßt, wie es bey Austheilung der Gewinste, oder auch sonst in einen und dem andern Stücke gehalten werden soll. Es wird keinen von den Schützen erlaubt unter die Stange zu gehen, oder die herabgefallene Spähne zu hohlen, sondern dem hierzu bestellten Zieler lediglich überlassen, die Spähne oder abgeschossenen Stücke in das Judicir-Hauß zu bringen, und dem, so den Schuß gethan, treulich anzuzeigen, als woselbst alles abgeschossene von den Herren Judiciren genau gewogen und registrirt wird.

§. 6. Welchen Schützen dreymahl das Gewehr versagt, ob gleich das Zündkraut loßbrennt, die sind meistentheils ihres Schusses verlustig; es ist ihnen auch nicht erlaubt, bey solchen Fall aus dem Stande zu gehen, es ereigneten sich denn sonderbahre Schäden am Gewehre, die darinnen nicht reparirt werden könten. Es wird niemanden verstattet, er gehöre mit zu der Schützen Gesellschafft oder nicht, daß er innerhalb der Schrancken noch weniger vor den Schützen-Stand gehe, damit alles besorgliche Unglück und Unordnung verhütet werde, und wird deshalber besondere Vorsorge gehalten, es wird auch keinen Schützen erlaubt, anderswo als im Stande die Büchse zu spannen, und das Pulver auf die Pfanne zu schütten, bey einer gewissen Straffe.

§. 7. Die jemand vor sich schiessen lassen, dürffen solches keiner andern Person, als welche sich ebenfalls zum Schiessen legitimirt, und vorher præstanda præstirt, auftragen. Welcher Spahn einen besondern Neben-Gewinn trägt, wird zum Spahn-Gewinst hernach nicht gerechnet, weil er durch das, auf die Neben-Gewinste gesetzte Præmium Begnügung erhält. Die Schützen erlangen durch einen Schuß nicht leichtlich mehr als einen Gewinn, daher die mit herunter geschossenen, zu einem andern Stück des Vogels gehörigen Spähne, bey den Spähn-Gewinsten übergangen werden. Und da zwey Neben-Gewinste durch einen Schuß erhalten sind, so wird nur einer ausgetheilt, und der übrige der gantzen Gesellschafft auf ein Scheibe-Schießen vorbehalten.

§. 8.

§. 8. Es wird mit dem Vogel-Schießen einige Tage angehalten, biß der Vogel ab ist, es müste denn seyn, daß der Wind, wie es bisweilen zu geschehen pflegt, den letzten Spahn herunter schmiße. Der Haupt-Gewinn bestehet in Räumung der Spille oder in Herunterschießen des letzten Spahnes. Die Neben-Gewinste aber im Herunterschießen des Kopffes, der Klauen, der Flügel, der Schwäntze, der Crone, nach der Größe und Schwere der Stücken, die von den Judicirern gewogen werden.

§. 9. Zu Judicirern werden ein oder ein paar Hoch-Fürstliche Räthe erwehlet, nebst dem Hof-Marschalls-Secretario, die alles registriren müssen. Dergleichen Vogel-Schießen geschehen bisweilen auf Landes-herrliche Unkosten, bißweilen müssen aber auch die Cavaliers bey Hofe eine gewisse Einlage thun, von welcher die Gewinste angeschafft werden.

§. 10. In einigen Fürstlichen Teutschen Residenz-Städten ist es von einigen Jahrhunderten gebräuchlich gewesen, daß die Hoch-Fürstlichen Landes-Herrschafften zu dem Bürgerlichen Vogel-Schießen mit eingeladen werden. Sie erscheinen nachgehends entweder in höchster Person, oder per Deputatos, da sie ihre Vices einigen hoch-characterisirten Hof-Ministres auftragen.

§. 11. Wenn nun ein junger Printz das Glück hat, die Spille zu räumen, und als ein König des Vogel-Schießens aufgeführt zu werden, so pflegt die gesammte Schützen-Compagnie ihn mit besondern Freuden-Bezeugungen aufzunehmen, und ihn alsdenn in ihre Liste mit einzuzeichnen. Es werden bißweilen, um der Durchlauchtigsten Landes-Herrschafft ein besonder Plaisir zu machen, von den Dörffern die lustigsten Bauer-Knechte und Mägde herein citirt, die allerhand Bauer-Lustbarkeiten mit Ringel-Rennen, mit Klettern auf der Stange u. d. g. vornehmen müssen.

§. 12. Es geschicht manchmahl ein solenner Bauer-Aufzug vorher durch die Stadt. Erstlich marchirt ein Pritzschmeister in gelb- und schwartzen Harlequins-Habit zu Fuß, ferner folgen Bauer-Musicanten mit Violinen, Schallmeyen, Hautbois und Bassons. Darauf folgt ein Bauer-Commendant zu Pferde, der eine Reyhe Bauern anführt, so mancherley Gewinste, die unter ihnen ausgetheilet werden sollen, in Händen führen, und endlich folgen ein 24 Bauer-Knechte in paaren, so ihre Greten bey der Hand führen, die mit Cräntzen auf den Köpffen, und mit Rechen in Händen versehen sind.

§. 13. Sind die Vogel-Schiessen geendiget, so werden sie durch poëtische Federn, entweder in Knittel-Versen oder in reiner Poësie, besungen.

Das

Das XIII. Capitul.
Von mancherley Arten der Lust-Jagten und Jagt-Divertissemens.

§. 1.

Zur Sommers-Zeit pflegen sich die grossen Herren gemeiniglich auf ihre Lust-Schlösser und Jagt-Häuser zu begeben, und daselbst mit Jagten und allerhand Arten der Lustbarkeiten zu divertiren. Es sind hieselbst gemeiniglich manche strenge Ceremonien, die man in den Residentien bey Hofe verspühret, verbannet, und man spühret allenthalben mehr Freyheit und ungezwungenes Wesen. S. Molesworth Mem. de la Cour de Danemarc. Die Frantzosen nennen das Lust-Schloß Fontainebleau, allwo der König in den Monathen September und October seine Jagt-Ergötzlichkeiten anstellet, ein Pays de libertinage, und fremde Passagiers finden leichtlich Gelegenheit mit dem König, den Printzen und Printzeßinnen sich auf die Jagt zu begeben, ohne daß es einem verdacht oder verwehret würde; die Printzeßinnen sind hier gemeiniglich in Amazonen-Habit eingekleidet. S. Nemeitz Sejour de Paris, pag. 189.

§. 2.

§. 2. Kayser Ferdinand II. liebte die Jagt und das Paiz-Wesen von seiner Jugend an, biß in sein letztes hohes Alter, Er verschaffte aber auch hierbey sich, seinen Bedienten und Unterthanen Nutzen. Er verhörte in den Wäldern die Bauern, nicht anders als ob er zu Gericht säße, er vernahm ihre Beschwerden, und tröstete sie mit Worten und in der That. Er erkundigte sich genau nach dem Schaden, den das Wildpret seinen Unterthanen zuwege brächte, er ließ einen jeden seinen Schaden taxiren, und bezahlte ihn offt höher, als mancher denselben selbst geschätzt hatte. Von dem gefällten Wildpret regalirte er nicht allein die Ordens-Leute, sondern auch seine Hof-Bedienten, und viele von seinen Unterthanen. Er sagte: Ein großer Herr müste zu dem Ende bißweilen Jagten anstellen, damit er so vielen Mißiggängern, die sich an den Käyserlichen und Königlichen Höfen aufhielten, durch das Jagen etwas zu schaffen geben könte, daß sie nicht so närrisch thäten. S. Graf Kevenhüllers Annales T. XII. p. 34. & 35.

§. 3. Bey den Jagten werden verschiedene mit grünen Reißwerck geflochtene und umwundene, auch mit güldenen Schildern und auf andere Art ausgezierte Logen vor das Hoch-Fürstliche, Gräfliche und Adeliche Frauenzimmer aufgesetzt, aus welchen sie die Jagt-Lust mit ansehen. Die gantze Hofstatt von Cavalieren und Damen erscheinen in der propresten grünen Kleidung, und bey den

par-

par Force-Jagten in denjenigen Habiten, die den par Force-Jagten eigenthümlich sind.

§. 4. Um und um werden so wohl Tücher als Jagt=Wagen geführet, auf denen die gemeinen Leute, dieses Divertissement mit abzuwarten, sich einstellen. Es wird die Jagt von der gesammten Jägerey gewöhnlicher massen in einem solennen Zug aufgeblasen, wornach sich die hohe Jagt=Compagnie zu Pferde rangirt, und die Jagt=Hunde werden beygeführt. Man höret hierbey eine unaufhörlich klingende Wald=Music. Die gesammte Zahl-Compagnie verfügt sich sodann in die Forst-Häuser, sehen die solennen Abblasen der Jägerey mit an, und speisen an verschiedenen Tafeln.

§. 5. Dafern einer aus der Jagt=Gesellschafft wider die bey der Jägerey eingeführte Kunst=Wörter verstöst, so bekommt es das Weyde=Messer. Er muß sich auf den Hirsch legen, der zu diesem Ende von den Jägern hingeschlept worden, und die Pfunde erwarten. Es geschiehet von den Jägern eine solenne Anklage, daß er die Jagt=Gesetze übertreten. Es finden bißweilen Hoch=Fürstliche Personen selbst ein Vergnügen, die Pfunde auszutheilen. S. Molesworth Etat du Royaume de Danemarc. pag. 198. Sonst aber pflegt der Hoch=Fürstliche Jägermeister die Execution zu thun, und dem Verbrecher auf das Gesäß 3 Streiche zu geben, da denn bey iedweden das Wald=Geschrey erschallt.

§. 6.

§. 6. An den Huberts-Festen wird ein solenner Jäger-Panquet angestellt. Bißweilen wird auf dem Jagt-Schloß Tafel gehalten, bißweilen aber auch nur an einen grünen schattigten Ort unter grünen Eichen. Man pflegt manchmahl der hohen Herrschafft zu Ehren an solchen Oertern die Jahrzahl, Wapen und Nahmen nebst andern Remarquen an eine Buche zu zeichnen, und mit Farben zierlich anzustreichen, welches den Nachkommen ein angenehmes Andencken verursacht.

§. 7. Die Speisen werden von der löblichen Jägerey, als den Hof- und Besuch-Jägern in ihrem Jagt-Gezeuge und aufhabenden Brüchen mit bester Parade aufgetragen, und wird alles dabey von der Jägerey bedient und aufgewartet. Die Hof-Jägermeister, Land-Jägermeister, Ober-Forstmeister und Jagt-Junckern stehen hinter der Herrschafft aufzuwarten. Die Jagt-Pagen tragen die Willkommen, übergeben sie dem Ober-Jägermeister zum Credenzen, welcher solche der Herrschafft mit grüster Submission überreichet. Will die hohe Herrschafft Gesundheiten trincken, so wird allezeit dabey von der Jägerey mit Flügel- und Hifft-Hörnern geblasen, oder auch wohl ein Wald-Geschrey gemacht.

§. 8. Wenn ein Hirsch-Jagen fertig, und die Herrschafft allbereit auf dem Lauf, so versammlen sich die anwesenden Jäger. Der Ober-Jägermeister gehet voran, die andern folgen in der Ordnung nach dem Jagen zu. Bißweilen stellen sich auch

auch wohl 4. gegen einander rechter Hand nächst dem Schirme.

§. 9. Befiehlt der Herr, daß es angehen soll, so fängt der Ober-Jägermeister nebst den andern nach Jäger-Manier an zu ruffen, und das Ruffen continuirt so lange, biß die sämmtlichen Jäger oben in dem Jagen wieder seyn, da wird denn durch Bauern getrieben, und dabey auf Wald-Hörnern geblasen. Man continuirt mit dem Abblasen des Jagens fast biß gegen den Schirm, allwo sie auf einmahl stehen bleiben, und es wird von allen Seiten mit Wald- und kleinen Hörnern ein guter Satz geblasen. Ist dieses vorbey, so nähern sie sich der Herrschafft, da denn der Ober-Jägermeister dem Fürsten und seiner Gemahlin, und was sonst von frembden Anwesenden vorhanden, ein Eichen-Büschlein præsentirt, so man einen Bruch nennt, und auf dem Haupt getragen wird, zur Bedeutung, daß der Hirsch todt sey.

§. 10. Ist die Herrschafft mit ihrer Suite in den Schirm getreten, so wird das Quertuch von Jagen weggenommen, und die Hetz-Hunde werden eingetheilt. Die Jägerey verfügt sich dem Schirm gleich gegen über auf den rechten Flügel, gegen das Jagen zu, und zwar nach ihrer Ordnung, und erwarten von dem Oberhaupt der Jagt, durch eine Losung die Ordre. Die Jägerey hebt ihren üblichen Wald-Geschrey an, und die Jagt-Hunde gehen Kuppel-weise, iede Kuppel von einem Bauer geführt,

geführt, ſammt ihren Hundes-Jungen, welcher voran gehet, der Jägerey nach hinauf zu Holtze, mit Continuirung ihres Jagt-Lautes biß hin die Querre vors Jagen. Darauf ſtößt man in die Wald-Hörner, und wird dasjenige, was man am erſten im Jagen antrifft, nach den eingeführten Jagt-Poſten angeblaſen, und angeſchrien. Der Hirſch, ſo bald er von der Jägerey erblickt wird, bekommt ſeinen gehörigen Juchſchrey, und wenn er jagtbar, hat er bey dem Verlauff das Anblaſen, und gleichſam die Anmeldung mit Paucken und Trompeten.

§. 11. Das erlegte Wild wird vor dem Schirm hingebracht, und auf die rechte Hand des Schirmes gegen dem Jagen zu, alles ordentlich, und nach weydmänniſchen Gebrauch, Stärcke der Gehörne und Vielheit der Enden hingelegt. Iſt nun alles vorgejagt, und man ſpühret nichts mehr in der Rundung, ſo verſammlet ſich die Jägerey auf den andern Flügel wieder in ihrer Ordnung, daß ſie auf die lincke Hand des Schirms zu ſtehen kommt.

§. 12. Bißweilen iſt bey einigen Jagten ein Rang-Streit zwiſchen den Ober-Jägermeiſtern und Ober-Land-Jägermeiſtern, wer dabey das Directorium haben ſoll. Dergleichen erhob ſich an. 1723 in Prage, zwiſchen dem Kayſerlichen Obriſt-Jägermeiſter Fürſt Hartmann von Lichtenſtein, und den Böhmiſchen Obriſt-Jägermeiſter Grafen von Clary, als Ihro ietzt regierende Kayſerliche

Majes

Majestät sich daselbst aufhielten; Ihro Kayserliche Majestät aber entschieden selbigen in der Güte durch einen Allergnädigsten Ausspruch, daß nemlich der Fürst von Lichtenstein iedesmahl den Rang behalten, und Macht haben solte, den gewöhnlichen ersten Stoß-Ruff zur Jagt zu geben. Das übrige Commando aber bey der Jägerey und den Jagten solte der Graf von Clary allein behalten. S. Einleitung zur neuesten Historie der Welt. VII. Stück. p. 417.

§. 13. Bey den Bestätigungs-Jagten wird einige Tage vorher mit den Leit-Hunden der Ort, wo Wildpret vermuthet wird, durchspühret, und visiciret, um die Hirsche zu verneuern, und frisch zu halten; alsdenn wird der Ort, sonderlich wenn die Hirsche nicht auf einen Rudel beysammen, mit den Zeugen, so etwan sechs biß acht Fuder ausmachen, umzogen. So bald der Tag anbricht, wird noch einmahl in aller Frühe das Wildpret vor Holtz verneuert, ihn in den Holtz-Wegen vorgegriffen, und endlich in der Stille, wo es möglich seyn kan, gegen den Wind das Zeug enger gestellt, und die Stell- und Jagt-Leute zu beyden Seiten rangirt.

§. 14. Das Jagen muß nicht rückwarts, sondern nach dem Lauff zu Berg-ab, oder in einer guten Ebene angeleget werden, und, so es die Situation des Ortes leidet, büsch- und deckigt seyn, damit das Wild aus ihrer Umstelle und Rundung hinaus auf den Platz und Lauf sehen könne.

§. 15. Der Lauf muß dahin gerichtet seyn, wo das

das Wild seinen Wechsel und Ausgang zum Gräß gehabt, weil es vor sich und nach wenigen Trieb diesen Ort zulaufft, der ihm ohnedem bekandt. Der Lauf wird wieder gen Holtz gerichtet, wo es die Gelegenheit des Orts leydet, und unten mit einer Verblendung versehen, denn das Wild laufft nicht eher, als wenn es wieder Gehöltze vor sich sieht.

§. 16. Man hat hierbey Acht, daß der Wind nicht von dem Lauf ins Jagen gehe, denn sonst ist das Wild mit der grösten Force nicht dahin zu bringen, und es läst sich in der Rundung, und wo es umstellt worden, eher zu Tode jagen, als daß es sich auf den Lauf begeben solte. Die Läuffe werden fein bequem und räumlich eingerichtet, und so wohl auf ieden Flügel als in der Querre mit nöthigen Tüchern versehen.

§. 17. Bißweilen werden wilde Thiere genöthiget, der Lust wegen, von hohen Steinfelßen herunter zu springen, wodurch sie zuschmettert werden, oder sich in den unten vorbey fliessenden Fluß stürtzen müssen.

§. 18. Die wilden Sauen werden, wenn sie von der Eichel- und Buch-Mast feist geworden, im Herbst und Winter, wenn sie herum wandern, am besten gespühret. Wenn nun die Jägerey bey einer Schwein-Hätze ein Schwein gekreyßet, und selbiges in Bezirck haben, so sehen sie umher nach den besten Lauff-Platz, und nehmen wahr, wo es mit dem Kopffe zu liege.

§. 19. Wo ein Bruch oder Morast nahe liegt, da kommen Tücher-Lappen vor, wo es aber hinlauffen

lauffen möchte, werden leichte Cours Hunde, und andere beißige Sau-Rüdden auf die Hut gestellt, damit wenn sich die Schweine auf die Seite wenden und vorbey springen wollen, sie mit den Hunden gehetzet werden können. Die schönen Englischen Hunde, welche zum Theil mit Pantzern oder Jacken beschirmt, werden von weiten gestellt, es werden Sau-Rüdden angehetzt, und die Jäger geben ihnen hernach Fänge. Bey einigen Sau-Jagten hat man neu-inventirte lange, aber forne sehr scharffe Spieße, die gleich hinter der Acie kleine bunte Fähnlein haben, da denn curieus und lustig anzusehen, wie dieses Wildpreth mit solchen Spießen, darinnen die Fähngen stecken, gantz rasend fortläufft.

§. 20. Vor einigen Jahren wurde ohnweit der Chur-Pfältzischen Residentz Mannheim ein grosses Schwein-Jagen gehalten, welches Lust-Jagen um so viel angenehmer zu sehen gewesen, weil selbiges dergestalt wohl eingerichtet worden, daß man dergleichen noch niemahls gesehen, indem die wilde Schweine unter der Erde hervor gekommen, und unter den Schirm herauf, auf einen hohen, gleich einem ordentlichen Amphitheatro aufgerichtet gewesenen Berge, über 240 Schuh hoch gemachten Treppen, auf die oberhalb verfertigte Galerie hinauf lauffen müssen, es sollen über 1000 Stück von allerhand Gattungen geschossen und gefangen, und solch Festin des Abends mit einen grossen Tractament und Ball beschlossen worden seyn.

§. 21. Die Wasser-Jagten geschehen mit treiben und abjagen, wie die Haupt-Jagten. Es wird zu Holtz geblasen, die Jägerey reitet nach dem Walde, und jaget die Hirsche, Kälber, Rehe und Schmahlthiere aus ihren Cammern in das Wasser, selbige schwimmen den Strohm herunter.

§. 22. Der Lauf ist entweder ein Wasser-Teich, oder mittelmäßiger Strohm, wodurch das Wildpreth gejagt werden muß. Auf der Mitten wird auf Schiffen ein Schirm vor die Herrschafft mit Sträuchern gesetzt, und ins Wasser geancket, die Tücher aber durch Kähne über den Strohm gefahren, und auf grosse starcke Stangen, worauf oben Hacken gemacht, dergestalt die Ober-Leine oben aufgehoben, daß das Tuch knapp über dem Wasser mit der Unter-Leine liege. Das Wiedlein wird auch an grosse Pfähle, so ins Wasser geschlagen, über dem Wasser inwendig, oder auswendig, wie gebräuchlich, angebunden. Bringen nun die Hunde im Jagen das Wild heraus, so zwingen sie es durch das Wasser zu schwimmen. Wenn sie nun nahe an die Fürstlichen Gezelte kommen, so werden sie von den Herrschafften mit Kugeln erlegt. Kommen einige an das Ufer, werden sie von den Cavaliers mit ihren Lantzen und Javelins verfolgt. Es fahren auch wohl die Herrschafften auf aparten Gondeln, und schiessen daraus aus dem Wasser das Wild todt. Das todte Wild wird in Kähnen gehohlt, und ans Land gestreckt.

§. 23. Bißweilen wird das Wild sortirt, und einen Tag roth Wild, den andern aber schwartzes vorgejagt. Soll das Wasser-Jagen auf einen grossen Strohm geschehen, so werden grosse Gewichter

wichter an die Netze gemacht, die untersincken, und die Netze anhalten, oben aber an Fähren angehefft, damit nichts von Wildpret unten durchkommen möge.

§. 24. Manch Wasser-Jagen ist mit einer gewissen Invention vermischt, auf Art eines Aufzuges, und wird etwan ein Dianen-Fest genennt. Anfangs kommt ein Schiff, als der Dianæ Wagen auf dem Wasser, welches übergüldet und versilbert ist, darinnen sitzt die Jagt-Göttin Diana, nebst ihren 4. Nymphen, als Climene, Dafnis, Nile und Alcippe, so ans Land steigen, und vor dem Herrschafftlichen Gezelte eine sehr anmuthige Italiänische Arie absingen.

§. 25. Bey der Crönung des Königs in Franckreich wolten sich Jhro Majestät in dem Walde bey Chantilly mit der Jagt erlustiren, und wie der König daselbst anlangte, traff er die Dianam mit ihren Nymphen, in einer von Laubwerck gemachten Grotte an, die Jhrer Majestät bis an den Eingang der Grotte entgegen kam, und etwas absungen, worinnen sie Jhrer Majestät die Herrschafft über die Wälder abtraten, auch an statt der Huldigung derselben ihren Bogen und Köcher überreichte, da mittlerweile die um sie befindlichen Nymphen einen Tantz machten, und unter demselben den König alle zur Jagt gehörigen Stücke überreichten. Das Frauenzimmer war alle in Jagt-Habit, und die Herren von Hof, so in Jagt-Habit, von der Jägerey des Hertzogs von Bourbon gekleidet waren, hatten sich um die Dianam gestellt. Deren Gesang wurde durch die in Buschwerck versteckte Vocal- und Instrumental-Music accompagnirt.

§. 26. Den Fürstlichen Lustbarkeiten sind auch die Kampff-Jagten mit beyzuzehlen, die auf dem Schloß-Platze, oder doch in einen mit Mauern verwahrten Hofe, gehalten werden. Bißweilen wird auswerts alles nach Felsen- und Wälder-Art mit Bäumen und Gestrippe schön gemahlt, und der gantze Platz unten mit Sande bestreut. Man bringt manchmahl die Fänge der Thiere also artig an, daß ungefehr 8 Ellen hoch einige 100 ja mehr als 1000 Personen, der Lust, ohne Befürchtung eines Unglücks mit anschauen können.

§. 27. An einigen Oertern sind besondere Hetz-Gärten erbaut, und dergestallt angelegt, daß der Hof von beyden Seiten in bedeckten Gallerien, die andern aber in einem offenen Amphitheatro alles bequem sehen können.

§. 28. Die Thiere werden auf einmahl, und zugleich unter angenehme Thone von Jagt- und Wald-Hörnern ausgelassen. Vorhero werden sie auf allerhand Art hefftiger gemacht, man schlägt sie mit glüenden Eisen, man zwickt sie in die Ohren, man schießt ihnen kleine Pfeile, so vorn spitzig sind und stecken bleiben, in die Ohren, man wirfft Schwärmer unter sie u. s. w. Wenn sie noch wild, und nur neuerlich eingefangen, giebt es einen lustigen Zeitvertreib. Mitten auf dem Kampff-Platz setzt man ein artig bekleidetes und von Haaren ausgestopfftes Männchen, so die wilden Thiere anfallen und zerzausen.

§. 29.

§. 29. Man siehet bißweilen mit Verwunderung, wie sonderlich die Auer-Ochsen, und die Bären die grösten Hunde in die Höhe werffen, nicht anders als ob sie mit dem Ballen spielten. So giebt es auch ein sonderlich Vergnügen, wenn die Bäre von den kleinen Bär-Beissern hin und wieder gezwickt werden, so daß sie sich in ein Faß mit Wasser retiriren müssen, sie setzen sich darein, und theilen, mit vieler Lust der Zuschauer, den Hunden die sie anfallen wollen, Ohrfeigen aus.

§. 30. Sind die Hunde von allerhand Schlägen und Arbeit matt geworden, werden sie aufgeruffen und angefaßt, oder auch frische dahin gelassen, und mit selbigen wird so lange gehetzt, biß es die Herrschafft überdrüßig, und die Lust ein Ende haben soll.

§. 31. Bey Endigung der Kampff-Jagten werden die Thiere entweder von der Herrschafft durch ihre Cammer- und Leib-Hunde gehetzt, mit Fang-Eisen oder Hirschfängern erleget oder geschossen. Zu Ende solches Actus wird von der anwesenden Hof-Jägerey mit Wald- und Hifft-Hörnern geblasen, und die wilden Thiere werden wiederum in ihre Behältnisse eingefangen.

§. 32. Die wilden Thiere kämpffen sonst, wenn sie sich in ihrer Freyheit befinden, selten mit einander. An. 1706. truge sich zu Londen eine ungewöhnliche Sache zu, indem die Damen-Hirsche an der Zahl 200, in dem Parc einen unvermutheten Krieg gegen einander anfiengen, und sich dermaßen schlugen und bissen, daß sie fast allesamt todt auf dem Platze blieben. S. den LIX. Th. der Europ. Famæ, p. 894.

§. 33.

§. 33. Eine Epſece eines Kampff-Jagens, giebt das in Portugall und Spanien gewöhnliche Thier-Gefecht ab, es iſt dieſe eine von den gröſten aber auch gefährlichſten Luſtbarkeiten, ſo in Spanien und Portugall mit gröſter Solennität gehalten werden; Erſtlich geſchiehet ein Auffzug von Trabanten, Janitſcharen und allerhand Nationen, unter Begleitung der Muſicanten, nach dieſen geſchehen beſondere Täntze von Mohren, Zwergen, Syrenen und andern dergleichen, und endlich gehet das Gefecht an. Die Cavaliers müſſen in dem Geſicht etzlicher 1000 Perſonen, ſich mit den Stieren, zu Pferde oder Fuß, in ein Gefecht einlaſſen. Die mit den Stieren ſtreiten, dürffen ſie nicht mit der Lantze erlegen, ſondern offt zu einen Stier zehn biß 15 Lantzen, mehr und weniger brauchen. So offt jener die Lantze zwey Spannen lang in des Stiers Leib bringt, muß derſelbe die Lantze alſo brechen, daß dem Stier das Eiſen mit einen Stuck von Holtze im Leibe bleibt. Dieſe ſehr gefährliche Luſt wird ſo lange getrieben, biß die Beſtie erlegt.

§. 34. Mit den Kampff-Jagten ſind die Fuchß-Prellen auch gar offters vergeſellſchafftet. Die Plätze auf denen die Füchſe geprellet werden ſollen, werden entweder mit zarten Sande, oder mit grünen Raaſen bedeckt, und vor allen Dingen mit hohen Tüchern feſt umher, ſonderlich aber an der Erde dicht befeſtiget, damit die liſtigen Füchſe nicht unten hindurch kommen, und alſo der Herrſchafft Verdruß erwecken.

§. 35. Bißweilen werden auch Haaſen und
Friſch-

Frischlinge zugleich mit geprellt. Anno 1728 wurde bey dem zum Divertissement Ihrer Königlichen Majestät in Preussen, in Dresden angestellten Fuchß-Prellen, ein wildes Schwein mit geprellet, ingleichen etzliche Personen zur Lust, davon die eine in Springen so exercirt gewesen, daß sie auch biß oben an die Fenster, wo die beyden Königlichen Majestäten sassen, geflogen.

§. 36. Die Dames und Cavaliers werden allezeit in einer bunten Reyhe wechselsweise gestellet, und im Jagt-Habit eingekleidet, also daß eine iede Dame ihren Cavalier gegen über hat, der den Fuchß mit ihr mit denen hiezu gehörigen schmahlen Prell-Netzen außziehet, und prellet. Haben sich nun viel Cavaliers und Dames bey den Fuchs-Prellen eingefunden, so werden 3. biß 4, und mehr Reyhen formirt, und sind also gleichsam 2. biß 3. Gassen zu sehen.

§. 37. Auf Befehl der Hoch-Fürstlichen Herrschafften werden die Kästen der Füchse und Haasen zuerst geöffnet, daß alles durch einander die Gassen durchpassiret. Die Cavaliers und Dames schicken mit vielfältigen Prellen, die Füchse und Hoasen nach mancherley wunderlichen Figuren in die Lufft, daß die Herrschafft so wohl an den wunderlichen Capriolen der Thiere, als an den Umfallen und Stolpern der Cavaliers und Dames, zumahl wenn die in heimlichen Kästen verborgene Sauen unter sie gelassen werden, ihr besonder Vergnügen finden. Die geprellten Thiere werden alle Reyhen-weise neben einander gelegt, und es wird bey dieser Lust eine angenehme Jagt-Music gehöret. Wenn es bald zu Ende gehen soll, so werden einige Sauen noch dazu hinein gelassen, und die machen denn unter denen Dames einen seltzamen Rumor.

§. 38. Anno 1725. ward in dem Bilnitzer Schloß-Garten bey Dresden, eine Jagt von jungen Haasen, Caninchen und andern jungen Wilde gehalten, dabey die kleinen Hof-Zwerge die Stellen der Ober-Jägermeister und Chefs præsentirten, die übrigen Jäger-Stellen wurden von kleinen Knaben, die alle grün gekleidet, vertreten, und die zu dieser Jagt gebrauchten Hunde waren auch sehr klein und lustig, also daß so wohl Jäger als Hunde ein Gelächter machten. Bey dem Ende ward diese gesammte nach dem verjüngten Maaß-Stabe eingerichtete Jägerey an einer Tafel proper tractirt.

§. 39. Die Falcknerey und Reiger-Beitze ist an den Höfen da man gar viel drauf zu halten pflegt, in vier Classen eingetheilt, als in die Reyger-Parthey, in die Krähen-Parthey, Millonen-Parthey und Rivier-Parthey. Mit dieser Reyher-Beitze giebt es eine besondre Lust. Wenn die Reyher überhöhet, so fangen die Falcken von oben herab auf dem Reyher, mit ihren starcken Waffen in unglaublicher Geschwindigkeit einen Anfall zu thun, sie geben ihm einen Griff und Fang, dann schwingen sie sich wieder ober und neben ihm herum, biß sie ihren Vortheil ersehen, ihn gar anzupacken.

§. 40.

§. 40. Zuweilen wendet sich der Reyher mit seinem gantzen Leibe, und schwebt oder wehet als mit einem Seegel mit ausgespannten Flügeln in freyer Lufft, da gehet es denn an ein kämpffen und piquiren.

§. 41. Es ist ein uhraltes Herkommen, daß ein Potentat dem lebendigen Reyher einen güldenen oder silbernen Ring mit dessen Nahmen und Jahr-Zahl anlegt, und wiederum frey fliegen läst. Es meldet der Herr von Flemming in dem I. Theile seines vollkommnen Teutschen Jägers p. 325. daß ein Reyher auf der Peitze gefället worden, welcher am rechten Bein über dem Knie einen goldenen Ring gehabt, dessen Schrifft gewesen: Ludwia XIV. 1680.

§. 42. Zu Zeiten des Kaysers Leopoldi war eine Art von Jagten in Wien bekandt, welche Lust sonst kein Printz von Europa genossen, nemlich die Leoparden-Jagt. Der Türckische Kayser hatte in der letzten Gesandtschafft unter andern Præsenten zwey zum Jagen abgerichtete zahme Leoparden præsentiren lassen, womit sich der Kayser zum höchsten Vergnügen öffters divertirte. Diese Thiere waren so zahm, als der allerangewöhnteste Hund, sassen ihren Wärtern allezeit zu Pferde hinten auf der Kruppe, und sahen sich denn bey der Jagt weit um, ob sie etwas gewahr würden. Erblickten sie nun einen Haasen, Reh und dergleichen Thier, so sprungen sie ab, und in einem Vogel-schnellen Schuß hatten sie das Wild eingeholet, worauf sie sich wieder hinter ihren angewöhnten Jäger auf das Pferd satzten, und

und einen neuen Fang ablauschten. Ihre Grösse war als der allergröste Wind-Hund, das Wachsthum eine vollkommene Katze, lang von Rücken, Brust und Creutze und schmahl. S. Leben des Kaysers Leopoldi, p 68.

Das XIV. Capitul.
Von unterschiedenen andern Divertissemens auf dem Lande.

§. 1.

Die Jagten haben zwar vor den Fischereyen einen Vorzug behalten, daß jene bey grossen Herren beliebter sind als diese; inzwischen pflegt es doch bißweilen auch zu geschehen, daß die höchsten Regenten an dieser unschuldigen Occupation ihr Vergnügen finden. Bey der Crönung des ietzigen Königs in Franckreich Ludwigs XV. sahe man eine prächtige Fischerey. Der König thate eine Promenade in dem Thier-Garten der Sylvia, und Nachmittags führte der Hertzog von Bourbon Ihre Majestät an das Uſer des dem Schloß gegen über liegenden Canals. So bald Jhro Majestät hier anlangten, kam ein in Form einer See-Muschel verfertigtes Schiff zum Vorschein, auf welchen die Tritonen, die durch ein vornehm Opern-Frauenzimmer vorgestellte Göttin Thetis, vor Ihrer Majestät Füsse brachten, welche deroselben eine mit Perlen u. Corallen gezierte Angel-Schnure, auch Angeln und Köder in 2 von den rarestenMuschel-Schaalen verfertigten Schachteln

Von untersch. Divertiss. **auf dem Lande.**

teln überreichte. Wie die Thetis ihren Antrag ausgesonnen hatte, warff man die Netze aus, und fieng eine grosse Menge Fische, und unter diesen vornemlich schöne Karpen von allerhand Farben.

§. 2. Manchmahl werden mit einer besondern Parade lustige Wasserfarthen angestellet. Die Herrschafften fahren in einem prächtigen Schiff, so den Venetianischen Bucentauro vorstellet, es ist mit der schönsten Bildhauer-Arbeit versehen, mit Sammet ausgeschlagen, und mit crystallenen Glaß-Fenstern gezieret. Es ist auch Küche und Kellerey, nebst ihren darzu gehörigen Bedienten dabey angebracht, und also speisen sie so wohl Mittags als Abends zum öfftern auf einen solchen Schiffe, mit eben so grosser Bequemlichkeit, als zu Lande; bißweilen aber landen sie auch an, und speisen unter kühlen und schattigten Bäumen.

§. 3. Um das Herrschafftliche Schiff fahren kleine propre Chaloppen und Brigantinen, die mit Canonen besetzt. So siehet man auch dabey Schiffe mit Music, mit Trompeten und Paucken. Die Schiffer sind auf das propreste in Taffet a la Hollandoise gekleidet, und die Schiffe führen allerhand Flaggen von Taffet. Eine so prächtige Schiffahrt geschiehet bißweilen auf einen Strohme einer fremden Herrschafft zu Ehren und zu Gefallen, der sie auf dem Wasser entgegen kommen, oder sie begleiten wollen.

§. 4. Zu Zeiten divertiren sich auch Hoch-Fürstliche Herrschafften auf einigen grossen Seen oder Teichen mit Enten-Schiessen. Also verfügten sich

Ihro

Jhro Königl. Majeſtät in Pohlen und Churfürſtl. Durchlauchtigkeit zu Sachſen, Herr Friedrich Auguſt, unſer allergnädigſter Herr, vor einigen Jahren, nebſt Dero bey ſich habenden Suite in 15 neu inventirten Chaloappen und leichten Piſons, welche Holländiſche Schiffer regierten, auf dem groſſen Moritzburgiſchen Teich, allwo etzliche hundert auf den Köpffen mit hohen Federbüſchen a part gezierte Enten und Gänſe zu finden, welche von dieſer hohen Geſellſchafft, nachdem ſie mit dieſen Chalouppen den gantzen Teich in einer angenehmen Ordnung umfahren, durch Schieſſen erleget und getödtet worden.

§. 5. Zur Nachtzeit werden nicht allein die Luſt-Gebüſche, ſondern auch die Teiche und Canäle, bey denen mancherley Luſtbarkeiten vorgenommen werden, auf unterſchiedene Weiſe mit Fackeln und Lampen illuminirt. Es werden auch allenthalben Zelte und Boutiquen aufgerichtet, darinnen die hohen Gäſte nebſt den Zuſchauern alles, was ſie nur von Speiſen, Getrāncke, Liquers, Confituren, gebrannten Waſſern und dergleichen benöthiget ſind, bekommen können.

§. 6. Wenn ſich die Hoch-Fürſtlichen Herrſchafften gefallen laſſen, den Weinleſen mit beyzuwohnen, ſo iſt man auch bey denſelbigen auf eine beſondere Luſtbarkeit bedacht. Vielmahls geſchiehet, um der Herrſchafft ein Vergnügen zu machen, ein ſolënner Auffzug zur Weinleſe. Einige Muſicanten mit Schallmeyen und Fagots gehen voran, die Berg-Vögte mit ihren Stäben folgen drauf; nach dieſen

diesen kommen die Wintzer zu paaren und paaren, die nach dem Unterschied ihrer paare, ihr besonder Weinberg-Gezeug, als Weinhauen, Karschen Butten, Schippen, Schuffen, u. s. w. in Händen führen. Einige von den Wintzern tragen auch etzliche von vielen Trauben auf Reiffen gebundene, und zusammen gesetzte große Weintrauben an Stangen. Nach den Wintzern kommen die Musicanten mit Geigen und Schallmeyen anmarschirt, und darauf die Bauer-Pursche, welche ihre Greten an Händen haben; Es tragen auch wohl bißweilen eine Reyhe Bauer-Mädgen zu paaren und paaren, Schüsseln mit Weintrauben, Schüsseln mit Kuchen, Bouteillen mit Most, u. s. w.

§. 7. Es geschieht auch wohl, daß die Bauer-Mädgen bey der Weinlese, wie es an einigen Orten gewöhnlich ist, ihren Durchlauchtigsten Landes-Vater mit einen von vielen Bändern treflich ausgezierten Rosmarin-Stock regaliren, und ihn noch dazu mit einer treflich ausgesonnenen Bauer-Poesie ihren Gedancken nach beehren. Die Hoch-Fürstlichen Herrschafften machen sich ein Plaisir, das junge Bauern-Volck mit Essen und Trincken auf das Beste zu versorgen, geben auch wohl gar, wenn sie aufgestanden, ihre Fürstliche Tafel preiß, und sehen ihren Tantzen zu.

§. 8. Es müssen auch wohl bey diesen und andern dergleichen Lustbarkeiten die jungen starcken Bauer-Knechte in Masqueraden-Habit nach einem Ring rennen, und wenn sie solchen nicht treffen, werden sie entweder von einer Figur so einen

Dresch-

Dreschflegel in der Hand hält, weidlich geklopffet, oder mit Waſſer, ſo oben über den Ringe in einem Troge zu finden, ziemlich begoſſen. Andere müſſen auf ungeſattelten Pferden nach einer angebundenen und am Halſe mit Baumöhl beſtrichenen Ganß rennen, um ſolcher den Halß abzureiſſen, da ſie denn, weil die Pferde offt unter ihnen weglauffen, und die Hände vom Gänſe-Halſe abgehen, tapffer zur Erde fallen; Noch andere müſſen mit verbundenen Augen nach einem Hahn ſchlagen. Die Bauer-Mägde müſſen nach einer angezogenen Machine lauffen, um ſolcher den Crantz abzureiſſen, und wenn ſie denſelben nicht erhalten, werden ſie aus der unter dieſer Machine ſtehenden Fontaine von unten herauf ſtarck beſpritzt. Es giebt auch eine feine Kurtzweile, wenn einige auf hohen abgeſchälten und mit Baum-Oehl beſtrichenen Tannen-Bäumen klettern, um der Gewinſte, mit welchen ſolche Bäume von oben behangen ſind, theilhafftig zu
werden.

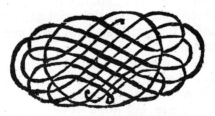

NACHWORT

I.

Vom Zeremoniell als Zeichensystem

Mit dem Begriff "Zeremoniell" verbindet der heutige Leser zumeist die Vorstellungen von gekünstelten Umgangsformen und unangemessener Prachtentfaltung. Allzu schnell werden abwertende Urteile gesprochen, die sich für gewöhnlich auf Argumente von Verschwendung und Sinnentleerung gründen. Das geschieht besonders dann, wenn Zeremoniell auf die historische Epoche des Feudalabsolutismus bezogen und exemplarisch anhand solch extremer Erscheinungen wie "Lever" und "Coucher" am französischen Hof Ludwigs XIV. erläutert wird. Ohne Zweifel erreichte das Zeremoniell mit der Ausprägung feudalabsolutistischer Verhältnisse im Europa des 17. und 18. Jahrhunderts seinen Höhepunkt; seine Traditionslinien durchziehen jedoch die Geschichte menschlichen Zusammenlebens als Ganzes. Es kann deshalb mit Recht als ein "Substrat der Geschichte" und "ein hochkomplexes Zeichensystem als Ausdrucksträger der historischen Zustände" angesehen werden.[1]

In diesem Sinne vermittelt die "Einleitung zur Ceremoniel-Wissenschafft" von Julius Bernhard von Rohr (1688–1742), deren erster Teil 1728 erschien und dem ein Jahr später der zweite folgte, einen Einblick in die sozialen Strukturen, die Machtverhältnisse und die Lebenstätigkeit der Menschen seines Zeitalters. Rohr wurde mit diesem Werk auch zum Chronisten der deutschen Zustände, denn um diesen geographischen Raum war es ihm, wie er in der Vorrede zu Teil II beschreibt, insbesondere zu tun: "Bey dieser Arbeit habe ich meine Absicht meistentheils auf die Gebräuche der Europaeischen Höfe gerichtet ... Unter den Europaeischen hab ich als ein Teutscher /

der vor die Teutschen geschrieben / auch am meisten auf die Teutschen Höfe gesehen." Obwohl die Wirren des Dreißigjährigen Krieges zum Zeitpunkt des Erscheinens der Bände bereits ein knappes Jahrhundert lang der Geschichte angehörten, war der Westfälische Frieden als historische Zäsur in seinem Werk noch immer gegenwärtig. Rohr stellte daher treffend fest: "In unserm Teutschland hat man angefangen, von der Zeit an, da der Münsterische und Oßnabrückische Friede geschlossen worden, sich mehr um das Ceremoniel-Wesen zu bekümmern." (II, 17)[2] Es wird deutlich, daß diese verstärkten Bemühungen zugleich eine Veränderung einschlossen, so wie auch das neue Verhalten auf die Verhältnisse zurückwirkte.

Das Zeremoniell des 17. und 18. Jahrhunderts war untrennbar mit der Repraesentatio Maiestatis verbunden. Es war sowohl Ausdruck, als auch Mittel dieser entscheidenden sozialen Determinante. Ausgangspunkt des Zeremoniells – und somit auch der zeitgenössischen theoretischen Reflexion darüber – war das Prinzip der ungebrochenen Herrschaft: "Die Fürsten in der Welt bleiben ... immer was sie sind, nemlich Götter auf Erden."[3]

Das Gottesgnadentum bildete einen wesentlichen, durch die Tradition autorisierten Fixpunkt des Zeremoniells. Die Verehrung des Fürsten wurde zur ständig zu leistenden Aufgabe. Hinzu kam, daß der Herrscher im 17. Jahrhundert gegenüber der frühabsolutistischen Phase immer entscheidender zum Repräsentanten seines Staates wurde. Der legendäre Ausspruch Ludwigs XIV., "L'État c'est moi", faßte diese Erscheinung treffend zusammen. Der Herrscher war damit "Repräsentativgestalt" im doppelten Sinne. Er stand an der Spitze der sozialen Hierarchie gegenüber seinen Untertanen und mußte zugleich als Personifizierung seines Landes die ihm zugewiesene Stelle innerhalb der Hierarchie der europäischen Mächte einnehmen. Beide Positionen fußten auf unterschiedlichen Ordnungsstrukturen, deren Differenziertheit auch das Zeremoniell Rechnung trug.

Das Zeremoniell nach außen war darauf gerichtet, die Beziehungen von Souveränen untereinander zu regeln. Was mit dem Vortritt, als dem elementaren Ausdruck von Rangunterschieden, begonnen hatte, endete in einem ausgeklügelten System von Ehrbezeugungen. Rohr machte deutlich, daß sie – in weit stärkerem Maße als das Zeremoniell nach innen – staatsrechtlichen Sanktionen verpflichtet waren, wenn er schreibt, es seien "einige durch die Fundamental-Gesetze des Reichs, durch die Pacta Conventa, durch die von den Regenten mit den Reichs-Ständen errichtete Capitulationen und durch andre öffentliche Tractaten so fest etablirt und angeordnet, daß ein grosser Herr vor sich, ohne die Einwilligung des dritten, der hierbey mit interessirt, nicht das geringste zu ändern vermag" (II, 10).

Verstöße gegen diese zeremoniellen Regelungen oder ihre Einhaltung hatten die Kraft eines außenpolitischen Zeichens. Je nach dem Grad der Abweichung konnte sich dieses im Spektrum zwischen Kriegserklärung oder Bündnisbekenntnis bewegen. Es ist daher nicht verwunderlich, daß Spannungen, Konflikte oder veränderte internationale Positionen über die Form des Zeremoniells signalisiert wurden. Man denke hier nur an die Erniedrigung Papsts Alexander VII., der durch Frankreich gezwungen wurde, wegen eines geringfügigen zeremoniellen Verstoßes Abbitte zu leisten. Dieser Vorfall signalisierte der europäischen Welt, daß es dem Papsttum nicht gelungen war, wirksam in die europäische Machtpolitik einzugreifen. "Seit diesem Ereignis", schreibt Blunt, "war es vorbei mit der Großmachtstellung des Papsttums im politischen Leben Europas."⁴ Das galt nicht nur für Europa allgemein, sondern auch für die Länder des Reiches im besonderen. Nicht von ungefähr sah sich Rohr veranlaßt zu betonen, daß einseitige eigenmächtige Handlungen den Gedanken nahelegten, "daß die Pfeiler des Reichs gerührt und bewegt würden, wenn einige von dergleichen Ceremonien solten verändert, oder gar aufgehoben werden".

Das Zeremoniell lieferte gleichsam den Raster des Aktionsraums und den kommunikativen Code. Die Aktion übernahm es, der Funktion der Sprache gleich, zu enthüllen oder zu verschleiern, zu offenbaren oder zu verschweigen, zuzustimmen oder zu widersprechen. Internationale Übereinstimmung und Disziplinierung oder Aufbegehren wurden gleichermaßen erkennbar, sobald das System europäischer Politik durch Kräfteverschiebung zur Instabilität neigte. Demütigung oder Privileg waren die extremen Effekte, die der Einsatz zeremoniellen Instrumentariums bewirken konnte. Die Prinzipien des Zeremoniells nach innen waren ähnlicher Natur. Sie wurden grundlegend durch die Ordnung von Herrscher und Untertan bestimmt. An der Spitze dieses hierarchischen Systems stand unbestritten, unantastbar und, selbst der nachfolgenden Ebene ins Unerreichbare entrückt, der Herrscher, dessen Position in der Regel durch nichts anderes als die Geburt bestimmt wurde.

In diesem System wies das Zeremoniell einem jeden seine Stelle zu, und schrieb den einzelnen Elementen vor, in welcher gesellschaftlichen Sphäre, in welcher Art und Weise und mit welchen Mitteln sie miteinander zu funktionieren hatten. Diese funktionale Reglementierung ging mit der öffentlichen Demonstration der einzunehmenden Position einher. Damit steckte das Zeremoniell nicht nur den Handlungsspielraum und die Funktionsmechanismen ab, es bestimmte gleichzeitig deren Veräußerlichung. Das betraf einerseits die Handlung, wie andererseits den Status schlechthin. In dem Maße, wie sich Statusrepräsentation mit dem Zeremoniell verknüpfte und durch das Zeremoniell selbst dokumentiert wurde, erfaßte es nahezu alle gesellschaftlichen Sphären. Es drang in das Leben aller Mitglieder der Gesellschaft ein, denn auch Randgruppen, für die zeremonielle Handlungen und Entäußerungen importun waren, konnten sich einer Bewertung nach diesen Kriterien nicht entziehen.

Selbst der Herrscher, der als der absolute Bezugspunkt des Zeremoniells fungierte, unterlag ihm, auch er war "in das Ritual, das er dirigiert[e], eingebunden".[5]

Zugleich war er jedoch der einzige, der, wenn auch nicht generell, so doch en détail zu modifizieren in der Lage war. Für Rohr waren einige der Zeremonien über die Maßen veränderlich, "weil sie von dem Willen der Regenten dependiren" (II, 10). Das heißt, die Individualität des Herrschers, sein Temperament und seine Neigung prägten in gewissem Sinne die Eigenart des Zeremoniells nach innen, ohne prinzipiell an den Grundfesten zu rühren. Der Grad der Variabilität war von dem Gebundensein an historische und religiöse Sanktionen abhängig, wurde aber auch wesentlich durch das innere Kräfteverhältnis bestimmt. Im Europa des 17. Jahrhunderts schienen die Spielräume in den Territorialstaaten des Heiligen Römischen Reiches Deutscher Nation nach dem Westfälischen Frieden am weitesten zu sein. Nicht nur das Gepräge des Zeremoniells war durch den Herrscher beeinflußbar, er vermochte auch im konkreten Fall direkt in die Rangordnung einzugreifen. Dieser Sachverhalt ist meist nur mit Günstlings- und Intrigenwirtschaft in Verbindung gebracht worden. Mit dem Eingriff in die Rangordnung konnte der Regent aber ebenso Anreize zu Parteinahme und Leistung bieten. Diese Kompetenz wurde gezielt als machtpolitischer Faktor wirksam und auch als solcher genutzt, insbesondere, da die Herausbildung feudalabsolutistischer Verhältnisse und Herrschaftsformen mit einer Konfrontation von Fürst und Adel, oder besser, der Stände insgesamt, einherzugehen pflegte.

So wurde das Zeremoniell zum Herrschaftsinstrument[6] in einer Staatsform, die ihrem Wesen nach eine "hierarchisch geordnete Ständegesellschaft"[7] verkörperte. Seine Funktion beschränkte sich nicht nur auf die kultische Verklärung des Fürsten und auf die von ihm zu erteilenden oder zu versagenden Gnadenbeweise im Sinne von Heilsgütern. "Die Beschäftigung und Kontrolle des Adels"[8] kennzeichnet nur einen selektiven Aspekt der Funktion des Zeremoniells. Wenngleich dem Adel innerhalb des Zeremoniells ein besonderer Stellenwert zukam, regelte es nicht nur die Konnexe der höfischen Oberschicht. Als ein Mittel der Disziplinierung reglementierte es vielmehr an der Wende vom 17. zum 18. Jahrhundert die Integration aller Mitglieder der Gesellschaft in die sozialen Verhältnisse. Seinem Wesen nach auf Totalität zielend, was es ein Mittel feudalabsolutistischer Sozialisation. Es bediente sich dabei festgeschriebener Sanktionen oder unumstößlicher Normen, die Teil des öffentlichen Bewußtseins waren. Diesen vielfältigen Beziehungen trug Rohr in seiner "Ceremoniel-Wissenschafft" Rechnung. Er weitete das Zeremoniell über die höfische Sphäre hinaus auf die der Privatpersonen aus und reflektierte damit die gesamte gesellschaftliche Realität. Deutlich wird besonders im ersten Teil die enge, gelegentlich kaum noch zu entflechtende Verknüpfung von Zeremoniell und "Polizey", wobei man unter letzterem Begriff die regulierende Tätigkeit des Staates verstand.

Es waren zwei generelle Ordnungsmodelle, die einander strukturell entsprachen, sich ergänzten und überlappten, vor allem hinsichtlich ihres Aufgabenbereichs.[9] Einer Generalisierung, die "Polizey" auf die "außerhöfischen Menschen", auf den "Untertanenverband", das Zeremoniell hingegen auf das "binnenhöfische Leben" zu beziehen hätte,[10] würde allein schon durch die beiden Titel des Rohrschen Zeremonialwerks widersprochen. Sie wandten sich immerhin ausdrücklich sowohl an die Privatpersonen als auch an die großen Herren. Während andere zeitgenössische deutsche Zeremoniell-Bücher mit ihrer Gliederung von Staats-, Hof- und Kanzlei-Zeremoniell im wesentlichen in der höfischen Sphäre verharrten, kennzeichnete Rohrs Werk das Zeremoniell als ein Prinzip, das die Gesellschaft als Ganzes durchdrang. Es betraf die "grossen Herren und Privat-Personen, unter geistlichen und weltlichen, zu Kriegs und Friedens-Zeiten, in Ernst und Schertz"; der Verfasser bezog es auf Gelehrte und Ungelehrte, auf kluge Leute und Narren (I, 2).

Aber nicht nur die Gliederungsprinzipien, sondern auch die Art des methodischen Herangehens unterscheiden Julius Bernhard von Rohr von den übrigen Autoren. Während Johann Christian Lünig, Friedrich Wilhelm von Winterfeld, Gottfried Stieve oder Zacharias Zwantzig,[11] um nur einige zu nennen, bemüht waren, mit peinlicher Genauigkeit zeremonielle Handlungsabläufe zu beschreiben, mit historischen Beispielen zu illustrieren, gegebenenfalls auch nur auf staatsrechtliche Sanktionen zurückzuführen, verband Rohr die Zeremonialwissenschaft mit seiner Glaubens-, Vernunft-, Tugend- und Hauswirtschaftslehre.[12] Daraus leitete er nicht nur den Begriffsapparat ab, sondern auch die Bewertungskriterien. Es wurden also nicht nur Handlungen beschrieben und erläutert, in weitaus stärkerem Maße ging es um die Vermittlung von Einsichten und von inneren Haltungen. Diesem Konzept folgte Rohr im ersten Band mit größerer Konsequenz, mit einem schärferen Blick auf die gesellschaftlichen Zustände. Seine moralische Bewertung verschiedener Zeremonien, ihre teilweise Rechtfertigung oder ihre partielle Ablehnung erfolgte mit bestimmterem Engagement als in der "Ceremoniel-Wissenschafft Der großen Herren". Den Grund dafür nannte er selbst: "Bey dem Vortrag der Lehre des Staats- und Hof-Ceremoniels muß man anders verfahren [als bei dem der Privat-Personen, d. Verf.]. Diejenigen, die andern Gesetze vorschreiben, können nicht wohl vertragen, wenn ihnen andere Lebens-Regeln vorschreiben, noch weniger aber leiden, wenn man über ihre Handlungen critisirt. Sie wollen gelobet, bewundert und nachgeahmet, aber nicht erinnert werden." (I, 23) Dieser Erkenntnis eingedenk, neigte Rohr sodann auch gelegentlich zu Kompromissen. Die Grundregeln des höfischen Zeremoniells dienten als Vorlage für die der Privatpersonen; sie wurden entsprechend den Gegebenheiten der "kleinen Welt" modifiziert.[13] Rohr orientierte, trotz kritischer Sicht auf die gesellschaftlichen Verhältnisse, auf eine sinnvolle Integration in diese und auf ihre Besserung mit Hilfe moralischer Belehrung.

Am Anfang des 18. Jahrhunderts wurde unter "Ceremoniale" oder "Ceremoniell" einerseits das Reglement (Buch) verstanden, daß sich "bey einem jedweden wohl eingerichteten Hofe grosser Herren" befand, und "Darinnen Nachricht enthalten, wie dieser oder jener Potentat, oder dessen Gesandter, von den andern, seiner Dignität und dem Herkommen gemäß bey Einholungen, Visiten ... und dergleichen publiquen Verrichtungen tractiert werden soll."[14]

Andererseits war mit dem Begriff auch allgemein die Manier des praktischen Handhabens verbunden. Begründet wurde die Notwendigkeit eines solchen Zeremoniells damit, daß im Umgang der "Souverains... keinem zuviel noch zu wenig geschehe".[15]

Allgemeiner faßte man darunter "alles dasjenige, was man ratione der Stellung des Leibes, Kleidung, des Gehens, Sitzens und Stehens beobachtet", zusammen.[16]

Der Artikel aus Zedlers "Universal-Lexicon", dem diese Definitionen entnommen sind, orientierte sich im wesentlichen an den Systematisierungsversuchen Gottfried Stieves, der bereits 1715 das Zeremoniell als "eines der sublimesten Theile der Historie" bezeichnete.[17] Auf Gregorio Letis und Friedrich Wilhelm von Winterfelds[18] Arbeiten zu diesem Thema zurückblickend, konnte Stieve nicht umhin, kritisch zu vermerken: "... allein keiner unter beyden, hat die Materie nach ihrem Fundament; sondern der eine, selbige nur wie sie von aussen scheinet, (nemlich blosse Facta) vorgestellet: Der andere aber hat in VI. Tomis, mehr ein Historiam universalem, als eine Ceremoniel geschrieben."[19]

So rechtfertigte Stieve sein 1715 erschienenes "Hoff-Ceremoniell", über das Rohr nun wiederum in seiner Vorrede zu den "großen Herren" vernichtend urteilte, indem er bekannte, er habe es "gar nicht nachgeschlagen" und vor vielen Jahren nur einmal ein wenig durchgeblättert. Stieve gebe seinem Leser "in beliebter Kürtze von den Ceremonien / wie sie itzund an den Europaeischen Höfen in Gebrauch sind / specielle historische Anmerckungen" (§ 5); Rohr beabsichtigte hingegen, "allgemeine Lehr-Sätze mit zu theilen". Er selbst begründete seine Unternehmung damit, "daß man noch kein Systematisch und Philosophisch Werck von den weltlichen Ceremonien hätte / ob schon dergleichen von der gelehrten Welt längst verlangt worden / unterschiedene Autores auch sich hiezu anheischig gemacht / noch keiner aber zu Stande gebracht" (II, Vorrede, § 1).

Einen wesentlichen Impuls, sich einem solchen Gegenstand wissenschaftlich zu nähern, erhielt Rohr, nach eigenem Bekenntnis, durch eine Äußerung in Christian Wolffs "Vernünfftigen Gedancken von der Menschen Thun und Lassen" (II, Vorrede, § 1).[20] Wolff, dem Rohr zeit seines Lebens verbunden war und dessem philosophischem Konzept er ungeachtet der Anleihen bei anderen Autoren verpflichtet blieb, stellte heraus: "Man begreiffet ohne mein Erinnern, daß man eine besondere Wissenschafft von den Ceremonien machen könnte."[21] Die nachfolgende Erklärung Wolffs mochte Rohr dazu ermutigt haben: "Da ich die Regeln der Vollkommenheit deutlich ausgeführet ... so würde mir leicht fallen diese Materie [die der Ceremonien, d. Verf.] auszuführen. Allein da es mit wenigem nicht geschehen kann, auch an diesen Ort, wo ich die allgemeine Kunst die freyen Handlungen vernünfftig zu regieren abhandele, sich nicht schicket, so muß ich die besondere Ausführung entweder anderen überlassen oder bis auf eine bequemere Zeit verschieben."[22]

Ganz dem Systemdenken der Frühaufklärung verpflichtet, setzte Rohr allen Ehrgeiz daran, auch für das Zeremonialwesen eine systematische Theorie zu entwerfen. Im allgemeinen folgte er der Lehre Wolffs, für den die aus Verstand und Willen entspringende Vernunft, den Menschen zu immer größerer Vollkommenheit führt, indem sie Einsicht in den Zusammenhang der Wahrheit ermöglicht. Daraus resultierte auch Rohrs Bestreben, seinen Gegenstand dem Kriterium der Vernunft zu unterwerfen. Bereits Lünig vermerkte in seinem "Theatrum Ceremoniale" einleitend: "Es ist also ... das Ceremoniel- und Solennitäten-Wesen eine Brut der verderbten menschlichen Natur und sündlicher Affekten." Er relativierte jedoch, daß "man ... das Kind nicht zugleich mit dem Bade weg werffen [solle, d. Verf.], denn es hat doch allezeit mitten unter den verderbtesten, auch weise und tugendhaffte Menschen gegeben, welche den elenden Zustand derer an äußerlichen Ceremonien klebenden Leuten gar wohl erkannt."

Nachfolgend baute Lünig um das Zeremoniellwesen behende ein schützendes Gebäude begründender Notwendigkeiten für die Existenz des Zeremoniells: "Alle Dinge haben in der Welt gewisse Ordnung, und es ist immer eines dem anderen subordiniret." Da dem Menschen, so Lünig, mit der gesunden Vernunft auch "die Liebe zu einer vernünfftigen Ordnung eingepräget worden" sei, schlußfolgert er, daß "zu Erhaltung einer gewissen Ordnung, ohne welche die menschliche Gesellschafft nicht bestehen kan, gewisse Ritus und Ceremonien von nöthen" sind.[23] Rohr wußte sich in diesem Punkte mit Lünig einig. Er beabsichtigte aufzuzeigen, welche der Zeremonien vernünftig und welche unvernünftig, welche tugendhaft und welche lasterhaft seien. Das praktizierte Zeremoniell bewertete er als recht unvollkommen, teilweise sogar als töricht und sündhaft. Die Ursachen sah er darin, daß "der größte Theil der sterblichen, und auch viele von den höheren, mehr ihren Vorurtheilen und Begierden, als den Lehren der gesunden Vernunfft Folge leisten" (I, 7). "Die Lehre von den Ceremonien-Wesen beruhet auf lauter Menschen-Satzungen, und also bestehen ihre Regeln nach der Beschaffenheit des Verstandes und des Willens, derer die sie erfunden, oder ihnen Beyfall geben, aus solchen Sätzen, die theils vernünfftig und tugendhafft, theils unvernünfftig und lasterhafft, theils aber auch als unschuldige und gleichgültige anzusehen." (I, 6/7)

Den subjektiven Charakter des Zeremoniells erkennend, leitete Rohr die Qualität dieses "Miteinander-Umgehens" vom Verstand und dem Willen derer ab, die diese Formen etablierten, ihnen Beifall spendeten, oder sie schlechtweg nachahmten. Eine systematische Darstellung, eine moralische Bewertung und allgemeine Regeln sollten an die Stelle der Reden von "lauter Galanterien" und der dabei verwendeten "dunckelen Begriffe" (I, 4) treten. Dieses Bemühen spiegelte sich auch in der sprachlichen Form der "Ceremoniel-Wissenschafft" wider. Lehrsätze, ihre Anwendung und Auslegung für möglichst viele Eventualitäten des Lebens, die Beweisführung der Richtigkeit des Lehrsatzes am schlechten, zu verurteilenden Beispiel und die summarische Fassung der Kerngedanken kennzeichnen eine Wissenschaftssprache, die von der hohen Wertschätzung der mathematischen Methode zeugt. Von seinen Zeitgenossen wurde Rohr seiner Deutlichkeit wegen ein "Held" und seiner "Vorschreibung nützlicher Regeln" halber ein "deutscher Solon" genannt.[24]

II.

CHRISTIAN WOLFF UND BALTHASAR GRACIÁN ALS ANREGER

Zurecht rühmte man Rohr schon zu Lebzeiten als einen der "fürnehmsten Wolffianer"[25]. In seinen Werken spiegelt sich jedoch die Kenntnis eines Großteils des Wissens seiner Zeit wider. Eine Reihe direkter Beziehungen zu großen Geistern oder deren Lehren sind in seiner, im Zedlerschen "Universal-Lexicon" kurz vor seinem Tode veröffentlichten, ausführlichen Biographie[26] aufgeführt. Neben Christian Wolff sind hier vor allem die anderen Denker der sogenannten weltlichen Linie der deutschen Frühaufklärung, wie Christian Thomasius, Ehrenfried Walther von Tschirnhaus und Gottfried Wilhelm Leibniz, zu nennen.[27] Aber auch Anhänger von Strömungen und

Geisteshaltungen, von denen sich Rohr als überzeugter Lutheraner in den Grundhaltungen distanziert hatte, sind in seiner Einflußsphäre nachweisbar. Das bestimmende Prinzip seiner Toleranz war dabei die Nützlichkeit. Wenn Details richtig beantwortet schienen, vermochte er über prinzipiell konträre Positionen hinwegzusehen. Deshalb ist es nicht verwunderlich, daß er sich in seiner "Ceremoniel-Wissenschafft" mehrfach auf den "Oráculo manual" (1647) des spanischen Jesuitenpaters Baltasar Gracián berief.

Er stützte sich dabei auf die von August Friedrich Müller besorgte und ausführlich kommentierte deutsche Übersetzung, die unter dem Titel "Oracul, Das man mit sich führen und stets bey der Hand haben kan. Das ist : Kunst-Regeln der Klugheit" in Leipzig von 1717 bis 1719 erschienen war.[28] Das Buch des Spaniers, das dreihundert Lebensmaximen beinhaltet, hatte im Jahre 1687 schon einmal Aufsehen in Leipzig erregt, als Christian Thomasius an der dortigen Alma mater die erste Vorlesung in deutscher Sprache gehalten hatte. Auf diesen "Discours von Nachahmen der Franzosen", wie das Thema dieser Vorlesung lautete, die intensiv Bezug auf das Graciánsche Werk nahm, griff Rohr wesentlich öfter zurück, als er es für nötig hielt anzugeben.[29]

Der Impuls für die Beschäftigung mit Graciáns Handorakel kann jedoch auch schon in Rohrs Erziehung angelegt gewesen sein. Über den 1688 geborenen Rohr wußte sein Biograph zu berichten, daß er sehr früh durch Privatlehrer eine vorzügliche Ausbildung genossen hatte. Verständlich wird dieser Umstand, bedenkt man die Tatsache, daß sein Vater Julius Albert als kurfürstlicher Kammerherr am Dresdner Hofe mit der Erziehung der Söhne des sächsischen Kurfürsten Johann Georgs III., der Prinzen Johann Georg und Friedrich August – den letzteren sollte die Nachwelt "August den Starken" nennen –, befaßt gewesen war.[30]

Rohrs Vater scheint die Ideale der Fürstenerziehung im Rahmen seiner Möglichkeiten auf die Ausbildung seines Sohnes übertragen zu haben.

Unter dem Aspekt der Kenntnis des Graciánschen Werkes ist es interessant zu vermerken, daß die Bücher des Spaniers den Prinzen beim Unterricht in der "Civilitas" als Lektüre dienten.[31] Der "Aulicus" wurde in diesem Zusammenhang mit dem Prädikat des "Alten Hausbuchs des Hofes" belegt und als das "reichlichst" benutzte Buch bezeichnet.[32]

Es sei dahingestellt, auf welche Art und Weise Rohr die Werke des Jesuitenpaters kennengelernt hatte. Wichtiger ist hervorzuheben, daß der Ideengehalt des Handorakels Rohrs Schaffen beeinflußte und Bestandteil seiner theoretischen Konzeption wurde. Nicht nur in der "Ceremoniel-Wissenschafft", sondern auch in seiner Tugendlehre und in der Privat- und Staatsklugheit war er dem Gedankengut Graciáns verpflichtet.[33] Verfolgt man die Spuren Graciáns in Rohrs "Ceremoniel-Wissenschafft", dann fallen eine Vielzahl von Zitaten im ersten Band auf. Die Gegenwärtigkeit Graciánscher Ideen geht aber weit über die von Rohr angemerkten oder zitierten Stellen hinaus.

Beide Autoren betrachteten die Gesellschaft als Ganzes; ihnen eignete ein Rationalismus, der weder vor dem geringfügigsten Detail noch vor der Welt im kosmologischen Sinne haltmachte. Diesseitigkeit und Integration des Menschen in die feudalabsolutistischen Verhältnisse, die hierarchische Unterwerfung des Teils gegenüber dem Ganzen und die begrenzte und deshalb stark introvertierte Ausformung von Individualität lassen bei Rohr ebenso die Nähe zu Gracián erkennen, wie die Aufdeckung des Widerspruchs zwischen der Zügelung der Affekte und der vehementen inneren Selbstbehauptung der Persönlichkeit, die schließlich in der Gemütsruhe, dem Glücksanspruch des Weisen, vollkommene Befriedigung erfährt. Wenn Gracián den Widerstreit zwischen persönlichen Interessen und öffentlicher Norm zugunsten des ersteren entschieden sehen wollte,[34] so mutet Rohrs Entscheidung ebenfalls machiavellesk an, wenngleich er sie mit seinem Begriffsapparat umschrieb: Der vernünftige Mensch möge, wenn es seine äußere Glückseligkeit befördere, gelegentlich getrost das Unvollkommenere dem Vollkommeneren vorziehen, "wann ihn ein tüchtiger Bewegungs-Grund dazu verbindet" (I, 53). Das Abwägen von Nützlichkeiten rechtfertigte auch bei Rohr "einen kleinen Irrtum an der Wahrheit" (I, 53). Obgleich es Rohr um ethische Belehrung zu tun war, die er von der göttlichen Offenbarung und dem Naturrecht herleitete, verband er den Wolffschen Eudämonismus mit dem Desillusionismus Graciáns und reproduzierte so dessen lebensnahe Ambivalenz, die bekanntlich schon Thomasius faszinierte,[35] zu einer Theorie des Praktischen. Dieses Ausbalancieren der Kräfte mündete bei Rohr – wie bei Gracián – in den wieder und wieder ins Feld geführten Appell an den Leser, den rechten Mittelweg zu wählen.

Dieser Kompromiß zieht sich wie ein roter Faden durch die Maximen und Lehrsätze der beiden Autoren. Es ist ein Kompromiß, der signalisiert, daß die Zwänge der ständischen Ordnung akzeptiert und Wege zur gesellschaftlichen Integration angestrebt wurden.

In all diesen Problemstellungen und in der Art ihrer Bewältigung sowohl durch den Jesuitenpater als auch durch den lutherischen Wolffianer manifestierten sich jedoch generelle Grundzüge der Epoche. Harald Olbrich bezeichnete sie als Spannungsfelder "zwischen einer Tendenz zur sozialen Polarisierung und dem Streben nach gesellschaftlicher Totalität; zwischen entfalteter Sensibilität für das Einzelne bis zum geringfügigsten Detail und rationalem oder emotionalem Besitzergreifen der Welt als Ganzem, zwischen Lebensgenuß und seiner Zügelung, sinnlicher Alltagserfahrung und reflektierender Bewußtheit; zwischen neuer Qualität der Wahrnehmung und Skepsis gegenüber der Fähigkeit der Sinne; zwischen Individualität und ständischer Ordnung".[36] Damit stellten sich "alltägliche und langfristige gesellschaftliche Prozesse und Normen, Sinnfragen und Verhaltensmuster und ebenso anschauliche Deutungsweisen der Wirklichkeit" dar, die die gesamte Gesellschaft erfaßten.[37]

Welche Konsequenz diese "Neustrukturierung aller Werte"[38] für einen Teil der gesellschaftlichen Verkehrsformen, Verhaltensmuster und Daseinssymbole nach sich zog, läßt der dem ersten Band von Rohrs "Ceremoniel-Wissenschafft" beigegebene Kupferstich erkennen, der gleichsam die "alte" und die "neue" Welt charakterisiert. An die Stelle des Gesprächs, der Spontaneität und des Ausdrucks von Individualität sind Konversation, disziplinierte Zügelung der Affekte und der uniformierte Status getreten.

Aus der Lektüre der "Ceremoniel-Wissenschafft" wird aber auch deutlich, daß für Rohr das Wort "Ordnung" einen zentralen Beschreibungsbegriff bedeutete: "Es muß keine Sache im gantzen Hause seyn, von der größten biß zur kleinsten, und von der kostbarsten biß zu der allerschlechtesten, die nicht ihre ordentliche, beständige und eigene Stelle habe ... Nimmt man dieses nicht in Obacht, so wird alles bald in die größte Unordnung verfallen." (I, 526/527)

Von der Ordnung im Hause leitet er über zur Ordnung im Staate. In diesem Ordnungsmodell haben sich philosophisches Denken mit den Erkenntnissen der Naturwissenschaften, besonders der Mathematik, und den sich entwickelnden technischen Disziplinen, wie der Mechanik, vereint.[39] Dabei ging es Rohr weniger um mechanistisches Denken im Sinne von Messen, Zählen und Wägen,[40] vielmehr wurden die Methoden dieser Wissenschaftszweige zur Beantwortung gesellschaftlicher Fragestellungen herangezogen.

So suchte Johann Michael von Loen, der Großoheim Goethes, in seiner "Zufälligen Betrachtung von Der Glückseeligkeit der Tugend" die Welt und insbesondere den Staat bis hin zu jedem Mitglied der Gesellschaft als hierarchisch geordneten Mechanismum zu begreifen: "... also ist die gantze Welt nichts anders / als ein Mechanismus überhaupt / und alle und jede Geschöpfe darinnen / haben ihren Mechanismus insbesondere ... Der Mechanismus macht also einen jeden leben / ... / nachdem die Bewegung in einem Staat wohl eingerichtet und unterhalten wird."[41] Die feste Plazierung im gesellschaftlichen System ist demnach unverzichtbare Voraussetzung für ein reibungsloses Funktionieren, für eine harmonische Entwicklung, bei der ein Rad ins andere greift, die Bewegung des Ganzen fördernd.

Erinnert man sich in diesem Zusammenhang nochmals der Worte Lünigs, für den die Aufrechterhaltung der Ordnung in der menschlichen Gesellschaft kausal abhängig war vom Vorhandensein gewisser Zeremonien, die diesem Zweck dienten, so wird verständlich, daß die Reflexion zeremonieller Fragen sogleich mit der philosophischen Diskussion um die Ordnung verbunden war.[42]

Sollte die Ordnung im Staate gewährleistet sein, so war es unabdingbar, daß jedes Mitglied der Gesellschaft entsprechend seinem Status plaziert wurde.

Mit der Zuweisung des Status ging die Verpflichtung einher, diesen Status öffentlich zu machen, sich zu ihm in allem zu bekennen, ihn zu veräußerlichen, unabhängig davon, ob er ein Ergebnis von Geburt, ererbtem oder erworbenem Reichtum, von Können, Gönnerschaft oder Eheschließung war. Man war aufgefordert, sich nicht nur mit ihm zu identifizieren, sich seiner täglich aufs neue zu versichern, sondern man trug die Bürde, diesen Status beständig und in allen Lebensäußerungen zu demonstrieren – als Dekorum seines Standes.

Jede Entäußerung des Lebens wird Veräußerlichung des Status – wird zum Statussymbol –, wird zum Zeichen, zum Signal, das nicht nur als solches im Kommunikationssystem Zeremoniell empfangen wird, sondern das zugleich in der Lage ist, Haltungen, Handlungen und wiederum erneut Signale bei anderen Elementen des Systems in beständig wechselseitiger Aktion und Reaktion auszulösen. Diese Demonstrationsverpflichtung traf nicht nur gemeinhin Kleidung, Frisur oder was und wie man aß und trank, nicht nur wie und wo man wohnte, sondern sie war auch von entscheidender Wirkung auf die Sprache. Das Zeremoniell reglementierte wie – wann – wo – mit wem und worüber man sprach. Darüber hinaus erfuhr in dieser Zeit die Gebärde als nichtverbale Sprache durch zeremonielle Regelungen ihren Höhepunkt. Das Zeremoniell bestimmte über diese Zeichen den gesellschaftlichen Umgang und griff sogar spürbar in die zwischenmenschlichen Beziehungen ein.

Es durchzog auch die intimsten Bereiche, von der Ehe über die Kindtaufe bis zum Sterben. Eine entscheidende Reglementierung erfuhr die Persönlichkeit in der Vorgabe schicklicher und unschicklicher Emotionen und der Art und Weise ihrer Entäußerung oder Verleugnung.

Diese Idealvorstellung von der Wirkungsweise des Zeremoniells reflektierten bereits Zeitgenossen Rohrs, indem sie das Leben mit dem Theater verglichen: "Wann die Vergleichung gildt, daß die Welt ein Schauplatz sey, so ist es richtig, daß alle diejenigen, die darauf öffentlich spielen, und die wichtigsten Veränderungen verursachen, als vornehmste Comödianten zu betrachten sind, welche mit dem berühmten Cardinal Mazarin bei dem letzten Auftritt ihres Lebens sagen können: Tirez le rideau, mon rôle est joué."⁴³ Der Status war nicht nur täglich glaubhaft durch Prestigeverbrauch zu behaupten, sondern auch den durch das Zeremoniell vorgegebenen Wertkriterien mußte beständig genügt werden.⁴⁴ Jede Abweichung von der "Regieanweisung", der ausgesprochenen oder unausgesprochenen Norm, wurde innerhalb dieser Strukturen wahrgenommen und als angemessen oder unangemessen bewertet, als Prestigegewinn und Statuserhöhung oder Prestigeverlust und soziale Disqualifizierung registriert.

Dennoch erschienen gelegentlich im Rohrschen Zeremoniell-Begriff die Veräußerlichung des Status und die Verinnerlichung der durch das Zeremoniell bestimmten Normen miteinander unvereinbar. Andererseits war diese Verinnerlichung unabdingbare Voraussetzung dafür, daß die Zeremonien als eine Art Code einen unmißverständlichen Kommunikationsprozeß ermöglichten.

Augenscheinlich widerstritten Rationalität und Sensualismus miteinander. Interiorisation wurde von Rohr im wesentlichen in zwei Gruppen geschieden: Die auf theoretischer Erkenntnis beruhende und die ursprünglichere, auch dem gemeinen Mann mögliche und daher massenwirksamere, die aus der sinnlichen Wahrnehmung resultierte. Deshalb wurden einige Zeremonien als durchaus vernünftig bezeichnet, nicht obgleich, sondern weil sie mit Ausschließlichkeit auf diese sinnliche Komponente zielten: "Sie sind als Mittel anzusehen, dadurch ein Landes-Herr einen gewissen Endzweck erreicht, immassen den Unterthanen hiedurch eine besondere Ehrfurcht und Ehrerbietung gegen ihren Landes-Herrn zuwege gebracht wird. Sollen die Unterthanen die Majestät des Königs erkennen, so müssen sie begreiffen, daß bey ihm die höchste Gewalt und Macht sey, und demnach müssen sie ihre Handlungen dergestalt einrichten, damit sie Anlaß nehmen, seine Macht und Gewalt daraus zu erkennen. Der gemeine Mann, welcher bloß an den äusserlichen Sinnen hangt, und die Vernunfft wenig gebrauchet, kan sich nicht allein recht vorstellen, was die Majestät des Königs ist, aber durch die Dinge, so in die Augen fallen, und seine übrigen Sinnen rühren, bekommt er einen klaren Begriff von seiner Majestät, Macht und Gewalt." (II, 2)

Somit zeigten die Höheren den Niederen ihren Rang unter anderen durch Äußerlichkeiten an und werden anhand dieser von den Niederen als Höhere erkannt und als über ihnen stehend akzeptiert. Zugleich erfolgte jedoch auch die "Selbsterkenntnis" der Niederen als unter den Höheren stehend.

Diese Einordnung, die nicht nur in der Konstellation "gemeiner Mann" und "Höherer" schlechthin funktionierte, sondern die sich auf alle differenzierten Verästelungen der hierarchischen Ständegesellschaft bis hin in die feinsten Nuancierungen erstreckte, hatte nicht nur die Funktion der Ortsbestimmung im gesellschaftlichen Terrain – sie war, und nur so wurde sie im Sinne feudalabsolutistischer Verhältnisse praktikabel, verbunden mit dem Dienst am Höheren, mit dessen hingebungsvoller Verehrung und einer Pflichtauffassung, die ihren Endzweck erreichte, wenn sie mit dem Blick nach oben Devotion zu geben bereit war und mit dem Blick nach unten dieselbe unnachgiebig forderte.

"Bey dem Ursprung mancher alten Ceremonien hat man dahin gesehen, daß so wohl die Regenten als Unterthanen durch dieses oder jenes äusserliches Zeichen, so in die Sinne fällt, sich gewisser Pflichten erinnern sollen." (II, 2/3) Hierin folgt Rohr ganz der Auffassung Wolffs,[45] führt aber als bedenkenswert an: "Man hat aber nachgehends das Haupt-Werck vergessen, und bloß das Nebenwerck behalten; man siehet auf das Zeichen, und weiß doch nicht was dadurch angedeutet werden soll. Diese oder jene Handlung ist nun einmal so Mode, sie ist von alten Zeiten her biß auf die jetzigen so beobachtet worden, und also macht man sie mit, sie mag bedeuten was sie will." (II, 3) Wieder waren es "Äußerlichkeiten" und die "Sinne", die in Verbindung mit den Zeremonien ins Feld geführt wurden. Ganz offensichtlich war mit dieser Exteriorisation eine Ästhetisierung des Lebens verbunden, die einerseits positiv als qualitative zivilisatorische Komponente zu bewerten war – andererseits trägt sie in sich die Gefahr jedweder Veräußerlichung, nämlich die, sich zu verselbständigen und sich selbst zu genügen.

III.

"Mode" und Geschmacksästhetik

Es mag erstaunlich anmuten, daß Rohr in seinem ersten Band seinen einleitenden Bemerkungen ein Kapitel "Über die Mode" folgen ließ, das gleichsam zwischen den generellen Ausführungen und den speziellen Betrachtungen über das Zeremoniell vermittelte. An dieser Stelle, und wo auch immer er in seiner "Ceremoniel-Wissenschafft" auf ähnlich gelagerte Probleme zu sprechen kam, lieferte Rohr einen Beitrag zu der Ende der zwanziger Jahre des 18. Jahrhunderts in Deutschland durch Johann

Ulrich König in Gang gebrachten "Geschmacksdiskussion", die vor allem auf Gracián zurückging.[46]

Der Geschmack, der erst 1757 von Alexander Gottlieb Baumgarten[47] auf die Ästhetik beschränkt worden war, erwuchs bei Rohr aus seinen philosophisch-moralischen Anschauungen, aus der Ästhetisierung des Lebens, die noch aufs engste mit dem Ethischen verbunden war. Er demonstrierte, wie die aus den gesellschaftlichen Verhältnissen resultierenden Kategorien wie Ordnung, Harmonie, Hierarchie und das Systemdenken nicht im geisteswissenschaftlichen Bereich verblieben, sondern wie sie zugleich die ethischen und ästhetischen Wertkriterien des Lebens bis hin zum Alltäglichen prägten.

Das spiegelt sich auch im Begriffsverständnis Rohrs von Mode wider. Im Unterschied zur heutigen Auffassung, die Mode im weitesten Sinne auf eine "zeitweilige Herrschaft bestimmter 'Stile' in Umgangsformen, Sprache und den angewandten Künsten" beschränkt, im engeren Sinne sogar nur auf die Kleidung reduziert,[48] wurde sie von Rohr wesentlich weiter gefaßt: "Die Mode erstreckt sich auf mancherley Dinge, nicht allein auf die Kleidung, sondern auch auf die Gebäude, auf Meublen und Haußgeräte, auf Speisen und Getränke und dessen Zurichtung, und auf verschiedene andre Handlungen, in so weit ihr äußerliches Wesen in die Augen fält." (I, 35/36) Wenn die Gebäude hier Erwähnung fanden, schloß Rohr, dem zeitgenössischen Begriffsverständnis folgend, die der Architektur dienenden Künste, wie Malerei und Bildnerei, ein. Ohne Mode und Stil etwa identifizieren zu wollen und ohne einer sich im Kulturhistorischen auflösenden Kunstwissenschaft das Wort zu reden, muß dennoch vermerkt werden, daß mit der Rohrschen Fassung von Mode eine überdenkenswerte Nähe zum Stilbegriff zu konstatieren ist. Besonders für die massenhafte Verbreitung von bestimmten künstlerischen Formen, Nachahmung künstlerischer Innovationen oder die Vorliebe für diesen oder jenen Künstler etc., sollten die Ursachen nicht ausschließlich in tiefgründiger Auseinandersetzung mit künstlerischen Fragen zu suchen sein. Auch bei der Kunst muß zugestanden werden, daß die Vorbildrolle gewisser künstlerischer Entäußerungen nur deshalb eine solche Wirksamkeit erlangte – weil es Mode war. Rohr registrierte beispielsweise für die Ausstattung der Zimmer mit Gemälden die Tendenz, daß die in Lebensgröße gemalten Abbildungen der Ahnen der Darstellung auf Brustbildern oder en miniature weichen mußten. Auch die Jagdstücke räumten den Landschaften, Fruchtstücken und Historienbildern den Platz, da sie jetzt "beliebter" seien (I, 534).

Diese modische Nachahmung künstlerischer Formen konnte auch ausufern. Noch 1759 stellte Friedrich August Krubsacius, der sächsische Hofbaumeister und Architekturtheoretiker, in einem polemischen Artikel über den Zierat fest: "Und da ein Verständiger, der da fraget, was es denn eigentlich vorstellen soll, sich mit der Antwort begnügen muß: es sey Grotesque, Arabesque, à la Chinoise oder en goût baroque, kurz es sey Mode!"[49] Für Rohr war Mode dann töricht, wenn – aus lauter Lust an der Veränderung – Vollkommenes wieder durch Unvollkommenes ersetzt wurde: "Hat man in einem und dem anderen so lange rafinirt, biß man es auf einen gewissen Grad der Vollkommenheit gebracht, warum bleibet man den nicht dabey? Die Wahrheit muß ja ewig Wahrheit, und das Gute stets gut bleiben." (I, 40) Positiv bewertete er die Mode, wenn sie als Teil eines evolutionären Entwicklungsprozesses Unzulänglichkeiten des menschlichen Daseins in Richtung auf die angestrebte Vollkommenheit hin bewegte: "... denn ein Tag lehrt ja den andern; die Wercke der Kunst und mancherley moralische Handlungen der

Menschen, erreichen so wenig, als die Wercke der Natur, ihre Vollkommenheit auf einmahl, sondern nach und nach" (I, 39).

Eine solche Auffassung beinhaltete die philosophische Fragestellung nach dem Verhältnis von Natur und Kunst, einem grundsätzlichen Problem, das erstmalig von Antiphon in seiner Schrift "Über die Wahrheit" aufgeworfen wurde und in den Jahrhunderten menschlicher Entwicklung ständig neu zu beantworten war.

Bereits Augustinus hatte in der göttlichen Schöpfung "Natur" so manchen Mangel erkannt und dem Menschen zugestanden, sich um die Beseitigung desselben zu bemühen.[50] Nachdem in der Renaissance der naturalistische Enzyklopädismus eine Erneuerung erfahren hatte, wurde eine Horizonterweiterung und differenziertere Sicht auf die Erscheinungen der Natur spürbar. Der Kunst wurde fürderhin eingeräumt, Erscheinungen der Natur rekonstruieren zu können und so zu einer zweiten Schöpfung zu führen. Rohr, aber auch eine große Zahl von Kunsttheoretikern des späten 17. und frühen 18. Jahrhunderts,[51] stützten sich bei der Erörterung dieses Problems auf die von Gracián angesprochene Auffassung: "Die Kunst ist die Ergänzung der Natur und ein anderes, zweites Sein, das diese aufs äußerste verschönt, ja sie in ihren Werken zu übertreffen trachtet. Sie ist stolz darauf, eine andere künstliche Welt der ersteren hinzugefügt zu haben."[52] Diese Auffassung hatte jedoch nicht nur Auswirkungen auf das kunsttheoretische Denken, sondern sie war vor allem von entscheidenden Einfluß auf die Kunst selbst.

Die Kunst also vervollkommnet die Natur, enthebt sie ihrer Mängel, ohne ihr Zutun bliebe diese in einem unkultivierten und plumpen Zustand. Dieses zweite Sein steht philosophisch für die zweite Natur. Es ist jenes Sein, das aufs engste mit der sozialen Daseinsweise des Menschen verbunden ist. Bereits seit dem Mittelalter wurde in diesem Zusammenhang die entscheidende Funktion der Sitten hervorgehoben. Um wieviel gewichtiger war ihre Stellung im Zeitalter des alles beherrschenden Zeremoniells. Auch hier zeigt sich Rohrs Nähe zu Gracián.

Während der Spanier im "Criticón" jedoch einen Menschen schuf, der mit den Äußerlichkeiten das Selbst ablegte,[53] war Rohr bemüht, sinnentleerte Zeremonien zu entlarven und bloße Veräußerlichung als töricht und dumm zu charakterisieren.

Er wies in einem minutiösen Exempel den Fetischcharakter des Äußerlichen nach und zeigte den Irrtum auf, wenn die äußerlichen Werte durch den gesellschaftlichen Automatismus des Zeremoniells gleichsam mit den inneren identifiziert wurden (I, 544/545) oder gar mit dem Erwerb des Äußeren die zeitliche Glückseligkeit erkauft werden sollte (I, 556). Unvernünftig und anmaßend seien jene, die danach trachteten, "dasjenige zu seyn und zu bedeuten, was sie scheinen" (I, 47).

Doch beiden Autoren fehlte es auch bei der Darstellung dieser Seite der Veräußerlichung nicht an ambivalenten Haltungen. Wenn Gracián meinte, man solle sich stets so benehmen, als würde man beobachtet,[54] gipfelte eine solche Haltung bei Rohr darin, daß er außer der Gesundheit und Bequemlichkeit keine Kriterien kannte, die auf das "Ich" des Individuums zielten.

Resümiert man Rohrs Haltung zu den Äußerlichkeiten, kann man nicht umhin festzustellen, daß er in vielen Fragen der Chronist seiner Zeit war. Was aber sein Verdienst ausmachte, äußert sich in solchen Textstellen, wie der folgenden, in der er über seine Zeit hinauswuchs und in seinem Denken fast an den Kantschen Imperativ heranreichte: "Gebrauchten sich die Menschen ihrer Kräffte des Verstandes und Willens auf die Weise, wie sie sich wohl derselben gebrauchen solten und könten, so würden die Ceremonien und Gebräuche alle ihren Grund haben, sie würden mit der Tugend-Lehre, mit dem natürlichen Recht und mit der Lehre der Klugheit, vollkommen können harmonieren, und die Menschen würden auch bey ihren äusserlichen Handlungen jederzeit das beste und vollkommenste erwehlen." (I, 7)

IV.

ZEREMONIELL – MITTLER ZWISCHEN KUNST UND GESELLSCHAFT

Die Analyse der Wechselwirkung zwischen Zeremoniell und Kunst vermag zu einem tieferen Verständnis der Kunst in der Periode des Feudalabsolutismus beizutragen. Das Zeremoniell erweist sich als einer der wichtigsten Vermittlungsmechanismen zwischen gesellschaftlicher Basis und Kunst. In kaum einer der sich in den letzten Jahren mehrenden Arbeiten zu diesem Problemkreis fehlt die Berufung auf Rohrs "Ceremoniel-Wissenschafft".[55] Umfangreich sind dazu die Äußerungen von Musik-, Literatur- und Theaterwissenschaftlern. Erste Ansätze finden sich auch in der Kunstwissenschaft. Insbesondere ermutigt die grundlegende Diskussion um den Stilbegriff, die eine komplexe Sicht auf die Kunst einer historisch-konkreten Periode zur Aufgabe stellt, zu einer solchen Art des Herangehens.[56]

Wichtig ist dabei, aus dem Arsenal dieser "außerkünstlerischen" Komponenten eine Auswahl zu treffen, die sowohl durch die Spezifik einer historischen Periode als auch durch die Fragestellungen an die Kunst dieser Zeit bestimmt wird. In Überwindung des Werkzentrismus und der Künstlerviten fordert Friedrich Möbius: "Der Stilbegriff ist deshalb nicht an den Künstler zu binden, sondern an die gesellschaftlichen Verkehrsformen und an die Verhaltensmuster und Seinssymbole, die in ihnen wirksam werden."[57] Damit werden im Künstler, im Auftraggeber und im Rezipienten die Teilnehmer an den gesellschaftlichen Verkehrsformen, die Akteure und zugleich "Reproduzenten" von Verhaltensmustern und die Schöpfer und Träger von Seinssymbolen gesehen. Kunst als "ästhetische Information ist vor allem Wertvermittlung, insofern modelliert das künstlerische Bild vornehmlich die Welt der Werte" und kann nur dann "in der ästhetischen Kommunikation" wirksam werden, wenn es sich "als 'sprachliches' Zeichen" erschließt.[58] Da Kunst nie isoliert, sondern immer in ein hochkomplexes soziales Beziehungsgeflecht eingebunden existiert, ist in die wissenschaftliche Untersuchung und Bewertung von Kunst notwendig diese Abhängigkeit einzubringen. Nur so wird Kunst in die Funktionszusammenhänge der Zeit gestellt, in der sie und für die sie entstand.

Bekanntlich suchten die europäischen Fürsten neben der Demonstration militärischer Stärke und der Zurschaustellung des ökonomischen Potentials ihrer Länder auch durch das Errichten monumentaler Bauten, durch eine großzügige Förderung der Künste, das Sammeln von Kunstwerken und die Veranstaltung glanzvoller Feste ihren feudalabsolutistischen Anspruch nach außen und innen geltend zu machen. In diesem System nimmt – durch die Veräußerlichung des Status und der damit verbundenen Ästhetisierung des Lebens – Kunst als Mittel der Repräsentation eine entscheidende Position ein. Das gilt für die "großen Herren" wie die "Privat-Personen" im gleichen Maße.

Entsprechend der sozialen Rangordnung hatte sich Kunst in dieser Funktion den zeremoniellen Regelungen zu unterwerfen. Das äußerte sich selbst dann, wenn mit Hilfe der Kunst als Statussymbol im Wetteifer um gesellschaftliche Anerkennung ein den Realitäten nicht adäquater Nimbus geschaffen werden sollte: Entweder wurde dieses Durchbrechen der durch das Zeremoniell gezogenen Grenzen als Privileg ausgesprochen oder auch nur geduldet, wodurch der Prestigewert stieg, oder die versuchte Statuserhöhung entlarvte sich als Schein und schlug ins Gegenteil um. Rohr riet deshalb durchgängig zu "einem vernünfftigen Lebens-Wandel", bei dem "alles zusammen stimmen" mußte (I, 44). Das betraf aber nicht nur solche formalen Kriterien wie Anwendung des Formenkanons, die Größendimensionen und den sich in der Pracht oder in der Kostbarkeit des Materials eines Kunstwerkes äußernden Aufwand, sondern schloß die inhaltlichen Aspekte, wie die Wahl bestimmter Sujets, Themen oder allegorischer Programme, ein. Selbst der Auftrag an einen hochgeschätzten Künstler konnte bereits als Vorstoß in soziale Tabuzonen gelten und als Hybris gewertet werden.

Um einer Simplifizierung zu entgehen, sollen jedoch noch zwei Aspekte ins Blickfeld gerückt werden, die mit den Prinzipien ständischen Denkens kollidieren, ohne deren Vorherrschaft jedoch grundsätzlich in Frage stellen zu können.

Das ist einmal die Haltung zum geistigen Eigentum, zur künstlerischen Originalität. Was gefiel und praktikabel erschien, konnte nachgeahmt werden, ohne eine Abwertung als Plagiat befürchten zu müssen. Zum zweiten muß das merkantilistische Wirtschaftssystem in Betracht gezogen werden. In dieser frühkapitalistischen Entwicklungsphase nahm Kunst bereits zum Teil den Charakter einer Ware an. Eine Tendenz, die auch Rohr anmerkte, wenn er Gewinnsucht als eine Ursache für den ständigen Wechsel der Mode angab (I, 41). Als Trugschluß bezeichnete er aber auch das Bestreben, durch Besitz, durch das "Haben" von Statussymbolen Rang zu erlangen; er zeigte, daß diese Bemühungen an den Grenzen ständischer Ordnung scheitern mußten: "Und obschon andere ein mehrers im Vermögen haben, und es dem Höhern in einigen Stücken gleich thun, auch beständig aushalten können, so dürffen sie ihnen doch nicht in den andern Stücken, die zum Staat gehören, nachahmen, und diese Disharmonie gereichet ihnen in den Augen der Verständigen zu schlechter Ehre." (I, 46)

Den Idealen der Frühaufklärung verpflichtet, ordnete Rohr sowohl Reichtum als auch Macht der Weisheit und Klugheit unter: "Noch andere stehen in denen, obwohl irrigen Gedancken, daß diejenigen, die andere an Reichtum und Macht übertreffen, sie auch nothwendig an Weißheit und Klugheit übertreffen müsten, und daß also alle ihre Handlungen lauter Meisterstücke der Weißheit wären, die von andern Leuten als Richtschnuren müsten angesehen werden." (I, 43) Rohr stellte Kunst in einem weiteren Funktionszusammenhang dar, der von Richard Hamann mit "Kunst als Vertretung" beschrieben wurde. "Diese Bedeutung, die das Bild dadurch empfängt, daß man es für wahr nimmt, als etwas Lebendiges, wollen wir die magische Wirkung des Bildes nennen."[59]

Es ist eine Aufgabe der Kunst, die sie seit ihrer Entstehung zu erfüllen hatte. Der barocke Illusionismus, gleich ob im Dienste des Feudalabsolutismus oder der Gegenreformation, hat sie zu einem Höhepunkt geführt.

Das Bild, oder besser das Abbild, wurde zum Zeichen des Ansehens, des Andenkens und Gegenstand der Verehrung, vor allem in einer Situation fehlender Präsenz des Dargestellten. Kuriose Züge erhielt dieser Umgang mit

Kunst jeweils dann, wenn dem Bilde die gleichen zeremoniellen Ehrerbietungen zuteil wurden, wie sie dem Dargestellten im Falle seiner Gegenwart erwiesen worden wären.

So zierten die Gesandten nicht nur die "Portale der Häuser und Palais, in denen sie logiren gemeiniglich mit den ... Wappen ihrer Königlichen, Churfürstlichen oder Fürstlichen Herrschafften", damit "ihren Häusern der gehörige Respect erzeiget werde", sondern in ihren Audienz-Zimmern fand sich das Porträt ihres Landesherren in Lebensgröße unter einem Baldachin aus kostbarem Stoff. "Vor dieses Bild muß ein ieder Respect haben, und darf man ihn nicht leichtlich den Rücken zukehren, oder es mit aufgesetzten Hut betrachten, will man nicht von denen die dieses gewahr werden, vor unhöflich angesehen werden." (II, 395)

So erschien mit dem Bild der weltliche Herrscher allgegenwärtig; in dieser Form konnte er in zeremonielle Handlungen eingebunden werden. Im Zeitalter feudalabsolutistischer Machtkonzentration erfuhr diese Stellvertreterfunktion von Kunst einen beträchtlichen Aufschwung. Sie basierte auf einer längeren Tradition; man denke nur an die zahllosen Statuen römischer Kaiser, die unter dem gleichen Vorzeichen die Macht jenes Imperiums bis in die entlegensten Provinzen verkündeten.

Diese Stellvertreterfunktion wurde aber auch deutlich, wenn die Konterfeis von in Ungnade gefallenen Familienangehörigen, Günstlingen oder Maitressen beseitigt wurden. "Bißweilen werden zur Zeit eines declarirten Kriegs die Bildnisse derjenigen Souverains, die sich feindselig erklährt, aus den Fürstlichen Zimmern weggenommen ... Es ist dieses eine Revenge, die von dem Triebe der menschlichen Natur entspringt, dieweil niemand gerne die Bilder derjenigen lieben, oder in seinem Zimmer

leiden will, die uns alles gebrandte Hertzeleid angethan."
(II, 82/83)

Über die aktuelle Wirkung hinaus diente das künstlerische Abbild zugleich dem historisierenden Selbstbewußtsein, um den nachfolgenden Generationen vom Ruhm und der Macht des Dargestellten zu künden.[60]

Nachdem Ende des 16. Jahrhunderts der "alte humanistische Einwand gegen die Bildkünste, daß diese wegen ihrer Ortsgebundenheit und Vergänglichkeit zur Ruhmesverkündigung weniger taugten als die Geschichtsschreibung",[61] entkräftet worden war, erlebten die Künste insgesamt als repräsentative Zeugnisse im Herrscherkult, der sowohl auf die Untertanen, als auch auf die Nachfahren gerichtet war, einen Aufschwung. Das betraf vor allem die Kunst im öffentlichen Raum.

1664, kurz nachdem Colbert zum Generalintendanten und Oberleiter der Bauten Ludwigs XIV. ernannt worden war, plädierte er für die Errichtung eines repräsentativen Schlosses als Zeichen für die Größe und Macht seines Königs, indem er feststellte: "... daß in Ermangelung glänzender Kriegstaten nichts die Größe und den Geist des Fürsten in höherem Maße beweist, als die Errichtung von Baudenkmälern", so daß die ganze Nachwelt die Fürsten "am Maßstab der herrlichen Gebäude mißt, die sie während ihres Lebens geschaffen haben."[62] Was hier für die Architektur ausgesprochen wurde, hatte einerseits für die Haltung der feudalabsolutistischen Oberschicht zur Kunst generelle Bedeutung, andererseits wurde diese Auffassung von den anderen Schichten übernommen und erfuhr eine vom Status abhängige Modifizierung.

Um zu verstehen, wie sich das Zeremoniell mit und durch die Kunst vollzog und wie es wirksam wurde, darf weder die spätere Trennung von bildender und angewandter Kunst rückwirkend auf das 17. und 18. Jahrhundert übertragen, noch der Aspekt des Nutzens, der Rezeption, aus der Untersuchung des künstlerischen Schaffensprozesses ausgeklammert werden. Zu denken ist dabei an den universellen Anspruch der großen axialen Systeme des Barock, die die unumschränkte Position des Herrschers im sozialen wie im natürlichen Raum sinnfällig untermauerten, an die Distanzen, die durch den monumentalen Schloßbau geschaffen wurden, an den Wirkungsraum durch die Cour d'honneur.

Wie diese Außenanlagen lassen im Inneren die großzügigen Treppen und langen Enfiladen den Durchschreitenden oder Emporsteigenden den Abstand zwischen gesellschaftlichem Oben und Unten empfinden. Sie bewirken einerseits durch eine Art Demutsgang "ständische Selbsteinordnung", andererseits tragen sie zur Erhöhung, Entrückung, Glorifizierung des Fürsten bei. Dies wiederholt sich mannigfach bei den verschiedenen Vorgängen im Laufe der zeremoniellen Handlung; dem dient die bereits erwähnte Funktion des Herrscherbildnisses ebenso wie die der sozialen Hierarchie entsprechend abgestuften Stuhlformen, Dekore von Gläsern oder Materialien des Tafelgeschirrs. Das Schaffen, Ordnen von Räumen und ihre Ausstattung bis ins scheinbar unbedeutende Detail wird so zum Gegenstand einer auf den Adressaten bezogenen und komplexen künstlerischen Gestaltung.[63]

V.

Zeremoniell und Festkultur

Mehrfach wurde die Rohrsche "Ceremoniel-Wissenschafft" bereits mit gleichartigen Werken anderer zeitgenössischer Autoren verglichen. Ein wesentlicher Unterschied ist aber bisher noch nicht zur Sprache gekommen.

Rohr fügte nämlich seinem zweiten Band ein viertes Kapitel an, das er "von denen Divertissements der grossen Herren / so wohl überhaupt / als derselben mancherley Arten" überschrieb. (II, 732)

Das Fest – eine der bedeutenden, aber auch umstrittenen künstlerischen Formen dieser Zeit – wurde durch Rohr in die systematische Darstellung des Zeremoniells einbezogen. Dadurch wird zugleich deutlich, daß Rohr zwischen festlich begangenem zeremoniellem Akt und Fest im eigentlichen Sinne des Wortes prinzipiell unterschied.

Er legte dar, daß die verschiedensten Anlässe wie Krönungen, Einzüge, Huldigungen und dergleichen, aber auch die der "Privatsphäre", Geburt, "Beylager", Ableben etc., durch das Zeremoniell arrangiert wurden, und daß diese als gesellschaftliche Höhepunkte begangenen Anlässe zugleich festliche Züge trugen oder darüber hinaus unmittelbar mit einem Fest verbunden wurden. Entgegen anderen Auffassungen ist also sehr wohl zwischen festlichen Zeremonien und Fest zu differenzieren.

Rohr hat seine Ausführungen mit dem Aspekt der Rekreation durch Amüsement begonnen: "Je schwerer die Regiments-Last, die grossen Herren bey Beherrschung ihrer Länder auf dem Halse lieget, ie mehr Erquickung und Ergötzlichkeit haben sie auch vonnöthen." (II, 732) Doch ist das Fest mehr als nur "eine sublime Form des Müßiggangs",[64] und mehr als die "Flucht aus der Langeweile".[65] Wenngleich diese Argumente nicht jeder Grundlage entbehrten, so bestimmten sie doch nicht allein das Wesen des Festes; es sind sogar jene, welche überbetont und verbunden mit dem Vorwurf der Verschwendung die langwährende Abwertung barocker Festkultur bewirkten und darüber hinaus der Verurteilung der gesamten Epoche dienten.

Obwohl die heutige Forschung durch eine differenziertere Sicht auf diese Zeit und eine komplexe Herangehensweise gekennzeichnet ist,[66] finden sich neben neuen typologischen Ansätzen immer noch rudimentäre Positionen. Besonders bei der Wertung des barocken Festwerks als spezifisch künstlerischer Ausdrucksform halten sich mit Zähigkeit überholte Standpunkte, die sich in ihren Extremen zwischen einem pejorativ-moralisierenden Tenor und einer kritiklosen, fast nostalgisch-schwärmerischen Glorifizierung bewegen.

Schon Zeitgenossen hegten über das Fest widersprüchliche Meinungen. Julius Bernhard von Rohr sah sich gleichfalls zu kritischen Äußerungen veranlaßt, räumte jedoch ein: "Bißweilen sind besondere Umstände vorhanden, da grosse Herren mehr ihren Bedienten und Unterthanen zu Gefallen, als zu ihrem eigenen Plaisir, Divertissements anstellen. Es stecken nicht selten mancherley politische Absichten darhinter. Sie wollen die Liebe der Höhern und des Pöbels erlangen, weil die Gemüther der Menschen bey dergleichen Lustbarkeiten, die den äusserlichen Sinnen schmeicheln, am ehesten gelencket werden können, sie suchen sich etwan in der Gunst des Landes bey einer neuen Regierung zu befestigen, wie wollen die Unterthanen hiedurch zu neuen Anlagen, die sie von ihnen verlangen, desto disponiren, auch wohl die calamitösen Zeiten, die ein Land oder eine Residentz drücken, desto eher verbergen." (II, 733/734) Diese erwähnten "politischen Absichten" allerdings waren viel grundlegenderer Natur.

Das Fest in seiner Gesamtheit war ein zeitgemäßes, zumeist an einen Anlaß gebundenes Medium, das geeignet war, absolutistischer Selbstdarstellung, politischem Machtanspruch und ökonomischer Stärke mit den Mitteln der verschiedensten Künste zur Geltung zu verhelfen.

Nachwort

Spätestens seit Kaiser Maximilian und danach mit dem Niedergang der Reichsgewalt im 16. Jahrhundert betrieben die Territorialfürsten die "Festvorbereitung mit dem Ernst eines Regierungsgeschäftes"[67] – und ein Regierungsgeschäft war es auch. Das Fest war eines der wichtigsten Mittel absolutistischer Repräsentation. Der Herrscher wurde als Repräsentant seines Landes nach außen und innen mit dem von ihm regierten Territorium identifiziert. Alle Vorgänge um seine Person und an seinem Hofe wurden damit offiziell, das heißt, der Öffentlichkeit zur Schau gestellt.

Das gesellschaftliche Ereignis fand durch das Fest seine Erhöhung und rückte zugleich aufs neue durch die verschiedenen Mittel und Formen – von der Programmatik bis zur allegorischen Kostümierung – den Landesherrn in den Mittelpunkt. Beim Fest wurde den Gästen aus aller Herren Länder die Leistungsstärke der eigenen Wirtschaft vorgeführt. Auf Jahrmärkten oder bei Umzügen zeigte man die Erzeugnisse und Technologien der verschiedensten Zweige der Produktion. Das trug nicht nur zum internationalen Ansehen des Landes bei, sondern auch zur Belebung der Wirtschaft, des Handels und der Kreditwürdigkeit des Landesherrn.

Insofern haben auch die Worte Johann von Bessers, wenngleich im Stile apotheotischer Schmeichelei verfaßt, einen rationalen Kern, wenn er schreibt, daß die Paläste, der "Glantz und Schimmer des Hofes und die beständige Anstalt zu fürstlichen Ergötzlichkeiten" nicht nur zum Ruhm und Ansehen des Hofes beitragen oder daß ein König königlich lebe, sondern es "gereiche auch zu Zuwachs und Aufnehmen des Landes, in dem alles dergestalt eingerichtet, daß der Adel seine Übung, der Künstler seinen Aufenthalt, Handel und Wandel sein Gewerbe, und der Handwercksmann seine Nahrung dabey finden".[68]

Rohr als kritischer Zeitgeist sah sich hingegen veranlaßt, das, was Besser als gegeben darstellte, als moralisierenden Appell an die Großen der Welt zu richten: "Christliche und weise Regenten setzen auch bey ihren Ergötzlichkeiten die Pflichten nicht aus den Augen, die sie gegen Gott und gegen ihre Unterthanen zu beobachten haben. Sie erwehlen solche, mit denen Lust und Nutzen zugleich vereiniget ... die ihnen und ihren Hof-Cavaliers zur Ergötzung, und zugleich dem Lande zur Erleichterung und Bequemlichkeit gereichen; sie retrenchiren dabey alle unnöthigen Unkosten und überflüßigen Aufwand so viel als möglich ... damit nicht zu der Zeit, wenn der Hof tantzt und springt, der gröste Theil des Landes seuffzen und weinen möge ..." (II, 733)

Die großen Feste dauerten mehrere Tage oder gar Wochen und umfaßten eine Vielzahl von Bestandteilen. Rohr benannte folgende Divertissements in der höfischen Szene: 1. Aufzüge, 2. Turniere und Ritterspiele, 3. Carousells, Ringrennen und Roß-Ballette, 4. Carneval und Masqueraden, 5. musikalische Konzerte, Tänze, Bälle, Ballette, 6. Opern und Komödien, 7. Wirtschaften und Bauernhochzeiten, 8. Schlittenfahrten, 9. Illuminationen, 10. Feuerwerke, 11. Lustschießen, 12. Lustjagden und Jagd-Divertissements, 13. unterschiedliche andere Divertissements auf dem Lande (II, 733–880). Je nach politischer Zielsetzung war es möglich, durch die Wahl der einzelnen Festbestandteile und ihrer Ordnung den unterschiedlichsten Repräsentationsbedürfnissen zu genügen.

Rohr unterschied in "simple und einfache" und in "allegorische und emblematische Erfindungen" (II, 740). Damit wurde mit Recht ein Teil der Feste zu den Künsten gezählt. Die großen Feste hatten eine dem Anlaß gemäße Programmatik. Wie in den anderen Künsten wurde beim Festwerk die Invention entscheidendes Kriterium für die

Qualität. Das Leitmotiv verband die zahlreichen Teile zu einem Ganzen. Indem sich in den Divertissements die bildenden mit den darstellenden Künste, wie Komödie und Ballett, ebenso vereinten wie mit der Musikkultur und mit zirzensischen Darstellungen, scheint beim Fest wie bei keiner anderen künstlerischen Schöpfung der an komplexen Gestaltungen reichen Zeit des Feudalabsolutismus der Begriff des "Gesamtkunstwerks" zutreffend.[69] Wie bedeutend auch für das Fest der historisierende Aspekt gewesen ist, zeigen die sorgfältigen Dokumentationen, mit denen die Kulissen, ephemere Architektur, Aufzüge, Feuerwerke usw., deren Lebensdauer oft nur Tage oder Stunden währte, mit dem gleichen großen Aufwand wie die zeitüberdauernden Werke der Baukunst künstlerisch festgehalten wurden, "zum Andencken der Vorfahren, und den Nachkommen zum Besten" (II, 739).

Die höfische Festkultur des Absolutismus war im Unterschied zu der vorangegangenen Zeit eng an die Seßhaftigkeit des Hofstaats gebunden.[70] Residenz und Schloßbau unterlagen seit Ende des 15. Jahrhunderts zugleich neuen Anforderungen, die aus der veränderten gesellschaftlichen Stellung des Fürsten resultierten und bereits in der frühabsolutistischen Phase repräsentative Wohn- und Fest-räume verlangten.[71] Ebenso waren Platz- und Hofgestaltungen spürbar durch die Einheit von Repräsentation und Fest beeinflußt worden. Die durch das "Theatrum sacrum" im Zuge der Gegenreformation geprägten sakralen Anlagen wirkten auch auf die Gestaltgebung im profanen Bereich zurück. Einige Gebäude und Innenraumausstattungen verdankten dem Fest und seiner speziellen Art der Durchführung ihre Existenz, beispielsweise Ball- und Redoutensäle, Komödien- und Opernhäuser. Die reizvollen Jagdanlagen mit ihren Schlössern, Pavillons und Belvederen, die schneisendurchzogenen Wälder und

Fluren und die bei Festlichkeiten und Wasserjagden einbezogenen Teiche und Wasserläufe weisen in ihrer Gestaltung als barocke Tiergärten deutlich auf den Zusammenhang von Fest und Jagd. Vor allem die Parforce-Jagd, die sich im 18. Jahrhundert in vielen deutschen Ländern zunehmender Beliebtheit erfreute, weil sie wie keine andere Jagdart geeignet gewesen war, dem feudalabsolutistischen Repräsentationsanspruch zu genügen, und zugleich festlich begangen wurde, war eine Herausforderung an die Architekten, die nun zunehmend nicht nur den Städtebau, sondern auch den natürlichen Raum barocken Gestaltungsprinzipien unterwarfen. Zu nennen sind aber auch die unzähligen Gelegenheitsbauten, die in Holz, Pappmaché, mit Reisig und Birkenruten, mit viel Farbe und künstlerischem Geschick den zahllosen Festen als phantasievolle Kulissen dienten. Wenn Wilhelm Pinder berechtigt feststellte, daß am vergänglichen Festbau Reize entdeckt wurden, die dem steinernen zugute kamen,[72] so galt dies sicher nicht nur für den Dresdner Zwinger. Trotzdem ist dieses einzigartige "Theatrum Heroicum" zur Inkarnation des Festlichen in der Zeit des Feudalabsolutismus in Deutschland geworden.

Die Gold- und Silberschmiedekunst und das Porzellan entdeckten im Fest einen darstellenswerten Gegenstand und entlehnten aus ihm mannigfach Motive, Sujets und Programme. Die zahlreichen in dieser Zeit entstandenen Juwelen-Garnituren waren – vom Herrscher zum solennen Akt und zum Fest der Öffentlichkeit präsentiert – hervorragend geeignet, das Gottesgnadentum zu unterstreichen und den ökonomischen Reichtum zu demonstrieren.

Zum Fest gehörte auch eine exklusive, durch die Dekoration in das Gesamtprogramm eingebundene Tafelgestaltung. Jedes Detail beachtend, wurden selbst die Gläser mit symbolischen Darstellungen oder Emblemen und Devisen auf ihrer Kuppa in die jeweilige Programmatik der Feste einbezogen. Alles – vom Bauwerk über die Kostüme bis zur Tafelgestaltung – wurde mit der gleichen Ernsthaftigkeit betrieben, meist vom Fürsten selbst angeregt, angewiesen und kontrolliert. Erinnern wir noch einmal an die damalige Auffassung von der Funktion der Kunst, die Dinge der Natur aufs äußerste verschönt, in "ein anderes zweites Sein" zu verwandeln: Das Fest schuf mit Hilfe der verschiedensten Künste eine ganze Sphäre dieses zweiten Seins, es ließ die Grenzen zwischen Realität und Spiel fließend werden. Mit spielerischer Grazie und im Wechselspiel zwischen Zügelung und Ausleben der Affekte bestimmte das Zeremoniell im Fest in gleichem Maße Ordnung, Disziplinierung und soziale Integration wie im Alltäglichen. Scheinbar außer Kraft gesetzt, wirkte das Zeremoniell im Fest dennoch uneingeschränkt weiter.

Monika Schlechte

Anmerkungen

1 Frühsorge, Vom Hof des Kaisers, (1984), S. 238. – Zur gleichen Zeit wie der vorliegende Neudruck der "Großen Herren" erscheint im selben Verlag: Julius Bernhard von Rohr, Einleitung zur Ceremoniel-Wissenschafft Der Privat-Personen. – Berlin, 1728 als Reprint mit einem Kommentar von Gotthardt Frühsorge, Wolfenbüttel.
An dieser Stelle sei den Mitarbeitern der Herzog August Bibliothek Wolfenbüttel herzlich für die erwiesene freundliche Unterstützung gedankt, besonders Herrn Direktor Prof. Dr. P. Raabe, der dieser Unternehmung fördernd zur Seite stand. Ebenfalls gilt mein Dank Herrn Prof. Dr. G. Frühsorge für die Möglichkeit eines konstruktiven Meinungsaustausches. Gleichzeitig möchte ich den Herren Professoren H. Bächler, Dresden, J.J. Berns, Marburg, Karl Czok, Leipzig, H. Lorenz, Berlin (West), H. Olbrich, Berlin, und S. Wollgast, Dresden, für die zahlreichen Hinweise und Ratschläge danken.

2 Zitate oder Anmerkungen zu Rohrs "Einleitung zur Ceremoniel-Wissenschafft" werden – wie folgt – im Text belegt: die römische Zahl in der Klammer bezieht sich auf den Band, die nachfolgende arabische auf die Seite. Die bibliographischen Angaben stützen sich auf die als Neudrucke erscheinenden Ausgaben:
Einleitung zur Ceremoniel-Wissenschafft Der Privat-Personen. – Berlin, 1728 (Band I); Einleitung zur Ceremoniel-Wissenschafft Der großen Herren. – Berlin, 1733 (Band II).

3 Stieve, Europäisches Hoff-Ceremoniell, (1715), S. 263. – Der ökonomischen Literatur ist zu entnehmen, daß die Regimentslehren seit der Reformation die Leitung eines Staates und das Führen eines Hofes von der Herrschaft als patria potestas, des Regiments eines Hauses, ableiteten und miteinander identifizierten.
Vgl. Brückner, Staatswissenschaften, (1977), S. 54 ff.

4 Blunt, Kunst und Kultur des Barock und Rokoko, [1978], S. 10.

5 Olbrich, Barock: Kunststil oder Epocheneinheit? (1985), S. 12.
6 Elias, Die höfische Gesellschaft, (1974), S. 111.
7 Ebenda, S. 95.
8 Kruedener, Die Rolle des Hofes im Absolutismus, (1973), S. 61 ff.
9 Berns, Die Festkultur der deutschen Höfe, (1984), S. 299.
10 Ebenda. Dem widerspricht auch die Zeremonialliteratur, die von Zeremonien in den einzelnen Gewerken oder von Handwerkern einzelner Landstriche zu berichten weiß, z. B. Friese, Von denen Ceremonien der Altenburgischen Bauern, (1703), oder derselbe, Der vornehmste Künstler und Handwercker Ceremonial-Politica, (1708).
11 Lünig, Theatrum ceremoniale (1719/20). – Stieve, Europäisches Hoff-Ceremoniell, (1715). – Winterfeld, Teutsche und Ceremonial-Politica, (1700–1702). – Zwantzig, Ceremoniale Brandenburgicum. – derselbe, Ceremoniale Palatinum, (1700). – derselbe, Theatrum Praecentiae oder eines theils Illustre Rang streit andern theils illustre Rang-Ordnung, (1709).
12 Bei aller durch Rohr selbst vorgenommenen Differenzierung und Abgrenzung zur Tugendlehre und Lebensklugheit sind Parallelen dazu in seiner Zeremonialwissenschaft allenthalben spürbar. So, wie die Klugheitslehre sich in die Staats- und Lebensklugheit gliedert, teilt auch Rohr zeremonielle Fragen ein.
13 Mit erstaunlicher Konsequenz werden Prinzipien des privaten Lebens von denen des höfischen Bereiches hergeleitet. Impulse für eine solche Sicht dürften zweifelsfrei von der sogenannten Hausväterliteratur ausgegangen sein. Im ersten Band aber wird deutlich, daß das althergebrachte wirtschaftliche Prinzip, das den Herrn im Hause, den Hausvater, mit dem Lenker eines Staates identifiziert, hier bei der Herleitung "äußerlicher Handlungen" für die private Sphäre eine Umkehrung erfährt. Vgl. dazu Frühsorge, Kommentar zu Bd. I.
14 Zedler, Universal-Lexicon, (1733), Bd. 5, Sp. 1873.
15 Ebenda, Sp. 1874.
16 Ebenda.

17 Vgl. Anm. 11.
18 Leti, Ceremoniale, (1685). – Winterfeld, wie in Anm. 11.
19 Stieve, Bl. 3 ff.
20 II. Vorrede, § 1. – Vgl. Wolff, Vernünfftige Gedancken von der Menschen Thun und Lassen, (1720).
21 Ebenda, S. 106.
22 Ebenda, S. 107.
23 Lünig, S. 3.
24 Ludovici, Ausführlicher Entwurf, (1737/38), Bd. 3, S. 211 ff., zit. nach: Troitzsch, Ansätze, (1966), S. 49, Anm. 6.
25 Ebenda.
26 Zedler, Universal-Lexicon, (1742), Bd. 32, Sp. 560–569. Zedler vermerkt darin, daß er sich auf die Ausführungen Ludovicis (s. Anm. 25 und 26) stützte: "Es hat der Herr von Rohr dem Professor Carl Günther Ludovici, aus dessen Historie der Wolffischen Philosophie wir diesen Lebens-Lauff entlehnet, ..." (Sp. 563). Spätere Biographien folgten dieser im wesentlichen, so: Hirsching, Historisch-literarisches Handbuch, (1807), Bd. 10, Abt. 1, S. 104–108. – Allgemeine Deutsche Biographie, (1889), Bd. 29, S. 60–62. – Jöcher, Gelehrten Lexicon, (1897), Bd. 7, Sp. 303–306. Unverständlicherweise führte Zedler jedoch nur die zweiten Auflagen der "Ceremoniel-Wissenschafft" auf, die der "Privat-Personen" mit Berlin 1730 und die "großen Herren" mit Berlin 1733. Im GV hingegen (Bd. 118, S. 356) wurden die "Privat-Personen" mit Ausgaben von 1729, 1730, 1735 belegt. Heinsius führt die "großen Herren" von 1729, die "Privatpersonen" von 1730 an. Alle späteren Lebensbeschreibungen fußten auf der Zedlerschen, deshalb schien es angeraten, den Leser mit dem gesamten Text vertraut zu machen und den Artikel aus dem "Universal-Lexicon" diesem Kommentar anzufügen.
27 Diese Zuordnung wurde entnommen aus: Wollgast, Wesenszüge der deutschen Frühaufklärung, (1983), S. 7.
28 Gracián, Oracul, (1717–1719).
29 "Judicium vom Gracián" war der Titel, unter dem diese Ausführungen von Thomasius als Einleitung in der deutschen Ausgabe des Handorakels erschien: Gracián, Homme de Cour

Oder Kluger Hof und Welt-Mann, (1711), vgl. Literaturverzeichnis.
30 Jöcher wies als erster darauf hin, daß Rohrs Vater als Kammerherr in kursächsischen Diensten gewesen ist. (Jöcher, Sp. 303). Weitere Einzelheiten dazu finden sich bei Richter, Erziehungswesen am Hofe der Wettiner, (1913); er gibt die erste Bestallung zum Kammerjunker mit dem 1. Januar 1677 an und nennt als Quelle: StA Dresden, Loc. 4523 Johannis Georgii III. Johannis Georgii IV. Friederici Augusti Ihrer Chur Fürstlichen Durchlaucht bey dero jungen Enckel bestellte Officirer und Diener betr., fol. 122 f. Am 19. Juni 1681 wird diese Bestallung erneuert und die Besoldung von 500 fl. bestätigt: StA Dresden, Loc. 8682 Derer Durchlauchtigsten beyden Jungen Herren und Prinzen Hofetat von 1681–1686, fol. 45.
31 Richter, S. 276.
32 Ebenda, S. 415.
33 Die Darstellung der Beziehungen Rohr-Gracián folgen im wesentlichen einem Vortrag, der vom Verfasser auf dem Internationalen Gracián-Kolloquium der Freien Universität am Ibero-Amerikanischen Institut in Berlin [West] 1988 gehalten wurde. Der Beitrag erscheint demnächst in einer Publikationsreihe des Institutes.
34 Vgl. Friedrich, Nachwort zu: Gracián, Criticón, (1957), S. 219.
35 Durch diese lebensnahe Ambivalenz im Werk Graciáns sah sich Thomasius zu dem reizvollen Gedankenspiel veranlaßt, einen "Anti-Gracián" herauszugeben, der aus weiter nichts bestehen sollte, als aus Gracián-Zitaten. Vgl. Thomasius, Judicium vom Gracián, S. 24/25 (gezählt).
36 Olbrich, S. 13.
37 Ebenda.
38 Ebenda, S. 12. Olbrich arbeitet diese Prämissen im Zusammenhang mit der Einordnung des Sensualismus in eine weitreichende historische Dimension heraus, sie schien jedoch für die Bestimmung des Stellenwertes des Zeremoniells ebenfalls geeignet.
39 Wollgast, S. 8.
40 Ebenda, S. 5.

41 Loen, Sylvanders von Edel-Leben zufällige Betrachtungen, (1726), S. 28.
42 Eine grundlegende Position, auf die sich Rohr stützt, ist die von Wolff geäußerte, die Zedler – wie folgt – wiedergab: "In dem grossen Welt-Gebäude treffen wir die schönste Ordnung an. ... Man beweißt billig aus dieser Ordnung die Existenz Gottes, daß weil selbige zufällig und mit höchster Weißheit und Macht eingerichtet. ... Der Herr Wolff hat ... wider dieses Argument erinnert, daß der erste Förder-Satz: wo eine Ordnung ist, da ist auch ein Anordner (Ordinarius) falsch sey, weil dieser Satz nicht schlechterdings wahr sondern nur in etwas ... von der zufälligen Ordnung zu verstehen sey." (Zedler, Universal-Lexicon, [1740], Bd. 25, Sp. 1836.) Eine Obrigkeit wurde in Bezug auf die menschliche Ordnung zwar anerkannt; ihr Wirkungsraum beschränkte sich jedoch nur auf die Erde und den äußerlichen Wandel der Menschen. Der Himmel und die menschliche Seele waren davon ausgenommen.
43 Loen, Der Hof zu Dresden, (1705), T. I, S. 45.
44 Zu Prestigeverbrauch und Etikettenzwang, vgl. Elias, Die höfische Gesellschaft, (1977).
45 Den Ursprung der Zeremonien in der Pflichterinnerung zu suchen, übernahm Rohr von Wolff: "Damit wir uns aber den gantzen Tag über besinnen, daß man bey einer jeden vorfallenden Handlung an ihre Verknüpffung mit der letzten Absicht gedencken soll; so muß man etwas so uns immer vor Augen schwebet, dazu zum Zeichen setzen. Die ersten Christen brauchten aus dieser Absicht das Zeichen des Kreuzes, damit sie sich dadurch der Beschaffenheit ihres Wandels erinnerten.
Und aus eben dieser Quelle kommen die Ceremonien, wenn sie vernünfftig seyn sollen. Es sind nemlich die Ceremonien nichts anders als Zeichen dessen, daran wir bey einem Vorhaben gedencken sollen." (Wolff, Vernünfftige Gedancken von der Menschen Thun und Lassen, [1720], S. 105).
46 König nahm Thomasius' Abhandlung über die Nachahmung der Werke der Franzosen zum Anlaß zu bemerken: "Es ist kaum etwas über vierzig Jahre, da einer unserer berühmtesten

Männer ... zuerst von dem guten Geschmack etwas gedacht, aber zugleich bekannt, daß er sich noch nicht getraue, die Grund-Gesetze desselben, nach seiner eigenen Erfindung, in einer gewissen Kunst-Form aufzustellen. Wie er auch noch nicht wagen wollte, das Wort goût deutsch zu geben ..." (S. 241). Weiter ist er um die Legitimierung der sinnlichen Wahrnehmung bemüht: "Vielleicht, weil der Geschmack, wie Aristoteles längst bemerckt, eine Art des Gefühls, und daher jedem von den fünff Sinnen gemein ist..." (S. 246).
Ähnlich wie bei Rohr ist im Geschmack Ästhetisches und Ethisches noch nicht voneinander getrennt: "Der allgemeine gute Geschmack ist eine aus gesundem Witz und scharfer Urtheilungs-Krafft erzeugte Fertigkeit des Verstandes, das wahre, gute und schöne richtig zu empfinden, und dem falschen, schlimmen, heßlichen vorzuziehen, wodurch im Willen eine gründliche Wahl und in der Ausübung eine geschickte Anwendung erfolget." (S. 259). (König, Untersuchung über den guten Geschmack, [1727].)
Einen umfangreichen Beitrag zur Geschmacksästhetik hinsichtlich der Anregungen Graciáns und der Rezeption in Deutschland leistete: Forssmann, Baltasar Gracián, (1977), S. 252–260.

47 Baumgarten, Aesthetica, (1750–1757).
48 Lexikon der Kunst, (1975), Bd. III, S. 358f.
49 Krubsacius, Kurze Untersuchung des Ursprunges der Verzierung, (1759), S. 179.
50 Augustinus Aurelius: De Genesis ad literam libri XII. – In: Mignlev, Jacques Paul: Patrologiae cursus completus. ser. lat. vol. 34. – Paris, 1841. – S. 406.
51 Vgl. Knabe, Peter-Eckhard: Schlüsselbegriffe des kunsttheoretischen Denkens in Frankreich von der Spätklassik bis zum Ende der Aufklärung. – Düsseldorf, 1972. – S. 320–329 und 385–395.
52 Gracián, Criticón, (1957), S. 61. Noch deutlicher heißt es in der Maxime 12 des Handorakels: "Es ist aber keine Schönheit auff der Welt anzutreffen / so nicht einige Beyhülffe benötiget wäre / wie dann auch keine Vollkommenheit / wel-

che nicht eines Barbarismi schuldig werde / woferne Kunst und Geschicklichkeit derselben nicht zur Seite stehen. Die Kunst und der Fleiß / verbessern was schlimm und untauglich / und machen zugleich dasjenige / was gut und dienlich / vollend fürtrefflich und vollkommen." (Gracián, L'Homme de cour, [1687], S. 29).
53 Gracián, Criticón, S. 224.
54 Gracián, Oracul, Maxime 297.
55 Vgl. u. a. die Beiträge der Autoren Berns, Biedermann, Ehalt, Möseneder im Literaturverzeichnis.
56 Vgl. u. a. die zusammenfassende Darstellung in: Stil und Gesellschaft, (1984).
57 Möbius, Stil als Kategorie der Kunsthistoriographie, (1984), S. 25.
58 Lexikon der Kunst, Bd. II, (1976), S. 774.
59 Hamann, Theorie der bildenden Künste, (1980), S. 19.
60 Zum Zusammenhang Porträt – Repräsentation – Zeremoniell vgl. die ausführliche Darstellung von Berns, "Dies Bildnis ist bezaubernd schön", (1983), S. 44–65.
61 Warnke, Hofkünstler, (1985), S. 245.
62 Pératé, Versailles, (1906), S. 5f.
63 Zur Darstellung dieses Zusammenhangs für die Kunst im Kurfürstentum Sachsen vgl. Bächler; Schlechte, Sächsisches Barock, (1986).
64 Alewyn; Sälzle, Das große Welttheater, (1959), S. 14.
65 Alewyn, Das große Welttheater, (1985), S. 14.
Alewyns Beweisführung geht darüber hinaus noch in die andere Richtung, indem er mit dem von Vorurteilen beladenen Fest höfisches Leben generell zu charakterisieren sucht: "Das höfische Leben ist totales Fest. In ihm gibt es nichts als das Fest, außer ihm keinen Alltag und keine Arbeit..." In dieser verabsolutierenden Sicht schwingt noch jene moralisierende Kontrastellung zu Erscheinungen der Kultur im Zeitalter des Feudalabsolutismus mit, wie sie in der antifeudalen Auseinandersetzung des sich emanzipierenden Bürgertums geprägt wurde. Ungeachtet dessen müssen Alewyns Arbeiten zu den Standardwerken auf dem Gebiet der Kulturgeschichte des Barock gelten. Wenngleich heute einige Äußerungen Wi-

derspruch herausfordern und zum Meinungsstreit anregen, bleibt sein ungeschmälertes Verdienst, neben Sponsel das barocke Fest zum Gegenstand wissenschaftlicher Betrachtung erhoben zu haben. Das geschah vor allem in einer Zeit, in der die Wiederentdeckung des Barock noch in vollem Gang gewesen ist.

66 Einen wesentlichen Beitrag für die Neubewertung des Festes liefert: Berns, Die Festkultur der deutschen Höfe, (1984), S. 295–311. – Auskünfte über die Festlichkeiten am französischen Hof gibt: Möseneder, Zeremoniell und monumentale Poesie, (1984). – Siehe weiterhin: Straub; Repraesentatio Maiestatis ..., (1969). – Schlechte, Die Festkultur am Hofe Augusts des Starken, (1986), S. 26–33.
67 Sieber, Volk und volkstümliche Motivik, (1960), S. IX–XIII.
68 Besser, Lob-Schrifft An Ihre Königliche Majestät von Pohlen, (1783), S. 449.
69 Vgl. Schlechte, Barocke Festkultur – Zeremoniell – Repräsentation, (1986), S. 29–32.
70 Vgl. Berns, (1984), S. 299.
71 Vgl. Ullmann, Geschichte der deutschen Kunst: 1470–1550, (1984), S. 206.
72 Pinder, Deutscher Barock, S. II.

Literaturverzeichnis

Alewyn, Richard; Sälzle, Karl: *Das große Welttheater.* – Hamburg, 1959

Alewyn, Richard: *Das große Welttheater.* – Berlin, 1985

Allgemeine Deutsche Biographie. Bd. 29. – Leipzig, 1889

Bächler, Hagen; Schlechte, Monika: *Sächsisches Barock.* – Leipzig, 1986

Baumgarten, Alexander Gottlieb: *Aesthetica.* – Frankfurt a. d. O., 1750–1758

Berns, Jörg Jochen: *Die Festkultur der deutschen Höfe zwischen 1580 und 1730: eine Problemskizze in typologischer Absicht.* – In: Germanisch-Romanische Monatsschrift. – N.F. 34 (1984) 3, S. 295 bis 311

Berns, Jörg Jochen: *"Dies Bildnis ist bezaubernd schön": Magie und Realistik höfischer Porträtkunst.* – In: Kultur zwischen Bürgertum und Volk. – Berlin [West], 1983 (Argument-Sonderbd.; 103)

Besser, Johann von: *Lob-Schrifft An Ihre Königliche Majestät von Pohlen, über die vielen herrlichen Festivitäten, die bey dem Beylager seiner Hoheit, des Königlichen Printzens, vorgegangen.* – In: Staats- und Lobschriften. – Dresden, 1738

Blunt, Anthony: *Kunst und Kultur des Barock und Rokoko.* – Freiburg; Basel; Wien, 1979

Brückner, Jutta: *Staatswissenschaften, Kameralismus und Naturrecht: ein Beitrag zur Geschichte der politischen Wissenschaft im Deutschland des späten 17. und frühen 18. Jahrhunderts.* – München, 1977

Ehrenfried Walther von Tschirnhaus: 1651–1708. – Dresden, 1983 (Dresdner Hefte; 83,4)

Elias, Norbert: *Die höfische Gesellschaft.* – Darmstadt, 1974

Forssmann, Knut: *Baltasar Gracián und die deutsche Literatur zwischen Barock und Aufklärung.* – 1977. Mainz; Barcelona, Univ. Diss.

Friese, Friedrich: *Historische Nachricht Von denen merckwürdigen Ceremonien der Altenburgischen Bauern.* – Leipzig, 1703

Friese, Friedrich: *Der vornehmsten Künstler und Handwercker Ceremonial-Politica.* – Leipzig, 1708–1716

Frühsorge, Gotthardt: *Vom Hof des Kaisers zum "Kaiserhof"*

über das Ende des Ceremoniells als gesellschaftliches Ordnungsmuster. –
In: Euphorion. 78 (1984), S. 237–265

GRACIÁN, BALTASAR: *Criticón oder über die allgemeinen Laster des Menschen* / Nachwort von Hugo Friedrich; übersetzt von Hanns Studniczka. – Hamburg, 1957

GRACIÁN, BALTASAR: *L'Homme de cour oder Der heutige politische Welt- und Staatsweise* / übersetzt und hrsg. von Johann Leonhard Sauter. – Frankfurt a. M.; Leipzig, 1687

GRACIÁN, BALTASAR: *Homme de Cour oder Kluger Hof und Welt-Mann,* nach der französischen Version von Amelot de la Houssaie / ins deutsche von Selintes – nebst Ihrer Exzellenz des Königlich Preussischen Herrn Geheimbten Raths Christiani Thomasii "Judicio vom Gracián". – Augsburg, 1711

GRACIÁN, BALTASAR: *Oracul, Das man mit sich führen und stets bey der Hand haben kan. Das ist: Kunst-Regeln der Klugheit* / übersetzt von August Friedrich Müller. – Leipzig, 1717–1719

HAMANN, RICHARD: *Theorie der bildenden Künste.* – Berlin, 1980

HIRSCHING, FRIEDRICH CARL GOTTLOB: *Historisch-literarisches Handbuch berühmter und denkwürdiger Personen, welche in dem 18. Jahrhundert gelebt haben.* – Leipzig, 1794–1815

JÖCHER, CHRISTIAN GOTTLIEB: *Gelehrten Lexicon.* Bd. 7. – Leipzig, 1897

KÖNIG, JOHANN ULRICH: *Untersuchung über den guten Geschmack.* –
In: Canitz, Friedrich Rudolph Ludwig von: Gedichte. –
Leipzig, 1727

KRUBSACIUS, FRIEDRICH AUGUST: *Kurze Untersuchung des Ursprungs der Verzierung.* – In: Das Neueste aus der anmuthigen Gelehrsamkeit. – Leipzig, 1759

KRUEDENER, JÜRGEN VON: *Die Rolle des Hofes im Absolutismus.* –
Stuttgart, 1973 (Forschungen zur Sozial- und Wirtschaftsgeschichte; 19)

LETI, GREGORIO: *Il Ceremoniale historico et politico.* – Amsterdam, 1685

Lexikon der Kunst. – Leipzig, 1968–1977

LOEN, JOHANN MICHAEL VON: *Der Hof zu Dresden, Im Jahre 1718.* –
In: Gesammelte kleine Schriften. –
Frankfurt a. M., 1750

LOEN, JOHANN MICHAEL VON: *Sylvanders von Edel-Leben zufällige*

Betrachtungen von der Glückseeligkeit der Tugend. – Frankfurt a. M., 1726

LUDOVICI, CARL GÜNTHER: *Ausführlicher Entwurf einer vollständigen Historie der Wolffischen Philosophie.* – Leipzig, 1737/38

LÜNIG, JOHANN CHRISTIAN: *Theatrum Ceremoniale historico-politicum, Oder: Historisch-Politischer Schau-Platz Aller Ceremonien.* – Leipzig, 1719/20

MÖBIUS, FRIEDRICH: *Stil als Kategorie der Kunsthistoriographie.* – In: Stil und Gesellschaft. – Dresden, 1984

MÖSENEDER, KARL: *Zeremoniell und monumentale Poesie.* – Berlin [West], 1983

OLBRICH, HARALD: *Barock: Kunststil oder Epocheneinheit?* – In: Kunst der Bachzeit. – Berlin, 1986

PÉRATÉ, ANDRÉ: *Versailles.* – Leipzig, 1906 (Berühmte Kunststätten; 34)

PINDER, WILHELM: *Deutscher Barock.* – Königstein i. T., o. J.

RICHTER, JULIUS: *Das Erziehungswesen am Hofe der Wettiner: Albertinische (Haupt-) Linie.* – Berlin, 1913 (Monumenta Germaniae Paedagogica ; 52)

SCHLECHTE, MONIKA: *Barocke Festkultur – Zeremoniell – Repräsentation: ein Ausgangspunkt kunstwissenschaftlicher Untersuchungen.* – In: Wissenschaftliche Zeitschrift der Technischen Universität Dresden. – 35 (1986) 6, S. 29–32

SCHLECHTE, MONIKA: *Die Festkultur am Hofe Augusts des Starken in ihrem Verhältnis zur Kunst.* – In: Kunst der Bachzeit. – Berlin, 1986

SIEBER, FRIEDRICH: *Volk und volkstümliche Motivik im Festwerk des Barock.* – Berlin, 1960

STIEVE, GOTTFRIED: *Europäisches Hoff-Ceremoniell.* – Leipzig, 1714

Stil und Gesellschaft / hrsg. von Friedrich Möbius. – Dresden, 1984

STRAUB, EBERHARD: *Repraesentatio Maiestatis oder churbayerische Freudenfeste.* – München, 1969

TROITZSCH, ULRICH: *Ansätze technologischen Denkens bei den Kameralisten des 17. und 18. Jahrhunderts.* – Berlin [West], 1966 (Schriften zur Wirtschafts- und Sozialgeschichte; 5)

ULLMANN, ERNST: *Geschichte der deutschen Kunst: 1470–1550.* – Leipzig, 1984

WARNKE, MARTIN: *Hofkünstler: zur Vorgeschichte des modernen Künstlers.* – Köln, 1985

WINTERFELD, FRIEDRICH WILHELM: *Teutsche und Ceremonial-Politica.* – Frankfurt a. M.; Leipzig, 1700–1702

WOLFF, CHRISTIAN: *Vernünfftige Gedancken von der Menschen Thun und Lassen, zu Beförderung ihrer Glückseeligkeit.* – Halle, 1720

WOLLGAST, SIEGFRIED: *Wesenszüge der deutschen Frühaufklärung.* – In: Ehrenfried Walther von Tschirnhaus: 1651–1708. – Dresden, 1983 (Dresdner Hefte; 83, 4)

WOLLGAST, SIEGFRIED: *Zur Stellung des Gelehrten in Deutschland im 17. Jahrhundert.* – Berlin, 1984

ZEDLER, JOHANN HEINRICH: *Großes vollständiges Universal-Lexicon aller Wissenschaften und Künste.* Bd. 32. – Leipzig, 1742

ZWANTZIG, ZACHARIAS: *Ceremoniale Brandenburgicum.* – o. O., o. J.

ZWANTZIG, ZACHARIAS: *Ceremoniale Palatinum.* – Freiburg, 1700

ZWANTZIG, ZACHARIAS: *Theatrum Praecentiae oder eines Theils Illustre Rang-Streit andern Theils Illustre Rang-Ordnung.* – Frankfurt a. M., 1706

BIOGRAPHIE
VON JULIUS BERNHARD VON ROHR

(nach: Julius Heinrich Zedler, Universal-Lexicon,
Leipzig 1742, Bd. 32)

Rohr (Julius Bernhard von) Hochfürstlicher Sächsisch=
Merseburgischer Land=Cammer=Rath, und Dom=Herr der
Bischöfflichen Stiffts=Kirche zu Merseburg. Ob wohl ver=
nünftige von Adel insgemein grosse Gönner der Wissenschafften und derer sind, welche durch gute Schrifften die
Gelehrsamkeit befördern; so wollen sie sich doch aus
einem anstammenden Vorurtheile selten so tief erniedrigen, daß sie durch die Feder eben so wohl als durch den
Degen, zu welchem allein sie nur gebohren seyn sollen,
Ruhm zu erjagen sucheten. Se. Hochwürd. der Herr von
Rohr, sind jederzeit gantz anders Sinnes gewesen, und
haben der Welt so viele Schrifften geliefert, daß man
seinen unermüdeten Fleiß nicht genugsam bewundern
kan. Hierzu haben nun, nebst seinen natürlichen
Gemüths=Gaben, und einer angebohrnen seltenen Begierde zu den Wissenschafften, seine gute Auferzühung,
und der genossene getreuliche Unterricht der vortrefflichsten Lehrmeister ein grosses beygetragen, wie solches aus
seinem rühmlich geführten Lebens=Wandel sattsam erhellen wird, welchen wir nur kürtzlich beschreiben wollen,
da der Herr von Rohr gesonnen ist, des nächsten seinen
eigenen Lebens=Lauf, wie er ihn unter göttlichem Schutz
ein halbes Jahrhundert durch geführet hat, aufzusetzen,
und der Presse unterwerffen zu lassen. In welchem zugleich eine Historische Nachricht erscheinen wird, von
seinem Geschlechte, insonderheit von derjenigen Linie,
die zu Anfang des abgewichenen Jahrhunderts sich aus
der Marck Brandenburg nach Sachsen gewendet hat, und
sich nunmehr ziemlich zu Ende neigen will. Es verehret
aber der Herr von Rohr in der Asche des Hochwohlgebohrnen Herrn, Julius Alberts von Rohr, das Andencken
seines Herrn Vaters mit unverbrüchlicher Ehrfurcht,
gleichwie er von Frauen Christinen Elisabeth, gleichfalls
einer gebohrnen von Rohr, im April=Monate des 1738

Jahres, eine sehr liebreiche Frau Mutter durch den Tod verlohren. Diese beyde Hochadeliche Eltern, so Geschwister=Kinder gewesen, und daher allererst nach erfolgter gnädigster Einwilligung mit einander vermählet worden sind, wurden im 1688 Jahre am 28 Mertz, nach dem alten Allmanach, auf ihrem Ritter=Gute und Schlosse Elsterwerde, (das anjetzo ein Königliches Amt ist, und sonst über hundert Jahr dem Rohrischen Geschlechte zugestanden·hat) durch die erwünschte Geburt dieses Sohnes voller guter Hoffnung höchst erfreuet. Wie selbige nun mit ihren Christlichen und guten Beyspielen ihm und seinen Geschwistern vorgegangen sind, so haben sie es auch an nichts ermangeln lassen, was zu einer Christ=Adlichen Erziehung nur immer erfordert werden mag. Sie haben ihn daher so wohl als seine Geschwister, nicht allein in dem Christenthum, sondern auch in der Lateinischen und Frantzösischen Sprache, im Tantzen, in der Musick, und im Zeichnen auf ihrem Schlosse durch geschickte Lehrmeister unterrichten lassen. Um die Michael=Messe des 1705 Jahres, begab er sich nach Leipzig, und ward unter dem damahligen Rectorat des Johann Olearius in die Academische Matrickel eingeschrieben. Seine erste und ruhmswürdige Beschäfftigung war, sich rechtschaffene Männer auszuersehen, welche ihm die Rechtsgelahrtheit beybringen möchten. Michael Heinrich Griebner erklärte ihm das Natur=Recht, und die Justinianischen Anfangs= Gründe der Rechte (Institutiones Justinianeas.) Nächst diesem erwählete er sich auch zu Lehrern in der Rechtsgelahrtheit Lüder Mencken, und dessen Sohn Gottfried Ludwig Mencken. Über die Weltweißheit hat er keine besondere Vorlesungen besuchet, ausser daß er bey Johann Gottlieb Hardten, gantz allein Stunden über die Haupt=Wissenschafft hielte; bloß zu dem Ende, damit ihm die Kunst=Wörter, die er aus der Philosophie der Schul=

Lehrer (Philosophia Scholastica) hier und da in den Büchern antraff, verständlicher würden. Die Ursachen dessen waren, theils weil ihm sein Herr Vater in allen Briefen nichts anders als die Gottesfurcht, die Lateinische Sprache und die Rechte anpries; theils auch, weil er in der Meynung stand, er könnte die Weltweißheit vor sich selbst erlernen. Zu dem Ende ersahe er sich insonderheit des Joann Baptist du Hamels Philosophische Wercke zu seinem Anführer, als er die fleißig las. Dabey las er auch die artem cognitandi, ingleichen des Johann Locks Werck de intellectu humano, und des Ehrenfried Walthers von Tschirnhaus medicinam mentis, welche drey Bücher zu seiner Zeit vor die besten Vernunfft=Lehren, nicht ohne Grund, gehalten und von Gottfried Olearius in seinen Streit=Stunden (Collegio Disputatorio) über verschiedene Sätze aus der Weltweißheit sehr gelobet und angepriesen wurden. Denn diesen Ubungen in der Streit=Kunst hat auch unser Herr von Rohr mit unbeschreiblicher Begierde beygewohnet. Zu der Natur=Lehre und zu den Mathematischen Wissenschafften hat er von Kindes=Beinen an eine gantz ausnehmend besondere Neigung getragen, und deswegen hat er in Ansehung der erstern bey Daniel Schreitern dessen Stunden über die Schmeltz= und Distilir=Kunst (Chymicam) nach Anleitung des Barckhausens Tractat von der Chymie, gleichsam verstohlner Weise, und wider seines Vaters Vorbewust, besuchet. In Ansehung der letztern erhielte er von seinem Vater die Erlaubniß, sich darinnen fest zu setzen. Er fieng also im 1706 Jahre an, bey Christian Wolffen ein Mathematisches Collegium über Johann Christoph Sturms mathesin compendiariam tabulis comprehensam zu halten: Wiewohl er den Unterricht dieses grossen Lehrers nicht allzu lange geniessen konnte, als welcher bald darauf nach Halle beruffen wurde. Unser Herr von Rohr sahe sich hierauf gar bald nach einem andern geschickten und fleißigen Lehrer dieser Wissenschafft um, und fand auch solchen an Johann Caspar Funcken. Die letzten beyden Jahre seines Academischen Lebens erlernte er von Gottlieb Gerhard Titius, das Staats=Recht (jus publicum) und da er bey dieser Gelegenheit die besondern Verdienste und die ungemeine Gelehrsamkeit dieses grossen Mannes selbst erfuhr, so gewann er eine solche Liebe zu ihm, daß er sich alle Wochen gantz allein eine Stunde bey ihm ausbat, und mit ihm alle Theile der Rechtsgelahrtheit auf das neue wieder durchgieng, und mehrentheils ihm Zweiffel vorlegete. Er kan diesem seligen Manne noch in der Grube nicht genugsam nachrühmen, was er ihm vor alles Liebes und Gutes zu dancken habe. Besonders rühmet er dieses vortrefflichen Lehrers Lehr=Art, da er gewohnet war, mehrentheils den Grund von seinen Sätzen, und was bey den Römischen und Päbstischen Gesetzen vernünfftig oder unvernünfftig sey, allenthalben anzuzeigen. Weil nun der Herr von Rohr das Glück hatte, daß er jederzeit zu den Füssen solcher vernünfftigen Lehrer gesessen, und mit diesem Glücke einen unverdrossenen Fleiß verknüpffet hatte; so konnte er auch hinwiederum sich mit grossem Beyfalle öffentlich hören lassen. Er disputirte unter dem Vorsitz Lüder Menckens theils zu Hause, theils in dem öffentlichen Lese=Saale der Juristen, über dessen Gymnasium Polemicum, und unter eben dieses Mannes Beystand brachte er eine Dissertation de retractu gentilitio filiorum in feudis im 1710 Jahre kurtz vor seinem Abschiede von Leipzig auf das Catheder. Nach diesem so ruhmswürdig geführten fünff jährigen Academischen Lebens=Wandel that er mit seinem Herrn Vater eine Reise nach Hamburg, indem dieser damahls einige Capitalisten suchte, welche ihm entweder die Herrschafft Elsterwerde abkaufften, oder ihm neunzig tausend Thaler gegen unterpfändliche Verschreibung dieser Herrschafft oder der drey darzu gehörigen Ritter=Güther: Elsterwerde, Krauschitz und Kotzschke, vorschössen, indem diese Güther ein paar Jahr vorher an des Königl. Pohln. und Churfürstl. Sächs. Ober=Hofmarschalls, Freyherrn von Löwenthal, Excellentz um diese Summer wiederkauffsweise waren verkauffet worden. Beyde waren in ihrem Suchen unglücklich, und konnten weder einen Käuffer, noch einen Gläubiger ausfündig machen, daß sie also nach verflossener Wieder=Einlösungs=Zeit sich genöthiget sahen, an hochgedachten Herrn Ober=Hofmarschall ihre Herrschafft erb= und eigenthümlich zu überlassen. Dagegen hatte unser Herr von Rohr im 1711 Jahre das Glücke, bey der Churfürstl. Sächs. Gesandschafft, die nach dem tödtlichen Hintritt des Kaysers, Joseph, nach Franckfurt am Mayn zur Erwählung eines neuen Römischen Kaysers abgesendet wurde, als Gesandschaffts=Cavalier zu seyn, und bey der Gesandschafft, die aus des Herrn Cantzlers, und geheimen Raths Friesen, aus des Herrn geheimen Raths von Werder und aus des Herrn geheimen Raths von Hagen Excellentzen bestand, als Churfürstl. Sächs. Cammer=Juncker mit aufzuwarten. Hierauf gieng er wieder nach Leipzig und bestieg nach vorher ausgestandenem Magister=Examine als Vorsitzender im 1712 Jahre das obere Philosophische Catheder, allwo er eine Dissertation de excolen do studio œconomico tam principum quam privatorum mit solcher Fertigkeit der Zunge und des Gemüthes vertheidigte, daß jedermann dieser feyerlichen Dissertation mit Verwunderung beygewohnet hat, und aus selbiger mit vollkommenen Vergnügen gegangen ist. Er war auch gesonnen, bald darauf eine Dissertation de jure principum circa augendas & conservandas subditorum opes auf das Juristische Catheder zu bringen: allein die göttliche Regierung der menschlichen Handlung machte ihm einen Strich durch seine Rechnung. Denn an dem Feste der heiligen Dreyfaltigkeit dieses Jahres verstarb sein Herr Vater. Durch diesen ihm höchst schmertzhafften Tod wurden er und seine übrigen Geschwister aller Unterhaltung verlustig, indem sie nicht allein die Güter nicht mehr im Besitz hatten, sondern sie auch überdiß noch solche unglückliche Umstände in Erfahrung brachten, daß sie vor dem Hochwürdigen Dom=Capitel zu Merseburg sich der väterlichen Erbschafft gantz und gar begaben. Bey so gestalten Sachen war nun sein fester Vorsatz, etwas rechtes zu lernen, um sich zu den Diensten eines grossen Herrn geschickt zu machen. In dieser Absicht begab er sich noch in selbigem Jahre auf einige Zeit nach Halle, um bey dem berühmten Christian Wolffen sich dessen Unterrichts in den Mathematischen Wissenschafften gantz allein zu bedienen, und dasjenige, wozu er ehedem in Leipzig nicht so gute Gelegenheit gehabt hatte, vollends nachzuholen. Es hat der Herr von Rohr dem Professor Carl Günther Ludovici, aus dessen Historie der Wolffischen Philosophie wir diesen Lebens=Lauff entlehnet, theils mündlich, theils schrifftlich versichert, daß er nicht fähig sey, dieses grossen Lehrers Fleiß, Treue und Aufrichtigkeit, die er an ihm erwiesen hat, nach Würden heraus zu streichen. So gern er nun ausser der Mathematick auch die Weltweißheit von Herrn Wolffen erlernet hätte: so wenig sahe er sich doch im Stande, seines Wunsches theilhafftig zu werden, da es ihm damahls am nöthigen Gelde zum längern Aufenthalte in Halle fehlete, und er seiner Frau Mutter nicht allzu beschwerlich seyn wolte, welche die zu dem Unterhalte daselbst erforderlichen Gelder von denjenigen Einkünfften willig hergab, die sie als Wittwe wegen des Gnaden=Jahres, aus dem Merseburgischen, Naumburgischen und Meißnischen Dom= Capiteln zu geniessen hatte. Inzwischen hat er doch bey der Gelegenheit zu seinem grösten Nutzen in Gesprächen mit ihm auch manche von seinen Philosophischen Sätzen und Erklärungen sich bekannt gemachet. So bezeuget anbey hoch und theuer nach seinem Gewissen, daß er von ihm nichts anders vernommen, als was einem Christlichen Ehr=und=Tugend=liebenden Manne anständig ist. Wenn ihm ein Zweiffel aufstieg, weil er sich in dem Zusammenhang der Dinge nicht so gleich finden konnte; so wuste Wolff ihm solchen mit wenig Worten alsbald zu benehmen. Weil auch Wolff damahls seinen Zuhörern über die Weltweißheit einige Sätze in Lateinischer Sprache, von Mund aus in die Feder sagte, und die bey allen denjenigen, die Gelegenheit hatten, ihn zu hören, sehr hoch geachtet wurden; so las der Herr von Rohr dieselbe fleißig durch, und kan er sich noch gar wohl erinnern, daß sich Wolff in seinem damahligen kurtzen Abrisse eben so richtig und regelmässig bezeiget habe, als er sich jetzo in seinen weitläufftigen Wercken erweiset. Einige der öffentlichen Lehrer fiengen schon damahls an, diesen Philosophen zu beneiden, und der Herr von Rohr selbst hätte bald einige Verdrüßlichkeiten davon gehabt, weil er allenthalben kund machete, daß er bloß des Herrn Wolffens wegen sich auf einige Zeit nach Halle begeben hätte. Es hatte nemlich im 1713 Jahre ein Ungenannter des Herrn Nicolaus Hieronymus Gundlings Vernunfft=Lehre, via ad veritatem genannt, in einer besondern Schrifft unter dem Titel: Salebrae in via Gundlingiana repertae, angezapffet. Ein grosser Theil der Herren Professoren hielten den Herrn von Rohr vor den Verfasser derselben Schrifft die er auf Veranlassung Wolffens aufgesetzet hätte. Dieserwegen erhielte Wolff an Gundlingen einen ziemlichen Feind, ob sich wohl nachher veroffenbaret hat, daß weder Wolff, noch auf dessen Anstifften der Herr von Rohr erwehnte Schrifft zu Papier gebracht habe, sondern daß sie aus der Feder Johann Friedemann Schneiders geflossen sey. Als Wolff damahls einige Zeit unpäßlich war, so genoß der Herr von Rohr auf jenes Vorwort des Unterrichts bey Peter Hansen, welcher damahls bey einem Hollsteinischen Herrn von Adel Hofmeister war. Auch dieses Mannes sonderbare Erkänntniß in der Mathematick so wohl als in der Weltweißheit und dessen Geschicklichkeit im Unterrichten, kan der Herr von Rohr nicht anders als höchstens rühmen. In schon gedachten 1713 Jahre verfertigte der Herr von Rohr sein erstes Buch: Derer Mathematischen Wissenschafften Beschaffenheit und Nutzen, den sie etc. zu Halle, und widmete solches dem nunmehr hochselig verstorbenen Hertzog von Sachsen=Zeitz, Moritz Wilhelmen, welcher es auch sehr gnädig aufnahm, und ihn dieserwegen mit einem ansehnlichen silbernen und zierlich vergoldeten Trinck-Gefässe beschenckete. Hierauf gieng er noch im selbigen 1713 Jahre nach Holland, und besahe innerhalb drey Monaten das Merckwürdigste dieses Landes. Es hätte ihm auch an Begierde nicht gemangelt, von dar nach Franckreich und Engelland zu gehen, wann ihn nicht seine Umstände genöthiget hätten den Rückweg zu ergreiffen. Nachdem er beydes auf seiner Hin= als Rück=Reise aus Holland Gelegenheit gehabt hatte, an dem Churfürstlich=Hannöverischen Hofe bekannt zu werden, und insonderheit von der damahls lebenden verwitbeten Chur=Fürstin Sophie, aller Gnade gewürdiget ward; so nahm er sich die Freyheit, ihr eine Schrifft: Unterricht von der Kunst, der Menschen Gemüther zu erforschen etc. zu zu eignen. Auch dieses Unternehmen schien von erwünschter Folge zu seyn, indem das Buch von der Chur=Fürstin überaus gnädig aufgenommen ward, und sich schon im 1714 Jahre ihm so manches gutes Ansehen, an dem Churfürstlich=Hannöverischen Hofe sein Glück zu machen, hervor that: Allein es war vor ihn ein widriges Schicksal, daß diese Churfürstin eine kurtze Zeit darauf, als ihr das ihrem hohen Namen gewidmete Buch war eingehändiget worden, in Herrenhausen von einem Schlagflusse gerühret ward. Hierdurch verlohr er zwar die anscheinende Hoffnung seiner baldigen Beförderung, nicht aber seinen Sinn, der beständig ausser seinem Vaterlande gerichtet war. Gleichwohl war es den göttlichen Absichten gemässer, den Herrn von Rohr zum Dienste des Vaterlandes zu wiedmen. Es fügte sich also, daß er am 2 November des erwähnten 1714 Jahres als Beysitzer in der Mersburgischen Stiffts= und Erb=Landes= Regierung eingeführt ward. Im 1717 Jahre wurden ihm nicht allein zu seiner Besoldung hundert Gulden zugeleget, sondern er erlangte auch durch ein besonder Rescript eine ausserordentliche Stimme (Votum extraordinarium) bey diesem Collegio. Nachdem er im 1721 Jahre bey einer sich ereignenden Erledigung wiederum hundert Gulden Zulage zu seiner Besoldung erhalten hatte; so wurde er endlich im 1725 Jahre aus mancherley Gründen veranlasset, daß er bey des damahls regierenden Hertzogs Moritz Wilhelms Hochfürstlichen Durchlauchtigkeit unterthänigste Ansuchung that, ihm die Gnade wiederfahren zu lassen, und diejenigen Dienste, die er in die zehen Jahr bey der Hochfürstlichen Regierung als Beysitzer rühmlichst geleistet, mit anderweitigen in Dero Marggrafthum Nieder=Lausitz zu verwechseln. Sein unterthänigstes Ersuchen wurde alsbald erhöret, und erlangte er ein Ehren= volles Decret, in welchem ihm mancherley Commißionen in Justiz= und Cameral=Sachen aufgetragen wurden. Die Tafel, die er bißher bey Hofe genossen hatte, ward in Deputat=Holtz und Getreyde verwandelt. Er zog demnach im 1726 Jahre, nach Michael, in die Nieder=Lausitz, und erwartete, was die Durchlauchtigste Herrschafft ihn zu verrichten anbefehlen würde. In dem folgenden 1727 Jahre erlangte er bey dem Dom=Capitel zu Merseburg nach dem Absterben des Königl. Pohlnischen und Churfürstlich=Sächsischen Kammer=Herrn von Ponickau eine Major=Präbende, welche er niemanden zu dancken hat, als zuförderst GOtt, der seine Lebens=Jahre fristen wollen, und seinem seel. Vater, der ihn als ein zweyjähriges Kind in die Anzahl der Wartenden hatte einschreiben lassen. Als er fünff Jahre hindurch sich in der Nieder=Lausitz aufgehalten hatte, gefiel es dem Allerhöchsten, durch den tödtlichen Hintritt des Durchlauchtigsten Hertzogs Moritz Wilhelms im 1731 Jahre auch mit seinen Umständen eine grosse Veränderung vorzunehmen. Denn sobald nur in diesem Jahre das Capitulations=Geschäffte geschlossen ward, thaten die damahls regierende Hochfürstliche Durchlauchtigkeit Hertzog Heinrichs ihm die Gnade, daß sie ihn zu Dero Land=Cammer=Rathe ernenneten, und vor Dero Hochfürstl. Rent=Cammer=Collegio hierzu verpflichten liessen, auch ihm unterschiedene Commißionen aufzutragen geruheten. Wie er nun in dem darauf folgenden 1732 Jahre zu einer Residentz bey dem Dom=Capitel gelangete, vermöge welcher er in einem jeden Viertel=Jahre sieben Wochen beständig in Merseburg sich aufhalten muß; so hat es göttlicher Majestät gefallen, seinen erstlich selbst gesuchten bisherigen Auffenthalt in der Nieder=Lausitz, der ihm aber in folgenden Zeiten auf mancherley Weise bitter worden ist, mit Merseburg wieder zu verwechseln. Nachdem in dem 1738 Jahre erfolgten Ableben des Hertzogs zu Sachsen=Merseburg Hochfürstl. Durchlauchtigkeit erzeigten Ihro Königl. Majestät in Pohlen und Churfürstl. Durchlauchtigkeit zu Sachsen, als dermahliger höchster Stiffts=Regente, dem Herrn von Rohr die Gnade, und liessen ihm gleich denen übrigen mehresten Hof=Officianten, seine ehemalige Besoldung, aus Dero Stifftisch=Merseburgischen Rent=Cammer fernerhin als ein allergnädigstes jährliches Gnaden=Geld auszahlen. Ubrigens so war er biß in sein sechs=und dreyßigstes Jahr unverehlichet geblieben, und gröstentheils entschlossen den ledigen Stand dem ehelichen vorzuzühen, gerieth aber durch eine besondere Fügung in dem 1724sten Jahr in eine Verknüpffung, aus welcher viel widrige Folgen entstanden, wie aus den Anmerckungen der beyden Theile seines Juristischen Tractats von dem Betrug bey dem Heyrathen unter den Benennungen Renaldo und Selindens mit mehrern erhellet. Wie er nun bey diesem Handel in die zwölff biß dreyzehn Jahre sehr viel Bitters erfahren, so satzte ihn GOtt in dem 1737 Jahr, als der oberste Richter alles Fleisches, diese Weibes Person, nachdem sie einige Jahre vor ihrem Absterben in Raserey verfallen, dieser Zeitlichkeit abgefordert, in völlige Gemüths=Ruhe. In dem 1739sten Jahr verband er sich durch priesterliche Trauung mit Madame Annen Rebecken Köhlerin. Ob nun schon selbige aus einer bürgerlichen Familie entsprossen, und ihm dasjenige, was viele von der Welt dergleichen ungleichen Heurathen entgegen zu setzen pflegen, im geringsten nicht unbekannt war, so entschloß er sich doch nach gepflogener Heyrath mit erfahrnen und gewissenhafften Gottes= und Rechts=gelehrten wohlbedächtiger Weise zu dieser Ehe, und zwar um desto eher, weil sich dieses Frauenzimmer von den Zeiten ihrer Kindheit an eines christlichen und tugendhafften Lebens=Wandels beflissen, und er göttlicher Direction bey dieser Handlung auf das deutlichste überzeuget ward. Er ließ den besondern Umständen nach die Gründe, welche die Beruhigung des Gewissens erfordern, einigen politischen Zweifeln vorwalten. Wie er nun an dieser Ehegattin eine treue Gefährtin auf seiner Reise nach der Ewigkeit erhalten, also lebet er in diesem 1742sten Jahre mit ihr in der grösten Zufriedenheit, und wünschet, daß es göttlicher Regierung gefällig seyn möchte, ihrer Gehülffschafft und Freundschafft biß an das Ende seiner Tage zu genüssen. Vor den mit ihr erzeugten Sohn Julius

Philipp Benjamin trägt er alle mögliche Sorgfalt ihn so zu erzühen, damit er zuförderst ein Kind der ewigen Seeligkeit und ein tüchtiges Mitglied des gemeinen Wesens werden möchte. Das Verzeichniß seiner Schrifften ist folgendes:

1) Der Mathematischen Wissenschafften Beschaffenheit und Nutzen, Halle in 8. Leipzig 1713. 10 Bogen.
2) Unterricht der Kunst, der Menschen Gemüther zu erforschen, darinnen gezeiget wird, in wie weit man aus eines Reden, Actionen und anderer Leute Urtheilen eines Menschen Neigungen erforschen könne, und überhaupt untersuchet wird, was bey der gantzen Kunst wahr oder falsch, gewiß oder ungewiß sey Die erste Aufflage Leipzig 1714. 1 Alph. 3 Bogen.
3) Einleitung der Klugheit zu leben, 1715 in 8. 1 Alph. 20 und einen halben Bogen.
4) Compendieuse Haushaltungs=Bibliotheck, die andere Aufflage Leipzig 1726 in 8. 2 Alph. 1 Bogen.
5) Vollständiges Haußhaltungs=Recht, in welchem die nöthigsten und nützlichsten Rechts=Lehren, welche so wohl bey den Land=Güthern überhaupt, derselben Kauffung, Verkauffung und Verpachtung, als insonderheit bey dem Feld=Bau, der Gärtnerey, Viehzucht, den Jagden, Wäldern, Fischereyen, Mühlen, Weinbergen, Bierbrauen, Bergwercken, Handel und Wandel und andern Oeconomischen Materien vorkommen, der gesunden Vernunfft, den Römischen und Deutschen Gesetzen nach, ordentlich und ausführlich abgehandelt worden, Leipzig 1716 in 4. 9 Alph. 12 Bogen.
6) Fortsetzung des vollständigen Haushaltungs=Rechts etc. Leipzig 1734 in 4. 5 Alph. und 3 Bogen.
7) Germani Constantis moralischer Tractat von der

Liebe gegen die Personen andern Geschlechts, Leipzig 1717. 2 Alph. 9½ Bogen, 1 Bogen Kupffer.

8) Einleitung zur Staats=Klugheit, oder Vorstellung, wie Christliche Regenten, zu Beförderung ihrer eigenen und ihres Landes Glückseeligkeit, ihre Unterthanen zu beherrschen pflegen, Leipzig 1718 4 Alph. 3 Bogen.

9) Introductio in Jurisprudentiam privatam Romano-Germanicam, Leipzig 1718 in 8. 3 Alph. 14 Bogen.

10) Nöthiger und nützlicher Vorrath von allerhand zur Hauß=Wirthschafft gehörigen Verträgen, Instructionen, Bestallungen, Ordnungen u.s.w. Leipzig 1719 in 4. 6 Alph. 4 Bogen.

11) Einleitung zur allgemeinen Land= und Feld=Wirtschaffts=Kunst derer Deutschen, darinnen die allgemeinen Regeln und Anmerckungen, die so wohl bey der Land=und Feld=Oeconomie überhaupt, als insonderheit bey dem Feld=Bau, der Vieh=Zucht, Gärtnerey, Wein=Bau, Bier=Brauen, Wäldern, Jägereyen, Teichen und Fischereyen, fast in allen Provintzien Deutschlandes in Acht zu nehmen, in einer guten Ordnung, ohne Einmischung unnöthiger Sachen, vorgetragen werden, Leipzig 1720 in 8. 2 Alph. 21 Bogen.

12) Vollständiges Ober=Sächsisches Hauß=Wirthschaffts=Buch, welches die Hauß=Wirthschaffts=Regeln, die sich sonderlich in dem Marggraffthum Meissen appliciren lassen, ohne Einmischung fremder Sachen, ordentlich vorträgt, dieselben mit Sächsischen Anmerckungen und neuen Erfindungen erläutert, mit Gründen der Natur=Wissenschafft bestärcket, auch die Fehler anderer Hauß=Wirthschaffts= Bücher, hier und dar entdecket, Leipzig 1722 in 4. 8 Alph. 3 Bogen.

13) Vollständiges Ober=Sächsisches Kirchen=Recht, Franckf. u. Leipzig 1723 in 4. 5 Alph. 20 Bogen.

14) Compendiöse Physicalische Bibliotheck von den mei-

sten und neuesten Schrifften der Natur=Wissenschafft, Leipzig 1724 in 8. 1 Alph. 3 Bogen.
15) Erkänntniß der Glaubens=Lehren, zu Beförderung der zeitlichen Glückseeligkeit, Leipzig 1725 in 8. 1 Alph. 16 Bogen.
16) Versuch einer erleichterten und zum Gebrauch des menschlichen Lebens eingerichteten Vernunfft=Lehre, Leipzig 1726 in 8. 23½ Bogen.
17) Erleichterte und zum Gebrauch des menschlichen Lebens eingerichtete Tugend=Lehre, Nürnberg 1729 in 8. 2 Alph. 12 Bogen.
18) Hauswirthliche auf Deutschland eingerichtete Nachricht von dem Wein=Bau, Leipzig 1730 in 8. 1 Alph. 4½ Bogen.
19) Einleitung zur Ceremoniel=Wissenschafft der Privat=Personen, Berlin 1730 in 8. 1 Alph. 22 Bogen.
20) Einleitung zur Ceremoniel=Wissenschafft der grossen Herren, die in vier besondern Theilen die meisten Ceremoniel=Handlungen, so die Europäischen Puissancen, und die Deutschen Landes=Fürsten insonderheit, so wohl in ihren Häusern, in Ansehung ihrer selbst, ihrer Familie und Bedienten, auch gegen ihre Mit=Regenten und Unterthanen, bey Krieges=und Friedens=Zeiten, zu beobachten pflegen, nebst den mancherley Arten der Divertissements vorträgt, sie, so viel als möglich, in allgemeine Lehr=Sätze einschließt, und hin und wieder mit einigen historischen Anmerckungen aus den alten und neuen Geschichten erläutert, in 8. Berlin 1733. 2 Alph. 11 Bogen.
21) Einleitung zum allgemeinen bürgerlichen Recht, darinnen die Pflichten, die ein Mit=Glied des gemeinen Wesens bey den bürgerlichen Handlungen so wohl gegen seine Regenten, als auch gegen seine Mitbürger, den allgemeinen Gesetzen nach, zu beobachten hat,

und durch welche es zur Erkänntniß der besondern bürgerlichen Gesetze, und deren Folge=Leistung gebracht wird, nach der gesunden Vernunfft ausgearbeitet, Nürnberg 1731 in 8. 2 Alph.

22) Anweisung zur wahren Gemüths=Ruhe, Leipzig, 1732, in 8. 1 Alph. 17 Bogen.

23) Natur=mäßige Geschichte der von sich selbst wilde wachsenden Bäume und Sträucher in Deutschland, Leipzig 1732, in fol. 3 Alph.

24) Vernunfft=und Schrifft=mäßige Betrachtung des Todes, Berlin, 1732, in 8. 1 Alph. 11 Bogen.

25) Physicalisch=Oeconomischer Tractat von dem Nutzen der Gewächse, insonderheit der Kräuter und Blumen, in Beförderung der Glückseligkeit und Bequemlichkeit des menschlichen Lebens, Coburg, 1736. in 8.

26) Geographisch=Histor. Merckwürdigkeiten des Vor= oder Unter=Hartzes, Leipz. 1736. in 8.

27) Juristischer Tractat von dem Betrug bey den Heyrathen, 2 Th. Berlin, 1736 u. 1738 in 8.

28) Geographische und Historische Merckwürdigkeiten des Ober=Hartzes, Frf. und Leipzig, 1739. in 8.

29) Phyto-Theologia oder Vernunfft= und Schrifft=mäßiger Versuch, wie aus dem Reiche der Gewächse die Allmacht, Güte, Weißheit und andere Eigenschafften GOttes zu erkennen, Frf. und Leipzig, 1740. in 8.

Noch müssen wir derjenigen Schrifften gedencken, welche der fleißige Herr von Rohr unter seiner geschickten Feder hat. Solche aber sind:

1. Theologische Hand=Bibliothec eines Christlichen Politici.
2. Bibliothec der erschrecklichen und erfreulichen Ewigkeit.

3. Schau=Platz der göttlichen Regierung der Welt, oder vollständiger Beweiß, daß die Wege des HErrn eitel Güte und Wahrheit sind.
4. Physicalischer und Theologischer Tractat von denen Himmeln, oder von dem Wohn=Haus des himmlischen Vaters, und dessen Wohnungen.
5. Ein Philosophischer, Theologischer und Juristischer Tractat, von der göttlichen Zusammenfügung bey dem Ehestande.
6. Ein vollständiges Botanisches Werck von denen von sich selbst in Deutschland wachsenden wilden Kräutern und Blumen.
7. Ein Compendium der Wirthschaffts=Kunst, darinnen aus allgemeinen und Physicalischen Gründen die Sätze der Oeconomie, wie sie sich auf alle Europäische Länder appliciren lassen, vorgetragen.
8. Ein auf Deutschland gerichtetes vollständiges Werck von den mancherley Künsten und Handwercken.
9. Ein vollständiges und zu dem allgemeinen Gebrauch des menschlichen Lebens eingerichtetes Maschinen= Lexicon.